2010世界城市经营年鉴

WORLD CITY MANAGEMENT YEARBOOK, 2010

王廉　主编

中国经济出版社
CHINA ECONOMIC PUBLISHING HOUSE

北京

图书在版编目（CIP）数据

2010世界城市经营年鉴 / 王廉主编. - 北京：中国经济出版社，2010.12

ISBN 978-7-5136-0410-9

Ⅰ. ①2… Ⅱ. ①王… Ⅲ. ①城市经济—世界—2010—年鉴 Ⅳ. ①F299.1-54

中国版本图书馆CIP数据核字（2010）第235451号

出版发行：中国经济出版社（100037 · 北京市西城区百万庄北街3号）
网　　址：www.economyph.com
责任编辑：桂华莲　陈顺军
责任印制：韩茂森
封面设计：黄海娟
经　　销：各地新华书店
承　　印：广东世汇商业印刷有限公司
开　　本：1/16　　印张：38.25 彩插8页　字数：770千字
版　　次：2010年12月第1版　　印次：2010年12月第1次印刷
印　　数：0001～5000册
书　　号：ISBN 978-7-5136-0410-9　　定价：598.00元

本书如有缺页、倒页、脱页等质量问题，由我社发行部门负责调换，电话：010-68330607　020-87730856

坎昆

——国际旅游城市

美丽的国际旅游城市——墨西哥·坎昆

坎昆是墨西哥著名国际旅游城市，位于尤卡坦半岛东北角，加勒比海畔。城市人口超过10万。2010年11月29日至12月11日，联合国气候变化大会在此举办。该城市三面环海，风光旖旎。在玛雅语中，坎昆意为“四条蛇”，被认为是欢乐和幸福的象征。

坎昆：热力四射的度假天堂

坎昆有世界公认的十大海滩之一，1972年墨西哥政府在这里投巨资建设旅游区和自由贸易中心，重点发展旅游业，1975年开始接待游客。坎昆市划分为国际机场、市区和旅馆区3个部分，属金塔纳罗奥州华雷斯港管理。市区的各行各业都为旅游业服务，市内的旅馆建筑风格多种多样，色彩各异。

坎昆年接待国际游客达200万人次，游客中1/3以坎昆为中心到附近的尤卡坦半岛各玛雅古迹参观。墨西哥政府已制定了“玛雅世界”旅游规划，以推动整个尤卡坦半岛的旅游业的发展。

坎昆主要景点

1.玛雅文化遗迹：坎昆是古老的玛雅文化的发源地之一，著名的齐琴伊察古城至今仍保存完好，并被列入“世界新七大奇迹”之一；

2.大堡礁潜水：坎昆外围的科祖梅尔岛是世界著名的潜水天堂，是世界第二大珊瑚礁，还是北美最佳潜水地点。

开普敦

——南非第二大城市

开普敦是南非第二大城市、南非立法首都、西开普省省会、开普敦都会城区的组成部分。南非国会及很多政府部门亦坐落于该市。

开普敦拥有南非第二繁忙的机场——开普敦国际机场，是世界旅客到南非的主要渠道之一。

开普敦鸟瞰

开普敦半山别墅

开普敦城区

开普敦约堡

世界杯开普敦绿点球场

开普敦好望角

开普敦中央商务区建筑

2010年6月，非洲首次世界杯在南非举行，开普敦是其主要承办城市之一。此次世界杯为南非带来了共计35亿美元的经济收入。

开普敦以其美丽的自然景观及码头而闻名于世，知名的地标有被誉为“上帝之餐桌”的桌山以及印度洋和大西洋的交汇点——好望角。因其美丽的自然及地理环境，开普敦被称为世界最美丽的城市之一，亦成为南非其中一处旅游胜地。

美丽的南非植物

开普敦城市建筑

WANGUO INTELLECT
万国智力

万国机构成为行业标杆

高端服务业、城市经营策划与规划备受瞩目

万国机构的高端服务业、城市经营策划与规划服务受全国同行瞩目，2010年上海、北京、新疆生产建设兵团和黑龙江省农垦总局都先后慕名请行内标杆人物王廉先生演讲。

2010年，我院咨询成绩骄人。我院院长王廉先生受邀到全国多个省市政府和企业讲课与做战略策划，受到了当地及社会各界一致好评。以下是我院领导及专家团队在天津子牙循环经济产业区、黑龙江农垦总局、新疆生产建设兵团等地的考察咨询行动掠影。

▶ 天津子牙循环经济产业区（万国机构受托做产业资源配置规划）

天津子牙循环经济产业区是由黄兴国市长任组长的重要工程。

▶ 黑龙江农垦总局与新疆生产建设兵团

黑龙江省农垦耕种4200万亩土地，有160万人，GDP过600亿元，有飞机约60架。机械化率98.5%，已建成5个10万人口城市，5个2万人以上中心城镇，50个5000人口小镇，5000个2000人口社区。

新疆生产建设兵团有260万人，飞机40多架，是中国屯垦戍边的重要力量。

王廉与黑龙江农垦总局领导

王廉与建三江分局领导

香坊生态园座谈

新疆生产建设兵团石河子市

万国城市经济研究院　地址：广州市广园东路1841号新峰楼（510500）　电话：020-87739957　传真：020-87647232
网址：www.211d.cn（中国城市经营网）　www.wgic.cn　邮箱：wlk8@163.com

河西城市一角

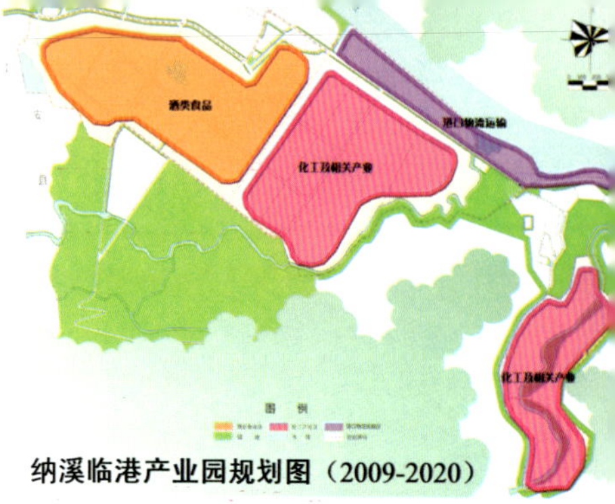

纳溪临港产业园规划图（2009-2020）

时代明苑小区

纳溪是泸州市的工业重镇，1916年护国讨袁是共和与帝制最后一战。

纳溪地处四川盆地南部丘陵低山区，位于长江之滨，永宁河畔，距泸州中心半岛12千米，是泸州城市组团的重要版块。全区面积1150平方千米，总人口48万。城市建成区面积约10平方千米，城市人口10多万，城镇化水平达45.3%。

现任区委书记陈冠松、区长熊启权。

纳溪·西部化工城

纳溪，滨临长江，一条翠竹覆盖的河——永宁河横穿全境。有凤凰湖、天仙硐等美景，离泸州市中心区原点仅20千米。

纳溪沿江风景（效果图）

烟子洞瀑布

天仙镇新农村

蓝色港湾

四川泸州纳溪区简介

纳溪具备良好的工业发展基础。位于西部化工城核心区，境内泸天化有限责任公司是目前最大的合成氨、尿素和油脂化工生产企业，西南化工研究院是国家重点科研单位，火炬化工厂是与国防工业配套的三线大型化工企业。

纳溪有厚重的文化底蕴，旅游文化资源丰富。古纯州遗址、乐道古镇、古石太平石刻、物价碑、护国战争遗址、抗战小学、护国岩等文化古迹散布景区。天仙硐、凤凰湖、百吉滩温泉—三华山景区、洞沟河——屯坝斑竹林、普照山、鼓楼山、倒流河等独具特色的景点，富集“一硐两湖三河三山”的特色旅游资源。

纳溪城市建成区面积约10平方千米，城市人口10多万，城镇化水平达45.3%。全区辖安富、永乐2个街道办事处及12个镇，包括大渡口镇、丰乐镇、天仙镇、白节镇、护国镇、打古镇、上马镇、合面镇、棉花坡镇、新乐镇、龙车镇、渠坝镇。

天仙镇全镇67平方千米，总人口1.7万。2010全年国内生产总值完成2.73亿元，地方财政一般预算收入701万元，农民人均纯收入5958元。

护国镇位于纳溪区南部，全镇面积180平方千米，总人口7.2万，其中城镇居住人口近2万。2010年，该镇完成GDP总量79371万元，人均GDP 11748元。

丰乐镇面积82.16平方千米，总人口3.85万。国内生产总值完成3.6亿元，人均GDP实现（区属）9740元。

泸州化工园区

广东省省长黄华华深入平远稀土公司调研（左二黄华华省长，右一平远县肖文浩书记）

魅力生态县
广东脐橙之乡——平远县

平远，中国最具创意的山区县之一。

平远经过多年发展，尤其近几年发展，已成为中国知名生态县、创意活力之县和营商之县，农业部及省市领导均有很高评价。

平远县位于广东省东北部，粤、赣、闽三省交界处，总面积1381平方千米，总人口25万。

平远资源丰富，经济发展快速。农业主要有四大产业，即脐橙、南药、优质稻和油茶。工业以稀土、铁矿、铅锌矿、电力、烟草、铸造、水泥和木材深加工等为主导产业。近年来，平远第三产业发展迅速，其中旅游业和房地产业发展势头迅猛。

地处粤、赣、闽三省交界的平远，旅游资源十分丰富，是一座生态旅游城市，这里有世界上最大的一座天然卧佛——南台山天然卧佛，有省级风景名胜区——五指石，还有梅远温泉度假区等等。如果你在脐橙丰收的季节来平远，你可以感受当地一年一度脐橙节的火热场面，领略浓烈的粤东北民族风情。

平远仁居镇民国金库遗址

南台山森林公园

五指石——中国丹霞地貌盆景公园

石龙寨星级酒店

万亩优质稻

2008年12月1日，“广东橙乡·脐橙拼图——挑战吉尼斯世界纪录”活动在平远中学操场举行，经过现场确认，37.25万个主要是脐橙的水果拼成的水果拼图打破吉尼斯世界纪录，成为广东首个水果拼图吉尼斯世界纪录，也是梅州市首个吉尼斯世界纪录。

平远石龙寨景色

平远两天游路线推荐

A线：

D1：曼陀山庄—姚雨平将军故居—南台山景区（石龙寨景点）—荣源山庄；

D2：八尺进士公园—仁居红军纪念公园（仁居金库展馆）—五指石风景名胜区—程旼故居。

B线：

D1：姚雨平将军故居—石龙寨景点—大河背景区—毓秀书院—程旼故居（程公祠）；

D2：八尺进士公园—仁居红军纪念公园（仁居金库展馆）—五指石风景名胜区。

惠州新城

惠州西湖

惠州市问计“十二五”座谈会

2010年12月，惠州市举行“先试先行，科学发展”——惠州市问计“十二五”专题座谈会，中共惠州市委书记黄业斌、市委副书记陈仕其等党政领导出席会议，万国城市经济研究院院长王廉受邀发言。

惠州市问计“十二五”专题座谈会现场

中共惠州市委黄业斌书记在座谈会发言

第二届中国凤岗客侨文化节

2010年10月“中国·凤岗客侨文化节”在东莞市凤岗镇举办，此次文化节共上演了5大项目、16个小项目精彩的表演节目，吸引了来自美国、加拿大、英国、牙买加、新加坡、马来西亚、香港、澳门等17个国家和地区的200多名华侨参加。

凤岗客侨文化节开幕现场

万国市场部总监韩忠智与凤岗镇镇长李海文合影

编者说明

在全国各地谋划“十二五”开局年工作之时，《世界城市经营年鉴》也顺利完成“一五”计划，迎来了崭新的“第二个五年”。我们始终坚持以创新和实用的编撰原则，与读者一起观中国、看世界。伴随着读者的关注、支持和理解，《世界城市经营年鉴》逐渐发展壮大，《2009世界城市经营年鉴》发行也创下了历史新高。在此我们编委会所有同仁向读者致敬。

《2010世界城市经营年鉴》共分5卷：城市统计资料、2010上海世博会各展馆特色及参展国话语权、2020中国各类城市话语权、欧洲主要城市发展与经营（下）和中国优秀城区展示。第一卷介绍了世界各国和地区的城市指数排名、幸福指数排名、GDP概况和人口概况等，同时统计了2009年中国省会城市、直辖市、地级市和县级市的GDP，三次产业旅游和进出口贸易等数据；第二卷详细介绍了世博园区各展馆的特色，展出国的产业话语权，并给出了中肯的点评；第三卷以中国城市发展现状为基础，通过对人口、GDP总量、城市化率、航空客运量、服务业占GDP的比重和使领馆数量等数据的分析比较，预测了2020年各类城市话语权发展情况；第四卷承接《2009世界城市经营年鉴》欧洲主要城市发展与经营（上）的内容，介绍了欧洲城市发展概况；第五卷既展示了中国经济强镇，也介绍了中国发展迅速、潜力较强城镇。

《2010世界城市经营年鉴》极具实用性，特别是上海世博会资料之完善、完整和特色点评可能是目前其他网站和书籍都不具备的，而欧洲城市的相关内容，则更具有信息量大、数据新颖的优势……这一切都说明本年鉴倾注了主办单位与编创人员大量的心血。《2010世界城市经营年鉴》不仅是政府官员、企业高管、学者、专家、研究人员及大中专院校师生不可缺的资料性工具书，更是一部全球城市发展百科书。

联系电话：020-87730856 韩先生，www.211d.cn（中国城市经营网）

《世界城市经营年鉴》编委会

2010年12月

编委会

目录

目录

目录

CONTENTS

CONTENTS

CONTENTS

资讯与专题

【资讯】

一、2010世界杯给南非带来35亿美元经济效益

2010年6月，世界三大赛事之一的世界杯在南非盛大开幕，南非世界杯总共带来35亿美元的商业收入，其中电视转播收入25亿美元，同时还能提供16万个工作岗位。

据祖马介绍，南非为了本届世界杯投入了约330亿兰特（43亿美元），这些资金主要用于交通基础设施建设、通信业建设和场馆建设。约6.6万人因场馆建设得到就业机会，同时安保方面的资金投入也帮助约4万人实现就业。

南非经济学家哈特表示，虽然世界杯难以让南非在短期内实现收益，但从长远角度看，国家形象的提升会给南非带来无价的回报。他认为南非将因世界杯而吸引更多的国外投资，但前提是南非能够在今后提供如在世界杯期间一样的投资环境，特别是在安保方面。（来源：中国新闻网）

二、中国城镇化规模居世界第一

中国城镇化率达46.6%，城镇化规模居世界第一——中国社会科学院城市发展与环境研究所和社会科学文献出版社近日在北京发布《城市蓝皮书：中国城市发展报告No.3》这样认为。

蓝皮书指出，截至2009年，中国城镇人口已经达到6.2亿，城镇化率达到46.6%。而且，从中国的城镇化规模来看，不论是年净增量还是城镇人口总量，都已经长期处于世界第一的位置。中国城镇人口总量为美国人口总数的两倍，比欧盟27国人口总规模还要高出1／4。

蓝皮书认为，"十二五"期间，中国将进入城镇化与城市发展双重转型的新阶段，预计城镇化率年均提高0．8~1．0个百分点，到2015年达到52%左右，到2030年达到65%左右。

三、第七届世界高速铁路大会·中国高铁独占六项世界之最

2010年12月7日第七届世界高速铁路大会在北京召开，大会指出，中国计划在2012年底前建成1.3万千米高速铁路，这一里程数将超过世界其他所有国家的总和，中国高铁占全球高铁市场的份额将超过50%。

近年来，中国在高速铁路领域发展迅速，取

得了举世瞩目的成就。铁道部部长刘志军表示，中国铁路坚持原始创新、集成创新和引进消化吸收再创新相结合，“系统掌握了时速250千米和时速350千米及以上速度等级的高速铁路成套技术，构建了具有自主知识产权和世界先进水平的高速铁路技术体系。目前，中国已经成为世界上高速铁路发展最快、系统技术最全、集成能力最强、运营里程最长、运行速度最高、在建规模最大的国家”。

世界高速铁路大会是由国际铁路联盟于1992年发起并组织举办的全球性会议，旨在展示和交流世界高速铁路发展水平与成就。此前，所举办的6届会议地点均在欧洲，本届大会是首次在欧洲以外的国家举办。（来源：中国青年报）

四、中国国务院十条举措控制房价上涨

2009年至2010年初，中国房地产市场整体上出现了一些积极变化。但部分城市房价、地价又出现过快上涨势头，投机性购房再度活跃，需要引起高度重视。为进一步落实各地区、各有关部门的责任，坚决遏制部分城市房价过快上涨，切实解决城镇居民住房问题，2010年4月17日，国务院就有关问题向各省、自治区、直辖市人民政府，国务院各部委、各直属机构下发国发〔2010〕10号通知。

（一）各地区、各有关部门要切实履行稳定房价和住房保障职责

1.统一思想，提高认识。住房问题关系国计民生，既是经济问题，更是影响社会稳定的重要民生问题。房价过高、上涨过快，加大了居民通过市场解决住房问题的难度，增加了金融风险，不利于经济社会协调发展。各地区、各有关部门必须充分认识房价过快上涨的危害性，认真落实中央确定的房地产市场调控政策，采取坚决的措施，遏制房价过快上涨，促进民生改善和经济发展。

2.建立考核问责机制。稳定房价和住房保障工作实行省级人民政府负总责、城市人民政府抓落实的工作责任制。住房城乡建设部、监察部等部门要对省级人民政府的相关工作进行考核，加强监督检查，建立约谈、巡查和问责制度。对稳定房价、推进保障性住房建设工作不力，影响社会发展和稳定的，要追究责任。

（二）坚决抑制不合理住房需求

3.实行更为严格的差别化住房信贷政策。对购买首套自住房且套型建筑面积在90平方米以上的家庭（包括借款人、配偶及未成年子女，下同），贷款首付款比例不得低于30%；对贷款购买第二套住房的家庭，贷款首付款比例不得低于50%，贷款利率不得低于基准利率的1.1倍；对贷款购买第三套及以上住房的，贷款首付款比例和贷款利率应大幅度提高，具体由商业银行根据风险管理原则自主确定。人民银行、银监会要指导和监督商业银行严格住房消费贷款管理。住房城乡建设部要会同人民银行、银监会抓紧制定第二套住房的认定标准。

要严格限制各种名目的炒房和投机性购房。商品住房价格过高、上涨过快、供应紧张的地区，商业银行可根据风险状况，暂停发放购买第三套及以上住房贷款；对不能提供1年以上

当地纳税证明或社会保险缴纳证明的非本地居民暂停发放购买住房贷款。地方人民政府可根据实际情况，采取临时性措施，在一定时期内限定购房套数。

对境外机构和个人购房，严格按有关政策执行。

4.发挥税收政策对住房消费和房地产收益的调节作用。财政部、税务总局要加快研究制定引导个人合理住房消费和调节个人房产收益的税收政策。税务部门要严格按照税法和有关政策规定，认真做好土地增值税的征收管理工作，对定价过高、涨幅过快的房地产开发项目进行重点清算和稽查。

（三）增加住房有效供给，保安居建设

5.增加居住用地有效供应。国土资源部要指导督促各地及时制定并公布以住房为主的房地产供地计划，并切实予以落实。房价上涨过快的城市，要增加居住用地的供应总量。要依法加快处置闲置房地产用地，对收回的闲置土地，要优先安排用于普通住房建设。在坚持和完善土地招拍挂制度的同时，探索"综合评标"、"一次竞价"、"双向竞价"等出让方式，抑制居住用地出让价格非理性上涨。

6.调整住房供应结构。各地要尽快编制和公布住房建设规划，明确保障性住房、中小套型普通商品住房的建设数量和比例。住房城乡建设部门要加快对普通商品住房的规划、开工建设和预销售审批，尽快形成有效供应。保障性住房、棚户区改造和中小套型普通商品住房用地不低于住房建设用地供应总量的70%，并优先保证供应。城乡规划、房地产主管部门要积极配合国土资源部门，将住房销售价位、套数、套型面积、保障性住房配建比例以及开竣工时间、违约处罚条款等纳入土地出让合同，确保中小套型住房供应结构比例严格按照有关规定落实到位。房价过高、上涨过快的地区，要大幅度增加公共租赁住房、经济适用住房和限价商品住房供应。

（四）加快保障性安居工程

7.确保完成2010年建设保障性住房300万套、各类棚户区改造住房280万套的工作任务。住房城乡建设部、发展改革委、财政部等有关部门要尽快下达年度计划及中央补助资金。住房城乡建设部要与各省级人民政府签订住房保障工作目标责任书，落实工作责任。地方人民政府要切实落实土地供应、资金投入和税费优惠等政策，确保完成计划任务。按照政府组织、社会参与的原则，加快发展公共租赁住房，地方各级人民政府要加大投入，中央以适当方式给予资金支持。国有房地产企业应积极参与保障性住房建设和棚户区改造。住房城乡建设部要会同有关部门抓紧制定2010—2012年保障性住房建设规划（包括各类棚户区建设、政策性住房建设），并在2010年7月底前向全社会公布。

（五）加强市场监管

8.加强对房地产开发企业购地和融资的监管。国土资源部门要加大专项整治和清理力度，严格依法查处土地闲置及炒地行为，并限制有违法违规行为的企业新购置土地。房地产开发企业在参与土地竞拍和开发建设过程中，其股东不得违规对其提供借款、转贷、担保或其他相关融资便利。严禁非房地产主业的国有及国有控股企业参与商业性土地开发和房地产经营业务。国有资产和金融监管部门要加大查处力度。商业银行要加强对房地产企业开发贷款的贷前审查和贷后管理。对存在土地闲置及炒地行为的房地产开发企业，商业银行不得发放新开发项目贷款，证监部门暂停批准其上市、再融资和重大资产重组。

9.加大交易秩序监管力度。对取得预售许可或者办理现房销售备案的房地产开发项目，要在规定时间内一次性公开全部销售房源，并严格按照申报价格明码标价对外销售。住房城乡建设部门要对已发放预售许可证的商品住房项目进行清理，对存在捂盘惜售、囤积房源、哄抬房价等行为的房地产开发企业，要加大曝光和处罚力度，问题严重的要取消经营资格，对存在违法违规行为的要追究相关人员的责任。住房城乡建设部门要会同有关部门抓紧制定房屋租赁管理办法，规范发展租赁市场。

10.完善房地产市场信息披露制度。各地要及时向社会公布住房建设计划和住房用地年度供应计划。住房城乡建设部要加快个人住房信息系统的建设。统计部门要研究发布能够反映不同区位、不同类型住房价格变动的信息。（来源：人民日报）

五、日本的土地政策

土地是不可再生的有限的宝贵资源，为有效地保护和充分利用有限的土地资源，日本政府制定了有关土地的基本法律，并由国土厅依法进行全国土地资源的管理和利用。日本政府关于土地的主要法律有《国土利用计划法》、《土地征用法》、《都市计划法》、《道路法》、《建筑基本法》等。1989年，又制定了《土地基本法》，其基本内容是：

1.《土地基本法》的目的

确立关于土地及其利用的基本原则，明确国家、地方公共团体、事业者和个人的责任，从而确立有关土地政策的基本方向，综合推进国家的土地对策。

2.关于土地的基本理念

（1）公共福利优先的原则。土地是与公共利益有密切关系的特殊财产，其使用要以公共福利优先为原则。

（2）适当利用和按计划利用的原则。土地要按其所在区域的具体条件适当地利用，在利用时，要按有关的土地利用计划来操作。

（3）控制土地投机。土地不能成为投机交易的对象。

（4）土地增值利益的适当负担。随着土地价值的增值，要按其增值利益确定适当的负担。

3.责任

（1）国家和地方公共团体的责任。国家和地方公共团体必须按照关于土地的基本理念，采取综合的土地政策。

（2）事业者和个人的责任。事业者和个人在利用土地或进行土地交易时，必须遵守关于土地的基本理念，有努力配合国家和地方公共团体土地政策的义务。

4.关于土地和土地利用的基本政策措施

（1）土地利用计划。为适当而合理地利用宝贵的土地资源，必须制定土地利用计划；为充分利用有限的土地资源，必须制定详尽的土地利用计划；为从全局和更广阔的视野综合利用全国的土地资源，必须制定综合的土地利用计划。

（2）确保土地适当利用的政策措施。制定关于控制土地利用的政策措施；实施落实土地利用计划的有关事业。

(3)制定土地交易的有关政策措施。为防止投机性土地交易和地价暴涨对国民经济和国民生活的不利影响，政府要采取限制土地交易的有关政策措施。

(4)完善社会资本的利益负担。对于完善社会资本的负担，要根据社会资本完善后所带来的利益，确定有各关方面的适当负担。

(5)税制方面的措施。根据国土的基本理念，结合土地利用的有关政策措施，在确保税收负担公平的基础上，实施税制方面的政策措施。

(6)公共土地评价适当化。

(7)进行土地所有及利用状况等方面的调查。

(8)建立有关行政组织机构，确保政策措施的统一性。(来源:凤凰网)

六、全球城市发展十六种新城模式

城市发展模式有很多，有的单一，有的综合，在发展中要认真定位。全球50万个城镇可谓各有风采，下列十六种新城模式基本涵盖了城市（镇）演绎的主要模式。

1.田园新城。主要指按1898年英国以霍华德为代表的“田园城市”思想建设的城市，它以国家立法为基准，政府主导下的新城开发公司进行规划建设的新城。政府部门的主导作用主要体现在城址的选定、提供资金以及处理与开发公司的关系等方面。如Stevenage(英国)，Milton Keynes（英国)，国内的珠海、成都及许多小城镇均有这种风格。

2.商业城市。全球80%城市发展与商业有很大关系，如义乌以小商品闻名世界，香港是著名的购物美食天堂，广州的广交会已成为全球第一的展会等，商业对这些城市的发展起着至关重要的作用。再如石狮、亳州等。

3.工业城市。全球有10%城市属于工业城市，如利物浦是英国重要的船舶修造中心，修造厂和大型船坞主要分布在港区内侧；米兰是意大利最大的工商业中心；国内的泸州是以酿酒、化工、机械为龙头，轻重工业并举的综合性工业城市。

4.科技城市。科技城市约占全球城市的1%，如美国圣何塞（即硅谷所在地)，各类高科技公司达7300家，集中在半导体、计算机、网络、软件、信息服务和生物医药学等最新的技术领域，是世界上最大的高新技术知识集聚地。世界上许多著名的高新技术公司，如Adobe、Cisco、eBay等都将总部设在该市。2003年，圣何塞市员工人均创造的生产值达到18.8万美元，是美国平均水平的2.2倍，圣何塞市企业和个人拥有的专利超过了同州的大城市洛杉矶与圣迭戈之和。

5.展会城市。展会城市约占全球城市的0.5%，如汉诺威是2000年世界博览会的主办城市，汉诺威博览会场地几经扩充，现占地约100万平方米，场地之大，在世界上首屈一指，内有1万~2万平方米的巨型展厅24个，其中好几个是多层展厅。室内展出面积共达47.9万平方米，露天展场27.8万平方米。

6.文化城市。如东莞虎门，人文历史悠久，虎门大桥、鸦片战争博物馆（全国文物保护单位)、蒋光鼐故居、村头村贝丘遗址（省级文物保护单位）及朱执信纪念碑、礼屏公祠、陈莲峰墓、逆水流龟村堡、郭真人古庙、郑氏宗祠、郑瑜墓（市级文物保护单位）都是远近闻名的名胜古迹。目前虎门镇税收过百亿，已成中国第一镇。

7.旅游城市。如丽江，拥有被称为“中国古典音乐活化石”的纳西古乐、世界上唯一“活着的”东巴象形文字、仍具有母系氏族特征的摩梭人、玉龙雪山、虎跳峡……1997年12月4日，丽江被联合国教科文组织批准列为“世界文化遗产”城市。

8.TOD新城。是指以捷运系统导向发展理念为指导的新城建设，其主要通过捷运系统与城市中心区快速连接来缩短交通时间，吸引中心城市的部分功能转移，达到分散城市中心区居住功能的目的。如千里新城（日本，大阪）；多摩新城（日本，东京都）；沙田新市镇（中国，香港），东莞常平等。

9. 副中心新城。是通过分担大城市核心区部分城市功能来实现城市多中心结构的目标而建设新城。副中心通常与城市中心区保持快捷便利的交通联系，从空间分布来看，一般与城市中心区保持合理的距离。如长春影视城、北京通州等。

10.农业城市。如广西百色有一个小镇，就是靠农业起家的，再如农垦建三江、顺德陈村等。国外如巴西有依靠农业发展起来的城市。

11.节庆城市。依靠节庆发展起来的城市有不少，全球上万种知名节庆，就有上万个城镇依靠这些节庆发展起来。如瑞士小镇达沃斯，就是依靠达沃斯论坛发展起来。

12.组团城市。指围绕大都市发展起来的卫星城市。如哈尔滨的多个卫生城镇、天津的华明新城以及中国工业化最彻底的东莞完全是“组团城市”的格局。

13.政治城市。新建行政区的镇、县、市，大都靠行政力量发展。如云南畹町、广西凭祥、新疆建设兵团五家渠市、石河子市等。北大荒的建三江等则可能是政治＋经济的结合。

14.口岸城市。是指以口岸为中心、以运输业为核心，依托口岸的区位优势、交通优势，在口岸内部及其周边地区发展而成的具有城镇性质的新型功能区，具有服务口岸、利用口岸的特征。如鹰潭、黑河等。

15.资源城市。全球约10%的城市依靠各种资源发展，如大庆、枣庄。国外有德国的鲁尔地区，其面积4593平方千米，占全德的1.3%；区内城市密集，人口达570万，占全德的9%。煤炭地质储量2190亿吨，占全德的3/4；其中经济可采储量约220亿吨，占全德的90%。

16.未来城市。这是21世纪城市的主旋律。21世纪的未来城指实现生态、清洁能源、和谐、睿智、知识、快捷、安宁与包容性发展的新型城市。（作者：万国城市经济研究院　王廉、管志成）

七、美英大城市连绵区发展的模式

国际上比较典型的大城市连绵区，主要以美国东北海岸大城市连绵区、英国东南部大城市连绵区等为代表。

美国东北海岸大城市连绵区：提出“精明增长”理念，划定“城市服务边界”

美国东北海岸大城市连绵区是指美国东北

部大西洋沿海地区的一个狭长区域，以波士顿、纽约、费城、巴尔的摩、华盛顿大都市区为核心，跨越12个州和1个特区，南北绵延的距离长达800千米。该区域土地面积不到美国的2%(18万平方千米)，但集聚了全美近18%的人口(5200万)和25%以上的GDP(3.2万亿美元)，在世界经济中占据6%的份额。当前，该区域已经形成了以金融、保险、房地产、教育、医疗、信息、专业和技术服务等知识密集型产业为核心的产业体系。

当前，该地区面临的主要问题是郊区无序蔓延引起的生态系统退化、上地资源浪费和交通拥堵加剧。从1982—1997年，在人口只增长7%的情况下，城镇建设用地却增长了39%。2004年，该地区因高速公路拥堵造成损失149亿美元。郊区化还引起机动车行驶里程增加，造成能源的大量消耗。以人均汽油消费来看，美国是欧洲的4倍，是亚洲城市的9倍，严重影响了国际能源安全和政治格局。

针对上述问题，近年来美国开始重视区域的统筹协调发展，提出“精明增长”发展理念，对土地开发数量、时机、区位和性质进行调控，通过划定“城市服务边界”来约束郊区无序蔓延。在“城市服务边界”以外，州政府不再负担给排水等基础设施建设所需费用。以民间团体为主体的非官方联盟组织，为不同主体提供协商的平台，将联邦、州、地方等下同层面的规划、政策协调和衔接起来。近年来，以特定问题为导向的地方政府间合作越来越普遍，如针对交通拥堵、污染、温室气体排放等特定问题进行非正式的合作，针对跨区域的公共机构和基础设施进行统筹等。

英国东南部大城市连绵区：根据条件变化，调整规划体系

以伦敦为中心的英国东南部大城市连绵区，总面积为2.73万平方千米，现有人口1898万，是英国经济和社会发展水平最高的地区，其GDP占据全英国15%的分额，也是公司总部的主要聚集地。这里集聚了英国约1／4的研发活动，有24所大学、71所学院和再教育机构，有11处“国家杰出自然景观保护区”。该地区还是英国与欧洲联系的桥头堡，坐落在欧洲最主要的经济发展地区——“蓝色香蕉”范围内，是英国通往欧洲的主要商务通道和英法海峡的主要联系走廊。

英国是现代城市规划的发源地，具有重视发挥规划作用的长期传统。其利用规划手段来引导产业布局、促进萧条地区的发展，采用绿带控制大城市的郊区蔓延、通过新城开发缓解老城压力等做法，对世界的影响非常深远。近年来，政府开始重视区域规划。2004年，“区域空间战略”具有了法定地位，对区域层面的指导作用开始强化。英格兰东南部区域议会于2006年3月组织编制完成了“区域空间战略(2006—2026)”，在各个次区域层面和经济发展、住房、交通、旅游、文化等领域提出规划对策，住房问题是其关注的核心内容之一。该战略还重视该地区与相邻区域在经济、住房、交通、自然资源等方面进行联系与合作。

与中国目前高速的城镇化进程不同，英国的城市已经进入成熟的发展阶段，变化并不剧烈。但是英国的规划体系包括法规一直处于反思、改革、创新之中，并根据条件变化不断做出调整。（来源：武汉城乡规划网）

八、国外规划建设宜居城市的典型案例

尽管宜居城市作为一个新的发展理念已经对中国城市的发展与建设产生了很大影响，但国内目前关于宜居城市规划建设的实践仍处于刚刚起步的阶段。而在国外，不管城市规模的大与小，都有一批宜居性建设较好的城市，值得我们借鉴。

温哥华：打造大城市宜居的典范

温哥华是加拿大西南的海滨城市，三面环山，一面傍海。人口的急剧增长曾给温哥华的城市发展带来结构上的转变，产生了各种各样的问题，包括城市地域的蔓延迅速而又稳定地增加了汽车的使用、交通拥挤和空气污染连续增加等。为此，温哥华在城市发展建设中遵循“精明增长”的理念，走发展紧凑型都市区之路。市政当局通过刺激中心城区的人口增长、促进就业岗位和住宅数量之间达到平衡以减少对机动车交通的需求。这不仅有助于形成更加紧凑的城市形态，而且避免了低密度的城市扩散。

具体而言，温哥华注重营造多中心、多级别的都市中心，运用“集中增长模式”，在划定范围内统一公共基础建设及其他城市服务；增加公共交通，鼓励人们改变出行方式，劝诫单独使用交通工具；减少土地消耗，防止低密度扩张，集约和“精明”地使用土地。为营造亲切宜人的城市氛围，温哥华城区的设计指导思想是，通过贯穿整个地段类型多样的开敞空间体系，将建成区分为若干独立规划的居住组团，合理布置低层和高层住宅，在保持人性化尺度的同时，实现居住高密度。

对于高密度的中心城区，温哥华的城市设计注重规划、比例和色彩等。城市用地生态空间富裕，建筑物以花草树木作为屏障，控制商店店面宽度以适应行人的要求，加设遮蔽设施以避免天气变化的干扰。建筑的底层部分道路红线取齐，以加强街道上的城市气氛；所有的高层塔楼避免直接进入行人的视觉范围，以提高街道的舒适宜人度，并保证街道上阳光充足，令现代化的城市设计与自然风光交相辉映。

可以说，温哥华在高密度城市环境下创造了宜居和充满活力的空间，树立了打造宜居大城市的典范。

新加坡：完善的规划体制为宜居城市建设提供保障

新加坡是马来半岛最南端的热带城市岛国。新加坡发展最大的约束是土地资源，但城市的发展并未受其影响，其开发成功主要归因于有一个明确、清晰和强有力的政府控制体制。它依据坚实的政策环境，使专业规划者与企业很好地合作，果断地执行了一些重大的政策和规划，从而使新加坡有了目前的宜居环境。

新加坡最引人注目的是其良好的绿化环境，这是基于三方面的原因。首先，规划部门精心编制了《绿色和蓝色规划》，这确保新加坡在城镇化进程飞速发展的同时，仍拥有绿色和清洁的环境；其次，新加坡在不同的发展时期，提出不同的绿化美化目标，保证与城市变化的方向相一致；此外，政府出台了诸如《公园与树木法令》、《公园与树木保护法令》等一批法律法规，要求所有部门都必须承担绿化责任，对损坏绿化的行为实行严厉处罚。

新加坡政府充分发挥其职能，实现“居者有其屋”。首先，政府设有建屋发展局，专门解决经济适用房和廉租房的问题。新加坡的经济适用房称为“组屋”，政府对购买“组屋”人群的收入有一定限制。至于商品房，政府只根据政策批租土地。其次，为了让居民都能买得起房，新加坡政府推出了一系列优惠措施：制定公积金制度；坚持“组屋”小户型、低房价原则；对居民购买“组屋”实行免税优惠措施等。另外，为了保证居民的生活质量，建屋发展局在“组屋”的地址选择、样式设计及配套设施建设上都颇费心思。

此外，新加坡政府重视公共交通发展，制定和完善了城市交通总体规划，投入巨额资金，加快城市陆路交通网络的建设，并且通过将快速轨道系统延伸到新城镇和居住区中心，来获得一个整体有效的交通系统。

总之，新加坡政府完善的规划体制为宜居城市的建设提供了一个良好的保障，并有效避免了城市发展中缺少控制的问题。管理机制能保证不同的规划和执行部门间的紧密合作，保证公众充分参与规划进程并及时提供反馈意见，从而获得一个可信而可行的规划。公私之间的紧密合作，是成功开发中整合意见和资源的一条值得世人借鉴的途径。

西雅图：全面贯彻可持续发展的指导思想

西雅图是美国太平洋西北海岸一个商业、文化和技术中心。西雅图在宜居城市建设方面，最突出的贡献在于，它率先提出并贯彻实施了“可持续发展的西雅图”模式，具有强烈的整体意识、区域意识和社区意识，成为世界上众多城市效仿的对象。

首先，确立了弹性生长的规划框架，提出了独创新颖的规划模式——“都市集合”，制定了完善可行的规划策略，并建立了规划的法律和财政保障机制。其中“都市集合”的用地模式，主要是将西雅图都市区按建设密度从大到小分为“都市中心集合”、“核心型都市集合”、“居住型都市集合”和“社区中心点”四大类，每类按照各自的特点分别进行规划，充分体现了控制增长、节约土地资源、降低能源消耗、高效利用基础设施、保护环境、鼓励公众参与、提倡社会公平、改进生活品质、加强社区意识、保护地方特色及整体规划等可持续发展的思想。在交通规划中，力求缩短通勤和购物距离，鼓励公交、小巴、自行车、步行等多种出行方式，并为其规划和设计完善的设施及环境，体现了可持续发展中节能、环保、高效、循环、多样以及区域性和社区性等综合特征。社区规划则遵循自上而下、协调合作、平衡利益等可持续发展的原则。在规划要素上，界定了规划的总体原则和框架，设计了专门的规划程序和格式，以保证每个不同的社区在规划上的同一性。

在整个规划的编制与实施过程中，高质量、高效率、系统而程序化的公众参与是西雅图成为宜居城市的重要保障。在环境建设、基础设施建设和城市开发等多方面，都能保证切实有效的公众参与，参与行动随具体项目进程分阶段分解到整个过程中。在参与过程中，制定了比较系统的规划操作程序，涉及内容根据具体项目的特点，由政府、专家和利益相关人共同协商制定，公众进行评判和监督。(来源：中国建设报)

九、美澳城市智能交通发展案例

洛杉矶市自动交通监测和控制中心

洛杉矶市自动交通监测和控制中心(ATSAC)于1984年的奥运会之前开始兴建，最初只限于奥运会主会场——洛杉矶纪念体育场地区，后来逐步扩展到全市。

目前，洛杉矶的ATSAC控制2449个有信号灯控制的交叉口。整个洛杉矶市有4285个有信号灯控制的交叉口，而ATSAC控制了其中的57%。另有286个交叉口的ATSAC工程正在建设。

在ATSAC内，计算机交通控制系统监控全市的交通状况和系统性能。道路上埋设的感应圈可以监测车辆的通过、车速、流量，并且每秒钟修改数据。除此之外，全市大约还安装了150个闭路电视摄像机。

自动交通监测和控制中心可以通过增加软件来扩充系统，从而对其他交通工具，例如轻轨铁路进行监控。ATSAC的最新技术发展是建造自适应车流控制系统（ATCS），可以根据车的流量大小来调整信号时间，使得道路的通行能力得到最有效地利用。

洛杉矶市公共汽车信号优先技术

洛杉矶市公共汽车信号优先技术是应用智能交通运输系统(ITS)技术来提高公共汽车运行速度，使得公共汽车更加准时并提高其运行效率。

主要的方法是对交叉口的晚点公共汽车在红灯时提前给予绿灯，同时对正在交叉口内行驶的晚点公共汽车延长绿灯时间使其有足够的时间来通过交叉口。一般来说，对于准点的公共汽车就不必给予信号优先。公共汽车信号优先技术的关键是要确保公共汽车和交叉口信号机之间有无线通讯。

公共汽车信号优先过程包括4个阶段：

第一阶段：确定公共汽车位置。确定公共汽车到达的地点，以确定交叉口是否要进行信号优先。这一功能也提供位置数据给公共汽车上的处理器以确定汽车是否晚点。

第二阶段：公共汽车向交叉口的信号机提出信号优先请求。由公共汽车上的处理器来执行，对汽车到达设定点后是否要提供信号优先作出决定。

第三阶段：交叉口的信号机同意公共汽车提出的信号优先请求。是否给予信号优先取决于许多因素，例如，一天的时间里，手工强行使信号灯变绿的可能性，当地的交通状况，信号机的状况。这一过程一般在交叉口执行，但有时也可能要由市交通局的公共交通规划管理人员同意公共汽车提出的信号优先请求。

第四阶段：实施信号优先。根据公共汽车和前方交叉口的相对位置，通过信号机调整信号时间，使得信号灯提前变绿灯，或延长绿灯时间，以便公共汽车能够顺利地通过前方的交叉口。

墨尔本市自由流电子收费系统

澳大利亚墨尔本都市连接线公路是一项庞大的市政基础设施建设工程，全长22千米，包括普通道路、隧道和一座33米高的大桥，总造价达22亿澳元。公路绕墨尔本中央商务区（CBD）而过，与主要海港、铁路、航空港相连接。运城都市公路有限公司（以下简称运城公司）在墨尔本都市连接线公路的运营管理中建立了一套高效的市场运作和公共关系的机制。

电子收费系统提供容纳40万个独立账户的

空间，每天可以处理超过100万个电子标签交易记录和2万条登记日通行记录。摄像机用于捕获车牌照图像和进行违章抓拍。“收费处理”和“违章抓拍”这两个处理过程截然不同，不能混淆，因为电子收费并不仅仅是指车道天线与车载电子标签的通信过程。“收费处理”和“违章抓拍”过程必须同样准确：电子标签必须和相应的车辆相匹配（不管公路上的运行车辆处于检测区域的任何位置），并且必须生成统计记录以便于后续管理。正是这些可靠的处理过程使电子收费系统充分显示其可信性，向公路运营单位展示了良好的社会公共关系环境。

如果自由流电子收费系统不能达到这些严格的要求，后果将是非常严重的。譬如，一个诚实合法的道路使用者可能会被错误地作为违章通行者处理。同样，一个故意违章者的违章通行费可能会被错误地从另外一个道路使用者的账户中扣取。任何这样的处理错误都将给该都市连接线公路的公共关系环境带来很大的损害。正是这些可靠的处理过程，使电子收费系统充分显示其可信性，向公路运营单位展示了良好的社会公共关系环境。（来源：中国建设报）

十、国外BRT发展建设概况

巴西・库里蒂巴

在身为建筑师和都市规划专家的市长雷勒的直接推动下，库里蒂巴市1974年建成了第一条快速公交线，在30多年的不断实践完善中，形成了74千米长的巴士专用通道、250千米的公交主干线和340千米的公交支线，该市70%以上的工作出行都是公共交通，并实现了交通建设与城市规划良好结合的最佳范例，成为全世界 的BRT经验之师。

巴西・圣保罗

圣保罗作为巴西与南美最大城市，早在上世纪70年代，就开始建设封闭式中央公交专用道路，如今，圣保罗是世界上拥有最长BRT道路（146千米）的城市。该市的很多道路堪称南美公交线路的典范，成功在于出色的站台设计、乘客服务与畅通的通行率。但作为超过2000万人口的城市，如今的圣保罗依然面临着交通拥堵的困扰。目前，圣保罗的多个BRT项目也正在研究与兴建当中。

韩国・首尔

因恶劣交通拥堵而导致私人公交公司罢工而引发的公交改革，开启了首尔公交史的转折。2004年年中开始，首尔市政府下决心全面推进中央封闭式BRT的建设，到2008年，首尔已建成8条共计74千米长的中央封闭式BRT道路，并配置公共汽车优先交通信号，实时乘客信息系统和设计显眼、设施齐备的车站。首尔BRT对城市交通拥堵的缓解效果几乎是立竿见影。在BRT运行半年后，首尔的公共汽车平均车速就增加了1倍，从每小时11千米提高到每小时22千米。在 BRT运行之前半年与之后半年的1年间，首尔的公共汽车出行率提高了10%。

印度・新德里

2008年，新德里试运行公交专用道不仅没有缓解市内交通拥堵，反而让问题更严重，数以万计的司机为通过这条公交专用道而不得不堵上数小时，同时忍受40 摄氏度高温，这直接引发了市民诸多抗议，最终导致政府叫停了扩建市内公交专用道的计划。

印尼·雅加达

雅加达市BRT受到责难的是其公交车的车门设置，它采用的是单车门，乘客上下都是一个门以至于出现混乱和耽误时间。一般都是前后两道门。后来改进的办法是每辆车增加一个售票员维持秩序。

南非·约翰内斯堡

作为2010年世界杯的举办地，约翰内斯堡肩负着改善交通的重任，然而，难以根除的种族问题却使得BRT项目陷入僵局。高尚住宅内的白人居民反对的理由是要保护他们居住的小区，而黑人雇员为主的出租公交车行业反对的理由是他们的运营线路受到了侵犯。（来源：南方周末）

十一、2010年中国大陆城市福布斯榜

2010底，福布斯发布了2010中国大陆创新城市排行榜、2010中国大陆最佳商业城市排行榜和2010中国大陆最佳县级城市。在创新城市排行榜中，深圳市超越上海市，位居榜首，苏州位居第三。在十大商业城市中，广州、上海和深圳分别位居前三。十大县级城市被江苏和浙江2省包揽，其中排名前5的全部是江苏的县市，分别是昆山、常熟、张家港、江阴和吴江。

图表1　2010中国大陆十佳商业城市

2010排名	1	2	3	4	5	6	7	8	9	10
城市	广州	上海	深圳	杭州	苏州	北京	无锡	宁波	南京	天津
人才指数	0.8512	0.8898	0.6253	0.9421	0.7631	0.989	0.6804	0.6198	1	0.8072
R1	18	13	47	5	31	2	36	48	1	25
城市规模	0.9837	1	0.9105	0.9463	0.9595	0.993	0.9051	0.8883	0.8813	0.9619
R2	3	1	10	7	6	2	12	13	15	5
消费力指数	0.9286	0.9338	0.8972	0.8397	0.8746	0.8693	0.7805	0.8798	0.8554	0.8014
R3	8	5	13	18	15	16	29	14	17	24
客运指数	1	0.7083	0.9583	0.8988	0.5429	0.7107	0.6798	0.794	0.875	0.6286
R4	1	19	2	4	34	18	22	10	5	25
货运指数	1	0.8643	0.8586	0.7043	0.2714	0.6657	0.4214	0.8143	0.8029	0.8043
R5	1	4	5	14	85	15	51	7	9	8
经营成本	0.2248	0	0.189	0.0666	0.4576	0.0585	0.3794	0.1609	0.1416	0.1287
R6	125	132	126	130	80	131	105	127	128	129
经济活力	0.6783	0.6228	0.6805	0.6394	0.7539	0.4904	0.8475	0.7622	0.6626	0.5747
R7	43	57	41	53	22	90	9	19	49	69
创新指数	0.8672	0.9904	1	0.9392	0.9856	0.9744	0.8896	0.8544	0.7072	0.824
R8	13	2	1	7	3	4	12	14	32	19
综合得分	0.8254	0.8089	0.7973	0.7937	0.7886	0.7856	0.7737	0.7715	0.7673	0.7481

图表 2　2010 中国大陆十大创新城市

排名	城市	行政级别	省份	排名	城市	行政级别	省份
1	深圳	计划单列市	广东	6	东莞	地级市	广东
2	上海	直辖市	上海	7	杭州	省会城市	浙江
3	苏州	地级市	江苏	8	昆山	县级市	江苏
4	北京	直辖市	北京	9	常熟	县级市	江苏
5	吴江	县级市	江苏	10	绍兴	地级市	浙江

图表 3　2010 中国大陆十佳县级城市

县级市排名	1	2	3	4	5	6	7	8	9	10
城市	昆山	常熟	张家港	江阴	吴江	义乌	太仓	余姚	宜兴	慈溪
省份	江苏	江苏	江苏	江苏	江苏	浙江	江苏	浙江	江苏	浙江
人才指数	0.2893	0.1901	0.2231	0.1901	0.1185	0.168	0.2342	0.0909	0.1433	0.0386
R1	88	101	98	102	113	104	96	117	108	127
城市规模指数	0.4965	0.449	0.4467	0.5109	0.2875	0.1518	0.163	0.1735	0.2354	0.2409
R2	66	73	74	61	93	111	107	104	101	100
消费力指数	1	0.899	0.9913	0.9791	0.9652	0.9286	0.9321	0.8258	0.8014	0.831
R3	1	12	2	3	4	8	6	22	24	21
客运指数	0.431	0.2	0.2143	0.2571	0.1738	0.6286	0.1405	0.2357	0.1333	0.1262
R4	45	95	93	81	102	25	111	85	113	117
货运指数	0.1	0.0171	0.04	0.23	0.0029	0.2686	0.1229	0.1057	0.1829	0.06
R5	116	129	126	93	131	87	110	115	101	121
经营成本指数	0.4258	0.6448	0.5594	0.3615	0.4643	0.2587	0.4263	0.4844	0.5098	0.4321
R6	89	50	62	109	79	123	88	76	71	86
经济活力指数	0.7133	0.8418	0.7548	0.757	0.9624	0.7675	0.7452	0.9266	0.6801	0.9375
R7	35	10	21	20	2	18	25	5	42	4
创新指数	0.9296	0.9216	0.9088	0.7264	0.9536	0.6176	0.8336	0.6672	0.808	0.6736
R8	8	9	11	30	5	47	16	39	20	37
综合得分	0.6255	0.5946	0.5906	0.5775	0.5647	0.5066	0.4989	0.4909	0.4835	0.4754

来源：福布斯中文网。

十二、2010 年世界各国各地区全球化指数排行

本排行来自安永与经济学人智库（EIU）共同编制的《2010 年安永全球化指数》。《安永全球化指数》是根据 20 个不同的指标计量并追踪全球 60 个最大经济体的表现。这些指标涵盖跨境业务整合的各主要方面。这些指标分为五大类：对贸易的开放程度、资本流动、科技及意念

的交流、劳动力流动，以及文化整合性。该指数计量“相对”而非“绝对”的全球化程度，也就是说，一个经济体与其它经济体的贸易、投资、科技、劳动力及文化整合性是按相对于其本地生产总值计量，并非这些交流元素的绝对价值。因此，该指数反映了一个经济体被观察到或在该经济体可体验到的全球整合程度。

图表4　2010年世界各国各地区全球化指数排行

总体	国家或经济体	2010年综合指数	1995年综合指数	2010年贸易额	2010年资本	2010年科技	2010年文化	2010年劳动力
1	中国香港	7.48	5.45	9.78	7.91	5.87	9.25	4.57
2	爱尔兰	7.34	4.93	6.66	7.11	9.49	7.2	6.1
3	新加坡	6.78	5.91	9.55	6.16	5.58	8.11	4.37
4	丹麦	5.93	4.2	5.17	6.05	8.92	4.74	4.41
5	瑞士	5.86	3.99	5.12	5.5	6.2	5.97	6.62
6	比利时	5.82	4.5	6.21	6.44	6.67	4.63	4.81
7	瑞典	5.8	4.04	5.32	6.1	8.18	4.7	4.38
8	荷兰	5.59	4.57	6.01	6.09	6.1	4.65	4.85
9	匈牙利	5.35	4.39	6.06	5.22	5.87	4.92	4.48
10	芬兰	5.29	3.85	4.93	5.6	7.35	4.31	3.98
11	斯洛伐克	5.16	3.25	6	4.83	3.89	6.41	4.83
12	中国台湾	5.15	3.9	5.72	5.13	6.04	4.12	4.43
13	以色列	5.11	4.71	4.84	5.22	6.38	5.18	3.83
14	奥地利	5.1	4.38	5.5	5.39	5.56	5.25	3.7
15	英国	5	4.14	4.63	5.75	5.78	4.55	4.12
16	德国	4.89	3.78	5.3	5.24	5.39	4.44	3.88
17	加拿大	4.89	4.07	4.91	5.4	4.96	5.05	4.07
18	法国	4.71	3.8	4.34	5.46	5.1	4.48	4.1
19	挪威	4.67	3.5	4.56	5.61	4.87	3.87	4.27
20	捷克共和国	4.67	3.47	5.74	4.9	4.52	4.01	3.95
21	西班牙	4.61	3.65	4.57	4.97	4.14	4.47	4.91
22	葡萄牙	4.49	4.15	4.04	4.96	3.82	4.56	5.17
23	保加利亚	4.48	3.56	5.4	4.76	3.69	4.18	4.27
24	新西兰	4.48	3.67	4.6	5.16	4.36	4.43	3.79
25	波兰	4.48	3.01	4.68	4.97	3.86	4.39	4.44
26	澳大利亚	4.43	3.66	4.36	5.45	4.3	4.08	3.82
27	马来西亚	4.43	3.88	6.2	5.04	3.16	4.13	3.37
28	美国	4.41	3.57	4.48	5.35	4.6	4.15	3.33

续上表

总体	国家或经济体	2010年综合指数	1995年综合指数	2010年贸易额	2010年资本	2010年科技	2010年文化	2010年劳动力
29	智利	4.32	3.51	4.73	6.32	3.11	3.52	3.68
30	罗马尼亚	4.32	2.65	4.49	4.72	3.59	3.97	4.79
31	意大利	4.32	3.4	4.1	4.62	4.26	4.16	4.43
32	沙特阿拉伯	4.21	3.3	4.79	5.19	3.21	2.48	5.1
33	韩国	4.17	2.81	5.1	4.66	4.76	2.84	3.07
34	越南	4.15	2.73	5.63	5.04	3.02	2.53	4.13
35	希腊	4.08	3.79	3.65	4.37	3.83	4.58	4.06
36	墨西哥	3.81	3.03	4.65	4.88	2.78	3.52	3.05
37	泰国	3.77	2.99	5.38	4.32	2.43	3.44	3.06
38	菲律宾	3.74	2.9	4.51	4.12	1.43	3.29	5.41
39	中国	3.63	2.69	4.15	4.75	3.53	2.55	2.9
40	哥伦比亚	3.61	2.94	3.3	4.69	3.21	3.33	3.49
41	秘鲁	3.58	2.93	4.16	4.69	2.48	3.34	3.1
42	日本	3.57	2.73	3.97	4.55	4.52	1.94	2.43
43	乌克兰	3.49	2.42	4.13	3.38	3.4	3.09	3.35
44	土耳其	3.43	2.98	3.91	4.27	3.33	2.82	2.61
45	埃及	3.39	3.16	3.76	4.64	1.93	2.63	3.86
46	巴西	3.37	2.77	3.48	4.7	2.72	3.29	2.56
47	斯里兰卡	3.36	3.27	3.29	4.33	1.46	3.31	4.53
48	厄瓜多尔	3.28	2.69	3.83	3.07	2.55	2.61	4.3
49	阿根廷	3.18	3.15	3.04	3.47	2.98	3.41	3.05
50	巴基斯坦	3.14	2.69	2.66	4.53	1.47	1.75	5.25
51	俄罗斯	3.13	2.55	3.73	3.46	3.24	2.03	2.93
52	阿塞拜疆	3.11	3.07	3.21	3.25	2.52	2.79	3.79
53	哈萨克斯坦	3.09	2.49	3.43	3.78	2.26	2.86	3.03
54	南非	3.04	2.69	3.86	4.23	1.47	2.72	2.83
55	尼日利亚	3.03	2.57	2.4	3.66	1.9	2.5	4.81
56	印度尼西亚	3	2.7	4.18	3.76	1.78	2.53	2.54
57	印度	2.96	2.6	3.06	4.13	1.51	2.51	3.55
58	委内瑞拉	2.85	2.62	2.85	2.72	2.68	3.36	2.74
59	阿尔及利亚	2.62	2.51	3.16	3.46	1.86	1.82	2.65
60	伊朗	2.27	1.87	2.56	2.31	2.72	1.82	1.82

【主要发达国家住房政策】

住房问题一直是各国政府大力关注的问题，因为其不仅关系到国民的生存问题，也关系到一个国家经济发展和社会的稳定，因此，各国政府都把住房制度放在经济生活和社会保障的重要位置来对待。国外一些发达国家和地区对于社会住宅问题的关注较早，在政策的制定和实施方面经过不同阶段的探索和实践，积累了丰富的经验。本文对美国、日本、法国、荷兰、德国、意大利等国的住房政策进行分析、介绍，希望能为我国社会住房政策的制定提供有益的思考和启示，为今后学者研究相关问题提供一定的思路。

一、美国住房政策

美国在1949年通过的《住房法案》的序言里，美国议会宣布了它的住房目标："让每一个家庭能在适宜的居住环境里拥有一个舒适的家。"在法案通过后的50多年里，联邦政府为资助低收入者，建设、修缮了500多万户住宅，同时为200多万低收入家庭提供了租房（Rental Voucher）。然而美国的住房面积仍然很紧迫。截止至2003年，共有4600万户家庭面对这样那样的问题，他们或者居住在设施不全的住宅里，或者为住房承受巨大的经济压力——不得不把超过30%的收入用于住房支出，甚至有人无家可归，流落街头。

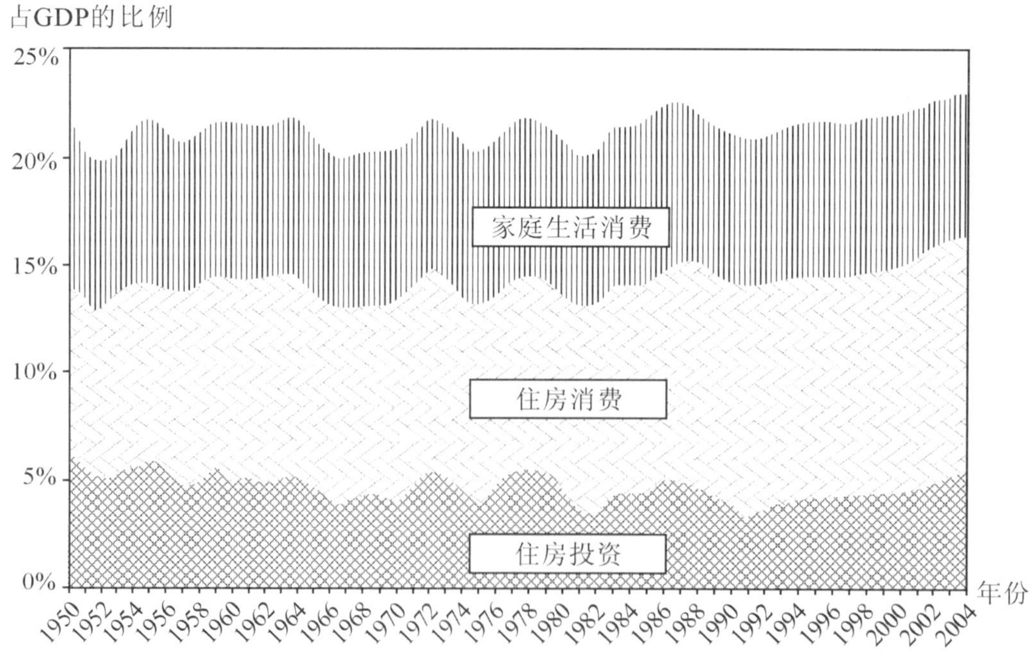

图表5　1950—2004年住房对GDP的贡献

1. 美国房地产业概述

(1) 住房的重要性

房地产业是美国经济的支柱，在GDP中所占的比例数年来一直超过1／5。2004年，住房建设和改建一共贡献了GDP的6%，另外，有11%的GDP来自房租和自有房户的住房支出。家具、电器和其他家用开销又贡献了7%。2003年，美国住房市场的总价值为13.4万亿美元，占美国固定资产和耐用消费品总值的39%。2001年，住宅建设共提供了350万个工作岗位，同时为所在地区带来了1660亿元的收入（Millennial Housing Commission 2002，第12页）。

在地方和区域层面上，住房也非常重要。住房的建设、开发和销售创造了就业机会、收入和政府税收。除了由建设活动直接创造的就业机会和经济效益，建筑工人和后来的购房者的消费也间接给当地带来了经济利益。国家住房建设商协会（National Association of Home Builders）预测，每建设100栋独户住宅，在建设过程中将为当地带来大约250个全职工作，并为当地商业和职工带来1100万美元收入。随后入住的100户新家庭会带来75个工作，同时每年会创造300万美元的收入（Millennial Housing Commission 2002;National As－sociation of Home Builders 2001）。

住宅建设是各级政府财政收入的主要来源。2001年，与住宅建设相关的税收和其他费用达到了约650亿美元。每建设100户独户住宅，在建设期间将为当地政府带来120万美元收入。随后，这100户住宅通过缴纳不动产税及其他税收和费用还能为当地政府带来每年约47.2万美元的收入。

住房的权益资本支撑着国家的经济。2003年，美国所有的住房权益资本超过8.4万亿美元（Joint Center for Housing Studies 2000）。20世纪90年代中期以后，贷款利率变低，房主因此可以通过住房再贷款（refinance）来获取收益。低利率降低了每月所需的月供，房主因此可以把剩余的钱用作其他方面的投资。有些人在申请低利率贷款的同时，还取出一部分已支付的房款，用来支付信用卡上的欠款、装修住房、支付学费或者用来投资。

仅2003年一年，美国的有房户从他们的住房权益资本中共取出了大约1390亿美元现金（Housing and Urban Development 2004m），这些为获得现金而进行的再贷款占所有再贷款的45%。从2000年到2004年第三季度，住房再贷款总额达到了7.9万亿美元(以2000年美元为单位，Joint Center for Housing Studies of Har—vard Univer－sity 2005)。假如没有本世纪最初几年的住房再贷款潮流，那段时间的经济衰退会更严重，经济气候的恢复也将会变得更慢。除了通过住房再贷款而兑现的现金，通过出售住房获得的利润也对经济发展做出了贡献。全国每年通过住房销售而得到的资本收益约为1250亿美元（Millennial Housing Commission 2002，第12页）。

(2) 住房建设的趋势

从1975年开始，全球平均每年约有175万套住宅建设，相应的结果全美对大多数住房都非常新，2003年全美自有房的20%是20世纪90年代建成的，相反只有20%的自有房和不到33%的出租房是1950前建成的。

图表6　历年开发住房的区位分布情况

建造年份	自有房				出租房			
	总量	市区	郊区	非都市区	总量	市区	郊区	非都市区
1990—2003	21.7	14.1	25.6	20	11.4	7.9	14.5	12.9
1980—1989	13.4	10.3	15.4	11.6	14.6	10	20.1	12.5
1970—1979	18.5	14.3	19.3	20.8	21.2	19.6	22.5	22.1
1960—1969	12.7	14	12.8	11.1	13.7	13.5	15	10.3
1950—1959	12	15.2	11.9	9.2	9.6	11	8.8	8
1950年以前	21.7	32.2	15	27.2	29.6	38	19.1	34.3
合计	100	100	100	100	100	100	100	100

资料来源：美国人口统计署（2004b）。

从20世纪80年代中期开始，住房建设主要以独立住宅为主，独立住房占每年新建住宅的绝大部分，而且它所占的比率在逐年增加。2004年开始建设的住宅中，独立住宅的比例超过77%。在1980年，它的比例仅为56%，1990年为65%。独立住宅的崛起反映了自20世纪80年代后期起多户住宅建设的衰减。

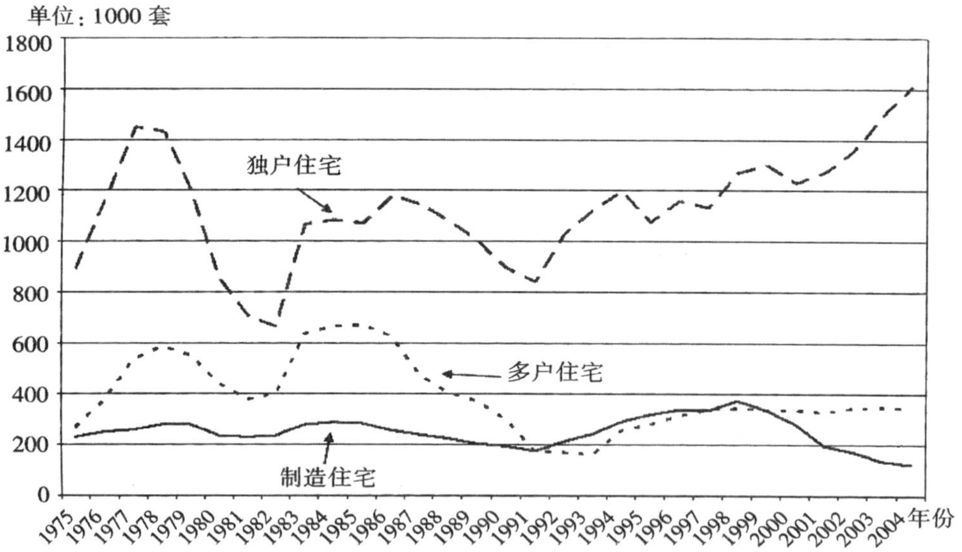

图表7　1975－2004年间每年不同类型的新建住房数目

资料来源：美国人口普查署（2004b）。

美国绝大多数住房建设都位于都市区的边缘，并且大多数都不在东北部地区。例如，建于2000年和2003年间的自有房67%位于郊区，出租房也有超过一半位于郊区。同期建成的住房中，只有16%的自有房和29%的出租房位于中心城市。非都市区拥有大约18%的新建自有房和16%的出租房。在新住宅建设方面，南部地区远远领先于其他地区。2000—2003年间，将近一半的自有房和出租房建设在南部地区。西部和中部地区各占新建住房总量的20%，而东北部地区仅占总量的9%，远远落后。

图表8　2000－2003年建设住房的区位分布

	自有房	出租房	总计
总数(单位：1000套)	4672	1019	5691
区位分布百分比	—	—	—
都市区内	81.6	84.3	82.1
市区	15.9	28.6	18.2
郊区	65.6	55.8	63.9
都市区外	18.4	15.6	17.9
东北部	9.5	8.6	9.4
中西部	21.3	19.5	21
南部	46.8	46.7	46.8
西部	22.4	25.1	22.9

资料来源：美国人口统计署（2003c）。

住房正变得越来越大，越来越豪华。自有房的平均面积从1973—2004年逐年增加，从1526平方英尺（约142平方米）上升到2195平方英尺（204平方米）。多户住宅也越变越大，但没有独户住宅那么明显。新建的独户住宅中，中央空调的拥有率从1973年的49%上升到2003年的88%，反映了住房建设偏向于南方的特点以及住房配套设施水平的提高。类似地，新建住房2个及以上浴池的拥有率也从1973年60%上升到2003年的95%。

图表9　历年新建住宅的情况统计

建成年份	平均面积（平方英尺）	中央空调安装比例（%）	拥有两个及以上完整卫生间的比例（%）
1973	1535	49	60
1983	1565	70	72
1993	1945	78	88
2003	2162	88	95

资料来源：美国人口统计署（2005a）。

（3）居住形势

仅20年的时间，美国主要居住形势就从租房变成了自有房。1940年以前，美国国内大多数住户租房居住。1940—1960年，自有房率从44%上升到62%。在20世纪60年代之后的20年里，全美自有房率仅提高了2.5%。20世纪80年代自有房率轻微下跌，但是到了90年又实现的反弹，并且从90年代末开始每年都能创造新的记录。

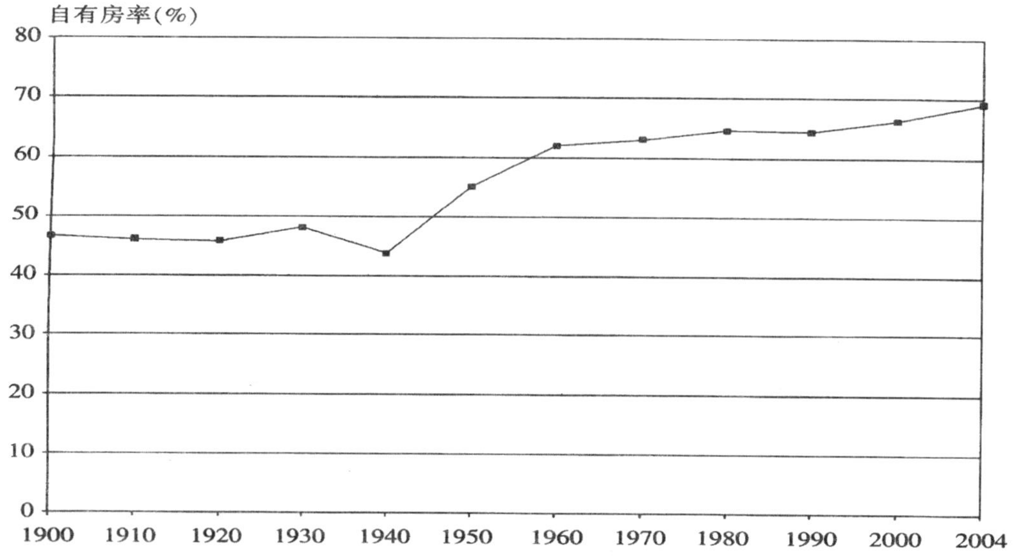

图表10　1900—2004年美国国内的自有房率

资料来源：美国人口普查署（2005c，2005d，2005e）。

虽然自2004年年末，美国自有房率达到了69.1%的新纪录，但是自有房率在不同人群里的普及率差别极大。自有房率最高人群分别为已婚夫妇和中老年家庭。在空间上，则表现为郊区和非都市区的自有房率比较高。例如，已婚夫妇家庭的自有房率高达84%，比其他的家庭高出30个百分点。白人家庭自有房率高达76%，比拉美裔家庭高出28个百分点，比黑人家庭高出27个百分点。1993—2004年，自有房率一直呈上升趋势，但实际上从1983年到1993年的10年间，只有老人和单身住户这两类人群的自有房率显著上升，其他人群的自有房率不但鲜有增长，很多还经历了锐减。

图表11　不同家庭组成、年龄、种族和地理区域的住房在不同时期的自有房率

	1983(%)	1993(%)	2004(%)
总数	64.9	64.1	69
住户类型			
已婚家庭	78.3	79.1	84
其他家庭	49.5	46	53.3
单身住户	46.2	49.8	55.8
住户年龄			
低于25岁	18.8	15	25.2
25~29	38.3	34	40.2
30~34	55.4	51	57.4
35~44	69.3	65.4	69.2
45~54	77	75.4	77.2
55~64	79.9	79.8	81.7
65及以上	75	77	81.1

续上表

	1983(%)	1993(%)	2004(%)
种族			
非拉美裔白人	69.1	70.2	76
非拉美裔黑人	45.6	42	49.1
拉美裔人	41.2	39.4	48.1
其他	53.3	50.6	58.6
区域			
东北部	61.4	62.4	65
中西部	70	67	73.8
南部	67.1	65.5	70.9
西部	58.7	60	64.2
在都市区中的区位			
市区	48.9	48.9	53.1
郊区	70.2	70.2	75.7
非都市区	73.5	72.9	76.3

资料来源：美国人口统计署（2005e）。

2．廉租房及困难户

（1）廉租房的建设

今天，住房的廉价性问题远比它的质量及拥挤问题更牵动人心。全美只有不足2%的住户住在设施严重不足的住房里，还有将近6%的人面临住房拥挤问题，却有超过11%的住户把收入的一半，甚至更多用于与住房相关的花费，这个比例在租房户中高达16%。

2003年，约有25%的自有房户和超过40%的租房户的住房支出超过其收入的30%。其中，低收入者面临住房压力的概率最大。在收入最低的10%的人群里，70%租房户和63%自有房的住房花费超过收入的50%；在收入最低的25%的人群里，50%租房户和38%自有房的住房花费超过其一半收入。高收入人群中的住房负担问题下降得很明显，特别是租房户。例如，收入位于24%~50%之间的租房户中只有5%面临严重的住房负担问题，有房的比例则为24%。

图表12　2003年不同收入人群的住房负担情况（单位：1000户）

	最低1/10	最低1/5	最低1/4	收入组群中下1/4(25%~50%)	中上1/4(50%~75%)	最高1/4	总数
严重租房负担							
自有房户：总户数（户）	2530	4016	4569	1668	554	157	6948
自有房户：占该收入组群总户数的比例（%）	63.4	43.5	37.8	10.1	2.7	0.7	9.6
自有房户：占自有房户总数的比例（%）	36.4	57.8	65.8	24	8	2.3	100

续上表

	最低1/10	最低1/5	最低1/4	收入组群中下1/4(25%~50%)	中上1/4(50%~75%)	最高1/4	总数
租房户：总户数（户）	4804	7049	7526	548	45	2	8122
租房户：占该收入组群总户数的比例（%）	70.1	56.6	50.1	5.2	0.7	0.1	22.6
租房户：占租房户总数的比例（%）	59.1	86.8	92.7	6.8	0.6	0	100
所有严重住房负担的住户中有房户的比例（%）	34.5	36.3	37.8	75.3	92.5	98.6	46.1
所有严重住房负担的住户中租房的比例（%）	65.5	63.7	62.2	24.7	7.5	1.4	53.9
中度住房负担							
自有房户：总户数（户）	718	1883	2543	3919	3168	1396	11025
自有房户：占该收入组群总户数的比例（%）	18	20.4	21.1	23.8	15.7	5.9	15.2
自有房户：占总户数的比例（%）	6.5	17.1	23.1	35.5	28.7	12.7	100
租房户：总户数	771	2743	3907	2885	493	62	7346
租房户：占该收入组群总户数的比例（%）	11.2	22	26	27.1	7.1	1.8	20.4
租房户：占总户数的比例（%）	10.5	37.3	53.2	39.3	6.7	0.8	100
所有中度负担的住户中自有房户的比例（%）	48.2	40.7	39.4	57.6	86.5	95.8	60
所有中度住房负担的住户中租房户的比例（%）	51.8	59.3	60.6	42.4	13.5	4.2	40

注：收入分组把所有住户分为4组，每组住户数目为总数的1／4，且后一组中所有住户收入都高于前面一组，其他5分组和10分组的定义依次类推。最低的1／10和1／5分别指收入最低的1／10和1／5住户。

资料来源：美国人口普查署，美国社区调查，具体数据来自哈佛联合住房研究中心2005年报告（表A－11）。

2001年，美国收入最低的20%的900万户租房户所能承受的市场出租房的总量仅790万户，住房供应缺口达200户。更糟糕的是，这些廉租房只有520万户是低收入者可以获得的，因为其他的270万户被高收入者占据了。换句话说，在2001年，相对于每100户低收入租房者来说，只有42户是他们既供得起、又可以获得的。

廉租房的短缺问题在低收入人群里最严重。如下表列举了1999年不同收入的租房户的数目与不同的收入水平对应的廉租房的数目，以及那些既廉价又可获得的住房数目。

图表 13　1999 年不同收入人群对廉价出租房的需求及相应供给情况（单位：1000 户）

收入范围（地区家庭平均收入的百分比）（%）	租房户数目（户）	廉价出租房单元数目（户）	该收入范围内出租房不足或剩余量（户）	每 100 户租房户中的累计不足或剩余量（户）	既廉价又可获得的出租房数目（户）	该收入范围内住房不足或剩余量（户）	每 100 户租房中的累计不足或剩余量（户）
0～30	8513	6681	-1832	-22	3570	-4943	-58
30.1～50	6243	12092	5849	27	7907	1664	-22
50.1～60	2787	6948	4161	47	4916	2129	-7
60.1～80	4483	7274	2791	50	6925	2442	6
80.1～100	3743	2271	-1472	37	4523	780	8
100.1～120	2938	678	-2260	25	3172	234	8
120.1+	5299	1073	-4226	9	6005	706	9
总计	34007	37017	3010	9	37017	3010	9

资料来源：美国住房与城市发展部（2003a）。

上表数据显示，在收入分布的两头都存在相应廉租房供应不足问题。具体来说，收入不高于地区平均水平的 30% 租房户面临着 180 万户廉租房短缺。该表还表明，收入高于地区平均收入 80% 的租房户中也存在房源不足的问题。但是这个不足只是表现而已，事实上，收入更高的租房者往往愿意占据低价的出租房，以使住房花费低于其收入的 30%，这进一步导致低收入者房源不足。

（2）困难户

所谓最低住房要求，是指那些面临严重的住房负担、严重住房设施不足或者无家可归的极低收入租房户（收入低于地区平均的 50%）。从 20 世纪 80 年代到 90 年代末，面临最低住房需求的住户在申请公共住房、住房券和其他政府资助是受到优先对待。

2001 年，全美有 507 万户低收入家庭有最低住房需求，比1999年的490万户略有上升。有最低住房需求的租房户极其多元化。依据地理位置和住户特点可以将最低住房需求租房户划分为 7 类（如下表）。在所有最低住房需求的租房户中，有儿童的家庭占 40%，老年住户占 20%。单亲妈妈住户占总数的一半以上，单身住户占 44%。绝大多数住户收入低于贫困线。

图表 14　1999 年最低住房需求租房户和极低收入住户的比例

	占最低住房需求租房户总数的比例（%）	占极低收入住户总数的比例（%）
住户类型		
带儿童家庭	36.9	42
老年人家庭，无儿童	21.2	21.5
其他家庭	4.6	5.1
获得针对于残疾人的社会安全保险的非家庭型住户	7.6	7.9

续上表

	占最低住房需求租房户总数的比例（%）	占极低收入住户总数的比例（%）
其他非家庭型住户	29.6	23.4
其他住户	44	40.7
夫妇二人家庭	22	23.8
单亲妈妈家庭	51	52.2
贫困程度和收入来源		
收入低于贫困线	84	21.2
收入来自社会福利	17	19
收入来自社会保障	26	26.2
工资作为收入的主要来源	58	59
至少临时工作收入达到最低收入标准	45	53.6
至少全职收入达到最低收入标准	28	41.3
区位		
市区	51.6	50.6
郊区	35.1	33.1
非都市区	13.3	16.3
东北部	21.3	23.1
中西部	18.5	19.6
南部	31.9	31.3
西部	28.3	25.4
人种		
非拉美裔白人	52.1	49.1
非拉美裔黑人	24.6	26.3
非拉美裔	17.2	18.6
其他少数族群	6.2	6

资料来源：美国住房与城市发展部（2003a）。

3. 美国住房政策

说起美国的住房政策，很多人会联想起公共住房和其他对穷人的资助项目。事实上，联邦政府通过自有房户的纳税优惠政策为富人提供了更多的资助。以2003年为例，全美受益于政府住房资助的低收入租房者不到700万，却共有1.5亿购房者因为从联邦个人所得税中免去了抵押贷款利息而获益。2004年，联邦政府直接用于住房资助的支出不到329亿美元，而用于住房抵押贷款利息减免（mortgage.interest deduction）和其他的针对有房户的税收优惠政策的让利则超过了1000亿美元。此外，这些税收优惠中的绝大部分流向了收入超过10万美元的住户。

除了住房抵押贷款利息支出免交个人所得税之外，其他针对有房者的税收政策还包括不动产税减免、出售住房所得的资本收益税减免，以及由免税债券资助的面向首次购房者的低利率贷款。与出租房相关的税收激励政策则主要包括低收入者住房税收补贴、历史遗迹保护税收补贴和由免税债券资助的低息贷款。

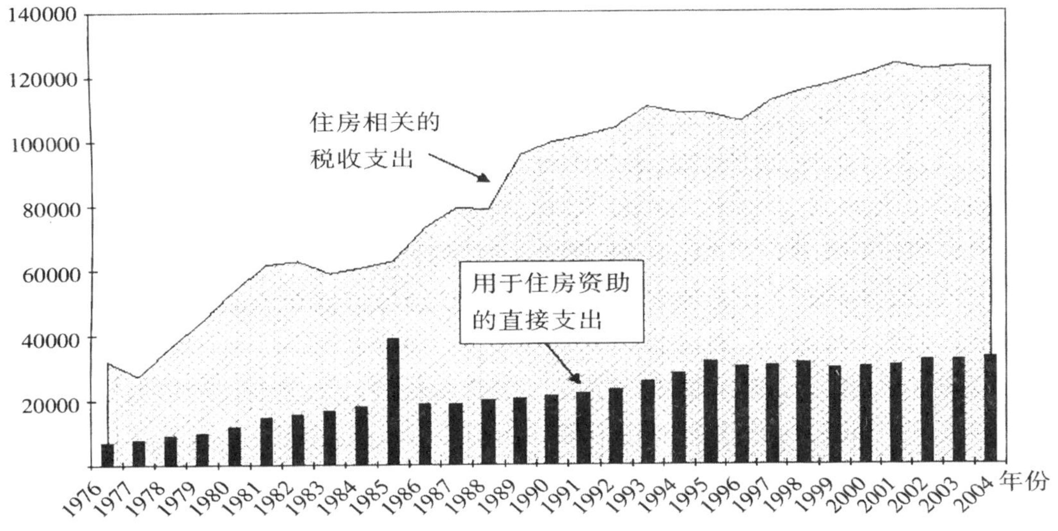

图表15　1976—2004年美国用于住房的直接支出和税务支出（单位：百万美元）

除税务支付之外，联邦政府为低收入者提供的资助主要有3种形式：第一，支持具体住房工程的建设；第二，帮助租房者获得私人市场的住房；第三，为州及地方政府提供资金，使其发展自己的项目。

第一种形式的资助通常被称为供方资助(supply—side subsidy)或基于工程的资助，它包括公共住房。公共住房项目设立于1937年，是美国最老的低收入住房项目。其他项目包括“第8条款新建项目”，联邦政府通过该项目资助私人所有的低收入住宅的建设（有时也会提供经营方面的资助)。联邦政府每年要花费数十亿美元用于资助公共住房和其他供应方项目，但几乎所有的经费都用于维修或改建那些建于20世纪80年代中期之前的住房。除了一小部分针对于乡村地区和低收入的老年人和残疾人的住房项目外，在过去的20年里，政府几乎没有用基于工程的补助来资助任何新住宅的建设。

帮助低收入者在私有住房市场上获得现有住房的资助项目最先设立于20世纪70年代。在之后不到10年的时间里，它迅速成长为低收入住房补助的最重要的模式。政府为低收入住户提供租房券，该券可用来支付当地允许的最高房租超过住户税前收入的30%的部分。

第三种主要形式是由联邦政府提供组团基金给州及地方政府，由它们来制定具体的住房项目。各州及地方政府每年所获得的资金数目通过公式计算得出。组团基金的应用范围极广，在联邦政府规定的范围内，当地政府可根据实际需要确定自己的项目。历史最久也是最大的组团基金是社区发展组团基金（Com.munity Development Block Grant，简称为CDBG)，该基金给予了地方政府最大的自由度来决定其使用。另一个项目是HOME投资合作项目

(HOME InvestmentPartnership program, 简称为HOME), 它涉及的住房活动范围比社区发展基金小得多。

总的说来, 目前将近有690万低收入住户接受某种形式的房租补贴。其中, 接受政府工程补助的私人所有出租房是最大的补助项目, 提供了200万套廉价住房。租房券作为第二大项目, 提供了180万套廉租房。公共住房排名第三, 提供了120万套住房。

剩下的190万套廉租房由低收入住房税收补贴 (Low.Income Housing Tax Credit, 简称为LIHTC)、免税多户住房债券和HOME项目资助。绝大多数受资助的住房获得了多种渠道的补助。例如, 低收入住房补贴税帮助开发了超过123万套廉租房(超过公共住房的总数), 这些廉租房中超过1/4同时接受了免税债券的资助, 还有其他一些住房接受了HOME的资助(见表12)。

住房政策不只局限于提供项目资助和税收激励, 它还涉及与住房相关的融资、开发、租赁、销售等各个方面。换句话说, 所有致力于为低收入和少数族裔住户提供住房的制度、法规与实践都是住房政策的中心。例如, 二战后住房拥有率的显著增长很大程度上就归功于联邦政府于20世纪30年代对住房金融系统的调控, 其最大成果是制定了30年固定利率住房按揭抵押贷款、政府贷款保险和二级贷款市场。

图表16 2004年接受联邦资助的出租房信息一览表

项目	单元数	比例(%)	注释
租房券(2004年)	1803013	26	—
公共住房(2004年)	1220937	18	—
其他基于工程的补助项目(大多数在2003年, 一些在1999年)	1999545	29	其中434000个单元是由农业部的第515条款项目资助的
深度补助项目	1709808	25	包括不同类型的基于工程的第8条款项目——这些项目填补了30%租户收入与房租之间的差值, 以及针对老年人和残疾人的住房项目
浅度补助项目	289737	4	包括利率补贴项目(第236条款和第221(d)3条款)和第8条款一般修缮项目
低收入住房税收补贴项目(2003年)	908563	13	另外还有323000户接受税收补贴的单元同时也获得免税债券资助
免税债券融资项目	850000	12	—
HOME资助项目(2003年)	113553	2	这里假设HOME资助的总数为341000的住房单元中仅1/3不接受免税债券或税收补贴的资助(341000×1/3=113553)
总数	6895611	100	—

资料来源: 租房券、公共住房——来自住房和城市发展部(2004i); 其他基于项目的补助——来自美国住房基金(2004a)、ICF咨询团队(2005)和千禧年住房委员会(Millennial Housing Comminssion 2002) 低收入住房税收补贴——来自住房与城市发展部(2004j); 免税债券——来自州住房金融局美国管理委员会(2004); HOME基金——来自州住房金融局美国管理委员会(2005)。

从20世纪70年代起，联邦政府通过了一系列的法规条令，企图解决住房贷款中的种族歧视行为。20世纪90年代早期通过的一项立法要求，住房金融系统的重要机构提高对少数族裔住户和社区的借贷行为。还有一些立法针对房地产经纪人的歧视行为，例如1968年通过的《公平住房法案》(Fair Housing Act)。其他如建造规范（Building Code)、区划法（Zoning）等土地使用规范则，则规定了特定地区内可建设住宅的数量、类型及费用。

（1）目标和形式

极少有住房政策只关注住房本身。从19世纪开始，几乎所有的住房项目都不仅仅是为了提供舒适而廉价的住房。例如，19世纪后期和20世纪早期的政策改革就规定了住房建设的一些基本标准，包括采光、通风、防火和卫生。这些措施一方面是为了改进居住条件，同时也是为了防止传染性疾病的传播和消除反社会行为(Marcuse 1986；Lubove 1962)。类似地，在1937年引进公共住房法案时，与为低收入者提供住宅相比，美国国会更感兴趣的是促进建筑业的就业(Marcuse 1986；Radford 1996 Von Hoffman 2000)。

凯茨等人在最近的一个关于20世纪30年代起州和地方政府住房项目的评估报告中，提出了住房政策的7个目标，其中只有2个直接涉及住房的廉价性（affordability）和物质性能(physical adequacy)。

（1）保护和扩大优质住房的供给；

（2）使现有的住房更价廉，更容易获得；

（3）提高社区居民在种族和收入分布上的多样性；

（4）帮助家庭积累财富；

（5）巩固家庭；

（6）使居民能获得基本的配套服务设施；

（7)促进大都市的平衡发展(Katz、Turner、Brown、Cunningham和Sawyer2003)。

政府的住房政策很多样化。他们可以直接提供资金或通过税收机制提供资助，也可以运用调控手段影响住房贷款的供给、房地产经纪人的行为以及在相应地区修建的住房的类型、数量和费用等。

直接资助可以通过政府的专门项目（如公共住房)来实现，也可以给州或地方政府提供组团基金，使他们有更多的自由去开发自己的项目。这些资助项目可用来支持住房的建设或翻新，也可以提供租房券，来帮助低收入家庭在私有市场上获得住房。有些项目针对特定收入的个人或家庭，或者有特殊需求的人群(例如老年人、无家可归者或残疾人)。有些项目则着重于维护现有的廉价房，或是提供更多的廉价房。

有些政策鼓励购房，有些鼓励租房，有些提倡其他类型的住房形式，比如说合作式和共有住房。在实施的过程中，不同政策对政府的依赖程度不尽相同。像公共住房和租房券这些政策几乎完全依靠政府实施，也有其他政策通过与营利或非营利机构的合作来展开。

（2）政府的住房支出

美国住房与城市发展部全权负责美国绝大多数的住房项目。住房与城市发展部成立于1965年，负责公共住房及其他基于工程的资助项目、联邦住房管理部的保险项目、租房券项目、住房与社区发展团基金及服务于老人、无家可归者和其他有特殊需求的人群的住房项目。住房与城市发展部还负责管理房利美、房地美和吉利美——它们是二级抵押贷款市场最重要的3个机构。

住房与城市发展部的住房预算分为2个方面：预算授权和预算支出。预算授权是指联邦政府承诺在目前及未来年限中支付的资金总量。预算支出指政府每年的实际支出。到20世纪80年代为止，大多数住房项目是基于多年的资助承诺来进行的。这样的结果是住房与城市发展部预算授权仅次于国防部。20世纪80年代，里根政府把住房与城市发展部的预算授权削减了70%多。1978年住房与城市发展部占联邦政府预算授权总额的8%，到1983年，它仅在比例的2%。自那以后，除了一年例外，它的比例一直维持在1%～2%之间。

预算授权的降低减少了对更多的住户进行资助能力，但是并没有降低在住房项目上的联邦支出。下图比较了美国住房与城市发展部在1967—2005年的预算授权和预算支出变化。

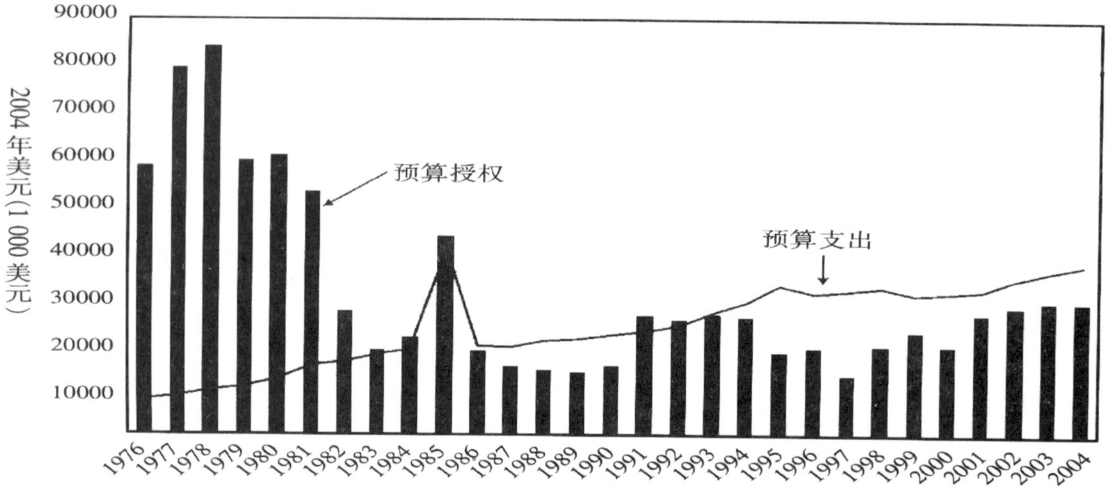

图表17　住房补助预算授权和预算支出

20世纪80年代前5年，平均每年有10.8万户新住户接受资助。其后，每年接受资助的新住户急剧减少。1985年后，仅有1年接受资助的新住户数目超过了10万。如下图：

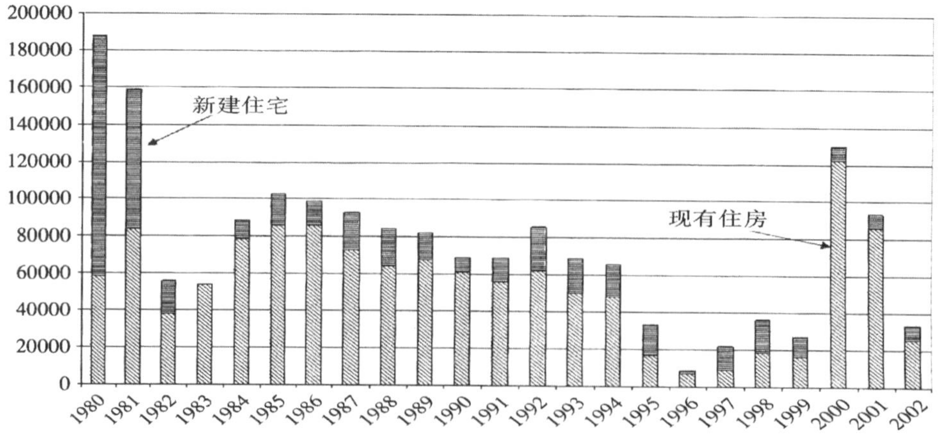

图表18　每年新增的获得直接住房补助的租房户数目

资料来源：Committee on Ways and Means (2004)。

①税务支出概况

2004年联邦政府住房税务支出总额为1194亿美元，其中的88%（即1052亿美元）被用于有房户。迄今为止，最大的课税减免是房贷利息免交个人所得税。这些减免在2004年中占了所有与住房相关的课税减免的一半多，同时占用于由房户税务支出的60%，其他主要用于有房户的税务支出包括：减免不动产税和第一住房出售所得资金收益免税。

图表19　2004年联邦用于住房税务支出

	总数(10亿美元)	占有房户/投资商税务补贴总量的比例(%)	占税务补贴总量的比例(%)
对有房户的补贴			
自有住房抵押贷款利息减免	62.6	59.5	52.4
自有住房不动产税减免	21.7	20.6	18.2
第一住房出售资本收益免税	20.9	19.9	17.5
对有房户的补贴总额	105.2	100	88.1
对住房投资商的补贴			
州和地方用于资助购买自有房而发行的债券利息免税	1	7	0.8
州和地方为资助出租房开发而发行的债券利息免税	0.3	2.1	0.3
出租房加速折旧	0.6	4.2	0.5
低收入住房税收补贴	6.6	46.5	5.5
1997年后的不动产分期出售所得延期纳税	1.1	7.7	0.9
与出租房项目有关的不高于25000美元的亏损免受非经营性亏损规则的制约	4.6	32.4	3.9
对于投资商的补贴总额	14.2	100	11.9

资料来源：2004和2005年美国政府财政预算。

②用于有房户的税务支出

虽然对有房户的联邦税务支出从政治上看似乎神圣不可侵犯，但是，除了对出售住房所得资本收益的课税外，其他对于有房户的税务支出原本都不是为了用来提高自有房率而设立的。20世纪40年代全美自有房率开始增加时，需要缴纳联邦个人所得税的人数上升到总人口的一定比例，同时由于税率的上升，抵押贷款利息和不动产的税收减免的重要性开始显现出来。

虽然房地利息和不动产税的减免对所有有房户都适合，但是收入高的家庭从这些税收优惠中的获利远远高于低收入家庭。首先，课税减免的价值跟家庭的收入成正比。一项价值1000美元的课税减免对于处于最高收入层次的纳税人来说是价值350美元，但是对于收入最低层次的纳税人来说只值100美元。其次，收入越低的家庭，把课税减免兑现的可能性越少。当房贷利息和不动产税，外加未报销的医疗支出、慈善捐款和其他可减免花费的总和低于税法规定的免税标准时，该纳税人就享受不到作为有房户的税收优惠。

举个例子来说，2001年，已婚夫妇可以获得7600美元的免税标准，这仅比年收入在4万～6万美元之间，每年用于放贷和不动产税的支出平均为8328美元少了728美元而已。假如税率为20%，除非该家庭还有其他可减免税的支出，并且总值超过200美元，否则他享受不到减税的好处。当有房户有大额住房贷款，并且住在高不动产税区时，他的放贷利率和不动产税的总值最有可能超过免税标准。

下表显示了有房户税务支出的不均衡分布。房贷利息和不动产税的减免对于不同收入阶层的人来说其获益的程度是不同的。很明显，最高收入阶层获益最多，年收入超过7.5万美元的纳税人中有超过一半的人获得了房贷利息减免的好处，年收入为5万～7.5万美元的纳税人中这样的比例只有40%，对于其他收入更低的人来说比例就更小了。收入不高于3万美元的有房户只有不到5%的能享受房贷利息减免的好处。

图表20　从抵押贷款利息减免所得的税收获益的分布（2004年）

收入水平（万美元）	获得退税的数目（1000份）	占退税总数的百分比	获得抵押贷款税收减免退税的数目（1000份）	占该收入水平中退税总数的比例（%）	抵押贷款利息免税价值（100万美元）	占抵押贷款免税总价值的比例（%）	平均每份抵押贷款课税减免退税的价值（美元）
低于1	21365	14.1	80	0.4	10	0.02	125
1～2	25881	17	918	3.5	226	0.38	246
2～3	21135	13.9	1900	9	898	1.52	473
3～4	17274	11.4	2772	16	1681	2.85	606
4～5	12776	8.4	3352	26.2	2919	4.95	871
5～7.5	23139	15.2	9038	39.1	9829	16.66	1088
7.5～10	13575	8.9	6734	49.6	11091	18.8	1647
10～20	13241	8.7	6557	49.5	18818	31.9	2870
大于20	3490	2.3	2143	61.4	13512	22.91	6305
总计	151876	100	33494	22.1	58984	100	1761

资料来源：美国税务联合委员会（2003）。

图表21　从不动产税减免获得的税收获益的分布（2004年）

收入水平（万美元）	获得退税目数（1000份）	占总退税人数的百分比（%）	获得不动产税减免退税的数目（1000份）	占该收入水平中退税总数的比例（%）	不动产税减免的价值（100万美元）	占所有不动产税减免总价值的比例（%）	平均每份不动产税减免退税的价值（美元）
低于1	21365	14.1	62	0.3	2	0.01	32
1～2	25881	17	1010	3.9	99	0.54	98
2～3	21135	13.9	2135	10.1	366	2.01	171
3～4	17274	11.4	2873	16.6	619	3.41	215

续上表

收入水平（万美元）	获得退税目数（1000份）	占总退税人数的百分比（%）	获得不动产税减免退税的数目（1000份）	占该收入水平中退税总数的比例（%）	不动产税减免的价值（100万美元）	占所有不动产税减免总价值的比例（%）	平均每份不动产税减免退税的价值（美元）
4～5	12776	8.4	3520	27.6	988	5.44	281
5～7.5	23139	15.2	9361	40.5	3402	18.72	363
7.5～10	13575	8.9	7049	51.9	3695	20.33	524
10～20	13241	8.7	6815	51.5	5839	32.13	857
大于20	3490	2.3	1714	49.1	3161	17.4	1844
总计	151876	100	34539	22.7	18171	100	526

资料来源：美国税务联合委员会（2003）。

③税收补贴

住房开发商很少自己使用税收补贴。他们通常将补贴“卖”给私人投资者，随后把所得的收益用于开发当中。更精确地说，他们将项目的部分权益出售给外部投资者，从而投资者可以获得税收补贴、其他税收获益，还有项目运行时产生的利润及出售后的部分资本收益。

开发商可以将这些工程的权益出售给外来投资者，更常见的手段是通过辛迪加组织来达到同样的目的。辛迪加组织包括盈利和非盈利组织，它将集中起来的一系列税收补贴开发项目的权益分块出售给企业和其他投资者。他们通常设立有限责任合伙人合作模式，其中投资者充当有限责任合伙人的角色，对项目的运营没有任何权力。

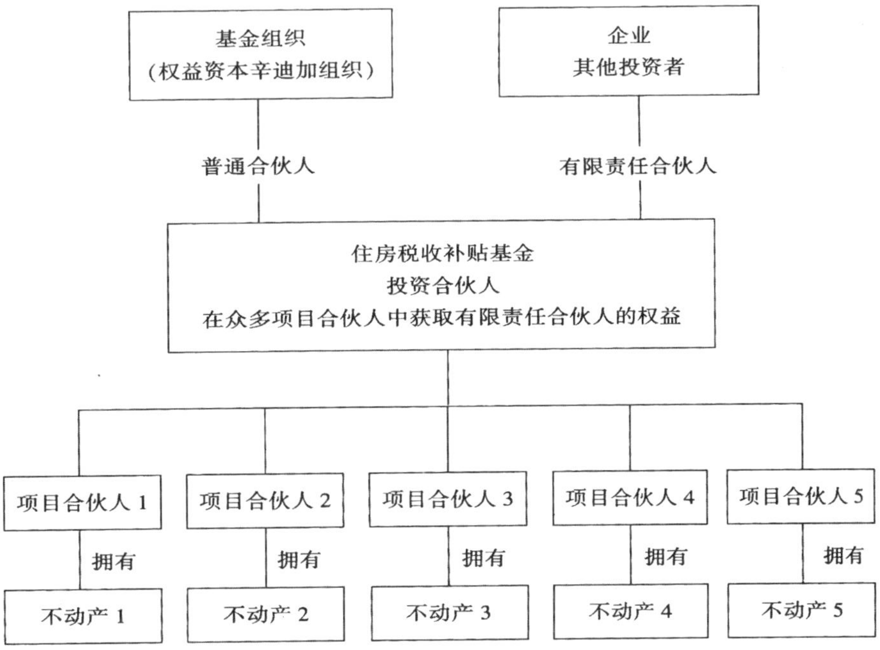

图表 22　税收补贴辛迪加组织的结构

随着时间的推移，开发商愿意为购买税收补贴支付的价格越来越高。随着项目越来越广为人知，特别是1993年议会把项目设为永久项目后，投资者认为投资于税收补贴的风险大大降低了，因而愿意接受更低的回报率。在项目的早期，投资者可能要求每年30%的回报率，到了2001年，他们可以接受7.5%甚至更低的回报率。

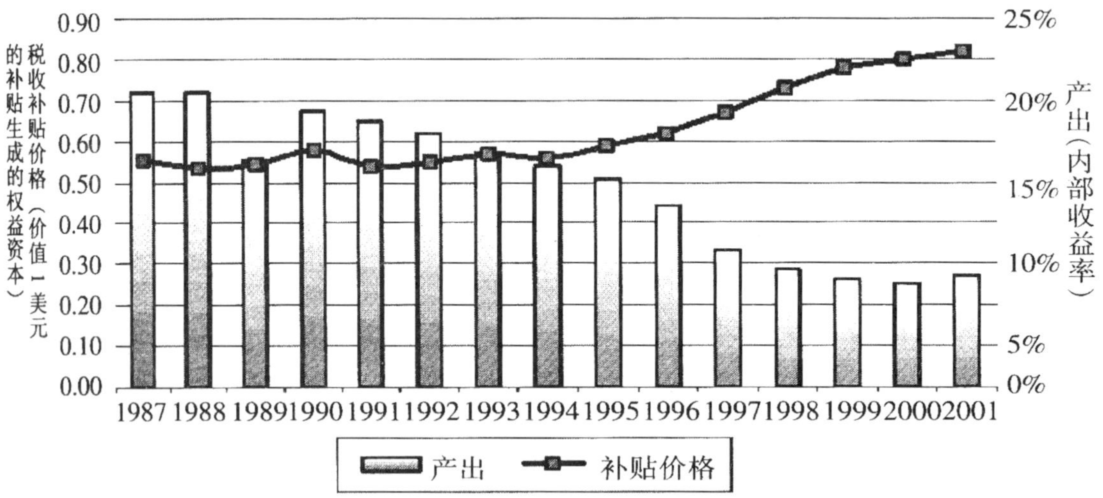

图表23　税收补贴的平均价格和产品

税收补贴很少能满足项目的所有开发费用。为了使项目可行，大多数开发商同时需要获得一些商业贷款以及其他来源的权益资本和借贷，项目早期，开发商往往需要获得七八种不同来源资金。

图表24　不同条件下税收补贴项目的融资情况

假设条件	补贴
总户数（户）	95
每户费用（万美元）	12.5
总开发费用（万美元）	1187.5
资格技术（开发总费用的84%）（万美元）	997.5
补贴比例（%）	8
每年可得税收补贴（万美元）	79.8
10年所得税收补贴总额（万美元）	798
平均家庭收入（万美元）	6.59

上表显示了税收补贴项目在融资方面的复杂性。表20假设了一个95单元的开发项目在不同情况下是如何融资的，项目的总花费约为1200万美元，其中资格基数为997.5万美元，在今后10年里将会生成总值为798万美元的税收补贴。上表显示了不同价格下售出税收补贴所能获得的资金回报，其中每一美元税收补贴的价格从40美分到80美分不等。表同时列出了当

房租分别为地区平均房租的60%、50%和30%时，该项目最高可获得市场利率抵押贷款额。

概括地说，上表显示了低收入住房税收补贴在投资市场上价格的上升能显著提高工程开发的权益资本，因此减少了对其他来源资金的需求量，同时使得税收补贴项目能够接受收入低于项目允许的最高值的住户。但是，假如开发商想服务于家庭收入接近贫困线的住户，缺口融资依然是其融资的主要方式。

4. 美国住房信贷市场

从20世纪80年代的动荡里滋生了住房信贷的一个新时代，这个时代被二级房贷市场和他的主要机构所控制。曾经和金融界其他部门隔离的双重住房信贷系统演变成一个新的、更大的、完全融入金融市场的系统。二级住房抵押贷款市场已不只局限于当初的联邦住房管理局保险的贷款，它的活动范围有了很大扩张，是目前各类型住房抵押贷款最重要的资金来源。

二级房贷市场建于1938年，但是，直到30多年以后，它才变成了住房信贷市场中的一个重要因素，这要归功于罗斯福政府。1968年政府把房利美从一个公共机构演变成为政府支持企业，从而房利美成为了受联邦监督和管制的私有企业。1970年，华盛顿为二级房地市场成立了第三个机构，联邦住房抵押贷款公司，称为房地美。

随着时间的推移，二级市场在规模上得到很大增长，二级房贷市场占全美独户住房抵押的比例从1975年的不到12%上升到1985年的32%，到2003年更是进一步升到了62%，如下表：

图表25 不同机构对1~4户住宅的抵押贷款的发行量

抵押贷款总量（10亿美元）	1970年	1975年	1980年	1985年	1990年	1995年	2000年	2003年
存储机构a	210	350.7	646.5	789	1084.4	1198.8	1687.2	2234.9
储蓄机构	164	268.8	478.5	561.7	600.2	482	594	703
商业银行	42.3	77	159	211.2	430.3	647	966	1347
信贷联盟	0.8	2	4.6	11.1	49.7	66.5	124.9	182.6
二级抵押贷款市场	18	56.2	164.9	491.1	1161.6	957	3064.6	4427
政府支持机构	15.5	30.9	57.8	106.6	115.3	205.2	205.1	363.3
由机构或政府支持企业的抵押贷款集合或信托	2.5	25.3	107.1	360.5	991.1	1543.4	2425.6	3367
私人资产证券化(Asset-Backed Security)发行商	—	—	—	24	55.2	208.4	433.9	696.7
其他b	66.5	70	151.9	243.5	373	313.3	382.2	458.2
总计	294.5	476.9	963.3	1523.6	2619	3469.1	5134	7120.1
百分比								
存储机构a	71.3	73.5	67.1	51.8	41.4	34.6	32.9	31.4
储蓄机构	55.7	56.4	49.7	36.9	22.9	13.9	11.6	9.9
商业银行	14.4	16.1	16.5	13.9	16.4	18.7	18.8	18.9
信贷联盟	0.3	0.4	0.5	0.7	1.9	1.9	2.4	2.6

续上表

抵押贷款总量（10亿美元）	1970年	1975年	1980年	1985年	1990年	1995年	2000年	2003年
二级抵押贷款市场	6.1	11.8	17.1	32.2	44.4	56.4	59.7	62.2
政府支持机构	5.3	6.5	6	7	4.4	5.9	4	5.1
由机构或政府支持企业支持的抵押贷款集合或信托	0.8	5.3	11.1	23.7	37.8	44.5	47.2	47.3
私人资产证券化(Asset-Backed Security)发行商	0	0	0	1.6	2.1	6	8.5	9.8
其他b	22.6	14.7	15.8	16	14.2	9	7.4	6.4
总计	100	100	100	100	100	100	100	100

注：a 包括银行个人信托和财产。

b 包括住户、非金融企业；非农场、非企业的商业；州、地方和联邦政府；人寿保险公司；私人养老基金；州和地方政府退休基金；金融公司；抵押代款公司和房地产投资信托（REITS）。

数据来源：美联储（2004a、2004b、2004c、2004d）。

1990—2003年，全美未偿还住房抵押贷款总额增加到4.5万亿美元，其中超过70%的贷款在二级房贷市场上售出，66.5%被用来发行基于抵押贷款的证券。虽然房利美和房地美发行的以抵押贷款为标志的抵押证券继续统领着整个房贷市场，但由私人发行的基于房贷的抵押证券在市场上的增长趋势越来越显著。2003年，他们占独户住宅抵押贷款的债务总额的9.8%，远高于1990年的2.1%。

图表26　不同机构对1～4户住宅的抵押贷款拥有量的变化

抵押贷款总量（10亿美元）	1970—1980年			1980—1990年			1990—2003年		
	变化总量	变化百分比	占总量百分比	变化总量	变化百分比	占总量百分比	变化总量	变化百分比	占总量百分比
存储机构a	436.5	207.9	65.3	437.9	67.7	26.4	1151	106.1	25.6
储蓄机构	314.5	191.8	47	121.7	25.4	7.4	102.8	17.1	2.3
商业银行	116.7	275.9	17.4	271.3	170.6	16.4	916.7	213	20.4
信贷联盟	3.8	475	0.6	45.1	980.4	2.7	132.9	267.4	3
二级抵押贷款市场	146.9	816.1	22	996.7	604.4	60.2	3265	281.1	72.5
政府支持机构	42.3	272.9	6.3	57.5	99.5	3.5	248	215.1	5.5
由机构或政府支持企业支持的抵押贷款集合或信托	104.6	4184	15.6	884	825.4	53.4	2376	239.7	52.8
私人资产证券化(Asset-Backed Security)发行商	—	—	0	55.2	—	3.3	641.5	162.1	14.3
其他b	85.4	128.4	12.8	221.1	145.6	13.4	85.2	22.8	1.9
总计	668.8	227.1	100	1656	171.9	100	4501	171.9	100

注：a 包括银行个人信托和财产。

b 包括住户、非金融企业；非农场、非企业的商业；州、地方和联邦政府；人寿保险公司；私人养老基金；州和地方政府退休基金；金融公司；抵押代款公司和房地产投资信托（REITS）。

数据来源：美联储（2004a、2004b、2004c、2004d）。

2003年，房利美和房地美一共收购了超过2万亿的用于独户和多户住宅的抵押贷款，同时，他们共发行了价值超过1.9万亿美元的以抵押贷款为标的抵押证券。2000—2003年，他们收购和发行业务的增长都超过了400%。

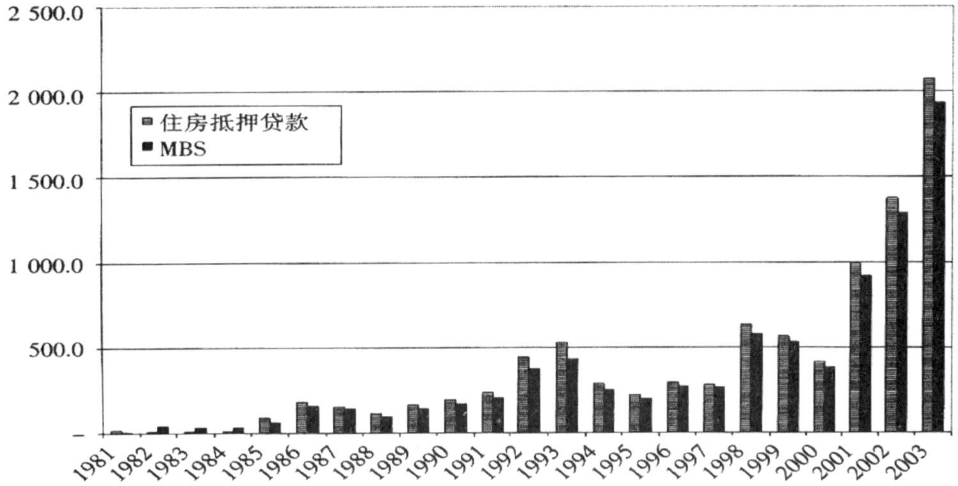

图表27　1981—2003年政府支持企业收购住房抵押贷款和发售抵押贷款支持政权的总量（10亿美元）

和独户住宅的抵押贷款一样，二级市场也越来越成为多户住宅抵押贷款融资的重要来源。但是，二级市场仍不是最重要的。2003年，所有的多户住宅抵押贷款中有44%进入二级市场——34%来自以抵押贷款为标的抵押支付证券，9.5%为政府支持企业所有，同期有62%的独户住宅抵押贷款进入二级房贷市场，但是，从1990年到2003年间新增加的所有未支付的多户住房抵押贷款中有75%来自二级抵押贷款市场，而独户住宅相应增长额中的二级贷款市场只占了73%。

图表28　不同类型机构所有的多户住宅抵押贷款量变化

抵押贷款总量（10亿美元）	1970—1980年			1980—1990年			1990—2003年		
	变化总量	变化百分比（%）	占总量百分比（%）	变化总量	变化百分比（%）	占总量百分比（%）	变化总量	变化百分比（%）	占总量百分比（%）
存储机构成a	42.1	169.1	50.5	60.4	90.1	41.7	55.5	43.6	20.9
储蓄机构	32.6	150.9	39.1	37.6	69.4	26	-13.8	-15	-5.2
商业银行	9.5	287.9	11.4	22.8	178.1	15.7	69.3	194.7	26.1
人寿保险公司	3.5	21.9	4.2	9.5	48.7	6.6	9.6	33.1	3.6
二级抵押贷款市场	12.3	3075	14.7	30.1	237	20.8	198.2	463.1	74.5
政府支持机构	6.4	2133.3	7.7	6.5	97	4.5	39.4	298.5	14.8

续上表

抵押贷款总量（10亿美元）	1970—1980年			1980—1990年			1990—2003年		
	变化总量	变化百分比（%）	占总量百分比（%）	变化总量	变化百分比（%）	占总量百分比（%）	变化总量	变化百分比（%）	占总量百分比（%）
由政府支持企业或机构支持的抵押贷款集合或信托	5.9	5900	7.1	22.7	378.3	15.7	92.4	322	34.7
私人资产证券化发行商	0	NA	0	0.9	NA	0.6	66.4	7377.8	25
其他b	25.5	135.6	30.6	44.8	101.1	30.9	2.6	2.9	1
总计	83.4	138.8	100	144.8	100.9	100	265.9	92.2	100

注：a包括银行个人信托和财产。

b包括住户、非金融企业；非农场、非企业的商业；州、地方和联邦政府；人寿保险公司；私人养老基金；州和地方政府退休基金；金融公司；抵押代款公司和房地产投资信托（REITS）。

数据来源：美联储（2004a、2004b、2004c、2004d）。

二、日本的住房政策

经过几十年的不断实践和发展完善，日本已逐步形成了符合人多地少基本国情、重视中低收入家庭的住房改善和保障、稳步提高居民居住水平和品质的住房制度和相对完善的住房发展规划。

1．住房建设和消费模式

（1）居民收入增长、人口城市化与住房需求的关系。

居民收入增长与住房需求的关系。在战后日本经济高速发展期间，居民收入快速增长，住房需求也迅速扩大，日本官民联动采取了诸多措施，兴建了大批住房，到上世纪80年代初基本上解决了住房供求之间的数量上的矛盾。其后，随着收入的稳步增长，住房需求逐渐从满足基本生活需要向谋求宽松舒适生活方向发展，居民希望进一步扩大住房面积、提高住房质量的需求日益发展，住房需求从量向质拓展。可见，居民收入增长与住房需求之间存在着一定的正比关系，但不同时期住房需求的具体内容也会有所不同。

人口城市化与住房需求的关系。伴随着战后日本经济高速增长，大批农村人口涌入城市就业和定居，短时期内城市人口呈爆炸式增长，人口城市化水平迅速提高，也在很大程度推高了城市住房需求。一般而言，在城市化过程中，城市住房需求会呈现快增长，但当城市化基本成熟时，住房需求增速会明显放缓，也会逐渐由量向质转变。

（2）居民住房拥有率。

2003年日本总务省“住宅·土地统计调查”结果显示，日本全国4686.3万户家庭中，61.2%的家庭购房，36.8%的家庭居住在各种形式的租赁房中。而以东京、大阪、名古屋为中心的三大城市圈的购房比率则明显低于全日本的平均水平，仅为57.9%，租房比率超过40%。

（3）人均收入不同阶段的人均住房面积、大中小套型住房的面积和构成。

图表 29 户均收入、新建住宅户均面积

年度	户均收入（万日元）	新建住宅户均面积（平米/户）	自有房产（平方米）	租赁住房（平方米）	给与住房（平方米）	商品住房（平方米）
1984	—	84.1	125.5	46.5	87.7	77.4
1985	566	83.1	127.4	46.8	88.5	79.8
1986	585	80.9	130.2	45.7	88	81.5
1987	607	79.3	130.6	45.2	80.9	84.4
1988	621	80.1	131.3	47.1	74.4	88.3
1989	652	80.9	134	45.8	74.6	88.9
1990	694	80.8	136.8	45.1	71.3	83.7
1991	730	86.5	137.3	47.4	67.9	89.6
1992	766	85.7	137.5	48.7	69.3	90.3
1993	771	89.3	137.1	51.1	70.7	88.7
1994	767	93.9	138.8	52.9	71.6	89.2
1995	780	93	137.4	52.3	70.1	90.6
1996	781	96.3	141	53	70.6	93.1
1997	779	92.3	139.2	52	72.8	92.4
1998	808	94.1	139	51.2	75.2	92.8
1999	787	97.5	139.3	53.2	69.6	95.4
2000	770	96.9	139	53	71.7	97.5
2001	749	92.7	137	51.4	68.9	98.1
2002	748	90.3	135.8	50	72.1	96.1
2003	721	89.4	134.8	48.8	70.8	95
2004	730	88.5	134.2	47.4	68.9	95.9
2005	719	85.4	133.8	46.7	67.4	93.8

资料来源：日本总务省、国土交通省。

（4）小套型住房与生活质量的关系。

日本城市小套型住房有几大显著特点：一是多集中在轨道交通沿线，可有效保证居民上下班通勤便利；二是外观设计多充分考虑到了采光、隔热、保暖等诸多因素；三是室内结构比较人性化，设施比较完备，日常用品基本齐全，能够较好地满足工薪阶层的日常需要；四是多集中在城乡接合部，租金相对低廉，基本符合工薪阶层的消费水平。因此，小套型住房可在一定程度上满足工薪族的基本生活需求，确保工薪家庭的基本生活质量。

（5）住房建设与土地供给的关系。

日本住房建设用地供给主要有两大来源，一是公共供给，即地方公共团体、地方住宅供给公社、都市再生机构等公共机构供给土地，也包括这些机构通过土地规划整理事业等方式供给土地；二是民间供给，即民间住宅用地开发业者、土地所有人等民间组织供给土地，包括各种工会组织通过土地规划整理事业等方式供给土地。1972年，日本住宅用地供应总量达到历史最高的240平方千米，其后一路走低，1997年跌破100平方千米，2004年降为62平方千米，其中公共供给14平方千米，民间供给48平方千米。土地供给的减少也导致新开工住宅数量减少。

2．住房保障体系和制度

日本中等以上收入家庭住房的取得主要是在市场上实现的，民间的房地产公司是供应主体。中等偏下以及低收入家庭则由政府分别提供不同的资助获取住房。其中，中央政府建设省（现国土交通省）所属的住房都市整备公团在各地设有支社，负责提供中等收入家庭的住房，地方政府的住房局则负责提供低收入者、单亲家庭及有特殊困难的家庭和个人的住房。总体上看，由中央和地方政府组织的各种住宅建设公团，提供了占全日本居民户数约10%的住宅。

（1）城市廉租房制度。

主要有公营住宅、特定优良租赁住宅、老年人优良租赁住宅等几种方式。

公营住宅主要为日本地方公共团体通过自主建房、收购租赁民间住宅而向低收入人群提供的廉租房。1951年，日本政府制定并颁布了《公营住宅法》，中央政府据此向地方政府修建的租赁用住宅提供补助。其中对新建住宅费用的1／2、翻建住宅费用的1／3予以补助。其中，对入住公营住宅的条件规定为：必须为携带家属者（即单身除外）；家庭收入在低档范围内（目前为4口之家，年收入510万日元以下）。入住方法采取申请抽签制，对申请者通过评审后抽签决定。房租固定。入住权利严禁转让。此外，规定入住3年后将再次调查收入情况，对收入超过入住标准者或提高房租，或请其退房。截至2004年，公营住宅存量约219万户。

特定优良租赁住宅由民间建设、地方公共团体购买后租赁给中等收入者，地方公共团体负责管理。入住条件是：中等收入且正在养育孩子的家庭；4口之家年收入在510万～690万日元以下。租金根据入住者收入增加每年递增3.5%或不递增。采取申请抽签制决定入住者。截至2004年，特定优良租赁住宅存量约15万户。

老年人优良租赁住宅由地方住宅公团直接建设或由民间建设、地方住宅公社或社会福利法人购买后租给老年人，地方住宅公团、住宅公社或福利法人负责管理。入住条件是：低收入老年人；依靠年金生活的单身家庭年收入在490万日元以下，夫妇家庭收入在540万日元以下，依靠工资收入的单身家庭年收入在430万日元以下，夫妇家庭收入在490万日元以下。采取申请抽签制决定入住者。租金固定，介于市场租金和公营住宅租金之间。截至2005年，老年人优良租赁住宅存量约1.9万户。

（2）城市低价出售住房制度，在日本主要是住宅公团建房。

为进一步改善居民居住环境，1955年日本在《公营住宅法》的基础上制定颁布了《住宅公团法》，由国家出资成立住宅公团，在大城市及其周边修建住宅，进行城区改造，公团住房不同于公营住宅以地方公共机构为主体面向低收入人群，其实质是国家出资建房或平整土地，面向中等收入群体进行出售或租赁。入住公团住宅的家庭收入一般应在中档范围内（目前为家庭月收入不超过33万日元）。入住同样采取申请抽签制。住宅公团是事业单位，不以营利为主要目的，每年接受国家的资金补助。截至2005年，公团住宅存量约128.2万户。

(3) 住宅金融公库建房。

根据1950年日本制定并颁布的《住宅金融公库法》成立，主要对难以从银行等一般金融机构借款以购、建房的个人与单位提供贷款。此后又根据1955年颁布的《住宅融资保险法》，对金融机构发放的住房贷款提供保险服务。住宅金融公库贷款利率低，成立初期为5.5%，大大低于银行的14.6%，而且不同于民间的浮动利率制，采取固定利率制。贷款对象可以是个人或企业；贷款条件优惠，还款期限可长达35年；对于还贷困难者则规定可在原有基础上延长10年。住宅金融公库由国家出资，每年接受国家融资，对于融资中出现的亏损则由国家财政予以补助。

(4) 关于住房保障制度的财税、金融、土地供给等政策和管理办法。

①财政补贴政策。日本政府的财政补贴分为两种，一种是政府财政拨款：一方面用于低收入家庭的租房、购房补贴，另一方面用于资助公营住宅建设。第二种是政府的财政投资性贷款，一方面是对住宅都市整合公团住房建设的投资贷款，另一方面是将资金贷给住房金融公库，再由后者用于建设公共住房和向低收入者发放住房贷款。

②税收优惠政策。除了建立有效的社会保障性住宅供给体系外，日本政府还运用税收手段鼓励住宅建设。《住宅取得促进税制》中规定，利用住宅贷款自购、自建住宅的居民，在5年内可以从每年的所得税中扣除当年年底的住宅贷款剩余额的1%。另外，日本政府对财产登记税、不动产所得税、城市建设税实行了减免，并且规定，住房资金中的赠款部分可以免交赠与税。

③金融政策。日本采用混合型金融政策模式，这种模式的特点是，以央行为领导，民间金融机构为主体，政策性金融机构为补充，官民结合。政府住房金融机构有住宅金融公库、住房公团、住宅融资保证协会等；民间的住房金融机构由包括住宅金融专业公司、劳动金库、住房社团等。大藏省（现财务省）还通过邮政储蓄、保健年金和国民年金筹集资金，投向公团、公库住房，给予1%～2%的贴息。住房公团和住房金融公库还在政府的担保下发行住房债券。

④土地利用方式灵活多样。日本全国土地都属私有，解决住房问题首先要取得土地，因而住房问题等于土地问题。住宅用地来源主要有前文所述的公共供给和民间供给两种，但取得土地的方式则是灵活多样的，如地方政府实行类似土地银行的做法购置大片住房建设用地，又如住房都市整备公团用等价交换制度、特借制度、借受制度、民赁制度等四种制度妥善处理国家与地主的关系，使土地转化为国民住房用地。这种市场化的运作机制运转起来效率较高。

图表30　日本住宅土地供应量与新开工住宅量

年度	住宅土地供应量（平方千米）	新开工住宅量（千户）
1984年	108	1207
1989年	103	1673
1994年	108	1561
1999年	84	1226
2004年	62	1193

资料来源：日本总务省、国土交通省。

3．住房市场调控和管理

（1）政府规范住房市场秩序、调控住房市场的目标、手段和方法。

目标是在维持住房市场秩序，确保住房市场总体稳定的前提下，保证国民最低居住水平并且满足其追求提高居住水平、居住质量和居住环境的要求，保持社会总体平衡发展。

主要手段有二。一是立法。日本政府首先在立法上进行了制度支持。如日本政府先后制定实施了《住房金融公库法》（1950年）、《公营住宅法》（1951年）、《日本住宅公团法》（1955年）、《城市住房计划法》（1966年）等。此后又陆续制定了一系列相关法规，逐步建立健全保障住房和规范住宅市场的法律体系，这类法律共颁布40多部。

二是积极做好基础设施建设，为充分发挥市场机制功能创造条件。具体做法是积极提供有利于稳定地价、住宅价格和房租的住宅和宅基地等。同时，日本高度重视交通在住房区建设中的重要性。每一个小区的建设都是交通先行，设计多少人口居住的区域，就先开辟运力大于居住人口的快捷交通线路。因此，即使是远离中心区的新城镇，由于快速交通（铁路较为普遍）的便捷条件，居民们也愿意搬去居住。地方政府特别重视住宅的维修养护和管理，投入资金较大。同时，通过优惠政策鼓励私营企业投资旧区或旧住宅更新改造。

此外，日本政府还鼓励发展二手房交易市场，近年来交易规模呈扩大趋势。

（2）调解住房供给结构，增加中小户型普通商品住房供给的做法。

日本政府主要通过制定住房发展规划，制定指导性住房标准，增加公共供给，来对住房市场施加导向性影响，但对民间供给并不具有强制力。1966—2005年，日本政府已经实施了8个“住房建设五年规划”。在每个五年住房发展规划中，注重因地制宜，引导目标区分为都市型标准和一般型标准（都市型指大城市中心区及周边地区住宅和公寓住宅，一般型指大城市郊区及中小城镇的独立住宅）。同时，按不同收入阶层分别确定对应的发展目标，分为基本保障性目标和引导性标准，基本保障性目标指同地区最低住房保障目标，引导性目标指政府提倡和预期计划期将达到的目标。如第六个、第七个五年规划和新的《住宅生活基本法》中，4口之家基本保障型住房使用面积标准都是50平方米。《住宅生活基本法》确定的都市居住型和一般型目标分别为95和125平方米，并根据每年规划的建设量确定每五年能达到基本保障型和引导型标准的比例。通过这种方法，基本有效地保证了市场上符合普通消费者需要的商品房能够保持一定比例，对于防止民间过度开发大户型高档商品住房具有一定积极意义。

此外，政府还通过诸如环境影响及基础设施承载影响评估等技术标准对新开工住房户型等作出政策性规定

（3）遏制住房投资投机性需求扩张和房价、地价过快上涨的政策措施。

一是灵活掌控公共供给，保持市场房源的相对充足。在公共供给和民间共给两大住房来源中，政府可以直接控制公共供给，当市场住房相对紧张、房价出现明显上涨倾向时，政府会适度增加公共供给数量，当住房市场相对萧条时，政府会放慢公共供给的步伐，改由民间供给主导市场，以充分发挥市场功能。

二是税收调节。日本住房转让时买方应纳

税为固定资产取得税，税率为3%。出卖方纳税税种为利润所得税，税率在扣除项目后按20%～30%缴纳。在住房持有环节征税主要是不动产税，税基按评估值的80%计征，税率为1%。

三是大力发展基础交通设施，扩大普通居民便捷活动范围，间接增加了土地供应和住房供应，一定程度上有助于抑制地价和房价过快上涨。

四是住宅用途严格限转。所有物业都须按原土地使用用途使用，不得随意更改，防止住宅用地挪作他用导致住宅地减少，出现地价乃至房价飞涨现象。

五是严格控制外籍人士购房。对于外籍人士购房，通过金融手段进行调节，控制金融风险。即对自有资金不限制，对贷款购房，则在利率、贷款比例、还款期限等方面与本国居民差距较大。

（4）住房市场监管制度和办法（包括政府管理住房的机构设置、法律法规等，特别是住宅金融等机构的作用）。

日本政府设有专门的决策协调机构——建设省（现国土交通省）住宅局，代表政府行使住房建设决策和管理监督的职能。在建设省住宅局的统管之下，日本政府构建了以日本住宅金融公库、日本住宅都市整备公团和地方住宅供给公社为主体的社会保障性住房供应体系。其中住宅金融公库作为政策性住房金融机构，承担为住房建设和购买住房提供长期低息资金的住宅资金融通职能，公团和公社则直接建造和提供公共住宅。

住宅金融公库是直接隶属于政府的法定机构。它依照《住宅金融公库法》的规定向自建或购买住宅的国民提供长期、稳定的低息贷款，为民间住房信贷机构提供贷款保险，并向建造出租用住宅的土地所有者提供贷款。住宅金融公库对贷款利率和额度的控制体现了政府对中低收入者的支持。

1981年住宅公团与宅地开发公团合并成立了住宅都市整备公团。公团为非营利性质，直接隶属于中央政府，面向全日本居民提供住宅。公团主要职能是以中心城市为主，以中等收入阶层为对象，直接建造低成本住宅，向中等收入家庭出售、出租。

三、法国和荷兰的住房政策

目前法国人口约6000万，住房约2600万套，其中私有房占55%，公共出租住房占17%，私人出租住房占28%，每年新建住房约30万套。荷兰人口约1600万，住房约640万套，其中私有住房占50%，公共出租住房占37%，私人出租住房占17%，每年新建住房约8万套。

法国和荷兰都是市场经济国家，主要通过市场进行资源配置，政府对经济事务的干预很少。但由于住房市场关系到居民能否得到住房这种生活必需品的问题，直接影响到社会的稳定和经济的增长，具有特殊重要性。因此，在充分发挥市场力量的同时，法国和荷兰政府都对住房市场进行了强有力的干预，形成了一套行之有效的政府住房政策工具，并根据不同情况，灵活运用这些政策工具，有效地促进了住房市场的发展，成功地解决了不同收入群体的住房问题。在法国和荷兰很少见到无家可归者，说明法国和荷兰的住房政策是成功的。同时，住房市场的发展还有力地促进了经济的发展，据法国CNP专家测算，2008年法国经济增长率为2.7%，其中0.9个百分点来自房地产业。ING集团专家根据荷兰数据，测算出住宅业的产业拉动系数为1.95，住宅业投入1亿盾，可拉动建筑业产出1.3亿盾，建材业2000万盾，运输业2000万盾，服务业1000万盾，其他产业1500万盾，总产出达到1.95亿盾，2倍于投入规模。目前荷兰建筑业就业人口占就业总人口的9%，建筑企业占企业总数的10%，产值占其国内生产总值的7%。已成为荷兰经济的支柱产业。

概括起来讲，法国和荷兰政府住房政策的核心是鼓励中高收入家庭买房，帮助低收入家庭租房，使各种收入群体都能得到与其收入水平相适应的住房。实现这一政策目标的工具主要有5项，分别是：补贴、税收、金融、保险、担保。

1．补贴

二次世界大战对法国和荷兰造成了很大的破坏，大量住房被毁。为解决住房严重短缺问题，战后两国政府都进行了大规模的住房重建，主要办法是成立低租金住房建设机构（法国是HLM，荷兰是住房协会），向中低收入家庭提供低租金住房，政府给HLM和住房协会补贴。进入20世纪80年代后，法国和荷兰先后进行了改革，把政府补贴重点从“砖头”转向“人头”，从低租金住房建设补贴转为低收入家庭住房补贴，凡是收入水平低于政府标准的家庭，都可以获得住房补贴。2008年法国住房补贴支出约800亿法郎，在这800亿法郎支出中，中央政府占34%，社会保障基金占39%，雇主协会占27%。目前法国对出租住房建设也还在提供补贴，但比以前大大减少。补贴额一般相当于建造成本的12%，如果租户是特别困难的低收入家庭，这一补贴比例还提高到20%，荷兰去年住房补贴总额约为70亿盾，约有100万人得到住房补贴，人均住房补贴2700盾，相当于半年市场租金。目前荷兰已取消住房协会的补贴。

2．税收

法国政府在住房税收方面主要采取以下四种办法，一是住房储蓄存款利息收入免征所得税，法国住房储蓄种类很多，有住房储蓄帐户（CEL），住房储蓄计划（PEL）、1%基金、A种帐户储蓄等，所有这些住房储蓄存款利息收入都免征所得税；二是住房贷款利息可以作为支出，从所得税税基中扣除；三是私人出租住房租金收入免征所得税；四是降低出租住房建设增值税，从20.6%降到5.5%。

荷兰政府在住房税收方面的政策比较简单，主要是住房贷款利息免征所得税。与法国不同，荷兰的住房贷款利息扣除没有最高限额。按照荷兰所得税税法规定，年收入在7500年以下免征所得税，7500~30500盾所得税税率为38%，30500~51000盾税率为50%，51000盾以上税率为60%。如果一个人年收入50000盾，需交所得税21250盾，若向银行申请住房贷款20万盾，贷款年利率6%，第一年需支付贷款利息12000盾，这笔支出可以从50000盾的所得税纳税基数中扣掉，实际纳税基数为38000盾，实际交纳所得税15250盾，少交所得税6000盾。贷款额越大，免税额就越大。这项政策虽然简单，但对荷兰住房市场的影响很大，荷兰90%以上的买房者都使用住房贷款，去年仅此一项政府减少收入100亿盾左右。

3. **金融**

由于住房价格昂贵，在法国和荷兰很少有人全部靠自己的钱买房，几乎全部依靠银行贷款，这就需要向买房者提供贷款支持，而且贷款品种要多样化，以适应不同买房者的多种需求。法国和荷兰都采用多种政策，鼓励银行和保险公司发放住房贷款，创新贷款品种。

目前法国住房贷款主要有3种，分别是市场利率贷款、住房储蓄贷款和零利率贷款。

市场利率贷款是金融机构利用自有资金发放的贷款，贷款的利率、期限、首付款由金融机构自行确定，政府不加干预，这部分贷款约占全部贷款的70%，其中80%以上是固定利率贷款。

住房储蓄贷款是利用住房储蓄发放的贷款，法国住房储蓄系统主要由两种储蓄子系统组成，一种是1965年推出的住房储蓄帐户，一种是1969年推出的住房储蓄计划。这两种储蓄的基本方法是：专项储蓄、存贷挂钩、低存低贷、国家奖励。住房储蓄帐户最低存款为750法郎，最高存款额10万法郎，最短存期18个月，存款利率2.25%，其中银行支付1.5%，国家奖励0.75%，贷款利率3%，最高贷款额15万法郎。住房储蓄计划最低存款额为1500法郎，最高存款额40万法郎，最短存款期限5年，存款利率3.6%，其中银行支付2.57%，国家奖励1.03%，贷款利率4.31%，最高贷款额60万法郎。这两种储蓄的主要区别是住房储蓄帐户是活期存款，个人可随时支取，而住房储蓄计划是定期存款，个人不能提前支取，国家对住房储蓄帐户的奖励少于对住房储蓄计划的奖励。目前住房储蓄帐户1750亿法郎，住房储蓄计划1.17万亿法郎，这两笔资金相加，相当于全法国储蓄总额的十分之一。2008年法国住房储蓄贷款占住房贷款总额的25%。

零利率贷款是政府为进一步刺激住房市场，于1995年开始实行的。零利率贷款根据申请人的收入、子女和购房地点确定，凡是月收入不超过2万法郎的家庭，都可申请零利率贷款。零利率贷款一般不超过住房价格的20%，贷款期限与家庭收入成反比，收入越高则贷款期限越短，收入越低则贷款期限越长。最短期限为7年，最长期限为17年，利息由政府补贴，去年法国政府对零利率贷款的补贴额约为50亿法郎，零利率贷款约占住房贷款总额的5%。

荷兰没有专门的住房储蓄系统，也不向住房贷款提供利息补贴，发展住房金融的重点是鼓励各种金融机构发放住房贷款，通过金融机构之间的竞争，降低贷款利率，创新贷款工具品种，来满足借款人的多种需求。

4. **保险**

住房贷款期限一般在15—20年，在这么长的时间内，经济增长率、通贷膨胀率、职工失业率、市场资金利率都可能会发生变化。借款人也可能会因死亡、残废、失业等各种原因丧失还贷能力。所有这些因素都使贷款银行面临很大的风险。因此，发展住房金融必须替银行分散和转移这些风险。法国和荷兰的做法，是把人寿保险引入住房金融领域，通过人寿保险为银行提供保险。法国住房贷款保险办法规定，借款人在申请住房贷款时，必须同时购买人寿保险公司的人寿保单，如果借款人在贷款期间死亡、残废等丧失还款能力时，由保险公司代为偿还借款人剩余的全部贷款。保险公司同时还提供附加失业保险，借款人在失业后由保险公司承担18个月的偿还贷款责任。失业保险属借款人自愿投保的险种，但对失业风险较高的借款人，银行也可要求其强制投保。死亡险和残废险实行团体保险办法，所有借款人的保费费率都相同，并且在整个贷款期间内保持不变。保费和每月的分期付款打在一起，由借款人按月还给银行，银行与保险公司签定合同，由银行代保险公司销售保单，保险公司付银行手续费。当借款者不能按期还款时，如符合保险赔付条件，首先由保险公司赔付。如不符合保险赔付条件，由贷款担保赔付。只有在保险公司和担保人履行责任以后，银行才行使贷款抵押权，开始处分抵押物。这种保险方法对借款人、银行、保险公司都有利。借款人出险后仍保有住房，银行降低了贷款风险。根据CNP专家的测算，实行贷款保险前，法国住房贷款坏帐率为6%；实行贷款保险后，贷款的坏帐率为3%。保险公司则通过住房贷款拓展了业务，2008年法国住房贷款保险保费收入约为200亿法郎，占人寿保险公司保费收入的30%左右。

荷兰住房贷款保险办法与法国略有不同。由于荷兰实行住房贷款利息和人寿保险收入免征所得税政策，荷兰金融机构据此推出人寿保险与抵押贷款相结合的贷款工具，即把人寿保险和抵押贷款捆绑在一起进行销售。借款人贷款后只按月偿还贷款利息，不偿还贷款本金。但要购买一份与抵押贷款期限相同、本金数额相等的人寿保险，保费直接打入贷款利息，由借款人按月支付。贷款到期后，借款人所购买的人寿保险正好到期，保险收入恰足以清偿贷款本金。对于借款人来说，这种贷款工具可最大限度地享受免税政策，如果人寿保险公司运作得好，还可得到额外保险分红。对于金融机构来说，因借款人在贷款的同时还购买了人寿保险，如果借款人因死亡、残废等原因丧失还款能力时，由保险公司代借款人偿还贷款，从而大大降低了贷款风险，目前荷兰大约八成以上住房贷款采用这种贷款形式。

5．担保

当借款人的收入水平过低，不能满足银行的住房贷款条件时，如果没有担保支持，就不大可能得到银行的贷款。为刺激住房消费，提高住房私有率水平，法国和荷兰都实行了住房贷款担保政策。法国于1993年建立住房贷款担保基金（FGAS），由政府和发放零利率贷款的银行共同出资组成，所有发放零利率贷款的银行都须参加，并成为基金股东，政府不作为基金股东，但向基金提供反担保，当担保金破产时，政府负责偿还基金担保的债务，住房贷款担保基金主要是向使用零利率贷款的借款人提供担保。为鼓励银行加强风险管理，政府规定，基金承担风险的比率是固定的，在固定比率以外的风险由银行承担。

比较而言，荷兰担保政策比法国更广泛，荷兰共建立3种担保基金。

一是社会住房担保基金（WSW），该基金于1984年建立，主要是向住房协会提供住房建设融资担保，以便提高住房协会信用，降低融资成本。基金由中央政府和住房协会共同出资组成，按股份公司方式运作，但政府对其公司章程有最终决策权，当担保公司无力偿还担保债务时，由政府代基金履行债务责任。目前约有75%的住房协会参加，担保债务总额约为400亿盾。

二是中央住房基金（CFV），该基金于1988年建立，由住房协会按其管理的住房规模出资，一般为每套住房50盾。当某一住房协会发行财务困难时，基金提供无息贷款支持，甚至是无偿资金支持，实际上是住房协会的互助基金。目前基金规模约为3亿盾。

三是住房贷款担保基金（GFOO），这个基金与法国的担保基金类似，主要是为想要买房的中低收入家庭提供贷款担保。凡是所购住房价格在31万盾以下的家庭，都可以申请基金担保。基金由中央政府和地方政府共同出资组成，并由中央政府提供反担保。借款人需按贷款额的0.36%支付担保费，得到担保后，银行贷款利率相应下调0.2%~0.5%个百分点。

除上述政策工具外，法国和荷兰还着重发展住房市场的中介服务体系，比较典型的是法国的全国住房信息中心（ANIL）和荷兰的全国住房登记办公室（Kadaster）。法国于1975年建立全国住房信息中心，向公众免费提供有关住房方面的信息和服务，主要内容包括提供法律、税收、贷款等方面的咨询、计算住房补贴数额、确定贷款计划、发布房源信息等。中心由住房部和城市政府共同出资，其中住房部出资25%，城市政府出资40%，其余资金由中心自筹。中心在全法各个城市设立分支机构并通过互联网实行全法联网。去年共有75万人到中心咨询。荷兰则于1831年开始建立住房登记制度。荷兰共设立15个住房登记办公室，负责登记全国土地和住房。目前共有雇员2200人左右。全荷兰700万块土地、640万套住房都有完整而清晰的财产登记、抵押登记、产权登记和公证协议。住房交易双方必须先到公证部门办理公证，然后持公证文件到住房登记办公室登记，24小时后这笔交易即进入荷兰住房信息系统。任何人都可到登记办公室查询，但每次查询需交8盾查询费。

四、德国住房政策

德国是一个法律和法规无处不在的国家，在住房市场上也不例外。无论是租房还是买房，当事人都有章可循，交易的透明度很高。对普通德国人来说，要买一栋房子不是件容易的事。统计资料显示，德国一栋房产的平均售价为26.3万欧元，相当于一个普通工薪人员一生全部工资收入的35%。不过，如果仅买一套房子，对许多德国人来说就要轻松许多。德国一套70平方米的住房平均价格是8.85万欧元。

德国在住房管理上，主要有以下几点。

第一，房租管制。为保障居民的基本住房条件，德国政府采取了租户权益保障措施，要求各地政府按照不同区位、不同结构和质量的房屋，分别提出相应的指导租金水平，作为住房出租人和承租人确定住房租金的参考标准。

第二，福利性公共住宅。所谓福利公共住宅，就是在政府资助下，由个人、非营利住宅公司、自治团体建造，向多子女家庭、残疾人、低收入者、养老金少、领救济金的居民出售或出租的住宅，包括大中型企业用自有资金建造并在税收入得到国家优惠的职工住宅。联邦法律规定，对于因经济收入低，或某一民族、信仰某一宗教，或孩子太多等原因导致找不到房子的家庭，政府有提供福利性公共住宅供其租住的职责。

第三，房租补贴。房租补贴制度是目前德国对低收入居民住房保障的主要方式。根据法律规定，德国公民凡家庭收入不足以租赁适当住房者，有权享受住房补贴，以保证每个家庭都能够有足够的住房支付能力。房租补贴的资金由联邦政府和州政府各承担50%。

第四，住房储蓄。德国住房储蓄制度是为实现购建房筹资而形成的互助合作融资体系，主要有以下特点：一是先储蓄、后贷款；二是贷款利率固定、低息互助；三是政府实行储蓄奖励。此外，政府对住宅价格的有效调控以及相应的住宅价格稳定，保证储蓄的住宅购买力不发生大的变化(贬值)，也是住房储蓄制度得以发展的一个重要外部条件。

五、意大利住房政策

意大利是世界上最发达的7个国家之一，也是7国中福利最好的国家。从总体上看，意大利人的住房舒适，人均住房面积在世界上名列前茅，由于政府重视环保工作，居住环境卫生也非常令人满意。

当然，意大利房价也一度有所偏离。2000年至2006年，意大利房价年均增长速度为5.1%。其中，据意大利商会联合会下属的意大利经纪人及代理商联合会（FIMAA）与博洛尼亚大学对意大利94个大区首府和省辖市的民用房交易市场的调查报告显示，2006年平均交易价格为1656欧元／平方米（其中新房平均交易价格为2312欧元／平方米），比上年上涨了4.7%（北部上涨了4.3%，南部上涨了5.4%）。

意大利房价的上涨，主要原因有二。

一是住房投资回报率高。近几年来，由于意大利证券市场波动较大，而一般认为房地产是相对安全的投资方式，同时投资者的获利也较高，因此大量资金涌入房地产市场，推动房价上扬。据意大利诺米斯玛公司（NOMISMA）对13个大城市测算的数据，2005年投资房产的回报率平均超过10%，而各国房地产投资利润率通常在3%～5%左右。

二是移民增多带来的需求。移民政策的宽松及多次非法移民的大赦，导致意大利外来人口数量迅速增长。意大利《欧洲侨报》2010年1月6日报道，根据意大利银行的“意大利房产市场和金融系统反思”报告，从2002年至2007年间，由于移民的购房要求增长，为意大利房地产市场的收入增加了6亿欧元。从2004年到2007年，移民申请买房的人数增加了22.7%，几乎占到所有房产买卖的1／5。不过，美国次贷危机之后，意大利经济受到影响而降温，移民也大幅度减少，其购房能力明显减弱，2009年移民买卖住家仅为7.8万套，比2008年同期减少了24%，移民购房平均消费为11万欧元。

由于房价上扬，意大利青年一代的日子过得有些艰难。据统计，在意大利，有400万年龄在26岁到35岁之间的年轻人没有能力购买住房。一些年轻人不得不购买小户型的住房。调查显示，在购房者中，选择60平方米以下小户型房产者占36%，选择60平方米至110平方米中户型房产的占41%，选择110平方米以上大户型的仅占23%。

不过，相比较而言，意大利尚不存在房价泡沫。意大利是一个经济发达的国家，国民住房的私有化程度相当高，大多数家庭都有私房。这些房屋并不都是单门独户型（single house），有

70% ~ 80% 的城市公寓是由一个个单一的住户组成整座楼房的所有者。如果一座12层的大楼，每层住20户人家，每户按平均5口人计算，整座楼的总人数也在1000人以上。从衡量房价高低的“房价与人均可支配收入倍数”看，意大利2006年为8.61；若从“房价与家庭可支配收入比值”看，这一数值为1.7∶1（按户均5口人计算），均较低。

不过，即便是房价收入比相对合理，意大利也认为高成本的住房将影响到人民的福利，因为它将减少人们的可支配收入，阻碍人们结婚，减缓年轻一代自立的进程。在意大利的某些城市，住房成本占收入的比例已经从20%升到了30%，这会影响居民的可支配收入增长。这种经济方面的压力对谁影响更大呢？主要受影响的群体包括大城市的居民、单身人士、单亲家庭、技术不熟练的工人以及移民。当然，房价太高也会影响年轻人的自立。比如，在托斯卡尼地区，和父母住在一起的年轻人的比例超过了50%。在欧洲的其他地区，这个比例大约在30%以内。

意大利已经开始着手解决高房价问题。

一是政府提供住房保障。意大利基础设施与交通部部长马泰奥利（Altero Matteoli）2009年7月21日宣布，政府开始实施“在未来5年建造10万住宅”的住房计划。他说，新建房可出售可出租，受惠者为低收入家庭，包括年轻夫妇、老人、离家求学的学生、租屋被收回者以及在意生活至少10年或在一地生活5年、合法居留的移民。

二是政府出售国有住宅和用地。为了减少房地产领域的投资现象，同时也是为了帮助政府度过财政赤字难关，早在2001年和2002年，意政府就分别启动了名为SCIP1和SCIP2的计划，以较为便宜的价格向社会出售了总价值66亿欧元的国有住宅和用地。2006年底，意政府又启动名为FIP的计划，预计将再次出售33亿欧元的地产。业内人士预期，政府在未来几年将会出售总价值达150亿欧元的地产，这对平抑房地产市场价格将起到一定的积极作用。

三是提升居民的住房水平。意大利政府认为，不仅要人人有房住，还要居住舒适。比如说没有暖气的住房，没有卫生间的住房，还有那些非自愿的同住房（子女因为买不起房而被迫与父母居住在一起），这些情况正在设法予以解决。

四是增强住房政策的灵活性。意大利住房的传统手段是为工薪阶层提供住房，并且降低住房的成本。但是，现在意大利政府转变了看法。它认为，在人的生命周期中，住房需求是不断变化的，因此住房市场应该是高度灵活的，而不应仅降低住房成本等，当然，这也是必要的。现在，意大利住房市场上只有不到20%的住房是用来出租的，80%是自有住房，这当然是一件好事，但是它也造成市场不灵活。因此，目前意大利的租住房只是次优选择，但是从长期看，租住房屋是战略性的政策，因为这样看来经济和制度更加灵活。过去20年，意大利对住房市场的监管，包括控制租金的增长，减少第一套住房的财产税，为最低收入阶层提供保障住房等等。而现在，新的住房主要用于出租，提高住房使用效率和流动性；对住房的转让，予以减税，这也是为了增加流动性。

各项调控举措出台之后，意大利的房价很快步入理性。意大利安莎社2007年3月13日报道，意大利房地产市场发展放缓，2006年下半年，房价增幅为1998年以来最低，大型城市房价的增长率为2.5%。2008年以来，受美国次贷危机的影响，意大利房地产市场不够景气，如2008年前6个月，房价平均下跌7%，交易量则下降了13%至15%；2009年1~6月，罗马地区房价较上年同期下降2.8%，其他大型城市房价的下降幅度为2.7%，城市周边地区的房价下降幅度最小，为2.3%。

六、俄罗斯住房政策

近年来俄罗斯房价持续攀升，其中首都莫斯科市去年的房价增长了1倍，目前的平均房价为每平方米4200美元左右。虽然俄罗斯人收入持续增加，但其收入增长速度还是远远落后于房价上涨速度。高房价使大多数俄罗斯人、特别是普通百姓的居住条件无法得到改善。

2005年秋，俄罗斯总统普京提出了旨在提高国民生活质量的四大国家优先项目，其中之一涉及住宅建设，主要目标是加快危旧房改造，推动经济适用房建设，保障房价趋于合理，使更多普通百姓能够买得起房。

主抓国家优先项目落实的俄罗斯第一副总理梅德韦杰夫说，为有效抑制房价上涨，有关部门应努力增加住房供应量，并采取措施严厉打击住房建设和销售领域的腐败现象和哄抬房价行为。他认为，如果住房市场能够实现供求平衡，房价就可以回落到相对合理的水平。

业内人士认为，新房供应量不足是造成俄罗斯2006年房价暴涨的主要原因之一。2007年初以来，在政府各项措施的推动下，新房供应量大幅增加，这对遏制房价过快上涨发挥了重要作用。俄地区发展部日前公布的数据显示，2007年第一季度，俄罗斯新建住房946.6万平方米，比去年同期增加51.1%。新建住房面积最多的是莫斯科市和莫斯科州，这里新建住房面积达到230万平方米，约占俄罗斯新建住房总面积的24%。

为了遏制房价过快上涨，俄罗斯政府还采取措施规范房地产市场秩序，打破建筑市场的垄断局面。业内人士认为，俄罗斯房价明显过高，部分原因可能是由于房地产商联手操控市场价格。为此，俄检察机关委托联邦反垄断局于对莫斯科和圣彼得堡等大城市的高房价开展了专项调查。

俄罗斯联邦反垄断局局长阿尔捷米耶夫认为，俄罗斯在住房用地划拨领域违规现象较为严重，官商勾结进行非法交易的情况时有发生。为此，政府应对住房建设用地划拨进行控制，并通过竞拍形式分配住房用地使用权。

与此同时，俄罗斯政府计划在新住宅区的水、电和供热等基础设施建设方面向房地产公司提供资金支持，以推动房价下降和增加房屋供应量。政府还准备向居民推荐一批信誉好的房地产公司，以保障他们能以合理的价格购买到质量好的住房。一些业内人士还建议政府考虑对俄房地产公司进行信誉等级评估，定期公布各地区有关建设每平方米房屋成本的数据。他们认为，这些措施对规范房地产市场秩序、保障房价公平合理具有重要意义。

七、新加坡住房政策

新加坡是一个人口密度较高的城市型国家。怎样在有限的土地上建造国民所需要的住房，并将房价控制在较为合理的范围内，一直是新加坡政府极为重视的问题。新加坡政府长期坚持以政府分配为主、市场出售为辅的原则，在房地产市场上牢牢掌握了主动权，既解决了大部分国民的住房问题，也有效地平抑了房价。

在新加坡，民用住宅主要由政府组屋和商品房两部分组成。其中，类似于中国经济适用房的政府组屋由政府投资修建，价格也由政府统一规定，以低价出售或出租给中低收入阶层使用。包括共管公寓等高级公寓和私人住宅在内的商品房则是由私人投资修建，按市场价格发售。据悉，在过去40多年里，新加坡政府共修建了近100万套组屋，目前新加坡全国约有84%的人安居在组屋中。新加坡商品房的购买者主要是收入较高的二次置业者、投资者或者外国公民。

一般来说，政府组屋建成后，新加坡建屋发展局以国民的收入水平为依据，按照公平原则进行合理分配。符合政府配房条件的住户一律排队等候政府分配住房，低收入者可以享受廉价租房待遇，中等收入者可以享受廉价购房待遇。组屋按地段与面积不同，每套的价格从15万新加坡元（1美元约合1．52新元）到25万新元不等。符合条件者，可以向建屋发展局申请优惠按揭贷款，而设立于1955年的中央公积金则是新加坡人购房的主要资金来源。在购买组屋时，公积金可以用来支付购房的首付款，也可以用于支付“月供”。此外，政府还以各种形式向国民提供大量的住房补贴，从而使组屋价格保持在普通百姓能够承受的范围内。

新加坡政府对房地产市场进行严格监控，以防止房价剧烈波动。例如，建屋发展局的政策定位是“以自住为主”，对居民购买组屋的次数有严格的限制。购买组屋后，屋主在一定年限内不得整房出租；在购买后5年之内，组屋不得转让，也不能用于商业性经营。新加坡还规定，一个家庭同时只能拥有一套组屋，如果要购买新房子，旧组屋必须退出来，以防有些人投机多占。另外，业主出售购买时间不足1年的房屋，要缴纳高额的房产税，这对抑制“炒房”和商品房价格暴涨非常有效。

根据新加坡政府的规定，任何人在买卖组屋时必须提供详实的资料。如果发现弄虚作假，政府对当事人将处以可能高达5000新元的罚款或6个月的监禁，或者两者兼施。新建的政府组屋只提供给新加坡人。

目前，新加坡公共部门持有全国80%的土地。负责修建政府组屋的建屋发展局可以无偿得到政府划拨的土地，但私人房地产开发商必须通过土地批租来有偿获得土地的使用权。政府对组屋的开发成本进行严格控制，通过优化使用土地、节约设计成本、提高施工效率等手段来降低成本。

八、韩国住房政策

韩国建设交通部2007年4月底公布的数据显示，韩国各地房价平均下降了0. 03%，是27个月以来首次出现下跌，其中首都首尔房价的下降幅度是各地平均降幅的两倍。韩国金融专家分析，这说明韩国政府自2006年年底采取的扩大住房供给和抑制房地产投机的措施初见成效。

近年来，韩国房价大幅攀升，房地产市场明显出现过热势头。韩国三星经济研究所去年年底发表的报告显示，韩国去年的平均房价与前年相比涨幅超过10%。在首尔地区，房价同比更是大幅攀升近20%。高房价不仅加重了韩国民众的买房负担，也给韩国经济带来了不稳定因素。

为了控制房地产市场过热势头，韩国政府推出了一系列措施抑制房价的快速上涨。政府将“疏”和“堵”相结合，在扩大住宅供应量的同时推出了相关的金融和税收政策。

韩国财政经济部、建设交通部和环境部等部门在去年年底公布了房地产治理方案，宣布将重点扩大优质低价住房的供应量。根据这一方案，截至2010年，韩国公共宅地新建住房将增加到86.7万套。同时，政府还放开对民间住宅用地的限制，使民间宅地新建住房增加到77.3万套。这两项措施将使韩国在未来几年内的新房供应量达到164万套。

在金融方面，新方案规定金融机构提供住房贷款的额度不能超过房屋实际市场价格的40%，从而遏制投机性购房。据估计，严格的贷款条件每年可减少与住房相关的贷款4万亿韩元（约合42.6亿美元）。

韩国中央银行在最近两年里数次加息，并将银行间隔夜拆借利率提高至5年来最高点4.5%，以抑制房价上升。韩国央行3月底公布的报告显示，韩国各家银行储蓄型存款平均年利率达4.75%，为2002年7月以来最高值。韩国各家银行住房抵押贷款的平均年利率也上升到2004年1月以来的最高值6.18%。

为了抑制房地产炒作行为，韩国政府从去年起加大了对不动产、特别是高价值不动产的税收力度，使拥有多处房地产的家庭不得不每年支付高额的不动产税。政府还对拥有2套以上住宅的家庭提高了征收房地产转让所得税的税率，从而减少了倒卖房产的收入。为了防止隐匿和以他人名义倒卖房产，韩国政府还要求土地交易必须向地方政府的国税厅和警察局等机关申报，并说明资金来源，以使房地产买卖透明化，杜绝逃税、漏税和钻政策空子的行为。

韩国政府推行的这些措施自2007年年初开始陆续生效，房地产投机行为受到严格控制，持续高涨的房价也开始受到抑制。这些表明韩国政府“疏”和“堵”结合治理房地产过热的措施行之有效。

Volume Ⅰ

【第一卷】

城市统计资料

City Statistics

第一章 全球统计资料

在经历了2008年全球金融危机之后，2009年全球经济逐步走向复苏，亚洲、非洲经济增长迅速，欧美发达国家与地区经济增长缓慢。即便如此，发达国家与地区依然保持着强大的经济优势。在全球城市化率方面，发达国家和地区平均为77%，不发达国家和地区为41%；在人均GDP排名中，卢森堡以104511.86美元位居榜首。而在近年来，被提得比较多的幸福指数，发达国家和地区人民幸福指数明显高于不发达国家和地区。

第一节 全球城市指数排名

全球知名咨询公司科尔尼公司近日发布2010年度“全球城市指数”，结果显示：香港排名第五，仅次于纽约、伦敦、东京、巴黎等传统都市，北京此次位居第十五名。前10名之中，亚洲占了4个席位，除了第五位的香港和第三位的东京，还有第八位的新加坡和第十位的首尔。连接东西方的澳大利亚城市悉尼也势头强劲，从2008年(此榜首届)的第十六位升至第九位。

全球城市指数榜由科尔尼咨询公司、芝加哥全球事务委员会和《外交政策》杂志合办。这一指数的独特之处，在于它不仅以商业和金融角度去评价城市的水平，而且对参评的65个主要城市进行5方面的评估(商业活动、人力资本、资讯交流、文化体验和政治参与)，从而评定其国际化的程度。

其中，决定“商业活动”评分的条件包括资本市场的价值、《财富》杂志全球500大企业总部的数目以及它们从各种不同种族和族群吸引人才的能力。

北京在这方面表现夺目，排名实现三连跳，位居第六。除此之外，北京国际会议的举办次数、全球性企业总部在京的数量都比往年要高。

图表1－1 2010年度全球城市指数排名

排名	城市	人口排名	GDP排名
1	纽约	6	2
2	伦敦	28	5
3	东京	1	1
4	巴黎	20	6
5	香港	31	14
6	芝加哥	25	4

续上表

排名	城市	人口排名	GDP排名
7	洛杉矶	12	3
8	新加坡	38	23
9	悉尼	43	24
10	首尔	22	19
11	布鲁塞尔	54	48
12	旧金山	46	16
13	华盛顿	42	10
14	多伦多	36	20
15	北京	13	33
16	柏林	48	46
17	马德里	34	22
18	维也纳	55	40
19	波士顿	41	11
20	法兰克福	64	20
21	上海	7	21
22	布宜诺斯艾利斯	11	12
23	斯德哥尔摩	59	52
24	苏黎世	61	58
25	莫斯科	19	13
26	巴塞罗那	37	31
27	迪拜	56	49
28	罗马	49	37
29	阿姆斯特丹	63	60
30	墨西哥城	5	8
31	蒙特利尔	44	35
32	日内瓦	65	61
33	迈阿密	58	54
34	慕尼黑	35	18
35	圣保罗	3	9
36	曼谷	32	42
37	哥本哈根	60	59
38	休斯敦	40	17
39	台北	53	26
40	亚特兰大	39	15
41	伊斯坦布尔	21	30

续上表

排名	城市	人口排名	GDP排名
43	开罗	17	36
44	都柏林	62	55
45	新德里	2	32
46	孟买	4	25
47	大阪	16	7
48	吉隆坡	57	65
49	里约热内卢	14	27
50	特拉维夫	50	40
51	马尼拉	15	34
52	约翰内斯堡	45	43
53	雅加达	24	47
54	波哥大	29	45
55	加拉加斯	51	62
56	内罗毕	47	64
57	广州	27	38
58	班加罗尔	30	53
59	拉各斯	18	63
60	卡拉奇	10	50
61	胡志明市	33	56
62	深圳	26	28
63	加尔各答	8	44
64	达卡	9	50
65	重庆	23	57

第二节　全球各国（地区）城市化指标

根据美国人口咨询局数据，2005年世界城市化水平为48%，其中发达地区为77%，不发达地区为41%。从各大洲来看，同属发达地区的北美洲、欧洲、大洋洲的城市化水平在73%～79%之间，亚洲为38%，非洲的城市化水平最低，为37%。作为不发达地区的拉丁美洲和加勒比地区，城市化水平与发达国家水平基本持平，为76%。

因世界各地社会经济发展不平衡，各地人口城市化水平及其发展进程也有很大差异。从世界范围考察，20世纪80年代以来，不发达地区的城市化进程明显快于发达国家。1980—2005年，世界人口城市化水平从41%提高到48%，增加了7个百分点；发达地区从71%提高到77%，增加了6个百分点；而不发达地区从30%提高到41%，增加了11个百分点，这部分增加量主要是由于拉丁美洲和加勒比地区快速城市化造成的，该地区从63%提高到76%，提高了13个百分点。

从具体的国家或地区来看，城市化水平的差异更大。据2005年统计资料，城市化水平最高的达到100%，有新加坡、中国香港、中国澳门、摩纳哥等国家或地区；而城市化水平不到20%的有不丹、布隆迪、埃塞俄比亚、马拉维和莱索托等国家。发达国家中美国为80.8%，英国89.7%。

据中国社会科学院统计，2009年中国城镇化率为46.6%，城镇人口达6.2亿，城镇化规模居全球第一。1996—2005年，中国每年新增城镇人口数量超过2000万人；2006—2009年，每年新增的城镇人口数量大约为1500万人。到2009年底，中国城镇人口总量为美国人口总数的两倍，比欧盟27国人口总规模还要高出1/4。

图表1－2　2005年世界各国城市化指标及2015年预测

国家或地区	城市人口占总人口比例（%）	城市人口占总人口比例（%）	人口密度（人/平方千米）	超过100万的城市的人口占总人口的比例（%）
	2005年	2015年	2006年	2005年
阿富汗	22.9	27.1	—	—
阿尔巴尼亚	45.4	52.8	115	—
阿尔及利亚	63.3	69.3	14	9.7
美属萨摩亚	91.3	94.1	292	—
安道尔	90.6	87.8	141	—
安哥拉	53.3	59.7	13	17.2
安提瓜岛	39.1	44.7	189	—
阿根廷	90.1	91.6	14	39.1
亚美尼亚	64.1	64.1	107	36.5
阿鲁巴	46.6	47.6	557	—
澳大利亚	88.2	89.9	3	60.4
奥地利	66	67.7	100	27.4
阿塞拜疆	51.5	52.8	102	22.1
巴哈马	90.4	92.2	32	—
巴林	96.5	98.2	1021	—
孟加拉	25.1	29.9	1178	11.8
巴巴多斯	52.7	58.8	679	—
白俄罗斯	72.3	76.7	47	18.2
比利时	97.2	97.5	347	9.7
伯利兹	48.3	51.2	13	—
贝宁	40.1	44.6	77	—
百慕大	100	100	1271	—

续上表

国家或地区	城市人口占总人口比例（%）	城市人口占总人口比例（%）	人口密度（人/平方千米）	超过100万的城市的人口占总人口的比例（%）
	2005年	2015年	2006年	2005年
不丹	11.1	14.8	14	—
玻利维亚	64.2	68.8	8	31
波斯尼亚和黑塞哥维那	45.8	51.8	76	—
博茨瓦纳	57.4	64.6	3	—
巴西	84.2	88.2	22	36.9
文莱达鲁萨兰	73.5	77.6	71	—
保加利亚	70	72.8	71	14.1
布基纳法索	18.3	22.8	51	—
布隆迪	10	13.5	306	—
柬埔寨	19.7	26.1	79	9.8
喀麦隆	54.6	62.7	38	18.2
加拿大	80.1	81.4	4	44.5
佛得角	57.3	64.3	126	—
开曼群岛	100	100	173	—
中非	38.1	40.4	7	—
乍得	25.3	30.5	8	—
英吉利海峡群岛	30.5	31.5	782	—
智利	87.6	90.1	22	34.9
中国	40.4	49.2	140	17.7
哥伦比亚	72.7	75.7	41	36
科摩罗	37	44	323	—
刚果（金）	32.1	38.6	26	16.2
刚果（布）	60.2	64.2	11	32.5
哥斯达黎加	61.7	66.9	85	28.1
科特迪瓦	45	49.8	58	19.2
克罗地亚	56.5	59.5	79	—
古巴	75.5	74.7	103	19.4
塞浦路斯	69.3	71.5	82	—
捷克	73.5	74.1	132	11.4
丹麦	85.6	86.9	128	20.1
吉布提	86.1	89.6	35	—
多米尼克	72.9	76.4	96	—

续上表

国家或地区	城市人口占总人口比例（%）	城市人口占总人口比例（%）	人口密度（人/平方千米）	超过100万的城市的人口占总人口的比例（%）
	2005年	2015年	2006年	2005年
多米尼加	66.8	73.6	196	21.4
厄瓜多尔	62.8	67.6	47	29.9
埃及	42.8	45.4	73	20.5
萨尔瓦多	59.8	63.2	322	22.7
赤道几内亚	38.9	41.1	17	—
厄立特里亚	19.4	24.4	45	—
爱沙尼亚	69.1	70.1	32	—
埃塞俄比亚	16	19.1	75	3.8
法罗群岛	38.8	41.5	35	—
斐济	50.8	56.1	45	—
芬兰	61.1	62.7	17	20.8
法国	76.7	79	111	22.4
法属波利尼西亚	51.7	52.3	70	—
加蓬	83.6	87.7	5	—
冈比亚	53.9	61.8	162	—
格鲁吉亚	52.2	53.8	64	23.4
德国	75.2	76.3	236	7.7
加纳	47.8	55.1	99	15.5
希腊	59	61	86	29.1
格陵兰岛	82.9	85.5	0	—
格林纳达	30.6	32.2	313	—
关岛	94.1	95.3	312	—
危地马拉	47.2	52	117	—
几内亚	33	38.1	37	15.8
几内亚比绍	29.6	31.1	57	—
圭亚那	28.2	29.4	4	—
海地	38.8	45.5	337	22.9
洪都拉斯	46.5	51.4	61	—
中国香港	100	100	6539	103.3
匈牙利	66.3	70.3	113	16.8
冰岛	92.8	93.6	3	—
印度	28.7	32	368	11.6

续上表

国家或地区	城市人口占总人口比例（%）	城市人口占总人口比例（%）	人口密度(人/平方千米)	超过100万的城市的人口占总人口的比例（%）
	2005年	2015年	2006年	2005年
印度尼西亚	48.1	58.5	122	11.6
伊朗	66.9	71.9	42	22.9
伊拉克	66.9	66.9	—	—
爱尔兰	60.5	63.8	60	24.9
马恩岛	51.8	52.8	133	—
以色列	91.6	91.9	320	43.5
意大利	67.6	69.5	199	17.4
牙买加	53.1	56.7	245	—
日本	65.8	68.2	351	47.8
约旦	82.3	85.3	61	23.9
哈萨克斯坦	57.3	60.3	6	7.6
肯尼亚	20.7	24.1	63	7.8
基里巴斯	47.4	55.4	122	—
朝鲜	61.6	65.5	196	18.9
韩国	80.8	83.1	489	50.6
科威特	98.3	98.5	142	71.4
吉尔吉斯	35.8	38.1	27	—
老挝	20.6	24.9	25	—
拉脱维亚	67.8	68.9	37	—
黎巴嫩	86.6	87.9	392	44.3
莱索托	18.7	22	65	—
利比里亚	58.1	64.8	36	—
利比亚	84.8	87.4	3	54.3
列支敦士登	14.6	14.7	217	—
立陶宛	66.6	66.8	54	—
卢森堡	82.8	82.1	176	—
中国澳门	100	100	16776	—
马其顿	68.9	75.2	80	—
马达加斯加	26.8	30.1	32	8.5
马拉维	17.2	22.1	141	—
马来西亚	67.3	75.4	78	5.5
马尔代夫	29.6	34.8	984	—

续上表

国家或地区	城市人口占总人口比例（%）	城市人口占总人口比例（%）	人口密度（人/平方千米）	超过100万的城市的人口占总人口的比例（%）
	2005年	2015年	2006年	2005年
马里	30.5	36.5	10	11.8
马其他	95.3	97.2	1261	—
马歇尔群岛	66.7	69.3	351	—
毛里塔尼亚	40.4	43.1	3	—
毛里求斯	42.4	44.1	612	—
马约特岛	—	—	481	—
墨西哥	76	78.7	53	35
密克罗尼西亚	22.3	23.6	157	—
摩尔多瓦	46.7	50	118	—
摩纳哥	100	100	16667	—
蒙古	56.7	58.8	2	—
黑山	—	—	44	—
摩洛哥	58.7	65	68	15.9
莫桑比克	34.5	42.4	26	6.4
缅甸	30.7	37.4	73	8.6
纳米比亚	35.1	41.1	2	—
尼泊尔	15.8	20.9	189	—
荷兰	80.2	84.9	482	13.8
荷属安的列斯	70.4	73.4	233	—
新喀里多尼亚	63.7	67.4	13	—
新西兰	86.2	87.4	15	27.8
尼加拉瓜	59	63	45	21.3
尼日尔	16.8	19.3	10	—
尼日利亚	48.2	55.9	155	13.3
北马里亚纳群岛	94.5	95.9	175	—
挪威	77.4	78.6	15	—
阿曼	71.5	72.3	8	—
巴基斯坦	34.9	39.6	202	17.8
帕劳	69.7	70.9	44	—
巴拿马	70.8	77.9	43	37.6
巴布亚新几内亚	13.4	15	13	—
巴拉圭	58.5	64.4	15	31.5

续上表

国家或地区	城市人口占总人口比例（%）	城市人口占总人口比例（%）	人口密度(人/平方千米)	超过100万的城市的人口占总人口的比例（%）
	2005年	2015年	2006年	2005年
秘鲁	72.6	74.9	21	26.3
菲律宾	62.7	69.6	284	14.2
波兰	62.1	64	125	4.4
葡萄牙	57.6	63.6	115	38.6
波多黎各	97.6	99.3	441	66.6
卡塔尔	95.4	96.2	72	—
罗马尼亚	53.7	56.1	94	8.9
俄罗斯	73	72.6	9	19.2
卢旺达	19.3	28.7	374	—
萨摩亚	22.4	24.9	65	—
圣马力诺	97.2	99.3	470	—
圣多美和普林西比	58	65.8	159	—
沙特阿拉伯	81	83.2	12	36.2
塞内加尔	41.6	44.7	61	18.3
塞尔维亚	—	—	84	—
塞舌尔	52.9	58.2	180	—
塞拉利昂	40.7	48.2	78	—
新加坡	100	100	6302	99.6
斯洛伐克	56.2	58	112	—
斯洛文尼亚	51	53.3	99	—
所罗门群岛	17	20.5	17	—
索马里	35.2	40.1	13	16.1
南非	59.3	64.1	39	30
西班牙	76.7	78.3	87	24
斯里兰卡	15.1	15.7	304	—
圣基茨-尼维斯-安圭拉岛	32.2	33.5	185	—
圣卢西亚	27.6	29	270	—
圣文森特和格林纳丁斯	45.9	50	305	—
苏丹	40.8	49.4	16	12.2
苏里南	73.9	77.4	3	—

续上表

国家或地区	城市人口占总人口比例（%）	城市人口占总人口比例（%）	人口密度（人/平方千米）	超过100万的城市的人口占总人口的比例（%）
	2005年	2015年	2006年	2005年
斯威士兰	24.1	27.5	66	—
瑞典	84.2	85.1	22	18.9
瑞士	75.2	78.8	186	15.4
叙利亚	50.6	53.4	103	25.4
中国台湾	—	—	705	—
塔吉克斯坦	24.7	24.6	47	—
坦桑尼亚	24.2	28.9	43	7
泰国	32.3	36.2	123	10.5
东帝汶	26.5	31.2	66	—
多哥	40.1	47.4	115	21.4
汤加	24	27.4	138	—
特立尼达和多巴哥	12.2	15.8	258	—
突尼斯	65.3	69.1	65	—
土耳其	67.3	71.9	94	25.6
土库曼斯坦	46.3	50.8	10	—
乌干达	12.6	14.5	147	4.6
乌克兰	67.8	70.2	81	13.1
阿拉伯联合酋长国	76.7	77.4	49	32.4
英国	89.7	90.6	249	26.1
美国	80.8	83.7	32	43.3
乌拉圭	92	93.1	19	38.2
乌兹别克斯坦	36.7	38	62	8.3
瓦努阿图	23.5	28.1	18	—
委内瑞拉	93.4	95.9	30	36.9
越南	26.4	31.6	268	13.4
美属维尔京群岛	94.2	96	311	—
约旦河西岸及加沙地区	71.6	72.9	602	—
也门	27.3	31.9	40	8.5

续上表

国家或地区	城市人口占总人口比例（%）	城市人口占总人口比例（%）	人口密度(人/平方千米)	超过100万的城市的人口占总人口的比例（%）
	2005年	2015年	2006年	2005年
赞比亚	35	37	15	11
津巴布韦	35.9	40.9	34	11.5

第三节 2009年全球各国（地区）人均GDP排名

根据国际货币基金组织发布的信息，2009年全球国家和地区人均GDP排名中，卢森堡以104511.86美元的绝对优势排在榜首，而亚洲的卡塔尔以68871.71美元排名第三；中国大陆排名99，人均3677.86美元；中国香港排名25，人均29825.55美元；台湾排名39，人均16391.56美元。美国排名第九，人均46380.91美元；俄罗斯、巴西分别排名60、61，人均分别是8693.80美元和8220.36美元。

图表1－3 2009年全球人均GDP排名

名次	国家或地区	人均GDP(美元)	名次	国家或地区	人均GDP(美元)
1	卢森堡	104511.86	19	冰岛	37976.65
2	挪威	79085	20	新加坡	37293.42
3	卡塔尔	68871.71	21	意大利	35435.15
4	瑞士	67559.57	22	英国	35334.32
5	丹麦	56115.35	23	西班牙	31946.3
6	爱尔兰	51356.28	24	科威特	31482.03
7	荷兰	48222.92	25	中国香港	29825.55
8	阿联酋	46856.8	26	希腊	29634.92
9	美国	46380.91	27	塞浦路斯	29619.5
10	奥地利	45989.22	28	新西兰	27259.12
11	澳大利亚	45586.53	29	以色列	26796.71
12	芬兰	44491.54	30	汶莱	26325.48
13	瑞典	43986.18	31	斯洛文尼亚	24417.46
14	比利时	43533.25	32	巴哈马	21528.93
15	法国	42747.22	33	葡萄牙	21407.62
16	德国	40874.64	34	巴林	19455.29
17	日本	39731.04	35	马耳他	19111.16
18	加拿大	39668.62	36	捷克	18557.14

续上表

名次	国家或地区	人均GDP(美元)	名次	国家或地区	人均GDP(美元)
37	阿曼	18013	72	保加利亚	6223.4
38	韩国	17074.33	73	格林纳达	5969.35
39	中国台湾	16391.56	74	南非	5823.58
40	斯洛伐克	16281.59	75	塞尔维亚	5808.88
41	特立尼达	15580.79	76	苏里南	5675.55
42	沙特	14486.08	77	圣卢西亚	5671.44
43	爱沙尼亚	14266.54	78	圣格	5291.13
44	克罗地亚	14242.99	79	多米尼加	5176.01
45	安提瓜	13851.66	80	白俄罗斯	5165.8
46	巴巴多斯	13003.06	81	哥伦比亚	5087.43
47	匈牙利	12926.5	82	多米尼克	4948.8
48	委内瑞拉	11789	83	阿塞拜疆	4807.12
49	拉脱维亚	11607.17	84	纳米比亚	4542.95
50	波兰	11287.92	85	马其顿	4482.02
51	立陶宛	11171.87	86	伊朗	4459.68
52	圣基茨和尼维斯	10315.24	87	牙买加	4390.33
53	赤道几内亚	9579.91	88	秘鲁	4356.03
54	利比亚	9529.26	89	波黑	4278.56
55	智利	9525.37	90	厄瓜多尔	4059.26
56	乌拉圭	9425.53	91	伯利兹	4045.26
57	塞舌尔	8973.42	92	阿尔及利亚	4026.89
58	土耳其	8723.41	93	安哥拉	3971.59
59	黎巴嫩	8706.7	94	泰国	3939.63
60	俄罗斯	8693.8	95	马尔代夫	3932.08
61	巴西	8220.36	96	突尼斯	3851.57
62	墨西哥	8134.75	97	约旦	3828.61
63	阿根廷	7725.66	98	阿尔巴尼亚	3824.69
64	罗马尼亚	7542.47	99	中国	3677.86
65	加蓬	7468.3	100	萨尔瓦多	3623.27
66	巴拿马	7132.72	101	斐济	3464.35
67	哈萨克斯坦	7019.04	102	佛得角	3444.7
68	马来西亚	6896.74	103	土库曼	3242.08
69	毛里求斯	6838.09	104	萨摩亚	3077.61
70	博茨瓦纳	6406.85	105	汤加	3032.08
71	哥斯达黎加	6345.18	106	斯威士兰	2906.9

续上表

名次	国家或地区	人均GDP(美元)	名次	国家或地区	人均GDP(美元)
107	摩洛哥	2864.54	142	塞内加尔	993.65
108	亚美尼亚	2667.56	143	毛里塔尼亚	975.42
109	危地马拉	2661.94	144	尼加拉瓜	971.81
110	瓦努阿图	2635.72	145	肯尼亚	911.95
111	圭亚那	2629.28	146	老挝	877.97
112	叙利亚	2578.82	147	吉尔吉斯	850.99
113	乌克兰	2542.11	148	科摩罗	798.79
114	刚果(布)	2537.92	149	柬埔寨	774.95
115	埃及	2450.39	150	塔吉克	766.82
116	格鲁吉亚	2448.37	151	海地	733.18
117	巴拉圭	2336.89	152	贝宁	711.25
118	印尼	2329.45	153	乍得	687.23
119	伊拉克	2107.91	154	加纳	671.33
120	斯里兰卡	2041.41	155	马里	655.95
121	不丹	1880.63	156	莱索托	641.74
122	洪都拉斯	1822.68	157	孟加拉国	573.79
123	菲律宾	1745.6	158	布基纳法索	564.18
124	玻利维亚	1723.51	159	坦桑尼亚	550.54
125	蒙古	1560.18	160	东帝汶	542.7
126	摩尔多瓦	1514.48	161	卢旺达	535.68
127	苏丹	1397.78	162	几内亚比绍	512.8
128	基里巴斯	1304.28	163	阿富汗	486.11
129	吉布提	1304.25	164	乌干达	474.03
130	巴布亚新几内亚	1247.34	165	莫桑比克	464.54
131	所罗门	1223.03	166	缅甸	459.37
132	乌兹别克	1175.71	167	尼泊尔	451.94
133	圣普	1174.11	168	中非	447.17
134	尼日利亚	1141.91	169	冈比亚	440
135	喀麦隆	1115.28	170	多哥	421.84
136	赞比亚	1086.05	171	几内亚	414.08
137	也门	1060.96	172	马达加斯加	412.02
138	越南	1059.94	173	埃塞俄比亚	390.27
139	科特迪瓦	1052.01	174	津巴布韦	374.78
140	印度	1030.79	175	尼日尔	370.75
141	巴基斯坦	1016.73	176	厄立特里亚	362.9

续上表

名次	国家或地区	人均GDP(美元)	名次	国家或地区	人均GDP(美元)
177	马拉维	328.05	180	刚果(金)	171.5
178	塞拉利昂	310.83	181	布隆迪	162
179	利比里亚	238.92	—	—	—

资料来源：国际货币基金组织。

第四节 1990—2008年世界各国（地区）GDP概况

1990—2008年，全球GDP总量增长了近2倍，尤其是1990—2005年增长十分迅速，15年间，全球GDP翻了一番多，从1990年的218133亿美元增长到2005年的452321亿美元。在全球众多国家和地区中，美国GDP排名第一，中国GDP增长快速，十几年增长12倍多。

图表1－4　1990—2008年全球不同收入国家和地区GDP（单位:亿美元）

国家或地区	1990年	2000年	2005年	2006年	2007年	2008年
高收入国家	180808	259836	352764	371963	404623	431899
经合组织高收入国家	174390	247488	335590	352865	383565	408624
中低收入国家	37305	60209	99667	117691	144464	174083
中等收入国家	35503	57844	96086	113645	139703	168269
中等偏上收入国家	21940	31288	49709	58668	70943	84454
中等偏下收入国家	13590	26558	46356	54950	68725	83771
低收入国家	1830	2348	3530	3969	4646	5685
最不发达地区①	1586	1851	3171	3705	4432	5514
重债穷国	1340	1395	2311	2673	3163	3824

注：①联合国划分标准。
资料来源：世界银行WDI数据库。

图表1－5　1990—2008年世界各国(地区)GDP（单位:亿美元）

国家或地区	1990年	2000年	2005年	2006年	2007年	2008年
世　界	218133	320019	452321	489478	548911	605870
美　国	57572	97648	123761	131329	137514	142043
欧 元 区	56862	62472	101306	107133	122776	135655
东亚和太平洋	6701	17219	30383	36247	45351	56583
日　本	30183	46674	45521	43760	43843	49093

续上表

国家或地区	1990年	2000年	2005年	2006年	2007年	2008年
中国	3569	11985	22359	26579	33823	43262
拉丁美洲和加勒比	10971	20352	26458	31136	36412	42471
欧洲和中亚	10032	8826	20022	24247	31142	38606
德国	17145	19002	27914	29133	33174	36528
法国②	12445	13280	21466	22675	25898	28531
英国	9959	14509	22465	24026	27720	26456
意大利	11334	10973	17764	18567	21016	22930
巴西	4620	6447	8822	10891	13333	16125
俄罗斯联邦	5168	2597	7645	9906	12901	16078
西班牙	5210	5807	11298	12307	14369	16042
南亚	4025	6082	10208	11514	14431	15315
加拿大	5827	7249	11347	12750	13299	14001
印度	3175	4602	8102	9149	11769	12175
中东和北非国家	2654	4314	6148	7072	8523	11172
墨西哥	2627	5814	8470	9489	10228	10860
澳大利亚	3055	4051	6748	7244	8210	10152
撒哈拉以南非洲	3011	3423	6414	7432	8534	9871
韩国	2638	5334	8449	9518	10492	9291
荷兰	2949	3851	6330	6703	7658	8603
土耳其	1506	2672	4840	5299	6559	7942
波兰	590	1713	3040	3417	4248	5270
印度尼西亚	1144	1650	2859	3646	4319	5144
比利时	2027	2319	3755	3972	4528	4976
瑞士	2382	2499	3724	3878	4244	4885
瑞典	2447	2456	3660	3930	4543	4800
沙特阿拉伯	1168	1884	3156	3566	3836	4676
挪威	1176	1683	3020	3371	3884	4500
奥地利	1650	1938	3051	3235	3732	4164
伊朗	1160	1013	1920	2229	2861	3851
希腊	942	1256	2470	2685	3134	3568
丹麦	1358	1601	2582	2760	3116	3427
阿根廷	1414	2842	1832	2142	2625	3284
委内瑞拉	470	1171	1455	1845	2281	3138
爱尔兰	478	964	2008	2192	2590	2818

注：②包括法属圭亚那、瓜德罗普、马提尼克和留尼汪。

续上表

国家或地区	1990年	2000年	2005年	2006年	2007年	2008年
南非	1120	1329	2428	2577	2837	2768
芬兰	1396	1219	1957	2096	2447	2713
泰国	853	1227	1678	1986	2366	2607
葡萄牙	753	1127	1855	1949	2228	2427
哥伦比亚	403	941	1446	1623	2078	2423
捷克	349	567	1245	1423	1740	2165
中国香港	769	1691	1778	1899	2071	2154
尼日利亚	285	460	1122	1469	1659	2121
罗马尼亚	383	371	989	1226	1660	2001
以色列	525	1237	1332	1438	1640	1995
马来西亚	440	938	1380	1564	1867	1949
新加坡	368	927	1209	1392	1670	1819
乌克兰	815	313	861	1078	1427	1804
阿尔及利亚	620	548	1023	1165	1343	1739
智利	316	752	1183	1468	1639	1695
巴基斯坦	400	740	1095	1273	1429	1683
菲律宾	443	759	988	1175	1440	1669
埃及	431	998	897	1075	1305	1628
匈牙利	331	479	1102	1130	1388	1547
哈萨克斯坦	269	183	571	810	1049	1322
新西兰	440	509	1084	1084	1357	1307
秘鲁	263	533	794	923	1073	1274
利比亚	289	345	417	497	583	999
斯洛伐克	155	203	479	558	750	950
越南	65	312	528	598	686	907
摩洛哥	258	370	595	656	751	863
安哥拉	103	91	306	452	593	834
孟加拉国	301	471	603	619	684	790
克罗地亚	—	213	444	490	586	693
白俄罗斯	174	127	302	370	453	603
苏丹	124	124	274	364	462	584
叙利亚	123	193	282	334	405	552
斯洛文尼亚	174	199	357	389	472	546
卢森堡	127	203	373	425	495	543
厄瓜多尔	104	159	372	418	458	526

续上表

国家或地区	1990年	2000年	2005年	2006年	2007年	2008年
塞尔维亚	—	90	262	305	401	501
保加利亚	207	126	272	317	395	499
立陶宛	105	114	260	301	389	473
阿塞拜疆	89	53	132	210	331	463
多米尼加	71	240	340	360	413	458
斯里兰卡	80	163	244	283	324	407
突尼斯	123	194	290	310	350	402
危地马拉	77	193	273	303	340	390
肯尼亚	86	127	188	225	270	345
拉脱维亚	74	78	160	199	288	338
乌拉圭	93	228	174	200	243	322
哥斯达黎加	74	159	200	225	263	298
黎巴嫩	28	168	216	221	247	287
乌兹别克斯坦	134	138	143	170	223	279
也门	48	94	168	191	217	266
埃塞俄比亚	121	82	123	152	194	265
特立尼达和多巴哥	51	82	151	191	209	239
科特迪瓦	108	104	164	174	198	234
喀麦隆	112	101	166	180	207	234
爱沙尼亚	50	56	138	164	210	231
巴拿马	53	116	155	171	195	231
萨尔瓦多	48	131	171	187	204	221
坦桑尼亚③	43	91	141	143	168	205
约旦	40	85	126	148	165	200
赤道几内亚	1	13	82	96	126	185
波黑	—	55	108	123	151	185
土库曼斯坦	32	29	81	103	129	183
玻利维亚	49	84	95	115	131	167
冰岛	64	87	163	166	200	167
加纳	59	50	107	127	150	161
巴拉圭	53	71	75	93	122	160
牙买加	46	90	112	120	131	151
乌干达	43	62	92	100	119	145
加蓬	60	51	87	95	116	144
赞比亚	33	32	72	107	114	143

注：③仅指坦桑尼亚大陆。

续上表

国家或地区	1990年	2000年	2005年	2006年	2007年	2008年
洪都拉斯	30	71	97	108	122	141
塞内加尔	57	47	87	94	113	132
博茨瓦纳	38	62	105	110	123	130
格鲁吉亚	77	31	64	78	102	128
尼泊尔	36	55	81	91	103	126
阿尔巴尼亚	21	37	84	91	108	123
亚美尼亚	23	19	49	64	92	119
刚果(金)	94	43	72	88	100	116
刚果(布)	28	32	61	77	76	107
莫桑比克	25	42	66	71	80	97
柬埔寨	—	37	65	73	84	96
前南马其顿	45	36	58	64	79	95
马达加斯加	31	39	50	55	73	90
马里	24	24	53	59	68	87
毛里求斯	24	45	63	64	68	87
纳米比亚	24	39	73	80	87	86
乍得	17	14	59	63	70	84
巴布亚新几内亚	32	35	49	56	63	82
布基纳法索	31	26	54	58	68	79
海地	29	38	43	50	67	70
巴哈马	32	50	60	62	66	69
贝宁	18	23	43	46	54	67
尼加拉瓜	10	39	49	53	57	66
摩尔多瓦	36	13	30	34	44	60
尼日尔	25	18	33	36	42	54
蒙古	21	11	23	31	39	53
老挝	9	17	28	36	43	52
塔吉克斯坦	26	9	23	28	37	51
黑山	—	10	23	27	38	45
卢旺达	26	17	24	28	34	45
吉尔吉斯斯坦	27	14	25	28	37	44
马拉维	19	17	29	32	36	43
几内亚	27	31	33	32	46	43
斐济	13	17	30	32	34	35
苏里南	4	9	18	21	24	29

续上表

国家或地区	1990年	2000年	2005年	2006年	2007年	2008年
毛里塔尼亚	10	11	18	27	26	29
多哥	16	13	21	22	25	28
斯威士兰	11	15	25	27	29	26
中非	15	10	14	15	17	20
塞拉利昂	7	6	12	14	17	20
佛得角	3	5	10	12	14	17
厄立特里亚	—	6	12	13	14	17
莱索托	6	8	14	15	17	16
伯利兹	4	8	11	12	13	14
不丹	3	4	8	9	11	14
马尔代夫	2	6	8	9	11	13
安提瓜和巴布达	4	—	9	10	12	12
布隆迪	11	7	8	9	10	12
圭亚那	4	7	8	9	11	12
圣卢西亚	4	7	9	9	10	10
吉布提	5	6	7	8	8	9
利比里亚	4	6	5	6	7	9
塞舌尔	4	6	9	10	9	8
冈比亚	3	4	5	5	6	8
所罗门群岛	3	4	4	5	5	6
格林纳达	2	4	5	5	6	6
圣文森特和格林纳丁斯	2	3	4	5	6	6
瓦努阿图	2	2	4	4	5	6
圣基茨和尼维斯	2	3	4	5	5	5
科摩罗	3	2	4	4	5	5
萨摩亚	1	2	4	4	5	5
东帝汶	—	3	3	3	4	5
几内亚比绍	2	2	3	3	4	4
多米尼克	2	3	3	3	3	4
汤加	1	2	2	2	3	3
密克罗尼西亚	1	2	2	2	2	2
帕劳	1	1	1	2	2	2
圣多美和普林西比	—	—	1	1	1	2
马绍尔群岛	1	1	1	1	1	2
基里巴斯	—	—	1	1	1	1

续上表

国家或地区	1990年	2000年	2005年	2006年	2007年	2008年
中国澳门	30	61	115	142	186	—
阿富汗	—	—	69	82	102	—
阿鲁巴岛	—	19	—	—	—	—
巴林	42	80	135	158	—	—
巴巴多斯	17	26	31	32	34	—
百慕大	16	35	49	54	59	—
文莱	35	60	95	115	—	—
海峡群岛	—	64	88	97	115	—
塞浦路斯	56	93	170	184	213	—
芬兰(包括奥兰群岛)	—	—	—	—	—	—
法属波立尼西亚	32	34	—	—	—	—
伊拉克	—	259	—	—	—	—
马恩岛	—	16	29	34	—	—
科威特	184	377	808	1016	1121	—
马耳他	23	39	59	64	74	—
新喀里多尼亚	25	27	—	—	—	—
阿曼	117	199	309	357	—	—
波多黎各	306	610	—	—	—	—
卡塔尔	74	178	425	527	-	—
圣马力诺	—	8	14	15	17	—
索马里	9	—	—	—	—	—
阿联酋	337	706	1330	1633	—	—
美属维尔京群岛	16	—	—	—	—	—
约旦河西岸和加沙	—	41	40	—	—	—
津巴布韦	88	74	34	—	—	—

资料来源：世界银行WDI数据库。

第五节　世界各国（地区）幸福指数排名

在人民追求高质量生活的今天，GDP、GNP等标准不再是唯一衡量国民生活水平的标准，幸福指数逐渐被提上日程。幸福是指人们对生活满意程度的一种主观感受。所谓幸福指数，就是衡量民众这种感受具体程度的主观指标数。

实际上，“幸福指数”最早是由不丹国王于30多年前提出并付诸实践的。30多年来，在人均GDP仅为700多美元的南亚小国不丹，国民总体生活得较幸福。“不丹模式”引起了世界的关注。近年来，美国、英国、荷兰、日本等发达国家都开始了幸福指数的研究，并创设了不同模式的幸福指数。

下表为福布斯的幸福指数排名。最幸福的是丹麦，中国台湾和中国香港分别名列70位和81位，中国内地不在榜内，这说明中国内地的幸福指数还有待提升。

表1－6 世界各国和地区幸福指数排名

排名	国家或地区	所属区位	“幸福者”百分比(%)	“生活困窘者”百分比(%)	“受苦者”百分比(%)	日常生活感受
1	丹麦	欧洲	82	17	1	7.9
2	芬兰	欧洲	75	23	2	7.8
3	挪威	欧洲	69	31	0	7.9
4	荷兰	欧洲	68	32	1	7.7
4	瑞典	欧洲	68	30	2	7.9
6	新西兰	亚洲	63	35	2	7.6
6	哥斯达黎加	美洲	63	35	2	8.1
8	澳大利亚	亚洲	62	35	3	7.5
8	瑞士	欧洲	62	36	2	7.6
8	以色列	亚洲	62	35	3	6.4
8	加拿大	美洲	62	36	2	7.6
12	巴西	美洲	58	40	2	7.5
12	巴拿马	美洲	58	39	3	8.4
14	奥地利	欧洲	57	40	3	7.7
14	美国	美洲	57	40	3	7.3
16	比利时	欧洲	56	41	3	7.3
17	联合王国	欧洲	54	44	2	7.4
18	土库曼斯坦	亚洲	52	47	1	7.5
18	墨西哥	美洲	52	43	5	7.7
20	阿拉伯联合酋长国	亚洲	51	48	1	7.7
21	委内瑞拉	美洲	50	48	2	8
22	爱尔兰	欧洲	49	49	2	7.5
23	科威特	亚洲	47	50	3	7
23	冰岛	欧洲	47	49	4	8.2
23	波多黎各	美洲	47	45	8	7.6
26	哥伦比亚	美洲	46	47	7	7.7
26	牙买加	美洲	46	49	5	7.7

续上表

排名	国家或地区	所属区位	“幸福者”百分比(%)	“生活困窘者”百分比(%)	“受苦者”百分比(%)	日常生活感受
28	塞浦路斯	亚洲	45	50	5	6.6
28	卢森堡	欧洲	45	54	1	7.3
30	特立尼达和多巴哥	美洲	44	51	5	7.9
30	阿根廷	美洲	44	50	6	7.8
30	伯利兹	美洲	44	50	6	6.8
33	德国	欧洲	43	50	7	7.4
34	萨尔瓦多	美洲	42	51	7	7.7
35	卡塔尔	亚洲	41	58	1	6.8
35	乌拉圭	美洲	41	54	5	7.5
35	智利	美洲	41	52	7	7.3
38	马耳他	欧洲	40	48	12	6.6
38	危地马拉	美洲	40	50	10	7.7
40	意大利	欧洲	39	54	7	7.1
40	捷克共和国	欧洲	39	51	9	6.6
42	洪都拉斯	美洲	37	49	14	7.5
43	西班牙	欧洲	36	58	6	7
44	多米尼加共和国	美洲	35	54	11	7.3
44	法国	欧洲	35	60	6	7
46	厄瓜多尔	美洲	34	52	15	7.6
46	玻利维亚	美洲	34	59	7	7
48	巴林	亚洲	32	45	23	7
48	巴拉圭	美洲	32	59	9	8.3
50	希腊	欧洲	31	57	11	7
50	圭亚那	美洲	31	64	5	7
52	尼加拉瓜	美洲	30	53	17	7.4
52	约旦	亚洲	30	61	8	6.7
54	科索沃	欧洲	29	65	6	6.2
54	白俄罗斯	欧洲	29	59	12	6.5
56	波兰	欧洲	28	61	10	7.1
56	韩国	亚洲	28	61	12	6.9
58	斯洛文尼亚	欧洲	27	57	16	6.8
58	巴基斯坦	亚洲	27	50	23	6.2
58	沙特阿拉伯	亚洲	27	69	3	6.7
61	黑山	欧洲	26	58	16	6.2

续上表

排名	国家或地区	所属区位	“幸福者”百分比(%)	“生活困窘者”百分比(%)	“受苦者”百分比(%)	日常生活感受
61	克罗地亚	欧洲	26	60	14	6.2
63	摩尔多瓦	欧洲	25	62	13	6.1
63	立陶宛	欧洲	25	57	18	6.2
63	马拉维	非洲	25	64	10	8
63	秘鲁	美洲	25	65	11	7.2
67	博茨瓦纳	非洲	24	65	11	7.3
67	利比亚	非洲	24	68	8	6
67	古巴	美洲	24	66	11	6.7
70	中国台湾	亚洲	22	64	14	7.5
70	哈萨克斯坦	亚洲	22	72	6	7.2
70	葡萄牙	欧洲	22	61	17	7.1
73	俄国	欧洲	21	57	22	7
73	罗马尼亚	欧洲	21	56	23	6.6
73	南非	非洲	21	71	8	7.3
73	斯洛伐克	欧洲	21	60	19	6.5
73	乌克兰	欧洲	21	53	26	6.6
73	黎巴嫩	亚洲	21	64	15	6.3
79	波斯尼亚和黑塞哥维那	欧洲	20	59	20	6.2
79	泰国	亚洲	20	75	5	8
81	新加坡	亚洲	19	75	6	6.9
81	日本	亚洲	19	69	12	7.4
81	伊朗	亚洲	19	66	14	6.3
81	中国香港	亚洲	19	65	16	7.1
85	索马里兰	非洲	18	77	5	7.1
85	尼日利亚	非洲	18	78	4	7.3
85	阿尔及利亚	非洲	18	77	6	6.7
85	印度尼西亚	亚洲	18	72	10	8.2
85	乌兹别克斯坦	亚洲	18	75	6	7.8
90	爱沙尼亚	欧洲	17	62	21	6.8
91	孟加拉国	亚洲	16	71	13	6.9
91	缅甸	亚洲	16	82	2	7.1
91	塞尔维亚	欧洲	16	63	21	6.2
94	马来西亚	亚洲	15	80	5	8.1
94	菲律宾	亚洲	15	68	18	7.2

续上表

排名	国家或地区	所属区位	“幸福者”百分比(%)	“生活困窘者”百分比(%)	“受苦者”百分比(%)	日常生活感受
96	突尼斯	非洲	14	77	9	6.8
96	也门	亚洲	14	62	24	6.3
96	巴勒斯坦领土	亚洲	14	70	15	5.8
96	马其顿	欧洲	14	54	32	6.8
96	越南	亚洲	14	76	10	6.9

注：按照“幸福者”在国民中所占的百分比排序。

资料来源：福布斯中文网。

第二章 2009年中国省会城市、直辖市统计指标

2009年中国省会城市、直辖市统计资料，汇编了中国除台湾省台北市以外的28个省会城市和4个直辖市的GDP总额、人口、财政收入等资料。数据主要来源于中国各市2009年国民经济和社会发展统计公报及2010政府工作报告。

第一节 中国省会城市统计指标

指标说明

1.截至2009年12月31日，中国除台湾省外共有23个省和5个自治区，28个省会城市。以下指标数据台湾省数据阙如。

2.以下指标主要包括各省会城市地区生产总值、三产比例、年末人口、固定资产投资总额、城镇（市）人均可支配收入、农民人均纯收入、全部财政收入、外贸进出口总额、旅游收入等。其中，部分城市部分指标阙如，用“—”表示。

3.年末人口指标。除沈阳、哈尔滨、南宁、郑州、乌鲁木齐、呼和浩特、太原为户籍人口外，其余城市均为2009年末常住人口。

4.固定资产投资总额指标。除呼和浩特、拉萨为50万以上固定资产投资总额，其余城市均为全部社会固定资产投资总额。

5.指标数据主要来源于各市2009年国民经济和社会发展统计公报及2010年政府工作报告。

图表1－7 省会城市统计指标（1）

城市	GDP（亿元）	增长（%）	三产比例	人口（万）	固定资产投资总额（亿元）	增长（%）
石家庄	3114.9	11.1	9.8：50.0：40.2	977.41	2436.4	41.3
沈阳	4359.2	14.1	4.5：50.8：44.7	786	3676	22.2
长春	2849	15	7.9：50.6：41.5	756.5	2300	26.5
哈尔滨	3258.1	13	12.8：37.7：49.5	991.6	1892.1	41.1
南京	4230.26	11.5	3.1：45.6：51.3	771.31	2668.03	23.9
杭州	5098.66	10	3.7：47.8：48.5	810	2291.65	15.7
合肥	2102.12	17.3	5.2：52.6：42.2	510	2468.42	34.3

续上表

城市	GDP（亿元）	增长（%）	三产比例	人口（万）	固定资产投资总额（亿元）	增长（%）
广州	9112.76	11.5	1.9∶37.2∶60.9	1033.5	2659.85	22.3
海口	489.55	10.8	7.0∶24.5∶68.5	187.85	277.03	25.1
南宁	1492.38	15	14.2∶35.4∶50.5	697.9	1043.91	50.54
长沙	3744.76	14.7	4.8∶50.6∶44.6	664.22	2441.78	30.3
南昌	1837.5	13.1	6.0∶55.4∶38.6	464.89	1546.88	42.4
郑州	3300.4	12	3.1∶54.6∶42.3	752.1	2289.1	29.1
福州	2524.28	12.8	9.6∶47.4∶43.0	271	1646.72	31.5
济南	3351.4	12.2	18.5∶56.5∶25.0	667.85	1655.4	20.3
武汉	4560.62	13.7	3.2∶47.0∶49.8	910	3001.1	33.3
成都	4502.6	14.7	5.9∶44.5∶49.6	1286.6	4025.9	34
贵阳	902.6	13.3	5.5∶44.6∶49.9	396.79	782.64	30.1
昆明	1808.65	12.8	6.3∶45.6∶48.1	628	1600	51.9
西安	2719.1	14.5	4.1∶42.2∶53.7	843.46	2500.13	31.2
兰州	925.98	10.8	3.3∶46.8∶49.9	332.18	506.18	17.18
银川	578.15	13	5.6∶49.4∶45.0	170.18	492.1	34.6
西宁	501.07	13.3	3.8∶49.8∶46.4	220.5	312.04	41
乌鲁木齐	1095	9.5	1.5∶41.3∶57.2	241.19	412.05	12.56
呼和浩特	1643.99	15.9	4.7∶36.1∶59.2	227.4	800.8	25
拉萨	1643.99	15.9	4.7∶36.1∶59.2	227.4	800.8	25
太原	1545.24	2.6	2.0∶43.7∶54.3	350.18	782.02	11.3

图表1－8　省会城市统计指标（2）

城市	城镇（市）人均可支配收入（元）	增长（%）	农民人均纯收入（元）	增长（%）	全部财政收入（亿元）	增长（%）
石家庄	16607	10.3	10078	1.3	310.25	14.2
沈阳	18560	9.1	8752.9	9	—	—
长春	16072	7.1	5661.8	7	450.7	21.1
哈尔滨	15887	8.9	6775.5	13.7	338.4	20.6
南京	25504	10.3	9858	10.1	901.15	21.4
杭州	26864	11.5	11822	10.6	1019.43	12
合肥	17158	10.1	6065	13	341.91	13.5
广州	27610	9.1	11067	12.6	2656	7.2
海口	15237	7.7	5643	8.2	123.12	23.1

续上表

城市	城镇(市)人均可支配收入(元)	增长(%)	农民人均纯收入(元)	增长(%)	全部财政收入(亿元)	增长(%)
南宁	16254	11.9	4385	9.6	231.37	21
长沙	20238	13.1	9432	17.9	406.07	18.7
南昌	16472	9	6296	9.1	249.88	11.5
郑州	17117	9	8121	7.8	521.7	12.3
福州	20289	9.1	7669	7.4	325.44	12.9
济南	13169	9.62	6782	9.1	967.7	4.9
武汉	18385.02	10	7161	12.8	1005.03	27
成都	18659	10.1	7129	10	—	—
贵阳	15041	11.4	5316	10.3	252.05	12.4
昆明	16496	13	5080	9.7	456.15	7.3
西安	189.63	24.7	6275	20.4	398.84	22.9
兰州	12760.66	9.28	4001	14.2	254.8	71.3
银川	15715	8.7	5389	9.6	92.53	43.1
西宁	12911.03	8.23	4698.6	19.2	43.52	47.8
乌鲁木齐	13075	6.05	6666	9	145.59	11.03
呼和浩特	22397	10.5	7802	10.7	201	26.9
拉萨	22397	10.5	7802	10.7	201	26.9
太原	15607	2.5	6828	7.4	279.57	-8.9

图表1－9　省会城市统计指标（3）

城市	外贸进出口总额(亿美元)	增长(%)	游客(万人次)	增长(%)	旅游收入(亿元)	增长(%)
石家庄	12	-13.9	1900	—	101	—
沈阳	65.7	-7.7	5340	2.5	453	10.4
长春	85.5	-2.7	2268	18.2	284.5	24.6
哈尔滨	36.9	1.3	3773	24.9	310.2	26.2
南京	337.45	-16.9	5633	10.7	—	—
杭州	404.17	-15.9	5324	—	803.12	13.6
合肥	64.28	-16.6	1731	27.7	172.88	30.5
广州	767.37	-6.4	2879.3	—	994.04	18.7
海口	38.1	5.6	672.3	5.4	65.01	8.3
南宁	27.88	49.34	3083.27	—	—	—
长沙	41.18	-20.3	3893.5	—	355.76	18.5

续上表

城市	外贸进出口总额（亿美元）	增长（%）	游客（万人次）	增长（%）	旅游收入（亿元）	增长（%）
南昌	34.73	2.2	1337.6	—	—	—
郑州	36	-15.7	4182	—	399	16.6
福州	178.6	-12.1	—	—	—	—
济南	56.57	-29.5	—	—	—	—
武汉	114.73	-18.2	6427	—	508.65	36.1
成都	178.6	15.4	—	—	—	—
贵阳	18.11	-19.6	3288.5	—	294.85	57.4
昆明	56.3	22.9	77.83	11.1	226.34	14.8
西安	72.55	3.4	3930	—	297.4	22.1
兰州	4.9	-31.85	703.3	—	—	—
银川	6.66	-47.6	330.9	19	—	—
西宁	4.4	-29.37	793.6	23.6	39.98	27.62
乌鲁木齐	36.83	-29.6	680	-22	58.35	-13.23
呼和浩特	7.1	-21.2	—	—	—	—
拉萨	7.1	-21.2	—	—	—	—
太原	59.12	-37.1	1888	10.3	195.22	17.8

第二节　中国直辖市统计指标

指标说明

1.截至2009年12月31日，中国共有北京、天津、重庆、上海4个直辖市。

2.以下指标主要包括各直辖市生产总值、三产比例、年末常住人口、固定资产投资完成额、外贸进出口总额、城乡居民收入、全部财政收入、旅游收入等。其中，部分城市部分指标阙如，用“—”表示。

3.指标数据主要来源于各市2009年国民经济和社会发展统计公报和2010年政府工作报告。

图表1－10　直辖市统计指标（1）

城市	GDP（亿元）	增长（%）	三产比例	人口（万）	固定资产投资总额（亿元）	增长（%）
北京	11865.9	10.1	1.0∶23.2∶75.8	1755	4858.4	26.2
天津	7500.8	16.5	1.7∶54.8∶43.5	1228.2	5006.32	47.1

续上表

城市	GDP（亿元）	增长（%）	三产比例	人口（万）	固定资产投资总额（亿元）	增长（%）
上海	14900.9	8.2	0.7：39.9：59.5	1921.3	5273.33	9.2
重庆	6528.72	14.9	9.3：52.8：37.9	2859	5317.92	31.5

图表1－11　直辖市统计指标（2）

城市	城镇（市）人均可支配收入（元）	增长（%）	农民人均纯收入（元）	增长（%）	全部财政收入（亿元）	增长（%）
北京	26738	8.1	11986	11.5	—	—
天津	21430	10.3	10675	10.4	1805	21.1
上海	28838	8.1	12324	8.2	—	—
重庆	15749	9.6	4621	12	—	—

图表1－12　直辖市统计指标（3）

城市	外贸进出口总额（亿美元）	增长（%）	游客（万人次）	增长（%）	旅游收入（亿元）	增长（%）
北京	2147.6	-20.9	482.1	—	2442.1	10
天津	639.44	-20.6	—	—	—	—
上海	5154.9	-15	12989	—	—	—
重庆	77.09	-19	12300	21.9	703.23	25.2

第三章 2009年中国地、县级市统计指标

2009年中国地、县级市统计指标，汇编了中国除自治州、地区与盟之外的256个地级城市的GDP总额、三产比例、人口、财政收入等资料。数据主要来源于2009年国民经济和社会发展统及统计公报及2010年政府工作报告。

第一节 中国地级市统计指标

指标说明

1.截至2009年12月31日，中国共有256个地级城市（不含自治州、地区和盟）。

2.以下指标主要包括各地级城市GDP、三产比例、人口、固定资产投资总额、外贸进出口总额、地方财政一般预算收入、旅游收入、城乡居民可支配性收入等。其中，部分城市部分指标阙如，用“—”表示。

3.人口指标。除承德、张家口、秦皇岛、衡水、鞍山、本溪、户籍、朝阳、辽源、通化、白山、牡丹江、淮安、泰州、宁波、湖州、绍兴、金华、台州、丽水、蚌埠、马鞍山、铜陵、安庆、黄山、六安、池州、赣州、新余、莱芜、德州、聊城、南阳、信阳、十堰、孝感、荆门、鄂州、攀枝花、泸州、德阳、内江、巴中、南充、中卫、桂林、钦州为户籍人口外，其余城市均为当年年末常住人口。

4.固定资产投资指标。除鸡西、乌海为全年城镇以上固定资产总额、淮安为500万以上项目固定资产投资总额、宜春、通辽为50万以上固定资产投资总额、呼伦贝尔为限额以上固定资产投资总额外，其余城市均为全社会固定资产投资总额。

5.指标数据主要来源于各市2009年国民经济和社会发展统计公报及2010年政府工作报告。

图表1-13 地级市主要指标（1）

所属省份	城市	GDP（亿元）	增长（%）	三产比例	人口（万）	固定资产投资总额（亿元）	增长（%）
河北	承德	763.7	11	14.5∶52.8∶32.7	371.91	567.2	45
	张家口	800.5	10	12.3∶41.8∶42.9	462.31	657.47	59
	秦皇岛	877	10	11.4∶36.8∶51.8	287.24	420.73	39

续上表

所属省份	城市	GDP（亿元）	增长（%）	三产比例	人口（万）	固定资产投资总额（亿元）	增长（%）
河北	唐山	3781	11.3	9.5：55.9：34.6	733.9	2180.86	60
	廊坊	1160	10.8	11.9：53.9：34.2	413.3	1279.7	38
	保定	1738	11	14.9：49.2：35.9	1101.7	1130.43	41
	沧州	1900	11.3	11.3：45.7：43.0	717.5	1102.8	39
	衡水	652.1	9.6	18.9：50.8：30.3	436.3	361.6	51
	邢台	1056	10	15.0：56.7：28.3	698.88	840.4	39.3
	邯郸	2015.3	11.2	12.1：56.9：31.0	942.8	1466.9	39.2
山西	大同	596.1	2.3	5.1：47.7：47.2	319.51	475.17	72
	阳泉	348.7	7.1	1.6：57.1：41.3	132.38	242.46	55
	长治	775.3	10	4.5：62.8：32.7	329.91	443.7	62
	晋城	606	7.2	4.1：63.6：32.5	223.9	366.6	37
	朔州	561.3	10.6	5.3：52.3：42.4	154.4	301.5	36
	晋中	636.8	6.7	8.6：52.5：38.9	313.91	395.9	19.5
	忻州	346.5	0.2	11.5：40.6：47.9	309.67	352.7	151
	吕梁	611	2.5	6.1：63.8：30.1	361.79	388.8	3.5
	临汾	763.1	4.2	6.8：57.7：35.5	422.17	419	58
	运城	728	6.7	15.8：44.7：39.5	509.5	481.5	40
辽宁	鞍山	1810	17.2	4.6：51.9：43.5	352	1000	43
	大连	4418	15	7.1：52.4：40.5	617	3273.5	30
	抚顺	724	13.6	6.4：55.9：37.7	222.6	533	48
	本溪	688.4	18.3	5.6：59.5：34.9	155.5	350.1	48
	丹东	655.8	16.5	13.2：48.2 ：38.6	242.6	525	51
	锦州	790.1	16	16.8：44.5：38.7	310.2	350.1	51
	营口	799.5	20.3	8.5：55.9：35.6	235	800.1	47
	阜新	286.2	16	22.3：40.9：36.8	192.27	240.1	71
	辽阳	608	16.2	6.6：63.1：30.3	183.5	352.6	50
	盘锦	685.3	10	10.8：68.8：20.4	130	543	50
	铁岭	605.7	18	20.7：51.4：27.9	306.1	750	50.5
	朝阳	518	18	19.7：50.2：30.1	342.6	480.4	36
	葫芦岛	486.9	10.5	12.7：46.2：41.1	282.3	317.1	45
吉林	吉林	1500	17	11.4：49.3：39.3	434.2	1490	24.2
	四平	700	19	25.8：39.9：34.3	339.1	432.1	35
	辽源	342.1	22	10.2：56.6：33.2	123.78	407.32	35
	通化	518	15.3	11.0：52.8：36.2	226.8	581.2	35
	白山	370.4	21.5	10.4：56.9：32.7	129.7	406.7	36

续上表

所属省份	城市	GDP（亿元）	增长（%）	三产比例	人口（万）	固定资产投资总额（亿元）	增长（%）
吉林	松原	900	10	—	—	752	34.1
	白城	356.5	18.4	19.4：42.7：37.9	203.2	348.5	33
黑龙江	齐齐哈尔	703.8	13.9	24.0：35.4：40.6	571.6	338.2	62
	鹤岗	206.3	13.9	—	—	109.2	51
	双鸭山	303	15	—	—	195.2	62.2
	鸡西	353.8	13.8	26.6：39.1：34.3	190.7	111.8	48
	大庆	2120	12.1	3.8：81.6：14.6	280.2	753.5	25
	伊春	172	13.1	31.2：36.9：31.9	127.8	102	48
	牡丹江	603.4	14	15.8：37.7：46.5	270.6	351.2	64
	佳木斯	432.7	14.1	33.5：21.4：45.1	252.3	170.9	51.1
	七台河	233.5	26	8.4：63.4：28.2	92.7	135.4	50
	黑河	22.49	14	46.0：13.0: 41.0	174	98	80
	绥化	605.9	13.8	35.2：24.0：40.8	580.2	232	67
江苏	苏州	7400	11	—	633.29	2967.35	13.6
	无锡	4992	11.6	—	619.57	2387.56	27
	徐州	2390	13.9	10.5 ：52.3 ：37.2	868.19	1624.57	30
	常州	2519	11.7	3.6：56.8：39.6	445.2	1704.8	18
	南通	2873	14	8.2：56.0：35.8	—	1802.38	20
	连云港	941.1	13.6	16.4：46.3：37.3	490.64	1000.1	63
	淮安	1122	14.2	15.2：48.3：36.5	534.16	745.58	32
	盐城	1917	13.4	17.2：48.2：34.6	812.4	1500.3	34
	扬州	1856	13.8	7.8：56.1：36.1	458.8	1063.9	34
	镇江	1672	13.7	4.5：58.1：37.3	306.9	1010.57	41
	泰州	1651	13.8	8.1：56.7：35.2	503.98	1166.2	30
	宿迁	826.9	13.5	19.3：46.3：34.4	472.51	798.6	35
浙江	宁波	4215	8.6	4.4：53.3：42.3	571	2004.2	16
	温州	2528	8.5	3.2：50.9：45.9	807.6	837.78	11
	嘉兴	1918	9.3	5.6：58.0：36.4	431.2	1233.34	23
	湖州	1112	10.2	8.1：55.6：36.3	259.17	637.84	21
	绍兴	2375	9.3	5.2：58.1：36.7	437.74	1055.03	15
	金华	1766	9	5.2：52.2：42.6	463.68	635.45	8.3
	衢州	617.5	11.1	9.7：54.6：35.7	223.5	415.4	15
	舟山	533.3	11	9.6：46.6：43.8	106.3	400.66	18
	台州	2025	8.5	6.5：51.3：42.2	578.47	834.1	9.8
	丽水	542	10.6	10.7：48.1：41.2	257.4	279.19	12

续上表

所属省份	城市	GDP（亿元）	增长（%）	三产比例	人口（万）	固定资产投资总额（亿元）	增长（%）
安徽	芜湖	902	15.4	4.6：62.7：32.7	230	900.69	47
	蚌埠	832.09	12.2	19.6：44.4：35.9	360.64	355.71	41
	淮南	508.8	13.7	8.2：62.8：29.0	230	286	28.3
	马鞍山	665.9	12.1	3.9：66.5：29.6	128.61	546.14	35
	淮北	371.9	11	9.6：61.4：29	206	280.3	37
	铜陵	343.7	13.7	2.6：67.9：29.5	73.99	282.94	61.7
	安庆	802.7	12.3	17.8：46.5：35.7	615.88	601.5	37
	黄山	266.9	11.5	13.3：40.6：46.1	148.6	341.34	28
	滁州	576.2	13.6	23.3：45.5：31.2	411	524.85	45
	阜阳	607.8	12.8	28.8：35.9：35.3	832	250.5	33
	宿州	540.6	12.1	29.7：33.8：36.5	566	295.38	18
	巢湖	529.4	12.4	20.1：45.9：34.0	410	444.03	28
	六安	584	13.3	23.7：40.7：35.6	705.89	355.2	39
	亳州	431.9	12.7	28.4：34.1：37.5	508	245.1	35
	池州	245.6	15.1	16.7：42.5：40.8	160	257.46	43
	宣城	432.8	13.6	18.1：43.5：38.4	258	600.8	44.1
福建	厦门	1623	8	1.3：48.4：50.3	252	882.12	-5.3
	漳州	1113	13.3	19.6：45.5：34.9	480	579.21	31
	宁德	603.6	13.3	18.8：40.8：40.4	304	287.15	21
	莆田	691.7	14.5	11.1：57.5：31.4	286	362.7	20
	泉州	3002	12.5	3.9：59.9： 36.2	786	976.47	14
	三明	734.2	13.4	20.0：48.4：31.6	264	678.26	32
	南平	621.7	13.9	22.5：40.2：37.3	290	502.03	27
	龙岩	748.5	14.1	15.3：51.8：32.9	278	433.97	35
江西	赣州	940	13.3	20.8：42.3：36.9	896.99	594.7	47
	新余	484.2	13.5	6.9：58.5：34.6	114.03	507.48	43
	宜春	700.2	13.5	20.9：52.9：26.2	548.43	490	44
	九江	831.4	13.8	11.0：53.1：35.9	478.95	658.96	44
	吉安	584.1	13.7	22.3：46.9：30.8	483.02	589.23	43
	景德镇	364	13.8	9.2：58.2：32.6	157.66	330.55	44
	上饶	728.5	13.6	18.6：49.1：32.3	654	612.38	42.9
	抚州	502.9	13.9	21.7：47.3：31	390.6	482	43
	鹰潭	256.5	12.3	12.0：59.2：28.8	111	184.24	42
	萍乡	421.5	13.6	8.8：61.6：29.6	186.42	507.43	44
山东	青岛	4890	12.2	4.7：50.1：45.2	762.92	2458.9	25

续上表

所属省份	城市	GDP（亿元）	增长（%）	三产比例	人口（万）	固定资产投资总额（亿元）	增长（%）
山东	淄博	2473	13.2	3.6：62.8：33.6	451.32	1009.6	25
	枣庄	1201	12.6	8.6：62.0：29.4	366.52	629.84	26
	东营	2077	12.4	3.6：22.2：74.2	201.78	1095.59	23
	烟台	3729	13.5	7.67：60.48：31.85	652	2222.17	25
	潍坊	2728	12.9	11.1：57.3：31.6	895.15	1890.5	24
	济宁	2279	12.7	11.9：55.5：32.6	831.31	1100.6	25
	泰安	1716	13.6	9.9：54.6：35.5	548	1031.9	25
	威海	1969	12.8	6.9：60.6：32.5	281.61	1165.5	5
	日照	861.7	14.1	10.1：55.7：34.2	275.75	631.9	23
	莱芜	461.3	12.5	6.6：64.5：28.9	126.38	260.55	23
	临沂	2110	13.4	11.9：50.4：37.7	—	1150.5	25
	德州	1545	12.7	12.4：54.6：33.0	569	926.92	25
	聊城	1376	13.2	14.4：58.8：26.8	590.89	700.04	25
	滨州	1351	13.4	10.1：58.4：31.5	369.98	723.4	25
	菏泽	953.6	14.3	21.5：52.0：26.5	824.84	475.41	25
河南	开封	777.1	12.6	21.7：44.8：33.5	471.21	406.22	34
	洛阳	2075	13	8.4：59.8：31.8	642.23	1447.3	32
	平顶山	1125	10	9.4：65.3：25.3	503.7	577.7	37
	安阳	1106	12.2	13.0：62.0：25.0	521.6	740.6	31
	鹤壁	377.5	12.8	11.7：66.1：22.2	143.66	286.93	39
	新乡	1055	13	12.5：55.5：32	552.68	1018.3	32
	焦作	1116	11.6	7.7：66.4：25.9	342.39	803.6	26
	濮阳	670	10.5	14.0：64.7：21.3	351.8	434.6	30
	许昌	1176	12.5	11.6：66.0：22.4	431.29	638.37	30
	漯河	593.6	11.9	13.3：69.7：17.0	249.71	324	31
	三门峡	709.9	12.2	8.1：66.3：25.6	222.96	553.31	37
	南阳	1780	11	20.6：50.4：29.0	1096.2	1153.18	29
	商丘	1033	11.2	26.2：44.7：29.1	832.39	693.17	30
	信阳	975	12.8	24.3：41.8：33.9	679.28	858.14	30
	周口	1112	12	28.7：43.5：27.8	1003.95	690.6	29
	驻马店	903.7	11.5	26.1：43.0：30.9	770.26	562.29	33
湖北	黄石	597.8	10.7	7.57：52.55：39.88	242.61	343.05	47
	襄樊	1201	15	16.7：47.9：35.4	588.88	574.79	54
	宜昌	1246	15.1	12.1：55.1：32.8	404.55	750.27	43
	十堰	551	14.1	12.1：46.2：41.7	353.2	278.3	50

续上表

所属省份	城市	GDP（亿元）	增长（%）	三产比例	人口（万）	固定资产投资总额（亿元）	增长（%）
湖北	孝感	681.2	15.1	21.3∶42.1∶36.6	528.7	397.3	46.7
	荆门	600.53	14.8	22.4∶43.2∶34.4	301.05	317.18	51
	荆州	707.8	13.5	29.3∶35.5∶35.2	647.32	435.2	49
	鄂州	313.6	15.2	14.0∶57.1∶28.9	107.56	220.6	47.1
	黄冈	700.32	15	30.8∶36.7∶32.5	667.5	553.3	49.2
	咸宁	405.15	15.2	21.5∶43.2∶35.3	251.63	301.58	50.1
	随州	344.14	13.5	21.8∶43.7∶34.5	220.81	208.7	42
湖南	株洲	1023	14.2	10.5∶54.8∶34.7	373.4	563	45
	湘潭	739.4	13.7	12.1∶52.4∶35.5	295.3	463.96	53
	衡阳	1168	14.7	20.6∶42.8∶36.6	676.37	441.91	57
	邵阳	600.7	12.9	25.0∶36.0∶39.0	682.34	494.51	41
	岳阳	1272	14	14.9∶51.0∶34.1	519.56	—	—
	张家界	203.1	13.7	13.2∶23.2∶63.6	150.85	112.39	52
	益阳	591.6	13	24.2∶37.7∶38.1	421.7	353.31	37
	郴州	821.5	16	13.3∶50.1∶36.6	442.56	597	100
	永州	640	14	25.7∶34.0∶40.3	513.3	600.14	68
	怀化	559.2	13.7	15.5∶40.0∶44.5	465.13	282.39	51
	娄底	569.8	12.9	16.2∶50.9∶32.9	394.18	317.3	57
	常德	1239	12.1	20.8∶42.8∶36.4	616.69	459.8	67
广东	深圳	8201.23	10.7	0.1∶46.7∶53.2	891.23	1709.15	16.5
	珠海	1038	6.6	2.8∶51.7∶45.5	149.12	410.51	10
	汕头	1036	10.7	5.3∶55.2∶39.5	510.73	291.9	12
	惠州	1415	13.2	6.4∶55.8∶37.8	397.2	759	18
	汕尾	396	16.3	16.9∶44.7∶38.4	293.54	289.43	38
	茂名	1240	10.3	19.1∶37.2∶43.7	620.17	180.01	24
	湛江	1156	10.6	20.7∶43.1∶36.2	699.43	393.23	33
	阳江	518.7	12.2	22.2∶40.4∶37.4	238.9	236.7	39
	江门	1355.26	10.8	7.8∶57.4∶34.8	420.14	492.07	25.3
	肇庆	846.3	13.6	19.5∶36.6∶43.9	388.83	462.77	28
	韶关	571.7	10.1	14.4∶40.9∶44.7	296.94	356.5	26
	梅州	509.5	9.8	20.8∶40.4∶38.8	414.49	162.98	15
	潮州	480.2	12.5	7.4∶55.4∶37.2	257.42	163	23
	中山	1564	10.2	2.8∶57.8∶39.4	251.74	545.61	17
	东莞	3763	5.3	0.4∶47.1∶52.5	635	1094.08	13
	佛山	4815	13.5	2.0∶62.9∶35.1	599.68	1470.56	17

续上表

所属省份	城市	GDP（亿元）	增长（%）	三产比例	人口（万）	固定资产投资总额（亿元）	增长（%）
广东	河源	417	10.7	12.6∶53.7∶33.7	295.35	198.15	10
	云浮	347.4	10.5	25.7∶41.4∶32.9	243.83	240.19	45
	清远	855.2	16.6	12.1∶55.8∶32.1	382.71	841.2	19
	揭阳	815.8	16	11.8∶54.6∶33.6	579.06	374.72	41
海南	三亚	174.9	17.2	15.6∶23.1∶61.3	58	211.39	40
四川	自贡	541.05	14.5	14.8∶54.0∶31.2	280.73	243	52.8
	攀枝花	424.08	11.2	4.8∶70.8∶24.4	111.58	264.76	40.6
	泸州	587.6	15.2	17.1∶51.6∶31.3	497.15	351.17	57
	德阳	780	14.4	17.1∶56.4∶26.5	388.4	746.9	240
	绵阳	820.2	14.4	19.1∶45.8∶35.1	544.7	802.1	125.8
	广元	270.48	15.2	26.8∶33.9∶39.3	274.5	439.07	158.1
	遂宁	412.07	14.7	24.4∶47.7∶27.9	386.18	403.34	56.5
	内江	560.88	15.5	17.6∶56.9∶25.5	425.61	269.11	55.6
	乐山	619	15.3	18.8∶57.1∶28.1	337.98	398.1	56.2
	宜宾	720.78	14.9	17.1∶55.8∶27.1	534.93	407.69	41.3
	广安	—	—	—	—	—	—
	达州	682.73	14.2	26.1∶45.3∶28.6	573.58	545.32	30.2
	巴中	238.32	14.3	31.8∶29.2∶39.0	401.18	186.22	65.1
	雅安	239.61	14.9	18.7∶52.0∶29.3	152.78	334.86	64.53
	资阳	534.5	0.5	24.2∶50.4∶25.4	424	285.7	50.2
	眉山	465.33	14.5	21.0∶51.0∶28.0	299	370.86	50.2
	南充	686.28	14.9	25.2∶45.8∶29.0	753.51	502.74	68.8
贵州	六盘水	430.16	11.5	6.15∶60.75∶33.1	298.34	244.78	23.8
	遵义	719.79	12.6	16.9∶47.3∶35.8	755.75	376.07	19
	安顺	180.41	12	19.9∶40.3∶39.8	256.57	84.24	23.2
云南	曲靖	861.8	12.9	19.0∶53.0∶28.0	581.7	555	31
	玉溪	644.4	11.8	10.4∶61.0∶28.6	228.7	240.2	32
	昭通	302.43	12.7	23.9∶42.9∶33.2	534.3	251.88	32.4
	普洱	202.09	13.6	31.7∶31.7∶36.6	258.7	172.29	30.5
	保山	216	12	31.0∶29.3∶39.7	250	167.3	31
	丽江	117.4	13	18.8∶37.6∶43.6	122.6	150.2	30.2
	临沧	177.1	11.4	35.1∶33.1∶31.8	239.6	114.5	34.7
陕西	铜川	155.9	15.2	6.9∶61.1∶32.0	84.12	88.12	39
	宝鸡	806.56	15	10.6∶60.9∶28.5	373.14	639.14	41.7
	咸阳	873	14.2	18.0∶51.6∶30.4	501.03	801.5	41

续上表

所属省份	城市	GDP（亿元）	增长（%）	三产比例	人口（万）	固定资产投资总额（亿元）	增长（%）
陕西	渭南	655.5	14.3	15.3∶47.8∶36.9	543.18	509.39	52.7
	延安	720.5	12.2	7.7∶70.5∶21.8	215.18	557.48	37
	汉中	416.16	14.5	22.0∶36.8∶41.2	351.99	238.43	45.7
	榆林	1302.31	13.3	5.4∶66.1∶28.5	334.73	850.33	41.6
	商洛	225.1	14.1	20.7∶37.5∶41.8	239.48	220.34	34
	安康	274.95	15	23.9∶34.6∶41.5	266	272.77	35.9
甘肃	金昌	194.8	14.2	18.4∶38.9∶42.7	47.57	89.14	22
	白银	265.3	11.1	12.4∶55.3∶32.3	175.72	148.28	33
	嘉峪关	160	-2.1	1.4∶78.9∶19.7	21.09	40.44	-24
	武威	192.8	9.4	27.7∶38.23∶34.0	191.83	133.82	22
	张掖	192	11.5	27.9∶37.8∶34.3	128.81	95.17	21
	平凉	195.7	10.8	22.2∶45.4∶32.4	220.15	194.62	49
	酒泉	321	14.7	14.6∶48.3∶37.1	101.88	300.16	90.97
	庆阳	302.2	15.2	—	—	353.5	59
	定西	131.9	10.3	31.0∶24.0∶45.0	—	125.66	56
	陇南	185.9	13	16.1∶53.6∶30.3	137.2	165.7	26
	天水	260	10.4	18.4∶38.9∶42.7	343.07	202.89	42
宁夏	石嘴山	247	13	5.4∶65.6∶29.0	74.5	206	28
	吴忠	185.9	13	16.08∶53.55∶30.37	137.2	165.7	26
	固原	480	-1.2	0.6∶86.7∶12.7	27.6	180.3	-23.8
	中卫	135.7	13.8	19.4∶43.8∶36.8	116.64	104.5	28
新疆	克拉玛依	480	-1.2	0.6∶86.7∶12.7	27.6	180.3	-23.8
内蒙古	包头	2160	17.5	2.5∶54.2∶43.3	257.2	1500.3	39
	乌海	311.2	22.8	1.0∶68.8∶30.2	48.76	181.16	57
	赤峰	912.9	16.6	16.3∶49.5∶34.2	432.8	655.03	27
	通辽	1003	20	15.0∶53.1∶31.9	308.26	586	24
	鄂尔多斯	2161	23	2.8∶58.3∶38.9	162.54	1562.4	46
	巴彦淖尔	509.9	19.3	19.5∶54.9∶25.6	173.3	562.2	68
	乌兰察布	500	13.5	15.6∶52.3∶32.1	212.55	—	—
	呼伦贝尔	779.3	17.1	19.8∶39.1∶41.1	269.75	507.4	40
广西	柳州	1032	16.3	8.7∶61.7∶29.6	370.83	681.86	59
	桂林	940.6	14	18.9∶43.8∶37.3	511.63	659.35	36
	梧州	447.5	17.5	15.4∶55.1∶29.5	316.18	330.37	67
	北海	335	16	24.3∶37.3∶38.4	158.9	330	65
	防城港	243.8	22.6	16.3∶51.2∶32.4	85.28	254.1	74

续上表

所属省份	城市	GDP（亿元）	增长（%）	三产比例	人口（万）	固定资产投资总额（亿元）	增长（%）
广西	钦州	396.4	15.3	29.1：35.7：35.2	371.19	374.65	51
	贵港	438.6	15.2	—	—	290.18	31.8
	玉林	682	14.8	22.4：40.6：37.0	570.76	444.61	53
	贺州	280	12.2	—	—	254.68	60
	河池	382.8	8.18	21.7：43.3：35	384.7	277.8	32
	来宾	299.4	12.8	26.8：43.2：30.0	230.86	205.01	63
	崇左	300.28	12.6	28.98：35.77：35.25	—	212.28	65.2
	百色	441.8	14.6	20.5：51.1：28.4	398.57	531.5	63

图表1-14 地级市主要指标（2）

所属省份	城市	外贸进出口总额（亿美元）	增长（%）	游客（万人次）	增长（%）	旅游收入（亿元）	增长（%）
河北	承德	2.3	—	1081	43	72.2	43
	张家口	—	—	694	—	—	—
	秦皇岛	33.16	-33.7	1660.82	—	96.06	32
	唐山	60.96	-34	1231	26	62.68	40
	廊坊	33.7	-2	689	21	52.1	19
	保定	40	-12.7	—	—	116.1	24
	沧州	13.5	-29	—	—	—	—
	衡水	11.76	-2.1	289.7	—	14	—
	邢台	13.66	-20	633.5	—	—	—
	邯郸	26.8	-10.5	1187	—	59.64	—
山西	大同	1.95	-18	1178.9	14.5	93.55	24.66
	阳泉	0.9	-40	675.2	—	47.15	2.8
	长治	2.8	-12	889.1	28.8	74.6	21.6
	晋城	2.4	15.5	880	—	63.7	12.3
	朔州	1.13	87	358	—	27	39
	晋中	1.6	-78	1135	13.5	—	—
	忻州	1.02	-35	893	—	—	—
	吕梁	2.84	-77	—	—	—	—
	临汾	3.55	-36	996.8	—	79.6	16.2
	运城	8.2	-39	1276.1	—	87.1	19

续上表

所属省份	城市	外贸进出口总额（亿美元）	增长（%）	游客（万人次）	增长（%）	旅游收入（亿元）	增长（%）
	鞍山	25.9	-44.7	—	—	147.7	31
	大连	422.41	-10.2	3517	—	480	19.8
	抚顺	8.9	-27.3	1709.7	—	147.9	51
	本溪	—	—	2004.2	—	150.2	33
	丹东	20.11	6.8	1924	33	171.1	65
	锦州	17.5	44	1206	37	96.3	39
辽宁	营口	16.7	-29.9	826	40	89.5	46
	阜新	1.14	2.1	521.5	—	37	97
	辽阳	11	-12.7	1276	24	107.5	27
	盘锦	3.75	2.6	1282	30	105.7	34
	铁岭	5.1	5.3	—	—	62.7	35
	朝阳	—	—	—	—	83.1	31
	葫芦岛	10.1	4.1	1104.6	-	75.5	59
	吉林	—	—	—	—	—	—
	四平	1.46	3.6	104.4	20	9.8	30
	辽源	0.63	-9	85	22	7.95	27
吉林	通化	5.3	-22	334.6	24	29.22	35
	白山	1.4	-13	283	20	22.7	32
	松原	—	—	—	—	20	28
	白城	0.82	-28.6	125.8	22	12.1	32
	齐齐哈尔	6.79	16.7	1452.6	—	—	—
	鹤岗	—	—	73	22	2.6	22
	双鸭山	—	—	—	—	—	—
	鸡西	4.9	4.1	458.2	11	18.2	19
	大庆	11	35	700	—	19.6	—
黑龙江	伊春	2.2	0.5	382	14	19.1	27
	牡丹江	52.4	-48	1449.8	—	46.1	15
	佳木斯	20.3	-7	220.3	4.5	10.1	4.8
	七台河	0.44	20.8	49.3	—	9.47	—
	黑河	18.9	-34.96	216	26.5	—	—
	绥化	0.73	-6.5	—	—	—	—
	苏州	2014.5	-12	6089	—	830	13
江苏	无锡	439.45	-22	4376.64	—	619	19
	徐州	23.02	-33.4	1804.83	—	—	—

续上表

所属省份	城市	外贸进出口总额（亿美元）	增长（%）	游客（万人次）	增长（%）	旅游收入（亿元）	增长（%）
江苏	常州	150.8	-15	2373.4	—	282.4	21
	南通	162.59	-3	1513	16	183.3	22
	连云港	38.6	-13	1220	14	134.6	15
	淮安	21.4	20	1013	18	—	—
	盐城	28.62	2.5	972.5	—	—	—
	扬州	54.33	-12	2320	23	252.8	26
	镇江	60.4	-19	2300.9	—	—	—
	泰州	58.2	-8.6	940.1	19	99.59	25
	宿迁	—	—	430.3	—	29.17	18
浙江	宁波	608.1	-10.4	4042.1	—	530.5	18
	温州	132.75-5.1	—	2964	15	265.9	14
	嘉兴	172.05	-13.3	2548	16	229	19
	湖州	48.33	-13.6	—	—	166.2	26
	绍兴	204.9	-14	2894	17	252.3	18
	金华	93.43	-2.1	2409	16	223.7	17
	衢州	11.84	-10.8	1280.53	—	—	—
	舟山	70.23	16	1753	15	116.5	16
	台州	120.32	-12.9	2896	11	230	10
	丽水	11.1	-12.4	1550	—	86.87	27
安徽	芜湖	14.28	-29.7	663.7	—	60.83	—
	蚌埠	3.85	-2.4	768	—	28.9	—
	淮南	1.2	-10.5	521.5	20	21.8	32
	马鞍山	17.33	-48.5	—	—	28.81	20.5
	淮北	1.1	1.5	296	—	14.8	17.3
	铜陵	22.15	-30.8	356.5	—	19.78	18.4
	安庆	5	-7	1495	—	98.12	25.9
	黄山	2.3	31	2123	18	168.15	19.3
	滁州	6.9	-2	506.8	22	31.55	9.8
	阜阳	2.1	13.6	468.7	—	22.3	-10.7
	宿州	0.84	-2.6	470.8	—	—	—
	巢湖	4.42	-1.7	447	—	29.94	19.3
	六安	3.3	-1.4	578	—	31.63	27.5
	亳州	1.63	44	333	43	18.47	64
	池州	1.97	108.6	1204.2	32.3	108.8	36
	宣城	4.66	-16.9	537.4	—	34.6	19.7

续上表

所属省份	城市	外贸进出口总额（亿美元）	增长(%)	游客（万人次）	增长(%)	旅游收入（亿元）	增长(%)
福建	厦门	433.14	-4.5	2525	15	325.4	7.2
	漳州	48.04	-9.7	86.42	11	—	—
	宁德	7.78	-11.8	80.86	-10.8	—	—
	莆田	23.47	1.1	718.9	11	62.6	12
	泉州	81.8	-3.8	2163	11	222.8	12
	三明	8.82	11	874.5	21	30.71	23
	南平	8.28	8.7	1186	15	137.5	13
	龙岩	6.8	26	132.9	21	55.37	10
江西	赣州	12.07	-5.6	1165	—	79.96	22
	新余	23.81	-43.1	403	12	22.4	8
	宜春	3.93	8.8	669	28	47.38	29
	九江	7.1	48	1526	16.2	115.91	20.1
	吉安	5.2	—	1236	—	—	—
	景德镇	4.8	116.9	1097	21	53.16	28
	上饶	—	—	1496.5	49.5	84.8	39.5
	抚州	4.8	57	586	18	35	22
	鹰潭	20.39	-7.1	519	30	34.8	31
	萍乡	2.56	1.5	—	—	—	—
山东	青岛	905.4	-22	4003	15	489.1	16
	淄博	48.35	-15	2069.5	—	162.1	28
	枣庄	5.95	-11	1037.1	—	58.6	—
	东营	39.6	-3.9	517.5	—	—	—
	烟台	342.94	-2	2803	18	273.7	20
	潍坊	80.8	-3.6	2331	25	189.8	28
	济宁	28.9	-10	2468.5	—	185.1	22
	泰安	10.8	-29	2346	26	188.1	31
	威海	—	—	1871	16	188.6	19
	日照	85.7	-8	1742	19	—	—
	莱芜	15.74	-43	—	—	—	—
	临沂	34.2	-14	2452	—	182.3	18
	德州	14.36	-7.2	—	—	31.11	23
	聊城	22.21	-23.6	736	—	—	—
	滨州	33.67	-26	525.42	—	33.81	27
	菏泽	12.58	27	513	—	—	—

续上表

所属省份	城市	外贸进出口总额（亿美元）	增长（%）	游客（万人次）	增长（%）	旅游收入（亿元）	增长（%）
河南	开封	2.1	16	3095	22	108.1	30
	洛阳	11.2	-40.7	5305	20	260	21
	平顶山	7.19	2.4	1051	46	46.2	49
	安阳	9.4	-62.5	—	—	—	—
	鹤壁	0.87	-46.6	685.2	16	20.64	21
	新乡	10.44	-17	1070	—	—	—
	焦作	10.74	-27.9	1701	17	128.1	14
	濮阳	3.97	-22.9	285.2	13	3.78	13
	许昌	8.93	15	419	16	23	28
	漯河	2.8	42	194.8	18	12.6	17
	三门峡	1.3	-13.8	979.5	39	54.84	18
	南阳	6.37	-27	1352	25	69.3	23.5
	商丘	1.25	16.3	781	15	12.99	15
	信阳	2.5	-6.7	892.5	—	—	—
	周口	3.24	-20.7	920	20.7	42.3	21.7
	驻马店	1.4	-3.8	650.6	38	18	42
湖北	黄石	11.47	-18.6	518.4	—	—	—
	襄樊	4.3	-17.3	997	—	—	—
	宜昌	10.3	-24.5	1215.7	—	78.5	20.6
	十堰	2.1	38	1124	22	62.3	42
	孝感	2.2	-30.7	644.8	—	37.4	25.5
	荆门	2.3	30	663.6	—	30.28	38.4
	荆州	5.7	24.7	652.7	—	—	—
	鄂州	1.7	-3.4	213.05	31.1	12.98	24.1
	黄冈	4.79	-13.5	660	15	30	20
	咸宁	0.94	-13.8	716.77	27.8	34.12	66.8
	随州	5.6	59.8	493.6	—	—	—
湖南	株洲	11.47	-1	636.45	—	55.8	15
	湘潭	14.29	-23	1244	29	62.9	40
	衡阳	7.85	-26	1489	32	70.75	30
	邵阳	2.2	1.7	525	11	37.35	15
	岳阳	9.3	10	—	—	81.75	25
	张家界	0.24	166.8	1928	—	100.2	20
	益阳	2.25	-9	1142.7	—	62.8	30

续上表

所属省份	城市	外贸进出口总额（亿美元）	增长（%）	游客（万人次）	增长（%）	旅游收入（亿元）	增长（%）
湖南	郴州	5.5	-2	—	—	—	—
	永州	0.76	-53.5	870	18	40.25	21
	怀化	0.39	41.7	801.1	75	46.91	79
	娄底	8.51	-22	541.9	34	27.6	36
	常德	1.9	-29	1190.5	—	63.2	29
广东	深圳	2701.55	-10.4	2840.31	6.8	—	—
	珠海	374.4	-20.1	413.6	6.6	—	—
	汕头	60.28	-4.3	680.1	10	74.29	9.4
	惠州	292.4	—	2115	17	115.1	19
	汕尾	17.46	-10.7	241.6	9.3	25.52	11
	茂名	6.73	-9	177.3	3	62.39	10
	湛江	28.18	-15	1151.1	—	—	—
	阳江	—	—	653.4	16	35	17
	江门	110.4	-16	861.93	2.7	104.02	14.9
	肇庆	33.78	-7.8	112.3	11	79.46	21
	韶关	11.94	-14.9	1226	17	71.38	36
	梅州	7.79	3.4	553.5	20	54.56	17
	潮州	27.9	25	307.7	26	46.4	32
	中山	244.7	-5.6	551.9	4.5	110.3	13
	东莞	941.55	-17	—	—	—	—
	佛山	383.39	-9.2	2635	6.3	204.9	10
	河源	22.26	13	840.4	16	35.84	16
	云浮	9.51	-17.7	490	12	38.66	12
	清远	26.9	-9	1881	26	75.1	34
	揭阳	29.82	21	795	—	28.27	32
海南	三亚	0.47	-38	669.1	11	103.8	14
四川	自贡	4.99	0.8	—	—	—	—
	攀枝花	1.6	-58.5	679	—	34.77	23.7
	泸州	1.36	2.4	1000.49	9.1	55.14	23.3
	德阳	16.9	-9.3	—	—	—	—
	绵阳	15.8	-1.5	879.4	18.5	47.8	19
	广元	1.86	41.1	512.61	32.6	23.24	44.3
	遂宁	1.68	9.4	910.84	—	—	—
	内江	—	—	757.15	—	39.21	27.2

续上表

所属省份	城市	外贸进出口总额（亿美元）	增长（%）	游客（万人次）	增长（%）	旅游收入（亿元）	增长（%）
四川	乐山	8.56	7.3	1405	14	111.2	22
	宜宾	5.01	-9.1	1192.23	38.51	83.45	50.01
	广安	—	—	—	—	—	—
	达州	—	—	—	—	35.5	16.4
	巴中	0.44	—	—	—	—	—
	雅安	—	—	800	14	40	22
	资阳	—	—	788.7	—	—	—
	眉山	2.05	140	785.68	42.5	46.83	50.1
	南充	—	—	1101.3	35.6	71.6	45.7
贵州	六盘水	3.75	-20.7	287.8	—	—	—
	遵义	1.9	0.1	1373.8	26.5	110.17	35.2
	安顺	1.18	与上年持平	1208.28	7.6	100	20.5
云南	曲靖	1.7	-16	641.7	—	37.3	35
	玉溪	1.6	-27	973.1	22	33.9	41
	昭通	0.1	41.1	475.37	27.2	14.99	30.82
	普洱	1.14	48.3	315	—	13.44	17.7
	保山	1.03	-19	—	—	—	—
	丽江	0.85	85.9	758.14	21.21	88.66	27.49
	临沧	8.3	28.4	257.9	9.7	10.99	7.4
陕西	铜川	0.72	-69.5	430	17	6.5	25
	宝鸡	4.52	-2.4	1297	20	78	21
	咸阳	2.6	-29.6	1257	13	60.2	14
	渭南	1.15	-4.1	1112.5	22.9	51.43	38.6
	延安	—	—	1024	37	53.88	25
	汉中	0.4	9.4	1031.5	25.6	—	—
	榆林	—	—	350.2	—	18	19.2
	商洛	1.04	290	733.9	61	23.1	121
	安康	0.17	61.7	600	—	21.83	94.5
甘肃	金昌	22.74	-31.22	39.45	59	3.3	—
	白银	—	—	—	—	—	—
	嘉峪关	4.07	-66	95.88	57	4.97	45
	武威	—	—	148.4	20	5.23	11
	张掖	0.44	10	116	12	4.15	12
	平凉	—	—	350.5	98	10.54	100

续上表

所属省份	城市	外贸进出口总额（亿美元）	增长（%）	游客（万人次）	增长（%）	旅游收入（亿元）	增长（%）
甘肃	酒泉	0.64	23	348.5	14	23.6	28
	庆阳	—	—	—	—	—	—
	定西	—	—	—	—	—	—
	陇南	—	—	142	12	5.66	18
	天水	1.2	1.6	530	36.2	19.6	43.9
宁夏	石嘴山	—	—	—	—	—	—
	吴忠	—	—	142	12	5.66	18
	固原	—	—	100.3	32	6.72	12
	中卫	0.4	85.8	158	18	8.62	29
新疆	克拉玛依	—	—	100.3	32	6.72	12
内蒙古	包头	—	—	—	—	—	—
	乌海	0.07	-63.8	—	—	—	—
	赤峰	5.1	12.1	520	10	61	22
	通辽	1.01	-42.8	451.6	21	50.9	29
	鄂尔多斯	4.48	-48.2	548.2	10	59.3	17
	巴彦淖尔	3.5	21	126.1	10	15	11
	乌兰察布	—	—	—	—	—	—
	呼伦贝尔	21.73	-22.3	751.7	23	118.3	27
广西	柳州	17.6	-14.8	—	—	—	—
	桂林	7.33	-27.5	1860	14	126.9	27
	梧州	5.58	9.8	558.6	15	36.79	33
	北海	—	—	822	—	—	—
	防城港	21.67	-1.8	423.8	87	18.01	88
	钦州	8.88	-30.1	404.1	—	21.5	—
	贵港	1.43	-12.6	—	—	—	—
	玉林	3.54	-19.9	611.9	15	36.76	31
	贺州	—	—	—	—	—	—
	河池	4.37	24	573.5	32	33.8	—
	来宾	2.67	-49	300.8	97	10.82	92
	崇左	—	—	488.21	20.01	24.91	44.74
	百色	3.74	-23.6	1032	60	43.36	49

图1－15　地级市主要指标（3）

所属省份	城市	地方财政一般预算收入(亿元)	增长(%)	城镇(市)人均可支配收入(元)	增长(%)	农民人均纯收入(元)	增长(%)
河北	承德	45.2	20	13282	10	3926	7.4
	张家口	47	13	13246	9.9	3559	8.3
	秦皇岛	56.33	16	15458	11	5516	8.8
	唐山	169.72	16	18053	10	7420	12
	廊坊	69.3	19.5	18333	13	6834	11
	保定	73.26	10	13555	10	4682	8.1
	沧州	64.7	14.1	14518.5	10	5000	10
	衡水	21.7	40.4	13142	10	3918	7.7
	邢台	43	16.6	11922	11.2	7638	6.7
	邯郸	87.2	12.5	15961	10.4	5323	9.8
山西	大同	47.62	2	14585	6.1	3589	7.01
	阳泉	29.77	14	14240	7	5801	6.9
	长治	69.57	11	15494.4	—	5337	8
	晋城	48.1	15	15161	7.2	5255	8.2
	朔州	46.2	22	15499.8	11	5124	8.3
	晋中	57.8	23	15379	9.6	5193.8	8.7
	忻州	33.5	14	—	—	—	—
	吕梁	60	8.4	13795.3	8	3426	7.06
	临汾	62.9	16	12247	9.3	4749	9.3
	运城	26.3	-19.5	12656.7	12	4110	8.2
辽宁	鞍山	123.1	23.1	16530	9.7	8094	11
	大连	400.2	18	19014	8.7	10725	9.2
	抚顺	53.8	19	13557	9	6146	10.5
	本溪	50.3	19	14705	11	6750	9.5
	丹东	42.1	37	12827	10	7295	10
	锦州	48	37	15386.1	10	—	—
	营口	57.15	43	15858	10.5	7687	10.7
	阜新	18.6	27	11184	11	5383	7
	辽阳	48	36	14568	—	7076	—
	盘锦	43.4	24	18563	8.9	4604	3
	铁岭	48	45	12055	11	6585	8.8
	朝阳	42.1	32.6	11553	9.8	5170	5.5
	葫芦岛	37.3	19	15305	9.8	5595	8.6

续上表

所属省份	城市	地方财政一般预算收入(亿元)	增长(%)	城镇(市)人均可支配收入(元)	增长(%)	农民人均纯收入(元)	增长(%)
吉林	吉林	61	14.4	15540	11	5650	8
	四平	21.4	23	15100.4	11	5418	7.4
	辽源	14.4	24	15247.8	12	5376	7.3
	通化	26.01	21	15253	9.4	5492	7.1
	白山	19.8	26.9	15036	11	5313	6.5
	松原	25.8	10.1	15500	11.1	5240	8.3
	白城	23.2	0.3	15006	11	3537	0.5
黑龙江	齐齐哈尔	34.5	24	11986.6	8.7	4777	18.5
	鹤岗	11.7	26	10847	8.5	5100	15
	双鸭山	16.6	33.7	13085	11.4	5479	12.8
	鸡西	20.9	23	11613	8.3	5736	8.7
	大庆	107.1	5.4	18180.8	8.1	6593	18.8
	伊春	8.7	47	9453	8.4	6139	14.3
	牡丹江	30.6	22	—	—	—	—
	佳木斯	14.5	32	11021	8.5	6086	25.1
	七台河	20.6	40	13695.8	8.6	5562	11.5
	黑河	9.9	37.4	10058	23	5610	15.8
	绥化	19.3	22	8140	15	4372	16.1
江苏	苏州	745.18	11	26320	10	12987	10.2
	无锡	415.91	14	25027	10	12403	10
	徐州	164.34	31	18769	11	6951	11.4
	常州	215.9	17	23751	10	11198	10.1
	南通	198.99	25	19469	11	8696	11.3
	连云港	90.21	36	16958	11	6111	12
	淮安	96.45	35	15646	12	6308	11.5
	盐城	126.8	41	17664	11	7650	11.4
	扬州	128.08	22	19416	12	8295	11.3
	镇江	101.57	19	20949	10	9642	11.4
	泰州	138.62	37	18079	12	8180	11.5
	宿迁	63.07	36	12230	12	6057	12
浙江	宁波	432.8	11	27368	9.2	12641	—
	温州	195.64	8.6	28021	7.1	10100	7.1
	嘉兴	141.7	12	24693	9.8	12685	9.9
	湖州	80.01	12	23280	7.8	11745	9.2

续上表

所属省份	城市	地方财政一般预算收入(亿元)	增长(%)	城镇(市)人均可支配收入(元)	增长(%)	农民人均纯收入(元)	增长(%)
浙江	绍兴	160.43	12	26874	9	12026	9.8
	金华	129.28	8	22915	7	9001	8.9
	衢州	37.85	10	19539	8.1	7336	7.2
	舟山	48.78	13	24082	8.2	12612	11
	台州	—	—	24429	7.4	10006	9
	丽水	37.42	3.5	19018	8.6	5703	14.2
安徽	芜湖	69.41	28	16747	12	6738	9.8
	蚌埠	31.72	15.5	13483	6.1	4727	9.9
	淮南	37.3	24.6	14046	8	4893	10.2
	马鞍山	63.73	—	20390	11.2	7947	9.8
	淮北	22.1	19	13736	6.9	4547	11
	铜陵	33.05	38.9	16769	10.5	6194	11.1
	安庆	41.56	8	13454	8.3	4245.6	9
	黄山	20.78	24	14068	9.9	5704	10.5
	滁州	37.07	29	13367	9.1	5026	10.6
	阜阳	29.9	32.1	12693	8.2	3520	10.4
	宿州	18.53	21.1	13097	10.1	4076	11
	巢湖	30.94	20.8	14434	10.7	5271	10.2
	六安	33.1	27.1	13001	10.1	4010	10
	亳州	17.32	36	14042	10	3977	10.9
	池州	24.1	35.4	14197	10.5	4955	10.7
	宣城	35.4	28.2	13302	12.6	5631.6	10.3
福建	厦门	240.56	9.2	26131	9.1	9153	8
	漳州	70.95	17	16616	10	7054	8.4
	宁德	27.54	14	15147	11	5838	8.8
	莆田	37.91	28	17308	10	6921	7.5
	泉州	150.05	9.4	22913	8	8563	7.4
	三明	37.96	15	16500	11	6327	9.6
	南平	31.39	12	15867	7.9	6116	7.1
	龙岩	54.34	17	16572	11	6252	8.2
江西	赣州	68.09	23	12901	9	3856	7.99
	新余	33.03	27	15610	10	6445	9.1
	宜春	47.7	31	13006	8.9	5077	8.41
	九江	50.5	31	14203	10	4819	9.1

续上表

所属省份	城市	地方财政一般预算收入(亿元)	增长(%)	城镇(市)人均可支配收入(元)	增长(%)	农民人均纯收入(元)	增长(%)
江西	吉安	39.74	23	14095.2	9.5	5019	8.2
	景德镇	24.33	31	14996	10	5705	8.6
	上饶	48.1	31.2	13989.5	10.36	4701.3	8
	抚州	35.6	37	13119	6.7	5117	8.5
	鹰潭	18.11	11	14140	10	5510	8
	萍乡	27.31	17	14825	9	6344	8
山东	青岛	376.99	10	22368	9.3	9249	8.7
	淄博	128.77	12	19284	9.4	8013	8.8
	枣庄	60.8	12	15651	9.3	6255	9.3
	东营	80.9	14	21313	9.4	7327	10
	烟台	189.12	14	21125	9.2	8642	8.9
	潍坊	158	20	17267.3	10	7695	8.8
	济宁	134.66	13	15163	11	6470	8.5
	泰安	91.4	20	17672	9.8	6600	9.2
	威海	102.52	9.5	20117	8.5	9226	8.6
	日照	43.48	20	15795	9.6	6558	8.6
	莱芜	32.7	8.1	18943	10	7317	10.1
	临沂	91.5	14	16572	11	5883	9.3
	德州	55.3	17	15706.1	8	6138	—
	聊城	55.38	13	15957	9.6	5539	8.4
	滨州	80.17	14	17500	9.6	6245	10.3
	菏泽	60.57	20	12737	10	5047	10.1
河南	开封	29.55	13	12983	8.2	4695	7.8
	洛阳	120.3	3.2	15949	9.7	4961	8.9
	平顶山	70.3	12.5	14721	10.1	4778	8.1
	安阳	55.2	10	14809	8.6	5595	7.8
	鹤壁	—	—	13628	9.1	5940	8.1
	新乡	55.89	15	14170	10	5431	7.6
	焦作	54.42	11	14282	8.2	6590	7.5
	濮阳	25.34	0.1	—	—	4411	8.5
	许昌	47.07	13	13619	10	6302	7
	漯河	20.4	6.3	13390	9.2	5622	7.1
	三门峡	41.5	13	13469.8	11	5046	7.6
	南阳	56.17	9.5	13498	10	4931	7.7

续上表

所属省份	城市	地方财政一般预算收入(亿元)	增长(%)	城镇(市)人均可支配收入(元)	增长(%)	农民人均纯收入(元)	增长(%)
河南	商丘	35.37	12	12715	8.2	4054	8.1
	信阳	28.02	12	12047	10	4618	8.2
	周口	30.86	21.1	11363.3	9.2	3907.8	8.4
	驻马店	29.32	15	12314	9.6	4216	8.3
湖北	黄石	26.03	8.1	13897	9.1	4811	9.98
	襄樊	37	23	13409	9.1	5440	11.5
	宜昌	54.94	24	12843	9.5	5186	10.7
	十堰	25.8	31	14454	5.6	3110	9.5
	孝感	27	27.5	13562	9.2	5131	10.7
	荆门	18.14	23.4	13857	9.2	5956	11.7
	荆州	—	—	13304	9.1	5464	11.8
	鄂州	13.02	21.6	13408	9.51	5718	12.2
	黄冈	32.2	22.7	9952	19.7	3744	13.6
	咸宁	18.14	27.9	12338	10.3	4873	10.5
	随州	7.6	17.4	13461	16.1	5457	9.9
湖南	株洲	66.6	42	17433	13	6502	11.4
	湘潭	38.71	25	16109	12	6782	11.5
	衡阳	46.59	23	13911	12	6327	12.6
	邵阳	25.48	15	10672	9.1	3551	9.9
	岳阳	43.55	1.4	15680	12	5339	11
	张家界	12.04	26	11514	9	3276	11.3
	益阳	20.6	11	13802	11	4940	9.1
	郴州	48.8	27	13727	9.9	4519	10.2
	永州	26.7	21	13425	12	4402	12.6
	怀化	27.98	25	11114	1.2	2905	8.5
	娄底	25.53	14	13422.3	8.9	3309	9.7
	常德	51	16	13859	10	4909	10.4
广东	深圳	880.82	10.1	29244.52	9.4	—	—
	珠海	101.41	9.9	22859	9.1	8552	6.6
	汕头	58.54	14	13651	8.8	5260	7.7
	惠州	101.5	30	21278	9.2	7583	14.4
	汕尾	—	—	12560	14	5372	12.2
	茂名	41.7	15	13160	11	5784	7
	湛江	52.65	15	13665.2	11	5895	10.6

续上表

所属省份	城市	地方财政一般预算收入(亿元)	增长(%)	城镇(市)人均可支配收入(元)	增长(%)	农民人均纯收入(元)	增长(%)
广东	阳江	20.2	23	13075	9.6	5564	8
	江门	83.63	12	19004	10.5	7534	10.7
	肇庆	—	—	15063	10	6291	7.1
	韶关	—	—	12953	8	5338	10.1
	梅州	—	—	13113	12	5390	12
	潮州	18.25	14	12398	9.5	5492	10.4
	中山	—	—	23088	7.1	13061	9.2
	东莞	231.16	11	33045	9.1	13064	6
	佛山	—	—	295.35	9.3	10699	10.8
	河源	20.18	15	12138	7	5013	6
	云浮	18.78	13	13211	7.1	6128	11.6
	清远	50	34	14314	10	5509	12.7
	揭阳	—	—	13169	12	5433	10.3
海南	三亚	58.02	30	15233	13	5620	8.3
四川	自贡	17.02	11.8	12888	12.9	5004	8.2
	攀枝花	34.9	10.4	14960.8	12.1	5474.93	8.2
	泸州	32.11	33.4	13550	12.3	4679	8
	德阳	31.8	25.6	14307	14.4	5625	8.5
	绵阳	33.7	32.9	13701	12.3	5152	8.4
	广元	10.25	66.1	11041	15.6	3482	10
	遂宁	13.14	29.2	12108	14.2	4562	6.1
	内江	16.18	21.7	12702	12.4	4765	8.2
	乐山	34.3	18	13250	13	4892	6.8
	宜宾	58.58	28.9	13452	13.4	4873.7	8
	广安	—	—	—	—	—	—
	达州	23.41	19.4	11103	13.9	4421	7.9
	巴中	5.37	20.2	11008	13.8	3318	9.9
	雅安	10.9	34.23	13161	13.43	4488	8
	资阳	18.3	12.9	13500	12.2	4803	8.2
	眉山	18.44	28.9	12981	—	5135	—
	南充	—	—	11086	13.4	4181	8.2
贵州	六盘水	37.12	24.9	13116.21	8.02	3083.41	12.7
	遵义	46.28	18.2	13806	10.5	3661	11.2
	安顺	16.19	16.8	13327	8.8	3110	9.6

续上表

所属省份	城市	地方财政一般预算收入(亿元)	增长(%)	城镇(市)人均可支配收入(元)	增长(%)	农民人均纯收入(元)	增长(%)
云南	曲靖	—	—	14104.5	10	3666	10
	玉溪	63.6	14	15866	12.1	5119	7.5
	昭通	20.79	21.4	11158	11.5	2445	15.5
	普洱	16.6	21.2	12240	10	2954	16.5
	保山	15.81	27	13629	9	3119	14.8
	丽江	11.6	22.4	14456.97	8.7	2845	19.8
	临沧	10.1	18.5	11360	10.6	2730	15.5
陕西	铜川	10.08	34	13717	25	3968	20.5
	宝鸡	30.14	26	16346	23.6	4186	19.6
	咸阳	31.7	32	16404	24.2	4206	19.8
	渭南	28.25	32.3	13652	24.1	3584	20.6
	延安	90.47	13	15217	24	4258	19.9
	汉中	14.39	16.7	12562	23.7	3446	19.5
	榆林	91.18	30.2	14856	21.8	4127	21.3
	商洛	8.96	31	12857	23	3002	20.5
	安康	—	—	12525	23.4	3313	19.6
甘肃	金昌	9.23	-0.2	16317	5.9	5441	8.52
	白银	9.92	17	13135	8	2984	11.51
	嘉峪关	7.71	1.3	15123	4.2	6956	8
	武威	4.84	18	—	—	—	—
	张掖	6.32	13	10153	9	4989	10.5
	平凉	9.52	16	10678	10	2716	12.5
	酒泉	—	—	13704	10	6410	11.2
	庆阳	22.6	30	11130	12	2815	18
	定西	5.04	32	—	—	—	—
	陇南	—	—	12649	10	4391	10.1
	天水	17.47	35	9932	9.7	2404	11.9
宁夏	石嘴山	—	—	14090	8	5420	11
	吴忠	12.33	27	12649	10	4391	7.4
	固原	—	—	15395.2	3.9	—	—
	中卫	6.62	27	12809	9.2	3853	11.5
新疆	克拉玛依	33.3	-15	15395.2	3.9	7876	9.4
内蒙古	包头	—	—	23089	11	7826	10.6
	乌海	23.24	29	17621	10	8226	10

续上表

所属省份	城市	地方财政一般预算收入(亿元)	增长(%)	城镇(市)人均可支配收入(元)	增长(%)	农民人均纯收入(元)	增长(%)
内蒙古	赤峰	45.82	27	12670	9.8	4500	6.1
	通辽	50.7	23	13299	14	5714	14.1
	鄂尔多斯	162	37	21883	11	7803	10.6
	巴彦淖尔	30	26	13893	16	8066	22.2
	乌兰察布	—	—	12866	9.5	4144	2
	呼伦贝尔	81.78	18	13298	9.9	5606	10.8
广西	柳州	61.41	17	16017	10	4356	10.1
	桂林	55.15	22	16173	11	4849	8.6
	梧州	27.68	29	14747	11	4218	9.4
	北海	—	—	15200	8.7	4740	10
	防城港	18.47	58	16067	12	4930	10.2
	钦州	21.01	15	15768	12	4843	9
	贵港	—	—	13915	9.9	4504	11.2
	玉林	30.61	20	15827	12	4531	9.9
	贺州	10.39	22	14509	14	3876	12.1
	河池	—	—	13369	11	3183	8.1
	来宾	20.48	40	15609	—	4094	—
	崇左	—	—	14051	10.4	4028	7.3
	百色	28.55	-3.1	14542	10	3064	8.7

第二节　中国县级市统计指标

指标说明

1.截至2009年12月31日，全国共有368个县级城市（不含市辖区、县、旗、自治县、林区、特区）。

2.以下指标主要包括各县级城市GDP、三产比例、年末常住人口、社会固定资产投资总额、外贸进出口总额、旅游收入、地方财政一般预算收入、城乡居民人均收入等。其中，部分城市部分指标数据阙如，用“—”表示。

3.人口指标。除瓦房店、江阴、常熟、张家港、启东、海门、仪征、江都、扬中、奉化、瑞安、海宁、平湖、桐乡、诸暨、嵊州、兰溪、义乌、东阳、永康、江山、临海、温岭、天长、界首、宁国、瑞金、即墨、莱西、胶州、滕州、曲阜、荣成、舞钢、沁阳、禹州、恩施、醴陵、韶山、武冈、汨罗、临湘、津市、从化、五指山、文昌、琼海、万宁、儋州、都江堰、彭州、邛崃、什邡为户籍人口外，其余城市均为当年年末常住人口。其中石河子、阿拉尔、五家渠3市不含兵团人口。

4.固定资产。界首、漳平、樟树为50万以上固定资产投资；即墨、平度、胶南、邹城、新泰为规模以上固定资产投资总额；永城、根河为城镇以上固定资产投资总额。

5.指标数据主要来源于各市2009年国民经济和社会发展统计公报、2010年政府工作报告等。

6.由于一些县级市欠发达，部分数据未统计公布，尤其是县进出口总额与旅游收入，这方面数据缺省较多。

图表1-16 县级市统计指标（1）

省份	城市	GDP（亿元）	增长（%）	三产比例	人口（万）	固定资产投资总额（亿元）	增长（%）	年份
河北	辛集	214.12	11	—	—	109.55	39	2009
	晋州	138.5	11.2	—	—	87	42.8	2009
	藁城	124	12	18.5∶54∶27.5	—	65	25	2008
	新乐	109.8	10.1	—	—	68.5	40	2008
	鹿泉	210.87	12	7.1∶67∶25.9	38	122.2	47.9	2009
	遵化	379.7	15	6.7 ∶57.3 ∶36.0	71.55	81.5	18.9	2008
	迁安	535.2	17.6	—	—	200.1	42.7	2009
	三河	268	12.2	—	—	254.4	36.7	2009
	霸州	206	10.2	6.1∶69.6∶24.3	58	133.6	31.9	2008
	定州	135.2	8.5	31.0∶47.2∶21.8	119.29	62.44	61.9	2008
	涿州	148	12	—	—	104	47	2009
	安国	52.4	14	—	—	39	17.1	2008
	高碑店	94	9	—	—	—	—	2008
	泊头	118.4	10.5	—	—	44.7	28.5	2008
	任丘	415.5	6.3	3.0∶77.7∶19.3	—	88	19	2008
	黄骅	110.8	16.8	9.6∶46.8∶43.6	—	49.3	30.1	2008
	河间	132.5	14	—	—	45.87	26.02	2008
	冀州	51.08	-4.1	16.7∶46.8∶36.5	—	20	-25.2	2007
	深州	70.75	8	21.1∶45.7∶33.2	—	28.3	22	2008
	南宫	61.6	11	—	—	43.5	56.1	2009
	沙河	130.34	13.3	4.3∶66.9∶28.8	47.27	83.68	34.6	2009
	武安	432.8	11.6	—	—	136.5	37.4	2009
山西	古交	25.88	-45	3.8∶52.5∶47.3	21.86	31.03	45	2009
	潞城	67.5	11.6	3.3∶75.6 ∶21.1	22.52	38.45	148.1	2009
	高平	137.4	5.8	—	49	53.8	16.2	2009
	介休	120	17	—	39.6	56.3	21.7	2008
	原平	50.49	11.2	—	—	12	29.4	2008

续上表

省份	城市	GDP（亿元）	增长（%）	三产比例	人口（万）	固定资产投资总额（亿元）	增长（%）	年份
山西	孝义	205	5	—	—	—	—	2009
	汾阳	66.85	-1.1	—	—	19.9	3	2009
	侯马	59.5	14.1	4.6：45.35：50.02	23.98	31.1	50	2009
	霍州	56.1	7.5	3.2：73.8：23.0	30.6	42.1	1	2009
	河津	161.2	0.6	2.9：66.9：30.2	39	83.2	16.7	2009
	永济	65.5	7.2	—	—	21.3	56.8	2009
辽宁	新民	184.5	30	23.6：56.9：19.5	—	140	31.5	2009
	瓦房店	511	22.6	14.5 ：61.5： 24.0	102.6	365	40.4	2009
	普兰店	350	0.16	—	—	245	35	2009
	庄河	350	22.3	—	—	300	53.8	2009
	海城	530.6	20	—	—	350	155	2009
	东港	323	26	—	—	120	50	2009
	凤城	200	26.3	—	—	90.3	50	2009
	凌海	156	20	—	—	70	42.1	2009
	北镇	84	7.3	—	52.7	40.2	61.8	2009
	大石桥	361.5	20.1	—	—	152.6	49.5	2009
	盖州	120	22	—	—	100.5	163	2009
	灯塔	134	30	—	—	80	54.7	2009
	调兵山	120	62.6	3.9：69：27.1	—	100	70.6	2009
	开原	245	50.3	—	—	200	81.8	2009
	凌源	117	30	—	—	65	50	2009
	北票	128	30	19：59：22	—	107	50	2009
	兴城	48.06	24.7	—	55.6	40.08	111	2009
吉林	九台	200	25	—	—	123.2	43.2	2009
	榆树	218.4	20.9	—	—	105	41.9	2009
	德惠	221.5	19.1	—	—	123.1	43	2009
	桦甸	152	24.3	—	—	—	—	2009
	蛟河	107.95	21.6	24 ：41.7 ：34.3	45.3	131	30	2009
	磐石	235	8.6	—	—	130	23.8	2009
	舒兰	140.7	26.6	16.0：51.9 ：32.1	53	63.7	65.7	2006
	公主岭	230	31.9	—	—	160	98.2	2009
	双辽	100	19	31：48：21	—	72	77	2009
	梅河口	118	21	—	—	108	61	2009
	集安	60	25	—	—	90	79	2009

续上表

省份	城市	GDP（亿元）	增长（%）	三产比例	人口（万）	固定资产投资总额（亿元）	增长（%）	年份
吉林	临江	30	20.2	15.5∶44.3∶40.2	17	33	80	2007
	大安	73	18	15.6∶53.5∶30.9	42	59.29	43.9	2009
	洮南	66	33.3	—	—	63.8	45	2009
	延吉	172.2	19	2.0∶42.3∶55.7	50.38	164.1	30.2	2009
	图们	21.8	17	—	—	32	45.4	2009
	敦化	90	20	—	—	91	38	2009
	和龙	28	16.2	—	—	54	38.5	2009
	龙井	19.3	17.5	16.8∶32.7∶50.5	18.3	28.1	40.6	2009
	珲春	63	20	—	—	77	45.2	2009
黑龙江	尚志	160	14	—	—	66.5	48	2009
	双城	228	13.8	—	—	77.5	35	2009
	五常	170	15.6	—	—	49	36.5	2009
	讷河	85	18.2	41.7∶19.7∶38.6	73	21	45	2008
	密山	—	—	—	—	—	—	—
	虎林	58	11	54.8∶16.8∶28.4	29	6	20.5	2007
	铁力	41.4	11.7	—	—	26.71	51.8	2009
	绥芬河	69.07	10.2	0.7∶16.0∶83.3	6.4	37.65	5.5	2009
	宁安	77	15.2	29.7∶30.5∶39.8	44.07	60	53.8	2009
	穆棱	63.8	17.7	18.9∶44.8∶36.3	32.6	—	—	2008
	海林	—	—	—	—	—	—	—
	同江	—	—	—	—	—	—	—
	富锦	85.06	16.5	57.3∶16.5∶26.2	47	25.62	45	2009
	北安	48.09	14	38.5∶16.9∶44.6	46.6	10.47	80.2	2009
	五大连池	36	15	—	—	—	—	2009
	安达	94.4	15.3	21.6∶34.4∶44.0	51.8	94.4	15.3	2007
	肇东	194.2	16.5	20.2∶37.7∶42.1	93	194.2	16.5	2007
	海伦	53.9	13.7	—	—	18.3	76	2009
江苏	江阴	1713.4	11.6	1.89∶60.02∶38.09	120.35	500.79	25	2009
	宜兴	680.68	11.7	4.7∶56.2∶39.1	127.4	287.56	25.3	2009
	新沂	195.53	14.8	17.3∶41.8∶40.9	90.92	158.35	33.7	2009
	邳州	298.46	14.9	18.1∶43.3∶38.6	144.31	260.2	43.2	2009
	溧阳	360.8	13	7.6∶57.4∶35	74.62	225.5	19.8	2009
	金坛	261.4	12.6	7.7∶56.3∶36.0	54.65	145.2	-7.5	2009
	常熟	1230.7	12	2.2∶56.2∶41.6	106.64	360.89	13.6	2009

续上表

省份	城市	GDP（亿元）	增长（%）	三产比例	人口（万）	固定资产投资总额（亿元）	增长（%）	年份
江苏	张家港	1402	11.7	1.42：62.08：36.50	90	363.51	15	2009
	昆山	1750.1	16	—	798	430.06	16.2	2009
	吴江	850.2	15.1	2.9：61.1：36.0	147	338.62	15.5	2009
	太仓	608	15.8	3.2：59.0：37.8	67.24	284.26	14.6	2009
	启东	359.5	13.8	13.7：52.4：33.9	111.58	236.47	17.5	2009
	如皋	355.15	14.2	10.4：55.8：33.8	124.65	213.11	17.8	2009
	通州	432.32	14	8.4：58.3：33.3	137	251.81	20.2	2009
	海门	415	14	8.1：59.8：32.1	99.84	235.52	17.3	2009
	东台	313.63	13.2	18.3：46.8：34.9	109.25	219.47	36	2009
	大丰	242	13.3	17.8：47.5：34.7	72	162.2	35.6	2009
	高邮	213.24	14.2	19.1：49.8：31.1	75	136.09	35.2	2009
	仪征	227.29	13.5	5.7：60.4：33.9	57	165.75	30.8	2009
	江都	402.08	14.5	8.1：56.7：35.2	106.59	236.49	35	2009
	丹阳	502.21	14	5.9：56.8：37.3	80.82	200.11	40.1	2009
	扬中	213.48	14.2	3.5：59.0：37.5	27.66	94.05	41.7	2009
	句容	215.12	13.1	10：55.5：34.	61.71	127.06	41.6	2009
	兴化	320.48	13.6	14.9：48.3：36.7	132.48	178	39	2009
	靖江	364.43	15.3	4.2：58.9：36.9	65.68	194.65	34.2	2009
	泰兴	337.07	13.7	8.0：57.3：34.7	113	250.68	34.2	2009
	姜堰	255.76	13.5	7.9：56.0：36.1	79.54	197.14	40.4	2009
浙江	建德	165.86	5.3	11.5：57.7：30.8	—	67	14	2009
	富阳	356.4	8.1	7.0：60.2：32.8	80	168.1	13.5	2009
	临安	236.49	10	10.5：56.3：33.2	—	90.34	14.2	2009
	余姚	500	9	—	—	171	10	2009
	慈溪	626.24	8.2	5.0：59.4：35.6	186	216.08	10.1	2009
	奉化	196.83	6.2	9.6：48.0：42.4	48	70.12	11.9	2009
	瑞安	383.24	8.7	3.2：50.6：46.2	118.75	108.71	25.2	2009
	乐清	418.6	8.5	3.5：60.6：35.9	—	108.41	17.1	2009
	海宁	371.77	10.4	4.77：60.88：34.36	65.5	184.91	19	2009
	平湖	289.05	9.1	4.8：64.2：31.0	48.5	184.9	10.2	2009
	桐乡	335.16	10	6.0：54.8：39.2	67.1	163.62	17	2009
	诸暨	527.5	9.5	6.0：60.2：33.8	106.67	227.75	11.2	2009
	上虞	368	8.8	7.1：59.5：33.4	93.76	165.91	14.2	2009
	嵊州	231.18	9.2	10.0：54.8：35.2	73.37	93.36	17	2009

续上表

省份	城市	GDP（亿元）	增长（%）	三产比例	人口（万）	固定资产投资总额（亿元）	增长（%）	年份
浙江	兰溪	147.76	9.2	10.1∶59.8∶30.1	65.97	49.11	15.1	2009
	义乌	519.5	9	2.8∶43.8∶53.4	73	178.1	4.7	2009
	东阳	248.84	9.1	4.7∶52.9∶42.4	81.6	73.74	14.2	2009
	永康	257.36	9.5	2.7∶65.0∶32.3	56.82	86.41	16.9	2009
	江山	140.9	12.1	10.7∶57.1∶32.2	59.38	86.78	17.7	2009
	临海	275.62	10.8	8.6∶52.7∶38.8	115	132.3	14.4	2009
	温岭	498.73	10	7.2∶52.4∶40.4	118	181.54	7.3	2009
	龙泉	51.03	11.2	17.1∶42.8∶40.1	26.42	31.17	10.4	2009
安徽	桐城	115	15	—	—	91.4	37.3	2009
	天长	120	13.6	16.9∶58.4∶24.7	63.17	93.9	43.1	2009
	明光	60	13.6	—	—	35.66	69.1	2009
	界首	57.29	15	25.9∶43.2∶30.9	78.1	12.6	35	2009
	宁国	114.9	17.6	11.4∶56.1∶32.5	38.6	—	—	2009
福建	福清	437.65	9	—	—	252.53	—	2009
	长乐	265	12	—	—	101	18.7	2009
	龙海	269.59	13.1	12.4∶62.6∶25.0	85	113.25	23.8	2009
	福安	147.39	12.6	—	—	37.26	16.6	2009
	福鼎	103.59	15.5	15.0∶47.2∶37.8	53.45	40.06	10.5	2009
	晋江	775	11.9	1.7∶64.5∶33.8	159.8	230	21	2009
	南安	—	12.5	—	—	—	—	2009
	石狮	323.98	12.9	3.9∶54.3∶41.8	—	105.9	30	2009
	永安	138.06	13.7	12.5∶50.8∶36.6	32.22	85.7	27.7	2009
	邵武	89.32	15	—	—	74.51	17.4	2009
	武夷山	55.6	13.6	19.7∶32.0∶48.3	21.6	88.8	22.5	2009
	建瓯	86.33	13.5	28.4∶34.1∶37.5	—	63.29	35	2009
	建阳	66.39	15.3	25.1 ∶41.9 ∶33.0	33.2	66.57	30.6	2009
	漳平	65.14	15	—	—	35.17	24.5	2009
江西	南康	74.11	13.8	17.2∶47.7∶35.1	80	51	45.3	2009
	瑞金	54.1	13.5	17.3∶33.6∶49.1	65.37	15.36	41.5	2009
	樟树	121.97	17.1	—	—	80.6	49.2	2009
	高安	99.8	14.8	21.9∶48.4∶29.7	—	56.1	40	2009
	丰城	200	17	18.6∶51.8∶29.6	136.12	120	42.4	2009
	瑞昌	52.1	15	14.2∶65.6∶20.2	44.5	63.8	51.5	2009
	井冈山	24.5	12	—	—	29.5	30	2009

续上表

省份	城市	GDP（亿元）	增长（%）	三产比例	人口（万）	固定资产投资总额（亿元）	增长（%）	年份
江西	乐平	121.95	15.3	—	—	109.35	45	2009
	德兴	77.13	13.2	8.7：60.07：31.23	32.5	47.6	40	2009
	贵溪	142.88	9.5	—	—	110	24.8	2009
山东	章丘	439.5	14.2	—	100.8	228.2	20.1	2009
	即墨	536.1	3.3	7.5：54.4：38.1	112.61	294.9	16.9	2009
	平度	460.25	13.2	14.0：50.6：35.4	138.11	240.6	24.8	2009
	胶南	483.32	13.4	7.58：58.25：34.17	83.7	290.1	25.2	2009
	莱西	357.08	13.1	10.2：49.4：40.4	73.5	233.27	24.9	2009
	胶州	515.1	13.6	6.4：56.8：36.8	80	293.2	24.7	2009
	滕州	545.21	15	9.1：55.9：35.0	167.2	228.73	30.6	2009
	龙口	623	14	4.6：63.3：32.1	—	—	—	2009
	莱阳	280	12.3	10.7：59.7：29.6	87	118.7	2.3	2008
	莱州	410	15	—	—	—	—	2008
	蓬莱	290.58	13.2	6.9：62.8：30.3	44.8	131.7	25.5	2009
	招远	412.32	15.2	5.3：63.2：31.	—	223.1	27.2	2009
	栖霞	154	13	20：45：35	—	87	20	2009
	海阳	204.46	15	—	—	—	—	2009
	青州	300.2	13.1	10.2：57.5：32.3	—	191.7	24.1	2009
	诸城	410	13	—	—	215	22.6	2009
	寿光	416.7	13.8	14.6：49.1：36.3	—	222	24.9	2009
	安丘	33.5	8.7	—	—	—	—	2009
	昌邑	—	—	—	—	—	—	—
	高密	274.2	13.5	12.51：66.40：21.09	85.7	183.96	23.8	2009
	邹城	480	12.5	—	—	183.9	44.8	2009
	曲阜	215.85	12.7	8.9：43.0：48.1	63.7	94.14	31	2009
	兖州	—	—	—	—	—	—	—
	新泰	500.1	14	7.9：60.3：31.8	138	248.7	24.6	2009
	肥城	415	14	8：60：32	—	240	25	2009
	文登	534.9	13	—	—	251.9	25.2	2009
	荣成	613.5	13.1	8.8：58.8：32.4	66.9	319.9	25.8	2009
	乳山	321.3	12.9	7.7：59.8：32.5	57	190.13	24.4	2009
	禹城	120.3	15.3	15.7：50.4：33.9	51.8	—	—	2008
	乐陵	—	—	—	—	—	—	—
	临清	200	12	—	—	116	26	2009

续上表

省份	城市	GDP（亿元）	增长（%）	三产比例	人口（万）	固定资产投资总额（亿元）	增长（%）	年份
河南	巩义	380	10.8	1.4：70.6：28	81	216	29	2009
	新郑	348	13	—	—	269.2	28	2009
	新密	348.7	10.2	2.6：68.4：29.0	77	224.7	31.2	2009
	登封	264.2	12	2.9：72.9：24.2	—	184.51	36.9	2009
	荥阳	360	13	5：70.3：24.7	—	264.7	23.9	2009
	偃师	351	11	—	—	152	45.5	2009
	汝州	235	13	—	—	93.9	37.9	2009
	舞钢	103	2.7	6.9：67.6：25.5	32.86	55.7	46.7	2009
	林州	272	18	—	—	204	32.2	2009
	卫辉	66.4	16.7	—	—	50.7	20.5	2007
	辉县	178.8	17.1	12.6：67.3：20.1	74.5	173.1	35.9	2009
	沁阳	211.28	13.6	5.6：66.6：27.8	49.46	131.8	29.5	2009
	孟州	155.8	15.2	6.8：73.2：20	37.9	122.3	29.9	2009
	禹州	304	14	7.5：69.9：22.6	121	170.8	37.9	2009
	长葛	222	13.6	—	—	100	23.5	2008
	义马	80	18	14	—	60	20	2008
	灵宝	253.4	12	9.3：65.1：25.6	73.8	155.7	48.7	2009
	邓州	225	9.5	28：45：27	—	—	—	2009
	永城	255	8.2	—	—	96.7	27	2009
	项城	170.1	12.8	—	—	57.4	22.2	2009
	济源	311	14.2	4.7：73：22.3	68.37	179.2	33	2009
湖北	大冶	200.2	17.8	—	—	99.97	56.03	2009
	枣阳	122.8	16.5	37：24：39	110	38	50.8	2008
	宜都	144.8	17.9	11.6：56.5：31.9	38.95	100.4	57.8	2009
	宜城	85	16.5	27：46：27	51	44.19	74	2009
	老河口	84.98	15.8	—	53.18	40.06	74.2	2009
	当阳	133.05	16.3	22.5：45.6：31.9	48.05	62.98	62.2	2009
	枝江	128.58	16.2	—	—	81.23	—	2009
	丹江口	75.7	10.6	14.9：46.6：38.5	49.7	39.7	30.6	2009
	应城	100.8	14.1	23.9：42.2：33.9	—	56.2	22.5	2009
	安陆	75.1	15.1	—	—	48.9	45.3	2009
	汉川	166	16.4	—	—	67.2	52.5	2009
	钟祥	160.6	16.5	—	—	92.2	50	2009
	松滋	80.55	15.2	27.4：35.2：37.4	84.7	51.25	44	2009

续上表

省份	城市	GDP（亿元）	增长（%）	三产比例	人口（万）	固定资产投资总额（亿元）	增长（%）	年份
湖北	石首	69.9	11.8	—	—	44.2	51.4	2009
	洪湖	92.54	13.8	37.7：26.3：36.0	92.54	40.83	40.6	2009
	麻城	96	15	—	—	70	37.2	2009
	武穴	100	15	—	—	54.9	47	2009
	赤壁	111.8	16.1	16.1：51.7：32.2	45.6	68.3	48.4	2009
	广水	117	16	24.03：44.75：31.22	94.27	82.07	47.2	2009
	恩施	72.62	17.8	23.9 ：33.7 ：42.4	79.4	—	—	2009
	利川	35.22	-9.2	48.2：21.5：30.3	86.88	11.77	21.9	2008
	潜江	234.01	10.8	17.60：51.75：30.65	93.76	123.96	40.3	2009
	仙桃	300	12	—	—	156	30	2009
	天门	186.86	14.8	25.7：45.8：28.5	137.1	121.31	40.9	2009
湖南	浏阳	418.8	15.7	10.4：61.9：27.7	139	220	29.2	2009
	醴陵	211.33	14.6	13.5：57.2：29.3	104.5	81.7	48.8	2009
	湘乡	135.1	14	25.5：42.2：32.3	83.52	61.91	57.1	2009
	韶山	25.6	13.9	13.3：50.2：36.5	10.5	24.1	36	2009
	耒阳	194.98	15.8	19.7：42.2：38.1	110	86.68	53.87	2009
	常宁	119.54	14.9	24.1：39.7：36.2	80.33	29.19	43.2	2009
	武冈	53	8.6	39.8：19.5：40.7	75.68	51	38.7	2009
	汨罗	136.3	16.3	16.6：53.8：29.6	66.5	80	72	2009
	临湘	96	15.8	17.9：50.2：31.9	51	59.1	73.5	2009
	津市	52.5	12.6	22.8：40.8：36.4	26	19.4	86.5	2009
	沅江	95.96	10.7	32.2：29.6：38.2	74.61	39.02	40.5	2008
	资兴	119.74	19.4	10.7：63.5：25.8	36.35	63.72	45.5	2009
	洪江	41.11	13.6	22.7：31.9：45.4	43.51	29.36	87.1	2009
	冷水江	118	14.5	—	35.8	3.45	76.1	2009
	涟源	105.5	13	22.5：44.5：33	102.4	50	33.2	2009
	吉首	62	10.7	5.7：33.0：61.3	27.47	60	25.1	2009
广东	增城	574.34	14.3	6.68：62.47：30.85	83.7	131.27	21.9	2009
	从化	150.98	12	11.10：47.04：41.86	56.58	72.93	22.9	2009
	陆丰	115	16.4	24.1：39.6：36.3	168.9	112.69	31.8	2009
	高州	234	10.3	25.0：30.6：44.4	144.03	23	4.3	2008
	化州	193.74	12.1	—	—	29.26	20.4	2009
	信宜	174.5	10.6	—	—	27.9	23.1	2009
	廉江	154.24	12.6	34.7：33.9：31.4	163.58	57.02	24.6	2009

续上表

省份	城市	GDP（亿元）	增长（%）	三产比例	人口（万）	固定资产投资总额（亿元）	增长（%）	年份
广东	吴川	93.24	11.8	17.6∶37.2∶45.2	—	34.26	25.7	2009
	雷州	90.43	7.5	50.8∶16.2∶33.0	—	—	—	2008
	阳春	149.5	12	26.6∶40.9∶32.5	88.9	49.5	25.2	2009
	台山	193.47	10.6	13.13∶58.04∶28.83	98.59	115.78	43.2	2009
	开平	169.12	10.5	11∶47∶42	68.7	58.29	20.3	2009
	鹤山	143.98	10.8	8.2∶56.1∶35.7	47.41	68.34	20.3	2009
	恩平	81.47	10.7	—	—	—	—	2009
	高要	169.96	14.9	—	—	78.2	26.1	2009
	四会	120.93	15.9	—	—	81.69	36.4	2009
	连州	81.36	18.1	—	—	41.37	20.7	2009
	英德	159.4	20.2	—	—	158.48	25.3	2009
	南雄	43.33	14.1	33.3∶25.8∶40.9	38.09	42.97	45.5	2009
	乐昌	49.59	15.1	—	—	37.88	34.6	2008
	兴宁	82.52	10.4	—	—	24.6	12.8	2009
	罗定	80	10.5	—	117.6	42	23.8	2009
	普宁	241.02	17.3	—	—	110.09	32.2	2009
海南	五指山	10.4	11.3	—	11.4	8.7	38	2009
	文昌	93.2	12.8	45.84∶20.87∶33.29	57.67	56.08	53.5	2009
	琼海	83	20	—	48.8	54	104	2009
	万宁	71.18	15.2	32.0∶25.2∶42.8	60.1	62.1	63.4	2009
	儋州	101.8	11.5	52.2∶16.3∶31.5	100.8	24.2	25.1	2009
	东方	66.2	-1.4	27.1∶49.0∶23.9	42.8	38.3	23.1	2009
四川	都江堰	116.9	25.1	—	60.96	218.79	162	2009
	彭州	125.44	14.8	21.67∶47.37∶30.96	80.34	168.1	239	2009
	邛崃	87.08	12.8	24.1∶39.5∶36.4	66	93.56	70.1	2009
	崇州	93.28	13	23.6∶40.0∶36.4	63.67	103.64	91.3	2009
	广汉	160	15	15∶55∶30	—	100	—	2009
	什邡	110.1	19	13.5∶57.9∶28.6	43.49	123.4	353	2009
	绵竹	124	18.8	13.13∶66.76∶20.11	51.47	172.5	503	2009
	江油	115.96	14.4	15.1∶46.8∶38.1	87.76	31.3	26.3	2006
	峨眉山	110	14.5	—	—	58.13	57.6	2009
	阆中	82.8	17.1	28.8∶41.4∶29.8	—	71.1	73.9	2009
	华蓥	60.7	15	11.8∶61.1∶27.1	30.7	—	—	2009
	万源	54.91	13.6	30.3∶42.5∶27.2	46.76	4.5	15	2009

续上表

省份	城市	GDP（亿元）	增长（%）	三产比例	人口（万）	固定资产投资总额（亿元）	增长（%）	年份
四川	简阳	167	15.4	—	—	100.64	47.7	2009
	西昌	180	17	—	—	—	—	2009
贵州	清镇	81.16	14.6	11.28：52.74：35.98	49.97	70.27	54	2009
	仁怀	135.5	13.2	7.2：75.3：17.5	53.7	34.38	26.4	2009
	赤水	29.6	14.4	17.5：50.9：31.6	26.07	22.4	1.5	2009
	铜仁	46.5	13.7	—	—	—	—	2009
	毕节	101.5	16.36	—	—	54.84	51.44	2009
	兴义	120	17.3	—	—	60.33	42.8	2009
	凯里	62.59	12	—	—	—	—	2009
	都匀	66.1	14.3	10.94：42.58：46.78	48.14	58.5	61.5	2009
	福泉	43.76	12	—	—	23.52	38	2009
云南	安宁	120.7	11.2	5.9：59.3：34.8	32.2	52.68	40.3	2009
	宣威	—	—	—	—	—	—	2009
	楚雄	140.5	12.2	10.1：56.6：33.3	55.59	61.9	30.3	2009
	个旧	105.42	9.5	6.3：62.5：31.2	45.67	46.1	27.9	2009
	开远	76.2	10.9	13：46.2：40.8	31.42	48	45	2009
	景洪	54	8	29.1：25.1：45.8	38	40	2.9	2008
	大理	159.64	11.5	8：50：42	61.57	82.33	28.14	2009
	潞西	36.35	15	9.4：52.1：38.5	38.24	30.5	43.8	2009
	瑞丽	18.7	13	22：25：53	—	14.4	174.7	2007
陕西	兴平	88.3	15	—	—	70.1	48	2009
	韩城	120.7	16.8	—	—	69.4	19	2009
	华阴	40.49	15.3	—	—	41.3	147	2009
甘肃	玉门	100	13.7	6：70：24	18.2	96.8	138	2009
	敦煌	39	13.8	24.3：24.4：51.3	—	29	33.2	2009
	临夏	18.92	—	—	—	—	—	2007
	合作	—	—	—	—	—	—	—
青海	德令哈	26.9	26.2	—	11	24.2	46.8	2009
	格尔木	161.9	19.3	0.64：77.29：22.07	21.4	85.35	18.4	2009
西藏	日喀则	—	—	—	—	—	—	—
宁夏	灵武	111.5	29.3	5：79：16	23.7	261	53.1	2009
	青铜峡	78	9.7	11.9：66.2：21.9	27	42.3	-9.9	2009
新疆	石河子	106.5	16.5	—	34.44	72.5	17.1	2009
	阿拉尔	42.2	16.8	—	16.8	28.3	8	2009

续上表

省份	城市	GDP（亿元）	增长（%）	三产比例	人口（万）	固定资产投资总额（亿元）	增长（%）	年份
新疆	图木舒克	14.55	12	—	—	2.56	460	2009
	五家渠	40.01	24.7	12.3∶46.4∶41.3	9.58	32.23	143	2009
	吐鲁番	45	9.7	18∶32∶50	27.45	17	21.7	2009
	哈密	105.93	15.8	11.8∶40.1∶48.1	44.33	98.31	77.1	2009
	和田	74.52	10.5	37.7∶17.7∶44.6	191	—	—	2008
	阿克苏	68.27	13.5	.33∶25.80∶57.87	47.6	35.06	19.3	2009
	喀什	—	—	—	—	—	—	—
	阿图什	—	—	—	—	—	—	—
	库尔勒	—	—	—	—	—	—	—
	昌吉	154.2	16.3	13.8∶43.3∶42.9	38.32	51.21	24.8	2009
	阜康	65.48	7.3	15.6∶62.9∶21.5	16.8	25.1	35.7	2009
	博乐	—	—	—	—	—	—	—
	伊宁	—	—	—	—	—	—	—
	奎屯	60.81	15.9	6∶57∶37	15.29	27.06	32	2009
	塔城	34.58	15.4	20.4∶25.1∶54.5	16.72	9.7	21.2	2009
	乌苏	3.9	18.2	32∶43∶25	21	16.3	20.4	2007
	阿勒泰	—	—	—	—	—	—	—
内蒙古	霍林郭勒	160	22.1	1.1∶65.6∶33.3	—	80	—	2009
	满洲里	120.4	11.5	2∶28∶70	25	65	3.2	2009
	牙克石	69.7	19.9	26.4∶30.7∶42.9	37.87	28	73.5	2008
	扎兰屯	86.2	29.1	8.3∶44.1∶27.6	—	55.5	105	2009
	根河	23.28	11.5	—	—	8.5	87.2	2009
	额尔古纳	23.9	25	—	—	9	63.3	2009
	丰镇	81	14.3	—	—	14.5	3.2	2009
	锡林浩特	124.75	21.5	4.8∶66.1∶29.1	—	140.8	26.4	2009
	二连浩特	40.1	21.3	0.90∶33.34∶65.76	7.2	—	—	2009
	乌兰浩特	69.6	15.6	7.3∶47.5∶45.2	31.7	43	50.7	2009
	阿尔山	7.5	15.7	21.4∶19.9∶58.7	4.8	14.8	29.9	2009
广西	岑溪	107.29	18.4	—	—	90.84	60.2	2009
	东兴	32	24.39	—	—	28.77	71.71	2008
	桂平	128.4	19.4	25.2∶43.8∶31.0	—	83.28	79.1	2009
	北流	—	—	—	—	—	—	2008
	宜州	—	—	—	—	—	—	—
	合山	18	12.7	—	—	18.5	28	2009
	凭祥	24.32	14.8	—	—	23.89	107	2009

图表1－17　县级市统计指标（2）

省份	城市	外贸进出口总额（亿美元）	增长（%）	游客（万人次）	增长（%）	旅游收入（亿元）	增长（%）	年份
河北	辛集	—	—	—	—	—	—	2009
	晋州	—	—	—	—	—	—	2009
	藁城	—	—	—	—	—	—	2008
	新乐	—	—	—	—	—	—	2008
	鹿泉	1.08	-29.2	285	27.8	1.6	32	2009
	遵化	3.43	190	202.4	-12	9.1	11.7	2008
	迁安	—	—	—	—	—	—	2009
	三河	—	—	—	—	—	—	2009
	霸州	—	—	—	—	—	—	2008
	定州	—	—	—	—	—	—	2008
	涿州	—	—	—	—	—	—	2009
	安国	—	—	—	—	—	—	2008
	高碑店	—	—	—	—	—	—	2008
	泊头	0.72	15.9	—	—	—	—	2008
	任丘	1.12	35	—	—	—	—	2008
	黄骅	1.25	32.2	—	—	—	—	2008
	河间	—	—	—	—	—	—	2008
	冀州	—	—	—	—	—	—	2007
	深州	—	—	—	—	—	—	2008
	南宫	—	—	—	—	—	—	2009
	沙河	0.42	215	—	—	—	—	2008
	武安	—	—	98	—	16	—	2009
山西	古交	—	—	—	—	—	—	2009
	潞城	—	—	2.6	13	0.15	13.9	2009
	高平	—	—	10	—	—	—	2009
	介休	—	—	—	—	—	—	2008
	原平	—	—	—	—	—	—	2009
	孝义	—	—	—	—	—	—	2009
	汾阳	—	—	—	—	—	—	2009
	侯马	2.8	44.5	51	—	0.94	7.1	2009
	霍州	—	—	7.5	—	57.1	—	2009
	河津	—	—	—	—	—	—	2009
	永济	—	—	—	—	—	—	2009

续上表

省份	城市	外贸进出口总额（亿美元）	增长（%）	游客（万人次）	增长（%）	旅游收入（亿元）	增长（%）	年份
辽宁	新民	—	—	22	71	0.093	—	2009
	瓦房店	5.22	11.1	380	—	13	—	2009
	普兰店	9.6	3.2	—	—	—	—	2009
	庄河	—	—	320	14	20.7	15	2009
	海城	—	—	—	—	—	—	2009
	东港	—	—	335	52.8	—	—	2009
	凤城	—	—	—	—	—	—	2009
	凌海	—	—	—	—	—	—	2009
	北镇	—	—	—	—	—	—	2009
	大石桥	—	—	—	—	9.5	97.9	2009
	盖州	—	—	—	—	—	—	2009
	灯塔	—	—	—	—	—	—	2009
	调兵山	—	—	—	—	—	—	2009
	开原	—	—	—	—	14.8	50	2009
	凌源	—	—	—	—	—	—	2009
	北票	—	—	—	20	—	20	2009
	兴城	—	—	290	—	15.9	—	2009
吉林	九台	—	—	-	—	—	—	2009
	榆树	—	—	-	—	—	—	2009
	德惠	—	—	-	—	—	—	2009
	桦甸	—	—	-	—	—	—	2009
	蛟河	0.087	-	31.5	—	1.3	—	2009
	磐石	—	—	—	—	—	—	2009
	舒兰	—	—	—	—	—	—	2009
	公主岭	—	—	—	—	—	—	2009
	双辽	0.57	47	—	—	—	—	2009
	梅河口	—	—	—	—	—	—	2009
	集安	0.19	25	—	—	6.6	10	2009
	临江	—	33	—	—	1.38	38	2009
	大安	—	—	—	—	—	—	2009
	洮南	—	—	—	—	—	—	2009
	延吉	0.95	-17.3	312.1	23.1	42.8	31.4	2009
	图们	—	—	43	79	0.7	19	2009
	敦化	—	—	—	—	—	—	2009

续上表

省份	城市	外贸进出口总额（亿美元）	增长(%)	游客（万人次）	增长(%)	旅游收入（亿元）	增长(%)	年份
吉林	和龙	0.8	—	—	—	—	—	2009
	龙井	1.5	-28.5	—	—	—	—	2009
	珲春	7.8	-1	—	38	31	20	2009
黑龙江	尚志	—	—	99.2	—	10.5	—	2009
	双城	—	—	—	—	—	—	2009
	五常	—	—	35	—	—	—	2009
	讷河	0.02	47.8	—	—	—	—	2008
	密山	—	—	—	—	—	—	—
	虎林	—	—	—	—	1.6	50.1	2007
	铁力	—	—	—	—	—	—	2009
	绥芬河	35.09	-39.8	39.91	-53	—	—	2009
	宁安	0.62	21.9	44.3	13.2	1.39	14.7	2009
	穆棱	0.56	190	—	—	—	—	2008
	海林	—	—	—	—	—	—	—
	同江	—	—	—	—	—	—	—
	富锦	0.82	15.5	—	—	—	—	2009
	北安	—	—	—	—	—	—	2009
	五大连池	0.72	31.2	—	—	—	—	2007
	安达	—	—	—	—	—	—	2007
	肇东	—	—	—	—	—	—	2007
	海伦	—	—	—	—	—	—	—
江苏	江阴	110.55	-18.4	763.49	—	98.7	16	2009
	宜兴	23.89	-22.5	855	—	70.5	23	2009
	新沂	1.7	1.8	—	—	—	—	2009
	邳州	—	—	—	—	—	—	2009
	溧阳	5.3	—	630	19.4	52	11.9	2009
	金坛	10.27	-23.5	320	8	34	8	2009
	常熟	116.76	-9.7	1336	—	148.2	16.6	2009
	张家港	187.74	-13.6	—	—	—	—	2009
	昆山	618.55	0.8	1130	12	115	18	2009
	吴江	140.4	-14.1	—	—	86.01	13.3	2009
	太仓	54.79	—	232.8	15.3	28.7	10.8	2009
	启东	16.09	10.5	121.26	16.2	13.8	21.2	2009
	如皋	15	13.2	—	—	—	—	2009

续上表

省份	城市	外贸进出口总额（亿美元）	增长（%）	游客（万人次）	增长（%）	旅游收入（亿元）	增长（%）	年份
江苏	通州	16.62	1	—	—	—	—	2009
	海门	8.67	-3.2	—	—	—	—	2009
	东台	—	—	—	—	—	—	2009
	大丰	1.88	25	80	21.2	1.1	23.6	2007
	高邮	2.6	-16	—	—	—	—	2009
	仪征	5.6	-4.3	—	—	—	—	2009
	江都	6.3	—	120	20	1.4	7.7	2009
	丹阳	15.41	-4.1	—	—	59	18	2009
	扬中	4.06	-26.6	—	—	—	—	2009
	句容	3.21	-12.2	520	20.9	41	64	2009
	兴化	2.4	-23.1	—	—	—	—	2009
	靖江	19.53	-8.7	—	—	—	—	2009
	泰兴	8.2	-24.5	—	—	—	—	2009
	姜堰	4.23	-30.4	—	—	—	—	2009
浙江	建德	156.17	—	319.1	9	16.9	8.1	2009
	富阳	11.6	-8.4	550	—	—	—	2009
	临安	7	-6.5	523.48	8.7	1.5	—	2009
	余姚	—	—	—	—	35.1	17	2009
	慈溪	60.9	-11.4	428.61	16	30.38	15.6	2009
	奉化	17.72	-13.8	826.94	15.3	43.39	22	2009
	瑞安	19.55	-3.3	304.5	—	20.62	12.9	2009
	乐清	13.83	—	507.26	15.2	42.17	18.1	2009
	海宁	31.79	1	618	—	58.06	21.5	2009
	平湖	40.18	-9.2	—	—	—	—	2009
	桐乡	20.39	-23.3	607.3	21.8	47.36	24.2	2009
	诸暨	40	-9.9	533.12	11.8	53.62	11.8	2009
	上虞	20.88	-9.1	293	—	—	—	2009
	嵊州	10	-13.7	278.5	—	—	—	2009
	兰溪	5.45	19.9	149.6	—	11.89	—	2009
	义乌	23.5	13	684.8	15.2	72	12.9	2009
	东阳	11.41	3.9	627.1	10	—	—	2009
	永康	22.16	-10.7	218	—	—	—	2009
	江山	1.9	56	256	—	—	—	2009
	临海	14.13	-0.5	531.76	—	42.15	15.1	2009

续上表

省份	城市	外贸进出口总额（亿美元）	增长（%）	游客（万人次）	增长（%）	旅游收入（亿元）	增长（%）	年份
浙江	温岭	—	—	554.29	9.7	44.03	10.1	2009
	龙泉	1	—	103.07	10.6	4.8	11.2	2009
安徽	桐城	0.87	—	—	—	—	—	2009
	天长	3.1	-15.1	38	—	1.56	—	2009
	明光	—	—	—	—	—	—	2009
	界首	0.15	142	—	—	—	—	2009
	宁国	1.2	-37.4	203.3	24.7	9.5	39.7	2009
福建	福清	453.89	14.1	—	—	—	—	2008
	长乐	—	—	—	—	—	—	2009
	龙海	16.72	—	—	—	—	—	2007
	福安	—	—	—	—	—	—	2009
	福鼎	—	—	166.2	21.3	7.3	21.1	2009
	晋江	—	—	29.8	—	—	—	2009
	南安	—	—	—	—	—	—	2009
	石狮	8.5	—	—	—	—	—	2009
	永安	—	—	180.56	20	8.46	20	2009
	邵武	—	—	—	—	—	—	2009
	武夷山	—	—	495	10.8	30.32	12.4	2009
	建瓯	—	—	—	—	—	—	2009
	建阳	—	—	—	—	—	—	2009
	漳平	—	—	23.3	—	0.76	—	2009
江西	南康	0.29	—	—	—	—	—	2009
	瑞金	—	—	132.2	18.4	4.1	17.9	2009
	樟树	—	—	—	—	—	—	2009
	高安	—	—	—	—	—	—	2009
	丰城	—	—	—	—	—	—	2009
	瑞昌	—	—	—	—	—	—	2009
	井冈山	—	—	410	11	29	11.6	2009
	乐平	—	—	—	—	7	26.6	2009
	德兴	—	—	—	—	—	—	2009
	贵溪	—	—	—	—	—	—	2009
山东	章丘	—	—	620	—	24	—	2009
	即墨	31.2	-3.2	370	-2.5	32	14	2009
	平度	11.8	-8	116.5	—	8.1	8.3	2009

续上表

省份	城市	外贸进出口总额（亿美元）	增长（%）	游客（万人次）	增长（%）	旅游收入（亿元）	增长（%）	年份
山东	胶南	21	-9.3	465	10.7	32.8	10.1	2009
	莱西	15.05	-5.5	—	—	—	—	2009
	胶州	64.6	-22.3	—	—	—	—	2009
	滕州	—	—	484.2	28.9	25.3	29.7	2009
	龙口	16.8	—	308	—	25	—	2009
	莱阳	6.4	-10.7	—	—	—	—	2008
	莱州	10.3	19.7	115	21	12	33.3	2008
	蓬莱	6.68	10.1	350	7.6	30.13	15.9	2009
	招远	12.7	—	230	90.3	45	95.5	2009
	栖霞	2.04	-17.4	—	—	—	—	2009
	海阳	—	—	—	—	—	—	2009
	青州	2.19	-35.2	750	63	33.2	74.7	2009
	诸城	8.3	—	—	—	—	—	2009
	寿光	10.6	-15.6	—	—	—	—	2009
	安丘	—	—	—	—	—	—	2009
	昌邑	—	—	—	—	—	—	—
	高密	10	7.5	—	—	—	—	2009
	邹城	—	—	—	—	—	—	2009
	曲阜	0.79	-14.4	—	—	—	—	2009
	兖州	—	—	—	—	—	—	—
	新泰	2.13	—	462	—	15.6	24.7	2009
	肥城	—	—	—	12.5	—	23.1	2009
	文登	—	—	—	—	—	—	2009
	荣成	22.5	7.9	725.6	15.4	58.3	16.5	2009
	乳山	4.8	-14.3	333.9	28.2	17.16	31	2009
	禹城	1.6	29	—	—	—	—	—
	乐陵	—	—	—	—	—	—	2008
	临清	3.9	19	—	—	—	—	2008
河南	巩义	—	—	179	30.4	1.38	30.2	2009
	新郑	—	—	—	—	—	—	2009
	新密	0.5	-33.7	62.6	33.8	1.04	21	2009
	登封	—	—	670	3.7	2.36	2.2	2009
	荥阳	—	—	—	—	—	—	2009
	偃师	—	—	—	—	—	—	2009

续上表

省份	城市	外贸进出口总额（亿美元）	增长（%）	游客（万人次）	增长（%）	旅游收入（亿元）	增长（%）	年份
河南	汝州	—	—	—	—	0.85	16.2	2009
	舞钢	—	—	—	—	—	—	2009
	林州	—	—	—	15	—	18	2009
	卫辉	—	—	—	—	—	—	2007
	辉县	0.33	105.2	293	12	—	—	2009
	沁阳	—	—	349.54	23.3	1.16	21.3	2009
	孟州	3.08	-26.6	150.6	47	0.03	46	2009
	禹州	—	—	315	27	2.43	48	2009
	长葛	—	—	—	—	—	—	2008
	义马	0.16	—	—	—	—	—	2008
	灵宝	0.36	-24.9	180	5.7	7.7	—	2009
	邓州	7	—	—	—	—	—	2009
	永城	—	—	130	30	0.15	35	2009
	项城	—	—	—	—	—	—	2009
	济源	14	-6.6	289.5	—	12.2	16	2009
湖北	大冶	—	—	—	—	—	—	2009
	枣阳	—	—	—	—	—	—	—
	宜都	—	—	45	7.1	4.51	40.1	2009
	宜城	—	—	—	—	—	—	—
	老河口	0.175	105.6	—	—	—	—	2009
	当阳	—	—	—	—	—	—	2009
	枝江	—	—	—	—	—	—	2009
	丹江口	0.06	12.4	—	—	—	—	2009
	应城	—	—	—	—	—	—	2009
	安陆	—	—	—	—	—	—	2009
	汉川	—	—	—	—	—	—	2009
	钟祥	—	—	272	20.4	10.5	23.5	2009
	松滋	0.26	43.6	—	—	—	—	2007
	石首	—	—	—	—	—	—	2009
	洪湖	0.22	22.6	72.91	8.8	4.8	17.6	2009
	麻城	—	—	—	—	—	—	2009
	武穴	—	—	—	—	—	—	2009
	赤壁	—	—	171	13.8	5.9	15.8	2009
	广水	—	—	50	—	1.2	—	2009

续上表

省份	城市	外贸进出口总额（亿美元）	增长（%）	游客（万人次）	增长（%）	旅游收入（亿元）	增长（%）	年份
湖北	恩施	—	—	162.4	-	8.98	—	2009
	利川	0.015	—	—	—	—	—	2008
	潜江	1.65	-16.9	35.63	21.6	37.2	2.4	2009
	仙桃	—	—	—	—	—	—	2009
	天门	0.5	-13.5	42	—	—	—	2009
湖南	浏阳	—	—	440.3	31.7	26.4	52.11	2009
	醴陵	—	—	—	—	—	—	2009
	湘乡	0.66	-23	242.31	55.8	11.64	215	2009
	韶山	—	—	450.6	25.1	7.59	16.2	2009
	耒阳	—	—	100.6	12.8	1.34	15.6	2009
	常宁	—	—	60	35	1.5	25	2009
	武冈	0.001	-74.4	30.8	—	1.85	—	2009
	汨罗	—	—	211.7	72.6	12.1	117	2009
	临湘	—	—	—	—	—	—	2009
	津市	2.48	9.1	—	—	—	—	2008
	沅江	—	—	—	—	—	—	2008
	资兴	0.05	-21.5	257.16	17.3	18.51	14.3	2009
	洪江	—	—	17.8	—	0.83	—	2009
	冷水江	—	—	64.5	10.3	1.92	22	2009
	涟源	—	—	75.8	32.9	3.68	31	2009
	吉首	0.4	-33.4	219	26.7	2.79	22.1	2009
广东	增城	25.81	-3.47	1190	129	25.17	151	2009
	从化	17.89	-18.5	754.72	49.2	25.74	54.2	2009
	陆丰	—	—	—	—	9.23	—	2009
	高州	1.4	15	—	—	—	—	2008
	化州	—	—	—	—	—	—	2009
	信宜	—	—	126.7	11.4	3.9	34.5	2009
	廉江	1.6	0.9	55	37.5	0.75	87.5	2009
	吴川	0.84	6.6	—	—	—	—	2009
	雷州	—	—	—	—	—	—	2008
	阳春	1.2	0.5	130	6.6	7.8	7.9	2009
	台山	11.84	-18.6	356.2	16.7	18.5	18.6	2009
	开平	12.16	-19.6	328.82	10.7	17.53	16	2009
	鹤山	13.75	-3	96.26	—	—	—	2009

续上表

省份	城市	外贸进出口总额（亿美元）	增长（%）	游客（万人次）	增长（%）	旅游收入（亿元）	增长（%）	年份
广东	恩平	—	—	270.3	11.5	10.55	13.3	2009
	高要	—	—	—	—	—	—	2009
	四会	—	—	—	—	—	—	2009
	连州	—	—	240.8	106	10.09	59	2009
	英德	—	—	320.6	10.2	8.03	14.4	2009
	南雄	0.17	—	—	—	—	—	2009
	乐昌	0.377	29	—	—	—	—	2008
	兴宁	0.49	18.3	—	—	—	—	2008
	罗定	3.46	-12	95	11.2	9.76	9.2	2009
	普宁	—	—	—	—	—	—	2009
海南	五指山	—	—	51.5	17	0.5	14.1	2009
	文昌	0.4	6	177.3	11.5	9.35	11.3	2009
	琼海	0.38	-15	295	9.1	9.1	8.3	2009
	万宁	0.063	-4.1	314.1	5.4	10.5	10.5	2009
	儋州	—	—	47.64	8.3	0.48	49	2009
	东方	2.2	-3.5	—	—	—	—	2009
四川	都江堰	—	—	958	16	42.08	26	2009
	彭州	—	—	—	—	—	—	2009
	邛崃	—	—	560	13.4	9.6	14.7	2009
	崇州	—	—	252.7	14.2	3.91	14	2009
	广汉	—	—	—	—	10.9	33.1	2009
	什邡	2.76	-8.1	—	—	—	—	2009
	绵竹	—	—	73.5	9.2	3.72	20.8	2009
	江油	—	—	—	—	—	—	2006
	峨眉山	—	—	375.8	13.1	37.68	20.2	2009
	阆中	—	—	—	—	—	—	2009
	华蓥	0.72	32.4	187.3	22.3	11.1	23.4	2009
	万源	—	—	4.32	21.9	91.77	—	2009
	简阳	—	—	278.9	—	16.64	—	2009
	西昌	—	—	802.2	32.5	40.2	34.1	2009
贵州	清镇	—	—	—	—	12.26	-	2009
	仁怀	—	—	—	—	—	—	2009
	赤水	—	—	139	27	12.5	23	2009
	铜仁	—	—	—	—	—	—	2009

续上表

省份	城市	外贸进出口总额（亿美元）	增长（%）	游客（万人次）	增长（%）	旅游收入（亿元）	增长（%）	年份
贵州	毕节	52	19	—	—	—	—	2009
	兴义	—	—	—	—	—	—	2009
	凯里	—	—	—	—	—	—	2009
	都匀	—	—	—	—	—	—	2009
	福泉	—	—	—	—	—	—	2009
云南	安宁	—	—	191	3.7	7.32	6.7	2009
	宣威	0.4	37.64	—	—	—	—	2008
	楚雄	0.35	53.8	263.3	—	7.16	88	2009
	个旧	3.01	-40	86.1	14	3.88	16.3	2009
	开远	1.44	4.9	146.2	17.7	6	20	2009
	景洪	5	25.6	—	—	—	—	2008
	大理	0.33	24.07	551	5.96	42	12.06	2009
	潞西	9.09	12	136.2	20.7	10.48	29	2009
	瑞丽	51.09	34.5	—	—	—	—	2007
陕西	兴平	—	—	—	—	—	—	2009
	韩城	—	—	22	-	0.39	—	2009
	华阴	—	—	210	39.7	7.96	21.2	2009
甘肃	玉门	—	—	—	—	—	—	2009
	敦煌	—	—	120	30.4	7	41.2	2009
	临夏	—	—	—	—	—	—	2007
	合作	—	—	—	—	—	—	—
青海	德令哈	—	—	—	—	—	—	2009
	格尔木	1.6	25.7	89.5	29.5	1.6	25.7	2009
西藏	日喀则	—	—	—	—	—	—	—
宁夏	灵武	—	—	—	—	—	—	2009
	青铜峡	—	—	87.9	15	2.2	24	2009
新疆	石河子	—	—	—	—	—	—	2009
	阿拉尔	0.17	9.1	—	—	—	—	2009
	图木舒克	—	—	—	—	—	—	2009
	五家渠	2.58	-53.9	—	—	—	—	2009
	吐鲁番	—	—	167.4	-4.2	3.21	-11	2009
	哈密	—	—	98.7	—	2.46	8.4	2009
	和田	0.52	830	—	—	—	—	2008
	阿克苏	0.77	182.8	—	—	—	—	2009

续上表

省份	城市	外贸进出口总额（亿美元）	增长（%）	游客（万人次）	增长（%）	旅游收入（亿元）	增长（%）	年份
新疆	喀什	—	—	—	—	—	—	—
	阿图什	—	—	—	—	—	—	—
	库尔勒	—	—	—	—	—	—	—
	昌吉	5.6	16.4	116.8	—	5.54	—	2009
	阜康	—	—	175	10.3	8.6	30.1	2009
	博乐	—	—	—	—	—	—	—
	伊宁	—	—	—	—	—	—	—
	奎屯	13.86	35.3	—	—	—	—	2009
	塔城	7.35	20.4	—	—	—	—	2009
	乌苏	—	—	—	—	—	—	2007
	阿勒泰	—	—	—	—	—	—	—
内蒙古	霍林郭勒	—	—	—	—	—	—	2009
	满洲里	31	-22.5	58.5	-36.9	35.1	9.6	2009
	牙克石	0.048	-16	—	—	—	—	2008
	扎兰屯	—	—	130.5	20	7.2	20	2009
	根河	—	—	—	—	4.74	59.7	2009
	额尔古纳	—	—	78.7	334	5.96	156	2009
	丰镇	—	—	—	—	—	—	2009
	锡林浩特	—	—	—	—	—	—	2009
	二连浩特	24	10.6	—	—	19.09	-1.1	2009
	乌兰浩特	—	—	51.4	9.3	4.7	25.2	2009
	阿尔山	—	—	72.94	60.3	6.99	91.5	2009
广西	岑溪	—	—	—	—	—	—	2009
	东兴	3	4.4	—	—	—	—	2008
	桂平	—	—	277.9	16	4.7	20	2009
	北流	4.23	4.23	—	—	—	—	2008
	宜州	—	—	—	—	—	—	—
	合山	—	—	—	—	—	—	—
	凭祥	205.11	30.22	195.6	58.3	5.08	23	2009

图表1－18 县级市统计指标（3）

省份	城市	地方财政一般预算收入(亿元)	增长(%)	城镇(市)人均可支配收入(元)	增长(%)	农民人均纯收入(元)	增长(%)	年份
河北	辛集	4.95	34.2	14910	9.92	6890	9.5	2009
	晋州	2.82	16.5	14605	14.6	7495	10	2009
	藁城	—	—	—	—	—	—	2008
	新乐	—	—	—	—	—	—	2008
	鹿泉	5.7	12.8	15188	14.2	7835	10.2	2009
	遵化	9.61	25.8	15172	18.1	6690	11.7	2008
	迁安	29.4	14.5	18090	12	9776	16	2009
	三河	17.8	—	20873	14	7881	9.3	2009
	霸州	—	—	—	—	—	—	2008
	定州	3.74	35.9	8701	10	4612	9	2008
	涿州	8.88	—	15255	10	6507	9	2009
	安国	1.46	21.4	—	—	—	—	2008
	高碑店	—	—	—	—	—	—	2008
	泊头	—	—	—	—	—	—	2008
	任丘	12.3	22	13963	13.5	5882	12.4	2008
	黄骅	4.6	39.6	14805	12.7	6592	12.1	2009
	河间	7.72	28.2	12296	14.2	5100	11	2008
	冀州	2.6	18.4	9536	11	4185	2	2007
	深州	—	—	8866	9.7	4060	4.9	2008
	南宫	—	—	11000	12.1	4468	6.1	2009
	沙河	4.13	31.65	13400	10	5720	10	2009
	武安	13.8	3.7	15419	13.1	6294	9.7	2009
山西	古交	5.3	-22	13978	7.9	6765	3.2	2009
	潞城	3.6	-24.3	12977	8	5522	7.1	2009
	高平	7.35	25.3	14085	12.2	5629	8.6	2009
	介休	6.58	56.7	13690	26.5	5452	14.4	2008
	原平	4.2	8.6	12859	9.8	3935	8.8	2009
	孝义	13.09	0.42	14651	5.4	2.4	—	2009
	汾阳	4.53	-11.6	11258	5.1	5325.5	6.93	2009
	侯马	2.4	13.9	13202	8.2	6821.1	5.7	2009
	霍州	4.3	24.8	13550	9.1	5895	10	2009
	河津	6.13	-44.7	16045	12.2	8625	10	2009
	永济	—	—	12516	6.8	5090	14	2009

续上表

省份	城市	地方财政一般预算收入(亿元)	增长(%)	城镇(市)人均可支配收入(元)	增长(%)	农民人均纯收入(元)	增长(%)	年份
辽宁	新民	8.08	33.5	—	—	8797	20	2009
	瓦房店	25.1	36.5	13500	12	9420	13	2009
	普兰店	14.06	12	—	—	9208	11	2009
	庄河	18.1	61.2	—	—	10000	21	2009
	海城	21.2	51.4	11730	15	8838	15	2009
	东港	10.06	46.7	14034	22	8400	18	2009
	凤城	10	35	12977	14	7584	—	2009
	凌海	8.16	35.6	—	—	8000	—	2009
	北镇	3.1	17.1	—	—	7218	9.1	2009
	大石桥	13.7	47	14850	18.3	9428	20	2009
	盖州	4.54	45	10100	20.5	7200	28	2009
	灯塔	7.57	40	—	—	6893	10	2009
	调兵山	5	46.6	18000	20	8500	25	2009
	开原	12	55.8	16130	25.9	8190	20	2009
	凌源	5.32	40	10400	15.2	5646	15	2009
	北票	6.36	41.2	10800	11.8	5600	10	2009
	兴城	3	25.6	—	—	5462	8.5	2009
吉林	九台	9.1	33.2	8395	15	6835	14	2009
	榆树	3.9	27.9	9500	14.5	7200	8.1	2009
	德惠	6.5	35.4	11760	5	5886	8.7	2009
	桦甸	5.5	26.8	13570	14.1	6050	12	2009
	蛟河	53	18.3	11231	10	5549	6	2009
	磐石	6.36	20.5	11110	10	6060	8.6	2009
	舒兰	—	—	—	—	—	—	2007
	公主岭	5.32	30	12790	12	5950	15	2009
	双辽	—	—	11000	10	5800	16	2009
	梅河口	4.7	31	9384	15	4945	9	2009
	集安	2.7	44	—	—	—	—	2009
	临江	2.3	28.2	11500	21.7	5826	10.6	2009
	大安	2.9	3.6	9890	15	2787	-4	2009
	洮南	1.4	39	8600	9.6	4765	18.4	2009
	延吉	12.36	14.9	16462	10	7221	8.8	2009
	图们	—	—	11975	10	5300	10.3	2009
	敦化	5.9	18.5	—	—	6500	11	2009

续上表

省份	城市	地方财政一般预算收入(亿元)	增长(%)	城镇(市)人均可支配收入(元)	增长(%)	农民人均纯收入(元)	增长(%)	年份
吉林	和龙	—	—	9800	13	4500	4.7	2009
	龙井	1.48	36.7	—	15	—	12	2009
	珲春	8.02	12.6	13500	10.4	5328	-7	2009
黑龙江	尚志	2.83	20.4	14590	12	8615	15	2009
	双城	5.4	26.8	9500	10.2	7096	18	2009
	五常	3	27.9	9468	11.8	7200	18	2009
	讷河	0.88	36	9660	12.5	4400	15.8	2008
	密山	—	—	—	—	—	—	—
	虎林	—	—	—	—	—	—	2007
	铁力	—	—	7730	10.6	5946	10.5	2009
	绥芬河	12.5	32.8	18049	10.4	8906	15	2009
	宁安	2.33	44.3	13720	29.4	7732	18.8	2009
	穆棱	—	—	—	—	—	—	2008
	海林	—	—	—	—	—	—	—
	同江	—	—	—	—	—	—	—
	富锦	1.64	36.6	11607	13	7539	26.1	2009
	北安	1.41	26	10320	21.3	5815	8	2009
	五大连池	0.49	37.8	8867	18.8	6300	19	2009
	安达	—	—	8124	15.4	4275	10	2007
	肇东	3.8	23.8	9150	15.3	4433	8.1	2007
	海伦	0.9	28.4	7059	18.8	4784	13.9	2009
江苏	江阴	110.77	8.4	27119	12	13172	10	2009
	宜兴	45.02	18.1	23201	11.8	11230	10	2009
	新沂	10.59	51.1	11422	13.9	6340	11	2009
	邳州	19.21	47	13536	13.5	7267	11	2009
	溧阳	23.17	18.1	20774	10.6	10096	10	2009
	金坛	14.08	10.2	21681	10	10433	10	2009
	常熟	78.08	11.3	27320	11	12985	10	2009
	张家港	105	1	27548	10.8	12969	10	2009
	昆山	133.13	15.1	27609	11.3	15726	12	2009
	吴江	70.2	16.7	27615	11	13660	10	2009
	太仓	58.8	17.2	27320	11	12976	10	2009
	启东	21.31	31.4	18368	10.6	9287	11	2009
	如皋	21.65	31.8	17796	12.9	8012	14	2009

续上表

省份	城市	地方财政一般预算收入(亿元)	增长(%)	城镇(市)人均可支配收入(元)	增长(%)	农民人均纯收入(元)	增长(%)	年份
江苏	通州	24.19	45.9	20550	11	9250	11	2009
	海门	22.72	37.6	20603	11	10002	11	2009
	东台	17.66	35	15855	13.3	8811	11	2009
	大丰	13.28	32.6	15055	15	9008	14	2009
	高邮	10.29	22.1	15029	12.5	7721	11	2009
	仪征	14.79	18.1	17861	12.8	8007	12	2009
	江都	19.38	22.2	17614	12.9	8864	12	2009
	丹阳	23	15	20799	11.2	10058	10.9	2009
	扬中	11.34	18.8	23227	11.6	11210	11	2009
	句容	11.21	18	20533	11.2	8835	10	2009
	兴化	15.8	26.4	16422	12	7741	11	2009
	靖江	27.12	30.1	19526	11.6	8976	11	2009
	泰兴	18.83	18.9	17849	11.6	8179	11	2009
	姜堰	14.48	15.2	18147	11.9	8003	12	2009
浙江	建德	—	—	20756	9.8	8879	11	2009
	富阳	27.57	16.9	23422	10.3	11851	10	2009
	临安	14.04	—	—	—	—	—	2009
	余姚	39	17.1	26868	7	12231	11	2009
	慈溪	49.1	13	28311	7.3	13538	10	2009
	奉化	14.42	11.6	25882	9.8	11881	10	2009
	瑞安	27.4	14.3	27837	7.3	11060	7	2009
	乐清	27.23	8.6	27143	7.5	12268	6.8	2009
	海宁	23.95	12	25675	11.2	12781	10	2009
	平湖	20.82	11.5	25907	10.5	12532	9.9	2009
	桐乡	22.57	10.6	25211	11	12609	8	2009
	诸暨	29.57	11.5	27897	8.6	12762	9.9	2009
	上虞	22.76	12.5	26513	8.8	11945	10	2009
	嵊州	10.86	8.5	26597	9	10087	9.8	2009
	兰溪	9.02	11	16593	7.8	6793	8.2	2009
	义乌	38.6	2.2	30841	7.4	12899	8.5	2009
	东阳	15.15	11.7	19955	9.9	10039	11	2009
	永康	17.72	12.1	22388	8.6	9744	9	2009
	江山	6.59	6	18224	7.2	8294	7.2	2009
	临海	17.34	7.7	21912	8.2	9595	9.8	2009

续上表

省份	城市	地方财政一般预算收入(亿元)	增长(%)	城镇(市)人均可支配收入(元)	增长(%)	农民人均纯收入(元)	增长(%)	年份
浙江	温岭	25.02	7	25966	7.6	11313	9.3	2009
	龙泉	2.49	0.3	19825	9.3	5805	14	2009
安徽	桐城	—	—	11500	10	6288	10	2009
	天长	6.7	43.1	—	—	6428	12	2009
	明光	3.78	25	—	—	4814	15	2009
	界首	2.5	49.4	—	—	4335	9.3	2009
	宁国	9	30	—	—	7293	8.8	2009
福建	福清	21.05	26.3	20680	10.1	9330.1	8.1	2009
	长乐	11.65	16.3	20900	10.3	9000	8.3	2009
	龙海	17.4	21.7	14853	14.2	7188	9.8	2009
	福安	5.55	8.3	15233	10.6	6250	8.2	2009
	福鼎	5.31	16.8	15579	10	6090	9	2009
	晋江	37	13.2	19552	11.2	9828	6.8	2009
	南安	16.35	18	18954	11	8786	9.9	2009
	石狮	15.4	10	26407	9.5	11555	8.7	2009
	永安	7.44	17	16127	10.3	6760	8.4	2009
	邵武	4.4	12.9	16545	6.9	7066	8.3	2009
	武夷山	3.5	15.4	16438	7.86	7050	8.4	2009
	建瓯	3.14	3	15318	9.4	7205	8.5	2009
	建阳	3.12	15.1	15312	9.8	6314	8.5	2009
	漳平	3.02	24	11963	12	5786	12	2009
江西	南康	4.89	20.1	11021	12.5	4059	8.9	2009
	瑞金	3.13	26.8	10016	8.7	3662	8.7	2009
	樟树	6.05	26.6	—	—	5761	12	2009
	高安	5.1	20	—	—	5662	11	2009
	丰城	12.91	38.4	13840	15	5683	9	2009
	瑞昌	3.7	40.6	10750	7.4	4900	7.8	2009
	井冈山	1.96	15	—	10	—	8	2009
	乐平	6.59	25.9	11379	13.7	5683	8	2009
	德兴	—	—	—	—	5564	8.3	2009
	贵溪	—	—	14100	10.1	5916	10	2009
山东	章丘	—	—	—	—	—	—	2009
	即墨	22.6	12.5	19774	9.5	9123	8.7	2009
	平度	16.62	13.8	17489	9.7	8850	8.8	2009

续上表

省份	城市	地方财政一般预算收入(亿元)	增长(%)	城镇(市)人均可支配收入(元)	增长(%)	农民人均纯收入(元)	增长(%)	年份
山东	胶南	26.16	11.3	19092	9.6	9119	8.8	2009
	莱西	14.3	12.1	19030	9.6	8867	8.8	2009
	胶州	20.8	12.6	19770	9.5	9152	8.5	2009
	滕州	22.66	16	15651	9.3	6825	9.5	2009
	龙口	29.1	16.6	20173	12.5	9900	9.9	2009
	莱阳	6.9	10	14018	13.4	7075	8.6	2008
	莱州	16.5	24	16965	15.3	8450	15.7	2008
	蓬莱	11	20	16801	16.6	8547	16	2009
	招远	18	15.7	18725	—	9275	—	2009
	栖霞	3.2	13.7	14700	11.5	7060	10	2009
	海阳	—	—	—	—	—	—	2009
	青州	14.7	25	13864	8.2	7695	9.6	2009
	诸城	24.6	20.6	15500	10	8500	10	2009
	寿光	25.1	19.6	—	25.2	8274	8.1	2009
	安丘	—	—	17175	9.8	5153	8.5	2009
	昌邑	—	—	—	—	—	—	—
	高密	14	21	—	—	7463	8.3	2009
	邹城	24.6	10.2	—	—	—	—	2009
	曲阜	8.69	6	12839	11.3	6610	8.1	2009
	兖州	—	—	—	—	—	—	—
	新泰	23.3	18.9	17548	10.8	—	—	2009
	肥城	18.3	18.9	17950	12	7803	13	2009
	文登	20.6	9	—	9.6	—	8.7	2009
	荣成	27.7	9	19810	10	9900	8.6	2009
	乳山	13.3	10.1	—	—	8193	8.8	2009
	禹城	3.4	8	—	—	5707	13.8	2008
	乐陵	—	—	—	—	—	—	—
	临清	5.9	12	13550	8	5420	8	2009
河南	巩义	15.9	13	14409	8.9	8481	6.5	2009
	新郑	12.69	23.2	14540	10	8660	11	2009
	新密	—	—	14402	8.9	7916	7.1	2009
	登封	14.8	12.1	13917	12	7266	11	2009
	荥阳	10.2	12.2	14560	10	8200	10	2009
	偃师	10.06	0.1	13883	8.5	7355	8	2009

续上表

省份	城市	地方财政一般预算收入(亿元)	增长(%)	城镇(市)人均可支配收入(元)	增长(%)	农民人均纯收入(元)	增长(%)	年份
河南	汝州	7.62	23	12252	10.6	5530	8.4	2009
	舞钢	7.4	-18	12766	9.86	5079	8.3	2009
	林州	8.08	15.3	12920	11.5	6919	8.8	2009
	卫辉	—	—	—	—	—	—	—
	辉县	9	28.5	12750	12.9	5635	11	2009
	沁阳	7.6	25	13885	12.2	6868.5	7.5	2009
	孟州	6	17.8	13675	12.9	6734	7.5	2009
	禹州	14	13	—	—	—	—	2009
	长葛	—	—	—	—	—	—	2008
	义马	6.05	49.6	12000	16.3	5600	10.8	2008
	灵宝	7.77	11	13451	8.8	4406	13	2009
	邓州	4.2	11	—	—	—	—	2009
	永城	11.27	0.12	14030	16.8	5051	16	2009
	项城	3.27	13.3	11986	14.4	4708	16	2009
	济源	20.01	11	—	6763	—	—	2009
湖北	大冶	7.01	12.5	—	—	—	—	2009
	枣阳	2.9	25	9520	18	5200	19	2008
	宜都	6.85	37.6	12589	10	6516	12	2009
	宜城	2.8	28.2	10269	9.5	6063	11.2	2009
	老河口	2.86	25.8	11044	9.2	6059	11	2009
	当阳	4.6	35	12611	8.9	6514	12	2009
	枝江	—	—	—	—	—	—	2009
	丹江口	4.5	48.3	10805	8	3657	8.4	2009
	应城	4.17	21.9	12170	9	6050	10	2009
	安陆	2.21	17	12084	9.1	5031	13	2009
	汉川	5.02	19	—	—	5598	11	2009
	钟祥	4.11	26.2	10015	14	—	—	2009
	松滋	2.42	15.6	10700	9.9	5441	11	2009
	石首	3.4	—	12668	10.1	5425	10	2009
	洪湖	1.76	17.2	9945	9.1	5525	11	2009
	麻城	4.05	18.7	—	—	—	—	2009
	武穴	4.5	25.9	—	—	—	—	2009
	赤壁	4.44	22.8	11985	9.4	6120	11	2009
	广水	2.9	14.9	12308	20	5162	11	2009

续上表

省份	城市	地方财政一般预算收入(亿元)	增长(%)	城镇(市)人均可支配收入(元)	增长(%)	农民人均纯收入(元)	增长(%)	年份
湖北	恩施	4.2	13.9	11875	8.9	2815	12	2009
	利川	—	—	—	—	—	—	—
	潜江	4.86	4.5	12613	10.4	5531	12	2009
	仙桃	—	—	—	10.3	—	6	2009
	天门	3.53	26.1	11243	7.2	5326	12	2009
湖南	浏阳	12.37	15.54	18770	11.8	9205	16.7	2009
	醴陵	4.42	6.7	16150	12	7701	14	2009
	湘乡	4.94	37.3	15435	12	5983	12	2009
	韶山	1.2	14	17280	11.9	8778	12	2009
	耒阳	8.06	22.99	14122	9.01	6486	12.55	2009
	常宁	4.67	40.2	14216	10.8	6158	12	2009
	武冈	2.4	17.4	10524	8.8	3243	7.5	2009
	汨罗	5.6	13.1	16490	22	5972	17	2009
	临湘	2.15	13	14731	15.6	6305	11	2009
	津市	1.95	13	13859	12.3	4974	11	2009
	沅江	—	—	—	—	—	—	2008
	资兴	5.42	30.8	14948	9.9	6083	13	2009
	洪江	1.88	28.7	8737	13.1	3984	8.1	2009
	冷水江	4.6	21.1	14276	15	5172	18	2009
	涟源	3.8	5.7	12334	8.2	2868	3.6	2009
	吉首	—	—	13347	10.2	3307	11	2009
广东	增城	31.66	18.4	21932	12.3	9281	17	2009
	从化	15.34	30.5	17566	11.5	7361	14	2009
	陆丰	5.49	25.1	—	—	5295	12	2009
	高州	4.9	13.8	9619	7.6	5826	6.7	2009
	化州	3.7	13	9450	7.1	5822	7.5	2009
	信宜	3.88	20.6	9463	9.2	5776	7	2009
	廉江	3.66	22.1	9430	8	6235	14	2009
	吴川	2.84	21.8	—	—	—	—	2009
	雷州	—	—	—	—	—	—	2008
	阳春	—	—	11597	7	5310	8	2009
	台山	11.67	11.1	—	—	6785	8.1	2009
	开平	9.2	12.3	19022	9.22	6562	9.4	2009
	鹤山	9.42	13.2	14301	9.4	7335	8	2009

续上表

省份	城市	地方财政一般预算收入(亿元)	增长(%)	城镇(市)人均可支配收入（元）	增长(%)	农民人均纯收入（元）	增长(%)	年份
广东	恩平	3.61	14.7	—	—	—	—	2009
	高要	10.78	31.7	—	—	—	—	2009
	四会	8.09	27	—	—	—	10	2009
	连州	3.86	32.2	13185	8.8	5453	13	2009
	英德	8.39	35	—	—	5636	12	2009
	南雄	2.26	23	10806	8.1	5360	10	2009
	乐昌	2.07	39	—	—	3698	12.6	2008
	兴宁	—	—	9718	9.3	5915	3.2	2009
	罗定	3.47	13.7	10946	10.5	5930	9.5	2009
	普宁	7.95	26	9939	10.7	4841	11	2009
海南	五指山	1.2	62.3	9429	20.5	3201	12	2009
	文昌	6.68	19.8	12869	8.9	5643	8.1	2009
	琼海	5.88	39	12666	15.3	5292	8.2	2009
	万宁	3.9	38.8	12566	14.9	5268	8.2	2009
	儋州	33.8	26.2	12643	14.4	4914	7.2	2009
	东方	2.59	-5.6	12210	11.6	4586	7.9	2009
四川	都江堰	7.8	61.5	11818	25	5832	8	2009
	彭州	11.81	76.4	10326	14.6	5602	7.1	2009
	邛崃	—	—	13000	14.5	6110	7.4	2009
	崇州	15.95	156	13121	14.1	6412	7.4	2009
	广汉	5.14	20.3	13810	15.3	6020	8.1	2009
	什邡	5.7	27.1	14423	21.8	6300	8.2	2009
	绵竹	7.7	26	13701	21.3	6212	8.3	2009
	江油	3.2	-18.8	10714	3.4	4869	12	2008
	峨眉山	6	24.6	14036	12.1	6026	9	2009
	阆中	2.37	29.1	12060	4655	1364	635	2009
	华蓥	1.44	24.3	29253	9.4	12694	14	2009
	万源	1.25	18.4	10195	13.5	3098	5	2009
	简阳	5.53	17.2	14533	12.3	5000	8.2	2009
	西昌	11.06	37.4	16500	20	5500	12	2009
贵州	清镇	4.49	15.76	14229	10.53	4828	9.45	2009
	仁怀	7.86	14.1	12600	10.5	4103	11	2009
	赤水	1.38	14.6	9367	7.1	3997	11	2009
	铜仁	2.5	16.9	9647	11.8	3750	12	2009

续上表

省份	城市	地方财政一般预算收入(亿元)	增长(%)	城镇(市)人均可支配收入(元)	增长(%)	农民人均纯收入(元)	增长(%)	年份
贵州	毕节	5.29	95.5	14500	6.23	3026	11.09	2009
	兴义	8.9	41.5	14500	7.4	4114	15	2009
	凯里	4.89	31.7	—	—	—	—	2009
	都匀	3.93	23.6	13219		3924	—	2009
	福泉	3.19	61	—	21.1	—	—	2009
云南	安宁	12.8	18	18138	4.1	6170	10.9	2009
	宣威	—	—	—	—	—	—	2009
	楚雄	12.62	6	15501	8.3	4029	14	2009
	个旧	7.73	2.4	12767	13.8	5335	14	2009
	开远	5	11.3	11297		4665	16	2009
	景洪	—	—	—	—	—	—	2008
	大理	12.29	18.1	14180	10.21	4872	10.33	2009
	潞西	2.55	17.6	13197	10	3106	14	2009
	瑞丽	—	—	—	—	—	—	2007
陕西	兴平	1.9	34	—	—	4787	23	2009
	韩城	—	—	15501	25.1	4846	22	2009
	华阴	—	—	13612	24.1	3621	22	2009
甘肃	玉门	1.22	16.3	14558	16.2	6332	11	2009
	敦煌	—	—	16273	23	6854	13	2009
	临夏	—	—	—	—	—	—	2007
	合作	—	—	—	—	—	—	—
青海	德令哈	1.05	19.8	14882	11	4460	20	2009
	格尔木	8.18	19.6	15180	11.7	6000.2	15	2009
西藏	日喀则	—	—	—	—	—	—	—
宁夏	灵武	6.3	24.5	13936	12.2	5733	11	2009
	青铜峡	—	—	13015	10.9	5831	7.1	2009
新疆	石河子	10.25	19.3	—	—	—	—	2009
	阿拉尔	1.01	42.5	—	—	—	—	2009
	图木舒克	0.3	55	—	—	—	—	2009
	五家渠	1.5	60.8	12113	12.1	7788	13	2009
	吐鲁番	3.09	5.98	11391	3.64	5228	5	2009
	哈密	8.22	32.6	12301	11	5617	12	2009
新疆	和田	—	—	—	—	—	—	2008
	阿克苏	6.47	33.1	13179	8.05	5774	12	2009

续上表

省份	城市	地方财政一般预算收入(亿元)	增长(%)	城镇(市)人均可支配收入(元)	增长(%)	农民人均纯收入(元)	增长(%)	年份
新疆	喀什	—	—	—	—	—	—	—
	阿图什	—	—	—	—	—	—	—
	库尔勒	—	—	—	—	—	—	—
	昌吉	—	—	13620	8.3	7898	11	2009
	阜康	4.14	4.57	12778	10.2	7609	12	2009
	博乐	—	—	—	—	—	—	—
	伊宁	—	—	—	—	—	—	—
	奎屯	7.44	35.4	12036	14.1	5589	25	2009
	塔城	1.35	25.8	11000	4.8	6685	18	2009
	乌苏	—	—	—	—	—	—	—
	阿勒泰	—	—	—	—	—	—	—
内蒙古	霍林郭勒	—	—	21000	10.5	11000	22	2009
	满洲里	10.6	-6.8	16415	10.1	—	—	2009
	牙克石	—	—	—	—	—	—	—
	扎兰屯	—	—	14042	12.2	5694	17	2009
	根河	—	—	11677	9.69	—	—	2009
	额尔古纳	—	—	12110	9965	7.6	16	2009
	丰镇	—	—	13300	14.4	5408	14	2009
	锡林浩特	8.8	36.7	16643	17.2	8381	15	2009
	二连浩特	2	12	21002	13	6527	14	2009
	乌兰浩特	1.9	25.9	11410	11.2	5201	11	2009
	阿尔山	0.39	9.2	10014	9.1	3842	15	2009
广西	岑溪	—	—	15200	12.4	4469	13.4	2009
	东兴	—	—	17086	22.9	5337	20	2008
	桂平	—	—	13385	14.1	4241	12.3	2009
	北流	—	—	—	—	—	—	—
	宜州	—	—	—	—	—	—	—
	合山	2.69	14.9	14206	12.6	3947	13.1	2009
	凭祥	—	—	15920	10	3827	12	2009

本卷由本刊编辑部组稿和整理。

Volume Ⅱ

【第二卷】

2010上海世博会各展馆特色及参展国话语权

Various Characteristics of 2010 Shanghai World Expo Exhibition Halls and Discourse Power of Participating Countries

2010年上海世博会会徽

中国2010年上海世界博览会（Expo 2010），是第41届世界博览会。于2010年5月1日至10月31日期间，在上海市举行。此次世博会也是由中国举办的首届世界博览会。上海世博会以"城市，让生活更美好"（Better City, Better Life）为主题，总投资达450亿人民币，创造了世界博览会史上投资记录。根据官方统计，上海世博会的参展国家和国际组织已达246个，独立展馆141个。

展会名称	中国2010年上海世界博览会	展会类别	综合类
举办地点	上海市中心黄浦江两岸，南浦大桥和卢浦大桥之间的滨江地区	参展方数量	246个国家地区组织
主题	城市，让生活更美好	投资成本	约450亿人民币
会期	2010.5.1—10.31，共184天	会场面积	5.28平方千米
吉祥物	海宝	参观人数	7308万人

2010年5月万国城市经济研究院、广州维方数据公司、中国城市经营网共同派出一个小组（成员：管志成、柯华林、姚勇、方诚、黄远秋、肖元钦）进行现场采访，历时半个月，获得了许多最新资料。根据我们的采访情况，我们按照洲、组织、企业等将各个展馆进行重新分类，共分9类展馆，分别是：欧洲展馆、亚洲展馆、美洲展馆、非洲展馆、大洋洲展馆、主题展馆、组织展馆、企业展馆和案例展馆。以2010上海世博会官方导览图标出的展馆为准，展馆总数达141个，其中欧洲展馆37个，亚洲展馆34个，美洲展馆12个，非洲展馆8个，大洋洲展馆3个，主题展馆3个（其中城市人馆，城市生命馆，城市地球馆为联合馆），组织展馆7个，企业展馆18个和案例展馆19个，现将各个展馆情况及展馆所属国话语权产业概况整理成文，以飨读者。

由于我们按照洲、企业、案例馆进行资料整理，因此本卷只分章，并没有做分节处理。

第一章　欧洲馆特色及参展国话语权

欧洲展馆分布在上海世博园C区，有独立展馆35个，联合展馆2个，包括英国、法国、德国、西班牙等共计47个欧洲国家和地区参展。

从建设外观来看，2010上海世博会欧洲馆的建设极具特点，如：芬兰馆的外形就是一只巨大冰壶；英国馆则是一个开放式公园，展区核心“种子圣殿”外部生长有6万余根向各个方向伸展的触须；而西班牙馆是一座复古而创新的“藤条篮子”建筑，外墙由藤条装饰，通过钢结构支架来支撑，呈现波浪起伏的流线型。西班牙国家馆为上海世博会面积最大的自建馆之一，参展规模之大也创下西班牙参加世博会的新纪录。从技术创新来看，芬兰馆“冰壶”的白色外墙采用了一种新型纸塑复合材料，这种来自芬兰的创新建材通过上海世博会芬兰馆首次大规模应用和展示；德国馆的“动力之源”展厅顶端悬挂着巨大的、表面浮动着多种图像和色彩的金属感应球。进入大厅的参观者将被分为两组一起呼喊。金属球则移向呼声更大更整齐的那组，并变化其球面的图案和色彩，这是德国高新科技的展示。

我们根据展馆工作人员介绍和展出情况，主要从国家特色、展馆概况、话语权产业等方面对欧洲各个展馆进行资料整理。

一、芬兰馆

1.国家特色

芬兰的冰壶和手机厂商诺基亚是特色。

2.展馆概况

芬兰馆的造型很有特点，进去后抬头，惊讶地发现可以看到天空，它居然不是一个密封闭合的场馆。芬兰馆没有其他馆吸引眼球的巨型屏幕，但它的展示内容与生活贴近，别是一番滋味。芬兰"冰壶"形展馆宛若一座矗立于水中的岛屿，外墙使用鳞状装饰材料，看似由许多冰块堆砌而成。来自芬兰的自然风貌，如海岛礁石、鱼鳞、碧波倒影，还有木头散发出的阵阵清香，种种自然元素经过重新诠释，以新的面貌呈现。美好生活的6大要素——自由、创造力、创新、社区精神、健康与自然都完美地融合在建筑、空间和功能设计中。

馆内工作人员给我们简单介绍了芬兰。

人口：532万（2009年）

面积：33.8万平方千米

GDP：2384.67亿美元（2009年）

主要城市：赫尔辛基、图尔库、埃斯波

3.话语权

芬兰的话语权产业主要有：

（1）造纸、制浆造纸机械和金属工业：芬兰森林覆盖率高达68%，居欧洲之首。目前芬兰是世界上第二大纸张、纸板出口国，第四大纸浆出口国，造纸及纸浆机械占国际市场70%的份额。奥托昆普公司（Outokumpu）系芬兰金属工业的领军企业，是全球四大不锈钢生产商之一。

（2）造船、电梯、船用设备等机械制造业：目前全球最大的豪华邮轮以及美国和俄罗斯的南极考察船大多为芬兰制造。世界上使用的破冰船中每10艘就有6艘产于芬兰。

（3）信息通讯产业：上世纪90年代末，随着诺基亚等一批信息通讯和电子设备制造商的发展壮大，芬兰从一个信息通讯产业不发达的国家跻身于世界信息通讯强国之列。目前，芬兰信息通讯产业约有6000多家公司，产值占芬GDP的比重已逾10%。

（4）能源环保和化学工业：目前芬兰在能源效率、洁净工艺、水资源保护、废物管理和环境监测等方面的技术全球领先。化学工业约占芬兰工业总产值的14%，约40%的产品用于出口，出口额约占芬兰出口总额的12%。

二、丹麦馆

1.国家特色

丹麦是安徒生的故乡，其文学艺术、芭蕾舞蹈、建筑设计等闻名遐迩。有众多富丽堂皇的皇家宫殿，奇妙瑰丽的自然景观，富于传奇色彩的童话乐园。

2.展馆概况

丹麦馆整个场馆的设计相当有水准，让人感觉就是简单、环保、没有任何多余的装饰物、干净明了。展馆由两个环形轨道构成，形成室内和室外部分，从上俯瞰形似一个螺旋体，超越了传统的展览形式，带来不断穿梭于室内与室外的感受。展馆就像一本打开的童话书，分"我们如何生活"、"我们如何娱乐"、"我们如何设想未来"三章，介绍丹麦人日常生活、性格爱好以及对未来的展望。丹麦的象征、著名雕塑——"小美人鱼"第一次走出国门，放置于丹麦馆中央，让参观者感觉置身于安徒生的童话王国里。

馆内工作人员给我们简单介绍了丹麦。

人口：551.94 万（2009年）

面积：4.31万平方千米

GDP：3095.86亿美元（2009年）

主要城市:哥本哈根、博恩霍尔姆、菲特烈堡

3.话语权

丹麦的话语权产业主要有:

（1）能源环保产业：丹麦是举世公认的能源问题解决得最好的国家之一。经过多年发展，丹麦已形成了本国的风电产业和有竞争力的风机制造业，其风机生产覆盖全球约40%的市场份额。就生物质能来说，丹麦正在成为工业化国家一个先导的角色。

（2）航运业：航运业是丹麦传统的支柱产业，对丹麦的国民经济发展起着重要的作用。丹麦航运业的主要力量是远洋商船队，近年来，其运能一直在稳步增长。

三、瑞典馆

1.国家特色

瑞典特色主要有：哈苏相机，诺贝尔，宜家家居等。

2.展馆概况

瑞典馆外观挺大气的，但是内容并不丰富。瑞典是很注重环保的一个国家，看其内容就能很清楚的了解到。滑梯、秋千等等挺对小孩子胃口的。展馆是一个由四个立方体结构组成的十字布局建筑，从上往下俯视犹如瑞典国旗上的十字图案。建筑外墙呈现象征城市的网格，内墙则布满了大自然元素。展馆外墙平铺开来就是一张艺术化的斯德哥尔摩市中心地图。

馆内工作人员给我们简单介绍了瑞典。

人口：929万（2009年）

面积：44.99万平方千米

GDP：3998.40亿美元（2009年）

主要城市：斯德哥尔摩、哥德堡

3.话语权

瑞典的话语权产业主要有：

（1）信息通讯产业：瑞典是信息及通讯产业高度发达的国家，是全球信息社会最成熟的国家。目前，瑞典从事电信产业的企业约1.7万家，其中94%为IT服务业，6%为电子工业，从业人员25万。

（2）生命科学产业：瑞典生命科技产业发展很快，其生物科技、医学技术、医药、医疗器械、诊断设备在国际上具有重要地位。目前，瑞典是欧洲第四大生物技术国，在全球排名第九。

（3）汽车产业：瑞典拥有强大的汽车制造工业，重型卡车和大型客车占其生产的绝大部分。瑞典汽车制造业同时也是以一个出口为导向的产业。每年生产的商用车中，超过90%出口，全球市场占有率在20%以上。沃尔沃和斯堪尼亚是国际知名的瑞典商用车制造商，历史悠久，技术雄厚，市场占有份额大。瑞典在汽车安全技术方面世界闻名，汽车安全带是瑞典人发明的，并在沃尔沃汽车率先使用。

（4）清洁能源：目前，瑞典电力生产基本实现无油、无煤，电力来源基本是水电和核电各占一半。瑞典的清洁能源除了水电外，风力发电、太阳能、垃圾焚烧发电、生物能源等发展也很快。

（5）环保产业：瑞典环保产业发展迅速，环保技术发达。主要技术有：污水处理、废气排放控制、固体垃圾回收与处理等。

四、冰岛馆

1.国家特色

冰岛虽有冰，但到处触摸到的却是“火”，火山、热泉、间歇泉在这里比比皆是。

2.展馆概况

冰岛馆和大多馆一样，以视频为主。影片由投影仪打在展馆四面及天花板上，主要介绍冰岛的风貌风俗，景色还是很壮观的。冰岛馆的设计理念是一个“冰立方”，整个建筑被印图面料包裹，在背投光的照射下，展现出玲珑剔透的冰的景象，仿佛透过冰川看过去一样。展馆外墙采用冰岛火山岩制成，极具冰岛特色和立体感。冰岛馆的主题反映冰岛人与孕育冰岛的大自然之间的深刻联系，同时也反映冰岛人利用水利、地热等天然无污染能源的智慧。

馆内工作人员给我们简单介绍了冰岛。

人口：31.34万(2007年)

面积：10.3万平方千米

GDP：121.38亿美元（2009年）

主要城市：雷克雅未克、阿克雷里、哈夫纳夫约杜尔

3.话语权

冰岛的话语权主要在以下两个方面：

（1）能源开发：水利资源和地热资源，冰岛人均拥有水量是欧洲人均水量的600倍。地热资源更是得天独厚。依托能源开发利用的制造业，一是金属冶炼行业，二是化工行业。

（2）海洋渔业：海产品出口占了冰岛出口总量的40%。冰岛全部渔场面积75.8万平方千米，具有世界最丰富的鱼类资源。

五、乌克兰馆

1.国家特色

乌克兰黑土面积居世界首位，占乌克兰国土面积的三分之二。

2.展馆概况

乌克兰馆的外观色彩斑斓，各种八卦以及动物的图案非常的漂亮，展馆较小，一个未来

城市展示模型，一个酒吧，一个艺术品买卖柜台和一个定时有陶艺制作的区域。

馆内工作人员给我们简单介绍了乌克兰。

人口：4688.64万(2005年)

面积：60.37万平方千米

GDP：1405亿美元(2007年)

主要城市：基辅、塞瓦斯托波尔

3.话语权

乌克兰最具话语权的产业有：

（1）煤炭业：煤炭业在乌克兰能源战略中占据重要地位。乌克兰煤炭蕴藏量十分丰富，探明储量为341.53亿吨，占全球煤炭总储量的3.5%，居世界第八位，其中硬煤178.79亿吨，褐煤162.74亿吨。

（2）造船业：造船业一直是乌克兰十分重要的工业部门。濒临黑海与亚速海得天独厚的地理位置为乌造船业提供了十分优越的条件。前苏联时期全苏20%的船舶零件和10%的导航设备、水声纳设备和雷达设备都产自乌克兰。

六、挪威馆

1.国家特色

挪威有万岛国之称，并有大片的森林。

2.展馆概况

挪威馆令人印象较深刻的是烟雾幕布、北极熊掌印和滤水系统。展馆由15棵高低不一的挪威"松树"构成，外墙以中国的竹子为装饰，体现城市与大自然的和谐共处，演绎"大自然的赋予"主题。馆内观众散步区展示北欧特有的自然景观，分成北极光、海岸、森林、峡湾、群山五个部分，展现挪威式的生活、城市风韵及可持续发展、提高能源使用效率和健康生活方式的理念和构想。

馆内工作人员给我们简单介绍了挪威。

人口：475.27万（2008年）

面积：38.52万平方千米

GDP：3833.91亿美元

主要城市：奥斯陆

3.话语权

挪威在下面几个方面较有话语权：

（1）造船工业：挪威的造船业是其传统产业，曾是挪威经济的支柱，现在仍是挪威的主要产业之一，挪威在这一领域里经验丰富，技

术先进。挪威生产的船用设备60%用于出口，占世界市场份额的8%～10%。

（2）海洋养殖业：主要的养殖品种有大西洋三文鱼、虹鳟鱼等。

（3）油气工业：挪威是世界第八大石油天然气生产国、第三大石油天然气出口国。油气生产为挪威最重要的经济领域，其产值占GDP的25%，其出口占总出口的52%，石油为这一北欧小国带来了滚滚财源。

（4）环境保护：挪威在环保技术研发方面也走在世界前列。“可持续发展”的理念在挪威由来已久，深入人心，并反映在挪威的各行各业。

七、葡萄牙馆

1.**国家特色**

葡萄牙的葡式蛋塔很有特色。另外，葡萄牙还是软木王国。

2.**展馆概况**

葡萄牙馆外观蛮好看的。里面就是讲讲历史和现在，放一部短片。展馆用大量环保天然的软木筑成。展示区以专题划分成四大“时刻”，配套设施区包括餐饮区、品酒区等。通过门厅、柱廊、电子屏幕和主题展区展示葡萄牙的历史、文化、经济和国民生活，展现5个世纪以来葡萄牙与中国的联系及其对现代葡萄牙的影响。

馆内工作人员给我们简单介绍了葡萄牙。

人口：1084.87万（2007年）

面积：9.21万平方千米

GDP：2281.83亿美元（2009年）

主要城市：里斯本、波尔图、加亚新城

3.**话语权**

葡萄牙具有话语权的产业是：

（1）模具行业：葡萄牙模具工业在世界排名中位居第十，其中注塑模具位居世界第六，其模具产品90%用于出口。

（2）软木业：葡萄牙是举世公认的软木王国，软木及其制品的产量和质量高居全球之首。软木产自于栓皮栎，栓皮栎多生长在少雨、土质贫瘠的丘陵地区，主要分布在地中海沿岸。葡萄牙的栓皮栎种植面积达7300平方千米，占到世界总面积的33%，软木产量是世界总产量的54%，每年约18.5万吨。

（3）葡萄酒业：葡萄牙是欧洲第六大葡萄酒生产国，年出口量2.62亿升。葡萄牙的葡萄酒生产历史悠久，广泛采用现代化设备和流程，运用严格和完善的葡萄酒分级与品质管理体系。

（4）纸浆造纸产业：葡萄牙是欧洲主要纸浆出口国之一，产量达到每年200万吨，占欧盟总产量的7.1%，排在瑞典、芬兰之后列第三位。

八、斯洛伐克馆

1.国家特色

斯洛伐克是世界上城堡数量最多的国家之一。

2.展馆概况

斯洛伐克馆以广场的视角展现城市的变迁。进入展馆，可以看到一段螺旋状的楼梯，象征着城市绵延的道路在广场交会。广场周围环绕着一堵墙，布满旧时记忆的片段，代表斯洛伐克城镇和建筑发展历史的重要坐标。几部影片讲述了由人们日常生活拼接而成的城市故事，见证城市永不停息的变化、运动和成长。

馆内工作人员给我们简单介绍了斯洛伐克。

人口：540万（2005年）

面积：4.9万平方千米

GDP：883.34亿美元（2009年）

主要城市：布拉迪斯拉发、科希策

3.话语权

斯洛伐克下面几个产业较有话语权：

（1）汽车工业：汽车生产在斯洛伐克工业发展中有重要的战略地位。德国大众、法国标志、韩国起亚等世界知名汽车厂商也分别在斯投资建厂。

（2）飞机制造业：斯洛伐克机械制造业具有坚实的基础，其生产的DV－2型飞机发动机技术较为先进，被广泛用于飞机教练机上。

（3）环保技术和设备：斯洛伐克机在环保设备、特别是污水及工业和城市垃圾处理设备、微生物处理技术等方面具有相当高的水平，其技术工艺具有特色。

（4）制药业：斯洛伐克最大的制药公司“斯洛伐克制药厂（Slovakofarma）”成立于1941年。多年来，公司对生产技术和设备进行了多次现代化更新改造，成为拥有世界上最先进技术和质量控制系统的大型综合制药公司。

九、捷克馆

1.国家特色

捷克是啤酒大国，捷克人均啤酒消费量比啤酒消费大国德国多30升。以人均啤酒消费量计，捷克连续7年位居世界榜首。

2.展馆概况

捷克馆很不错，不是很大但是充分地利用了空间。内容同样丰富，但是却不同于意大利馆，捷克馆很抽象，涉及到了方方面面，高科技、人文、环保、艺术等等。多但是不杂乱，每个部分的内容都藏在了一个一个天花板吊顶里。

馆内工作人员给我们简单介绍了捷克。

人口：1026.7万（2005年）

面积：7.89万平方千米

GDP：1903.34亿美元（2009年）

主要城市：布拉格、比尔森、布尔诺、俄斯特拉发

3.话语权

捷克具话语权的产业有：

（1）汽车工业：汽车工业在捷克已有100多年的历史，是捷克加工工业中最重要的部门，在捷经济总量中占20%的份额，轿车也是捷克第一大出口商品，出口额约占捷克出口总额的9%。世界汽车行业最重要的100家企业中已有超过40家在捷投资设立分支机构。

（2）发电设备：捷克有120多家生产电力能源设备的企业，产品种类多，技术水平高，主要产品包括发电机、变压器、输变电设备、热压交换器、电力控制设备、汽轮机、涡轮机、水轮机、电气设备、原子能反应堆等。

（3）采煤技术和设备：捷克是欧盟第四大硬煤生产国，仅次于波兰、英国和德国。捷克有硬煤可采储量20亿吨，其中60%为优质焦煤。

（4）飞机制造业：捷克企业以生产民用、运动和私人小型飞机为主，平均每年生产550架轻型飞机和运动飞机以及1400个螺旋桨，且拥有完全知识产权，80%以上出口，是欧洲仅次于德国的最大的超轻型飞机生产国。

（5）环保技术和设备：捷克在环保设备、特别是污水及工业和城市垃圾处理设备、微生物处理技术等方面具有相当高的水平，其技术工艺具有特色。

十、白俄罗斯馆

1.国家特色

白俄罗斯素称“万湖之国”，有1万余个湖泊，大小河流2万多条，总长9.06万千米。

2.展馆概况

白俄罗斯馆外观很漂亮，外墙上的图画很适合拍照留念，不过里面就没什么内容。展馆运用包括多媒体在内的多种手段，全力展示白俄罗斯在城市发展中获得的成就，从城市的多元文化、经济福利、科技革新、生活水平和城市化等方面展现白俄罗斯城市在创造舒适人居方面的努力。馆内工作人员给我们简单介绍了白俄罗斯。

人口：968.98万（2008年）

面积：20.76平方千米

GDP：475亿美元（2009年）

主要城市：明斯克

3.话语权

白俄罗斯具话语权的产业有：

（1）机器制造业：白俄罗斯的机器制造业是其工业的支柱和主导部门，拥有600多家企业，产值约占白俄罗斯工业产值的四分之一；机器制造工业具有较先进的设备和工艺技术，主要有汽车和拖拉机制造、机床制造、农机制造等行业，其中重型矿山自卸车的研发和生产具有世界先进水平，世界上几乎三分之一的矿山自卸车产自白俄罗斯。

（2）化学和石化工业：白俄罗斯的化学和石化工业是该国工业的支柱产业。按照产品产量和从业人员的数量，排在前几位的是化纤工业、矿物化学工业（钾肥的开采）、基础化学和石化工业。这些工业企业产品，占白俄罗斯石化行业产品总量的80%，是石化工业主要的出口商品。

（3）电子工业：白俄罗斯在电子特别是在微电子领域有着强大的研发能力和世界先进水平的集成电路制造设备生产设计基础，长期为俄罗斯尖端设备配套，并向中国提供了多套集成电路生产设备。

（4）无线电技术：白俄罗斯无线电技术工业包括60多家企业、科学生产联合公司、科学研究和规划设计研究所。该领域企业生产的产品占独联体国家同类产品总数的三分之一强。主要产品包括：多功能程序技术成套设备，专用和家用程序计算机，电子自动电话交换台，通讯产品，自动化和动力电子学产品，电子柜员机，测量仪器，家用电子技术产品以及医学产品等。

十一、匈牙利馆

1.国家特色

匈牙利工业基础好，投资环境优越，是中东欧地区人均吸引外资最多的国家之一。

2.展馆概况

匈牙利馆用1000根“从天而降”的木套营造出一个“森林”，木套筒不但反光，还可以随着音乐的旋律上下起伏，给观众带来奇妙的音效和视觉冲击。主题展示区放置的冈布茨（均质平衡器）是匈牙利数学家的重大成果，首次在世界上正式亮相，其原理类似于中国的不倒翁。设计者借助冈布茨的特性，反映匈牙利民族的气质——坚强不懈、富有创意。

馆内工作人员给我们简单介绍了匈牙利。

人口：1019万（2007年）

面积：9.3万平方千米

GDP：1562亿美元（2008年）

主要城市：布达佩斯、米什科尔茨、德布勒森

3.话语权

匈牙利具有话语权的产业主要是：

（1）汽车工业：汽车工业是匈牙利的传统

工业。20世纪90年代以来，轿车和汽车零部件制造快速发展，成为匈汽车工业的支柱，其中外资产品占很大比例。

（2）环保技术和设备：匈牙利在环保设备、特别是污水及工业和城市垃圾处理设备、微生物处理技术等方面具有相当高的水平，其技术工艺具有特色。

（3）制药业：拥有100多年历史的制药工业是匈牙利工业中最具竞争力的产业之一。匈牙利有20多家制药厂，其中Richter Gedeon公司最大。

（4）葡萄酒酿造业：匈牙利葡萄酒生产的历史悠久，葡萄的种类和质量都非常优良。匈葡萄栽培历史可以追溯到古罗马时期，到14世纪末基本形成了现在的22个产酒区。

十二、俄罗斯馆

1.国家特色

俄罗斯是世界第一大国，资源丰富。

2.展馆概况

俄罗斯馆特色明显，非常富有童趣，整个馆像个童话主题公园，然后在公园中不断的有视频互动。展馆建筑既似花朵，又似“生命树”，12个“花瓣”形成塔楼，顶部的镂空图案则表现了俄罗斯各民族的装饰特色。夜晚，塔楼的白金颜色会变成黑、红、金色，三种颜色交相辉映，象征着俄罗斯传统文化。塔楼的“根部”蜿蜒至中央广场的“文明立方”，形成“人”形标识。其外部装饰组件可以自由排列，形成巨幅“活动画面”墙。

馆内工作人员给我们简单介绍了俄罗斯。

人口：1.41亿（2008年）

面积：1707.55万平方千米

GDP：2.076万亿美元(2007年)

主要城市：莫斯科、圣彼得堡、叶卡捷琳堡

3.话语权

俄罗斯具有话语权的产业是：

（1）机械制造：俄罗斯机械制造业是俄工业的基础，其产值曾经占国内生产总值的30%～35%，具有举足轻重的地位。机器制造业和金属加工工业是俄罗斯的工业核心、科技进步的基础。

（2）石油化工：俄罗斯作为世界能源市场的主要角色，其天然气储量世界第一，原煤储量第二，石油储量第八。另外俄罗斯还是世界上最大的天然气出口国、第二大石油出口国、第三大能源消费国。

（3）航空工业：目前在世界民用飞机市场上能够研制生产干线飞机的只有6家公司，这就是美国的波音公司、欧洲的空客公司、俄罗斯的图波列夫航空科学技术联合公司、伊留申航空联合公司和雅科夫列夫实验设计局联合公司，以及乌克兰的安东诺夫航空科技联合体。而在世界民用飞机市场上这6家公司中俄罗斯就拥有了3家公司，由此可显现出俄罗斯航空工业的整体实力。俄罗斯的航空制造工业发展历史较早，基础雄厚，整体研发和设计能力突出、生产和制造各类军用飞机和民用飞机的生产组装能力完备，尤其是在飞机的整体设计能力上较为突出。

（4）军工：前苏联曾经拥有世界上最庞大的国防军工体系。苏联解体后，俄罗斯继承了大约70%的科研与生产能力。俄罗斯是一个世界级的、仅次于美国的军工大国。

（5）电力：俄罗斯的电力工业包括火力、水力和核能发电三大部门。发电量仅次于美国，居第二。其中火力发电为主，约占72%。

十三、斯洛文尼亚馆

1.国家特色

斯洛文尼亚旅游资源丰富，主要旅游区是亚得里亚海海滨和北部阿尔卑斯山区。

2.展馆概况

斯洛文尼亚馆的标志就是一本绿色的书，该馆是以书为主调的场馆。走进场馆，看到的是一扇扇书本造型的门，抬头是一本本漂浮的书，一路走上去，地板上印着如幻灯片般的图片有着马里博尔沿河等风景，旁边的墙上还有国家的历史、珍藏的书籍，下坡的路一眼望去感觉平铺了好几十本的书。

馆内工作人员给我们简单介绍了斯洛文尼亚。

人口：199万（2007年）

面积：2.03万平方千米

GDP：486.70亿美元

主要城市：卢布尔雅那、科佩尔

3.话语权

斯洛文尼亚具有话语权的产业是：

（1）汽车工业：汽车及零部件生产行业的自动化程度、创新能力及劳动力技能水平较高，在管理、效率、技能水平等方面，斯洛文尼亚在中东欧国家处于领先地位。

（2）医药化工：医药化工行业是斯洛文尼亚工业中科技含量高、外国投资量大、以出口为导向的行业。

十四、西班牙馆

1.国家特色

斗牛、浪漫风情和足球是西班牙的特色。

2.展馆概况

外观造型是藤条编织的一个馆，因此很吸引眼球，很有特色。进去是环形大屏幕，音效画面都很棒；进去一个厅是排列和显示画面各异的长条屏幕。

馆内工作人员给我们简单介绍了西班牙。

人口：4520.07万（2007年）

面积：50.59万平方千米

GDP：9762亿欧元（2006年）

主要城市：马德里、巴塞罗那、塞维利亚、毕尔巴鄂

3.话语权

西班牙具有话语权的产业是：

（1）风力发电产业：西班牙风力资源丰富。据初步测算，西班牙可利用的陆地和海洋风能为4万兆瓦。近年来，西班牙风电行业发展迅速，西班牙已成为世界第二风电大国。

（2）太阳能产业：经多年研发，西班牙在世界太阳能发电领域已位居前列，成为光伏太阳能电池板工业的中心。西班牙不仅拥有制造和出口光伏电池和太阳能板的基地，而且拥有生产和出口换流器和太阳能发电设备部件的基地。

（3）机械设备制造业：西班牙是欧盟第三大机床和汽车发动机生产国。长期以来，该国在机械设备制造、技术改造与整合方面一直处于领先地位。如今，西班牙在航天机械制造业和包装机械制造业等领域占据显要的位置。西班牙生产的铣床、电火花研磨机和可一次完成灌瓶封口的包装机均属领先行业。

（4）特色农业：2005年西班牙农业产值327亿欧元，占国内生产总值的3.5%；出口各种农

产品228亿欧元，占其全部出口的20%；进口235亿欧元，占其全部进口的10%。西班牙主要农作物有：大麦、水稻、小麦、玉米、酸性水果、橄榄等。

(5) 橄榄种植面积2.26万平方千米，橄榄油的生产和出口位居世界第一，年产量约60万吨，占世界产量的40%左右，年出口约30万吨。是中国市场橄榄油第一大供应国。

(6) 葡萄种植面积世界第一，2004年葡萄酒产量35.3亿升，近20年来一直位居世界第三。

(7) 柑橘类水果种植面积3000平方千米，年产量超过560万吨，位居世界第五，年出口量320万吨以上，占世界各国柑橘类水果出口量的三分之一，位居世界第一。

十五、瑞士馆

1.国家特色

阿尔卑斯山的美丽风光和钟表是瑞士特色。

2.展馆概况

瑞士馆的主题是“城市和乡村的互动”。场馆主要由两个展示区域组成：室内的城市展区和象征大自然的绿草如茵的馆顶的自然空间。盘旋而上的观光缆车将两个区域合二为一，这一循环式连接系统象征着世博会副主题之一——“城市和乡村的互动”，同时也揭示了“可持续发展”的基本理念。展馆里高达10米的巨型屏幕，循环播放IMAX巨幕电影《阿尔卑斯：自然的巨人》，生动再现了瑞士境内雄伟壮丽、绵延不断的阿尔卑斯山脉。

馆内工作人员给我们简单介绍了瑞士。

人口：770.02 万(2009年)

面积：4.13万平方千米

GDP：4841.32亿美元(2009年)

主要城市：苏黎世、洛桑、日内瓦

3.话语权

瑞士具有话语权的产业是：

（1）机电金属业：机械、电子和金属加工业是瑞士工业领域的第一支柱，从业人数占工业领域总就业人数的一半，出口额占瑞士总出口额的40%。

（2）化工医药业：瑞士是一个医药生产大国，拥有世界领先的医药化学技术和诺华、罗氏等著名医药化工生产企业，药品种类相对集中于特定领域，如抗病毒药、呼吸系统疾病药物和头孢类抗生素等。

（3）钟表制造业：钟表制造业是瑞士的传统产业。瑞士钟表产量的95%以上用于出口。稳居当今世界第一大钟表货值出口国地位。2005年出口额123亿瑞郎，2006年达137亿瑞郎。

（4）银行业：瑞士的银行业管理着3.3万亿多的瑞士法郎（约2.75万亿美元）资产，其中一半的资产来自于其他国家，瑞士是全球最大的离岸金融中心，超过伦敦、纽约和法兰克福，占有35%的市场份额，被公认为国际资产业务管理的全球领导者。

（5）保险业：瑞士保险业历史悠久、信誉卓著，自19世纪上半叶萌芽发展至今，已成为拥有近200家保险公司、年保费总额1900多亿瑞郎、国内就业人数达4万余人的重要金融服务部门。

十六、法国馆

1.国家特色

香水和时装是法国的特色。

2.展馆概况

法国馆被一种新型混凝土材料制成的线网“包裹”，仿佛“漂浮”于地面上的“白色宫殿”，尽显未来色彩和水韵之美。馆内进门就是拉风的雪铁龙和10来米的下垂植物，现代与自然完美融合。馆中最大的热点是劳师动众运过来的7件国宝，不过用玻璃隔离起来，也没有看的很真切，倒是LV的展示，似乎投影在玻璃亦或水晶之上，小仙子的魔棒也展现无限光彩。

馆内工作人员给我们简单介绍了法国。

人口：6380万(2008年估算)

面积：55.16万平方千米

GDP：26797亿美元（2009年）

主要城市：巴黎、马赛

3.**话语权**

法国具有话语权的产业是：

（1）航空工业：法国航空工业领域技术非常系统和全面，主要包括大型民用客机、运输机、军用战机、军用直升机等整机系统，以及包括飞机发动机在内的关键零部件。

（2）民用核能：法国在民用核电领域位居世界领先地位，既拥有从铀矿开采、提炼，核电站整体设计、建造，到核废料处理等全过程系统技术，又具有强大的产业化能力。

（3）高速铁路：法国轮轨高速铁路堪称业内的领头羊，从20世纪60年代初开始研发的法国高铁，经过约20年的努力，第一列高速火车于1981年便投入商业化运行。

（4）高端制造业：法国制造业在国民经济中所占比重约为20%，高于美、日、德、加等相近水平竞争性国家，整个制造业生产能力相对平衡，规模基本稳定。在制造业的优势领域都完全拥有全套的核心技术，且基本是自主创新的成果。高端制造业方面，法国阿尔斯通的发电设备具有最经济、最环保、最先进的技术。

（5）汽车制造业：标致、雪铁龙、雷诺是世界知名汽车制造商。

（6）医药产业：法国医药产业在世界占有重要位置，其代表性的企业是2004年合并而成的赛诺菲—安万特集团，该公司是世界第三大制药公司，在欧洲排名第一。

十七、德国馆

1.**国家特色**

环保和汽车是德国的特色。

2.**展馆概况**

德国馆的外形如果把每个部分分开看都是不能保持平衡的，但是就是这样的不平衡合在一起，却创造出平衡。德国人真的是用心，从场馆的外形就体现了德国馆的主题——“和谐都市”，充分体现了德国人在建筑上的领先。德国馆并不是全封闭式的，是半开放的。这样能更加亲近大自然，就像德国人都很喜欢小花园一样。

而且据说这样是为了更加切合主题，环保和低碳。

第一层展区用图片展示了德国的风景文化，竟然看到了茜茜公主的家乡巴伐利亚。第二层展示了德国的工业和高科技，都是德国制造。第三层是德国的自然和童话故事。第四层是部影片，貌似是个录音师走遍德国各个角落寻找各种声音。最后一层号称德国馆的高潮，一个能量球，需要靠游客的声音来激发能量使之运转起来，大家的情绪都被吊的很高，尖叫连连，不过我们发现这球还是通过机器来控制的，只是为了很好的和大家互动才这样策划的。

馆内工作人员给我们简单介绍了德国。

人口：8211万(2008年)

面积：35.7万平方千米

GDP：3.818万亿美元（2008年）

主要城市：柏林、慕尼黑、法兰克福、科隆、汉诺威、汉堡。

3.话语权

德国具有话语权的产业是：

（1）汽车及配件：德国是世界第三大汽车生产国，汽车工业是德国国民经济的第一大产业，是带动出口的驱动器、创新基地和就业保障。德国汽车工业历史悠长，汽车技术高端先进，德汽车生产商每年申报约3000个专利，使德汽车工业保持世界领先地位。

（2）机械制造：机械制造是德国产业的另一张王牌，“德国制造”已成为世界市场上“质量与信誉”的代名词。2006年德国机械制造业生产总值达到1584亿欧元，增长7.4%。德国不仅拥有激光技术国际领先的机床生产企业Trumpf，更有众多在某些方面独树一帜的专用机械生产商，且大多为中小企业。

（3）化学工业：德国是欧盟最大的化学工业国，占欧盟化工市场的26%。德国也是继美、日之后世界第三大化工生产国，化工产品涵盖7万多个种类。德国共有1700多家化工企业。

（4）可再生能源设备：目前，世界上三分之一的水电设备、近二分之一的风力发电设备和近三分之一的太阳能电池都是德国制造的。德国拥有世界第二大太阳能电池生产商Q－Cells公司。

（5）纳米技术：德国是最早开发纳米技术的国家之一。政府高度重视纳米技术的研发，联邦教研部用于纳米技术的专项经费已达1亿多欧元。

（6）环保产业：世界市场上近五分之一的环保产品来自德国，德国的环保技术贸易额占世界总贸易额的六分之一，居世界领先地位。德环保产业涉及社会经济的多个方面，如无公害食品行业、废弃物处理和再循环、土地、大气和水污染治理、环保产品和环保生产工艺开发。

十八、波兰馆

1.国家特色

琥珀和波罗的海风光是波兰的特色。

2.展馆概况

波兰馆外观造型很有特色，展馆外形抽象且不规则，表面布满镂空花纹，仿若民间剪纸，使参观者获得有趣的视觉体验：色彩变幻的光线穿过剪纸图案在馆内营造一种明暗错落的效果。展馆内部空间灵活，墙体可作为屏幕，播放反映波兰城市生活的影片。建筑本身融入了波兰人对生活的创造力和想象力，演绎“波兰在微

笑”的主题。

馆内工作人员给我们简单介绍了波兰。

人口：3983万(2008年)

面积：31.27万平方千米

GDP：10579亿兹罗提（2006年）(约2260亿欧元)

主要城市：华沙、克拉科夫、罗兹、弗罗茨瓦夫

3.话语权

波兰具有话语权的产业是：

（1）汽车及零部件制造：波兰已成为欧洲第八大汽车生产国(排在俄罗斯之后、捷克和瑞典之前）和最大的汽车发动机及汽车零配件生产中心之一。最大的三家汽车生产企业是：菲亚特波兰汽车有限公司、欧宝波兰有限公司和大众波兹南有限公司。

（2）采煤技术和设备：波兰的采煤技术和设备比较先进，其综采机械、液压支架、采煤单机、选煤设备等有较强的竞争力。波兰与中国相比，煤炭百万吨死亡率是中国的几十分之一。

（3）船舶工业：波兰造船工业生产船舶总吨位约40万吨，船舶品种包括大型货运和客运船、拖轮和游艇等。

(4)飞机制造业：波兰航空工业始于20世纪初，形成了多种航空器的制造和维修能力。目前波兰可制造轻型运动、农用、客运和教练飞机，以及直升飞机、滑翔机和各种飞机的零部件和配件。

十九、比利时馆

1.国家特色

巧克力和钻石是比利时的特色。

2.展馆概况

比利时—欧盟馆温和、冷静的建筑外观与新奇、迷人的内部装修构成对比。展馆主体采用“脑细胞”的结构，“脑细胞”神经元的灵感来自于比利时丰富的科学和艺术成就，以及作为欧洲政治中心之一的地位。展馆正面外墙采用透明玻璃材料，另外三面外墙采用封闭式金属板外墙。

馆内工作人员给我们简单介绍了比利时。

人口：1058.4万（2007年）

面积：3.05平方千米

GDP：3377.57亿欧元（2009年）

主要城市：布鲁塞尔、布鲁日、安特卫普、根特

3.话语权

比利时具有话语权的产业是：

（1）机械制造业：机械制造业目前是比利时的支柱产业之一，尤其是汽车装配业和汽车的零配件制造业较为发达。比利时本国无汽车品牌，但由于其在欧洲所处的地理位置及安特卫普和泽布鲁日港的便利条件，吸引了世界著名汽车制造商：福特、通用、大众、沃尔沃等均在此投资设厂，建立了四大汽车装配厂，年组装和生产各种车辆近百万辆。

（2）生物技术产业：近年来比利时印刷出版业、木材加工业、纸张包装业以及生物医药等高新技术产业也发展迅速。

（3）农牧业：比利时农牧业较发达，主要农作物为小麦、大麦、玉米、甜菜、土豆及其他经济作物；比利时拥有49000多个农牧场，粮食单产较高，粮食总产量可满足国内近80%的需求。畜牧业发达，有皮尔丹猪和蓝白花牛等优良品种，享誉世界。

二十、塞尔维亚馆

1.国家特色

农业、旅游是塞尔维亚的特色。

2.展馆概况

塞尔维亚馆外观很有特色。展馆在传统的塞尔维亚建筑基础上改造而成，以体现编织工艺为外观设计理念。造型极具现代感和空间感，外墙上大量的LED在夜晚呈现出绚丽的灯光，把展馆烘托得别样美丽。馆内设大厅、展区、休

闲区等，以“时间”为重要元素，串联起众多有趣的展品，连接起城市的过去、现在和未来，带领参观者畅想更好的城市生活，并提供如何更好地利用“时间”的设想。

馆内工作人员给我们简单介绍了塞尔维亚。

人口：约1150万

面积：8.8万平方千米

GDP：245亿美元（2005年）

主要城市：贝尔格莱德

3.话语权

塞尔维亚具话语权的产业有：医药、农业机械、电器和通讯设备、纸张和纸浆、铅、运输设备、食品。近年来，塞尔维亚已经出现了越来越多外国直接投资的发展趋势，包括许多蓝筹公司：美国钢铁公司、菲利普莫里斯公司、微软、菲亚特公司、卢克石油公司、可口可乐公司、俄罗斯天然气工业股份公司、拉法基、西门子、嘉士伯等。

二十一、摩纳哥馆

1.国家特色

摩纳哥的主要特色是F1赛车，国中国，世界第二小的国家。

2.展馆概况

虽然是小国，但摩纳哥馆还是蛮有看点的，开头是一部摩纳哥国家变迁的影片，画面很震撼，接下来有摩纳哥的房子、环境、F1、科技展示。展馆外墙环绕着几圈蓝色灯光储水管，馆内高清电影、真实再现摩纳哥城市风景和特色动植物的老街、介绍闻名世界的摩纳哥F1大奖赛的视频短片和法拉利赛车展品等，引领参观者了解摩纳哥宝贵的历史文化遗产以及城市经济繁荣的发展历程。

馆内工作人员给我们简单介绍了摩纳哥。

人口：3.28万(2008年)

面积：1.95平方千米

GDP：131.5亿欧元（2006年）

主要城市：摩纳哥、蒙特卡罗

3.话语权

摩纳哥具有话语权的产业主要是第三产业，第三产业全面发展，取得显著成效：房地产业、广告、保险、咨询业发展迅速，旅游业和金融业发展尤为突出，赌场和邮票举世闻名。第三产业营业额占摩纳哥各行业营业总额的绝大部分。

二十二、爱尔兰馆

1.**国家特色**

咖啡和音乐是爱尔兰的特色。

2.**展馆概况**

爱尔兰馆内展出的是爱尔兰社会的变迁，让我们对爱尔兰有了些了解。当然，爱尔兰踢踏舞是必须出现的，馆内有舞蹈表演的录像。展馆由5个长方体展示区组成，5个展示区由倾斜的过道连接，错落有致地分布于不同层面。各展区分别展现不同时代爱尔兰城市生活特色，着重讲述爱尔兰经济文化发展所带来的城市空间及人民都市生活的演变，体现爱尔兰在城市化进程中对空间的有效利用以及都市可持续发展的理念。

馆内工作人员给我们简单介绍了爱尔兰。

人口：420.32万(2009年)

面积：7.03平方千米

GDP：1646亿美元(2005年)

主要城市：都柏林、科克、多尼戈尔

3.**话语权**

爱尔兰的话语权产业有：

（1）电子信息技术：爱尔兰的信息技术发达，虽然是个小国，但是爱尔兰却是世界上最大的软件生产国和出口国，占据着欧洲软件产品市场一半以上的份额。同时，欧洲各国使用的电脑有百分之四十来自爱尔兰，电子信息产业已经成为爱尔兰经济的主要支柱产业。

（2）生物技术和生物医药产业：世界上前10家最大的制药公司中有9家在爱尔兰设立制造中心，产品绝大部分出口海外。目前，医药化工产品已经成为爱尔兰第二大出口产品。

（3）食品饮料业：食品饮料产业是爱尔兰本土企业发展最好的行业，主要产品为肉类、乳制品、食品添加剂、饮料（包括威士忌和啤酒）及婴儿和功能食品。目前爱尔兰是欧洲第四大食品饮料出口国，年出口额超过70亿欧元。

二十三、土耳其馆

1.**国家特色**

历史上的东罗马帝国和伊斯兰教是土耳其的特色。

2.**展馆概况**

土耳其馆拥有红色的镂空外墙，米色的墙体，以及表现打猎场景的动物雕刻。土耳其馆沿用8500年前的建筑风格，显示土耳其古代文明与现代建筑的融合，展现安纳托利亚有着“城市，让生活更美好”的悠久历史。馆内分“梦回过去”、“耕耘现在”和“畅想未来”3个主题，将多层次的历史诠释成由各种图像和物品代表一个个片段，带领参观者游历土耳其“梦想的迷宫”。

馆内工作人员给我们简单介绍了土耳其。

人口：7200万(2006年)

面积：78.06万平方千米

GDP：7331亿美元（2008年）

主要城市：安卡拉、伊斯坦布尔

3.话语权

土耳其具有话语权的产业是：

（1）纺织品：土耳其是世界上第六大纺纱生产国，年产纱250万吨左右，占世界纺纱总量的5%左右，其中合成纱线年产27万吨左右、棉制纱线80万吨左右；土耳其也是世界主要纺纱出口大国之一，产品主要销往东欧和西欧南部的国家，尤其是意大利、葡萄牙和西班牙。

（2）汽车工业：土耳其可说是中东地区汽车零件业的重要基地，零件产值高达53亿美元，由于具备绝佳的地理位置与廉价的技术劳工，因而也吸引了诸多欧、美及日本等海外汽车制造商前来设置组装厂。

（3）机械工业：目前土耳其是次于德国、意大利、英国、法国与西班牙的欧洲第六大机械生产国。而依据土耳其机械公会统计，土耳其机械企业约有20000家。

（4）旅游业：可以回溯至1200年前的悠久历史与丰富自然风貌，以及横跨欧亚的绝佳地理位置，土耳其已成为全球旅客重要的旅游地。依据全球旅游机构的统计数据显示，土耳其是全球第九大旅游地，而旅游收入则排名全球第八。

二十四、希腊馆

1.国家特色

希腊神话和爱琴海是希腊的特色。

2.展馆概况

希腊馆外观很不显眼，里面大多是图片、白色的墙、大幅的希腊景色，还是挺有意境的，用餐区很漂亮。希腊的城市因其“民生”和“宜居条件”，以及能给其居民和游客带来“灵动”而闻名。

馆内工作人员给我们简单介绍了希腊。

人口：约1100万

面积：13.19平方千米

GDP：3307.80亿美元（2009年）

主要城市：雅典、奥林匹亚、帕特雷

3.话语权

希腊具有话语权的产业是：

（1）新能源技术：希腊自然资源相对贫乏，但太阳能和风能等资源丰富。目前希腊光能转换技术处于世界领先水平。

（2）节水浇灌技术：农业是希腊传统优势产业，农产品是希腊出口最具竞争力的产品之一。希腊全年干旱少雨，属于典型的地中海气候。针对其气候特点，希腊大力研究节水浇灌技术，现其技术水平已位居世界前列。

（3）地震预报：希腊地处欧亚板块的连接带，地震较为频繁。希腊着手研究地震预报的时间比较早，掌握着大量的数据资料，研究成果丰硕，预测水平很高。

（4）文物保护技术：希腊是文明古国之一，拥有丰富的文化遗产。古迹的保护与修复技术是希腊传统的优势领域。希腊在人才培养、设备更新与技术开发等方面都走在世界前列。

（5）海洋、生物等技术：希腊在海洋环境保护和海产品养殖等领域处于世界领先位置。特别是在海产品养殖方面，希腊掌握很高的海水养殖技术，很多类产品产量居欧盟首位。同时近年来，希腊大力发展生物制药技术，现已能批量生产很多高端医药产品并出口海外。

二十五、拉脱维亚馆

1.国家特色

波罗的海是拉脱维亚的特色之一。

2.展馆概况

拉脱维亚展馆的外墙很有想象力，也很有特色。展馆的外墙以森林、海洋、陆地、天空、风等为设计元素，由10万个彩色透明的塑料盘组成，微风拂过，塑料盘在空中随风摇曳、闪闪发光。展馆入口是一个向上的螺旋形楼梯，寓意人类生生不息的发展。馆内通过电影、视听展项等介绍拉脱维亚。还有就是空中飞人表演。

馆内工作人员给我们简单介绍了拉脱维亚。

人口：228.1万

面积：6.46万平方千米

GDP：262.10亿美元（2009年）

主要城市：里加、道加瓦皮尔斯、利耶帕亚

3.话语权

拉脱维亚具有话语权的产业是:

（1）林业及木材加工业：拉脱维亚是欧洲森林资源最丰富的国家之一，国土森林覆盖率超过45%，木材储藏量达到5.73亿立方米。林业及木材加工业近几年增长均达到9%以上，是拉脱维亚第一大工业，行业的生产增加值占工业生产增加值的23%（占GDP的7.5%）。

（2）化工医药业：化工医药业是拉脱维亚的传统产业，拥有一批高级技术人员及良好的科研基础，主要具有竞争力的产品有药品、石化产品、人造纤维、油漆涂料、家用日化、橡胶塑料、瓷器、农业化学和水泥建材。

（3）渔业及鱼加工业：拉脱维亚具有悠久发达的渔业及鱼加工业的历史，1884年起加工鱼罐头。拉脱维亚专属经济区占波罗的海水面的10%，内陆水面有2543平方千米，占陆地面积的3.9%。

二十六、爱沙尼亚馆

1.国家特色

爱沙尼亚经济继续保持高速增长，增长率在欧盟内排名第二（2006年）。

2.展馆概况

爱沙尼亚馆的外立面五颜六色的，视觉效果很好.门口有一张北欧地区的地图，我觉得游客进入之前还是有必要要了解一下爱沙尼亚这个国家的地理位置的。进去之后就看到一排排木质的阶梯，可以拾级而上，映入眼帘的是一只只色彩更加鲜明的猪，很多人都误以为该国盛产猪，其实之所以选择这种动物是呼应该国的主题：储蓄城市的明天。33头小猪代表33个不同的愿望。

馆内工作人员给我们简单介绍了爱沙尼亚。

人口：134万(2008年)

面积：4.52万平方千米

GDP：150亿欧元(2008年)

主要城市：塔尔图、纳尔瓦、塔林

3.话语权

爱沙尼亚具有话语权的产业是：

（1）电子业：爱沙尼亚电子业的发展历史可以追溯到20世纪初。今天，它已经成为爱经济发展速度最快的领域之一。主要出口线路板、电脑等产品，主要出口国是芬兰、瑞典、丹麦、拉脱维亚和英国。

（2）木材加工业：爱沙尼亚2005年木材及其制品销售额达16.9亿欧元，占爱沙尼亚制造业销售额的25%。2005年木材加工业出口额达12.77亿欧元。出口市场主要是德国、英国、芬兰、法国、瑞典、丹麦和爱尔兰。

（3）油页岩开采加工：油页岩是含石油的页岩，经干馏工艺处理后可制取出可燃气和石油，还可用做制造水泥的辅助原料。爱矿产资源中以分布在东北部地区奥陶纪岩层中的油页岩最为丰富，已探明的储量为60亿吨。

二十七、英国馆

1.国家特色

绅士和足球、经济、教育等是英国的特色。

2.展馆概况

英国馆外观很有特色，展区核心“种子圣殿”外部生长有6万余根向各个方向伸展的触须。白天，触须会像光纤那样传导光线来提供内部照明，营造出现代感和震撼力兼具的空间；夜间，触须内置的光源可照亮整个建筑，使其光彩夺目。

馆内工作人员给我们简单介绍了英国。

人口：6094.39万(2008年)

面积：24.48万平方公里

GDP：2.772万亿美元(2008年)

主要城市：伦敦、曼切斯特、利物浦、纽卡斯尔

3.话语权

英国具有话语权的产业是：

（1）化工：英国拥有世界第六大、欧洲第四大化学工业。2005年欧盟25国化工行业的销售额达6130亿欧元，其中英国的比重为9.4%，位

居德国、法国和意大利之后。

（2）制药业：英国是世界五大制药业强国之一，全球前100位处方药的五分之一在英国研发。英制药企业主要集中于东南英格兰和苏格兰地区。许多世界顶级的制药集团，如美国辉瑞(Pfizer)、瑞士诺华（Novartis)、美国礼来(Lilly)、美国莫克(Merck)等，均在英国设立了研发中心和生产基地。

（3）生物技术：英国生物技术产业居全球第二，仅次于美国。英国生物技术产业的主要优势在于强大的研究开发能力，此外，在资本市场、法律、专利保护及管理等配套服务方面的优势，使其在欧洲保持领先地位，目前欧洲三分之一的生物技术公司位于英国。英生物技术主要研究领域包括水及土壤的生物处理、细胞工程、生物催化应用、生化工程等，相关产品和服务广泛应用于医药、诊断、化工、商品、农药和环境。

（4）食品饮料业：食品和饮料工业是英国最大的制造业部门。主要出口产品为威士忌、啤酒、软饮料和羊肉、牛肉。苏格兰威士忌是英食品饮料行业具有代表性的产品之一。

（5）电子工业：英国电子产业在欧洲居领先地位，年销售额超过400亿英镑，位居世界第五，从业人数约25万人，电子类企业约1万家。英国电子类产品产量及市场份额在西欧国家中均居第二位。

（6）软件业：2006年英国软件业投资达130亿英镑，占当年GDP的1.9%。英软件业对产业增加值（Gross Value Added）的贡献达2.9%，超过美国。英信息技术（IT）产业的雇员数（不包括其他产业的IT部门）超过110万人，其中从事软件业人员超过三分之一。英目前有超过3万家软件公司。

（7）环保产业：英国环保产业的优势领域包括清洁技术、水处理、空气和土地污染控制、海洋污染控制、噪音和震动控制、可再生能源、环境监测等。

二十八、意大利馆

1.国家特色

意大利主要特色是历史上的罗马帝国、法拉利、米兰服装等。

2.展馆概况

意大利馆有很浓厚的建筑风格和米兰时尚，在墙上做了很大的文章，把乐器和模特都钉在墙上，比较震撼。感觉没有太多突出科技和现代化，理念也很模糊，只是一些物品的展示。展馆在传统的塞尔维亚建筑基础上改造而成，以体现编织工艺为外观设计理念。造型极具现代感和空间感，外墙上大量的LED在夜晚呈现出绚丽的灯光，把展馆烘托得别样美丽。

馆内工作人员给我们简单介绍了意大利。

人口：6011.4万(2009年)

面积：30.13万平方千米

GDP：12074.92亿欧元（2009年）

主要城市：罗马、米兰、都灵

3.话语权

意大利具有话语权的产业是：

(1) 航空航天产业：意大利在运载火箭结构、固体助推器、燃料泵、卫星天线、空间试验室压力舱、温控系统、密封系统等方面具有较高的技术水平。

(2) 高速铁路、城市轨道交通技术：意大利是欧洲第一个将欧洲铁路管理系统（ERMS）应用于商业化高速铁路运行的国家，在高速铁路和城市轨道设计、施工、铁路安全关键技术的集成和车辆制造技术方面处于国际领先水平。

(3) 专用机械设备、机床和机器人：意大利的机械设备产业位居全球第四位（欧洲第二），总销售额达214亿欧元，并且出口比例极高（超过产值的70%）。德国、中国及美国是意大利产品的重要客户。

(4) 生物技术与医药产业：意大利在制药领域具有独特的技术、产品和较为庞大的研发体系。尤其是抗肿瘤、抗精神病等药物的制造技术与产品在国际处于领先地位。

(5) 汽车制造及零配件：以意大利菲亚特集团为代表的企业，在整车设计、制造和发动机设计与制造方面有其独到之处。在欧洲，意大利是排在德国、法国之后的第三大汽车零配件生产国。

二十九、卢森堡馆

1.国家特色

卢森堡素称千堡之国。

2.展馆概况

卢森堡馆晚上去看还是挺漂亮的，灯光布景很美。它的亮点就在于外墙全部是用珍贵钢铁制成的，比较独特。据说这种材质能恒温。展馆的建筑结构就像一座壁垒，把中世纪的塔楼包围其中，周围郁郁葱葱的开放式“森林”则由葡萄园组成。馆展示卢森堡的经济、文化和生活。

馆内工作人员给我们简单介绍了卢森堡。

人口：49.35万

面积：2586.3平方千米

GDP：549.73亿美元(2008年)

主要城市：卢森堡

3.话语权

卢森堡具有话语权的产业是：

(1) 金融业：卢森堡市系欧洲重要金融投资中心，目前，卢森堡是欧洲第三大金融中心（仅次于伦敦和巴黎），世界第七大金融中心。虽同为国际金融中心，卢森堡却与纽约、伦敦、巴

黎、东京和法兰克福不同，其优势并不在货币清算、国际贸易或证券交易领域，而是以私人银行业务、投资基金管理、欧洲债券发行与买卖以及相关的银行间业务见长。卢森堡也是仅次于美国的世界第二、欧洲最大的基金管理中心。

（2）钢铁业：世界第一大钢铁集团总部设在卢森堡市。2001年，卢森堡钢铁巨子阿尔贝德钢铁公司（创建于1882年）与法国北方和西班牙阿塞拉利亚合并，形成钢铁巨鳄阿塞洛尔集团（Arcelor）2006年7月，阿塞洛尔又与世界第一钢铁巨人米塔尔合并，成立阿塞洛尔－米塔尔集团。卢森堡人均钢产量居世界首位。

（3）视听通讯业：卢森堡广播电视公司是欧洲最大的广播电视媒体公司，员工达8388人，目前拥有电视频道及广播站各34个，分布在11个国家。卢森堡欧洲卫星公司是视听转播领域全球性大集团，目前拥有卫星38颗，为世界第二大卫星运营商，卫星信号全球覆盖率超过95%，向欧洲地区转播565套仿真和数字电视节目、380套电台节目，91.3%的欧洲家庭收视该公司传递的节目，每天电视观众达1.2亿人，该公司目前主要业务除电视广播外，还有网络干线、企业网络和电信服务。

卢森堡的经济除了上述三大支柱外，化工、设备、印刷等工业也有一定实力，出口商品依次为钢铁、金属产品、橡胶和玻璃等。航空货运、旅游业很是发达，商品市场甚为繁荣。

三十、荷兰馆

1.国家特色

风车和郁金香是荷兰的特色。

2.展馆概况

和其他欧洲馆相比，荷兰馆是纯开放式的，随着人流入馆，速度很快。大草坪上有可爱的羊群以及著名的郁金香透明房。展馆由长约400米、向空中延伸的“8”字形街道和20个错落有致地“悬挂”在街道两旁的微型展馆组成。馆内工作人员给我们简单介绍了荷兰。

人口：1650.02万（2009年）

面积：4.15万平方千米

GDP：8689.40亿美元（2009年）

主要城市：阿姆斯特丹、鹿特丹、海牙

3.话语权

荷兰具有话语权的产业是：

（1）农业：荷兰农业高度集约化，2005年产值达450亿欧元。在农业的构成中，畜牧业占43.8%，园艺业占39.5%，种植业占9.2%，大田作物占7.5%。2005年荷兰农产品和食品出口额超过480亿欧元，仅次于美国、法国，为世界第三大农产品出口国。重要的出口农产品有花卉、肉类、乳制品、蔬菜、土豆等。蘑菇、鲜花、奶酪和土豆种子的出口量居世界第一。

（2）花卉业：荷兰在世界花卉生产与销售中具有举足轻重的地位。在荷兰，尽管花卉和观赏植物栽培仅占园艺种植面积的4%左右，但玻璃温室花卉种植的面积极大。每年花卉产业可创造50亿欧元的价值，约占荷兰园艺总产值的一半。

（3）石油化工：荷兰石油化学工业在世界范围内位列前茅。以营业额计，荷兰的石化工业在欧洲排名第七，在世界上则位列第九，是全球第五大石化产品输出国。荷兰石化工业有大中型公司300余家（从业人员仅占整个工业界的10%），全年总产值约310亿美元，占全荷工业总生产的比重约为18%，其产品80%均出口国外。

（4）信息技术：荷兰在高速互联网、有线电视和数字通信系统领域的投资，以及先进的电脑和移动电话技术的快速应用，使其成为那些期待通过充分利用现代科技寻求发展的公司的理想基地。荷兰已成为欧洲电子商务世界中最强大的一员。

（5）物流业：荷兰是西欧小国，但通过实施转口贸易战略，长期保持世界贸大国地位。目前，荷物流业产值已超过其国内生产总值的30%，成为国民经济的支柱产业。欧洲70%的物流分拨中心落户荷兰，美国和亚洲企业在欧洲一半以上的第三方物流业务由荷兰包揽，荷兰当之无愧的成为欧洲物流中心。

三十一、奥地利馆

1.国家特色

音乐、美术、建筑、滑雪是奥地利的特色。

2.展馆概况

进了奥地利馆，先是看到满地投影的雪花，很漂亮。还有个可以打雪仗的地方。摸了下是真的雪球。再进去是个会变化四季投影的地方，也不错。颜色非常明亮。接着是奥地利音乐家的一个表演。展馆远看如同一把平放着的吉他，其外墙和内部装饰包含大量瓷元素，寓意自中世纪以来出口欧洲的“中国瓷”再度回到中国。参观者穿越五个展区，仿佛亲历奥地利奇幻多变的自然风貌，从高耸的山脉跨越森林和草地，穿过河谷低地最终来到城市之中，在亦真亦幻的自然环境中体验“城乡互动”的生活。

馆内工作人员给我们简单介绍了奥地利。

人口：811.8万（2006年）

面积：8.39万平方千米

GDP：2768.92亿欧元（2009年）

主要城市：维也纳、因斯布鲁克、萨尔茨堡

3.话语权

奥地利具有话语权的产业：

（1）机械设备制造：奥地利机械和金属部件工业产品的67%出口到国外，欧盟是最大的市场，占出口产品的69%；美洲和欧盟以外国家各占8%；亚洲占7%。

（2）汽车工业：奥地利汽车工业拥有一些世界知名企业或品牌，如国内比较熟悉的李斯特内燃机及测试设备公司、斯泰尔重型卡车、卢森宝亚消防车、利勃海尔起重车、帕尔菲格液压升降载重车辆。德国宝马汽车发动机有三分之一在奥地利生产。

（3）能源环境技术：奥地利在能源环境领域研发能力最强、最有竞争力、最有优势的技术是在生物质能利用、太阳能利用、未来建筑和可再生原料的工业利用等4个方面。

（4）医疗及生物技术：充满活力医疗和医院设备制造在奥地利有着传统。从医疗设备、医院设施到家用康复和辅助设备及用具的研发和生产是奥地利的长项。著名的VAMED公司向世界上许多国家提供了他们的设备和设施。

三十二、罗马尼亚馆

1.国家特色

罗马尼亚是中东欧地区最大的石油生产国，年产原油150万吨。

2.展馆概况

罗马尼亚馆昵称“青苹果”，设计灵感来源于罗马尼亚最受欢迎的水果——苹果，表达了绿色城市、健康生活和可持续发展的理念。建筑由两部分组成：苹果的主体部分和切块部分。展示包括“千年回望”、“历史与自然推动的社会和城市的发展”、“亲近自然的城市生活”3个部分。主体部分为5层，顶层舞台全天候上演民俗表演。切块部分展示罗马尼亚悠久的历史、主要的城市活动以及首都布加勒斯特的风貌。

馆内工作人员给我们简单介绍了罗马尼亚。

人口：约2200万

面积：23.75平方千米

GDP：1611.10亿美元（2009年）

主要城市：布加勒斯特、布拉索夫、康斯坦察

3.话语权

罗马尼亚具有话语权的产业是：

（1）汽车产业：罗马尼亚汽车产业基础较好，主要生产企业有达契亚公司、阿曼公司和罗曼公司。罗马尼亚的汽车零配件企业较多，一些国际知名的零部件生产商也纷纷在罗投资建厂，带动了罗汽车零配件水平的提高。

（2）发电设备：20世纪80年代，罗马尼亚开始自主生产各种型号的汽轮机和水轮机、变压器以及核反应堆元件等装备。

（3）船舶工业：自1999年以来，罗马尼亚造船企业相继被外国公司收购，目前，其生产主要是接外国的订单，生意相当不错。

（4）制药业：近年来，罗马尼亚医药市场高速发展。主要医药生产厂家和销售公司有英国的葛兰素·史克（GlaxoSmithKline）公司、瑞士的Hoffmann LaRoche公司、诺华(Novartis)等。

（5）葡萄酒酿造：罗马尼亚是世界10大葡萄酒酿造国之一。罗马尼亚人称自己的国家是"葡萄酒的土地"，罗葡萄酒因质量上乘、工艺独特，屡次在世界性的葡萄酒展览及比赛上摘金夺银。

三十三、克罗地亚馆

1.国家特色

克罗地亚有秀丽迷人的亚得里亚海海滨、普利特维采湖群和布里俄尼岛等国家公园，是领带的发源地。

2.展馆概况

克罗地亚馆外观的设计由红白两色组成，主色调为克罗地亚的大红色，外立面钢架插满小旗，迎风飞扬，动感十足。展馆描绘了海滨

国家克罗地亚多姿多彩的生活方式以及城市的蓬勃发展，内陆和沿海、古城和新城之间的异同。参观者可聆听真实的城市声音和音乐，感受克罗地亚。

馆内工作人员给我们简单介绍了克罗地亚。

人口：449.2万（2008年）

面积：5.65万平方千米

GDP：630.76亿美元（2009年）

主要城市：萨格勒布、奥西耶克、瓦拉日丁、里耶卡

3.话语权

克罗地亚具有话语权的产业是：

（1）船舶工业：造船业在克罗地亚具有悠久的历史，几百年的造船传统使克罗地亚造船业在技术、质量等各方面保持较高的水平，并在世界上占有重要地位。

（2）制药业：克罗地亚在医药工业方面有一定的开发和生产能力，每年生产各类医药产品1700多吨。

三十四、立陶宛馆

1.国家特色

篮球和琥珀是立陶宛的特色。

2.展馆概况

立陶宛馆一部分造型灵感源自含苞欲放花蕾，寓意国家和城市充满生命力，欣欣向荣，繁花似锦。通过城市发展的成功实例、建筑与文化遗产、自然保护、人民成就、运动和科技成果等领域的展示，展现立陶宛在成为波罗的海区域一个重要的国际政治、文化、经济中心的发展进程中，人与人之间、人与大自然之间和谐共生、共存的现状和美好愿景。

馆内工作人员给我们简单介绍了立陶宛。

人口：335万(2008年)

面积：6.53万平方千米

GDP：372.36亿美元（2009年）

主要城市：维尔纽斯、考纳斯、克莱佩达

3. 话语权

立陶宛具有话语权的产业是：

(1)纺织服装业：纺织服装工业(包括纺织业、服装业和皮革及制品业）是立陶宛历史悠久、最发达的产业之一，是立制造业中就业人数最多、产值居第二的产业。

（2）木材加工业：立陶宛木材加工业历史悠久。目前，木材加工业已成为立陶宛发展最快、前景最好的制造产业之一，其增长速度大大超过整个制造业的平均水平，是立陶宛制造业的重要支柱。

（3）光学（激光）产业：立陶宛的现代光学及光工程学是在前苏联建立的框架内形成的，研究的主要方向也是在前苏联时期确立的，包

括量子电子学、非线性光学、超高速光电子学等。

（4）生物技术：立陶宛在生物技术领域是中东欧国家中的领先者，该国的生物技术专家已在东欧和远东地区享有一定的声誉，现在他们正依靠遗传工程药品及遗传工程相关的生物化学和化学媒介进入西方市场。

三十五、波黑馆

1.国家特色

矿产、钢铁、木材是波黑特色。

2.展馆概况

波黑馆有一条“8”字形坡道在正中蜿蜒穿过。沿着坡道，波黑馆内部分成5个分展区进行展示。在第一个“城市空间”展区，观众能看到波黑美丽的自然风景和对童话的诠释。波黑约有一半的国土都是被森林所覆盖，波黑馆也展示出这个国家绿色的特点。在第二个“草地景观”展区，山地、半山地以及地中海地形的草地都用人工制作的方式一一被呈现，还通过短片、海报等展示城市与乡村风光的融合。第三部分是“电影魔盒”，环形及平面的屏幕将放映各类波黑自然风光，参观者可以停下来也可以走动参观。在第四个“文化互动”展区，展示波黑这个国家真正的精神和灵魂，这里既能看到被列入联合国教科文组织遗产保护名录的历史名迹，还能听到来自波黑城乡的声音，包括民谣和传统的歌曲等。而最后一个“城市创新”展区，波黑馆与观众分享它在城市发展和创新方面取得的成就。

馆内工作人员给我们简单介绍了波黑。

人口：383万

面积：5.11万平方千米

GDP：184亿美元(2008年)

主要城市：萨拉热窝、巴尼亚卢卡、图兹拉

3.话语权

波黑具有话语权的产业是：

（1）采矿业：波黑矿产资源丰富，主要有铁矿、褐煤、铝矾土、铅锌矿、石棉、岩盐、重晶石等。水力和森林资源丰富，森林覆盖面积占波黑全境面积的46.6%。

（2）房地产业：波黑每年房地产领域和有关建筑、销售、购买及出租的总产值约超过30亿马克。2005年，波黑房地产出租及投资额达24.49亿马克，增值总额（利润）15.68亿马克。据2008年的数据，该部门的营业额超过30亿马克，房地产所有者及租用人的税额约20亿马克。

（3）食品加工业：波黑有1.5万平方千米农田可耕种作物和饲养家畜。美国国际开发署的商业咨询报告称，波黑的水果和蔬菜种植市场潜力大。估计波黑有1400万棵树盛产李子、梨、苹果及其他水果，这些果子可供出口和生产果汁。波黑有机农产品和纯净水供给潜力大。

三十六、欧洲联合馆一

该馆内设有马耳他馆、圣马力诺馆、列支敦士登馆和塞浦路斯馆等展馆。

马耳他馆：展馆运用智能灯光和视听系统等高新技术，从一个展示空间连续地延伸到下一个展示空间。流动的展台、形式多样的雕刻、巧夺天工的古代巨石以及历史城市的发展都辅以先进的视听技术，表现马耳他现代城市的复杂性、独特性以及未来的发展趋势。

圣马力诺馆：圣马力诺通过典雅浪漫的门廊、自由女神雕像、花冠纹理、多媒体、虚拟空间等展现圣马力诺古城作为旅游胜地的魅力，并以现代的互动技术和翔实的资料揭示圣马力诺凭借高新技术产业、稳定的金融银行体系等使经济高速发展的秘密。

列支敦士登馆：展馆通过珍贵文物、图片、影像等形式，演绎了列支敦士登在城市化进程和环境恶化的国际背景下，如何立足于尊重自然环境，促进城市的发展和人居的改善、经济的发展。

塞浦路斯馆：塞浦路斯以“互动之城”为主题，展示自然生态与人文创造、历史与未来、传统与科技以及来自不同文化人民之间的密切互动。

三十七、欧洲联合馆二

该馆内部包括亚美尼亚馆、阿尔巴尼亚馆、阿塞拜疆馆、保加利亚馆、前南斯拉夫马其顿共和国馆、格鲁吉亚馆、黑山馆和摩尔多瓦馆等展馆。

亚美尼亚馆：展馆邀请来自世界各地的人们参与设计方案，建造一座全世界公民的宜居之城——“世界之城”，在这座城市里，世界各国的民族街区被设计成一个统一的空间。展馆中央展台上展出世界各地建筑师已经提交的建筑方案模型，听取各方意见后再以新模型的形式予以呈现。

阿尔巴尼亚馆：展馆外立面是一堵斑驳的石头墙，仿自阿尔巴尼亚最古老和最具特色的吉诺卡斯特古城，大小拱门位置镶嵌着阿尔巴

尼亚的风光图片，让人直观了解这个历史悠久的美丽国度。

阿塞拜疆馆：展馆以蓝色、金色、白色为主色调，富有浓郁的欧亚风情。馆内以多媒体、特色手工艺品、图片等展现了阿塞拜疆城镇的历史、文化、宗教、城市居民的生活方式等，凸显了该国地处连接东西方的“十字路口”的重要性，以及在融合东西方文化、促进贸易和交流中的“桥梁”作用。

保加利亚馆：展馆设计极富现代感，通过把过去的文明与现代的城市发展联系起来，展现一个“古老而现代”的保加利亚。

马其顿共和国馆：展馆设计采用蜂窝的元素，构造精巧而且非常环保，无数正六边形组成的展馆内墙上错落地镶嵌着普通人的生活图片，营造出温馨的气氛。展馆内利用图片、视频等多种手段全方位演绎了“城市延续”的主题。

格鲁吉亚馆：展馆似是一个典型的格鲁吉亚老城中的“院落”，“院落”正中是一棵巨大的葡萄“树”，隐含了格鲁吉亚城市的灵魂。“院落”中的博物馆介绍格鲁吉亚的历史，4个展示壁龛分别展现格鲁吉亚古老的历史遗迹、文化、自然风光、城镇、海滨以及首都附近的滑雪胜地，表达“美丽的自然、风景、文化历史遗迹紧密相连”的主题。

黑山馆：展馆的设计灵感源于黑山自然风光。外立面由金属板制成，颇具现代感，抽象的几何图形让人联想起绵延的群山，配以色彩斑斓的投影，营造出绝佳的视觉效果。

摩尔多瓦馆：摩尔多瓦境内有风景如画的丘陵、多岗平原、广袤草原和茂密森林，展馆通过图片、视频等多种方式让参观者领略摩尔多瓦的美景，生动演绎了“此城即彼城”的主题。

第二章 亚洲馆特色及参展国话语权

亚洲展馆主要分布在上海世博园A区，有独立展馆30个，联合展馆3个，包括中国、日本、印度、马来西亚等共计45个亚洲国家和地区参展。

从建筑外观来看，亚洲展馆的建设也非常有特色，丝毫不亚于欧洲展馆。如中国国家馆，既像一顶巨大的东方之冠，又像一个粮仓，寓意着鼎盛中华，百姓富庶。而沙特阿拉伯馆形似一艘高悬于空中的“月亮船”，在地面和屋顶栽种枣椰树，形成一个树影婆娑、沙漠风情浓郁的空中花园。从科技创新来看，日本馆馆外覆盖超轻的发电膜，采用特殊环境技术，是一幢“像生命体那样会呼吸、对环境友好的建筑。”馆内通过实景再现和影像技术，展现2020年的未来城市生活。

我们根据展馆工作人员介绍和展出情况，主要从国家特色、展馆概况、话语权产业等方面对亚洲各个展馆进行资料整理。

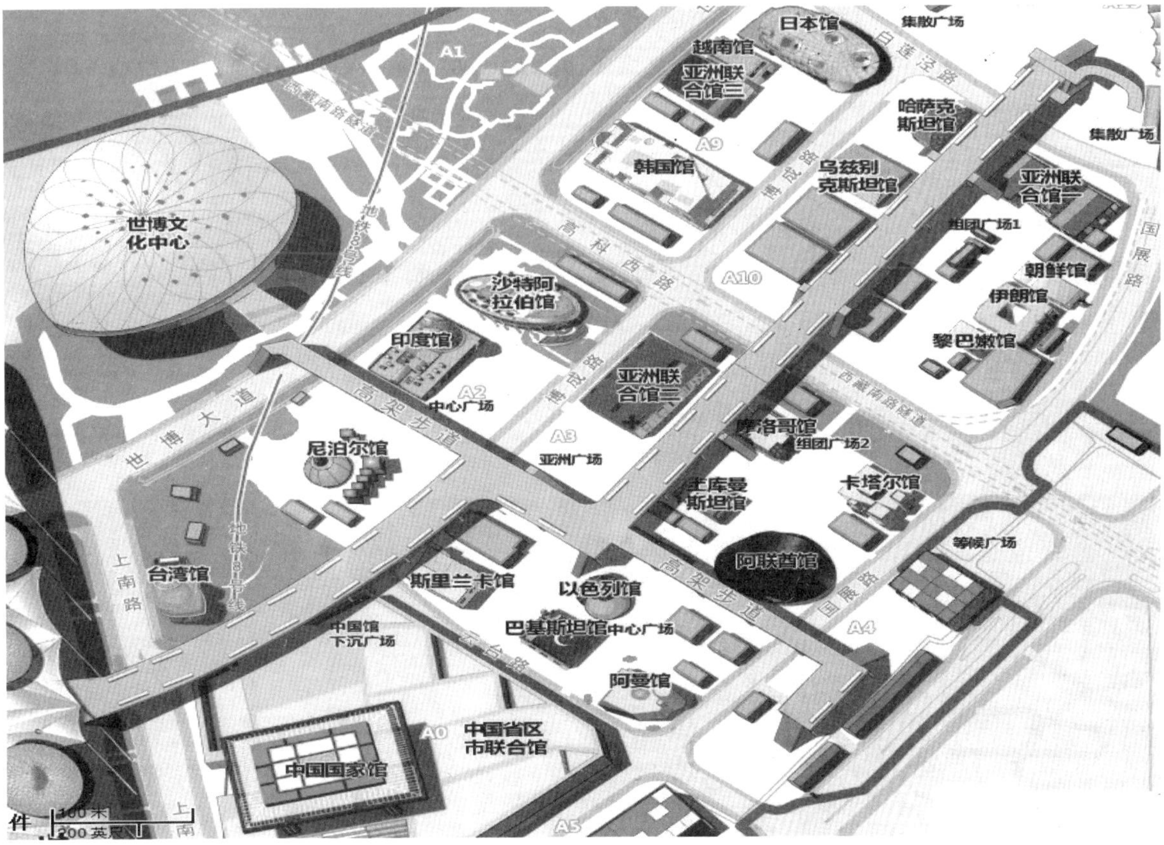

一、中国国家馆

1.国家特色

世界人口第一大国，面积世界第三，GDP总量世界第三（2009年），稀土存量世界第一。

2.展馆概况

中国馆的外观气势磅礴，而装点中国馆的红色则是从上百种红色材料色样中挑选的七种颜色组合而成；馆体颜色由上至下依次由深至浅，能在白昼不同阳光折射和夜间灯光投射及不同视觉高度等条件下，形成统一的具有沉稳、经典视觉效果的红色。

中国馆通过“东方足迹”、“探觅之旅”和“低碳行动”3个展区展示了中国从古典城市到现代城市的进化。其中，国宝“清明上河图”更是展示了中国古代城市生活的风情意趣，表达了人们对和谐共存、共享盛世太平的追求。而“低碳行动”则展示了人们对“师法自然的城市化”发展的探索。

人口：13.28亿（2008年）

面积：960万平方千米

GDP：4.22万亿美元（2009年）

主要城市：北京、香港、上海、台北

3.话语权

中国最具话语权莫过稀土。目前中国已探明的稀土储量为8389万吨（稀土氧化物），占世界总储量的56%，而远景储量更是占全球近76%。中国是世界最大的稀土出口国，约占世界市场的95%。

二、中国省市联合馆

中国省市联合馆由中国各省、直辖市和自治区组成，馆内包括北京，广东、西藏等31个展馆，其中澳门、香港和台湾因其有独立展馆，而不在中国省市联合馆之列。省市联合馆通过文字、图片、实物及多媒体播放展示了各省、直辖市和自治区经济实力、文化特色、建设成就及高新技术等。

三、菲律宾馆

1.国家特色

菲律宾岛屿众多，达7107个，被誉为“西太平洋明珠”。旅游业是其特色之一。

2.展馆概况

菲律宾馆表面由透明材质钻石菱形物组成，当风吹过时，这些钻石菱形物会轻微地摆动，展现别样的视觉变化效果。外部4个面上均有“人手拼贴画”，醒目别致。进入展馆，不仅可以欣赏到菲律宾独特的风土人情，还能观摩精彩的文艺演出。展馆入口处的视频显示不同时间的各个表演场景，给观众带来新鲜的体验。排队区域展示一张菲律宾地图，标明菲律宾的旅游胜地。展馆里，声乐、民俗、摇滚、独奏、合奏和街头式的表演缤纷登场，特制的舞台可以根据表演内容自由变化。此外，参观者还可在水疗区体验菲律宾水疗。

人口：9107万（2007年）

面积：29.97万平方千米

GDP：1723亿美元（2009年）

主要城市：马尼拉、奎松城、宿务、达沃

3.话语权

菲律宾具有话语权的产业是：

（1）有色金属矿产业：根据菲律宾国家地质矿业局的数据，以单位面积矿产储量计算，菲律宾金矿储量居世界第三位、铜矿储量居世界第四位、镍矿储量居世界第五位、铬矿储量居世界第六位。菲律宾铜矿储量为48亿吨，占金属矿总储量的67.5%。菲律宾铜矿以班岩铜矿为主，各地均有分布。菲律宾镍矿总储量约为10.9亿吨，占金属矿总储量的15.5%。菲律宾镍矿多为高镍含量的铁矾土，大部分处在浅土层，易于开采且成本低。镍矿集中分布在Davao，Orientl和Palawan。

（2）椰子：菲律宾椰子产量占世界产量25%以上，2004年菲律宾椰子产量为1370万吨，占世界的25.62%，占东盟的41.69%。菲律宾是东盟国家椰子产品出口量最多的国家，2004年椰子产品出口量为121.28万吨，出口额为5.10亿美元，出口量和出口额分别占世界的33.16%和37.68%，占东盟的50.46%和58.25%。菲律宾的椰子出口产品主要是椰油，出口量占总量的99.34%，出口量为120万吨，出口额达5.04亿元，其次，菲律宾也出口少量的鲜椰果和椰纤维。

(3)水产养殖业：菲律宾水产资源丰富，鱼类品种达2400多种，金枪鱼资源居世界前列。60年代以来，政府开始重视发展渔业，一度成为东南亚第二大渔业国。现已开发的海水、淡水渔场面积2080平方千米。菲律宾是世界上少数几个海藻产量稳定的国家之一。2003年全年海藻产量12.77万吨，比1988年的5.97万吨翻了一倍多，海藻成为菲律宾水产品出口中的第二大产品，菲律宾因此成为全球第五大海藻供应国。

四、泰国馆

1.国家特色

大米、水果、钾盐是泰国特色。

2.展馆概况

泰国馆的内部装饰设计采用泰国传统图案和一系列鲜亮的色彩，例如红色、深红色和金色。馆内分“和谐之旅”、“多样中的和谐”、“和谐带来幸福”3个展厅，通过影音技术展示泰国的历史、文化进程以及在全球化大潮中的新变化。“和谐之旅”带领参观者回到过去，体验暹罗早期的生活方式，以各种展品讲述泰国人傍水而居、生生不息的历史。“多样中的和谐”展示泰国城乡社区，以及与其他国家长期的友好往来，体现了泰国人民热爱和平与和谐的特征。“和谐带来幸福”讲述泰国人的生活理念：崇尚简单，知足常乐。

人口：6506.8万（2007年）

面积：51.3万平方千米

GDP：2721亿美元（2009年）

主要城市：曼谷、普吉、清迈和帕塔亚

3.话语权

泰国的话语权主要体现在以下几个方面：

(1)世界最大的钾盐储量国：钾盐储量4367万吨，居世界第一，但是还没有得到真正的开发。泰国乌东(Udon)南和乌东北2个钾盐矿床，估计矿床含钾石盐2.25亿吨。目前泰国进行的主要项目是沙空那空盆地的乌隆(Udon Thani)钾盐开发。

(2)世界重要的水产品供应国：泰国拥有2705千米海岸线，泰国湾和安达曼湾是得天独厚的天然海洋渔场。此外，还有总面积1100多平方千米的淡水养殖场。曼谷、宋卡、普吉等地是重要的渔业中心和渔产品集散地。泰国是世界市场主要鱼类产品供应国之一，也是位于日本和中国之后的亚洲第三大海洋渔业国，该国从事渔业人口约50万。

(3)东方的底特律：泰国生产的汽车30%以上出口国外。2001年，泰国汽车及零配件出口额首次突破1000亿铢，达1071.1亿铢（约合26.78亿美元）。2004年达2020.8亿铢（约合

50.52亿美元)。2005年达2942.4亿铢（约合73.56亿美元)。泰国出口的汽车主要是小轿车、客货车及皮卡车。其中，小轿车主要出口市场是印尼、新加坡和菲律宾。客货车（面包车）和皮卡车主要出口英国和澳大利亚，公共汽车及卡车（敞篷货车）主要出口市场是澳大利亚。泰国目前共有14条汽车生产线，其中日本8条，分别是丰田、铃木、尼桑、三菱、本田、马自达等；欧美6条，为奔驰、宝马、福特、通用、沃尔沃等。同时，其国内有1000多家汽车零配件厂。

五、马来西亚馆

1.国家特色

马来西亚的特色是橡胶、棕油和胡椒的产量和出口量居世界前列。

2.展馆概况

马来西亚馆采用可循环利用的油棕、塑胶等材料建筑而成，重点展现马来西亚的独特风情和团结的民族精神。整个展馆由两个高高翘起的坡状屋顶组成，犹如一艘远航而来的“木船”；屋顶尖端的交叉构架是马来西亚本土建筑的特有符号；观光电梯被设计成吉隆坡“双塔”摩天楼形状。展馆一层，外廊和入口部分以伊斯兰教清真寺为原型，体现伊斯兰教作为马来西亚国教的重要地位；展馆外墙则借鉴了马来西亚传统印染的纹理，由蝴蝶、花卉、飞鸟和几何图案组成。

人口：2527万（2007年）

面积：33.02万平方千米

GDP：2147亿美元（2009年）

主要城市：吉隆坡、槟榔屿、马六甲、怡保

3.话语权

马来西亚的话语权主要体现在：

（1）锡矿：马来西亚的锡矿在世界上占有重要地位，储量仅次于中国，居世界第二位。马来西亚锡产量排在全球第一位，占世界总产量的一半以上，因而被誉为“世界锡都”。主要出口到新加坡、韩国、日本等。

（2）棕油及相关制品：产量和出口量占全球总量的45%左右。2006年，马来西亚油棕种植面积4.1万平方千米，棕油产量、出口量和出口额分别为1590万吨、1465.5万吨和258亿令吉，其中主要出口到中国、荷兰、美国、巴基斯坦、日本等140多个国家和地区，中国是马来西亚棕油第一大进口国。

（3）橡胶生产：第一大橡胶手套、橡胶导管及乳胶线出口国，第五大橡胶消费国。2006年，马来西亚橡胶种植面积1.25万平方千米，橡胶产量125.9万吨，出口量113.5万吨，橡胶主要出口品种为天然胶和乳胶。主要出口国家为中国、德国、韩国和美国，其中，中国是最大的进口国。

六、印度尼西亚馆

1.国家特色

印尼由太平洋和印度洋之间17508个大小岛屿组成，其中有人居住的约6000个，是世界上最大的群岛国家，号称“千岛之国”。

2.展馆概况

印尼馆顶部数10根竹子穿墙而出，这是印度尼西亚传统与现代生活方式相结合的标志。馆内分4层，设有舞台、礼堂、多媒体剧院等。整个展馆由一条600米长的通道贯穿，不仅展示了印度尼西亚秀美的自然风光、人们朴实的生活状态，还通过各种视觉效果展现印度尼西亚的海洋生物、文化和创意。展馆的2楼有一个听觉展示区，展示7种不同的乐器，包括吉他、中国的二胡、印尼的传统打击乐器等。郑和雕塑是两国友好交流的题材，也是印尼馆的展示亮点之一。

人口：2.37亿（2007年）

面积：190.44万平方千米

GDP：4968亿美元（2009年）

主要城市：雅加达、棉兰、万隆、日惹

3.话语权

印尼具话语权的主要有：

（1）天然气：印尼目前已探明天然气储量为4.8万亿立方米，主要蕴藏于苏门答腊的阿伦和东加里曼丹的巴达克等地，能够满足印尼50年的出口和国内需求。印度尼西亚的天然气储量是其石油储量的3倍，它也已经是世界上最大的液化天然气出口国，年出口量为3600万吨。这一出口水平使印度尼西亚占领了世界市场20%的份额，在亚太市场上则占据了35%的份额。

（2）煤炭：印尼拥有丰富的煤炭资源，印尼煤炭资源储量为580亿吨，按照目前的开采速度，可供开采230年。2009年印尼煤炭产量为2.54亿吨，居世界第七位，其中78%的产量（近2亿吨）用于出口，使印尼成为世界第一大煤炭出口国。亚洲占印尼煤炭出口量的70%以上，其次为欧洲和美洲。在亚洲的主要出口对象是印度、日本、中国等，近年来对中国煤炭出口逐年递增。

（3）橡胶和椰子：印尼是世界上最大的热带经济作物生产国之一，橡胶产量仅次于马来西亚，居世界第二位，主要供出口。同时也是世界第二大椰子生产国，仅次于菲律宾。

七、柬埔寨馆

1.国家特色

柬埔寨属世界上最不发达国家之一，贫困人口占总人口28%，农业是柬经济第一大支柱产业，制衣业为柬埔寨最大工业。

2.展馆概况

柬埔寨馆充分展现了柬埔寨在古代文化遗产保护上的国际意识，表现了从创造古城的独特展馆架构到现代化都市的三个历史时期，即吴哥时期、乌栋时期和金边时期，展示了柬埔寨文化、艺术、文物的悠久和自然资源的丰厚。其中，在“吴哥时期”，可以看到古代柬埔寨人民在高棉帝国的首都吴哥使用石头来搭建皇家寺院、庙宇、道路、桥梁、水库和医院等的传统技艺。“乌栋时期”展示了柬埔寨人民将木材广泛应用于城市建造的历史。“金边时期”则展现了柬埔寨人民用水泥、碎石和沙子建造首都金边，以及关于首都“金边”名称来由的传说。

人口：1399.5万（2007年）

面积：18.10万平方千米

GDP：108.2亿美元（2009年）

主要城市：金边、吴哥城、暹粒、马德望市

3.话语权

柬埔寨具话语权的主要有：

（1）渔场：柬埔寨水产资源丰富，洞里萨湖是世界上著名的天然淡水渔场，也是东南亚最大的渔场，素有“鱼湖”之称。

（2）蓝宝石产地：柬埔寨马德望是世界上重要的蓝宝石产地，蓝宝石来自玄武岩之中，颜色很美丽，而且质量极佳，但颗粒比较小。泰国占他武里地区与柬埔寨拜林地区是当今世界上红、蓝宝石的主要生产区域。

八、台湾馆

1.地区特色

玻纤布和电子是台湾特色，其中玻纤布生产为世界第二。

2.展馆概况

台湾馆的设计概念来自于“孔明灯”，依照台湾民间传统习俗，凡重要节庆皆会透过放孔明灯来祈求平安、幸福、和平，因此台湾馆运用此设计理念来传达祈福许愿与净化心灵的意涵，展示“回归自然”、“回归心灵”的新城市文明，亦透过孔明灯，让参观民众能为已、为社会、为世界齐心祈福，也向世人传达台湾充满大爱的心灵。

人口：2313.3万（2007年）

面积：3.6万平方千米

GDP：3793.88亿美元（2009年）

主要城市：台北、高雄、基隆

3.话语权

台湾具话语权的主要有：

（1）玻纤布：2006年中国台湾境内玻纤布产值成长10%，达到426亿美元，全球市场占有率37%，成为仅次于中国大陆的全球第二大生产地区。

（2）PCB（印制电路板）：2008年，台湾PCB产值达97.4亿美元，全球市场占有率为23.7%，

位居全球第二；其中台湾的欣兴是仅次于日本Ibiden公司全球第二大PCB生产厂商。

九、香港馆

1.地区特色

香港素称“东方明珠”，是仅次于纽约和伦敦的世界三大金融中心之一。

2.展馆概况

香港馆为一座3层高的钢结构建筑，外形优美并富有现代感。展馆中层通透，让观众感受到香港是个现代化、开放自由、高度透明的社会，凸显香港与世界各地的紧密联系和无限潜能：即与全球运输、信息、金融网络连接的发达和内在的可持续发展性。香港馆通过展示完善的基础建设、四通八达的城市交通、先进的资讯科技设施、自由流通的资金、货物与资讯、中西文化

的荟萃以及可持续发展的优质城市生活等内容，让参观者体验香港与内地、世界之间的紧密联系，感受香港人的创意。

人口：680万（2007年）

面积：1103平方千米

GDP：2107.30亿美元（2009年）

3.话语权

香港最具话语权莫过于金融业了。

金融中心：香港作为国际金融中心的地位已跃居全球第三，仅次于伦敦及纽约，稳占亚洲金融中心龙头之位。香港是全球三大国际银行中心之一。香港有310多家银行机构和180多家保险公司，全球排名前100位的银行中，有70多家在香港营运。香港还有约700家证券经纪行和1900家单位信托基金公司或互惠基金公司。截至2007年9月，香港是全球市值第六大的股票市场，成交额第六大的外汇市场，以及第四大的黄金市场。以管理资产额计算，香港是亚洲第二大的基金管理中心。

十、澳门馆

1.**地区特色**

澳门特色是博彩业、旅游业。澳门是世界四大赌城之一。

2.**展馆概况**

澳门馆外形为玉兔宫灯，其设计灵感来自中国华南地区古时的兔子灯笼，寓意“和谐相容”和“机灵通达”。外层以双层玻璃薄膜为材料，全透明的结构隐喻着开放、毫无保留的和谐社会。澳门馆的高度19.99米，正合澳门回归的1999，含义隽永。澳门馆的“时光隧道”向我们展示了一个360度的影院，展现澳门风土人情、百年变迁的影片陪伴参观者一路前行。影片里讲述了一个澳门小女孩生日礼物——玉兔宫灯失而复得的故事，串起的是澳门的过去、现在和未来。在时空交错的旅途上，经历澳门由小渔村发展成国际旅游城市的过程。

人口：54.92万（2008年）

面积：32.8平方公里

GDP：212.10亿美元（2009年）

3.**话语权**

澳门最具话语权的是博彩业。

博彩业：澳门被称为世界四大赌城之一，博彩业又被特区政府定为澳门经济的龙头产业；澳门现共有11家赌场，353张赌台，从业人员不到1万人。但它却开辟了澳门财政收一半以上的来源。作为澳门11家赌场的龙头老大——葡京赌场，光工作人员就有3000人，而保安人员竟占到800人之多。它更像一台印钞机，不论是顾客人数还是收入，都雄居世界所有赌场之首。

十一、斯里兰卡馆

1.**国家特色**

蓝宝石和茶叶是斯里兰卡特色。

2.**展馆概况**

斯里兰卡馆以传统蜡染工艺渲染天花板，四周用国旗装点，显得缤纷多彩。馆内重点展示5座独具特色的历史城市，以创新与艺术的形式回顾斯里兰卡的历史，介绍其在城市遗产及其保护方面的宝贵经验，从城市足迹的角度阐明斯里兰卡的城市发展给世界带来的启示。

人口：2092.6万（2007年）

面积：6.56万平方千米

GDP：421.6亿美元（2009年）

主要城市：科伦坡、康提城、阿努拉德普勒

3.**话语权**

斯里兰卡具话语权的主要有蓝宝石和茶叶。

（1）蓝宝石：斯里兰卡蓝宝石早已闻名于世，开采历史悠久，据称已有2000多年，是世界上重要的蓝宝石产地。世界上最大的蓝宝石（重达19.05公斤）和世界上第三大的星光蓝宝石（重362克拉）就产于斯里兰卡砂矿中，这里的蓝宝石质量高、产量大，在世界上首屈一指。

（2）茶叶：2008年斯里兰卡茶叶出口29.75万吨，居世界第二位，出口金额11.95亿美元，居世界第一位。其中红茶出口29.35万吨。主要

的出口国有阿联酋、俄罗斯、伊朗、叙利亚、土耳其、约旦、伊拉克和日本。

十二、巴基斯坦馆

1.**国家特色**

地毯制造、大米和烟叶种植是巴基斯坦主要特色。

2.**展馆概况**

巴基斯坦馆的外观按16世纪修建的拉合尔古堡以“1∶1”比例复制而成，展现充满活力和现代元素的巴基斯坦。世界遗产拉合尔古堡是巴基斯坦文化中拉合尔的地标性建筑，有“巴基斯坦故宫”之称。参观者可一边欣赏巴基斯坦特色服装和异域风情舞蹈，一边品尝咖喱食品、烧烤、芒果优格饮料和奶茶等当特色美食。几何图案是伊斯兰装饰艺术的最重要标志，圆形、方形、菱形、多边形、星形等各种图形形成纹饰，与相对应的数字含义巧妙地编织在图案中，营造出错综、繁复、无止尽的视觉效果。巴基斯坦馆的内部装饰充分运用了该特点，营造了地道的异域风格。

人口：1.66亿（2008年）

面积：79.6万平方千米

GDP：1609亿美元（2009年）

主要城市：伊斯兰堡、卡拉奇、拉合尔

3.**话语权**

巴基斯坦具话语权的产业主要有：

（1）地毯制造业：地毯制造业在巴基斯坦的经济产业中占有重要的位置。是在棉花、棉织品和大米之后的第三项出口大宗商品。巴基斯坦地毯的编织中心是拉合尔、卡拉奇和白沙瓦，占总产量的75%左右。

（2）烟叶种植业：1998年，巴基斯坦浅色

晾烟的产量位居世界第二，占整个世界总产量的20.2%；香料烟产量位居世界第九，占世界香料烟总产量的2.6%；烤烟产量位居世界第九，占世界总产量的1.3%。烟叶种植面积在500平方千米左右，年烟叶总产量接近9万吨。种植烟叶品种较为齐全，包括烤烟、白肋烟、香料烟、深色晾晒烟和浅色晾烟。其中，烤烟的产量最大，占总产量的一半以上；浅色晾烟约占22%，香料烟占18%左右。

十三、以色列馆

1.**国家特色**

电子、通讯、计算机软件、医疗器械、生物技术工程和农业是以色列特色。

2.**展馆概况**

以色列展馆由2座流线型建筑体组成，似环抱在一起的双手，又似一枚海中的贝壳。三大体验区“低语花园”、“光之厅”和“创新厅”尽显“创新与未来”的主题。在“低语花园”，参观者可以同自然对话；在“光之厅”，可以与犹太人的历史进行交谈；在“创新厅”，飘浮在三维空间里的光球360度呈现视听盛宴，展现以色列的科技创新成果。在建筑材料上，由天然石块搭建而成的创新厅象征着与地球、历史的联系以及对自然资源的循环利用；而采用透明PVC及玻璃材料的光之厅象征着科技、透明、轻盈和未来。

人口：642.6万（2007年）

面积：1.49万平方千米

GDP：1887亿美元（2009年）

主要城市：特拉维夫—雅法、海法

3.**话语权**

以色列最具话语权的是：

（1）钻石业：钻石业是以色列最大的出口行业，全世界约有66.7%的钻石是在以色列加工的。每年向超过100个国家或地区出口价值100亿美元的成品钻石和原石，其中70亿美元为成品钻石出口，美国是以色列钻石的最大进口国。其中，出口到美国的钻石占总额的63%，出口到中国香港的占16%，进入比利时和瑞士市场的分别占8%和4%。

（2）军火：2002—2005年军火实际出口规模还只有45.44亿美元，而2006—2009年则达到了92.74亿美元，增长了1倍以上。2008年出口额为22.06亿美元，2009年是39.28亿美元。2002—2009年，最大的以色列军火进口国是印度（35.96亿美元），土耳其排名第二（16.87亿美元），排名第三的是美国（16.46亿美元）。其次是新加坡、格鲁吉亚和阿根廷。2002—2009年以色列一共向35个国家出口了138.18亿美元军火。

十四、阿曼馆

1.国家特色

石油和天然气是阿曼特色。

2.展馆概况

阿曼馆形似一艘乘风破浪的阿拉伯帆船，通过建筑物、道路、绿化系统和空间环境的内在联系构成一个有机整体，树立起阿曼不断发展的国家形象。展馆外部的蓝色玻璃让人联想起古船漂亮的船头，展现了尼兹瓦古都和苏哈尔港口城市的风貌。馆内展示阿曼古城、沙漠之城、山川之城、海岸之城和首都马斯喀特以及2020年建成的蓝色城市等，展示阿曼的特色建筑、艺术和文化。

人口：320万（2007年）

面积：30.95万平方千米

GDP：563.2亿美元（2009年）

主要城市：马斯喀特、尼兹瓦、塞拉莱

3.话语权

阿曼具语语权的主要有：

（1）石油和天然气：阿曼已探明石油储量近7.5亿吨，天然气储量0.83万亿立方米。阿拉伯联合酋长国和印度成为阿曼原产非石油产品出口的最大市场，2006年对阿联酋和印度的非石油产品出口占阿非石油产品出口总量的55%。

（2）畜牧业：阿曼是阿拉伯半岛牲畜主要出产国之一。活畜存栏数：绵羊18.3万头，山羊15.3万头，牛22.5万头，骆驼7.1万头。

十五、土库曼斯坦馆

1.国家特色

土库曼斯坦以石油天然气工业为支柱产业的土库曼斯坦80%的土地被沙漠覆盖。

2.展馆概况

土库曼斯坦馆别具一格的网格状展馆外形和简洁的现代元素融为一体，显现了土库曼斯坦作为中亚大国的风姿。展馆内部以亮色与棕黄色、浅灰色等进行空间配色，以“城市让生活更美好”、“石油延续城市梦想”为主题，通过实物、多媒体等形式展现新时代的土库曼斯坦的风土人情及地理风貌。馆内利用高科技手段展示土库曼斯坦的珠宝、文物以及精湛的地毯制作工艺。

人口：509.7万

面积：49.12万平方千米

GDP：288.2亿美元（2009年）

主要城市：阿什哈巴德

3.话语权

土库曼斯坦具有话语权的主要是：

（1）天然气：土天然气远景储量为22.8万亿立方米，居世界第三位，位列中东和俄罗斯之后，约占全球天然气剩余储量的15.8%。剩余可采储量为2.86万亿立方米。

（2）棉花：年产原棉130万吨左右，占世界出口总量的2.6%。2006年，土纺织品出口额3.26亿美元，占土出口总额的4.8%，产品远销到美、加、英、法、德、瑞士等工业发达国家。

十六、阿联酋馆

1.国家特色

阿联酋迪拜塔、石油举世闻名，迪拜塔为世界第一高塔，而石油占世界总储量的9.5%。

2.展馆概况

人口：444万（2007年）

面积：8.36万平方千米

GDP：2700亿美元（2009年）

主要城市：阿布扎比、迪拜

3.话语权

阿联酋具话语权的有：

（1）迪拜塔：自2004年起兴建，到2010年1月4日完工启用，高度达828米（2,717英尺）是人类历史上首个高度超过800米的建筑物。由美国芝加哥公司的建筑师阿德里安·史密斯（Adrian Smith）设计，韩国三星公司负责实施。迪拜塔具有太空时代风格的外形，基座周围采用了富有伊斯兰建筑风格的几何图形——6瓣的沙漠之花，总投资超过20亿美元。

（2）石油：已探明的石油储量为130亿吨，占世界石油总储量的9.5%，居世界第五位。石油出口约占出口总值的90%。天然气储量为6.06万亿立方米，居世界第五位。

十七、卡塔尔馆

1.国家特色

卡塔尔以珍珠和石油为财富的“黑白双煞”之国。

2.展馆概况

卡塔尔馆的混凝土外墙上布满了卡塔尔特色的艺术图案，让人想起卡塔尔的标志性建筑——巴尔赞塔。该塔曾是太阴历的观测平台，也是采珠人和渔民归来的信号塔，代表了卡塔尔人的辉煌记忆。馆内以趣味测试站、贝都因人帐篷、特色手工艺品和互动视频等形式，展现了卡塔尔如何利用绿色科技和现代化概念来构想一个可持续发展的未来城市。馆内的画廊定期举

办展览，包括伊斯兰艺术博物馆藏品展、“法贝热蛋”雕塑展、卡塔尔邮票展、儿童艺术展等。馆内展示的“珍珠和石油”水下景观，代表了卡塔尔两种丰富的自然资源。

人口：90.7万（2007年）

面积：1.14万平方千米

GDP：1169亿美元（2009年）

主要城市：多哈

3.话语权

卡干塔尔最具话语权的是采珠业。

珍珠：1930年以前，采珠业是卡塔尔最主要的财富来源，有记载以来，海湾地区就因为它出产的珍珠闻名于世，珍珠被古代阿拉伯人称为“月亮的眼泪”。采珠业是卡塔尔在发现石油之前的支柱产业，是卡塔尔人的主要谋生方式。

十八、黎巴嫩馆

1.国家特色

黎巴嫩一直是个阿拉伯基督徒占主导地位、各宗教派别保持权力平衡的阿拉伯国家。

2.展馆概况

黎巴嫩馆以“会讲故事的城市”为主题，涉及黎巴嫩人文风俗、自然风光及历史古迹，真实呈现了黎巴嫩面貌，生动讲述了古老城市的发展历程，用意巧妙，别出心裁。馆内的展品阿希雷姆国王石棺上的腓尼基字母被公认为是希伯来文、希腊文及拉丁文的始祖。同时，展馆用很多媒体手段展示黎巴嫩自然奇观—Jeita石窟。

人口：392.5万（2007年）

面积：1.04万平方千米

GDP：280.2亿美元（2009年）

主要城市：贝鲁特、的黎波里

3.话语权

黎巴嫩最具话语权的是葡萄酒。

葡萄酒：黎巴嫩盛产优质葡萄，除了食用葡萄外，还大量种植各种酿酒葡萄，用于加工酿制葡萄酒、葡萄果汁以及享誉阿拉伯世界的arak酒。黎巴嫩葡萄酒素有盛名，大量出口到欧洲和北美，就连口味最挑剔的法国人，每年也要购买相当数量的黎巴嫩葡萄酒。葡萄酒酿酒业是黎巴嫩近几年发展较快的一个产业，年产值约2700万美元，年出口1200万美元，产量为600～700万瓶／每年，产区主要在黎东部的“贝卡谷地”地区。其中200万瓶用于出口，分别出口到法国（59%）、西班牙（9%）、保加利亚（11%）等。

十九、伊朗馆

1.国家特色

伊朗是著名的文明古国之一。伊朗人修建了世界上最早的一座天文观测台，发明了与今天通用的时钟基本相似的日规盘。

2.展馆概况

伊朗馆设计体现了伊斯兰传统建筑的特色，展现出伊朗辉煌的古代艺术和当代的丰富多彩。整个展厅分为伊朗的历史、现状和未来3部分。其中，历史部分介绍伊朗的民族、文明史等，现状部分展示伊斯兰建筑和伊斯兰文明成就等。为了呼应上海世博会的主题，展馆重点表现伊朗城市和乡村互相辉映的独特魅力。展馆以水、土、光和色彩为主要设计元素：在听觉和视觉上制造水的流动感，象征宇宙；土象征着人类与创造；光象征大自然与神圣精神之源；色彩象征缤纷的物种。

人口：6539.7万（2007年）

面积：164.5万平方千米

GDP：3823亿美元（2009年）

主要城市：德黑兰、伊斯法罕市、马什哈德市

3.话语权

伊朗具话语权的主要有：

（1）石油：伊朗盛产石油，是世界第二大石油生产国、欧佩克第二大石油输出国。石油是伊朗经济命脉和外汇收入的主要来源之一，石油收入占伊外汇总收入的85%以上。截至2005年底，已探明石油储量约1332.5亿桶（约合211亿吨），居世界第二位；伊朗也是世界第四大产油国和第三大石油出口国，日产原油430万桶。

（2）天然气：天然气储量约27.51万亿立方米，占世界总储量的15.6%，仅次于俄罗斯，居世界第二位；2004年，伊朗超越德国，成为世界第五大天然气消费国。

（3）锌矿和铜矿：伊朗铜矿储量30亿吨（矿石平均品位0.8%），约占世界总储量的5%，居世界第三位；锌矿储量2.3亿吨（平均品位20%），居世界第一位。

二十、朝鲜馆

1.国家特色

朝鲜是世界最大的菱镁矿储量国。

2.展馆概况

朝鲜馆集朝鲜民族特色与现代美感于一身，以国旗、千里马铜像等图案装饰外墙，以主体思想塔、大同江、朝鲜式凉亭、假山、小石洞为主要展项，运用高科技手段展示首都平壤既古老又现代的风貌和朝鲜秀美的风光、独特的文化

以及在教育、科学、文化、体育等领域取得的巨大成就。展馆内部有一条弯曲的河流从展厅地面流过，象征源源不断的大同江。展区右侧设民族展区和小石洞，洞内再现世界遗产——朝鲜江西郡古墓壁画，洞口两边展示朝鲜风俗绘画作品。

人口：2330万（2007年）

面积：12.3万平方千米

GDP：262亿美元（2009年）

主要城市：平壤、惠山、清津、南浦

3.话语权

朝鲜最具话语权的是菱镁矿。

菱镁矿：大约为49万吨的菱镁矿储量在世界占最大比重，占全球储量的40%～50%。

二十一、印度馆

1.国家特色

印度是世界人口第二大国，2007年人口达到11亿多，是四大文明古国之一，也是世界三大宗教之一——佛教的发源地。

2.展馆概况

印度馆大门、广场及中央穹顶的设计灵感分别来自印度的“Siddi Syed”寺、兰普尔宫殿和桑奇佛塔。馆内设置由古至今的城市时空之旅，精彩演绎“城市与和谐”的主题。参观者可通过影像“时空隧道”游览四五千年前的古印度、中世纪印度和现代印度，感受印度丰富的传统文化、多样化的宗教信仰、传统与现代科技的发展、城市和农村的融合。印度著名的泰姬陵也有着巨大的中央穹顶。绿色的草皮覆盖在中央穹顶上，浓浓的绿意中镶嵌着“生命之树”的铜制雕刻。植物与金属的融合，让这个中央穹顶显得既有造型感，又显得勃勃生机。穹顶的中央区域采用360度全息投影视听装置，放映出印度千百年来的城市变化。

人口：11.45亿（2007年）

面积：297.47万平方千米

GDP：1.24万亿美元（2009年）

主要城市：新德里、孟买、加尔各答、班加罗尔

3.话语权

印度具话语权的主要有：

（1）云母：1960年，印度片云母产量占世界总量的80%以上。由于印度政府对片云母实行出口控制；到1970年代，印度片云母产量占世界总量的比例从80%降低到65%，到1980年代进一步下降为60%，但是仍然位居世界之首。

（2）世界第三大煤、重晶石、褐煤、铬铁矿和钢生产国，截至2000年，主要资源可采储量估计为：煤2533.01亿吨，煤炭探明可采储量为747亿吨，占世界8%，居世界第五位，2000年产量为332.1百万吨。印度是世界第三大煤炭消费国，2000年煤炭消费量为375.74百万吨。重晶石储量为2800万吨，居世界第二位，产量为65万吨。铁矿石储量为28亿吨，居世界第八位，产量为75百万吨，出口量为35百万吨，出口量居世界第三位，仅次于澳大利亚和巴西。印度是国际铬铁矿市场主要生产和出口国之一，2000年，铬铁矿产量达171万吨，是中国铬铁矿进口的最大供应者。

二十二、哈萨克斯坦馆

1.国家特色

哈萨克斯坦是全世界最大的内陆国。钨储量占世界第一位，铬和磷矿石占第二位。铜、铅、锌、钼和磷的储量占亚洲第一位。

2.展馆概况

哈萨克斯坦馆从国际化的视角展现首都阿斯塔纳及其蓬勃的发展。展馆采用张拉膜的材料及玻璃幕墙，体现出哈萨克斯坦现代建筑的特点。馆内分为“知识的疆域”、“四维影院”、“城市矩阵2030”、“互动娱乐”、“阿斯塔纳地区”、“软性讲坛”、“艺术长廊”、“再会哈萨克斯坦”8个区域，表现了哈萨克斯坦的过去、现在和未来。展馆内运用虚拟成像等技术和先进的信息系统，展示哈萨克斯坦首都阿斯塔纳的迷人魅力，让参观者近距离感受一个年轻、充满活力、迅速发展的城市。

人口：1528.4万（2007年）

面积：272.49万平方千米

GDP：1412亿美元（2009年）

主要城市：阿拉木图

3.话语权

哈萨克斯坦具话语权的是：

（1）锌：世界上铅和锌的储量集中在黄铁矿－多金属矿中（超过60%）及哈萨克斯坦的层状矿床中（30%）。哈锌矿储量达3470万吨，居世界第一位。

（2）黄金：哈萨克斯坦黄金储量丰富，已探明储量约1900吨，居世界第9位，占全球黄金储量的3%～4%。哈萨克斯坦金矿的质量较高，但是近60%的金矿矿石非常坚硬，需要采用生物浸出等先进的工艺技术。

二十三、越南馆

1.国家特色

越南是传统农业国，农业人口约占总人口的75%，其经济增长速度快。

2.展馆概况

越南展馆以环保的竹子为主要建材，彰显了越南与自然和谐相处的文化精髓。波浪形的竹子外墙使人联想起蜿蜒的河流，既美观大方，又能有效减少太阳光多余的热量。馆内采用竹子进行装饰，使人仿佛置身于竹屋，在参观中体验越南悠久的历史文化以及在环境保护与城市发展方面的独特智慧。

人口：8526.2万（2007年）

面积：32.95万平方千米

GDP：908.8亿美元（2009年）

主要城市：河内、胡志明市、岘港

3.话语权

越南具话语权的有：

（1）咖啡：世界咖啡组织的统计数据显示，2000—2008年越南咖啡出口已跃居世界第二（仅次巴西），占世界咖啡出口比重的15.3%。多年来德国和美国一直是越南咖啡最大的出口市场，占越南咖啡出口总量的22%。越南2009年咖啡出口价格平均在1800美元／吨左右，出口量约为98万吨出口金额约为17.64亿美元。

（2）大米：越南是仅次于泰国的世界第二大大米出口国。2006年，越南大米出口量为470万吨，出口额约为13亿美元，其中，对菲律宾、马来西亚和古巴的大米出口占其出口总量的60%。2009年，在亚洲市场中，菲律宾是越南大米最大的出口国，占亚洲地区市场份额的35%。其次是马来西亚，占亚洲市场份额的9%。此外，新加坡、东帝汶及伊拉克等国也是越南大米的重要出口市场。

二十四、乌兹别克斯坦馆

1.国家特色

乌兹别克斯坦自然资源丰富,国民经济支柱产业是“四金”:黄金、“白金”(棉花)、“乌金”(石油)、“蓝金”(天然气)。

2.展馆概况

乌兹别克斯坦馆外观采用波浪形镜面结构,通过光影变化呈现不同的色彩。馆外有一个象征自由和新生活的鹳鸟雕塑,寓意幸福和繁荣。入口处由许多青绿色的正方形图案组成,并镶嵌着八角形的民族装饰。展馆展示分为“奔向未来的城市”、“古老又永远年轻的塔什干”、“追求进步和创新的城市”、“和谐的城市、和谐的乡村”、“既传统又现代的乌兹别克斯坦生活方式”以及“乌兹别克斯坦是一个有巨大潜力的旅游胜地”六个部分。

人口:2778万(2007年)

面积:44.74万平方千米

GDP:266.2亿美元(2009年)

主要城市:塔什干、撒马尔罕

3.话语权

乌兹别克斯坦最具话语权的是:

棉花:乌兹别克斯坦2005年籽棉年产量大约400万吨,加工后皮棉的产量近120万吨,皮棉产量居世界上第五位,仅次于中国、美国、印度和巴基斯坦;皮棉的出口量90万吨,在世界上占第二位,仅次于美国。中国是乌兹别克斯坦棉的最大买主,进口量占该国棉花出口总量的30%以上。

二十五、尼泊尔馆

1.国家特色

尼泊尔为农业国,经济落后,是世界上最不发达国家之一。也是世界上最年轻的共和国。是世界上唯一以印度教为国教的国家,86.5%的居民信奉印度教。

2.展馆概况

尼泊尔馆以大型佛塔形式为主体,周围环绕数个代表不同历史时期的尼泊尔民间房舍,展现尼泊尔工匠杰出的建筑和艺术才华。馆内

展现寺庙之城——加德满都城一千年历史中作为建筑、艺术、文化中心的几个辉煌时刻，探索它的过去及未来，为城市寻找灵魂。尼泊尔的艺术思想和装饰材料将完全融入到整个场馆的建设和布局中，其中包括用木料、金属、砖片、瓷料和石料加工而成的约500吨展品和装饰品。

人口：2890万（2007年）

面积：14.71万平方千米

GDP：126.4亿美元（2009年）

主要城市：加德满都、帕坦

3.话语权

尼泊尔没有什么值得冠以“话语权”的东西，但值得一说的是该国是世界上拥有最高山峰最多和落差最大的国家：尼泊尔号称“高山王国”，地球上最高的14座山峰中，有8座全部或部分位于尼泊尔境内。它们的海拔全部在8000米以上。在尼泊尔500千米的范围内海拔落差高达8000多米，世界上没有一个国家有这么大的落差。

二十六、日本馆

1.国家特色

日本是全球经济强国之一，2009年，按照国际汇率计算的话，日本国内生产总值4.84万

亿美元，居世界第三位。人均国内生产总值39731美元，居世界第十七位。2004年末，日本在海外的纯资产达1.8兆美元，是世界最大。

2.展馆概况

日本馆又称“紫蚕岛”，馆外覆盖超轻的发电膜，采用特殊环境技术，是一幢像“生命体那样会呼吸、对环境友好的建筑”。馆内通过实景再现和影像技术，展现2020年的未来城市生活，介绍日中两国的文化渊源、与自然共生的日本人生活、充满活力和时尚的日本当代城市、为解决水资源和地球环境问题而开发的先进技术，以及守护自然的市民活动。日本馆在设计上采用了环境控制技术，使得光、水、空气等自然资源被最大限度利用。展馆外部透光性高的双层外膜配以内部的太阳电池，可以充分利用太阳能资源，实现高效导光、发电；展馆内使用了循环式呼吸孔道等最新技术。

人口：1.26亿（2007年）

面积：37.78万平方千米

GDP：4.84万亿美元（2009年）

主要城市：东京、横滨、大阪

3.话语权

日本具话语权的产业有：

（1）动漫产业：日本是世界上最大的动漫制作和输出国，日本享有“世界动漫王国”的美誉。有统计显示，全球播放的动画节目有60%是日本制作的。从铁臂阿童木、花仙子到火影忍者、奥特曼、圣斗士，从机器猫、樱桃小丸子到网球王子、Hello Kitty，从龙猫到千与千寻，

许多日本动漫作品和动漫形象为世界人民所熟识并喜爱。动漫产业作为日本文化产业的代表，已经和日本电器、日本汽车并列，成为影响世界的三大日本制造。近10年来，日本动漫产业平均每年的销售收入达到2000亿日元，动漫产业占日本GDP的比重超过10%，已经成为最有价值的出口产品之一。

(2) 制造业：自二次大战后，日本的制造业迅速发展，尤其电子产业和汽车制造业。日本三菱是世界上仅次于美国通用的超级企业财阀，2007年仅在三菱旗下的世界500强企业就达到了11家。日本的电子产业和高科技著名制造商包括索尼、松下、佳能、夏普、东芝、日立等公司。汽车业方面，日本公司的汽车生产量超越美国和德国，是全球最大的汽车生产国。其中丰田、马自达、本田和日产等制造商，均有出产汽车行销全球。

二十七、韩国馆

1.国家特色

电子产业、文化产业和美容业是韩国特色。

2.展馆概况

韩国馆外立面以立体化的韩文和五彩像素画装饰，以“沟通与融合”为元素，展现韩国风情。一层是按比例缩小的韩国首尔，通过影像展现“我的城市”；二层展示“我的生活”，用高科技手段演绎文化、科技、人性和自然；“我的梦想”展区展示未来技术。展馆外立面以立体化的韩文和五彩像素画装饰。远观展馆，由几个硕大的韩文字母连接而成；近看外墙，则为无数凹凸有致的韩文字母。韩文是韩国优秀的发明，其创造性和重要性体现了韩国整个国家的文化独立性。

人口：4904.4万（2007年）

面积：9.96万平方千米

GDP：953500亿美元（2009年）

主要城市：首尔、釜山、仁川

3.话语权

韩国具话语权的有：

(1) 半导体产业：韩国是继美日之后的第三大半导体生产国，其生产的存储器件在世界市场的占有率高达27%。半导体是韩国“第一出口产品”。2000年，三星公司是全球最大DRAM产品的供应商之一，约占全球DRAM产品份额的17%左右。

(2) 造船业：2005年全球10大造船企业中，韩国占了7家。前5名全部是韩国船厂。2005年全球排第一位的是现代重工，造船1073万修正吨，排第二、三位的是三星重工、大宇造船。2005年全球造船总量是1.42亿修正吨，韩国7家船厂约占造船总量30%。韩国造船业在订单总量、订单余量、船舶建造量方面均实现世界第一，遥遥领先于竞争对手日本，继续保持造船业全球霸主地位。

二十八、沙特阿拉伯馆

1.国家特色

沙特人民是世界上最虔诚的伊斯兰教徒。作为全球石油王国，沙特已探明储量为363亿吨，占世界总量的25%以上。

2.展馆概况

沙特馆形似一艘高悬于空中的“月亮船”，在地面和屋顶栽种枣椰树，形成一个树影婆娑、沙漠风情浓郁的空中花园。馆内介绍沙特阿拉伯地理、人口、历史、政治等内容，重点展示4种类型的城市：能源之城、绿之城、文化古城、新经济之城。揭示了水、石油和知识是沙特阿拉伯城市发展的安身立命之本。“丝路宝船”掩映在枣椰树树荫下的沙特馆，如同一颗绿宝石；其被钢铁立柱悬空支撑起的圆弧形展馆，又像一艘“宝船”破浪前行。顶部和底部是绿洲花园，沙特是个沙漠中的国家，绿洲对于沙特具有非常的意义。

人口：2760万（2007年）

面积：225万平方千米

GDP：5283亿美元（2009年）

主要城市：利雅得、吉达、麦加

3.话语权

沙特有话语权的是：

（1）名副其实的“石油王国”：沙特石油储量和产量均居世界之首，石油和石化工业是其经济命脉。沙特已探明储量为363亿吨，占世界总量的25%以上，是世界上石油储量、产量和销量最大的国家。世界上3个超级大油田有2个在此，故有“石油王国”之称。沙特年产原油4～5亿吨，石化产品外销70多个国家和地区，石油收入占国家财政收入的70%以上，石油出口占其出口总额的90%以上。按目前石油产量估算，沙特石油仍可开采80年左右。

（2）世界上最大的淡化海水生产国：沙特是世界上最大的淡化水生产国，拥有世界先进的海水淡化技术和设备。在沙特沿海，拥有30座海水淡化厂，每天淡化水的生产能力达到300万立方米。沙特70%的用水为淡化海水，其淡化水产量占世界淡化水产量的30%。

二十九、新加坡馆

1.国家特色

新加坡已跻身发达国家，人均GDP超过2万美元，在亚洲仅次于日本。新加坡是东南亚地区最大的运输中心和贸易中心。

2.展馆概况

新加坡馆景观设计的两大元素是水与花园，代表着新加坡在可持续发展的过程中妥善地处理了这两大环境元素，并取得了平衡。展馆还有

效整合了多种设计元素——音乐喷泉、视听效果互动以及屋顶花园的特色花卉景观，形成一曲完美的协奏。展馆整体结构由四大支柱撑起。4根形状各异的立柱沿着平滑的曲线从楼顶悬挂下来，贯穿上下，相互映衬，张力之间形成一种平衡。它们象征着在新加坡共同生活、工作和玩乐的多元种族。展馆内部则采用悬挂式的缓坡和楼梯连接各层展厅。展馆二层通过充满创意的多种方式，表现新加坡的创新性和多元文化。而到达展馆顶层，一座美丽的热带“空中花园”正喻示着新加坡这座“花园城市”的美好。

人口：455.3万（2007年）

面积：699.4平方千米

GDP：1928亿美元（2009年）

主要城市：新加坡市

3.话语权

新加坡最具话语权的是电子工业。

电子工业：电子产品是新加坡传统制造产业，电子产品进出口额占新加坡外贸总额的63%。新加坡电脑显示器出口市场以东盟国家为主，约占总出口量的60%，其他较大的出口市场还有印度、美国、荷兰、日本、韩国等。泰国一直是新加坡出口显示器的重要市场，2002年新对泰出口达54万台。

三十、文莱馆

1.国家特色

文莱是石油和天然气大国，石油产量在东南亚居第三位，天然气产量在世界排名第四位。

2.展馆概况

文莱馆将热带雨林作为入口处的主展项，展现文莱特有的自然环境。展馆的主体表现为

回转的特色图案，其上升的空间和垂直造型象征文莱人民生活水准的逐步提高，体现了文莱发展经济、拓展人民的技能、改进生活质量的抱负，并展示其为保护自然环境、丰富遗产和深厚传统所作的努力。在文莱馆内，参观者可通过触摸屏了解文莱从第一个国家发展战略直至2035年的发展蓝图。同时馆内的4D影院通过视频、声音、风及雨水来展示文莱的多彩风貌。在展馆出口处，有当地特色的食物及文莱独特的手工编织展示。

人口：38.6万（2007年）

面积：5765平方千米

GDP：171.8亿美元（2009年）

主要城市：斯里巴加湾市

3.话语权

文莱有话语权的是：

（1）石油和天然气：石油和天然气的生产和出口是国民经济的支柱，约占国内生产总值的53%和出口总收入的90%。文莱已探明原油储量为14亿桶，天然气储量为3900亿立方米。是东南亚地区第四大产油国，仅次于印度尼西亚、越南和马来西亚；亚洲第三大液化天然气生产国，是世界第四大天然气出口国。

（2）建筑业：文莱非油气产业占GDP的比重逐渐上升，特别是建筑业发展较快，成为仅次于油气工业的重要产业。

三十一、亚洲联合馆一

亚洲联合馆一由马尔代夫馆、东帝汶馆、吉尔吉斯斯坦馆、孟加拉国馆、塔吉克斯坦馆和蒙古馆6个国家馆组成。

马尔代夫馆：充满岛国风情的布景和各式展品呈现阳光海域和独特的文化风俗。马尔代夫盛产金枪鱼、鲤鱼、鲛鱼、龙虾、海参、石斑鱼、鲨鱼、贝壳、海龟和玳瑁等，馆内多种海产品展现了当地发达的渔业资源。

东帝汶馆：馆内借用现代科技手段展示东帝汶美好的一天——清晨朝霞璀璨，正午阳光明媚，傍晚红霞满天；人们日出而作，日落而息，耕种、捕鱼，生活恬淡悠然。陈列的木雕、石雕等工艺品令人目不暇接。具有东帝汶民族特点的歌舞表演极具观赏性。

吉尔吉斯斯坦馆：介绍吉尔吉斯斯坦民族的文化历史、风俗习惯，讲述首都比什凯克经济、文化、旅游业和谐发展的历程。展示内容分为“比什凯克是商业、文化和自然旅游的中心”、“利用自由时间，衡量社会经济的发展”、“山区国家的小城镇”3个部分。展品展现了首都在社会经济转型过程中的变化和成果，以及该国城市建设的其他特点——山区国家的小城镇。

孟加拉国馆：展馆入口处设计了色彩斑斓的孟加拉传统图案，引人入胜。馆内建筑设计极具孟加拉特色，一座小型雕塑、一组孟加拉国新城区的图片与传统建筑模型互相映衬，象征着孟加拉国传统与未来的对话。民俗风情墙上装饰有孟加拉民族特色图片，馆内的餐饮区提供地道的孟加拉国美食。

塔吉克斯坦馆：馆内以大量图片来展示具有塔吉克斯坦民族特色的艺术作品、近年来在城市建设上的成就及其与周边国家的友好往来。展馆内布置有葡萄藤架，并摆放休闲椅供参观者休憩。

蒙古馆：成群的恐龙宝宝模型和丰富多样的图片资料展示有关恐龙蛋的信息。参观者可体验木制帐篷里的生活。这一代表古代游牧民族的典型建筑由木材制成，没有任何钉子，方便移动和安置。

三十二、亚洲联合馆二

亚洲联合馆二由也门馆、巴林馆、巴勒斯坦馆、约旦馆、阿富汗馆和叙利亚馆6个国家馆组成。

也门馆：展馆介绍也门在文化、旅游、科学等领域的突出成就，重点展示经济和贸易在城市发展中的重要性。馆内利用多种手段，展示该国总结、借鉴国内外工业发展的丰富经验，因地制宜地发展不同类型贸易的实践，并展望该国经贸发展的未来趋势。

巴林馆：馆内极具考古价值的文物复制品巧夺天工，现代与传统的巴林珠宝风格各异。原汁原味的视听片段和触摸式互动技术让人零距离接触巴林独特的生活方式和国家遗产。

巴勒斯坦馆：在展馆正面及左右两侧有两套多媒体展示屏幕和10多个嵌入式灯箱，介绍巴勒斯坦富饶的物产、独特的文化。在橄榄油展柜可以购买到纯正的巴勒斯坦橄榄油。

约旦馆：馆内展示了气势恢宏的历史遗迹——卡兹尼宝库。原址是一座有着浓郁希腊特色的壮丽建筑，据说“阿里巴巴与四十大盗”的故事就发生在那里。馆内还展示了约旦城市亚喀巴从港口城市转变为商务和休闲之城的过程，以及其他城市的生活方式和创新。

阿富汗馆：馆内的“拉希米收藏展”展示珍贵的阿富汗宝藏，400多件罕见、独特的展品令人叹为观止。牧民帐篷、家居用品、古董地毯和纺织品、传统的银制品、珊瑚和宝石等，讲述阿富汗悠久的历史和灿烂的文化。馆内的“市集”区有精美的阿富汗手工艺品、坚果和干果、珍宝、纺织品以及各种香料和药草等。

叙利亚馆：展馆以叙利亚的传统元素——大马士革民居为设计灵感，通过三世同堂的庭院建筑地映射出世界文明古国叙利亚独特的建筑和文化。

三十三、亚洲联合馆三

亚洲联合馆三由老挝馆、伊拉克馆和缅甸馆3个国家馆组成。

老挝馆：馆内设有琅勃拉邦城镇模型，辅以形式多样的展品展示传统和现代社会之间的互动，以及遗产保护与旅游业的共同发展，反映了环境保护和经济发展的相互关系，强调城市可持续发展的重要性。老挝的参展是以介绍古都琅勃拉邦为中心，通过对这一人类遗产的保护及其环境的可持续发展及利用，向世人展现一个集古代文明和现代化城市为一体的宗教、文化和旅游中心。

伊拉克馆：展馆内陈列了一座新城的模型，

规划理念现代，建筑、交通、环境和谐共生。在未来三年内，这座面积为0.97平方千米的新城将在纳吉夫拔地而起。展馆四壁上绘有阿拉伯神话的图案，还悬挂了手工挂毯等具有阿拉伯风格的织物。

缅甸馆：馆内以神庙和传统建筑为主要设计元素，利用先进的展示手段介绍缅甸独特的风俗、先进的教育、丰富的资源和灿烂的文化，讲述缅甸的过去、现在与未来。

第三章 美洲馆特色及参展国话语权

美洲展馆主要分布在上海世博园C区，有独立展馆10个，联合展馆2个，包括美国、加拿大、巴西、古巴等共计37个美洲国家和地区参展。

美洲的展馆因国家和地区不同，展示内容各具特色。美国是世界第一经济大国，馆内主要展示美国的高科技；巴西和阿根廷是世界足球王国，因而在巴西和阿根廷馆内，展示了足球文化和世界当红球星的球技；而雪茄之乡古巴，展示经典的古巴雪茄，讲述雪茄文化和传统的历史沿革，并进行现场演示。

我们根据展馆工作人员介绍和展出情况，主要从国家特色、展馆概况、话语权产业等方面对美洲各个展馆进行了资料整理。

一、美国馆

1.国家特色

美国是世界第一大经济体。

2.展馆概况

美国馆=3个电影院+1个小卖部，第一个短片，展示美国独特的文化与地理奇观。第二个和第三个都是宣传美国精神的，的确有点振奋人心。最后一部分就是一些企业的展示，就是卖广告，有一些高科技的体验，但也没太出彩的地方。

馆内工作人员给我们简单介绍了美国。

人口：3.07亿(2009年)

面积：962.9万平方千米

GDP：14.26万亿美元(2009年)

主要城市：华盛顿、纽约市、洛杉矶、芝加哥、休斯敦

3.话语权

美国具有话语权的产业是：

(1) IT产业：IBM、HP、Dell、Microsoft、Cisco、Google、Ebay、Apple等，每个企业在各自的专业领域无一不是全球第一或第二。

(2) 航空航天：波音、洛马、格鲁曼等。总体竞争力世界第一。

(3) 军工：和航空航天有部分重复，但范围更广。因为国防订货和研发目前并没有削减。总体竞争力世界第一。

(4) 金融服务：投行、基金、银行等企业的竞争能力很强。另外，在全球丰厚的投资行业领域，欧州的金融企业是美国金融公司的主要竞争对手，而前者受危机的损失并不亚于后者。日本、中国的金融企业在这个领域基本没有竞争力。

(5) 农业：美国得天独厚的自然条件和发达的现代农业技术，其竞争力依然是世界第一。而且，随着全球变暖所带来的灾难气候对农业生产的负面作用越来越大，美国的农业竞争力反而会继续增强。

(6) 高等教育科研产业：美国的大学研究所开放、包容、创新的环境。有相当强的竞争力，全球第一，短期内没有国家可比。

(7) 文化产业：美国的文化产业在量上在质上都无人能敌，其文化输出能力也无人能敌。音乐一直引领全球，电影有好莱坞大片，动漫有米高梅、佛克斯、迪斯尼、皮克斯、梦工厂等，实力绝不在日本之下。游戏也强大，EA、暴雪。

二、加拿大馆

1.国家特色

加拿大国土面积世界第二。加拿大的森林覆盖面积为占总面积的44%，居世界第二位。加拿大还是世界上第三的产矿国。

2.展馆概况

加拿大馆主要介绍了加拿大的风土人情，看短片是坐在地板上看的，影片展示了加拿大的生活场景，令人印象深刻。馆内工作人员给我们简单介绍了加拿大。

人口：3361万(2009年)

面积：997.06万平方千米

GDP：1.43万亿美元(2007年)

主要城市：渥太华、多伦多、蒙特利尔、温哥华

3.话语权

加拿大的话语权产业有：

（1）光电产业：加拿大的光电产业居于世界领先地位，该产业全球产值达到7100亿加元，正在不断渗透到信息通讯技术（ICT）、生命科学、制造、消费品、传感设备、国防、高效照明、汽车和航天航空，加拿大的光电产业年产值在45亿加元左右，共有约370家企业。

（2）环保产业：加拿大有7000多家企业涉足环保业务，每年创造产值约150亿美元，占GDP的2.2%。加拿大环保业出口值10亿美元，占全球环保值2.6%，居世界第七。

（3）汽车工业：汽车制造行业是加拿大最重要的国民经济部门，约占制造业GDP的12%以及制造业贸易额的26%。加拿大汽车制造行业汇集了世界上顶级的六大生产企业，即克莱斯勒、福特、通用、日产、铃木、丰田等，拥有23家乘用车及商用车组装厂。

三、阿根廷馆

1.国家特色

足球和探戈是阿根廷的特色。

2.展馆概况

阿根廷馆分馆外和馆内2部分，馆外是可供休闲的绿色空间，馆内以图片、传统物品、多媒体展现过去的200年间，随着阿根廷多元文化的融合，对可持续城市化发展路线的坚持，对历史遗迹的保护，对科技的不断创新以及对更多绿色空间的不断寻求，在城市不断发展的过程中，为城市居民提供了更高的生活质量。

馆内工作人员给我们简单介绍了阿根廷。

人口：4013.44万（2009年）

面积：278.04平方千米

GDP：3070.85亿美元（2009年）

主要城市：布宜诺斯艾利斯、罗萨里奥、科尔多瓦

3.话语权

阿根廷具有话语权的产业是：

（1）农牧业：阿根廷农牧业十分发达，是世界两大牛肉生产国之一，也出产品质优良的羊毛，境内牛只数目比人口多1倍有余。是世界主要粮食生产和出口国之一。

（2）葡萄酒：阿根廷是世界上葡萄酒的生产与消费大国。葡萄酒田的面积大约占全世界的3%，相当于南半球葡萄田总面积的三分之一。葡萄酒产量在全球第四、五位之间。阿根廷亦是全世界重要的浓缩葡萄汁生产国之一。

（3）核工业：核工业发展水平居拉美前列，现拥有3座核电站，能独立生产浓缩铀。

（4）阿根廷工业门类较齐全，主要有钢铁、电力、汽车、石油、化工、纺织、机械、食品等。工业产值占国内生产总值的三分之一。

四、巴西馆

1.国家特色

巴西最有特色的莫过于其足球了，巴西也是四大金砖国之一。

2.展馆概况

巴西馆比较有特色，里面有个巴西的移动地图，人踩在上面，仿佛行走在整个巴西，还可以看360度荧幕讲述4个巴西人一天的生活。

馆内工作人员给我们简单介绍了巴西。

人口：1.87亿（2008年）

面积：851.49万平方千米

GDP：16650亿美元(2008年)

主要城市：巴西利亚、里约热内卢、圣保罗

3.话语权

巴西具话语权的产业有：

（1）钢铁行业：巴西坐拥丰富铁矿石资源，高产业集中度，巴西排名前四位的钢铁公司(安塞乐米塔尔巴西公司、巴西国家黑色冶金公司、盖尔道公司和米纳斯吉拉斯公司）产能占该国产能的99%。

（2）纸浆和造纸：巴西是世界纸浆生产大国，纸浆原料丰富、工业基础雄厚、市场前景看好。在最近10年，巴西纸浆原料基地、纸浆和造纸工业共投资120亿美元，有力地扩展了其生产力，目前，巴西纸浆生产位居世界第七位，造纸业位居世界第十一位。

（3）橙汁：巴西主要盛产品种包括橙、橘子、甜的酸橙、柠檬和葡萄柚。巴西平均年产鲜橙1400万~1500万吨，占全球总产量的30%。

五、哥伦比亚馆

1.国家特色

煤炭、绿宝石、咖啡、花卉是哥伦比亚特色之一。其中煤炭储量约240亿吨，居拉美首位。绿宝石储量居世界第一位。咖啡产量和出口量仅次于巴西，居世界第二位。花卉出口仅次于荷兰，居世界第二位。

2.展馆概况

哥伦比亚馆内设有“太平洋地区”、“加勒比地区”、“安第斯地区”、“奥里诺科河地区”、“亚马孙地区”等展区，通过多媒体视频、互动触摸屏、模型等从过去、现在和未来3个角度展现哥伦比亚的风土民情、自然资源及其城市的

发展。

馆内工作人员给我们简单介绍了哥伦比亚。

人口：4492.9万(2009年)

面积：114.17万平方千米

GDP：2408.32亿美元(2008年)

主要城市：波哥大、卡利、麦德林

3.话语权

哥伦比亚具话语权的主要是：

(1) 煤炭：哥伦比亚的煤炭资源十分丰富，而且品质优良。据哥矿业和能源部提供的数据，哥境内已探明的煤炭储量达到76亿多吨。

(2) 纺织产业：哥伦比亚纺织产业经持续百年发展，纺织及成衣业俨然已成为哥国最重要产业之一，计纺织厂逾450家、成衣厂约1万家（主要为中、小及微型企业），提供直接就业机会20万名，间接就业60万名，约占哥国制造业总人数12%。

(3) 咖啡：哥伦比亚咖啡世界闻名，尤以其温和、浓香及口感普受世人喜爱，目前为世界第三位咖啡出产国，并于世界咖啡市场具有相当影响力。

(4) 花卉：花卉为哥伦比亚仅次于咖啡之第二大出口农产品，在全世界花卉市场占有率仅次于荷兰，占11%。哥国现有72平方千米土地种植花卉，主要供出口之用，84%花卉出口至美国，8%销售至欧盟，8%则供应其它国家。

六、秘鲁馆

1.国家特色

秘鲁矿业资源丰富，是世界十二大矿产国之一。

2.展馆概况

秘鲁馆采用两种秘鲁城市历史中最重要的建筑材料——竹子和泥土。外部以竹竿为装饰，在交织的缝隙中让光线透过。馆内展示主要围绕秘鲁对世界饮食的贡献以及丰富多样的烹饪传统，演绎主题的同时强调城市从古至今的演变。

馆内工作人员给我们简单介绍了秘鲁。

人口：2867.5万(2007年)

面积：128.52万平方千米

GDP：1267.78亿美元（2009年）

主要城市：利马、卡亚俄、伊基克、库斯科

3.话语权

秘鲁具话语权的产业有:

(1)矿业:秘鲁矿业资源丰富,是世界十二大矿产国之一。主要有铜、铅、锌、银、铁和石油等。铋、钒储量居世界首位,铜占第三位,银、锌占第四位。目前石油探明储量为4亿桶,天然气71000亿立方英尺。森林覆盖率为58%,面积达77.10万平方千米,在南美洲仅次于巴西。水力和海洋资源极为丰富。

(2)渔业:秘鲁是世界主要鱼粉和鱼油生产国之一,其鱼粉产量居世界首位。此外,秘鲁每年还出口大量的鲜冻鱼。

七、墨西哥馆

1.国家特色

墨西哥是仙人掌的故乡,在仙人掌的2000多个品种中,墨西哥有一半以上,享有"仙人掌王国"的美誉。

2.展馆概况

墨西哥馆建筑很有特色,地上是草地和风筝,实际上展馆是在地下。内容倒是没有留下特别深的印象,略微带到了一点玛雅文化。墨西哥馆是一座由"风筝"组成的奇幻世界。在墨西哥官方语言西班牙语中,"风筝"一词来自纳瓦特尔语中的"papalotl",原意为"蝴蝶"。在墨西哥,风筝代表人们对未来美好生活的期盼。而风筝又起源于中国,它作为中国和墨西哥两种古老文化中的共同因素,寓意未来的无限腾飞与发展,也作为两国友好进程的象征和见证。

馆内工作人员给我们简单介绍了墨西哥。

人口:1.12亿(2009年)

面积:197.26平方千米

GDP:11430亿美元(2008)

主要城市:墨西哥城、维拉克鲁斯、蒙特雷

3.话语权

墨西哥具话语权的产业有:

(1)汽车及汽车零部件:墨西哥是世界第八位汽车生产国,是汽车设计和加工的领头羊。2008年,墨西哥汽车产量达到210.28万辆。

(2)电子产业:在墨西哥,电子产业是加工制造业的龙头企业,主要涵盖了电子消费产品、个人笔记本业务、通讯设备。在墨西哥有数个电子生产基地,但是其中最突出的电子基地位于蒂华纳州;下加利福尼亚州是工人眼中的世界电视界生产中心;瓜达拉哈拉州和哈里斯克州的生产基地也由于其在IT产业的杰出发展被认为是墨西哥的硅谷。

(3)航空产业:墨西哥79.7%的航空企业是加工制造和组装,10.4%的航空企业是致力于工程研发,9.9%的航空企业是致力于市场维修,还有一些企业是从事以上方面的综合业务。墨西哥是美国的第八大航空供应商,欧洲航空产品的第五大供应商。

八、智利馆

1.**国家特色**

智利是铜矿之国，智利铜蕴藏量达2亿吨以上，居世界第一位，约占世界储藏量的三分之一。铜的产量和出口量也均为世界第一。

2.**展馆概况**

智利馆制作还是很用心的，展出内容丰富，内部材质以原木为主。可以看到倒置在天花板上的智利普通人家居室布置，视频播放普通智利人的生活，然后通过一段蜿蜒的隧道，处处可以感受到智利历史和现代文化。最后，顺楼梯而下，可以看见核心是个木质圆球状，并可以向下看见酒的展示区和简餐饮料区。

馆内工作人员给我们简单介绍了智利。

人口：1609.34万（2004年）

面积：75.66万平方千米

GDP：1458.5亿美元（2006年）

主要城市：圣地亚哥、瓦尔帕莱索、康塞普西翁

3.**话语权**

智利具话语权的产业有：

（1）农业：广阔的农田，得天独厚的地理位置，理想的气候和肥沃的土壤，这一切都使得智利成为全球领先的农业强国。智利已是南半球最大的鲜果出口国，区域出口占到约50%，全球有100多个国家从556个公司进口大约75种智利鲜果。

（2）林业：除了农业外，林业也是智利极具全球竞争力的优势行业。智利的森林面积占国土总面积的20.7%，约为15.6万平方千米。智利主要出口木质纸浆、松木、胶合板以及加工木材。

九、委内瑞拉馆

1.**国家特色**

委内瑞拉是世界上重要的石油生产国和出口国，其收入占财政总收入的70%以上。

2.**展馆概况**

委内瑞拉馆外观如“莫比斯环”，其三维立体结构被称为“克莱因瓶”，意为一个没有边界

的、连续的闭合曲面；外部与内部相融会，意寓城市如同一条不间断的道路。馆内的露天庭院、上升台阶、传统的土著居民生活空间、开阔的玻利瓦尔广场等极具民族特色的元素相互融合，展示委内瑞拉的文化、艺术和生活。

馆内工作人员给我们简单介绍了委内瑞拉。

人口：2681.5万(2009年)

面积：91.64万平方千米

GDP：3372.95亿美元（2009年）

主要城市：加拉加斯、马拉开波

3.话语权

委内瑞拉最具话语权的是石油。石油是委内瑞拉国民经济的支柱产业，石油探明储量为105.75亿吨（772亿桶），居世界第六位。该国目前是世界第四大石油出口国，是美国第三大石油供给国。

十、古巴馆

1.国家特色

古巴素称世界糖罐、雪茄之乡。古巴糖产量占世界的7%以上，人均产糖量居世界首位。

2.展馆概况

古巴馆，是座四四方方的小房子，外墙弄得色彩缤纷的，很引人注意。展馆由信息局、商店、酒吧等多种建筑物组成。

馆内工作人员给我们简单介绍了古巴。

人口：1123.6万（2008年）

面积：10.99万平方千米

GDP：657.92亿美元（2009年）

主要城市：哈瓦那、圣地亚哥、圣克拉拉、卡玛圭

3.话语权

（1）雪茄：雪茄属于香烟的一类，由干燥及经过发酵的烟草卷成。古巴生产的雪茄普遍被认为是雪茄中的极品。制作高品质的雪茄首先要选择好的品种在适宜的地方种植。烟叶采摘下来，经烘干、发酵、整平、存放，然后挑选烟叶制作雪茄，其间大约要经历3年时间，80余道工序。大部分古巴雪茄都是手工卷制的，以保持其上乘的质量。古巴烟厂很多，但著名品牌雪茄烟厂家都在哈瓦那，哈瓦那雪茄代表着古巴雪茄的最高水平，成为古巴雪茄的代名词。

（2）蔗糖：古巴是世界主要产糖国之一，被誉为“世界糖罐”。工业以制糖业为主，占世界糖产量的7%以上，人均产糖量居世界首位，蔗糖的年产值约占国民收入的40%。

十一、加勒比共同体联合馆

该馆造型别致，布局巧妙，重点展示加勒比共同体组织15成员国独特的自然风光和经济成就。馆内通过多种方式展示碧水蓝天的岛风光、繁忙壮观的现代化港口、精美绝伦的稻草编织的手工艺品、儿童阳光般的笑脸，洋溢着浓郁加勒比风情。

加勒比共同体联合馆内设有牙买加馆、巴巴多斯馆、巴哈马馆、圣文森特和格林纳丁斯馆、圣卢西亚馆、圣基茨和尼维斯联邦馆、圭亚那馆、多米尼克馆、安提瓜和巴布达馆、苏里南馆、伯利兹馆、格林纳达馆、特立尼达和多巴哥馆、海地馆等展馆。

十二、中南美洲联合馆

中南美洲联合馆由玻利维亚、哥斯达黎加、厄瓜多尔、危地马拉、尼加拉瓜、乌拉圭、巴拉圭、萨尔瓦多、多米尼加、洪都拉斯、巴拿马共11个中南美洲国家联合参展。

第四章 非洲馆特色及参展国话语权

非洲展馆主要分布在上海世博园C区，有独立展馆8个，联合展馆1个，包括南非、埃及、突尼斯、摩洛哥等共计51个非洲国家、地区和组织参展。

由于非洲国家经济相对落后，因而展馆建设上也不及欧洲、亚洲和美洲的展馆有特色，非洲参展国家、地区和组织多达51个，是五大洲中参展主体最多的州，但是非洲国家独立展馆只有8个，且展馆面积均相对较小。

我们根据展馆工作人员介绍和展出情况，主要从国家特色、展馆概况、话语权产业等方面对非洲各个展馆进行了资料整理。

一、南非馆

1.国家特色

南非是非洲最富裕的国家，非洲首届世界杯举办地，首都约翰内斯堡素有“黄金城”之称。

2.展馆概况

展馆整体造型简洁朴实，营造出一个安静、祥和的氛围。傲然挺立的拱门将整个展馆置于一个巨大的“伞盖”下。馆内多彩的颜色和纹理表现出非凡的活力，体现了南非文化的多样性和作为新兴国家努力为人民创造更好生活的信心。南非馆内多了很多足球元素，一进门，南非世界杯吉祥物“扎库米”就在大厅中央向游客打招呼。

馆内工作人员给我们简单介绍了南非。

人口：4868万（2009年）

面积：112.32万平方千米

GDP：3133亿美元（2009年）

主要城市：开普敦、约翰内斯堡、比勒陀利亚、德班、伊丽莎白港

3.话语权

南非具话语权的产业有：

（1）矿业：南非基础设施良好，资源丰富，是世界五大矿产国之一，经济开放程度较高。南非以丰富的矿物资源驰名世界，现已探明储量并开采的矿产有70余种，黄金、铂族金属、锰、钒、铬、硅铝酸盐的储量居世界第一位，蛭石、锆、钛、氟石居第二位，磷酸盐、锑居第四位，铀、铅居第五位，煤、锌居第八位，铁矿石居第九位，

铜居第十四位。

（2）钢铁工业：钢铁工业是南非制造业的支柱，拥有六大钢铁联合公司、130多家钢铁企业。

（3）能源工业：南非能源工业基础雄厚，技术较先进，产值约占南非国内总产值的15%。电力工业较发达，发电量占全非洲的三分之二，其中约92%为火力发电，为世界上电费最低的国家之一。

（4）信息通讯技术：信息通讯技术在南非企业的广泛应用超过了美国和欧洲，政府和企业对信息技术应用的投入居世界前列。南非信息通讯技术产业的外国直接投资已经超过矿业和开采业。

二、埃及馆

1.国家特色

埃及是四大文明古国之一，金字塔是其特色之一。

2.展馆概况

埃及展馆设计体现了埃及和人类古文明，以及埃及的自然风光和旅游特色，并展示了部分的埃及历史文物真品。展馆外观以黑白2色为主色调，现代感十足。馆内展示空间以开放式的半弧形隔开，以丰富的实物展品、影片、图片等呈现埃及悠久的历史和璀璨的文明，探讨如何通过借鉴历史应对当今和未来的挑战，凸显其首都——“世界之母”开罗亘古以来作为埃及及其周边地区文化中心的重要地位。

馆内工作人员给我们简单介绍了埃及。

人口：约7860万

面积：100.14万平方千米

GDP：1695.57亿美元（2008年）

主要城市：开罗、苏伊士、亚历山大

3.话语权

埃及具话语权的有：

（1）石油：埃及主要出口原油、油品、棉花等，其中原油独占出口总值的一半左右。

（2）旅游业：埃及文化灿烂，历史悠久，名胜古迹宏伟丰富，具有发展旅游业的极为优越的条件。主要旅游点有金字塔、狮身人面像、爱资哈尔清真寺、古城堡、希腊罗马博物馆、卡特巴城堡、蒙塔扎宫、卢克索神庙、卡纳克神庙、王陵之谷、阿斯旺水坝等。旅游收入是埃及外汇的主要来源之一。

（3）农业：埃及三分之一以上的职业人口从事农业。耕地面积仅占国土的4.5%，绝大部分为灌溉地。耕作集约，年可二熟或三熟，是非洲单位面积产量最高的国家。主产长绒棉和稻米，产量均居非洲首位，玉米、小麦居非洲前列，还产甘蔗、花生等。

（4）苏伊士运河：苏伊士运河收入是埃及仅次于侨汇和旅游的第三大外汇收入来源。2005年苏伊士运河外汇收入达到33亿美元。

三、突尼斯馆

1.国家特色

湛蓝的海岸，广袤的撒哈拉沙漠，便宜的物价，每年500多万的游客。这是突尼斯的基本特色。

2.展馆概况

突尼斯馆运用了对称的高大拱券式门洞、欧洲城堡、传统花形等传统建筑元素。侧立面运用光栅板体现突尼斯传统和现代城市的不同风貌。馆内分“绚烂风光之国”、“多元文化之城”、“悠久文明之都”3个主要展示区域。

馆内工作人员给我们简单介绍了突尼斯。

人口：1020万

面积：16.2万平方千米

GDP：306.97亿美元(2006年)

主要城市：突尼斯市、苏斯省、比塞大

3.话语权

突尼斯具话语权的有：

（1）农业：农业在国民生产总值中占13%~16%的比重，该国劳动力的35%从事农业。主要农产品有小麦、大麦、豆类和橄榄等。突尼斯是橄榄油主要生产国之一，产量占世界橄榄油总产量的4%~9%，橄榄油成为突主要的出口创汇农产品。

（2）工业：突尼斯工业主要有以磷酸盐为原料的化工业和石油开采业。矿产资源主要有磷酸盐、石油、天然气、铁、铝和锌等。纺织业在轻工业中居首位。

（3）旅游业：旅游业在突尼斯国民经济中占重要地位，是突尼斯第一大外汇来源。2007年，突尼斯入境游客达670万人次，旅游收入达25.4亿美元。

四、阿尔及利亚馆

1.国家特色

经济上，阿尔及利亚是在非洲仅次于南非的国家，是石油大国。

2.展馆概况

阿尔及利亚馆形状整体借鉴了阿尔及利亚城市建筑遗产——卡什巴旧城区的要素，充分展示了北非和阿尔及利亚传统的建筑风格。参观者可在馆内仿建的“街道”中漫步，观赏名为《漫步卡什巴》的短片，然后登上“城市”的顶层，俯瞰刚刚穿过的街道，体验古老而又现代的阿尔及利亚。

馆内工作人员给我们简单介绍了阿尔及利亚。

人口：3600万（2009年）

面积：238.17万平方千米

GDP：1136亿美元（2006年）

主要城市：阿尔及尔、奥兰、安纳巴

3.话语权

阿尔及利亚具话语权的是：

（1）石油和天然气产业：石油和天然气行业的产值占阿尔及利亚国内生产总值的比重超过30%，税收占国家财政收入约70%。石油开采量居非洲前列。

（2）农业：主要农产品有粮食（小麦、大麦、燕麦和豆类）、蔬菜、葡萄、柑橘和椰枣等。

（3）旅游业：阿旅游资源丰富，全境有7处自然、文化景点被联合国教科文组织列为世界遗产。

五、尼日利亚馆

1.国家特色

尼日利亚是非洲人口最多的国家。

2.展馆概况

尼日利亚馆外墙模仿被评为非洲七大奇迹之一的“祖玛岩”。馆内分“西非海岸璀璨之光”、“崛起中的和谐之国”和“商业区”3个展区，主要探讨如何让具有不同文化、种族和文化的城市共同繁荣。“西非海岸璀璨之光”展区通过非洲古文明的代表物配以多媒体展示文明传统，还以当地树种造景，向人们展示今日的尼日利亚。“崛起中的和谐之国”展区展示了多元发展的尼日利亚；电子地图配合电子书提供各方面的信息。大型播放屏和沙盘联动，演绎尼日利亚的现状和未来。

馆内工作人员给我们简单介绍了尼日利亚。

人口：1.5亿（2008年）

面积：92.38平方千米

GDP：1189亿美元（2006年）

主要城市：阿布贾、拉各斯、卡杜那

3.话语权

尼日利亚具有话语权的是：

（1）石油：尼日利亚是非洲最大的石油生产国和世界第六大石油出口国，也是石油输出国组织（欧佩克）成员国尼日利亚石油园区之一。自20世纪70年代以来，石油出口逐渐成为该国最主要的经济来源。石油出口收入占出口总收入的98%，占国家总收入的83%。

（2）电影业：尼日利亚电影在当地和国际上销售，并且在非洲其他国家和部分欧洲地区得到了普遍欢迎。

六、安哥拉馆

1.国家特色

安哥拉是钻石的主要生产国之一。

2.展馆概况

安哥拉馆在非洲的国家馆里，算是最值得一看，也是最用心布展的国家馆了。4D影院展示这个西非的陌生国度美丽的景色和风土人情。

其中展示了2个著名壮观的大景点：大瀑布和谢拉山悬崖，那种景色还真不是南美洲的同类自然景观所可以代替的。

馆内工作人员给我们简单介绍了安哥拉。

人口：1849.8万（2009年）

面积：124.67平方千米

GDP：849.45亿美元（2009年）

主要城市：罗安达、卡宾达、万博、本格拉

3.话语权

安哥拉最具话语权的是石油和钻石。石油和钻石开采是安哥拉国民经济的支柱产业。2005年石油行业产值占国内生产总值的50%，全年原油产量为4.352亿桶，居非洲第二，目前日产石油120万桶。安哥拉为世界第七大产钻国和第四大钻石收益国，2004年原钻产量近610万克拉，产值约8亿美元。

七、利比亚馆

1.国家特色

利比亚是非洲人均GDP最高的国家。

2.展馆概况

利比亚馆具有鲜明利比亚特色的建筑元素，通过现代化展示手段一一呈现，配合高科技视听设备，烘托出传统和现代元素并存的城市面貌。馆内展示内容新颖，具有一定的视觉效应，可以从中获得原生态的、独特的体验，使人可以深入了解利比亚丰厚的历史传承及城市建设的进程。

馆内工作人员给我们简单介绍了利比亚。

人口：609万(2005年)

面积：175.95万平方千米

GDP：696亿美元（2009年）

主要城市：的黎波里、班加西、苏尔特

3.话语权

利比亚最具话语权的是石油。石油是它的经济命脉和主要支柱。经济原以农牧业为主。石油生产占国民生产总值的50%～70%，石油出口占出口总值的95%以上，还出口铁矿石、花生、皮革等。畜牧业在农业中占重要地位，牧民和半牧民占农业人口一半以上。

八、摩洛哥

1.国家特色

摩洛哥最早的居民是柏柏尔人，是一个骁勇善战的民族，尤以骑术而闻名非洲。

2.展馆概况

摩洛哥是唯一以自建馆形式参展的非洲国家，其面积也在非洲国家馆中居首。展馆以方形为主基调的平面和空间设计，用一种对称性的和谐，来体现稳定、平衡、匀称。摩洛哥馆内的方形元素同样无处不在。3层的内部展示空间，是方形的；穿透1～3层的巨大中庭，也是方形的；中庭的墙面，每一堵都是15米见方的巨大石膏板墙面，墙上，极具摩洛哥传统韵味的石膏雕刻中，依然闪现着方形的影子。2楼，被分割成若干空间，现代投影技术下，人们恍若置身于麦地那传统街市；3楼借助投影技术，人们可以领略到摩洛哥现代的工业和旅游业胜景。整个摩洛哥馆坐落于有着果树、水池和喷泉的安达卢西亚花园内，宛如一片依水而生的绿洲，阳光被这片清凉筛过，变得柔顺和温和。

人口：3375.7万（2007年）

面积：45.9万平方千米

GDP：904.7亿美元（2009年）

主要城市：卡萨布兰卡、丹吉尔、马拉喀什

3.话语权

摩尔哥的话语权主要体现在:

(1)非洲第一大产鱼国:沙丁鱼的产量占捕鱼总量的70%以上,出口量居世界首位。

(2)世界磷酸盐储量最多的国家:磷酸盐的储量达1100亿吨,占世界储量的75%。磷酸盐是摩经济的重要支柱之一。

九、非洲联合馆

展馆面积达2.6万平方米左右的非洲联合馆,向全世界人民展示一个真实本色的非洲,让更多的人了解、热爱非洲。非洲联合馆中有42个非洲国家和1个国际组织(非盟)在非洲联合馆内进行展示。非洲联合馆建筑外观由1万多件钢结构搭起。树木、沙漠、海鸥、动物、建筑……这些富有强烈非洲特征的元素将呈现在非洲联合馆的外立面上,勾勒出非洲大陆独具多样性的风貌,展现非洲的古老文明和勃勃生机。

参展国家:布隆迪、多哥、厄立特里亚、佛得角、刚果(布)、几内亚、科摩罗、莱索托、马里、毛里塔尼亚、塞舌尔、赤道几内亚、吉布提、贝宁、中非共和国、科特迪瓦、坦桑尼亚、塞内加尔、津巴布韦、赞比亚、纳米比亚、苏丹、肯尼亚、加蓬、喀麦隆、卢旺达、塞拉利昂、马达加斯加、刚果(金)、乌干达、埃塞俄比亚、毛里求斯、尼日尔、莫桑比克、几内亚比绍、利比里亚、乍得、索马里、加纳、博茨瓦纳、马拉维、布基纳法索、冈比亚、非盟(42国+1组织)。

第五章 大洋洲馆特色及参展国话语权

大洋洲展馆分布在上海世博园B区，有独立展馆2个，联合展馆1个，包括澳大利亚、新西兰、基里巴斯等共计18个大洋洲国家和组织参展。

大洋洲展馆是五大洲中最少的，独立展馆只有2个，即澳大利亚和新西兰。澳大利亚馆外形犹如澳大利亚旷野上绵延起伏的弧形岩石，颇具特色。新西兰馆通过建筑构造和展览布局，将毛利人的这一创世纪神话幻化为一出从迎宾广场、楔形展馆到屋顶花园的华丽三部曲。体现了新西兰人科技创新的独特匠心。

我们根据展馆工作人员介绍和展出情况，主要从国家特色、展馆概况、话语权产业等方面对大洋洲各个展馆进行资料整理。

一、澳大利亚馆

1.国家特色

大漠之石厄亚斯、悉尼歌剧院是澳大利亚的特色。

2.展馆概况

澳大利亚馆流畅的雕塑式外形如澳大利亚旷野上绵延起伏的弧形岩石。外墙采用特殊的耐风化钢覆层材料，幕墙的颜色随时间的推移日渐加深，最终形成浓重的红赭石色，宛如澳大利亚内陆的红土。展馆内设置“旅行”、“发现”和“畅享”3个活动区，讲述这片神奇大陆上奇异的物种、丰富的文化和宜居的城市。

馆内工作人员给我们简单介绍了澳大利亚。

人口：2170万(2009年)

面积：769.2万平方千米

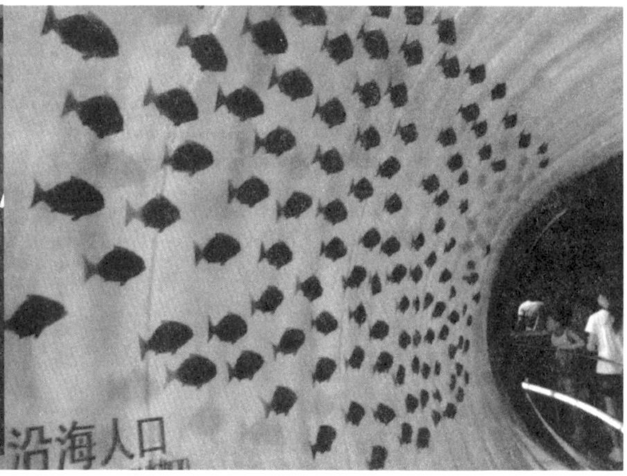

GDP：7730亿美元(2007年度)

主要城市：堪培拉、悉尼、墨尔本

3.**话语权**

澳大利亚具话语权的产业有：

(1) 农牧业：澳大利亚农牧业很发达，农牧业产品的生产和出口在国民经济中占有重要位置，是世界上最大的羊毛和牛肉出口国。主要农作物有小麦、大麦、油籽、棉花、蔗糖和水果。

(2) 采矿业：澳是世界上最大的铝土、氧化铝、钻石、铅、钽生产国，黄金、铁矿石、煤、锂、锰矿石、镍、银、铀、锌等的产量也居世界前列。同时，澳大利亚还是世界上最大的烟煤、铝土、铅、钻石、锌及精矿出口国，第二大氧化铝、铁矿石、铀矿出口国，第三大铝和黄金出口国。

(3) 服务业：服务业是澳大利亚的优势产业，服务业主要由13个相关行业组成。其中，资产和商业服务、金融保险服务、建筑业服务、健康与社区服务这4个领域对整个服务业的贡献占所有行业的一半以上。资产和商业服务业与金融保险服务业产值总和甚至超过了农业、加工制造业以及资源业产值总和。

(4) 航空航天业：澳大利亚航空航天业位居世界前列。航空航天业面向出口，具有先进的制造能力和优异的基础设施。正是基于这些方面的考虑，世界最大的航空公司——波音公司将其澳洲业务的总部设在墨尔本。

(5) 汽车制造业：世界最大的汽车制造公司丰田（Toyota)、福特（Ford）和通用豪顿(GeneralMotors)等跨国公司的澳洲总部都设在墨尔本。

二、新西兰馆

1.**国家特色**

新西兰有“坐在羊毛上的国家”之称。

2.**展馆概况**

新西兰馆很有特色，参观者首先步入迎宾广场，这里是对天父地母的实体呈现：象征大地的广场上树立着白色柱子群，代表了高耸的森林，支撑起象征天空的白色天篷。进入展馆，参观者即可看到双手撑地、双脚顶天的Tane雕像，这座高达5米的雕像栩栩如生地再现了Tane准备分开天父和地母、为世界带来光明的那一刻。参观者从Tane 的双臂间穿过，进入到通过电影技术手段呈现的“一个新西兰家庭的一天”，感受新西兰人互相关心、共同分享的生活片段，走进新西兰人的温情时刻。 而当参观者步入屋顶花园后会发现，创世神话元素融入了花园设计的很多细节之中：花园入口处便是Rangi 和Papa刚分离时创造的第一块大陆——冈瓦纳古大陆，在森林峡谷参观者还可以看到被毛利人称作Tane妻子的Kuia树。

馆内工作人员给我们简单介绍了新西兰。

人口：428万(2008年)

面积：26.86万平方千米

GDP：1287.11亿美元(2007年)

主要城市：惠灵顿、奥克兰、哈密尔顿

3.话语权

新西兰具话语权的产业有：

(1)畜牧业：畜牧业是新西兰最主要的支柱产业。新西兰是世界上最大的羊毛和羊肉出口国。主要产品有：奶制品、皮革、羊毛、品种繁多的牛、羊、鹿肉产品，优良种畜等。其中，羊毛出口约占全世界的羊毛出口总量的20%，乳酪制品占25%。由于国民经济对畜牧产业的传统依赖性，以及面对日益激烈的贸易竞争，新西兰的畜牧生产和管理一直处于世界领先水平。

(2)海洋渔业和水产养殖业：新西兰有6000多千米长的海岸线，并拥有200海里的专属经济区，是世界第四大专业渔场，渔业资源非常丰富，有着先进的海上捕捞和水产养殖经验。尤其是技术一流的加工生产设备和管理程序，使得新西兰的产品在许多国家享有进口免检的待遇，主要养殖品种有青口、龙虾、鲑鱼、扇贝、鲍鱼、大虾等。

(3)林业：现有森林面积约为7.8万平方千米，年产木材1000多万立方米。主要品种为辐射松，除原木出口外，还大量生产木制品，其中以胶合板、纸浆、板材和纸制品为主。新西兰由于其独特的自然生长条件，使得木材的生长期平均只需25年。在新西兰的全部森林中，有一半以上是售予了本国和外国的私人投资者，总值约为20亿美元，其中，来自中国的投资者呈快速上升趋势。

(4)生产制造业：新西兰制造业厂商目前约有2万多家，拥有职工25万多人，涉及行业包括：饮料、香烟、纺织、鞋帽、木材加工、纸张、印刷、出版、化工、石油精炼、煤炭、橡胶、塑料、五金制造、机械、电机、运输设备、花园设施、道路交通设备等。

三、太平洋联合馆

太平洋联合馆由14个太平洋国家和2个国际组织共同参展，面积8100平方米。展馆外观简单大方，内部布展别具风格，16个参展方通过16个编织的“单帆”，分别展示太平洋岛国美丽神奇的自然景观、独具特色的人文环境和热情奔放的民俗风情。

太平洋联合馆由瓦努阿图、巴布亚新几内亚、帕劳、汤加、密克罗尼西亚、萨摩亚、斐济、库克群岛、基里巴斯、所罗门群岛、图瓦卢、马绍尔群岛、瑙鲁、纽埃在内的14个太平洋岛国和南太旅游组织、太平洋岛国论坛2个国际组织共同参展。在太平洋联合馆，古老与现代的元素结合在一起，参观者可以在这里体验最现代的生活方式，同时也能欣赏到代表岛国3000年历史的传统歌曲和舞蹈。

第六章 主题馆特色

主题馆主要分布在上海世博园世博轴旁，共5个，包括城市人馆、城市生命馆、城市地球馆、城市足迹馆和城市未来馆。

主题馆的地位相对其他展馆，比较特殊，因为主题馆是永久性展馆，即世博会结束后，5个主题馆不拆除，保留的还有世博轴、中国国家馆、世博文化中心和世博演艺中心。主题主要从生命的起源，从地球的资源使用和环境保护，对人类的发展和未来进行展示，提示人们要呵护生命、爱护环境。

我们根据展馆工作人员介绍和展出情况，主要从展馆概况、展示内容等方面对主题馆进行资料整理。

一、城市人馆

1.展馆概况

城市人馆位于B片区主题馆内，以人的需求与发展为主线，讲述城市中“人的故事”。通过对世界五大洲6个城市中6个不同家庭的跟踪拍摄，将他们的故事嵌入“家庭”、“工作”、“交往”、“学习”和“健康”五个展区，运用实物、布景与多媒体特效相结合的手法，营造出11个不同城市的景观，让观者可以身临其境地了解城市人的不同需求，体验“人们留在城市，是为了更好地生活”。

2.展示内容

“家庭”展区中，天花板和地面采用镜面铺设，将6个家庭的生活场景组合成三维立体西洋镜，参观者可透过某建筑物的窗户观察这6个家庭的生活场景。“工作”展区设置了一台被隐喻为“工厂、证券交易所和时钟”的大型机器，上面有许多大小不一的屏幕，呈现不同城市中人们的工作情况。“交往”展区用圆顶穹幕和360度全景投影，反映不同家庭成员的人际关系网络。“学习”展区通过展品与投影的巧妙组合，营造出传统教室和图书馆的氛围，展现家庭成员学习的场景以及城市提供的教育和文化。“健康”展区以多种感官体验，营造清新、健康、洁净的氛围，同时展示不同家庭成员在健康方面的影像和数据。

二、城市生命馆

1.展馆概况

城市生命馆位于B片区主题馆内，以“生命”为主线，总揽城市的“生命之旅”。馆内通过高科技的手法，以隐喻的形式，表明城市如同

中国2010年上海世博会主题馆城市生命馆——活力车站展区

一个生命活体，具备生命的结构和灵魂。城市生生不息，维系于代谢循环，依赖于精神力量，人与城市间的不断调适维持着城市生命和谐，城市生命健康需要人们共同善待和呵护。

2.展示内容

“活力车站”有5个“售货亭”，分别代表人口之城、物流之城、能源之城、金融之城以及信息之城。液晶显示器组成的车站信息牌实时显示世界重要城市的火车、航班、船期和股票、外汇行情，让人体验城市的非凡活力。“循环管道”带领参观者在巨大的地下管道中穿越，伴随着周期性的声、光、风效，模拟地铁掠过的感觉。管道区的不少装置可与参观者互动，体现城市脆弱的一面，引发人们对“呵护”城市的思考。“城市广场”气势恢弘，通过5个世界著名的城市广场的影片，探寻不同的城市文化意蕴，领略世界城市的精华。“生活街市”中的“灵魂图书馆”用10本图书反映10个城市的兴衰与人们生活的关系。

三、城市地球馆

1.展馆概况

城市地球馆位于B片区主题馆内，展示空间主要是两条对称的螺旋状坡道，参观者可以在其顶端俯瞰直径达32米的巨型球冠。展馆内设置“城市蔓延”、“危机之道”、“蓝色星球”、“解决之道”、“我们只有一个地球”5个展区，分别讲述城市的发展与过度发展造成的生态问题，展现了人类对城市及环境问题的认知、觉醒与努力。参观者通过与展品的情感互动，可认识到城市既是问题的制造者，也是问题的解决者。

2.展示内容

“蓝色星球”（即巨型球冠），表面采用大型多媒体的无缝拼接投影技术，模拟出鸟瞰地球

的场景。场景中以诗意、比喻的方式展现城市、城市发展、人文行为等与地球之间的关系。“我们只有一个地球”是一场引人入胜的穹顶投射演出，每3分钟播放一次，讲述城市及其与地球、人类的互动关系。

四、城市足迹馆

1.展馆概况

城市足迹馆融合了传统和现代的展示手段，以城市发展的时间顺序为主线，通过“城市起源”、“城市发展”、“城市智慧”3个展厅，分层次地展现诞生与崛起的城市元素、人文与转型的城市哲理、创意与和谐的城市智慧。

2.展示内容

“城市起源”厅表现早期农业时代的城市面貌，分别展示城市起源成因与城市元素、中国长江和黄河流域的城市起源、早期人类的祭祀信仰与城市守护神、希腊城邦的兴亡等。“城市发展”厅展示成熟阶段的城市面貌，如佛罗伦萨、阿姆斯特丹、拜占庭、伊斯坦布尔等，以及中国宋代和日本江户时代的街市等，还展示了中国西藏的城市发展成就以及中国古代都城的集大成者——明清故宫。“城市智慧”厅表现工业革命时代的城市面貌，分别以“机器卓别林”展示工业化对城市生活改变的“双刃剑”作用，以纽约、伦敦为实例表现城市的创意智慧，以各具特色的老建筑来展示中国京杭大运河的文化交融，以连环画上的今昔石库门来体现中国上海的城市改造。

五、城市未来馆

1.展馆概况

城市未来馆位于E片区，馆内的展示以互动方式开始，邀请参观者畅想未来的城市，然后运用影片、书籍和雕塑等方式，展示历史上人们对未来城市的梦想、设计与实践，表明未来城市建立在今日挑战的基础上，并且畅想未来城市的各种可能，阐述推动人类进步永恒不变的精神元素。

2.展示内容

“昨日之梦”展区，用近5米高的巨型屏幕播放科幻影片，诉说未来梦想。“理想与实践”

展区，以互动虚拟书的形式呈现人类历史上对未来城市的描述，以9座雕塑阐述更美好城市的实践，表现建设中的城市。“多种可能性”展区内有一个36米高的宏大空间，用来播放一部动画电影，并在周围场景中呈现出“生态之城”、“智慧之城”、“水之城”、“太空之城”、“能源之城”5个梦幻般的未来城市街景，表达未来的城市发展和人类的城市生活的各种可能性。“未来正在实现”展区，运用多媒体加模型的展示方式，通过“智慧家居、健康社区、低碳城市、和谐环境”4个主题，展示未来科技的发展趋势。

第七章 组织馆特色

组织馆主要分布在上海世博园B区，共7个，包括联合国、世界气象馆、国际组织联合馆和国际信息发展网络馆等。

组织馆是世界几大组织的一次集体亮相，展示了各个组织对世界发展所起的推动作用，也展示了一些国际组织在科研上取得了最新成就。我们根据展馆工作人员介绍和展出情况，主要从展馆概况、展示内容等方面对组织馆进行资料整理。

一、联合国联合馆

1.展馆概况

作为当今世界最大、最重要、最具代表性和权威性的国际组织，联合国各组织组成联合馆，集中展示联合国及其系统机构的各国际组织在可持续发展、气候变化、城市管理等领域进行的有益尝试和成功实践。展馆外观简洁大气，以蓝色为主色调，配以醒目的联合国会徽和名称。上海世博会期间，各个国际组织和机构均在馆内举办内容丰富的主题活动。

2.展示内容

在联合国联合馆内参展国际组织包括：世界卫生组织、世界知识产权组织、世界贸易组织、世界旅游组织、世界银行、国际电信联盟、国际原子能机构、国际海事组织、联合国、联合国人口基金、联合国人居署、联合国儿童基金会、联合国工业发展组织、联合国气候变化框架公约、联合国艾滋病规划署、联合国生物多样性公约组织、联合国环境规划署、联合国贸易和发展群合围资本开发基金会、联合国难民署、联合国教科文组织、联合国粮农组织等。

二、世界气象馆

1.展馆概况

世界气象组织、地球观测组织、欧洲气象卫星应用组织共同参与了世界气象馆的设计布展工作。展馆似“云中水滴”，由4个扁圆球体结

合而成，形如云状；外墙采用亮白色膜结构，膜布上喷雾点全部开启时，整个建筑如一团云雾，阳光合适时展馆周围会出现彩虹。场地周边为浅水池，建筑“漂浮”在水池中央。建筑设计充分融入了节能减排理念，采用的材料可全部回收再利用。外层膜结构和雾状喷泉设计可以起到降温、节能、环保的作用，堪称“会呼吸的皮肤”。

从气象概念出发，以“云”为构思的基本出发点。以4个大小各异、方向不同的白色的扁圆球体相结合，形成的组合体从各个角度看很容易让人联想到一朵云。亮白色的膜构造整个建筑外形，简单轻便，节省材料，符合临时建筑定位，又有展览建筑需要的亮丽外观。膜布上均匀布满点，当喷雾都开启时候，整个建筑呈现一团云雾的效果，如果阳光高度角小于42度，在中间步行广场上的观展游客，面向气象馆，还可能看到包围建筑的彩虹。东北部设咖啡厅，咖啡厅外膜采用透明膜，让咖啡厅可以直接借“特钢大舞台”等景观，且不会引进过多的太阳辐射。

2.展示内容

气象馆中，游客可体验“气候变化长廊”，体验球幕4D电影，“小球大世界”、“全球综合观测系统演示”、“气象卫星模型展示”等展项。气象馆以树立世界气象组织、中国气象局致力于提高气象防灾能力和积极应对气候变化，努力促进人与自然的和谐的能力和贡献为主要形象的展览主线，用展馆主题“为了人民的平安和福祉”来契合2010年上海世博会“城市，让生活更美好”的主题。

三、国际信息发展网馆

1.展馆概况

国际信息发展网展馆的全玻璃外墙采用“液体玻璃”技术喷涂，晶莹剔透。入口处有7根盛水的玻璃立柱，利用水的落差瞬间形成“大爱无疆”等字样和图案，循环演示。“液体玻璃”这种无色无味的透明液体，可以像油漆一样地涂刷在建筑物表面，24小时后，液体便会凝固成玻璃。因此，无论展馆有多大，都可以穿上“玻璃外衣”。防火、防水、防腐的材料特点还一并将展馆呵护得无微不至。这一技术目前已由浙江苍南县的政府与企业进行过实地试验，将在该地落户，成为展区的实绩项目。

2.展示内容

展馆共分2层。第一层展区有一条“千年荣誉星光大道”，又称为“慈善名人榜”。红地毯的两旁有100多个镶嵌贵金属和特殊材料的金座，又被称为“名流座右铭”，分别代表了全球100多名在“千年目标”实施过程中有突出贡献的人物和团体，他们各自在不同领域献爱心，为全人类的发展做贡献。在1层展区的最左和最右侧，分别是两条“街”，左边是以亚洲风格为主的“日本文化街”，又称亚洲街，石头造纸技

术的演示是亚洲街的亮点之一；右边是以欧美风格为主的“国际礼品街”，又称西方街，荟萃了文化、科技、生活等多方面展示内容。漫步展区，仿佛就在“逛街”一般，轻松自在，收获颇丰。在西方街，游客除了可以看到文化、科技等展示内容外，还能目睹世界奢侈品的发展。西方街与国际奢侈品协会联手，共同从时尚的角度解读西方文化。展馆2层的围廊区呈现的是中国的“百家姓”，568个汉字都以纯金锻造而成，依次排开，展现中国汉字的历史悠久与魅力。此外，馆内还打造了“东久弥宫”贵宾室，展出自日本明治时期以来的珍贵名物，其中包括从未在日本以外展示过的珍藏物品。

四、国际红十字会与红新月会馆

1.展馆概况

国际红十字会与红新月会展馆入口造型的创意来自帐篷这一自然灾害中最常见的人道救援物资，营造了一种“在现场”、“在行动”的真实感。展馆内分为“黑色记忆”、“人道之光”、“行动你我”3个主要展示区域，展示人类遭遇过的一系列重大战争与灾难，以及国际红十字与红新月运动在减轻人类的苦难等方面所作出的不懈努力。

红十字会与红新月会国际联合会馆位于浦东世博园国际组织展区中，靠近世博轴，雪白的

外墙上印有“红色十字”、“新月”标志和约8米高的4人高举双手图案，象征着“携手为人道”。

2.展示内容

红十字会与红新月会国际联合会馆由“入口等候区”、“时空长廊”、“环幕剧场”、“互动区域”和“出口”5个区域组成。展馆展示国际红十字运动在救灾、救护、救助方面所开展的活动，着力宣传人道理念，展现世界各地饱受战乱、自然灾害、疾病等困苦的人民不失信念、满怀希望的坚强形象，增进人们对和平的珍视和对生命的尊重，呼唤和感召更多的爱心力量加入红十字志愿服务行列。

（1）帐篷——在现场

红十字会与红新月会国际联合会馆的入口造型被创意地设计成一个白色的帐篷。帐篷，是自然灾害中最常见的人道救援物资。2005年印度洋海啸，红十字国际委员会向受灾的斯里兰卡地区提供了5000余顶帐篷；2008年中国四川汶川地震，需至少200多万顶帐篷安置受灾群

众。每逢救援现场，帐篷皆为紧缺物资。展馆的帐篷造型营造了一种“在现场”、“在行动”的真实感，使观众在入馆之前，便已经被人道救援行动的力量所震撼。当观众在入口等候区排队进入时，工作人员会给每位参观者派发一条红手链，寓意“连接人心”，是整个展馆的视觉符号之一。此外，这条红手链还有特别功能，需要观众在参观过程中自己发现，并参与其中。

（2）长廊——穿越时空

展馆的第一部分名为“黑色记忆”。那是一条狭长的“时空长廊”，以黑色为主色调。长廊的右侧，是大小不等的多媒体展示屏，展示了从1859年索尔弗里诺战役至今，人类所遭遇的一系列重大战争与灾难，营造了一种在战争与灾难阴影下的压抑气氛。所有的影像内容，都通过原子镜面幕墙后的数码显示屏呈现。镜面的反射制造出亦真亦幻的效果，充满视觉感染力，观众仿佛身临其境，有着时空交错的感觉，产生强烈的震撼。长廊的左侧，是原始的岩石肌理。在

岩石上有5块大幅海报，分别介绍“国际红十字与红新月运动”、“红十字国际委员会”、“红十字与红新月会国际联合会”、“各国红十字会与红新月会”以及“中国红十字会”的内容。

（3）电影——期盼光芒

参观终点有一个“环幕剧场”，该环幕长15米，宽4米，会播放一段精心剪辑的影片，着重表现国际红十字与红新月运动在保护人类的生命与健康、维护人类的尊严、防止与减轻人类的苦难等方面所做出的不懈努力与杰出成就，使观众从触动到感动。

五、世界贸易中心协会馆

1.场馆概况

世界贸易中心协会馆外部以蓝天渐变至大地青绿色，使参观者感到和谐自然。展馆的第一部分为“世界贸易”，由5个50英寸的屏幕分别反映世界不同城市、地域的自然资源和文化；第二部分为“贸易发展点”，展示全球已成立的世贸中心的发展历史；第三部分则为“认识世界贸易”，参观者可以通过互动计算机了解不同地域、城市对贸易发展的计划、项目以及梦想。展览馆的设计，可以因应不同场合需要而改变成舞台，或举行大型展览活动。

2.展示内容

作为极具代表性的民间的贸易组织展览馆，

世界贸易中心协会馆以“环保”、“资讯科技”、“时尚”等主题，围绕着衣、食、住、行四大基本生活需要而举办一系列精彩活动，包括展览、交流会、主题演讲及论坛。还邀请各指导单位及合作组织的负责人出席论坛，带给所有参观者最切合时宜、最丰富的信息及体验。参观者在这里可以看到世界各地不同商贸物品、手工艺品等实物，进一步认识世界贸易和城市文化。展馆邀请世界知名学者、专家举行讲座，并把现场实况上传协会官方网站，便于不在现场的人士在网上参与，以贯彻协会促进贸易无界限的宗旨。

六、国际组织联合馆

国际组织联合馆内设上海合作组织馆、公共交通国际联会馆、世界水理事会馆、世界自然基金会馆、世界城市和地方政府联合组织馆、东南亚国家联盟馆、东南非共同市场馆、全球环境基金馆、阿拉伯国家联盟馆、国际竹藤组织馆、国际博物馆协会馆、法语国家商务论坛馆、博亚洲论坛馆等。

七、世博会博物协会馆

国际博物馆协会从文化、社会、经济、环境和创新5个层面探索城市与博物馆之间相互依存、相互影响的关系——展馆设计整洁、简约、现代，分为固定展区和临时展区。前部的圆形区域既可被布置成专题展区，又可作为活动区域。后部设置影像墙，使人能够身临其境地感受现代博物馆的参观环境。临时展区每月展示不同地区的博物馆风貌。另外展馆围绕主题开展一系列寓教于乐的体验活动与小型讲座，荣誉日还会举办庆祝纪念活动。

第八章 企业馆特色

企业馆主要分布在上海世博园D区和E区，共18个，包括韩国企业联合馆、日本产业馆、可口可乐馆、石油馆和中国铁路馆等。

企业馆主要是展示国际大企业的发展历程、企业产品及企业风采。企业馆在世博会园的受欢迎程度丝毫不亚于国家馆，热门的展馆像石油馆、太空家园馆、可口可乐馆及中国航空馆等通常是参观者云集。企业馆的建设外观也是独具特色，如上海企业联合馆远看像“水立方”，近看却更像个“鸟巢”。另外很多企业馆采用了新型材料，可以重复使用，如韩国企业联合馆馆外立面由合成树脂膜材做成，在世博会结束后，展馆外立面将拆除下来制成环保袋分发给上海市民。而中国人保馆是百年世博以来第一个保险类企业展馆。

我们根据展馆工作人员介绍和展出情况，主要从展馆概况、展示内容等方面对企业馆进行资料整理。

一、韩国企业联合馆

1.展馆概况

韩国传统舞蹈“象帽舞”是韩国企业联合馆的创意灵感来源。如水波般环绕整个建筑物的展馆外立面，体现了人与自然环境、城市文明之间相互依存、发展的关系。在夜晚，展馆分别呈现出“青、赤、黄、白、黑”5种颜色，以体现东方传统的五行概念。据设计团队负责人介绍，为了循环利用，展馆外立面由合成树脂膜材做成。在世博会结束后，展馆外立面将拆除下来制成环保袋分发给上海市民。

2.展示内容

韩国企业联合馆共分3层。底层镂空设计是展馆的亮点之一，这种方式将增加空气的循环，以此来解决世博会期间可能遇到的高温天气，从而达到绿色环保理念。在展馆2楼，参观者可以了解韩国企业为塑造绿色都市所做的努力。3楼展厅打造的“绿色城市，绿意生活”体验馆则将展现未来都市的自动化住宅和尖端交通系统，参观者可以在此体验到韩国绿色IT技术所带来的资源循环利用。

二、日本产业馆

1.展馆概况

占地面积约6000平方米的日本产业馆高约25米。日本产业馆的主题是“来自日本的美好生活”，“再利用”的概念贯穿了整个建设工程：不仅对历史悠久的江南造船厂老厂房进行改建，新的结构使用建筑用脚手架，拆除后可再利用。

日本产业馆位于上海世博会浦西园区入口附近、原江南造船厂的老厂房内，利用约4000平方米的旧厂房进行改建。日本产业馆的事业概念是“再利用、空间感、脉动感”，特别是贯彻了重视环保的再利用。内部装修大量采用再生纸纸管，工作人员的制服也使用了旧衣服循环利用后的布料。

2.展示内容

展馆内部采用全计算机控制技术，将比日本现有任何电影屏幕都要大的巨型画面呈现在参观者面前，这是日本产业馆进行主题展示的“独门秘笈”。场馆内设置主题展示、单元展示、日本美食和纪念品销售等多个区域，为参观者提供众多世界一流的服务。展馆内还设有一块高20米的超大屏幕用于展示。

三、思科馆

1.展馆概况

思科馆以“智能+互联生活”为主题，向世人呈现其在“智能 + 互联城市”领域的创新科技及成就，带领参观者踏上通往2020年的“智能+互联生活”之旅，参观者在这里可以亲身体验一座能够更好地推动经济发展、改善市民生活质量、减少碳足迹、并确保环境可持续性的城市。

2.展示内容

思科馆在世博会上推出一体化管理城市未来公用事业的“智能+互联生活”理念，展现通过智能网络互联的交通运输、公用事业、建筑施工、教育、娱乐、政府和医疗保健等服务如何造福于人类。展馆设立了针对普通游客和针对包括城市管理部门、开发商、城市规划者、服务提供商和企业高管等专业观众的2段旅程，感受创新科技改善城市生活的愿景。

四、石油馆

1.展馆概况

石油馆外墙上下由纵横的油气管道交错编织，极富时代感和行业特色。整体外形犹如一个巨大的能源处理网络体系，寓意地下蕴含的石油正是美好城市的主要动力源泉。建筑材料采用新型绿色石油衍生品，探索石油石化产品的广泛用途。馆内分预展区、主展区、尾展区，以不同方式讲述了石油亿万年间的演化、对人类历史和城市发展的作用和未来的美好愿景。

2.展示内容

石油馆展示内容包括预展、主展和尾展3个部分。预展区通过形象直观的场景体验，趣味深邃的数字呈现，迅速拉近参观者与石油的距离，走进石油创造的七彩斑斓的现代生活。主展区用4D电影《石油梦想》讲述关于石油前世今生的故事，幽默地想象了人类失去石油的尴尬景

象。影片带领参观者穿越数亿年的时空之旅，探寻生命之源。尾展区以“石油之火点燃七彩生活”为主题，理性地阐释了靠科技进步，石油在低碳经济时代仍然延伸人类绿色生活的城市梦想。

五、国家电网馆

1.展馆概况

国家电网馆的整个建筑体现了“低碳”和“亲民”的设计理念。展馆外表是网格状肌理，粗细交错、虚实相间，寓意着电网与美好生活的艺术融合。展馆中央，巨大透明的“魔盒”腾空跃起，具有极强的视觉冲击力。作为整个展馆建筑的主体部分，白天，它呈现出光影流动，将参观者带入电网新技术的畅想世界；夜晚，它被突然“点亮”，世博“能量之心”星光迸射，在世博的夜空中耀眼生辉；参观者无论在展馆前、广场上，还是在远处的步行道上，都能看到其犹如烟火盛放般的美景，并切身感受到其坚强而有力的脉动。

2.展示内容

“魔盒”运用6面式大体量LED屏幕展示方式，融合环保理念和世界顶级的高新科技，给参观者带来前所未有的“沉浸式”观赏体验，而这也是该项技术在世界展示活动上的首次运用。观众站在距底部高3米的悬浮玻璃平台上，被112块LED屏幕形成的720度空间包围，前后、左右、上下都是光影幻动的屏幕。一场持续4分50秒的720度空间多媒体视听盛宴，带领参观者感受自然能源转化成人类可用能源的过程。在这4分多钟里，整个“魔盒”仿佛在旋转一般，参观者能获得一种如同在冲浪时进入卷起的浪花中般的曼妙感受，自己仿佛也是整个宇宙能量的一部分。

六、太空家园馆

1.展馆概况

太空家园馆的建筑造型宛如一个“太空魔方”，异型的支柱、魔幻的盒子与地球轻盈连接，形成一种摆脱重力的效果。展馆外立面采用环保、经济、可循环使用的织物幕墙。织物本身通透性的特色，配合奇幻的灯光效果，改变了建筑夜间的形象，从而让“太空家园馆”形成白天夜晚不同的视觉效果。

2.展馆内容

“太空家园馆”以“天—地—人”为展示脉络，将展示区域划分为梦想起源、漫步太空、美好家园三个部分。“天”代表太空，与之相对应的是2层漫步太空影院和美好家园太空展厅；“地”代表地球城市，与之对应的是首层梦想起源等候区和美好家园城市展厅；而“人”就是每一个参观者，他们是探索太空，创造美好城市的主体，整个场馆也是通过他们游历太空、回归城市的过程，表达“和谐城市 人与太空”的主题。

七、可口可乐馆

1.展馆概况

可口可乐馆为一座两层建筑，建筑风格讲求虚实对比和颜色变化，外立面简洁独特，所有的外墙均采用金属防风雨百叶，刷成“可口可乐”的红色。可口可乐企业馆通过宣传上海世博会“城市，让生活更美好”的主题，提出节能、环保、技术创新和创建高品质生活方式的理念。

2.展示内容

馆内展示分为5个主要部分：标志瓶户外展览、剧院、展示厅、贵宾休息室和公众体验区，通过巧妙设计和展示向大众推广健康快乐的生活方式环保意识。

八、上海企业联合馆

1.展馆概况

上海企业联合馆位于世博会企业馆展区的“魔方”，占地面积约4000平方米，是一个包含智能技术、梦幻意境和互动体验的生态环保型展馆，使用新技术、运用新材料来展现新的城市生活视点。观众刚一走近展馆，首先看到的是一身半透明的“网格装”，展馆内部的建筑体若隐若现。上海企业联合馆远看像“水立方”，近看却更像个“鸟巢”。

2.展示内容

展馆入口处有工业机器人表演精彩节目，

并通过语音程序与参观者进行互动。在360度全景剧场，参观者能在“蝴蝶教授”的引领下，进行一次难忘、梦幻的体验。另外，展馆设有智能机器人餐厅。通过机器人炒菜的真实演示，让参观者分享中国四大菜系一千多个菜的美味；而且，每天晚上闭馆之前，这里会上演经典华丽的灯光和音乐秀。

九、中国铁路馆

1.**展馆概况**

中国铁路馆两侧方正空间以质朴的材质、理性的网格代表了城市印象，中间部位以全色LED灯光模拟铁路网，代表了作为城市纽带的中国铁路在城市发展中的重要性和先进性。建筑外观朴素自然，细部处理优美，营造了一个舒适宜人的博览空间，充分体现了铁路馆“和谐铁路，创造美好生活新时空”的理念。

2.**展示内容**

馆内分3展区，主要展示中国铁路科技创新的成果，表达铁路作为连接城市的纽带及对人类文明进步历程的积极影响。第一展区主要展示中国铁路发展的辉煌历程。第二展区为主题影院，用影像介绍中国铁路的建设状况。第三展区通过模型和装置设施吸引参观者参与互动。

十、中国人保馆

1.**展馆概况**

中国人保馆为前高后低的单层建筑，以中国人保“PICC”的英文缩写为原型建造，顶部呈倾斜结构，参观者站在高架步道上也能够浏览展馆的全貌。外墙运用红色和白色，和谐搭配世博标识的绿色，色彩绚丽，恢弘大气。展馆的内部包含“一轴两翼三区”，主要展示现代保险业的功能与作用。馆内设置大型互动多媒体装置，主要以投影的方式播出动画片和宣传片。

中国人保馆位于世博会浦西片区5号地，紧邻黄浦江，占地面积约1000平方米。设计方案经过不断修改，不断完善，最终确定以PICC形象为展示主体——长50米、宽20余米、均高7.5米的单层建筑呈前高后低的姿态雄踞于黄浦江

边，前后两个主立面及屋顶冠以鲜艳的PICC标志与世博标志，两个标志交相辉映、融洽和谐，既展示了中国人保锐意进取的企业形象，又突出“PICC，让世博更精彩”的庄严承诺。

2.亮点——世博百年首个保险企业馆

中国人保馆是世博会举办至今首次有保险企业参展建馆。中国人保企业馆不仅着力展现了中国人保深厚的历史文化和内涵品牌，同时，也代表了整个中国保险业，向来自世界各地的参观者展现中国保险业的辉煌成就。

十一、震旦馆

震旦馆创意的灵感来源于中国历史上伟大的思想家孔子有关玉的观点，即玉有十一德，后人归纳为“仁、义、礼、智、信”五德。通过引用“玉的五德”，展馆展示围绕人的美好品德——“仁爱、义行、礼貌、智慧、信誉”，从而进一步引申出当下城市的新风格，展现上海世博会“城市，让生活更美好”的主题。整个参观过程中，既给了参观者视觉、听觉上的享受，又渗入了古器物学的料工形纹，以及玉器古为今用的美学意义。

十二、中国船舶馆

1.展馆概况

中国船舶馆由旧厂房重新优化设计和改造而来，增添了弧线构架，形似船的龙骨，突出船舶馆的企业形象；又形似龙的脊梁，借喻中国民族工业坚强的精神。馆内通过展示整套造船流程、未来船舶等，不仅探索地球未来“水世界”和人类文明的新模式，也让参观者享受水生活，提前体验未来水域城市生活的美景和人与船舶、人与城市的紧密关系。

2.展示内容

中国船舶馆的建设应用了最新的环保技术、智能化灯光的互动效果和先进的多媒体视觉技术，形成绿色环保展示环境，充分体现领航新时代，享受水生活，让参观者提前体验未来水域城市生活的美景，人与船舶、人与城市的紧密关系，集中体现“中国造船”元素，体现中国造船工业发展前景和对未来的展望。

十三、中国民企联合馆

1.展馆概况

中国民企联合馆由巨型圆柱体组合而成，每个完美协调的曲面彼此有机结合，象征16家中国民营企业的联合。建筑以“细胞组合体”为创意元素，展现细胞由弱到强、由小到大的无限能量。同时，细胞具有与生俱来的活力，其不断裂变，整合形成生命体的过程，也呼应了展馆主题。

2.展示内容

馆内通过高科技手段讲述民企成长历程中真实感人的故事，从企业名片巨人太极十六势，到四季轮回往复的生命颂歌，再到核心演出“活力矩阵”高潮秀，展现民企汇聚在一起所产生的“相乘效应”，让参观者充分感受中国民营企业群体的“激情、活力、创新、挑战”，同时，也见证中国民营企业伴随中国经济与社会发展的成长历程。

十四、上汽集团—通用汽车馆

1.展馆概况

上汽集团—通用汽车馆将汽车的设计元素融入造型，形成一个螺旋形上升的圆，高低错落，象征着不断迸发和升腾的能量，展望汽车工业的美好未来。馆内展示了人们对未来城市移动系统的愿景：零排放、零交通事故、远离对石油的依赖、远离交通阻塞、驾乘充满乐趣等。

2.展示内容

步入展馆内部，等待参观者的是全球首创的尖端视觉与动态体验。穿梭时空、直达2030年，参观者将亲身体验未来的汽车与城市交通系统，畅游于触手可及的美好汽车生活画卷中。在这里，人们对于“汽车”和“道路”的概念被彻底颠覆；交通阻塞、空气污染和交通事故，也不复存在。展馆设计将世博会生态理念融入其中，因地制宜地结合世博会举办期间上海地区的气候特点，并在建筑节能环保上进行了探索。此外，新技术、新材料、新工艺的大胆融入，均为建筑的可持续发展作出了有益的尝试。

十五、信息通信馆

1.展馆概况

信息通用馆建筑聚焦“流动的信息”，造型上取消了所有的转角，形成流畅的线条，以此表达“无限沟通”的理念；外墙采用发光设计，多变的色块和光带呈现出流光溢彩的视觉效果，象征无限可能的未来生活画卷。展馆内部借助奇幻的剧场大屏幕展现信息通信技术的应用前景，通过生动形象的故事，向观众展示沟通无限制的未来社会前景。

2.展示内容

信息通信馆围绕“DREAM BIG超越梦想”的核心为观众呈现一段孕育梦想、实现梦想的奇妙旅程，描绘了突破时空、突破物种、突破感官的信息通信未来。前所未有的ICT手持终端互动，结合多维屏幕组合、剧场动感特效，组成世界首创“三位一体”展演方式。展馆分为5个展区，分别是室外等候区、迎宾大厅、剧场一（前展）、无限梦想剧场（主展）以及后展。在室外等候区，参观者可以编辑短信将梦想和祝福发送，这些内容将显示在璀璨的梦想地球仪上。

十六、万科馆2049

1.展馆概况

万科馆以天然麦秸板为建筑材料，由7个相互独立的形似麦垛的筒状建筑组成，外围有超过1000平方米的开放水域环绕。展馆又称“2049”，既暗喻新中国成立100周年的未来，也象征通往未来、蕴含无限可能性的旅程。馆内以白蚁、水、沙尘暴、垃圾和金丝猴五个故事来讲述人、自然和城市相互尊重的关系。

2.展示内容

2049年既意味着一个人的未来，也意味着一个城市、一个国家甚至整个地球的未来。同时，它还象征通往未来的一段旅程，其中蕴含着无限可能。在“蚁穴探险厅”，观众可以到放大了的蚁穴中游历，了解人类如何向自然学习。“生命之树厅”展示了大规模的公益环保行动——中国的退耕还林政策。“莫比斯环厅”描述台北市民通过日常生活中的点滴行动来解决环境问题。“雪山精灵厅”讲述了云南金丝猴在生存空间消失的威胁。

十七、远大馆

1.展馆概况

远大馆采用“天圆地方”的简洁建筑造型，腾空而起的DNA雕塑采用膜结构，在阳光下晶莹透澈。方形的可持续建筑恰如大地，静止稳定地承载着人们的追求和希望。整个展馆离地半米，被立柱“架”在空中，地面的浅水景可完美展示建筑倒影，使建筑显得非常轻巧。展馆外设“盘道”。“盘道”为金属结构，外墙为膜结构。通过“盘道”，可以从4米的高空俯视演出活动后，再进入馆内参观。

2.展示内容

馆内的生命展厅旨探索生命的极限，以健康、长寿为线索，全面解读食物、水、空气和能源等与生命息息相关的元素。

十八、中国航空馆

1.展馆概况

中国航空馆外型源于变幻的“云”，暗示人类遨游蓝天的梦想；又似无限符号“∞”，象征宇宙的无限神秘，为航空发展提供无限可能，也寓意飞行为城市带来的无限变化，展馆昵称“飞无限”也由此而来。展馆外表覆盖洁白的膜材，将“云”的联想带入参观者的眼帘，进而表现“飞”与“翔”的理念，表达人类超越地心引力的喜悦。

2.展示内容

中国航空馆分为2层，包括前展区、主展区、后展区和模拟机体验区。以多媒体、声光电特效等生动有趣的互动体验形式，诠释飞行与城市、生活之间的关系，将参观者带入充满无限梦想、探索无穷奥秘的飞翔之旅。中国航空馆内部展陈设计，紧密围绕航空、城市、未来展开，馆内有很多表现航空未来的元素：从前展区的未来飞行器概念模型，到后展区的LED光学无线网络、未来城市飞行交通网模拟沙盘，以及主展区通过地乘4D展演系统营造的真实飞行体验，展现人类对未来航空的无限梦想。

第九章 案例馆特色

案例馆主要分布在上海世博园E区，共18个，包括汉堡案例馆、成都案例馆、澳门案例馆和温哥华案例馆等。

案例馆主要展示了城市发展概况，通过原型案例、项目的分析，对城市发展过程中的环保技术、节能技术、宜居状况等进行展示。我们根据展馆工作人员介绍和展出情况，主要从展馆概况、案例原型等方面对案例馆进行资料整理。

一、罗阿灯光案例馆

1.展馆概况

法国罗阿大区展示“城市节能照明系统”的规划和建设经验，将绿色照明的最新技术和夜景迷人的艺术效果完美结合，利用不同的灯光组合成一些特别图案，通过灯光的移动和声响来提升视听效果。

2.案例原型

法国罗阿大区在城市规划和生活方式等方面都富有创新精神，尤其集中体现在城市照明系统的发展上。其中，里昂和圣艾蒂安这两座城市的照明规划具有典型的示范意义。

二、汉堡案例馆

1.展馆概况

汉堡馆是一座奇特的建筑，不需要空调和暖气，却能四季保持室内25℃左右的温度，建筑所消耗的外部能源只有普通房屋的10%。这幢高约18米的红砖房，形如4个方向打开的“抽屉”叠放在一起，融居住与办公功能于一体。案例馆里贯穿于各个楼层的一棵三维“愿望树”是创新的参观引导系统，展现德国汉堡居民对未来城市生活的愿望，以及汉堡针对这些愿望做出的回应。多媒体和手动触摸屏等各种互动模块让参观者应接不暇，呈现一个全方位的、立体的汉堡。

2.案例原型

“汉堡之家”案例的原型是位于该市的“港口城(HafenCity)”项目，通过重新设计改造，这一老城区被打造成拥有大量生态型建筑的商

住大型社区，这一项目开始于10年前，目前已完成一半，还需要10年完成全部工程，这也是欧洲最大的城区重建项目之一。

三、成都案例馆

1.展馆概况

中国四川成都的活水公园是一座以水保护为主题的城市生态景观公园，它对社区和公共空间的雨水和污水进行有效收集，通过生物自净功能进行水的处理和循环利用，向人们展示被污染的水体在自然界由“浊”变“清”、由“死”变“活”的过程，诠释活水文化，启迪人们珍惜水资源。该案例充分展示了活水公园建设理念、

运转流程和实践成果，并在原活水公园的基础上有新的提升和发展。

上海世博会城市最佳实践区内的成都“活水公园”案例占地2680平方米，分为4个部分，分别反映自然未被“现代文明”污染前的状况、自然环境被破坏和污染时的状况、水的人工湿地生物净化系统部分和展示河水经过生物净化后的运用状况。展馆中间的“川西小筑”别具川西特色。两个成都造“微晶屏”亮相现场，通过一系列高科技互动媒体展示成都建设现代田园城市新蓝图和统筹城乡综合配套改革试验区成果，以及“宜居”、“宜游”、“宜投资”的城市魅力。

2.案例原型

该案例是微缩版的成都活水公园，其原型是世界上第一座以展示“人工湿地水处理系统”为主要内容、以水保护为主题的城市生态环境

公园，曾获得联合国人居奖。从外形看，成都馆形如一条游在水边的鱼，喻示着人类、水与自然的依存关系。馆内集水环境、水净化、水教育为一体，包括人工湿地生物净水系统、模拟龙门山森林植物群落景观、环境教育中心、亲水互动平台等设施。

四、阿尔萨斯案例馆

1.展馆概况

上海世博会上，该案例被建成一个缩减能源需求的展馆，南立面上的水幕太阳能墙体由电脑自动控制，可以随着室外温度和日照强度的变化自动开闭，既能遮阳降温，又能有效减少能源消耗。

2.案例原型

案例原型为法国阿尔萨斯布克斯韦尔高中的太阳墙，这是一个通过太阳能达成室内舒适性的节能环保建筑范例。

五、罗阿案例馆

1.展馆概况

罗阿馆以“城市环境下的生态能源和可持续家园”为主题，总建筑面积达3500平方米，地下1层，地上4层。丛丛“竹林”中，屋顶绿意盎然，墙外枝繁叶茂，阻挡上海夏季的炎炎烈日。有点渴了?打开任何一个水龙头，接一杯清水都能直接畅饮。有点饿了?去4层，请法国大厨为你烹饪正宗的法式牛排，配一杯红酒，畅快地美餐一顿。餐后可闲庭信步，欣赏法国玫瑰的娇艳欲滴，享受诗情画意的低能耗、高品质生活。这正是上海世博会期间，城市最佳实践区法国罗纳-阿尔卑斯大区案例展示的生活图景。

2.案例原型

来自法国罗阿大区的案例馆共有4层，选用新型天然的建筑原材料——一种完全可以回收利用的焙烧黏土建造。错层设计让空间连通，在方便走动的同时也可以让参观者俯瞰到所有的展示区域。植被覆盖展馆的屋顶，不仅能净化空气、调节气温，还能在下暴雨时延缓落水，并及时排水。

六、澳门案例馆

1.展馆概况

上海世博会上按原型再建的“德成按”，设有“典当业展示馆”、“英雄物展示廊”、“澳门资料馆”等，不仅将原貌重塑和展现，还可以通过多媒体展示告诉参观者“德成按”的历史，以及如何通过修复利用使老当铺变身为“典当博物馆”和“文化会馆”的故事。

2.案例原型

案该例原型是中国澳门有着百年历史老当铺“德成按”，如今它是澳门第一个由政府与民间合作建成的行业博物馆。推门进入“德成按”，身着传统旗袍的服务生微笑地递上一张翻版当票。拿着当票走过印有“德成按”3个大字的红色影壁，可以看到高高的柜台。发挥一下想象，可以感受到当年走入当铺的人踮起脚尖拿着物品和当铺老板讨价还价的场景。在2楼是全球第一家“金庸图书馆”，吸引着世界各地的金庸迷，3楼则是幽雅的茶室，每天都会有不少茶客前往品茶聊天。老当铺、图书馆、茶室，看似简单的组合却凝聚了政府、民间机构、业主3方的努力。

七、麦加米纳案例馆

1.展馆概况

由于朝圣者众多，沙特阿拉伯的米纳山谷成为世界上人口密度最高的地方之一。该案例展示如何在4平方千米的范围内解决300万人的居住问题。帐篷布采用特殊材料，可以防火、挡风、防腐蚀、防滑，使用寿命长达25年，特殊的“太阳光滤镜”仅容许10%的阳光透入帐篷中，确保帐篷内的温度适宜。参观者可以看到帐篷城的总体模型，领略世界上最大的人工蓄水池的独特风貌，了解保护帐篷城免受泥石流和洪灾损害的先进工程。案例馆专门设计了一个位于入口和出口之间的表演区域，为驻足休息的人们献上精彩的演出。

展览分6个区域进行。观众不仅可以看到帐篷城的总体模型，还能通过墙上的全景屏幕欣赏介绍朝觐历史的纪录短片，领略世界上最大的人工蓄水池的独特风貌，以及沙特政府如何解决帐篷城内人民的健康和环境问题。在第四展区，观众可以看到每小时可以容纳50万朝觐者通过的新加马拉大桥模型。而在第六展区，观众可以先睹沙特政府的“未来圣城”规划，其中就包括将由中国和沙特联合兴建的“圣城高速铁路”项目，5条平行的铁路线8小时内将可以运载500万朝觐者。

2.案例原型

“帐篷城米纳”位于圣城麦加附近一个陡峭的山谷里，是迄今为止世界上最大的帐篷城，是世界上人口密度最高的地方之一，这对于住所、环境、基础设施以及人流控制等都形成巨大挑战。为应对挑战，麦加采用新型材料代替传统棉布帐篷，建设世界上最大的蓄水池，配备先进的防火防洪系统和成熟的泥石流预防系统，帐篷城内规划有许多大街和小巷，用多种文字做路标，每个居民点有服务部和诊疗所；城外连接高速公路、立交桥和山中隧道，各种车辆通行无阻。

八、温哥华案例馆

1.展馆概况

加拿大温哥华是世界上最宜居的城市之一，西南部福溪地区曾是1986年温哥华世博会的会址，经过持续规划和开发，不断改进其宜居性，目前已成为温哥华最有活力和最吸引人的地区之一。其东南地区成为2010年冬奥会和残奥会奥运村。上海世博会上，温哥华把冬奥会作为一个案例，展示其如何通过可持续发展实现城市宜居性的经验。

温哥华案例馆向参观者展示了温哥华作为“全球最佳宜居城市”的都市风貌，并介绍了温哥华居民以及他们居住的社区。整栋温哥华馆全部由绿色环保的建筑材料设计建造。这座木结构展馆内的展览品能够让参观者体验到木结构建筑的各种好处。

2.案例原型

温哥华案例馆的直线型部分取自于一种典型的温哥华建筑——木结构混凝土混合结构建筑。这种结构的建筑有出色的保温性能和出色的抗震能力。

九、宁波滕头案例馆

1.展馆概况

中国浙江宁波滕头村是全球唯一入选上海世博会的乡村实践案例。滕头所营造的"村在景中、景在城中"的生活模式，成功实践了一条"以生态促旅游，以旅游养生态"的特色经济发展路径，在中国乡村城市化发展中具有普遍意义。案例外观为一座上下两层、古色古香的江南民居。馆内布置"天籁之音"、"自然体验"、"动感影像"、"互动签名"等特色区域。"天籁之音"的创意来自中国独特的二十四节气文化，参观者在馆内可以听到不同节气的"天籁之音"；在"自然体验"区域，参观者可感受滕头村的生态环境，体验浓郁的乡土气息。

2.设计理念

该馆运用体现江南民居特色的建筑元素，以空间、园林和生态化的有机结合，表现"城市与乡村的互动"，再现全球生态500佳和世界十佳和谐乡村的发展路径，进而凸显宁波"江南水乡、时尚水都"的地域文化，展示生态环境、现代农业技术成就以及宁波滕头人与自然和谐相处的生活。

3.展示内容

在第一展厅的"天籁之音"音效装置区，12个高科技音罩播放出高清晰度的自然之音，表现出中国农历中二十四节气的田园之声。在第二展厅的视觉互动区，游客沿水装置生态模拟墙斜梯步道缓缓向下，便可在两面高墙上，看到300户宁波人家的大型电子相册，每一本都记录着1户人家的今昔变迁。参观者可点击相册，走进感兴趣的宁波人家。在一楼中央演播厅，12台高清投影设备将投放出蓝天白云和快乐的飞鸟，当观众席地而坐，先后有2片8平方米的移动视幕，承载着100名滕头村民手绘的动画作品徐徐而来，两片最终合成一幅16平方米的彩绘动画影视作品。在第二展厅的“动地之情”地动装置区，110平方米的演播厅地面采用气动装置，当观众席地而坐，波浪涌来形成40秒地面波浪变化，波浪平息后天动影像开始，此时地面悄悄隆起几处大小不一的坡峰，形成差落有序的高低座位。观众可选择多种姿势来欣赏头部上方的移动影像和四面墙体中发出的美妙音乐。在第三展厅签名留念区，20台计算机系统和指纹识别系统将引导观众在任意台面手写自己的宝贵意见，该意见或签名将被计算机记录并打印精美的印刷品。

十、西安案例馆

1.展馆概况

大明宫是中国唐朝的政治、经济、文化中心。20世纪50年代起，中国文物工作者开始了大明宫的考古发掘工作，力求在保护历史遗产的同时改善周边生态环境，提高居民生活水平。

这对推动全球范围内文化遗产保护与城市生活的和谐共生具有典型的示范作用。馆内巨型弧幕电影与雾幕成像系统一起带领参观者展开一段奇幻的空中旅程，3D特效让人仿佛置身1300年前的盛唐王朝皇宫中。参观者还可通过“自驾车漫游大明宫”、“大明宫探宝游戏”等互动系统，直观感受大明宫与中国古都西安的文化内涵。

2.案例原型

唐·李华《含元殿赋》云：左翔鸾而右栖凤，翘两阙而为翼。根据考古发掘资料和建筑历史学家已有的复原研究，上海世博园西安大明宫的案例依照大明宫主殿——含元殿西翼的栖凤阁为蓝本，以唐代阙楼建筑艺术的代表“三出阙”形式为设计思路，外形古朴雄浑。

十一、上海案例馆

1.展馆概况

里弄、山墙、老虎窗、石库门、花窗等上海地域传统建筑元素，穿堂风、自遮阳、自然光、天井绿等上海本土生态语汇，加上“大都会”、“大上海”等高密度城市描绘，与夏三伏、冬三九、梅雨季等气候特征，绘就上海城市建筑印象。用15万块上海旧城改造时拆除的旧石库门砖头砌成，集生态智能技术于一身的建筑——

“沪上·生态家”，这座立足上海的城市、人文、气候特征，通过“风、光、影、绿、废”5种主要“生态”元素的构造与技术设施的一体化设计，展示了未来“上海的房子”。

2.案例原型

“沪上·生态家”的原型是位于上海市闵行区的我国第一座生态示范楼。作为国内首座“零能耗”生态示范住宅，该建筑的一大优点是高效利用太阳能，屋顶上巨大的太阳能光热设备可为整幢楼提供能源。

十二、欧登塞案例馆

欧登塞案例馆展区的中央区域会举办各种互动活动，比如开设培训儿童骑车的自行车学校等。展区内修建了一条示范性的自行车道，设置相关交通控制装置，并实施模拟的交通管制规则。欧登塞为城市最佳实践区提供一批自行车作为区内交通工具，参观者可以骑车游览，亲身感受环保的自行车交通方式。

十三、伦敦案例馆

1.展馆概况

伦敦馆案例原型取自世界上第一个零二氧化碳排放的社区贝丁顿（BedZED）零碳社区。建成于2002年的贝丁顿社区拥有包括公寓、复式住宅和独立洋房在内的82套住房，另有大约2500平方米的工作空间。每套住宅都配有露天花园或阳台，体现了住宅高密度与舒适生活的完美融合。社区位于英国伦敦南部，距市中心20分钟车程，它的建成为可持续建筑创造了新的标准。

2.案例原型

伦敦案例馆以贝丁顿零碳社区为原型，结合上海的气候特征，通过节能设施减少对能源的需求，并采用可再生能源实现二氧化碳零排放。馆内设有零碳报告厅、零碳餐厅、零碳展示厅和6套不同风格的零碳样板房。

十四、马德里案例馆

1.展馆概况

马德里馆以“马德里是你家”为宣传口号，“竹屋”保留了各种户型的居住单元，分隔为6个永久展厅和一个临时展厅，并冠以门房、过厅、卧式、卫生间、厨房、阳台等名字，使每一个进入展馆的参观者都能有宾至如归的感觉。通过展示，竹屋要向观众传达马德里通过城市改建和住房保障项目，改善生活质量，增添城市活力。

2.案例原型

在过去的十几年中，西班牙马德里市政府进行了欧洲规模最大的社会住宅建设，以“竹屋”和“空气树”为代表的可再生能源、新型环保材料、先进的生态技术以及有效的建造流程在建设中得到广泛应用。

十五、案例联合馆一

参展城市	展示主题
苏州案例	苏州古城保护与更新
威尼斯案例	威尼斯历史遗产保护和利用的最佳实践
利物浦案例	利物浦历史遗产保护与再利用
杭州案例	以西湖为核心的“五水共导”治水实践造就“品质杭州”
本地治里案例	面向经济和环境发展目标的遗产保护实践：“亚洲城市项目”

十六、案例联合馆二

参展城市	展示主题
蒙特利尔案例	圣米歇尔区的环境复合工程——一个世界级的最佳实践
不来梅案例	从知识到创新：城市交通解决方案
弗莱堡案例	弗莱堡沃邦居住区：旧军营生态改造范例
广州案例	城市建设可持续发展——水环境治理行动
艾哈迈达巴德案例	艾哈迈达巴德的城市管理倡议

十七、案例联合馆三

参展城市	展示主题
鹿特丹案例	水城鹿特丹
圣保罗案例	清洁城市法案
天津案例	中国天津市华明示范小城镇
杜塞尔多夫案例	经济发展与生活方式共生： 宜居家园和可持续发展作为城市的战略目标和成就
阿雷格里港案例	基于地方社会共识的管治实践：促进社会融合战略
开罗案例	历史老城复兴的一体化模式
亚历山大案例	亚历山大城市发展战略
首尔案例	首尔文化经济
博洛尼亚案例	博洛尼亚的文化创意产业发展和社会包容政策
深圳案例	深圳大芬村：一个城中村的再生故事

十八、案例联合馆四

布拉格案例	现代都市的历史遗产保护
马尔默案例	旧工业城市的可持续发展项目
日内瓦、苏黎世、巴塞尔案例	改善水质，让城市生活更美好
大阪案例	环境先进城市·水都大阪的挑战
毕尔巴鄂案例	毕尔巴鄂古根海姆美术馆：城市战略中引领项目
巴黎/巴黎大区案例	一条母亲河、一处名胜地、一种生活态度
北京案例	国奥村
巴塞罗那案例	巴塞罗那市中心老城区；巴塞罗那新创新城区
香港案例	智能卡、智能城市、智能生活
伊兹密尔案例	“城市沟渠再造”：伊兹密尔的城市排污工程
台北案例	迈向资源循环永续社会的城市典范； 台北无线宽带——宽带无限的便利城市

十九、案例联合馆五

参展城市	展示主题
巴黎大区案例	城市的可持续发展：策略与治理；打造未来的历史城市； 恢复与发展可持续城市的遗产
布雷斯特案例	海洋世界博览会
波恩-布卡拉案例	节能从学校抓起
卢克索案例	从古墓到新城以及卡纳克神殿开发治理工程
旧金山案例	全球变暖：通过姐妹城市合作，为国家模型探求本地方案”
维多利亚案例	未来的教室
弗洛茨瓦夫案例	悠闲城市
罗萨里奥案例	罗萨里奥市河滨公共区域的建设管理
汉诺威案例	展示10年后康斯伯格地区
延边案例	东北亚的绿色生态“金三角”，多民族的和谐幸福大家园
东莞案例	松山湖：制造名城可持续发展的引擎
广州案例	宜居家园建设——青山绿地行动
佛山案例	文明传承的佛山模式——陶文化在佛山的现在、过去、将来
中山案例	博爱·和谐 让城市生活更美好
乌镇案例	中国-乌镇历史遗产保护和实践
昆山案例	四韵昆山，生态导向持续城市活力

续上表

参展城市	展示主题
扬州案例	扬州古城保护
周庄案例	水"洗"出来的"第一"水乡
厦门案例	温馨城市·海上花园
唐山案例	唐山市南部采煤沉降区生态治理工程
鹿特丹案例	水城鹿特丹
香港案例	智能卡、智能城市、智能生活
不来梅案例	从知识到创新：城市交通解决方案
欧登塞案例	自行车的复活
罗阿案例	城市环境下的环保能源和可持续家园；城市节能照明系统
巴塞罗那案例	巴塞罗那新创新城区

Volume III

【第三卷】

2020中国各类城市话语权

Discourse Power of Various Cities in China in 2020

第一章 城市发展综述

截至2009年底，中国行政单位总数达到了44083个，其中省级行政单位34个，地级行政单位333个，县级行政单位2858个，乡级行政单位达40858个。本章从中国城市的行政层面，对中国城市进行了8级划分，从中国城市发展格局，2010年中国城市发展现状，中国城市发展环境及城市经营战略方面，对中国多级城市、中心城市、城市群进行分析，为2020中国城市发展做铺垫。

第一节 2009年中国城市发展格局

一、中国行政区划统计

图表3－1 中国行政区划统计

行政单位	所包含的行政单位
34个省级行政区	4个直辖市、23个省、5个自治区、2个特别行政区
333个地级行政区划单位	283个地级市、17个地区、30个自治州、3个盟
2858个县级行政区划单位	855个市辖区、367个县级市、1464个县、117自治县、49个旗、3个自治旗、2个特区、1个林区
40858个乡级行政区划单位	2个区公所、6686个街道、19322个镇、13653个乡、1098个民族乡、6个苏木、1个民族苏木

资料来源：行政区划网，截至2009年底。

二、万国机构城市集团与话语权战略、愿景

中国的城市从行政层面讲有6级城市：城镇、中心城镇、中等城市、地级市、副省级城市和直辖市6级，但仅靠这远远不能认识中国城市的划分。住建部的中心城市划分也不能反映中国

城市发展状况。万国城市经济研究院（以下简称“万国城研院”）综合国外发展情况和结合中国案例，院长王廉2008年在暨南大学出版社出版了《全球城市集团与中国城市的国际化》一书，基本上阐述了国内外城市发展现状。

1.国家中心城市集团

从区位与实力看，中国的城市在脱离了“行政级别”之后，城市作为一个综合实体集团，正成为区域的中坚力量。王廉认为，中国正在以城市集团主导经济社会发展，地级以上城市集团经济总量已占GDP65%以上（2009年）。

（1）国家中心城市集团的划分与话语权

参考住建部“中国城市体系规划”与王廉先生《国家中心城市层级与政策制度》（《城市观察》2009）一文，目前可以纳入国家中心城市的不下10个。

大区域级（一级）：北京、上海、香港、广州、台北、重庆、武汉、天津。

区域级（二级）：哈尔滨、长春、沈阳、大连、呼和浩特、包头、济南、青岛、郑州、合肥、南京、苏州、杭州、宁波、南昌、福州、厦门、深圳、海口、南宁、昆明、贵阳、成都、拉萨、西宁、乌鲁木齐、兰州、西安、长沙、石家庄等。

（2）国家中心城市的作用

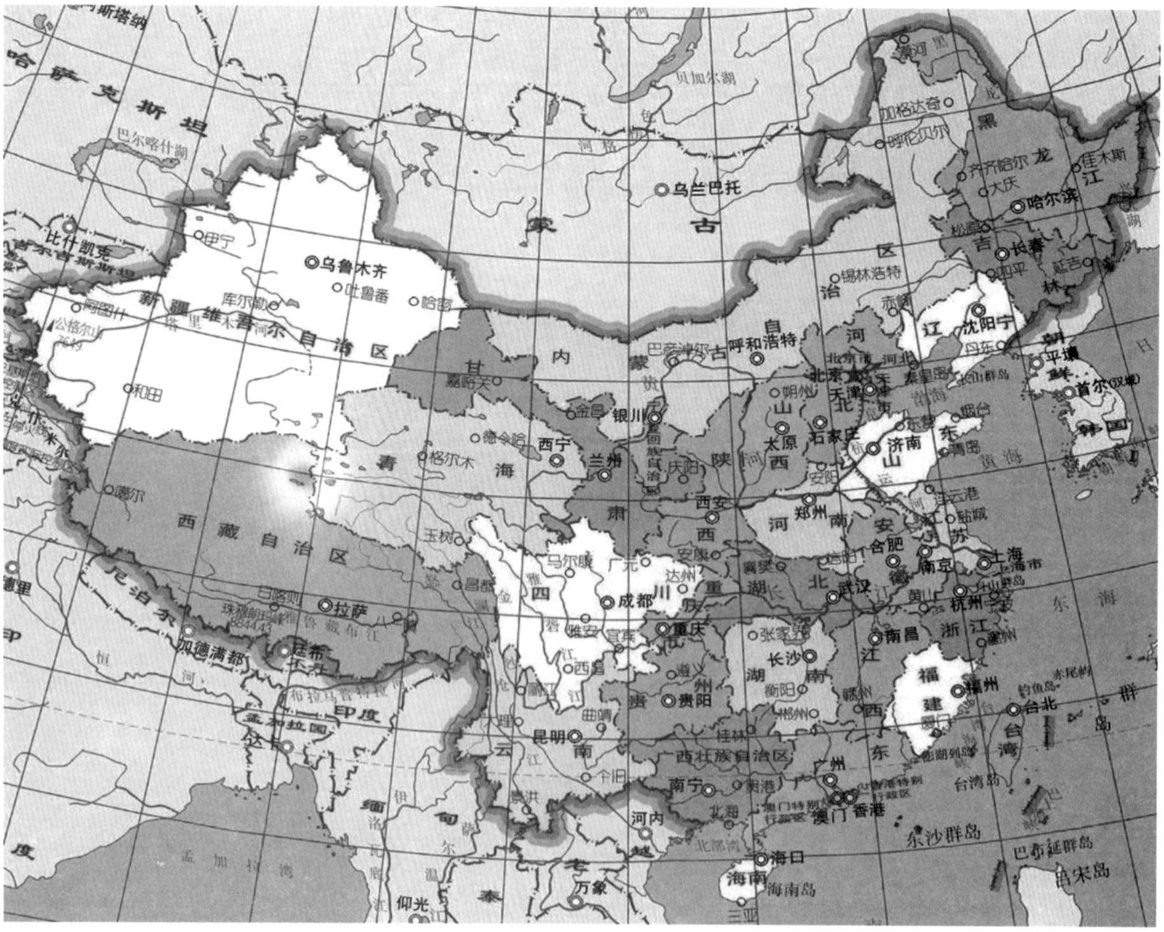

图表3-2　中国行政版图

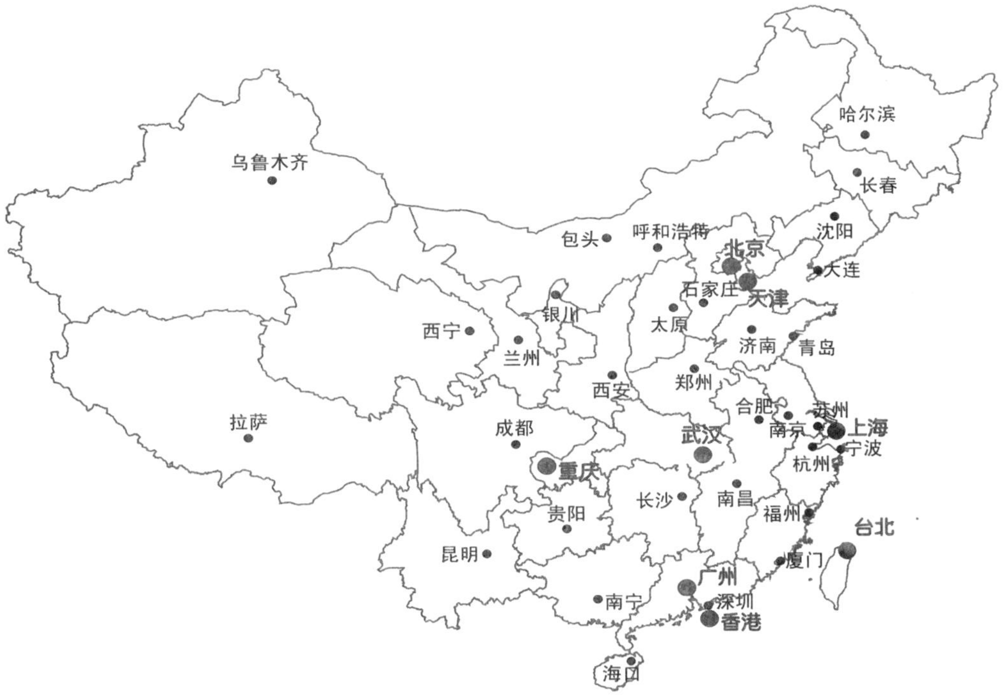

图表3－3　中国行政版图

注：●为国家一级中心城市，•为国家二级中心城市。

万国城研院认为，一级区域城市集团8个，是国家核心实力的基础，也是中国参与世界竞争的城市政治经济体。二级城市集团30个，是国际区域级的经济服务中心，也是参与国际区域竞争的实体。国家应当广泛征求意见，在项目布局、实施等方面给予统筹考虑。

2009年，一级城市集团财政收入超过2万亿元，航空客流量约2.4亿，占全国40%以上，形成了中国的交通、政治、经济枢纽。

二级城市集团，是各省市区的经济文化中心，2009年二级城市集团航空客流量也占全国40%以上，财政收入超过1.5万亿，以此，也是当之无愧的城市中坚力量。

一、二级城市集团已占全国财政收入70%（含央企）以上，航空客流量80%以上，铁路、公路物流的60%以上，金融贸易的70%以上。

因此，一、二级国家中心城市要进行资源配置，比如凡二级城市，要有3000万客流量的机场、设施，有高铁通达，有科技城等；不少于一个国家级产业园、2所知名大学；要有创意中心等。

图表3－4　万国城研院“38国家中心城市”一览表

类别	一级国家中心城市（8个）	二级国家中心城市（30个）
城市	北京、上海、香港、广州、台北、重庆、武汉、天津	哈尔滨、长春、沈阳、大连、呼和浩特、包头、济南、青岛、郑州、合肥、南京、苏州、杭州、宁波、南昌、扬州、厦门、深圳、海口、南宁、昆明、贵阳、成都、拉萨、西宁、乌鲁木齐、兰州、西安、长沙、石家庄

续上表

类别	一级国家中心城市（8个）	二级国家中心城市（30个）
经济地位（现状）	早在2000年，全球GDP的90%就已由城镇生产。而这90%中，又有50%以上由国家中心级别城市生产。国家一级中心城市是在全国具备引领、辐射、集散功能的城市，这种功能表现在政治、经济、文化等诸多方面。它们在综合经济能力、科技创新能力、国际竞争能力、辐射带动能力、交通通达能力、信息交流能力以及可持续发展能力等方面具有突出的作用和优势。就国内来说，国家一级中心城市对国家总体经济发展具有较强的影响力和牵引力，决定着国家的经济地位；从国际方面来看，国家一级城市是中国经济联通国内和接轨世界经济的桥梁以及人流、物流、信息流的国际门户性枢纽，是国家参与国际竞争的主体	二级国家中心城市相当于区域中心城市，是在各省域发展中具有主导作用的城市，这些城市在推动地区城市圈发展方面扮演主要的角色，对一级国家中心城市的发展具有重要的协助作用，是地方竞争的核心，是地区经济资源导向的引力区，对城市圈主体具有重要的支撑作用
至2020国家资源配置	人口达到1500万以上；GDP达到3000亿美元，人均GDP达到20000美元；一个国家级会展中心；至少建成一个国家新兴战略产业基地；研发经费投入占GDP的比重达到3%左右；对外贸易额达到2000亿美元以上；建成一个以上的国际水平的大学；具有一个国际机场；具有10个以上的领事馆；城市化率在70%以上；服务业占GDP的比重在70%以上；现代服务业占服务业的比重在60%以上	人口达到1000万以上；GDP达到2000亿美元；人均GDP达到15000美元；研发经费投入占GDP的比重达到2%左右；至少有一个国内名牌大学、一个国家级的科研机构和实验室；城市化率在70%以上；服务业占GDP的比重在70%以上；现代服务业占GDP的比重在40%以上
2020年愿景	国家一、二级中心城市规划和发展，要认真慎重，要根据不同区域与人口，到2020年，真正从科学发展迈向“可持续发展”	

2.国家重点城市集团与话语权

2009年，国家民政部公布的地级市为283个。在中国，地级市是十分重要的城市，它的承上启下作用尤为特别：对上是对省级服务，对下提供综合服务。从中国实际发展看，地级市无论如何改革，已经成为中国第三种城市集团（相对国家中心一二级城市）。

（1）地级市城市集团划分

图表3－5 中国地级市（283个）

地区	省级行政单位	地级市
华北地区	河北省（11个）	石家庄市、唐山市、秦皇岛市、邯郸市、邢台市、保定市、张家口市、承德市、沧州市、廊坊市、衡水市
	山西省（11个）	太原市、大同市、阳泉市、长治市、晋城市、朔州市、忻州市、吕梁市、晋中市、临汾市、运城市
	内蒙古自治区（9个）	呼和浩特市、包头市、乌海市、赤峰市、呼伦贝尔市、通辽市、乌兰察布市、鄂尔多斯市、巴彦淖尔市
东北地区	黑龙江省（12个）	哈尔滨市、齐齐哈尔市、牡丹江市、佳木斯市、大庆市、伊春市、鸡西市、鹤岗市、双鸭山市、七台河市、绥化市、黑河市
	吉林省（8个）	长春市、吉林市、四平市、辽源市、通化市、白山市、白城市、松原市
	辽宁省（14个）	沈阳市、大连市、鞍山市、抚顺市、本溪市、丹东市、锦州市、葫芦岛市、营口市、阜新市、辽阳市、盘锦市、铁岭市、朝阳市
华东地区	江苏省（13个）	南京市、无锡市、徐州市、常州市、苏州市、南通市、连云港市、淮安市、盐城市、扬州市、镇江市、泰州市、宿迁市

续上表

地区	省级行政单位	地级市
华东地区	浙江省（11个）	杭州市、宁波市、温州市、绍兴市、湖州市、嘉兴市、金华市、衢州市、台州市、丽水市、舟山市
	安徽省（17个）	合肥市、芜湖市、蚌埠市、淮南市、淮北市、铜陵市、安庆市、黄山市、阜阳市、宿州市、滁州市、六安市、宣城市、巢湖市、池州市、亳州市、马鞍山市
	江西省（11个）	南昌市、赣州市、宜春市、吉安市、上饶市、抚州市、九江市、萍乡市、新余市、鹰潭市、景德镇市
	山东省（17个）	济南市、青岛市、淄博市、枣庄市、东营市、烟台市、潍坊市、济宁市、泰安市、威海市、日照市、滨州市、德州市、聊城市、临沂市、菏泽市、莱芜市
	福建省（9个）	福州市、莆田市、泉州市、厦门市、漳州市、龙岩市、三明市、南平市、宁德市
华中地区	河南省（17个）	郑州市、开封市、洛阳市、安阳市、鹤壁市、新乡市、焦作市、濮阳市、许昌市、漯河市、三门峡市、商丘市、周口市 、驻马店市、南阳市、信阳市、平顶山市
	湖北省（12个）	武汉市、黄石市、十堰市、荆州市、宜昌市、襄樊市、鄂州市、荆门市、黄冈市、孝感市、咸宁市、随州市
	湖南省（13个）	长沙市、株洲市、湘潭市、衡阳市、邵阳市、岳阳市、益阳市、常德市、娄底市、郴州市、永州市、怀化市、张家界市
华南地区	广东省（21个）	广州市、深圳市、珠海市、汕头市、佛山市、韶关市、湛江市、肇庆市、江门市、茂名市、惠州市、梅州市、汕尾市、河源市、阳江市、清远市、东莞市、中山市、潮州市、揭阳市、云浮市
	广西壮族自治区（14个）	南宁市、柳州市、桂林市、梧州市、北海市、崇左市、来宾市、贺州市、玉林市、百色市、河池市、钦州市、防城港市、贵港市
	海南省（2个）	海口市、三亚市
西南地区	四川省（18个）	成都市、绵阳市、自贡市、泸州市、德阳市、广元市、遂宁市、内江市、乐山市、资阳市、宜宾市、南充市、达州市、雅安市、广安市、巴中市、眉山市、攀枝花市
	贵州省（4个）	贵阳市、六盘水市、遵义市、安顺市
	云南省（8个）	昆明市、昭通市、曲靖市、玉溪市、普洱市、保山市、丽江市、临沧市
	西藏自治区（1个）	拉萨市
西北地区	陕西省（10个）	西安市、宝鸡市、咸阳市、铜川市、渭南市、汉中市、安康市、商洛市、延安市、榆林市
	甘肃省（12个）	兰州市、金昌市、白银市、天水市、酒泉市、张掖市、武威市、定西市、陇南市、平凉市、庆阳市、嘉峪关市
	青海省（1个）	西宁市
	宁夏回族自治区（5个）	银川市、石嘴山市、吴忠市、固原市、中卫市
	新疆维吾尔自治区（2个）	乌鲁木齐市、克拉玛依市

（2）地级市的地位

据初步统计，2009年，地级市的GDP占30%左右，如果剔除国家中心城区，虽然占的份额已大为缩小，但地级市提供的公共服务和责任，比如医疗等，已超过或等同于一、二级国家中心城市。也就是说，中国地级市承担的公共服务和财政收入不成正比，事权大，财权小，国家应当加快改革，提高地级市的国家公共设施投入。由于体制原因，目前国家对地级市基本上没公共性投入，而地级市在中技、科技服务、医疗、文化服务上却承担了全国近一半的服务和责任。

（3）国家应有的态度

加快建设国际性地级市公共财政制度，使之服务扩大，为每个地级市办好不少于1所医学院校、1个国家图书馆、1个医疗救助中心、1个就业实验中心、1个生态经济区，允许发展100～300平方千米中心城市（全市人口1／2确立中心城区面积）；给予相应的政策等，把地级市作为地方性区域的重点城市集团打造。

图表3－6　万国城研院“283地级城市集团”一览表

类别	全国地级市城市集团	至2020年国家资源配置
	总计283个	至少有：1所医学院校、1个国家级特色图书馆、1个生态经济区、1个综合性机场、1个火车站、1个国家级工程中心、1个科技中心（区域级）、1个应急医疗救助中心、1个就业实验中心、1个生物多样性中心
2020	可能会产生一定分化，分成一二级乃至三级重点城市集团。在规划中尤要注意国家资源配置的公平性。	

3.**城镇集团与话语权**

这里讲的城镇集团为2类，一类是小城市到中心城镇，另一类为小城镇。2009年，中国有中小城市204个，城镇（乡）总计32975个（19322个镇、13653个乡），其中中心镇约占1／10左右。中国的城镇化2009年已达到45%，估计2020—2030年达65%以上。城镇化造成了2000万妇女留守、3000万儿童留守、5000万老人留守。这种代价今后10年在打工族子女的教育、农村土地改革等方面均易产生重要影响。

（1）中心城镇

中国的中心城镇约3000个（含小城市），它们在中国经济总量虽不大，但人口比较多、具有重要服务功能。它的财政少，供养人口多；权力小，事权多；老百姓收入少，贫者多；公共服务少，城市生活质量不高；问题不少，解决的措施不多。万国城研院称为“三留守”（儿童、妇女、老人）、“五少五多”和“六大问题”，简称356，反映了国家应当重视中心城镇。

图表3－7　万国城研院的中心城镇356问题一览表

类别	内容表述	2020年目标
三留守	留守儿童、留守妇女、留守老人	基本解决上述问题
五少五多	财政少，供养人口多；权力小，事权多；老百姓收入少，贫者多；公共服务少，城市生活质量不高；问题不少，解决的措施不多	
六大问题	城镇规模、城乡产业、城乡新区、城乡统筹、城乡生态、城乡就业	

（2）小城镇

根据2009年中国城镇（乡）划分，小城镇占了绝大多数，达35000个以上。这些小城镇地域广、人口多，但财力不足，公共服务设施落后，事权不少，这种“反差”正导致广大边远地区能享受的改革成果越来越少。

（3）政策建设

一是国家应当将中心城镇、小城镇在空间、国土开发、公共投入等方面纳入“国家计划”，省市一级也要统筹规划，不然很对不起老百姓，中国的内需也挂不住，消费经济成不了主导。基本意见是对这一级城镇，国家要出资采购咨询公司产品，为每个城镇做好综合发展规划；二是要为每个乡镇建好一所社区医院和综合医院，使之有服务能力。省市要助他们建图书馆，国家经济补贴。还要在经济、社会发展方面有统筹的规划，争取到2020年基本解决上述问题。

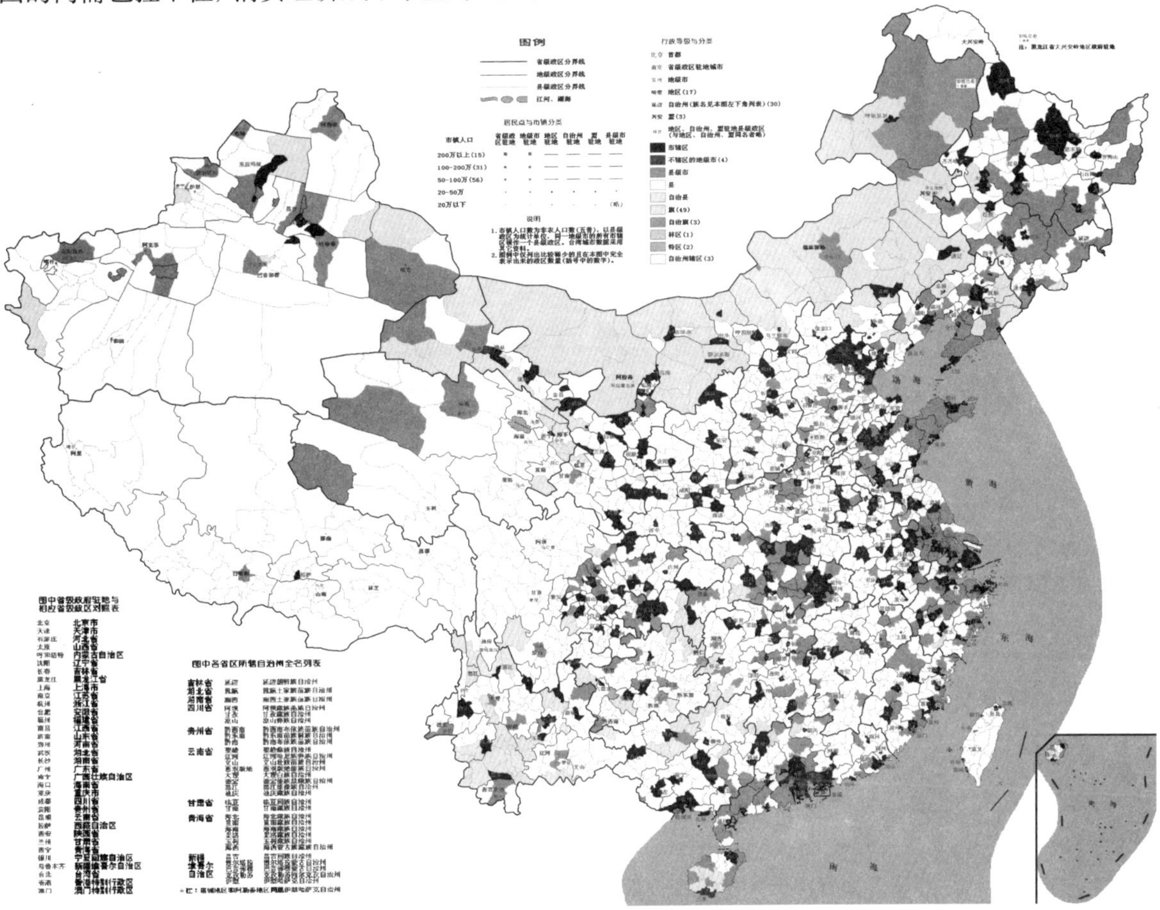

图表3－8　中国县级以上城市分布图

第二节　2010年中国城市现状

一、城市群发展

1.城市群发展概况

城市群是在特定的区域范围内云集相当数量的不同性质、类型和等级规模的城市，以1个或2个特大城市为中心，依托一定的自然环境和交通条件，城市之间的内在联系不断加强，共同构成一个相对完整的城市“集合体”。

目前，我国形成了十大城市群：京津冀、长三角、珠三角、山东半岛、辽中南、中原、长江中游、海峡西岸、川渝和关中城市群。其中京津冀、长三角、珠三角三大城市群在未来20年仍将主导中国经济的发展。

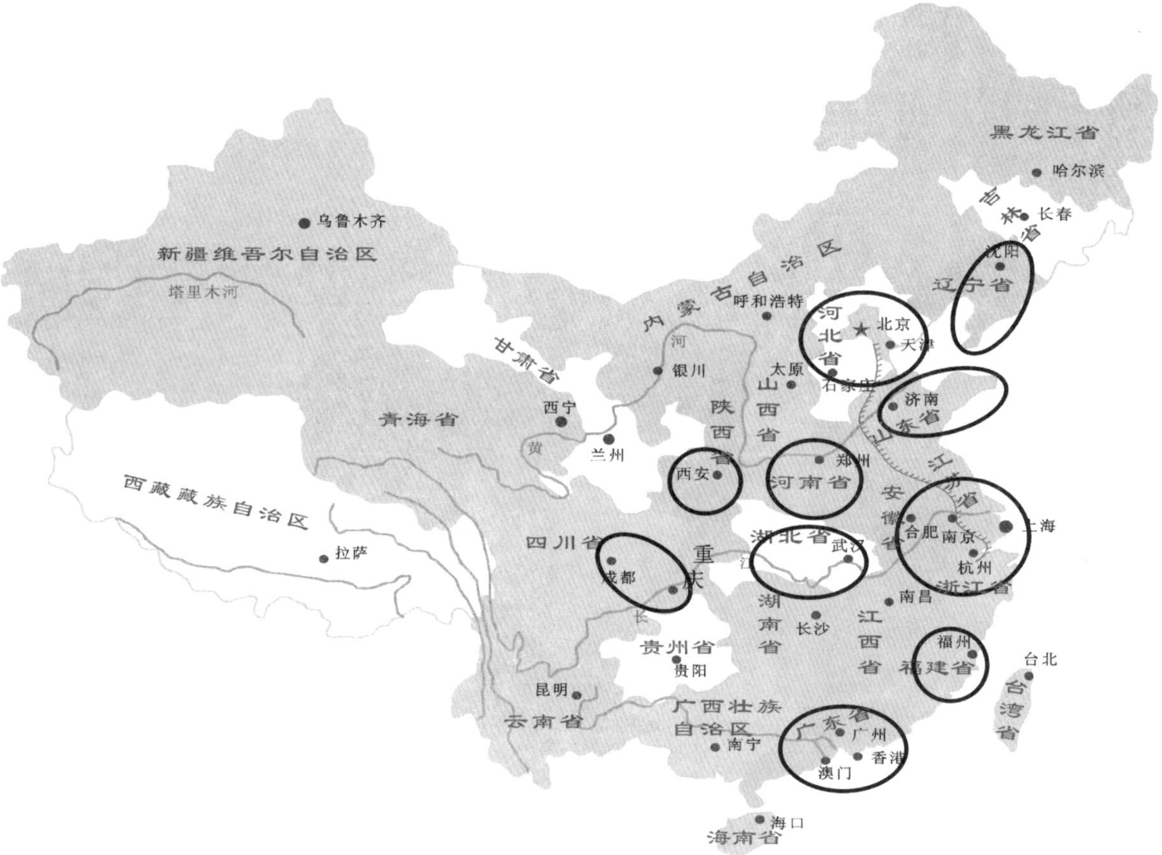

图表3-9　中国十大城市群

2.中国十大城市群发展现状

20世纪90年代，中国经济的显著特征是长江三角洲、珠江三角洲和京津冀三大城市群不仅发展速度快，而且经济规模占全国的比重越来越高，成为中国经济发展的引擎。未来20年，长三角的腹地将继续扩大，浙江大部分、江苏大部分、安徽一部分地区都将进入城市群的范围。珠三角地区将和香港、澳门实现区域经济一体化，其优势更大，辐射力更强。京津冀城市群中的各大城市特色和优势十分明显，互补作用强，北京具有政治、文化和高科技的优势，天津具有港口和制造业的优势，石家庄具有商贸业的优势。尤其是天津滨海新区的开发开放成为国家战略，对城市群发展的影响更大。一旦突破行政的藩篱，发展的潜力就会迅速释放出来。可以肯定，三大城市群在未来20年仍将主导中国经济的发展。

山东半岛城市群以济南、青岛为中心，包括烟台、潍坊、淄博、东营、威海、日照等城市。发挥临海和靠近日、韩的区位优势，制造业和农产品加工业发展势头很猛，带动了山东全省的发展。随着城市群对外辐射力的增强，城市群的范围将不断扩大。

辽中南城市群以沈阳、大连为中心，包括鞍山、抚顺、本溪、丹东、辽阳、营口、盘锦、铁岭等城市。该地区城市高度密集、大城市所占比例最高。沈阳是东北和内蒙古东部的经济、交通和信息中心，全国最大的综合性重工业基地。大连是东北亚地区重要的国际航运中心，东北地区最大的港口城市和对外贸易口岸。辽中南地区工业化起步已近70年，在工业化推动下形成了中部城市密集圈和沈大城市走廊。近年来，逐步形成了以沈阳、大连为中心，以长大、沈丹、沈山、沈吉和沈承五条交通干道为发展轴线的城镇布局体系，提高了地区城市化水平。

中原城市群以郑州、洛阳为中心，包括开封、新乡、焦作、许昌、平顶山、漯河、济源在内共9个省辖(管)市。中原城市群位于河南省中部地区，依托中原这块肥沃的土地，孕育了若干个中外闻名的大都市，如洛阳、开封、许昌等，几经兴废，其风韵犹存。郑州虽是后起的城市，由于其得天独厚的交通优势，得以后来居上，成为中原城市群的中心。区域内人口密度达665人／平方千米，是我国人口密度最大的区域之一。各城市发展势头强劲，经济联系日益紧密，基本形成了以郑州为中心、1个半小时通达的交通网络，具备了一体化发展的基础和条件。

长江中游城市群以武汉为中心，还包括黄石、鄂州、黄冈、仙桃、潜江、孝感、咸宁、天门、随州、荆门和荆州和河南省的信阳、江西省的九江和湖南省的岳阳，其中，12个为地级城市，3个为省直辖县级市。目前区域内部已形成一定的经济联系，随着武汉市综合经济实力的增强，区域内的经济联系将更加紧密。武汉号称九省通衢，东西有长江黄金水道，南北有京广铁路，经济实力和辐射影响力都很强。长江中游城市群将是我国具有优越的区位条件、交通发达、产业具有相当基础、科技教育资源丰富的城市群之一，在我国未来空间开发格局中，具有举足轻重的战略地位和意义。

海峡西岸城市群以福州、厦门市为中心，包括漳州、泉州、莆田、宁德4市。福州是福建省的省会，厦门则是我国改革开放后中央确定的四大经济特区之一，吸引了大量台商的投资，经济总量迅速扩大。海峡西岸城市群与台湾隔海相对，既是开展对台合作，促进和平统一的基地，又可在合作中加快发展。加快海峡西岸经济区建设，将进一步促进海峡两岸经济紧密联系，互利共赢，推进祖国统一大业。

川渝城市群是以重庆、成都2市为中心，包括自贡市、泸州市、德阳市、绵阳市、遂宁市、内江市、乐山市、南充市、眉山市、宜宾市、广安市、雅安市、资阳市14个地级市和渝西经济走廊等县市。从城市等级体系来看，除了成都和重庆为特大城市以外，自贡、绵阳、南充为大城市，雅安、资阳为小城市，其他城市为中等城市。重庆市是四大直辖市之一，直辖后城市规模迅速扩大，经济实力不断增强，其对周边的辐射力也在增强。成都是四川省的省会城市，城市发展也很快。未来，要继续完善城市之间的交通体系建设，加大核心城市的辐射效应，使城市群的一体化程度进一步提高。

关中城市群是以西安为中心，包括咸阳、宝鸡、渭南、铜川、商州等地级城市。关中是中华民族的发祥地，周、秦、汉、唐均建都于此。关中城市群是陕西经济的核心区。经历建国以来

50余年的建设开发、改革开放，而今已成为我国西部地区唯一的高新技术产业开发带和星火科技产业带，是西北乃至西部地区的比较优势区域。新中国成立以来，关中一直是全国生产力布局的重点区域，在全国区域经济战略格局中定位为陕西乃至西北地区的重要生产科研基地。形成了高等院校、科研院所、国有大中型企业相对密集且能够辐射西北经济发展的产业密集区，在全国区域经济发展中占有重要地位。

据统计，上述十大城市群的土地面积占全国总面积的9.99%，2005年，人口所占比重为35.02%，而GDP所占比重为52.83%。也就是说，十大城市群以不到十分之一的土地面积，承载了三分之一以上的人口，创造了二分之一以上的GDP。

未来20年，长三角的腹地将继续扩大，浙江大部、江苏大部、安徽一部分地区都将进入城市群的范围。珠三角地区将和香港、澳门实现区域经济一体化，其优势更大，辐射力更强。京津冀城市群中的各大城市特色和优势十分明显，互补作用强，北京具有政治、文化和高科技的优势、天津具有港口和制造业的优势，石家庄具有商贸业的优势。尤其是天津滨海新区的开发开放成为国家战略，对城市群发展的影响更大。

以长株潭为中心的湖南中部；以长春、吉林为中心的吉林省中部；以哈尔滨为中心的黑龙江中北部；以南宁为中心的北部湾地区；以乌鲁木齐为中心的天山北坡地区等都有希望发展成为新的规模较大的城市群。

二、国家中心城市与区域中心城市

1.国家中心城市

(1) 中心城市的地位和作用

中心城市是指在一定区域内和全国社会经济活动中处于重要地位、具有综合功能或多种主导功能、起着枢纽作用的大城市和特大城市。

中心城市的城市性质以多职能综合性为主，除包括生产、服务、金融和流通等作用外，大多是政治和行政管理中心、交通运输中心、信息与科技中心和人才密集之地。按其影响范围大小，分为全国性、区域性和地方性等不同等级。

国家中心城市，就是在全国具备引领、辐射、集散功能的城市，这种功能表现在政治、经济、文化诸方面。国家根据七大指标：综合经济能力、科技创新能力、国际竞争能力、辐射带动能力、交通通达能力、信息交流能力、可持续发展能力确定中国五大国家级中心城市为北京、天津、上海、广州、重庆。

2009年2月，在城乡建设部编制的《全国城镇体系规划》中，重庆跻身国家五大中心城市。在五个中心城市中，上海是东部的中心，北京、天津是北方地区和环渤海地区的中心，广州是珠三角地区的中心，重庆则是中西部唯一的中心。

(2) 国家中心城市的功能定位

中心城市的确立有助于中国城市圈的建设和发展，为中小城市协调分工的定位选择具有重要的指导意义，对国家整体城市化进程具有重要的推动作用。

图表 3－10　五大国家中心城市的功能定位

城市	功能定位
北京	中国首都，全国政治、经济、交通和文化中心，是全球拥有世界文化遗产最多的城市
天津	中国北方的经济中心，国际港口城市。位于环渤海经济圈的中心，是中国北方最大的沿海开放城市，中国北方的海运与工业中心。天津滨海新区被誉为“中国经济未来第三增长极”
上海	中国第一大城市，是中国大陆的经济、金融、贸易和航运中心。拥有中国最大的工业基地、最大的外贸港口
广州	我国华南地区第一大城市，华南地区政治、经济、科技、教育和文化中心；中国最重要的交通枢纽之一
重庆	中国长江上游地区经济和金融中心，内陆出口商品加工基地和扩大对外开放的先行区，中国重要的现代制造业基地，长江上游科研成果产业化基地，中西部地区发展循环经济示范区，国家高技术产业基地，长江上游航运中心，中央实行西部大开发的开发地区以及国家统筹城乡综合配套改革试验区

2.区域中心城市

区域中心城市就是在一定的地域范围内，以城市体系为依托，经济发达、功能完善，具有较强的聚集力、辐射力和综合服务能力，以市场对资源的合理配置为基础，通过支撑、示范、关联和磁场作用，能够引导和带动区域经济快速发展的城市，也是区域经济的增长中心、枢纽中心和文明辐射中心。

《GN 中国区域中心城市评价指针体系》通过城市在区域中的经济发展水平、产业发展水平、基础设施建设水平、金融业发展水平、科教发展水平、综合服务能力、区域辐射力、区域聚集力等指针进行衡量。

2009 年 4 月 8 日通过的《武汉市城市总体规划（2010—2020 年）》中，国务院明确指出，武汉是“国家历史文化名城，中国中部地区的中心城市，全国重要的工业基地、科教基地和综合交通枢纽”。标志着武汉上升为“中国中部地区的中心城市”。

图表 3－11　2009 年中国区域中心城市排行榜

序号	经济区域	中心城市
1	泛珠“9+2”经济区	香港、广州
2	长三角经济区	上海
3	珠三角经济区	广州、深圳
4	环渤海经济区	北京 、天津
5	海峡西岸经济区	福州、厦门
6	东北三省经济区	沈阳、长春、哈尔滨
7	中部经济区	武汉、郑州
8	西部经济区	重庆、成都、西安
9	北部湾经济区	南宁

续上表

序号	经济区域	中心城市
10	深莞惠经济区	深圳
11	江苏沿海经济区	南通、盐城、连云港
12	关中—天水经济区	西安
13	辽宁沿海经济区	大连
14	图们江经济区	长春
15	黄河三角洲高效生态经济区	东营
16	武汉“1+8”经济区	武汉
17	长株潭经济区	长沙
18	呼包鄂城市经济区	呼和浩特
19	滇中城市经济区	昆明
20	山东半岛蓝色经济区	青岛、烟台

从区域经济看，中心城市是未来区域经济发展的一个重要的、最具活力的经济增长点和集聚地。区域中心城市在2020年有可能成为国家中心城市，但目前的实力相比于国家中心城市还缺乏较强的辐射力，需要在区域发展中进一步增强实力，加快发展，不断地增强城市的活力，保持快速发展的态势，才有希望成为中国2020年的国家中心城市。

三、中小城镇（市）

发展中小城镇既是统筹城乡发展所需，也是带动农村奔小康的必由之路。当前中国农村小城镇建设与发展滞后是多种因素相互叠加综合作用的结果，在今后的发展中要取得实质性的进展，必须从提高城镇化水平、解决“三农”问题及扩大内需的战略高度来分析小城镇的战略地位，并从规划、突出特色、强化功能、优化经济结构及制度与体制创新等方面来确保小城镇的持续健康发展。

目前中国有20358个建制镇和3万多个集镇，发展小城镇对内需拉动和改变城乡二元经济格局具有极为重要的意义：一是小城镇建设本身就能带动50多个产业的发展；二是农民进镇变为市民后，就会打破长期固化的“工业国家、农村社会”的畸形社会结构，居民消费观念、消费行为与消费水平都会发生很大变化，这将在一定时期内提供稳定增长的消费需求，成为经济增长的强大推动力。

确定中国小城镇发展战略，必须突破传统“就城镇论城镇”的思维定势。这种思维的根本缺陷就是割裂了小城镇发展与社会基本单位的有机联系，对区域经济一体化时代城镇体系与新劳动地域分工形成的宏观背景认识不足、缺乏城乡综合的视角，导致小城镇发展的随意性大、城镇建设和产业布局雷同、工业弱质化及后劲不足，使得小城镇作为城市与乡村的纽带和桥梁作用不能充分发挥。实现全面建设小康社会的目标，要求小城镇发展应在遵循城镇发展客观规律的基础上，按照经济全球化与区域一体化的基本思路，从区域整体的角度来把握小城镇的功能定位，使小城镇发展与整个区域产业布局、社会发展相衔接，与大、中、小城市发展相协调，与农村发展紧密结合，进而以此为依托，促进农民思维方式、生产方式和生活方式的根本转变，加速农村经济和社会的健康发展。

第三节 中国城市发展环境

一、发展走势：城市化分析

进入21世纪，中国城市化持续快速发展。2000年城镇化率36.2%，2009年提高到48%，年均增长1.3个百分点，城镇人口年均增长率3.55%，是全国人口年均自然增长率的6倍。照此发展速度，2035年中国城市化水平将超过75%，接近经济合作与发展组织(OECD)高收入国家目前的平均水平。

但在中国城市化快速发展的过程中也出现了一些问题，如城镇的农业经济构成增加明显，与非农化过程不相匹配；城镇外来人口没有及时纳入城市公共服务和保障体系，使城镇人口产生了明显的社会分层等。具体来看，有以下几点:

首先，城市化水平指标不能简单地比较、追求。自1960年以来，欧洲地区城市化水平仅上升了12个百分点，达到73%；日本上升了23个百分点，为67%；印度从18%提高到现在的30%；菲律宾在1960—1987年27年间从30%上升到45%，相当于中国近12年的城市化进展；马来西亚城市化率从27%提高到46%用了50年之久。中国才走了18年。只看速度，中国城市化的确很快，但城市化只是衡量工业化、现代化进程的指标之一，并不能反映经济社会发展全貌。考察一个国家或地区的城市化水平是否合适，要看当地的工业化发展是否能吸收相应的农村转移劳动力，要看城市的资源环境、公共服务能否满足城市人口需求，如果忽视经济社会内涵而过分倚重城市化指标，将会有失偏颇。

其次，城市化的主导因素应是市场机制。从国际经验看，市场机制在城市化过程中起着主导作用。许多国家不论是政府投资城市建设，还是社会投资城市建设，市场需求和效益是决定性的因素。中国的城市化是通过政府强力调控与市场调节推进的。政府对城镇及其人口的空间布局采取了强有力的政策措施，对城市化发展起了主导作用。一方面，通过行政区划变动迅速扩大了城镇地域规模，同时也吸纳了大量农业经济成分，许多地方农民就地转变为市民；另一方面，通过户籍制度及相关公共管理政策，在一定程度上限制了更多外来人口涌入城市。城镇出现的大量流动人口则体现了市场配置资源的作用。庞大的迁移流动人口为城市提供了充足的人力资源，成为城市最具活力的经济力量。但是城市人口和经济增长的同时，城市功能并没有得到应有的强化提高改善，政府没有为外来人口提供相应的就业鼓励和生活条件，致使我国城市出现了突出的社会分层问题。

最后，政策取向应针对改善中国城市化与非农化不协调。二元社会经济结构是中国的特殊国情，中国城市化肩负着解决农村、农业和农民非农化，推动社会协调发展的历史使命。相对于农村人口和劳动力非农化而言，近年来中国城市化有所超前，农村外出人口和转移劳动力没有适时、适度、稳定地转移到城市和非农产业。与此同时，城镇的农业经济构成也在增加。这样的城市化根基是不稳的，质量也是不高的。城乡区划变动和产业结构调整把农民推拉进城市，农村的推力和城市的拉力在政策力度上应当协调一致。长期以来，户籍制度以及与其挂钩的社会福利政策是城镇外来人口本地化最大的法律和政策障碍。不完善的城市化政策，使进城农民缺乏接近基本公共服务和融入城市社区的机会。逐步让外来人口在经济、政治、社会、文化权益上分享市民待遇，最终从户籍上接纳他们，应是外来人口本地化的政策选择。

二、政策环境：都市圈与巨型城市竞争力

当前，中国的珠三角地区、长三角地区、环渤海地区、武汉城市圈和长株潭地区五大城市圈城市发展竞争力比较突出。五大城市圈各具特色，但又发展不均衡。

第一，珠三角地区产业升级转型需求增强。经过若干年的发展，珠江三角洲地区已经成为中国经济最为活跃、实力最强的地区之一。从投资价值综合指标分析来看，深圳、广州在本地区的投资价值居首位，佛山市、东莞市作为第二梯队，在增长量上表现明显。这四个城市工业增加值合计占到地区工业增加值的近80%；在珠三角所辖9个城市中，珠海市工业发展水平不高，投资价值未充分表现。

为提高市场竞争力，在国际金融危机和新一轮产业升级转型的大势下，珠三角经济必须“再行一步”：首先，依靠原有信息产业的实力做大做强自主创新产业，大力发展高科技产业。同时，根据日本、美国进入工业化后期阶段，重化工业向沿海转移的世界性趋势，中国也出现了重化工业向沿海集聚的趋势，这给珠三角地区的重化工业发展提供了机遇；其次，珠三角地区作为香港经济腹地，具备承接香港高端现代服务业转移的地缘优势和产业基础，可以进一步深化粤港合作，通过珠三角等地置换产业空间，积极培植和承接香港现代服务业。

第二，长三角地区制造业、服务业投资最具潜力。目前长三角地区已经发展到后工业化时期，两省一市的GDP总量占到全国总量的近20%，三次产业结构为2.75:52.38:44.87，比较先进。该地区的重点优势产业可分为两大方阵，一是传统优势产业，包括装备制造业、纺织服装业和旅游业；二是前沿引导产业，包括重化工行业、高新技术产业和现代服务业。

通过多因素综合评价，上海市在长三角显示出最好的投资价值，苏州、杭州、南京的综合竞争优势明显，宁波和无锡也显示出较强的竞

争力。绍兴、常州、湖州、嘉兴等城市充分发挥自身特色，在增长量上表现较好，在进一步明确发展定位、参与长三角分工体系的格局下，投资价值也日益提升。

第三，环渤海地区第三产业发展相对落后。从产业结构来看，环渤海地区产业发展可以分为3个层次：第一层次北京市为产业发展高级阶段，以第三产业为主，第三产业高达71.4%；第二层次为天津与辽宁，第二产业和第三产业并重发展；第三层次为河北和山东，以第二产业为主，第三产业比重有待进一步提高。

环渤海区域第三产业的相对落后很大程度上是源自于金融业、高新技术产业、创意产业这些新兴服务业的落后。这些新兴服务业一般高度依附于大城市特别是中心城市，因此环渤海区域新兴服务业的繁盛在很大程度上取决于北京、天津、沈阳、大连、青岛等几个中心城市的发展状况。

第四，长株潭城市群正着力培育新兴产业。长株潭城市群包括长沙、株洲、湘潭，以及岳阳、常德、益阳、娄底、衡阳8个城市，其东承长三角，南连珠三角，西启成渝，北接武汉城市圈。

该城市群综合区位优势十分明显，但由于八大城市之间发展差异较大，整体判断长株潭城市群处在工业化阶段初期以传统工业部门为主。新兴部门正在着力培育发展，产业结构相似与互补并存，但产业关联性不强，产业链发育水平不高，高新技术产业比重小，竞争力有待提升。

第五，武汉城市圈，强市弱圈的中心城市，投资价值明显弱于其他城市圈。武汉城市圈具有明显的“强市弱圈”特征，即中心城市的发展水平远高于其他城市，还有着明显的“大项目、大配套、大企业”带动的特点。比如从产业集群来看，汽车产业、黑色金属冶炼及压延加工业、电子设备制造业都在圈中占有较高比重。另外，黄石、孝感等市发展势头较为强劲，5年GDP平均增速超过全国总体水平。

针对武汉城市圈强市弱圈的现状，应迅速从行政主导过渡到以市场主导，加强区域间生产要素的自由流动，深化区域经济合作。

三、和谐、科学的发展环境：8级城市全面发展

良好的发展环境是一个区域经济竞争力、对外开放程度、社会文明进步的综合体现，也是一个城市招商兴业、引资竞争、政通人和、社会和谐的先决条件。

在以生态低碳行业为主导的未来产业的发展中，中国内地城市在吸取沿海发达城市建设经验的基础上，开始了科学合理的布局。从已经发展起来的超巨型城市到巨型城市、特大城市、大城市等中国的8级城市都在改变粗放式的经济发展模式，转向集约型发展。

城市的发展最终目的是要让人类更好的生存和发展，如果为了城市的发展而使人类无法健康的生存，则城市的发展将失去应有的意义。只有城市在发展的同时保护了城市生态，涵养了城市赖以存在的精神基础，才能不断的向前发展，形成可持续发展的局面。

第四节 城市经营战略

一、国家战略

根据中国中长期高铁规划，到2012年，中国将建成覆盖中国大部分省会城市及沿海发达城市的高铁网。在以高铁为交通工具的未来的“高速时代”，中国的直辖市、计划单列市及省会城市间将形成8小时经济圈。

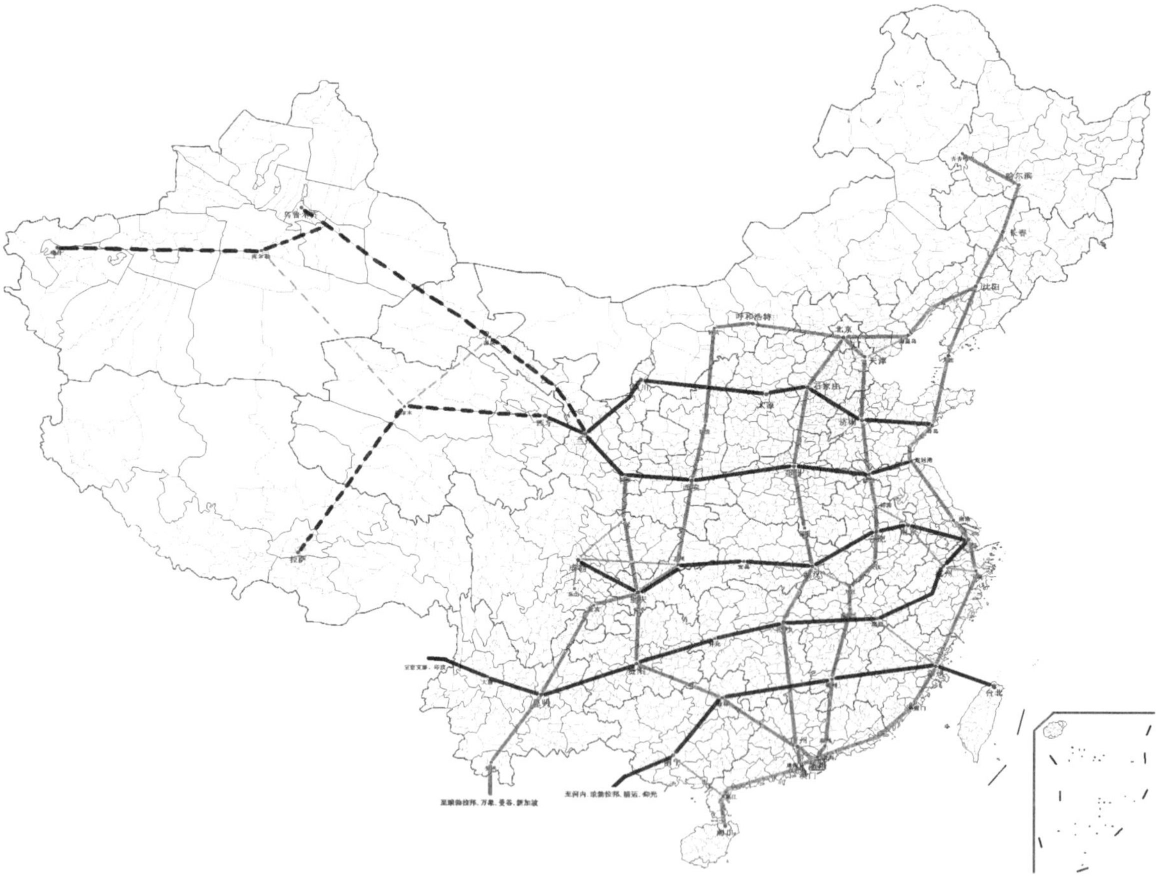

图表3－12 中国五纵五横高铁网规划图

注：五纵五横具体线路

五纵是：

一纵：齐齐哈尔—哈尔滨—长春—沈阳—大连—青岛—连云港—南通—上海—宁波—温州—福州—厦门—深圳—珠海—湛江—海口—三亚。

二纵：北京—天津—济南—徐州—蚌埠—合肥—安庆—九江—南昌—赣州—惠州—深圳—香港。

三纵：北京—石家庄—邯郸—郑州—信阳—武汉—长沙—广州—珠海—澳门。

四纵：沈阳—唐山—北京—张家口—大同—呼和浩特—包头—延安—西安—安康—广安—重庆－泸州—宜宾—昆明……景洪……琅勃拉邦、万象、曼谷、新加坡。

五纵：香港—深圳—广州—桂林—贵阳—遵义—重庆—南充—广元—天水。

五横是：

一横：青岛—济南—石家庄—太原—银川—兰州—西宁……格尔木……拉萨。

二横：连云港—徐州—郑州—西安—天水—兰州……酒泉……乌鲁木齐……伊宁。

三横：上海—南京—合肥—武汉—宜昌—恩施—重庆—遂宁—成都……格尔木……库尔勒……喀什。

四横：上海—杭州—鹰潭—南昌—长沙—怀化—贵阳—昆明……大理……密支那、印度。

五横：台北—福州—赣州—桂林—南宁……河内、琅勃拉邦、清迈、仰光。

在民航机场建设方面，2009年，中国有民航机场166个。根据《全国民用机场布局规划》，到2020年中国将建成244个民航机场。布局规划实施后，全国80%以上的县级行政单元能够在地面交通100千米或1.5小时车程内享受到航空服务，所服务区域的人口数量占全国总人口的82%、国内生产总值（GDP）占全国总量的96%。全国省会城市（自治区首府、直辖市）、主要开放城市、重要旅游地区、交通不便的中小城市等均有机场连接，形成功能完善的枢纽、干线、支线机场网络体系，大、中、小层次清晰的机场结构，航空运输整体发展能力和国际竞争力显著增强，与其他交通方式的衔接更加紧密，与城市发展更加融洽，服务范围进一步扩大，服务水平显著提高，将为全面建设小康社会和构建和谐社会发挥更加积极的作用。

据预测，到2020年，全国机场货邮吞吐量、旅客吞吐量将分别保持15%和11.4%的年均增长速度。年旅客吞吐量超过3000万人次的机场将达到13个（目前只有3个），旅客吞吐量2000万～3000万人次的机场将达到6个（目前只有2个），1000万～2000万人次的机场将达到10个（目前只有5个）。

二、地方战略

经济圈是建立在交通圈基础上的，只有交通设施完善了，才能形成经济圈。随着中国城市间高铁网的规划建设，以及地区内城市间城际轨道建设的不断完善，中国地级市之间将形成2小时交通圈。目前，长三角、珠三角及京津冀的主要城市间已经形成2小时交通圈。到2015年中国内地的七大城市圈内将逐渐形成2小时交通圈，而经济圈在交通圈形成的基础上会加速发展。城市圈外的地级市由于城市圈的辐射带动将不断加快同城市圈内城市的融合，进而不断扩张各城市圈。随着中国各城市圈的不断扩张，到2020年，中国相邻的城市圈将有可能进一步融合，形成几个更庞大的城市体。最后，各经济体发展进一步扩大，区域经济一体化将最终推动中国城市间的全国城市经济一体化，形成中国大城市体系。这是未来几十年，甚至是上百年城市发展的一种趋势。

三、城市战略

中国城市战略是以经济、园区为主导的城市间1小时经济圈。目前，中国的园区建设在不断加速，工业化进程在快速推进。许多沿海发达城市已经形成一批高科技含量的工业园区，在这里产业集群潜滋暗长，在逐渐引领经济产业结构的转型和升级。随着沿海发达城市的产业不断向内地转移，一些内地城市面临着承接产业发展的良好机遇。如何进行各自的产业规划和布局将关系到一个城市未来的发展方向和潜力。

第二章 2020年中国城市发展预测

本章依据第一章的中国城市的8级划分，分别对超巨型城市、巨型城市、特大城市、大城市、大中城市、中小城市、中心城镇、小城镇8级城市进行分析。从这8级城市六大设计指标，即：人口数量、GDP总量、航空客运量、城市化率、服务业占GDP比重、领事馆数量。依据每一级城市现状，对每一级城市未来发展做出预测。

第一节 超巨型城市

超巨型城市是国家参与全球竞争的主体，在国家发展中，具有重要的战略意义，是国家重点发展和培养的对象。超巨型城市作为国家与世界接轨的先导城市，其发展能力和潜力代表了一个国家经济发展的方向和速度，同时也决定了对国内城市的带动力和对地区经济的辐射能力。

一、中国超巨型城市概况

根据中国城市化发展规律和国际经验，中国按人口划分的超巨型城市到2020年将会达到30个以上。按照联合国的标准，1000万人口以上为超巨型城市，中国的超巨型城市在今后10年可能会发生如下改变：2010年全国有10个左右，2015年有20个左右，2020年有30个左右。

图表3－13 全国超巨型城市一览表

类型	城市名称	人口（万）			城市名称	人口（万）		
		2010年现状	2015年预测	2020年预测		2010年现状	2015年预测	2020年预测
成熟型	香港	700	750	800	成都	1125	1300	1500
	上海	1921	2200	2500	重庆	1265	1500	1800
	北京	1755	2000	2300	哈尔滨	1000	1200	1400
	广州	1300	1500	1800	东莞	1200	1400	1600
	天津	1176	1300	1500	佛山	1000	1200	1400
	深圳	1200	1400	1600	—	—	—	—
成长型	石家庄	980	1100	1300	温州	806	1000	1200
	武汉	900	1100	1400	杭州	800	1000	1200
	苏州	932	1200	1500	南京	759	1000	1200

续上表

类型	城市名称	人口（万）			城市名称	人口（万）		
		2010年现状	2015年预测	2020年预测		2010年现状	2015年预测	2020年预测
成长型	西安	843	1000	1200	沈阳	776	1000	1200
	青岛	838	1100	1400	郑州	752	1000	1200
发展型城市	泉州	779	950	1200	济南	668	800	1000
	南通	763	950	1200	福州	666	850	1100
	长春	740	950	1100	烟台	652	800	1000
	唐山	729	950	1100	无锡	619	800	1000
	宁波	719	950	1200	大连	613	800	1000

注：分析指标如下：

1. 成熟型：1000万人口以上，市区面积1.5万平方千米以内；

2. 成长型及发展型：每年的自然增长率5.9‰；每年经济、公共资源增长，人口在300万以上的城市按照年均30万～50万人口增长标准计算。

二、超巨型城市分析

1.指标设计

◆ 人口在1000万以上

◆ GDP在1000亿美元以上

◆ 1000万以上的年航空客运量

◆ 城市化率60%以上

◆ 服务业占GDP的比重达到70%以上；现代服务业占服务业的比重达到60%以上

◆ 领事馆20个以上

2.现代化与国际化水平分析

（1）成熟型城市现代化与国际化分析

①人口与GDP分析

根据相关统计数据，中国超巨型城市按照时点划分可以分为：2010年已经进入的成熟型，到2015年将进入的成长型及到2020年将进入的发展型3类。其中，成熟型城市人口都在千万以上；2009年，GDP突破1000亿美元的城市除香港外有5个，分别为上海、北京、广州、深圳、天津，其中上海最高，达到14900亿元。其他城市GDP也在逼近千亿美元，比如重庆达到6528亿元，成都达到4502亿元。

图表3－14　2009年成熟型超巨型城市人口及GDP状况

城市	人口（万）	GDP（亿元）	城市	人口（万）	GDP（亿元）
香港	700	14334	成都	1125	4502
上海	1921	14900	重庆	1265	6528
北京	1755	11865	哈尔滨	1000	3258
广州	1300	9112	佛山	1000	4814
天津	1176	7500	东莞	1200	3763
深圳	1200	8201	—	—	—

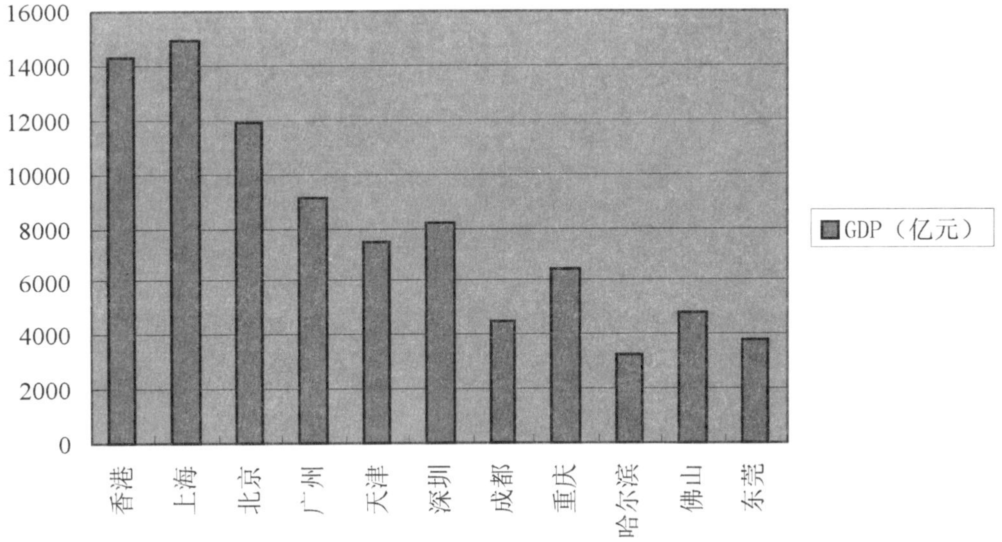

图表 3－15　2009 年成熟型超巨型城市 GDP 状况图

②城市化率分析

城市化率反映一个城市工业化、文明化的程度。2009 年中国城市化率为 46.6%，比 2008 年的 45.7% 提高近 1 个百分点。在成熟型超巨型城市中，2010 年，城市化率除哈尔滨（50%）、重庆（51%）未达到 60% 以上外，其他城市的城市化率均在 60% 以上，根据《中国城市化率现状调查报告》，深圳、佛山 2006 年城市化率已经达到 100%。上海达到 85% 以上。按照中国城市化率年均 1% 的速率增长，预计到 2020 年，中国成熟型超巨型城市都将超过 60% 。

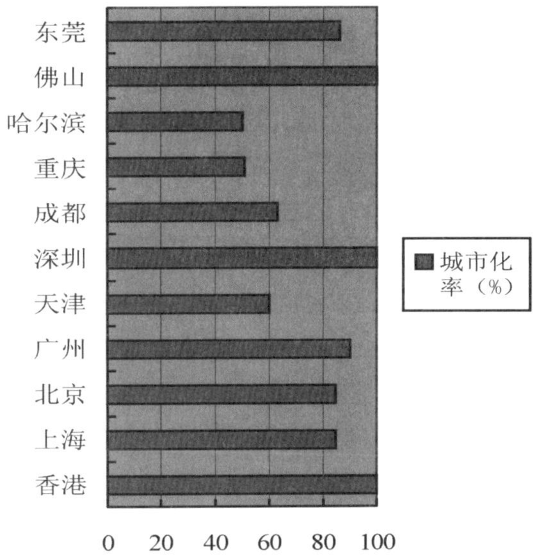

图表 3－16 2009 年成熟型超巨型城市城市化率(1)

图表 3－16　2009 年成熟型超巨型城市城市化率（2）

城市	城市化率（%）	城市	城市化率（%）
香港	100	成都	63
上海	85	重庆	51
北京	85	哈尔滨	50
广州	90	佛山	100
天津	60	东莞	86
深圳	100	—	—

③现代服务业发展分析

现代服务业占GDP的比重是反映一个地区经济发展水平的重要标志。2009年，美国现代服务业占GDP的比重约为75%。香港现代服务业占GDP比重达到92.3%，传统的四大支柱产业，即金融、旅游、贸易及物流和专业服务，占香港本地生产总值60%。其中，金融业是香港最重要的传统经济支柱。中国内地现代服务业增加值占GDP的比重为42.6%。北京市是中国现代服务业发展水平最高的城市。在中国的成熟型超巨型城市中，北京市现代服务业占GDP的比重约为76%，已经达到发达国家水平，比2006年的70.9%增长5个百分点；年均增长率为1.6%。按照这个速率增长，预计到2020年，北京市现代服务业占GDP的比重将超过90%；2009年，上海市现代服务业占GDP的比重约为60%，2008为51%左右，如果按照年均2%的速度增长，上海市2020年现代服务业将达到80%以上。深圳市现代服务业占GDP的比重2009年为50%左右，根据《深圳市现代产业体系总体规划（2009—2015年)》，现代服务业在第三产业中比重达到60%以上。按年均1%的速率计算，到2020年，深圳市现代服务业占GDP的比重将占70%以上。预计到2020年，其他几个城市的现代服务业占GDP的比重也将达到60%以上。

④交通发展分析

航空客运量发展反映了一个城市的经济实力和人们的生活水平。其中，国际客运量反映了一个城市的经济国际化水平和市场活力。国内客运量则反映了人们的收入水平，生活节奏及生活方式。成熟型超巨型城市中，2009年，北京年客运量最大，达到6537万人次，其次是广州，达到3700万人次，上海浦东机场及虹桥机场分列三、四位。佛山作为广州的辅助机场，主要作为军用机场使用。东莞目前未设机场，因周边城市已有广州、深圳大型国际机场，都在一小时交通圈范围内。按照年均10%的速率增长，到2020年，上海、北京、广州、深圳、成都年航空客运量将突破1亿人次。其中，北京、上海到2015年将率先突破1亿人次。

图表3－17　2009年航空客运量排名

城市（区域）	旅客客运量（万人次）	比上年同期增长率（%）
香港	4610	-5
上海浦东/上海虹桥	3192/2507	13.1/9.6
北京	6537	16.9
广州	3704	10.8
天津	578	24.6
深圳	2448	14.4
成都	2263	31.3
重庆	1403	26
哈尔滨	655	31.6

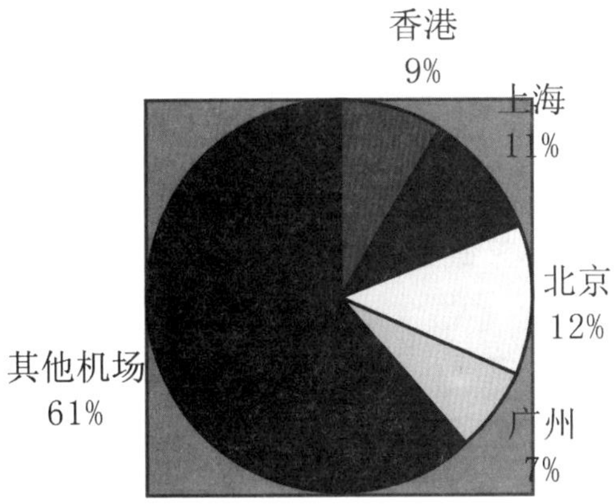

图表 3－18 **2009年四大机场客运量占全国的比例**

由上图可以看出，2009年，香港、上海、北京和广州四大城市占全国航空客运总量的39%，占总量的三分之一还多。由于香港服务业比重比较高，在金融危机的冲击下，航空业同比下降了5%，内地的大部分机场航空业发展比较迅猛，尤其是一些重要内地城市，比如西部地区的成都增长率高达31.3%，东北地区的哈尔滨高达31.6%。中国未来10年的航空业将进入飞速发展阶段。

⑤驻华领事馆发展分析

领事馆是一国驻在他国某个城市的领事代表机关的总称，有总领事馆、领事馆、副领事馆等，负责管理当地本国侨民和其他领事事务。一个城市有多少领事馆进驻反映该城市的国际化程度。截至2010年3月，拥有外国驻华总领事馆的城市：呼和浩特、沈阳、上海、厦门、青岛、武汉、广州、南宁、重庆、成都、昆明、拉萨、西安、香港、澳门；拥有外国驻华领事馆的城市：二连浩特、重庆、成都。

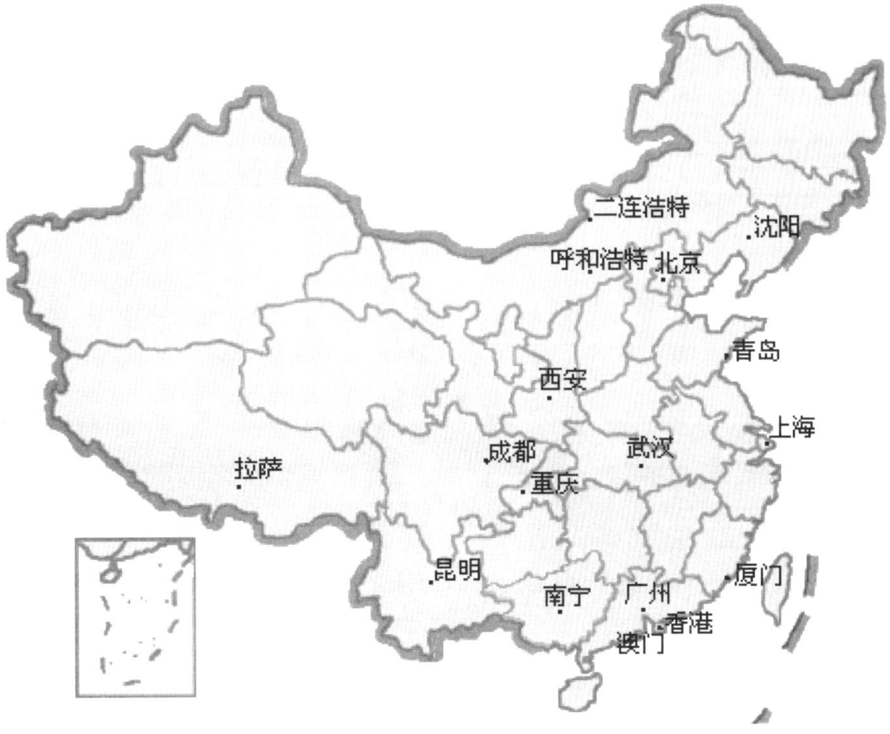

图表 3－19 **外国驻华领事馆主要城市分布图**

目前世界上与中国建交的国家有166个。其中，北京驻华领事馆有131个，上海有61个，广州有37个，武汉有2个，沈阳有6个；2009年，成都在新会展中心附近新建的可以容纳20个国家的领事馆区，今年开始启用，已有领事馆陆续进驻。从领事馆数量上看，成都已经成为中国内地仅次于上海、广州的“领馆第三城”，共有9家外国领事机构，分别是美、德、法、泰、韩、新加坡、巴基斯坦、菲律宾和斯里兰卡。2009年南宁建成领事馆区，东盟10国，以及日本、韩国、香港、澳门等国家和地区的领事馆（或联络部、办事处）将陆续进驻。

图表 3-20 中国领事馆的城市及数量

城市	驻华领事馆个数	主要驻华国家
北京	131	—
上海	61	—
广州	37	—
成都	9	美国、德国、法国、泰国、韩国、新加坡、巴基斯坦、菲律宾和斯里兰卡
重庆	7	英国、柬埔寨、日本、加拿大、丹麦、匈牙利、菲律宾
沈阳	6	朝鲜、日本、韩国、俄国、美国、法国
昆明	6	柬埔寨、老挝、马拉西亚、缅甸、泰国、越南
南宁	5	越南、柬埔寨、泰国、老挝、缅甸
厦门	3	菲律宾、新加坡、泰国
武汉	2	法国、美国
青岛	2	韩国、日国
呼和浩特	1	蒙古
香港	90	—
澳门	12（总领事馆） 10个（名誉领事）	安哥拉、葡萄牙、菲律宾

(2)成长型城市的现代化和国际化分析

①人口与GDP预测

当前，中国超巨型城市中处于成长期的有10个，分别为石家庄、武汉、苏州、西安、青

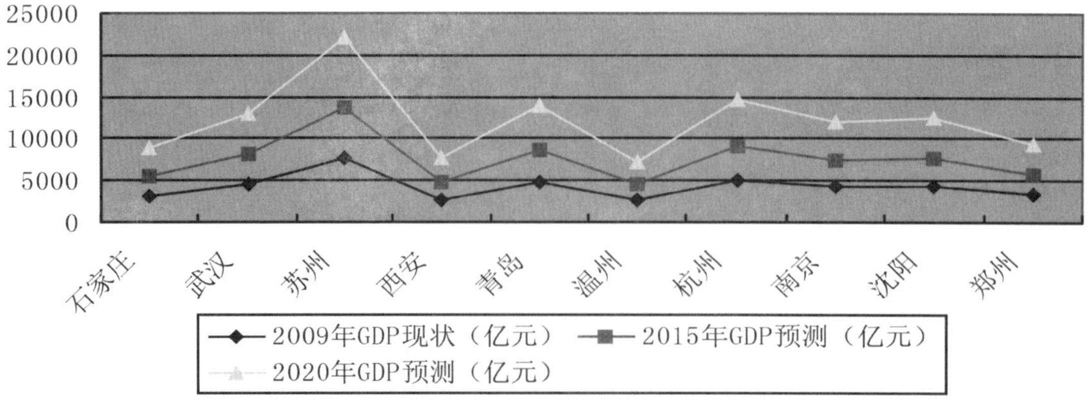

图表 3-21 成长型超巨型城市 2009 年 GDP 现状及 2015、2020 年预测图

岛、温州、杭州、南京、沈阳、郑州。这10个城市的人口都接近千万，但相比于成熟型城市，还存在一定差距。根据城市人口超过300万，其年增长率在30万～50万左右的规律，到2015年这10座城市人口规模将达到千万。

图表3-22　2009年成长型超巨型城市的人口及GDP现状和预测

城市	人口（万）	2009年GDP现状（亿元）	2015年GDP预测（亿元）（按年均10%增长算）	2020年GDP预测（亿元）（按年均10%增长算）
石家庄	980	3110	5509	8873
武汉	900	4560	8078	13010
苏州	932	7740	13711	22083
西安	843	2719	4816	7757
青岛	838	4890	8662	13951
温州	806	2527	4476	7209
杭州	800	5098	9031	14545
南京	759	4230	7493	12068
沈阳	776	4359	7722	12436
郑州	752	3300	5846	9415

由上面图表可以看出，2009年，武汉、青岛、郑州GDP增速都在12%以上，其中温州最低，增速为8.5%。苏州GDP总量明显高于其他城市，预计2015年将突破13000亿元，2020年突破22000亿元。到2020年，武汉、青岛、杭州、南京、沈阳GDP都将突破万亿元，将进一步增强对周边城市的辐射带动能力。

②现代服务业发展分析

以上10个城市中，苏州、青岛和温州为非省会城市，其余均为省会城市。其中大部分城市进入工业化后期阶段面临着产业的转型升级问题。

苏州是长江三角洲距离国际大都市上海最近的城市之一，开放的市场环境会使苏州在技术、信息、人才等方面受到上海的辐射带动，但苏州同时也必须承担由区域经济分工所带来的与上海在产业发展规划上的互补和错位，必须利用产业垂直分工和产品价值链的延伸性，努力承接大都市产业扩散效应带来的行业发展机遇。苏州经济结构转化速度较快，电子信息、机电、家电、精细化工、旅游等新兴重点行业发展较快，成为苏州新的经济支柱和竞争优势。2009年，苏州市规模以上工业中新能源、新材料、新医药、智能电网、新型平板显示和传感器六大新兴产业实现产值2056亿元，同比增长4.4%。苏州市服务外包产业初具规模，已拥有1个国家级服务外包示范基地、3个省级基地城市、6个省级示范区。软件、动漫、第三方物流、金融会计、人力资源等方面服务外包企业约有500家，从业人员5万人左右。全市30个现代服务业集聚区吸引入驻企业近万家，2007年，实现销售收入1000亿元以上。

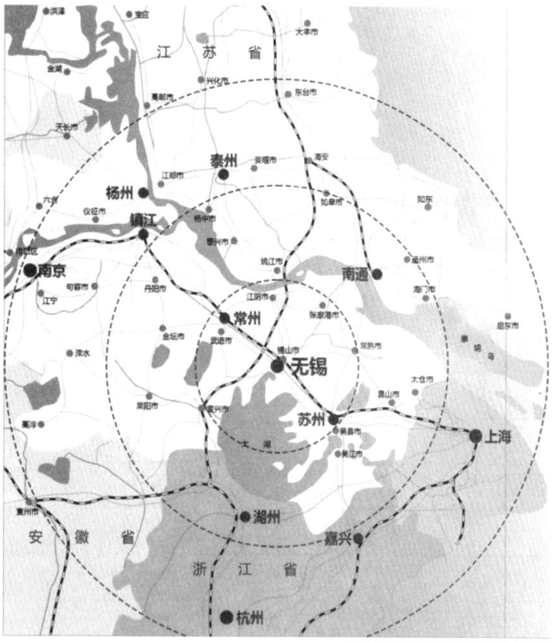

图表 3－23 长三角城市区位图

当前，世界经济服务化趋势相当明显，在许多发达国家，存在着“两个70%”的现象，即服务业就业人口占就业总人口的比重超过70%，服务业增加值占GDP的比重超过70%。截止到2000年，服务业占地区GDP的比重世界平均水平为62%。其中，34个低收入国家平均水平为43.5%，48个中等收入国家为52%，22个高收入国家为65%。服务业从业人员占总从业人员发达国家为60%至78%，中等收入发展中国家为45%至62%，低收入发展中国家为30%至45%。世界几大城市群转型的经验也说明了发达经济体产业结构必须转向现代服务业。北美五大湖城市群的芝加哥、匹兹堡、多伦多等城市，英国伦敦城市群的大伦敦地区、伯明翰、利物浦、曼彻斯特等城市，大多是以制造业为主的产业结构，近几十年来，都致力于经济转型、产业升级以及环境的保护与重建，实现了产业结构从以制造业为主到以现代服务业为主的转变。鲁尔区是德国最大的工业区，也是世界最重要的工业区之一。传统的能源、钢铁、重型机械制造三大部门曾一度占全区总产值的60%，上世纪50年代后，鲁尔工业区爆发了煤业危机和钢铁危机，经济受到沉重打击。为了重塑鲁尔区的经济核心地位，1968年德国开始对其进行一系列改造，在经济转型的同时重塑田园都市风光。2009年，在鲁尔区15万个企业中，从事服务业的人数达到140万，占所有就业人口的65%。

中国的发展中超巨型城市相较于世界发达国家的城市而言，服务业发展还处于中低水平。2010年，苏州市服务业占国内生产总值的比重达到40%左右，现代服务业占服务业的比重达到50%左右，服务能级达到长三角地区副中心城市水平。预计到2020年将形成现代服务业与先进制造业并驾齐驱的新格局，服务业占比将达到47%左右，现代服务业占比达到70%左右，服务能级达到国际化的地区重要节点水平。

杭州市位于中国东南沿海北部，是民营企业发达的浙江省省会城市，也是长三角第二大经济城市。2009年，杭州市的经济总量位居全中国城市第七位，第三产业（现代服务业）所占比重已经达到全市经济的46.3%。杭州市确立重点发展旅游、文化创意、商贸物流、金融服务、信息与软件等现代服务业。2004—2008年，杭州市服务业增加值由1043亿元增至2213亿元，增长112%。全市服务业从业人员从156万人增至225万人，2008年服务业从业人员占全部从业人员的比重达39.6% 。2009年杭州市人均GDP超过1万美元，一般而言，一个地区的人均GDP超过6000美元时，便面临产业转型升级。目前，杭州市正实施“服务业优先”战略、致力于打造“长三角现代服务业中心”，以加速该地区的产业转型升级。

③轨道交通发展分析

青岛市作为山东半岛城市群的龙头城市，现代制造业和现代服务业发达，并且是具有强大科研实力的国际性港口城市和国际性海滨旅游城市。《青岛市城市轨道交通近期建设规划(2009—2016年)》已经获得审批。地铁的建设将进一步完善青岛的交通设施，缓解青岛市内的交通压力，加速青岛的现代化进程。目前，以上城市中除温州未批复地铁建设，其他城市均获批。

图表3-24 发展型超巨型城市轨道交通规划

城市	地铁建设规划
石家庄	石家庄规划建设6条轨道线，总里程260千米，共设152站，其中换乘站21座，整个线网设计日运送旅客约400万~500万人次。满足2030年以后石家庄都市圈600万~700万城市人口的规模需求，届时，轨道出行比例将占到公交出行比例50%以上。最高速度推荐80~100千米/小时，平均速度35~45千米/小时
武汉	武汉市轨道交通线路总长达238千米，由8条线路组成，形成覆盖武汉三镇的轨道交通基本网络体系。轨道交通基本覆盖武汉新区、长江两岸经济带和现代服务产业带，支撑王家墩商务区、杨春湖等三大城市副中心、东湖高新区、武汉开发区等重点区域建设，日客流量将达到500万人次，轨道占公交比例近40%
苏州	苏州市规划建设11条线路，其中有2条S1和S2的市郊线（包括延伸线），9条M1、M2的地铁线和有轨电车线（包括延伸线），规划中苏州的轨道交通还将与上海、浙江及省内无锡相连。其中3条市域轻轨线中的一条将从昆山通往上海，与上海市域级线网的R3线相连，计划于2010年建成；总长560千米，共设车站245座，其中换乘车站70座；总投资估算约1361亿元，计划在2050年之前全部建成 。苏锡常都市圈将建成以沪宁城镇带为主轴、沿江城镇带为辅轴，连接都市圈各中心城市和重要城镇、园区的轨道交通网络
西安	西安规划近期（2006—2016年）建设3条线路，设车站24座，6座换乘站。城市快速轨道里程达到94.6千米，总投资439亿元
青岛	青岛市七区范围内共规划8条地铁线路，总长231.5千米。青岛市在2016年前计划建成一、二期工程，累计完成投资约292亿元，共计54.7千米
温州	—
杭州	杭州市轨道交通网由8条线组成，总长度278千米，设154座车站。首先建设的是地铁1号线一、二期工程和2号线一期工程，线路总长82.2千米，预计在2010年前后建成。到2015年，达到114千米；到2020年，建成轨道交通161千米，形成杭州市基本完善的轨道交通网络
南京	《南京市"十二五"交通运输发展思路研究》提出：南京将逐步推进11条地铁新线建设，到2015年，南京要形成"井字形"骨架地铁线；而到2020年，"井字放射状"地铁网将延伸至龙潭、桥林、汤山等地，总里程达380千米
沈阳	沈阳市第二批快速轨道交通建设规划年限为2009—2020年，总规划规模约160千米。到2020年，加上已运营的1号线、2号线一期工程50千米，线网建设总规模可达到210千米，由"二横、三纵、两L"7条线构成
郑州	郑州市轨道交通线网规划方案由6条线路组成，线网总长202.53千米。2015年前郑州将建成1号线一期工程（西流湖公园至穆庄站）和2号线一期工程（广播台站至向阳路站），形成"十"字形构架的骨架网，布设在现在的城市重要公路走廊和最大的客运走廊上。2020年前建成1号线、2号线一期工程、3号线一期工程、4号线，全长99.57千米，形成"井"字形骨架线网。2025年前在初期线网的基础上，建设6号线、5号线轨道环线，2、3、4号线的二期工程，形成中心城区"三横两纵一环"全部线网

根据国务院规定，城市年GDP总量超过1000亿，拥有300万以上人口，财政收入达到100亿允许申请建设地铁。目前，中国有33个城市规划建地铁，已经批复的有28个。按照现有规划，2010年，我国要建成地铁480千米，2010—2015年地铁建设投资规划额将达11568亿元，将是今年的5.93倍。2020年，中国28个城市建成运营的线路将达177条，总里程将达6100千米。

根据中国城市公交协会和中德地铁标准研究组的研究，轨道交通在运量、速度、运行方式等方面都优于私人交通和传统公交：地铁的运输能力要比地面公共汽车大7~10倍，单向每小时可运送4万~6万人次，轻轨可运送2万~3万人次，而公共电汽车的客运量每小时最多1万人次；轨道交通的运行速度最慢也在每小时30千米以上，地铁行驶的时速最高可达128千米。世界上的大都市都拥有成熟与完整的轨道交通系统，巴黎1000多万人口，轨道交通承担70%的公交运量，这一比例在东京是80%，在莫斯科和香港是55%。中国的轨道交通才刚刚起步，到2020年，随着中国城市地铁网的不断完善，许多城市将进入地铁时代。

④城市化率及客运量分析

城市化与工业化是相伴而生、共同发展的，工业化必然带来城市化，而城市化所提供的集聚效应又反过来推进工业化进程。一般认为，当比例在20%以下时，被认为是非城市化；城市化率超过20%而低于32.0%时为工业化准备期；超过32%低于36.4%为工业化初期阶段；超过36%低于49.9%为工业化中期阶段；超过49.9%低于65.2%为工业化成熟阶段；在工业化后期，即经济稳定增长阶段，城市化率在65.2%以上；当比例超过70%，被称作高度城市化，此时经济大体处于后工业化阶段。

根据以上标准，目前，石家庄、西安和温州还处于工业化中期阶段；青岛、杭州、沈阳、郑州处于工业化成熟阶段，并进入到工业化后期阶段；武汉、苏州、南京其城市化率都超过70%，其工业发展已经进入到后工业化时期。

图表3-25　成长型超巨型城市城市化率及航空客运量预测

城市	2009城镇化率（%）	城市化率（2020年预测，按年均10%增长算）	2009年航空客运量（万人次）	同比增长（%）	航空客运量（万人）（2015年预测，按年均20%的增长算）	航空客运量（万人）（2020年预测，按年均20%的增长算）
石家庄	44	55	132	26.5	394	980
武汉	99	100	1130	22.8	3374	8395
苏州	70	80	—	—	—	—
西安	40	50	1529	28.3	4565	11360
青岛	60	70	966	17.8	2884	7177
温州	41.8	55	482	21.2	1199	2984
杭州	62	70	1494	17.9	4461	11100
南京	77	85	1083	22	3233	8046
沈阳	64	75	750	10.2	2239	5572
郑州	63	70	734	24.7	2191	5453

到2020年，中国的成长型超巨型城市，除石家庄、西安、温州在55%左右，其他城市都将达到70%以上。航空客运量方面，除苏州未建机场外，其他城市平均增速在20%以上。若按年均20%的增速计算，到2020年，西安、杭州年航空客运量将突破1亿人次。其他城市，武汉、青岛、南京也将接近1亿人次，温州航空运输业发展较慢。

（3）发展型超巨型城市分析

①人口和GDP分析

按人口超过1000万的标准划分，中国2020年将进入到超巨型城市行列的有以下10个：泉州、南通、长春、唐山、宁波、济南、福州、烟台、无锡、大连。一方面，当前这些城市的人口都在六七百万，具有较强的人口吸引力。另一方面，这些城市产业发展比较迅猛，GDP总量较大，都在省会级城市的标准，有些城市GDP甚至远高于一些省会城市。2009年，无锡市GDP达到5000亿元，几乎追上杭州（5098亿元）。大连、宁波GDP也都超过4000亿元，分别为4410亿元和4214亿元，达到沈阳（4359亿元）、南京（4230亿元）的水平。唐山、烟台的GDP分别为3850亿、3728亿元，达到中国目前的超巨型城市东莞（3763亿元）的水平。之所以把这些城市列入中国的发展型超巨型城市之列，主要是因为，它们的人口规模还相对较小，但GDP总量在2015年就可以达到超巨型城市的标准，突破1000亿美元。

图表3-26　2009年发展型超巨型人口城市、人均GDP、GDP状况及预测

城市	人口（万）	2009年GDP（亿元）	2009年人均GDP（万元）	2015年GDP预测（亿元）（按年均10%增长算）	2020年GDP预测（亿元）（按年均10%增长算）
泉州	779	3002	2.65	5318	8565
南通	763	2860	2.46	5067	8160
长春	740	2919	2.13	5171	8328
唐山	729	3850	1.78	6821	10984
宁波	719	4214	3.54	7465	12023
济南	668	3350	2.52	5935	9558
福州	666	2524	—	4471	7201
烟台	652	3728	1.85	6604	10636
无锡	619	5000	3.79	8858	14266
大连	613	4410	2.97	7813	12582

人均GDP是反映工业化水平（阶段）的直观指标。美国经济学家H·钱纳里等人对工业化程度的实证研究表明：人均GDP水平与工业化程度成正比，人均GDP水平越高，工业化程度越高。按照H·钱纳里的分析，现代经济发展分为3个大的阶段，即准工业化阶段、工业化的实现阶段（包括工业化初级、中级及高级阶段）和后工业化阶段。

根据相关标准，无锡、宁波、大连人均GDP已经超过或接近3万元，进入到后工业化阶段；

泉州、南通、长春、济南人均GDP超过2万元，进入到工业化的高级阶段；唐山、烟台和福州处于工业化的中级阶段向高级阶段转变的时期。

按照GDP年均10%的比例增长，到2020年，唐山、宁波、烟台、无锡、大连都将突破万亿元，济南也逼近万亿元。其中，到2020年无锡为14266亿元，接近上海2009年的GDP总量14900亿元。

图表3-27　现代化的10项标准

项	指标名称	指标条件
1	人均国民生产总值	≥3000美元
2	农业产值占国民生产总值比例	12%~15%以上
3	服务业产值占国民生产总值的比例	≥45%
4	非农业劳动力占总劳动力的比重	≥70%
5	文盲比率	≤20%
6	大学入学率	10%~15%以上
7	每名医生服务人数	≤1000人
8	平均寿命	≥70岁
9	城市人口占总人口的比例	≥50%
10	人口自然增长率	≤1%

无锡、宁波、大连、泉州、南通、长春、济南人均GDP已经达到标准，唐山、烟台和福州预计到2015年将达到人均GDP3000美元的标准。2015年左右，无锡、宁波、大连将基本实现现代化，泉州、南通、长春、济南、唐山、烟台、福州将在2020年左右实现现代化。

②产业发展分析

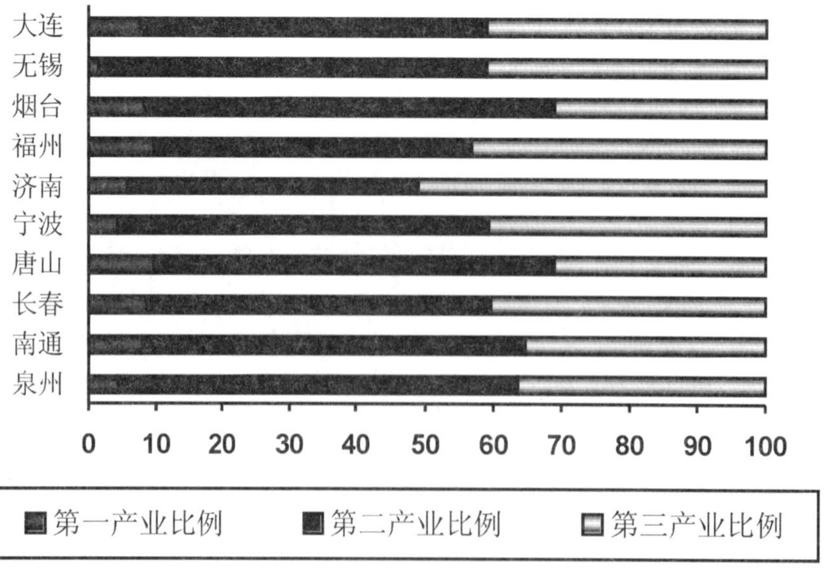

图表3-28　发展型超巨型城市的三次产业比例（1）

研究表明，工业化往往是产业结构变动最为迅速的时期，其演进阶段也通过产业结构的变动过程表现出来。即随着工业化的推进，第一产业比重持续下降，第二产业和第三产业比重不断提高并超过第一产业。当第二产业增加值占GDP比重达到40%～60%时，工业化进入中期。其中还有两个重要的转折点，当第一产业比重降低到20%以下时，工业化进入中期阶段。当第一产业比重再降低到10%左右时，工业化进入后期阶段。此后，第二产业的比重转为相对稳定或有所下降。

图表3－28 发展型超巨型城市的三次产业比例（2）

城市	三产比例	城市	三产比例
泉州	4.4∶59.4∶36.2	济南	5.6∶43.4∶51.0
南通	7.9∶57.0∶35.1	福州	9.6∶47.4∶43.0
长春	8.5∶51.2∶40.3	烟台	8.02∶60.89∶31.09
唐山	9.5∶59.4∶31.1	无锡	1.46 ∶57.61 ∶40.93
宁波	4.2∶55.4∶40.4	大连	7.5∶51.7∶40.8

从第二产业增加值占GDP的比重来看，以上城市第二产业的比重都在40%～60%之间，并且第一产业的比重都下降到10%以下，由此看来，发展型超巨型城市已经进入到工业化后期阶段。预计到2020年济南、长春、宁波、福州、无锡、大连将逐渐完成工业化，向更高阶段迈进。

第三产业的发展程度是一个国家的产业结构从低级向高级转变的重要标志，也是反映一个国家和地区经济发展水平的重要标志之一。根据以上标准，近年来，济南第三产业发展较快，占GDP的比重达到51%；现代服务业占第三产业比重44.1%；这说明第三产业已经成为济南经济发展的核心动力。按第三产业年均1.2%的增速计算，预计到2020年济南第三产业占GDP的比重将达到65%左右。济南市作为商务部授牌的"中国服务外包基地城市"之一，高新技术、信息产业发展水平相对较好，IT产业经济总量规模较大，公共软硬件技术支撑平台功能完善，同时还拥有国家唯一的信息通讯国际创业园（CIIIC），为发展服务外包提供了必要的技术及载体基础。济南市的软件与服务外包出口主要面向日本、韩国、菲律宾、美国和澳大利亚，其中对日出口所占份额最大。作为一个老工业城市，济南重化工业、传统产业比重大，为了增强产业核心竞争力，济南市将新能源、新材料、生物医药作为新兴产业，进行规模化、跨越式扶持发展。预计到2020年，济南市将形成以新能源、新材料及生物医药技术为先导的新兴产业格局。

无锡、宁波、大连、福州第三产业比重也都超过40%。第一产业比重无锡已经降到1.46%，远低于其他地区。无锡市产业结构调整比较快，预计到2020年，第三产业占GDP的比重将超过50%。近年来，无锡市大力发展新能源、新医药、新材料、环保产业、软件和服务外包等六大新兴产业，一批特色产业链和产业集聚正在加速形成，新兴产业已逐步成为无锡市经济发展新的增长极。2009年，宁波信息产业实现产值1207亿元，其中，电子产品制造业增速位列浙江省第一，软件产业连续三年增长40%以上。宁波市电子商务、软件与服务外包、动漫游戏、新一代移动通信等战略性新兴产业在快速兴起。在后金融危机时代，大连在加强与国际合作着力推进包括新型能源、软件和信息、现代服务业等在内的新兴产业发展。

根据以上分析，预计到2020年，中国成长型超巨型城市第三产业增加值占GDP的比重在55%左右，现代服务业占第三产业的比重将达到50%左右，尤其是新兴产业在经济发展中将发挥先导作用，成为地区经济新的增长点，引领产业结构不断向高级化发展。

③交通发展分析

发展型超巨型城市港口城市较多，在此对当前中国的港口发展进行对比分析。

第一，腹地经济决定港口发展前景

港口发展直接为腹地经济发展所驱动。腹地的经济结构、资源禀赋、经济增长水平以及综合交通条件等都将直接影响港口企业未来发展。中国重化工业正在改变珠三角、长三角和环渤海区域经济格局，环渤海港口群正在成为新的港口增长极，区域经济重心北移将为环渤海区域枢纽港带来新的发展机遇。

第二，区域经济重心北移

环渤海区域港口群，由辽宁、京津冀和山

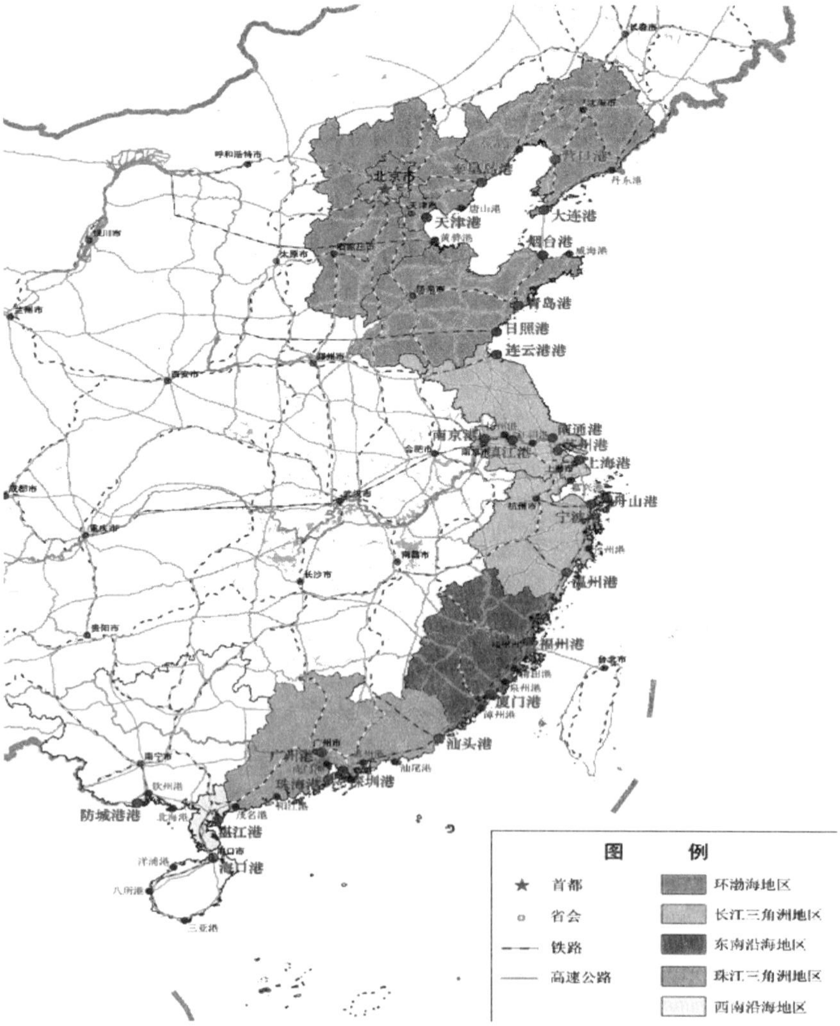

图表3-29 中国沿海港口布局图

东沿海港口群组成，主要包括天津港、青岛港、大连港、营口港、秦皇岛港、日照港和锦州港等。环渤海港口群的直接腹地为北京、天津、河北、辽宁、山东三省2市，间接腹地为吉林、内蒙、山西等。环渤海港口腹地煤炭、矿产资源丰富，是我国重要的能源、原材料生产基地。同时，东北、华北也是我国重要的重化工业基地。与长三角、珠三角相比，环渤海区域经济发展相对落后，第一产业比重较高，第二产业中采掘业、冶金和石油化工等重化工业比重较高。

目前，中国已经进入工业化加速时期，由此带动的重化工业加速发展将为“环渤海经济圈”带来历史性发展机遇。“东北振兴”、“天津滨海新区”等国家产业发展政策的实施，将进一步推进环渤海区域经济加快发展。环渤海区域将是继“珠三角”、“长三角”之后我国经济发展的第三极。

统计显示，环渤海港口群腹地工业增加值增长速度从2004 年开始超越珠三角和长三角。2004—2007 年，环渤海港口腹地工业增加值复合增长率为19.7%，高于珠三角（18.2%）和长三角（16.5%）同期增长速度，而且该趋势仍在继续中。同时，2001—2005 年期间，环渤海投资增速也连续5年超过25%。2001—2007年，环渤海区域固定资产投资完成额复合增长率为24.1%，高出长三角同期复合增长率（19.4%）近5 个百分点，高出珠三角同期复合增长率（13.9%）10.2 个百分点。固定资产投资的高速增长为环渤海区域未来经济长期增长打下基础。

第三，集装箱业务后发制人

受腹地经济结构局限，环渤海港口群的集装箱吞吐量规模一直小于珠三角和长三角港口。分析表明，珠三角、长三角和环渤海三个区域性港口群腹地的“单位GDP 集装箱生成率”相差悬殊，珠三角、长三角单位GDP 集装箱生成率分别是环渤海的300%和200%；而环渤海港口腹地生产全国50%的钢铁、25%的水泥和23%的化肥。短期内，沿海港口“北散南集”格局不会发生根本改变。

但是，随着区域经济中心逐渐向北移动，环渤海地区工业结构也在悄悄发生变化，由此产生的适箱货源不断增加，环渤海港口集装箱吞吐量也呈现出加快增长趋势。环渤海港口群存在形成散杂货与集装箱并重局面的腹地经济条件。集装箱业务的快速增长，使“双业”并举的趋势日益明朗。

集装箱业务规模的快速扩大，将大大提高环渤海地区港口抵御国内外经济波动的能力，其防御性特征将会强于珠三角和长三角港口。同时，集装箱业务规模的扩大，不仅能够改善港口业务结构，最主要是有利于提高港口资产盈利能力。环渤海的青岛、天津和大连3个枢纽港的集装箱业务比较来看，青岛港集装箱规模和增长速度均名列前茅。

第四，国内经济敏感度高

环渤海港口具有较强的国内经济敏感度，而珠三角和长三角港口具有较强的国际经济敏感度。环渤海港口吞吐量与我国宏观经济关系密切，历史数据分析显示，港口吞吐量增长速度大约是宏观经济增速的1.5~1.7 倍。宏观经济放缓，港口吞吐量增速也将随之放缓。同时，环渤海港口增长速度受固定资产投资增速影响较大：环渤海港口投资弹性系数平均为0.78，珠三角0.55，长三角0.48。珠三角和长三角港口国际经济敏感度更强。北美和欧洲是我国重要的贸易伙伴，中国对北美和欧洲的贸易比例约占全部外贸的37%左右，其中对欧洲贸易比例约占19%，对北美贸易约占18%。由此可见，珠三角和长三角外向型经济特征明显。按照进口和出口额分别计算外贸依存度，珠三角和长三角的出口依存度高于进口依存度，其出口依存度高达92%和63%，进口依存度分别为69%和46%；环渤海具有较高的进口依存度，其中出口依存度25%，进口依存度31%。珠三角、长三角大量的纺织、机电产品出口和环渤海地区大量的铁矿石、原油进口是造成三港区腹地外贸依存度差异的主要原因。

第五，中国港口业发展的趋势

在世界经济一体化、全球化的时代，港口之间采取一种竞争合作的策略已逐步成为一种趋势。港口整合不仅是企业行为，更多的是政府行为。在政府的有力推动下，港口资源整合规模和范围会越来越大，港口的资源整合、企业重组将推动行业长期稳定的可持续发展，经过资源的整合，将会大大提升港口行业的市场地位，增强整个港口行业的活性，提供新的投资机会，建议银行给予一定的信贷支持。

第六，发展型超巨型城市的发展定位

大连是东北对外开放的窗口，是我国第一批沿海开放城市，利用外资总额222亿美元，占辽宁2／5、东北地区1／4，已经引进了70多家世界500强企业和8家外资银行，成为世界制造业和资本转移的重要承接地之一。大连是东北地区对外贸易的集散地和主要口岸。

未来10年内大连应致力于布局大型、专业化石油(特别是原油及其储备)、液化天然气、铁矿石和粮食等大宗散货的中转储运设施，到2020年，建成大连国际航运中心。航运中心的经济管理体制与运作方式应与国际全面接轨，使集散功能、产业承接转移功能和城市综合服务功能全面完善，成为东北亚重要的商贸中心、物流中心、结算中心和航运服务中心。港口吞吐能力达到5亿吨，集装箱吞吐能力达到2000万标准箱。

烟台港应布局陆岛滚装、旅客运输设施，石油、天然气。服务于青岛港作为青岛港集装箱支线港口。

投资上百亿元的宁波杭州湾大桥打通了宁波—舟山港的“北方通道”，给上海、宁波两港更大的互动合作，拓展了双方的腹地资源。发挥与中石化合资合作的优势，整合港口资源，提高生产效率，使宁波—舟山港原油中转保持更强的竞争力。南通港、宁波港作为上海的两翼港口，其发展方向应是上海港的配接港，致力于打造专业码头，主要发展化工和能源运输以及石油、天然气的转卸，服务于长江三角洲以及长江沿线地区的经济社会发展。

东南沿海地区，主要布局以厦门港集装箱运输为干线，福州港为支线；同时，福州港相应布局发展粮食中转储运及陆岛滚装运输系统。

泉州港位于福州港和厦门港之间，应作为厦门和福州的配接港，发展专业运输，布局进口石油、天然气接卸储运系统。

（4）结论

通过以上对中国3类超巨型城市的分析，可以得到以下结论：

第一，在2020年以前，中国的超巨型城市将主要分布在长三角、珠三角及环渤海三大经济圈范围。随着中国工业化和城市化进程的不断推进，中国产业开始北扩西进，一些内地城市在中国的“十二五”、“十三五”发展中将成为超巨型城市的新星。

第二，到2020年，中国内地的城市圈，比如长株潭、江汉、成渝、汉中城市圈将逐渐形成，内地都市圈内的超巨型城市将成为区域经济发展的引擎，对地区经济增长将逐渐形成巨大的拉动作用，带动内地都市圈发展趋于成熟。在全国范围内，形成中国沿海与内地经济圈竞相发展的格局。

第三，到2020年，中国的成熟型超巨型城市将率先实现现代化。而成长型和发展型超巨型城市将随着工业化的渐进完成，在以后几年内将逐步实现现代化。

第二节　巨型城市

巨型城市是中国区域竞争的主体，在区域发展中是形成城市圈的核心力量，是吸引资源和进行产业分工的主体因素，对外围城市的发展具有引导作用。

图表3－30　全国巨型城市一览表

类型	城市名称	人口（万）			城市名称	人口（万）		
		2010年现状	2015年预测	2020年预测		2010年现状	2015年预测	2020年预测
成熟型	南宁	691	800	1000	洛阳	642	800	950
	昆明	628	750	900	合肥	510	750	900
成长型	南昌	494	700	850	徐州	869	1000	1200
	贵阳	387	500	700	湛江	690	800	1000
	太原	360	500	650	桂林	508	750	900
	兰州	331	500	700	连云港	488	600	800
	厦门	249	500	650	株洲	371	500	650
发展型	呼和浩特	260	400	550	珠海	148	300	500
	乌鲁木齐	236	400	600	郴州	471	600	750
	汕头	506	650	800	秦皇岛	285	400	600
	台州	574	700	900	中山	251	400	600
	齐齐哈尔	569	700	850	鄂尔多斯	200	400	600

注：分析指标如下：

1. 成熟型：500万人口以上1000万以下；市区面积1.5万平方千米以内；GDP在500亿美元以上；

2. 成长型及发展型：每年的自然增长率5.9‰；每年经济、公共资源增长，人口在300万以上的城市按照年均30万～50万人口增长标准计算。

一、指标设计

◆人口在500万以上

◆GDP 在500亿美元以上

◆500万人次以上的年航空客运量

◆城市化率60%以上

◆服务业占GDP的比重达到60%以上；现代服务业占服务业的比重达到50%以上

◆领事馆10个以上

二、现代化与国际化水平分析

根据（市区面积1.5万平方千米以内）人口超过500万以上，综合考虑了每个城市的区位情况、资源优势、产业发展现状以及未来的发展潜力，当前中国巨型城市可以划分为4个成熟型，10个成长型和10个发展型。

1.人口与GDP分析

在4个成熟型巨型城市中，南宁GDP相对较低，但是南宁的人口规模在4个城市中最大。2008年1月国家批准实施了《广西北部湾经济区发展规划》，2009年，北部湾区域生产总值增长15.9%，财政收入增长22%，全社会固定资产投资增长54.8%，已成为我国发展最快、最有活力的地区之一。

图表3－31　中国3类巨型城市2009年人口、GDP及2015、2020年GDP预测

类型	城市	人口（万）	2009年GDP现状（亿元）	2015年GDP预测（亿元）（按年均10%增长算）	2020年GDP预测（亿元）（按年均10%增长算）
成熟型	南宁	691	1316	2331	3755
	昆明	628	1808	3203	5158
	洛阳	642	2075	3676	5920
	合肥	510	2000	3543	5706
成长型	南昌	494	1837	3254	5241
	贵阳	387	900	1594	2568
	太原	360	1512	2679	4314
	兰州	331	846	1499	2414
	厦门	249	1623	2875	4631
	徐州	869	2390	4234	6819
	湛江	690	1156	2048	3298
	桂林	508	1000	1772	2853
	连云港	488	941	1667	2685
	株洲	371	1020	1807	2910

续上表

类型	城市	人口（万）	2009年GDP现状（亿元）	2015年GDP预测（亿元）（按年均10%增长算）	2020年GDP预测（亿元）（按年均10%增长算）
发展型	呼和浩特	260	1101	1950	3141
	乌鲁木齐	236	1095	1940	3124
	汕头	506	1035	1834	2953
	台州	574	2025	3587	5778
	齐齐哈尔	569	665	1178	1897
	珠海	148	1037	1837	2959
	郴州	471	734	1300	2094
	秦皇岛	285	906	1605	2585
	中山	251	1564	2771	4462
	鄂尔多斯	200	2161	3828	6166

厦门是中国首批12个沿海开放城市之一，作为中国东南沿海重要的港口城市，其发展速度较快，但人口规模和经济总量相对较小。2009年人口仅为249万，GDP总量为1619亿元。远低于其他沿海开放城市。根据人口增长规律，预计到2015年人口规模将达到500万左右，GDP总量达到2875亿元左右，基本上进入中国巨型城市行列。

鄂尔多斯市是中国内地的一个新兴城市，最近几年发展比较迅猛。2008年，GDP总量1603亿元，同比增长22.9%，远远超过全国平均水平（9%）。其中，第二产业（工业和建筑业）对GDP的贡献率最高为65.7%；第三产业（服务业）对GDP的贡献率为32.1%。而第一产业对GDP的贡献率为2.2%。按常住人口159.13万人计算，2008年人均GDP达10万余元，同比增长19.9%。超过全国2008年人均GDP 2.3万元近5倍。按照现有的速率发展，鄂尔多斯在2015年GDP总量将超过500亿美元。2020年将超过1000亿美元，但人口规模相对较小。鄂尔多斯的支柱产业俗称“羊煤土气”，从下表可以看出，鄂尔多斯市在资源方面具有一定的优势，但是如何最大限度的利用有限的资源，充分发挥各种优势资源的产能，将对鄂尔多斯市的长远发展将产生重要影响。

图表3－32　鄂尔多斯四大支柱产业状况

支柱产业	资源总量
羊	羊绒制品产量约占全国的三分之一、世界的四分之一
煤	鄂尔多斯煤炭探明储量1496亿吨，约占全国的六分之一，是中国产煤第一地级市
土	即高岭土，鄂尔多斯高岭土储量为65亿吨，在全国硬质高岭土中质量最优
气	天然气探明储量约占全国的三分之一

2.产业发展分析

从产业结构来看，中国3类巨型城市第三产业发展水平还不高，第三产业占GDP的比重除太原、乌鲁木齐、呼和浩特超过50%以外，其他城市第三产业对GDP的贡献率还没有占主导地位。省会城市中，南宁第一产业占GDP的比重还在10%以上，说明其产业结构调整还比较慢，第二产业对GDP的贡献率还比较小，其工业化发展还处于中期阶段，第三产业相对比较发达，占GDP的比重将近一半。珠海第一产业占GDP的比重最小，为0.4%，但依然是第二产业占主导地位，还有待进一步发展第三产业。鄂尔多斯市作为资源型城市，其第二产业的比重高达65.7%，说明其对资源的高度依赖，产业结构很不合理。未来10年间，鄂尔多斯市第二产业所占比重仍将维持在60%以上。

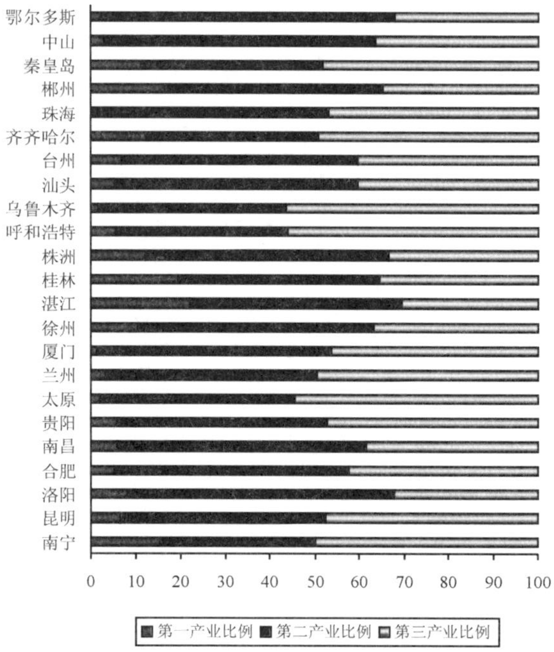

图表3-33　中国巨型城市三产比例（1）

图表3-33　中国巨型城市三产比例（2）

城市	三产比例	城市	三产比例
南宁	15.4：34.7：49.9	连云港	16.4：47.3：36.3
昆明	6.5：46.1：47.4	株洲	12.1：54.6：33.3
洛阳	8.3：59.7：32	呼和浩特	5.7：38.1：56.2
合肥	5.2：52.6：42.2	乌鲁木齐	1.8：41.7：56.5
南昌	5.8：55.7：38.5	汕头	5.4：54.3：40.3
贵阳	5.8：47.0：47.2	台州	6.8：52.8：40.4
太原	2.0：43.7：54.3	齐齐哈尔	12.2：38.6：49.2
兰州	3.3：47.1：49.6	珠海	0.4：52.8：46.8
厦门	1.4：52.4：46.2	郴州	16.4：48.8：34.8
徐州	10.5：52.9：36.6	秦皇岛	11.3：40.5：48.2
湛江	22.0：47.4：30.6	中山	3.1：60.4：36.5
桂林	19.4：45.2：35.4	鄂尔多斯	2.2：65.7：32.1

目前，中国整体产业结构处于转型期，以上巨型城市只有抓住关键的阶段，适时采取相应的承接方式及对资本的优化配置，才能为未来的城市向更高阶段发展打好基础。

从产业发展的趋势来看，各城市的产业结构不尽相同，资源禀赋也相差很大，再加上地理位置的差异及客观周围环境的影响，需要做出整体规划和布局。

近几年，广西北部湾地区积极配合国家的政策倾斜，做出重大发展规划。根据规划，在产业方面计划投资7683亿元，重点建设587个重大产业项目，到2012年实现工业总产值超过6000亿元，形成石化1个超千亿产业，冶金、食品2个超600亿产业，电子信息、造纸与木材加工、能源3个超300亿元产业，纺织服装与皮革、修造船、医药、汽车、机械、建材等6个超100亿元产业。

物流方面，计划投资1654亿元，重点建设130个物流项目。加快保税物流体系建设，争取在2012年前建成钦州保税港区二、三期工程，争取凭祥综合保税区一期工程2010年底实现封关运作；加快建设南宁空港物流产业园区等一批物流园区、专业物流平台和专业市场，组建和引进一批大型物流公司，初步建成以保税物流体系为核心，生产性物流、国际贸易物流、城市商业物流和专业市场协同发展的大物流体系。

城建方面，计划投资1465亿元，重点建设项目391项，2012年城市化率达45%，2015年城市化率50%；旅游方面，计划投资910亿元，重点实施项目133项，重点抓好区域旅游资源的整合；招商方面，争取3～5年，每个产业引进一个以上世界500强或国内行业龙头企业，初步形成重大产业集群化；文化方面，计划3～5年投资500亿元，把北部湾经济区建设成为广西千亿元文化产业的重点区域，成为面向东盟开放合作的区域文化中心。

可以看出，巨型城市中的南宁市在这次规划中将扮演区域竞争主体的角色。当前，在北部湾范围内，已经有一些城市崭露头角，显示了其发展的活力。比如，北海近几年发展速度较快，其中2007、2008、2009年GDP增长率分别为13%，15%和16%，远高于国家的平均水平。自2009年以来，在国家政策的引领下，北海市积极承接东部产业转移、实施旅游兴市战略，北海航空市场开始复苏，渐趋活跃。2009年旅客吞吐量达到50万人次，是北海机场开行22年来一个崭新的突破，至此北海机场跨入中型机场行列。防城港市利用港口优势条件和南海丰富油气资源，建设临海工业，形成沿海产业群。根据《防城港市2010年产业发展百项工程及重点基础设施项目建设实施意见》，2010年，计划投资106.3亿元；重点基础设施项目包括18～22号泊位、东湾403～407号泊位、潭油片区路网AB线、防城港核电等80个项目，计划投资76.66亿元。

预计到2020年，中国的巨型城市将逐步完成工业化过程，产业结构趋于合理，第三产业占GDP的比重将占主导地位，为巨型城市的现代化发展奠定坚实的基础。

3.交通发展分析

中国巨型城市的交通发展相对超巨型城市有些滞后，但国家目前一系列的区域发展政策及国家轨道交通发展战略规划将对巨型城市发展产生巨大推动作用。比如，国家对广西北部湾的发展规划，将推动中国广西沿海城市及内地重要城市的联动发展，增强这些城市的地位和作用。2012年，中国将建成四纵四横高铁网，将对中国内地具有发展潜力的城市提供重要的发展机遇。一些城市区位优势比较好，但是由于基础设施建设的滞后，在中国改革开放的进程中没有发展起来。目前，随着中国战略发展的转移，胡锦涛总书记在今年指出，“十二五”期间将重点推进西部大开发。下面将对巨型城市中的昆明、南宁、合肥、贵阳地区的交通发展进行分析。

交通运输通道是开展经济合作的基础，在国际贸易当中起着关键的作用。2009年，云南完成80亿元至100亿元的铁路建设投资。“八入滇四出境”建成以后，云南将与“长三角”和“珠三角”地区高速铁路联网，和东南亚、南亚国家联网，形成“云南内连内地，外连东南亚、南亚国家”的交通大枢纽。

“八入滇四出境”的“八入滇”分别是：滇藏铁路，从西藏—香格里拉—昆明，目前正在启动前期的准备工作；成昆铁路，即建设其复线，建成后通运能力将大大提高；重庆至昆明的铁路，规划设计为时速350千米的客运专线；内昆铁路，从四川的内江—泸州—宜宾—昆明；南昆铁路，从南宁到昆明的铁路；贵昆铁路从贵州进入云南的铁路；今年计划开工建设的云桂铁路，从南宁经过百色，然后经过文山到昆明；沪昆铁路客运专线，规划设计时速300千米左右。

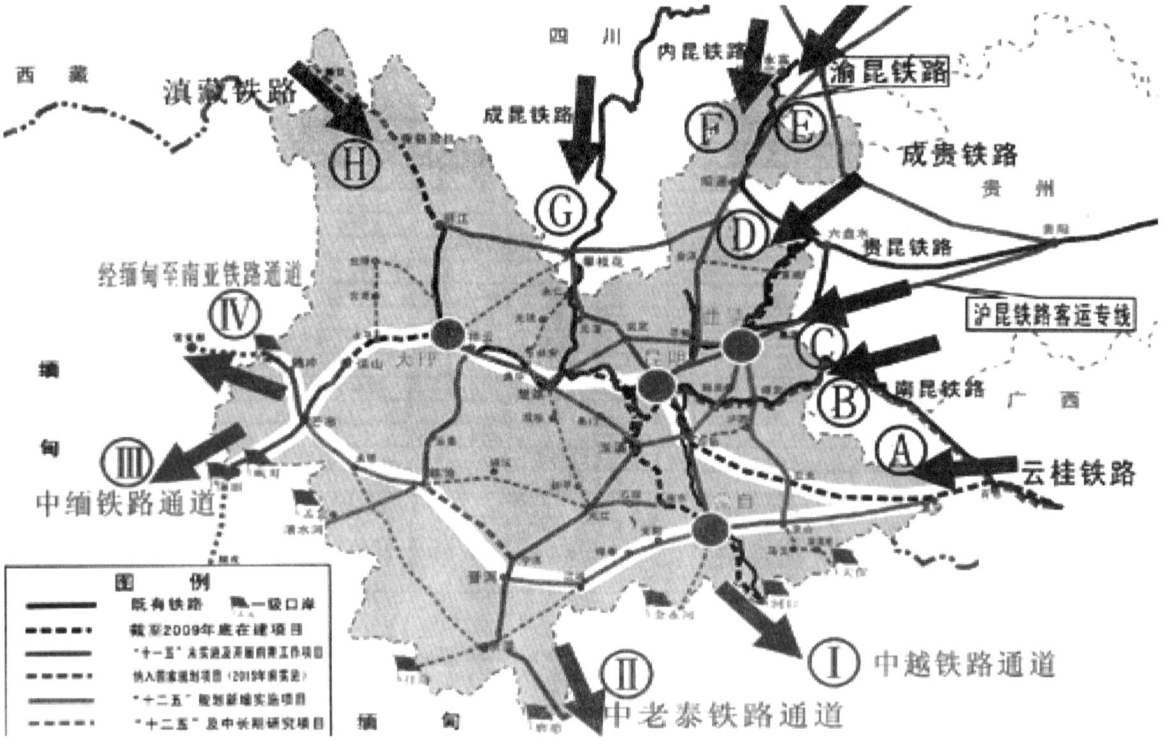

图表3-34 云南省铁路交通规划图

“四出境”分别是：泛亚铁路的东线，从昆明—玉溪—蒙自—河口进入越南，即中越国际大通道。泛亚铁路的中线，从玉溪到西双版纳傣族自治州的磨憨口岸，经过老挝，到泰国；泛亚铁路的西线，从昆明到瑞丽，再到缅甸，直达印度洋；北线是大理到腾冲，从腾冲起经过缅甸北部的密支那，再经过孟加拉国，到达印度维多后与南亚铁路网贯通。

昆明作为中国西南边陲的重要城市，其地理位置决定了它的发展方向和发展空间。在国家战略方面，到2020年，国家计划在昆明建成2条泛亚铁路、2条泛亚高速公路和2条泛亚输油管道，昆明将成为中国通往西亚和中东的交汇中心。未来3~6年，在通往内地的铁路方面，将建成东南环线昆玉铁路、云贵铁路及沪昆客运专线贵长段。轨道交通方面，按照国务院批准的轨道交通建设规划要求，昆明城市轨道首期工程1、2号线今年内必须实现全线建设，2012年上半年首期工程南段（世纪城至广电大学段）开通运营，2012年底，首期工程实现全线贯通运营；3号线和6号线2010上半年完成初步设计，2010年上半年实现建设，6号线和3号线分别在2011年底和2014年建成运营；2012年建设5号线，2016年建成通车；2013年建设4号线，2018年建成通车；到2018年将完成轨道交通线网规划的6条线路，并适时启动安宁、嵩明、晋宁、宜良城郊轻轨项目。

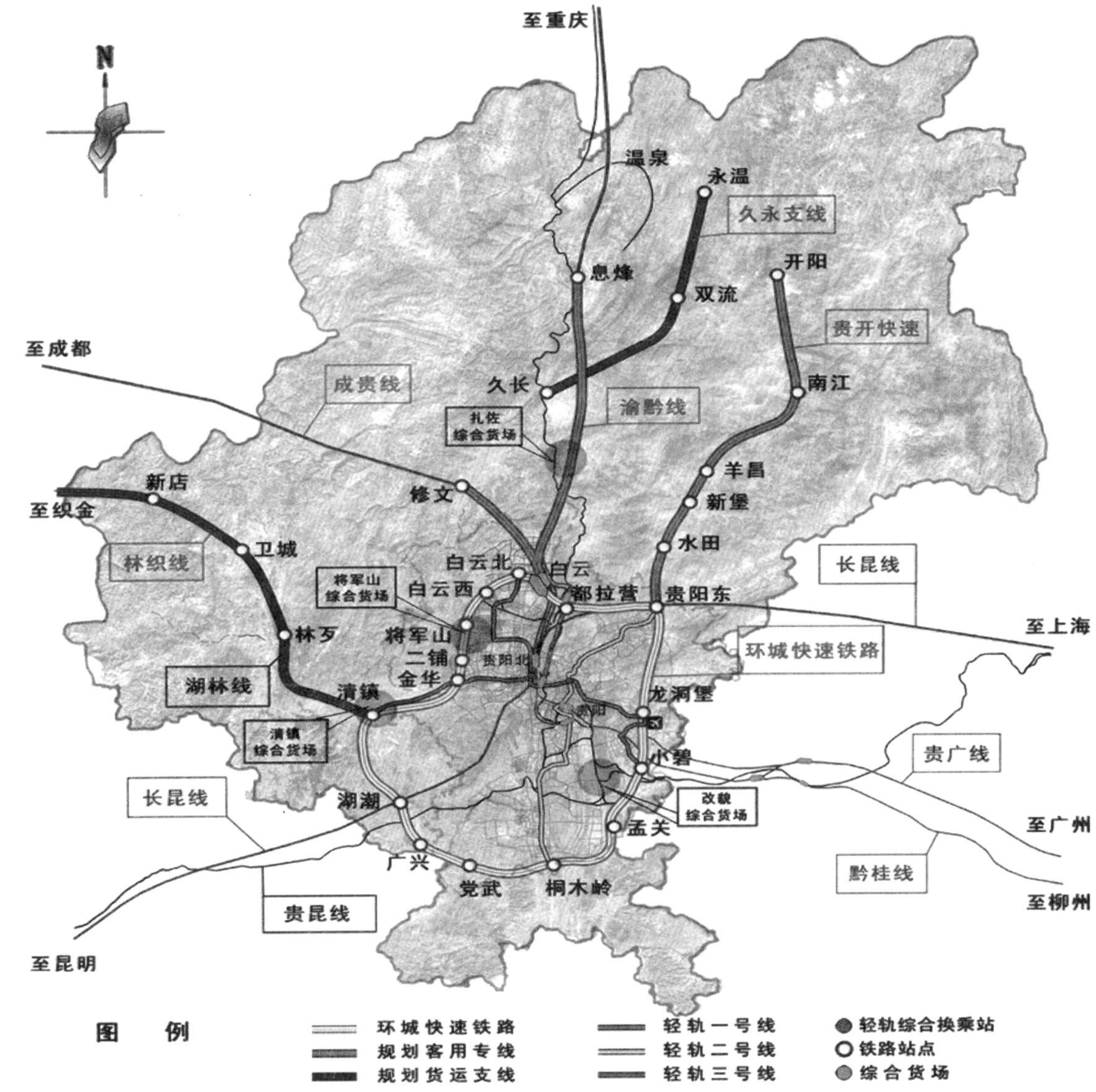

图表3－35 贵阳市域快速铁路网规划方案

根据中国高铁建设规划，到2020年，将有7条高速铁路在贵州交汇，主要是成贵、川黔、渝黔、贵昆、长贵和贵广等，贵州将成为中国西南地区的高铁交汇中心。

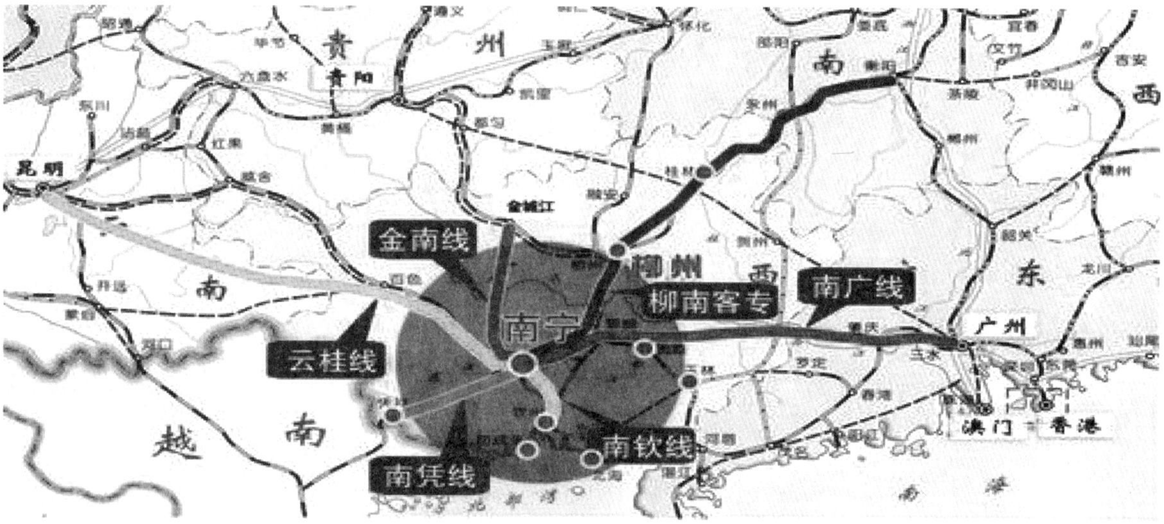

图表 3－36　南宁市铁路规划图

2010年国家投入资金500亿～600亿元对广西境内铁路进行建设。规划有6条新铁路经过南宁市，将来南宁1.5小时内可达南宁周边区内邻近的主要城市；4小时内可到广州、贵阳、昆明、长沙；6小时内可到成都、重庆；8小时内可到北京、上海。

南宁市近年来致力于交通设施的完善，计划投资2667亿元。重点建设南宁－广州铁路、湘桂铁路、云桂铁路等铁路，建设沿海铁路扩能改造工程南宁至钦州、钦州至防城港、钦州至北海、合浦至湛江和连接沿海港口的铁路支线；新建高速公路1436千米，一级公路120千米，桥梁长4850米。通过这些建设，打造南宁到北部湾经济区沿海城市1小时以内、到广西其他主要中心城市2小时左右、到周边省会城市3小时左右的“123城市经济圈”。

港口方面，计划投资448亿元，新建泊位80个以上，包括2个30万吨级泊位，2个20万吨级矿石专用泊位，75个万吨至15万吨级泊位，新增吞吐能力2亿吨以上。到2015年，建成防城港区、钦州港区、北海港区3个亿吨级港区，实现广西北部湾港吞吐能力超过3亿吨的目标。

合肥市在国家中部崛起战略的推动下，发展加速。根据合肥市城市总体规划（2006—2020年），到2020年，在铁路方面，将建成6条线（北淮南线、南淮南线、西西宁线、东西宁线、合九线、沪汉蓉铁路），衔接7个方向（淮南、蚌埠、南京、芜湖、九江、西安、武汉），具有以合肥东站为编解系统，以合肥高铁站、合肥站、合肥西站为客运系统和以合肥北站为货运系统的枢纽格局。在轨道交通方面，根据《合肥市交通发展规划》，2009—2016年为近期建设阶段，建设1号线、2号线，形成“十”字形的基本骨架；2016—2020年为建设发展阶段，建设3、4号线，与1、2号线共同形成以主城区为中心向外围组团放射的基本骨架网络，基本覆盖了中心城区的主要客流走廊。轨道交通远景线网总长将达322.5千米，其中市区线路7条，全长215.3千米；市域线5条，其中1条机场专用线，全长107.2千米。

总之，城市交通基础设施的完善对于加快

地区经济发展具有重要的促进作用，其他巨型城市未来都将加快建设，融入到中国高铁交通网中，不断发挥各自的功能和作用，真正成为区域竞争的主体。

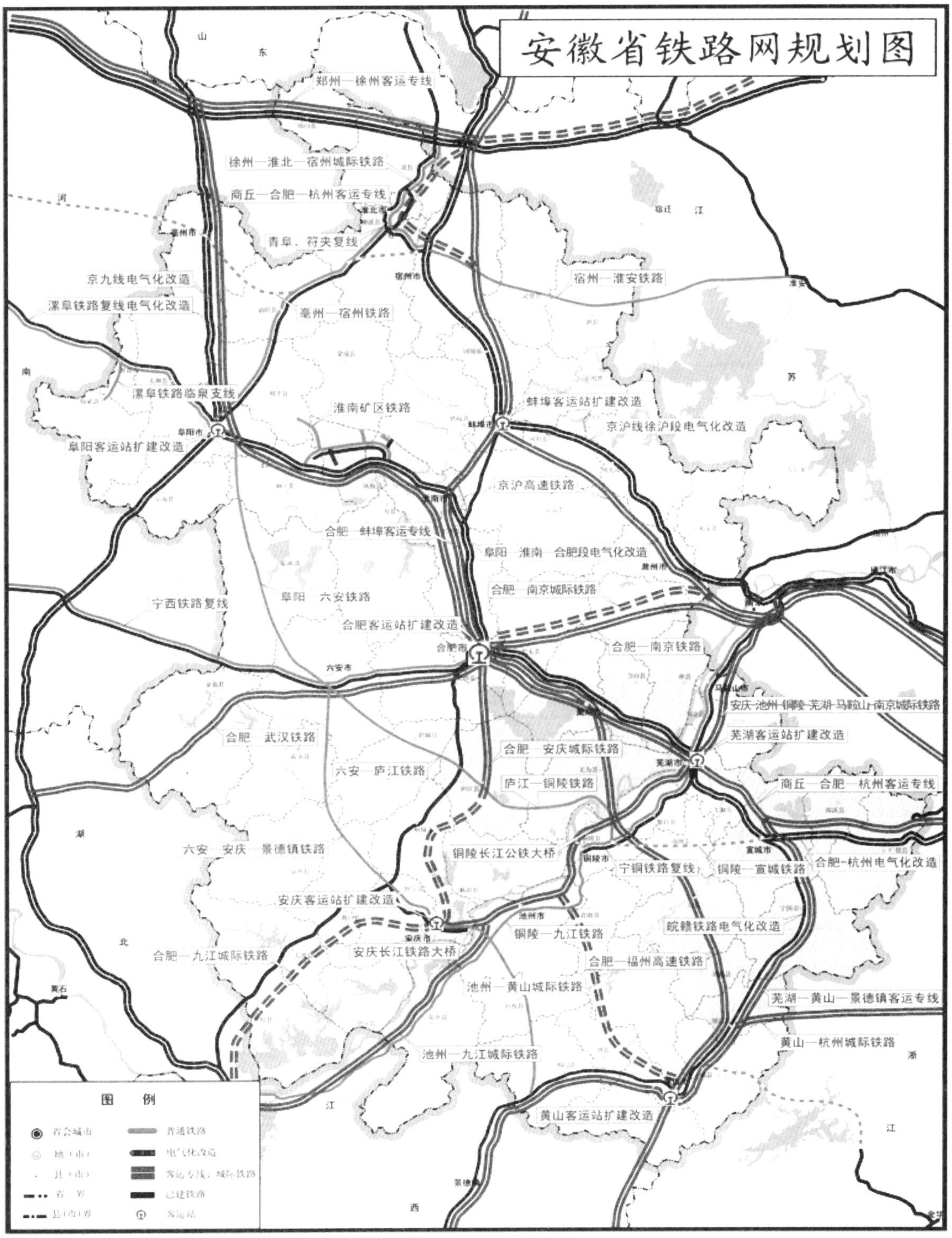

图表 3－37　2020 安徽省铁路网规划图

4.城市化率分析

中国巨型城市的城市化发展很不均衡，一些欠发达省份的某些城市城市化率远高于沿海的发达城市，比如，乌鲁木齐的城市化率82%，黑龙江的齐齐哈尔96%，太原高达82%，鄂尔多斯70%。深入中国内地欠发达地区，秦皇岛的城市化率只有46%，徐州只有42%，洛阳为40%，连云港为42%。城市化率出现这样的反差主要是因为高城市化率的地区人口规模一般比较小，同时这些城市具有某种优越的条件，比如，乌鲁木齐作为省会城市，人口才236万，太原人口为360万，而徐州市人口869万，洛阳人口642万。人口基数比较大的城市在推进城市化的进程中发展比较慢。城市化率在反映一个城市化发展程度方面具有一定的局限性，它不能反映一个城市的规模及其经济发展的具体情况，只能总体上反映该城市的发展速度。

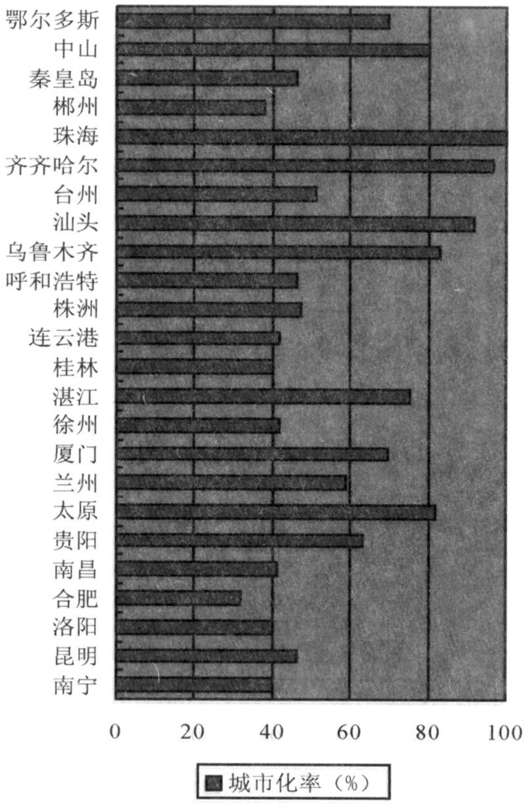

图表3－38 2009年中国巨型城市的城市化率(1)

图表3－38 2009年中国巨型城市的城市化率（2）

城市	城市化率（%）	城市	城市化率（%）
南宁	40	连云港	42
昆明	46	株洲	47
洛阳	40	呼和浩特	46
合肥	32	乌鲁木齐	83
南昌	41	汕头	92
贵阳	63	台州	51
太原	82	齐齐哈尔	96.6
兰州	59	珠海	100
厦门	70	郴州	38
徐州	42	秦皇岛	46
湛江	75	中山	80
桂林	40	鄂尔多斯	70

5.领事馆分析

当前，中国的巨型城市只有几个少数边疆省会城市具有邻国附近的领事馆外，其他城市基本没有设立领事馆。但是，到2020年，随着中国巨型城市的不断崛起，将有一批城市设立外国驻华领事馆。

第三节 特大城市

特大城市是区域地理经济的引擎，对巨型城市的发展具有较强的辅助作用。能够较快适应经济发展环境，发现新的经济增长模式，有效地实现自身发展。

图表 3－39 中国特大城市一览表

类型	城市名称	人口（万）			城市名称	人口（万）		
		2010年现状	2015年预测	2020年预测		2010年现状	2015年预测	2020年预测
成熟型	保定	1141	1300	1500	开封	469	600	750
	潍坊	889	1000	1200	惠州	392	500	650
	济宁	822	1000	1150	金华	461	550	700
	信阳	802	950	1050	淄博	450	550	650
	衡阳	731	950	1050	常州	440	600	750
	茂名	612	800	950	绍兴	437	550	700
	曲靖	578	650	750	扬州	459	550	700
	岳阳	545	700	850	嘉兴	423	550	700
	咸阳	501	650	800	廊坊	408	550	700
	吉林	482	600	750	鞍山	351	500	650
成长型	临沂	1142	1500	1500	漳州	477	650	800
	南阳	1091	1200	1400	江门	441	650	800
	邯郸	928	1100	1300	日照	284	400	550
	盐城	811	950	1050	镇江	268	400	550
	沧州	710	800	950	包头	253	400	550
	常德	614	750	850	大庆	277	400	500
	德州	564	650	750	威海	252	350	500
	泰安	545	650	750	许昌	456	600	750
	襄樊	584	700	850	焦作	361	450	600
	泰州	500	650	750	湖州	258	400	650
发展型	西宁	217	300	400	绵阳	540	650	750
	海口	183	300	450	郴州	471	600	700
	银川	165	300	165	张家口	460	550	650
	遵义	686	800	950	肇庆	380	500	600
	新乡	551	650	800	清远	373	450	550

续上表

类型	城市名称	人口（万）			城市名称	人口（万）		
		2010年现状	2015年预测	2020年预测		2010年现状	2015年预测	2020年预测
发展型	九江	475	600	700	承德	370	450	550
	贵港	474	600	750	宝鸡	376	450	550
	宜昌	403	550	650	湘潭	300	450	550
	芜湖	230	350	450	晋中	312	450	550
	东营	200	300	400	大同	317	400	550
	三亚	56.5	150	300	阜阳	987	1100	1200
	商丘	828	950	1050	漯河	248	350	450
	淮安	536	650	750	江阴	120	250	350
	赣州	888	1000	1100	昆山	165	300	400
	荆州	645	750	850				

注：分析指标如下：

1. 成熟型：300万人口以上500万以下；市区面积1.5万平方千米以内的人口；GDP在300亿美元以上；

2. 成长型及发展型：每年的自然增长率5.9‰；每年经济、公共资源增长，人口在300万以上的城市按照年均30万～50万人口增长标准计算；

3. 其中江阴、昆山为中国百强县中前两名县市，其他均为地级市。

一、指标设计

◆人口在300万以上

◆GDP在300亿美元以上

◆300万以上的年航空客运量

◆城市化率60%以上

◆服务业占GDP的比重达到60%以上；现代服务业占服务业的比重达到40%以上

◆领事馆10个以上

二、现代化与国际化水平分析

根据城市人口（市区面积1.5万平方千米以内）超过300万、GDP在300万美元以上的标准，中国的特大城市可以分为20个成熟型、20个成长型和29个发展型，共69个城市。

1.人口与GDP分析

中国的特大城市分布主要是一些工业基础比较雄厚的工业城市和在巨型城市、超巨型城市周围受到较强辐射而发展起来的。有一些城市的人口也接近千万，甚至超过了千万，但是没有划列到巨型城市中去，比如保定（1141万）、潍坊（889万）、济宁（822万）、信阳（802万）等城市，主要是因为，这些城市的人口总量若按照市区1.5万平方千米以内来算还达不到300万以上，并且这些城市的GDP总量离巨型城市还有一段距离。但是在这些城市中，未来10年有可能发展成巨型城市，比如潍坊、济宁发展潜力比较大，发展速度快，但是潍坊邻近青岛，必须协调好产业发展分工，才能得到充分的发展，就如同长三角在上海周围比较密集的城市群一样，苏州、无锡、常州发展会出现层次性。并且潍坊在山东半岛城市群的定位是以海洋化工、机械、食品加工为主导的综合性制造业城市，连接山东半岛与鲁中、鲁西的交通枢纽。表明潍坊未来的发展方向是区域发展中心，而不是国家战略发展的中心。

成长型特大城市中，临沂（1142万）、南阳（1091万）、邯郸（928万）、盐城（811万）等一些城市的人口总量比较大，GDP总量也在2000亿元左右，但是这些城市的发展速度相对较慢，整体城市化率不高，综合发展能力还较弱，预计在2015年左右达到特大城市的规模，需要用5年的时间作为调整期来逐步完善各项基础设施，不断提高区域城市经济发展的能力。这些城市在2015—2020年间将比"十一五"发展速度更快，区域中心的地位不断加强，区域竞争力不断提升。有可能一些城市将在2020年发展规模达到巨型城市的标准。总体上讲，成长型特大城市的GDP在1000亿元到2000亿元之间，但1.5万平方千米以内的城区人口规模还达不到300万以上，还有待进一步加快发展。

发展型特大城市中，有3个省会城市和2个县级市，分别为西宁、海口、银川、江阴和昆山。其中，3个省会城市总体上人口具有一定规模，经济总量不大，但是经济发展潜力较大。江苏省的2个县级市，人口规模还不大，但是经济总量2009年都高达1500亿元以上，远高于以上3个省会城市。预计到2020年，以上5个城市的人口规模将达到300万以上，GDP总量，3个省会城市将达到 300亿美元以上，而江阴、昆山GDP将达到500亿美元以上。总体上讲，其他城市的GDP大都在550亿元~650亿元之间。

2.产业发展分析

在三大产业比例方面，成熟型特大城市的第一产业增加值占GDP的比重情况：山东、浙江、江苏三省城市的比重基本在10%以下，这些城市的工业发展到中期到后期阶段。其他大部分城市都在10%以上，说明这些城市还处于工业化的前期到中期阶段的发展中。第二产业占GDP的比重大部分在50%以上，说明这些城市第二产业在国民经济发展中还占主导地位。

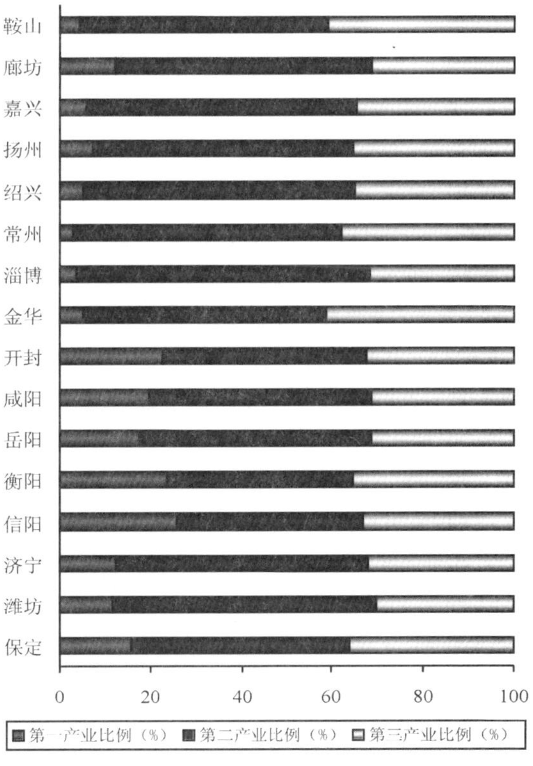

图表3-40 2009年成熟型特大城市三产比例(1)

图表 3－40　2009 年成熟型特大城市三产比例（2）

城市	三产比例	城市	三产比例
保定	15.6∶48.3∶36.1	开封	22.3∶45.3∶32.4
潍坊	11.3∶58.4∶30.3	惠州	—
济宁	12.1∶55.8∶32.1	金华	5.3∶53.7∶41.0
信阳	25.6∶41.4∶33.0	淄博	3.5∶64.8∶31.7
衡阳	23.6∶41.2∶35.2	常州	3.1∶58.9∶38.0
茂名	—	绍兴	5.2∶59.8∶35.0
曲靖	—	扬州	7.47∶57.06∶35.47
岳阳	17.2∶51.7∶31.1	嘉兴	5.8∶59.8∶34.4
咸阳	19.5∶49.3∶31.2	廊坊	12.3∶56.6∶31.1
吉林	—	鞍山	4.5∶54.7∶40.8

成长型特大城市三次产业比例总体上与成熟型特大城市接近，但 GDP 总量相较成熟型城市还比较低，其发展潜力比较大，具有在未来 5 年内成长为特大城市的条件。

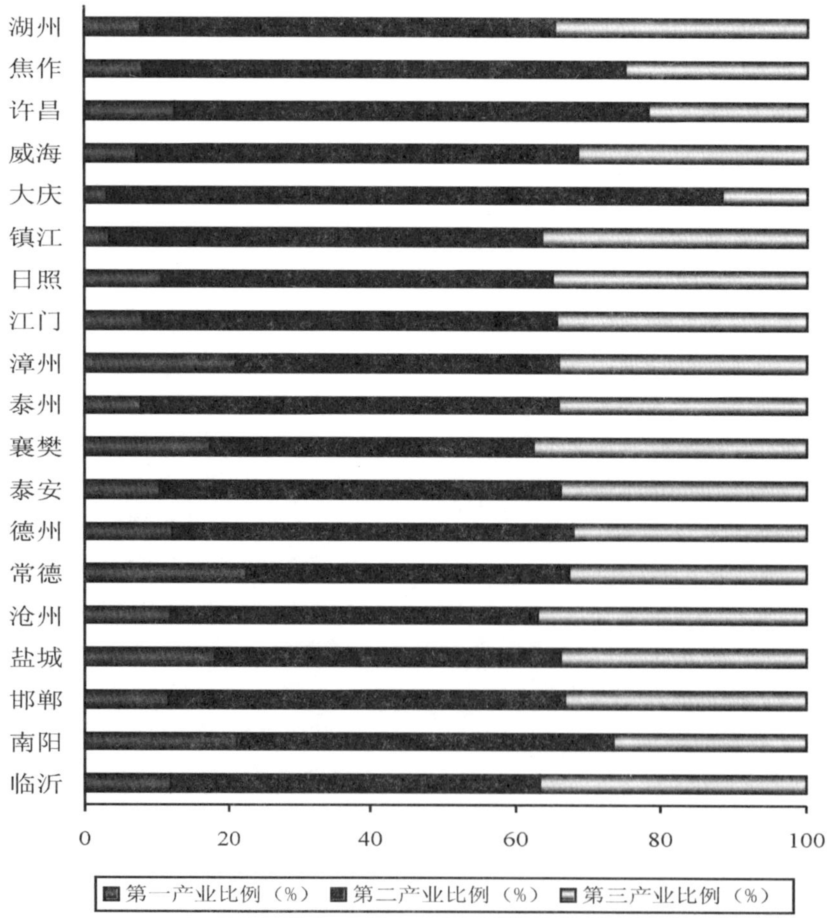

图表 3－41　2009 年成长型特大城市三产比例（1）

图表 3－41　2009 年成长型特大城市三产比例（2）

城市	三产比例	城市	三产比例
临沂	12∶51.2∶36.8	漳州	21.3∶44.5∶34.2
南阳	21.2∶52.3∶26.6	江门	8.1∶57.6∶34.3
邯郸	11.6∶55.1∶33.3	日照	10.7∶54.3∶35
盐城	18.2∶48∶33.9	镇江	3.6∶59.9∶36.5
沧州	12∶51∶37	包头	—
常德	22.8∶44.6∶32.6	大庆	3.1∶85.1∶11.8
德州	12.1∶55.9∶32.0	威海	7.4∶61.2∶31.4
泰安	10.6∶55.5∶33.9	许昌	12.6∶65.6∶21.8
襄樊	17.5∶45.0∶37.5	焦作	8.1∶66.9∶25.0
泰州	7.8∶58.0∶34.2	湖州	8.0∶57.3∶34.7

发展型特大城市第三产业发展同成长型特大城市相比相差不大，就 2 个县级市而言，2009年，江阴三产比例1.89:60:38.11；昆山为1.7:62:37.3。第一产业的比重都比较低，第二产业发展占主导地位。其他城市三次产业结构第三产业发展都普遍较低。

在新兴产业发展方面，江阴市将用4年时间重点打造4个“千亿级新兴产业集群”、5个“百亿级新兴战略性产业园区”，新兴产业占全市工业的比重将从今年的 32% 提高到 2013 年的53%，平均每年提高5个多百分点。其中，4个“千亿级新兴产业集群”包括低碳、机械装备制造、新材料(石化)和现代物流。5个“百亿级新兴战略性产业园区”则重点打造生物医药、服务外包、新传感器、文化创意和地区总部经济等产业。

根据昆山市城市总体规划（2009—2030年），昆山市未来 20 年的发展定位是全球性的 IT 产业制造、研发和交易平台，长三角区域重要的先进制造业和现代服务业集聚区。近期保持第二产业的主体地位，加快第三产业发展，产业结构优化为 0.5:59.5:40；远期二、三产业齐头并进，产业结构优化为0.4:49.6:50。

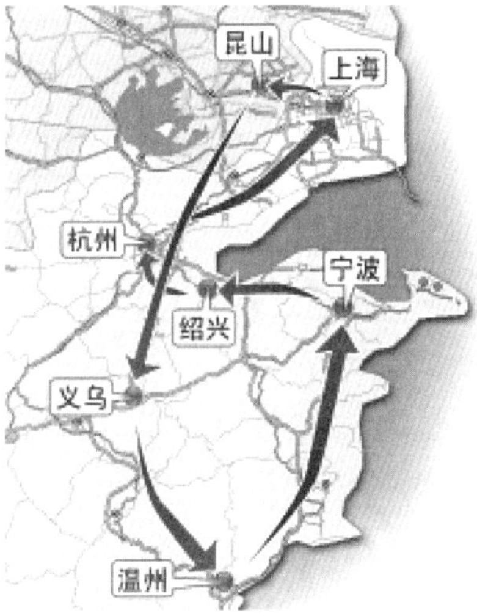

图表 3－42　昆山在长三角的位置

昆山市在新兴产业发展方面，锁定国际先进产业的发展方向，大力培育具有竞争优势和发展前景的高新技术产业。昆山市新能源、生物医药、机器人产业发展比较突出，形成了以太阳能产业为主导，集聚风能、光热转化、地源热泵等项目的产业集群。机器人产业创新“提速”，已成立了昆山智能化机器人研究所、昆山工业机器人研究所、昆航机器人研究所等，并启动规划建设机器人产业基地和研发大楼，开展了钢材生产线打捆包装机器人等一系列研制工作。

潍坊市在新兴产业发展方面发展迅速。通过锐意创新，突破进取，着力发展电声器件、半导体照明、软件与信息服务三大新兴产业集群，有力拉动园区经济快速增长。

潍坊高新区已形成以歌尔声学为龙头，楼氏电子、新港电子、东科电讯等为代表的电声产业集群，该产业集群2008年主营业务收入达20亿元。歌尔声学是目前国内最大、世界第三的驻极体传声器生产基地和国内最大的高端电声器件生产基地，随着投资5.3亿元的二期工程开工建设，该公司一跃成为全球第二大蓝牙耳机品牌和国内蓝牙耳机的领军企业，为潍坊高新区建设中国“声谷”奠定坚实基础。

2009年5月，经国家科技部批准，潍坊市成为我国21个半导体照明应用工程试点城市之一。2008年，潍坊高新区被山东省信息产业厅批准为省级光电子产业园，是山东省最大的LED照明应用基地。园区企业山东瑞森华光电子有限公司自主研制的LED和LD外延材料及管芯达到国际先进水平，其中LD管芯占领了70%以上的国内市场，产销量稳居全国第一。

另外，淄博在陶瓷业，绍兴、嘉兴、漳州在纺织、服装产业集群发展方面独具特色。但是这些加工制造业的附加值都普遍较低，技术竞争力不强，高科技含量不高，应当进行相关领域的创新和改造。

除了沿海一些发达地市外，中国大部分特大城市新兴产业发展还处于起步阶段，规划发展还处于调整期。但是，沿海发达城市近几年的发展已经为其他城市向高新技术产业及低碳产业方向发展积累了大量的经验。未来10年，将是中国特大城市重点发展的领域，成为地区城市经济转型的主要方向。

3.交通发展分析

中国许多特大城市的交通基础设施还不完善，内地城市的铁路和高速公路网还有待进一步建设。“十一五”期间，中国的许多大城市新建了国家级和省级重点项目。在这方面推进比较快的城市有临沂、包头、泰安、茂名、湖州等城市。

国家的“十一五”规划中，重点建设了十大煤炭运输通道建设，其中包括了长治—泰安、邢台（邯郸）—黄骅、宿州—淮安、北京—张家口—呼和浩特—包头、朔州—准格尔等；在加强港口与后方通道建设方面，重点建设了上海—镇江、湖州—乍浦—浦东、茂名—湛江、德州—龙口—烟台、枣庄—临沂等项目。

在铁路方面，2009年，临沂市地方铁路局挂牌成立，临沂市将在今后几年开工建设9个铁路重点项目，总投资约135亿元，新增铁路264千米，扩能改造345千米。

以下重点介绍四大铁路建设项目：

菏兖日铁路电气化改造工程位居九大工程之首。菏兖日铁路西起京广线新乡站，途径菏泽、兖州、临沂等地，东至日照站，全长466千米，是“西煤东运”的重要铁路通道。电气化改造后，菏兖日铁路将与京沪线、京九线构成电气化铁路网。

东平铁路北起磁莱线东都站，南接菏兖日线的平邑站，全长59千米，总投资12亿元。该铁路线在临沂市境内16千米，投资约3亿元。东平铁路途经临沂市的平邑山区，该地区的石膏等矿产资源比较丰富。修建东平铁路，可以促

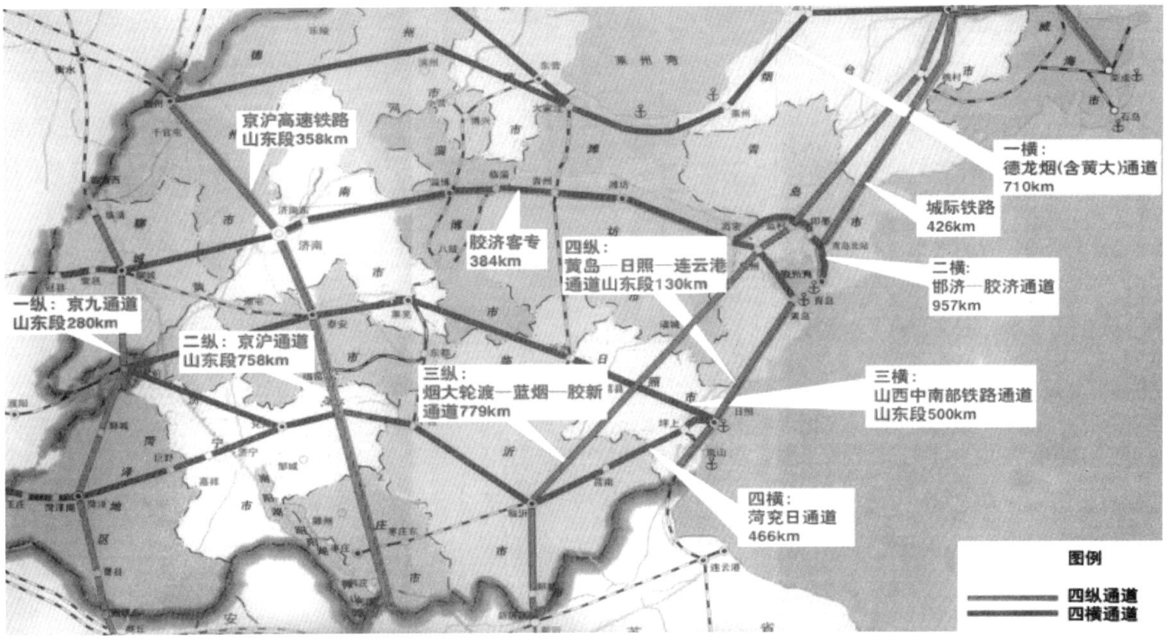

图表 3－43　山东省铁路规划图

进沿线地区农业和矿产资源的综合开发，为临沂市的北部山区开辟一条更加便捷、顺畅的出海通道。

枣临铁路位于山东南部，地跨枣庄，临沂两地级市，枣临铁路全长119千米，线路等级为三级地方铁路，是山东省"十一五"规划建设项目，是山东省"三纵三横"铁路网的重要组成部分。该铁路线西连京沪线，东接兖石线和"沿海通道"，有利于形成鲁南地区与日照港的便捷出海通道，在山东铁路网中起着重要的联络线作用。通过建设枣临铁路，可以进一步促进枣庄、临沂地区煤炭、建材、矿产和旅游资源的开发，加强内陆城市与日照港联系，带动枣庄、临沂、日照3市的经济发展，同时对鲁南经济带的发展提供重要的运输支撑。

胶新铁路复线电气化改造，胶新铁路自山东省胶州至江苏省新沂市，全长306.6千米，是连接胶济铁路与陇海铁路的一条铁路线。从胶济铁路的胶州站，向南经高密、诸城、五莲、莒县、沂水、沂南、临沂、郯城，至陇海铁路的新沂站，与新长线相连。此次胶新铁路复线电气化改造工程全长300千米，总投资90亿元。在临沂市境内达152千米，投资约45亿元。

以上铁路建设有些2010年底可以完工，有些在未来10年内要完成建设。临沂地方铁路局的成立，必将加速鲁南地区铁路交通建设的发展。规划建设的重大项目，在未来几年内将不断加强城市间的合作与分工以及沿海城市与内地城市的联系与沟通，推进地区经济的加速发展。

其他城市都在加快铁路、高速公路等基础设施建设，以期在"十二五"规划中能够借助相关政策。

4.城市化率分析

中国特大城市的城市化率大部分在45%～55%，基本位于2009年中国城市化率的平均水平（48%）附近，总体表现为沿海城市的城市化率较高，内地较低。

5.驻华领事馆发展分析

中国有些特大城市还没有设立领事馆,其发展还缺少一定的活力。中国特大城市跟世界的联系除了沿海少部分地区贸易往来较多外，其他大部分城市都在是国内市场发展，发展空间相对狭小。应当积极扩大招商引资，采取一定的优惠政策，把本地经济融入到国际化发展中去。

第四节　大城市

大城市是地区经济1小时生活圈的中心。大城市没有特大城市的发展强有力的竞争性，短时间内无法成为地区经济发展的引擎。大城市是连接特大城市与大中城市的过渡区域，只能服务于特大城市，但是大城市的所有的配套设施相对完善，成为人们短时间内活动的主要集中地区。

图表3－44　中国大城市一览表

类型	城市名称	人口（万） 2010年现状	2015年预测	2020年预测	城市名称	人口（万） 2010年现状	2015年预测	2020年预测
成熟型	周口	997	1100	1300	德阳	387	400	450
	信阳	802	900	1100	锦州	310	350	400
	驻马店	848	900	1100	长治	328	350	400
	安庆	614	700	850	运城	507	550	600
	聊城	584	650	800	吕梁	400	450	500
	揭阳	573	600	700	上饶	648	700	800
	安阳	521	600	700	南充	750	800	900
	枣庄	383	450	500	玉溪	227	250	300
	滨州	368	400	450	辽阳	183	250	300
	邢台	700	800	900	丹东	243	280	300
	平顶山	501	550	600	南平	306	330	380
	榆林	334	400	450	常熟	106	150	200
	临汾	419	450	500	晋江	160	180	200
	营口	233	250	300	吴江	155	180	200
成长型	菏泽	887	950	1000	资阳	423	450	500
	延安	214	250	280	葫芦岛	280	300	300
	安庆	614	650	700	莱芜	125	150	180
	盘锦	129	150	200	通化	227	250	280
	龙岩	277	300	350	淮南	240	280	300
	三明	263	300	250	潮州	256	280	300

续上表

类型	城市名称	人口（万）			城市名称	人口（万）		
		2010年现状	2015年预测	2020年预测		2010年现状	2015年预测	2020年预测
成长型	抚顺	223	250	280	巴彦淖尔	174	200	220
	濮阳	349	400	450	乌兰察布	213	230	250
	三门峡	222	250	280	抚州	387	400	420
	宜宾	530	550	580	攀枝花	111	150	180
	马鞍山	128	150	200	朔州	153	180	200
	衡水	432	460	500	百色	392	420	450
	呼伦贝尔	270	300	340	眉山	301	350	370
	宜春	540	580	620	宣城	258	280	300
	本溪	156	200	230	广安	404	420	450
	莆田	284	300	350	新余	113	140	160
	玉林	641	700	750	梧州	303	330	380
	达州	572	600	650	佳木斯	251	280	320
	黄冈	735	800	850	六盘水	300	330	360
	四平	337	400	420	钦州	322	380	420
	孝感	525	550	600	遂宁	384	400	420
	永州	583	600	650	咸宁	251	280	300
	衢州	223	250	300	张家港	90	130	160
	乐山	354	380	450	慈溪	103	130	180
	邵阳	755	800	850	宜兴	125	140	160
	铁岭	306	350	380	即墨	112	140	180
	绥化	577	600	650	诸暨	137	150	180
	六安	701	730	750	义乌	118	140	180
	泸州	430	480	520	滕州	166	200	250
	晋城	223	250	280	平度	137	180	200
	滁州	412	450	470	温岭	116	150	170
	渭南	543	580	600	乐清	120	150	170
	益阳	467	480	500	寿光	102	130	160
	宿州	569	600	650	通州	124	150	170
	丽水	255	300	350	海城	113	130	160
	吉安	480	500	550	福清	249	270	300
	怀化	503	530	580	毕节	136	160	180
	牡丹江	280	300	320	新泰	137	150	170
	阳江	236	280	300	文登	64	100	130

续上表

类型	城市名称	人口（万） 2010年现状	2015年预测	2020年预测	城市名称	人口（万） 2010年现状	2015年预测	2020年预测
成长型	舟山	105	130	160	曲阜	62	100	130
	内江	425	450	480	昌邑	58	100	120
	蚌埠	358	380	400	兖州	53	100	150
	巢湖	454	480	500	肥城	97	120	150
	梅州	505	550	580	兴义	314	350	400
发展型	拉萨	55	80	100	上虞	77	90	100
	克拉玛依	27	70	100	江都	107	120	130
	韶关	295	330	360	启东	95	110	120
	宁德	303	330	340	新密	76	90	100
	娄底	418	430	440	桐乡	99	110	120
	荆门	300	330	360	海门	100	110	120
	十堰	323	350	380	巩义	80	90	100
	自贡	281	300	330	莱阳	87	100	110
	河源	286	300	330	莱西	72	85	100
	萍乡	185	200	220	兴化	156	170	180
	河池	404	430	460	东台	114	130	140
	汉中	351	380	420	溧阳	74	90	100
	汕尾	290	340	380	禹州	120	130	140
	淮北	205	220	240	青州	90	100	110
	北海	157	180	200	泰兴	127	130	140
	忻州	309	350	380	浏阳	136	150	160
	阳泉	132	150	170	高密	84	100	110
	防城港	84	100	120	龙海	85	100	110
	黄石	252	280	300	肇东	93	100	110
	龙口	63	80	100	醴陵	103	110	120
	荣成	67	80	100	台山	100	110	120
	太仓	67	80	100	邳州	146	160	170
	增城	83	100	120	大石桥	72	85	100
	余姚	82	100	120	盖州	73	90	100
	阿克苏市	56	80	100	灯塔	51	80	100
	胶州	80	100	120	开原	60	80	100
	胶南	83	100	130	凌源	65	80	100
	任丘	82	100	110	北票	60	80	100

续上表

类型	城市名称	人口（万）			城市名称	人口（万）		
		2010年现状	2015年预测	2020年预测		2010年现状	2015年预测	2020年预测
发展型	莱州	87	100	110	普宁	220	240	260
	迁安	70	85	100	潜江	100	110	120
	遵化	72	85	100	邓州	137	150	160
	邹城	113	130	140	项城	118	130	140
	章丘	100	120	130	枣阳	110	120	130
	瑞安	117	130	140	乐陵	66	80	100
	南安	147	160	170	禹城	52	80	100
	丹阳	80	100	110	北流	118	130	140
	诸城	106	120	130	库尔勒	50	80	100
	海宁	75	90	100	—	—	—	—

注：分析指标如下：

1. 成熟型：人口在100万以上1000万以下；市区面积1.5万平方千米以内；GDP在100亿美元以上；

2. 成长型及发展型：每年的自然增长率5.9‰；每年经济、公共资源增长，人口在300万以上的城市按照年均30万～50万人口增长标准计算；

3. 其中，常熟、晋江、吴江、龙口、荣成、太仓、增城、余姚、阿克苏市、胶州、胶南、任丘、莱州、迁安、遵化、邹城、章丘、瑞安、南安、丹阳、诸城、海宁、张家港、慈溪、宜兴、即墨、诸暨、义乌、滕州、平度、温岭、乐清、寿光、通州、海城、福清、毕节、新泰、文登、曲阜、昌邑、兖州、肥城、兴义、上虞、江都、启东、新密、桐乡、海门、巩义、莱阳、莱西、兴化、东台、溧阳、禹州、青州、泰兴、浏阳、高密、龙海、肇东、醴陵、台山、邳州、大石桥、盖州、灯塔、开原、凌源、北票、普宁、潜江、邓州、项城、枣阳、乐陵、禹城、北流、库尔勒为县级市，其他为地级市。

一、指标设计

- ◆人口在100万以上
- ◆GDP在100亿美元以上
- ◆100万以上的年航空客运量
- ◆城市化率60%以上
- ◆服务业占GDP的比重达到50%以上，现代服务业占服务业的比重达30%以上

二、现代化与国际化水平分析

1.人口与GDP分析

根据人口规模(市区1.5万平方千米以内的面积)达到100万以上，GDP总量在100亿美元以上的标准，中国现在有28个成熟型大城市、88

个成长型大城市、75个发展型大城市、到2020年中国将有191个大城市。其中，成熟型大城市中，有些人口比较多，但是GDP总量相对较小，这类城市有周口（人口997万，GDP总量1073亿元）、信阳（802万，950亿元）、驻马店（848万，882亿元）、安庆（614万，820亿元）等；有一部分城市人口规模不大，但是GDP总量却很高，这类城市有玉溪（人口227万，GDP总量660亿元）、辽阳（183万，645亿元）、丹东（243万，655亿元）、南平（306万，670亿元）、常熟（106万，1500亿元）、晋江（160万，775亿元）、吴江（155万，850亿元）。2009年，玉溪市人均GDP高达5.6万，居全国城市第四位。以上数据表明，中国城市发展很不均衡，在人口大城和经济大城之间还有较大差距。

从GDP的增速来看，县级市增长比较迅猛。其中，2009年常熟GDP增长率为17%，吴江为15.1%，而周口、信阳、驻马店、安庆等城市增长速度在10%左右。经济比较发达的城市发展速率远快于相对欠发达地区，地区发展差距有扩大之势。

成长型大城市普遍远离中国的中心城市。地级市经济发展速度普遍低于县级市，尽管许多县级市被排到2015年的行列，但这些城市普遍发展潜力比较大。在人口规模方面，县级市赶不上地级市，甚至远低于一些地级市。比如张家港（人口90万，GDP总量720.37亿元）、慈溪（103万，601.44亿元）、文登（64万，513亿元）、诸暨（137万，495.89亿元）、义乌（118万，493.3亿元），但由于这些城市都有自己的特色产业，并依靠特色产业迅速发展了起来，使得GDP的总量同一些人口较多的大城市并驾比肩。比如，菏泽（人口887万，GDP总量820亿元）、安庆（614万，820亿元）、宜宾（530万，645.86亿元）、六安（701万，534亿元）。

发展型大城市总计75个，其中只有一个省会城市拉萨。拉萨目前人口55万，长期以来拉萨市人口发展受经济发展的制约比较明显。青藏铁路于2006年7月1日建成通车，对加快拉萨市的经济发展具有重要作用。2009年，拉萨市GDP达到163亿元，增速为13%，在全国各省会城市中增速较快。随着拉萨市城市规划发展，城区人口将不断集中，人口规模在经济的拉动下将快速发展，预计到2020年将达到100万左右的规模。其次，克拉玛依由于其拥有丰富的石油资源，虽然人口只有30万左右，但是2009年GDP高达650多亿元，人均GDP高达5万多元，在全国所有城市中排名第六，是典型的资源驱动型城市。

2.产业发展分析

从三次产业发展来看，3类大城市中，资源型城市及具有特色产业的城市其第二产业明显占有较大比重。比如枣庄63%、马鞍山68%、兖州70%、克拉玛依91%、攀枝花70%、玉溪72%、慈溪62%、邹城63%、海宁63%、上虞61%、库尔勒80%等。资源型城市面临的问题是资源枯竭以后城市如何进行可持续发展，具有特色产业的城市所面临的问题是，在利润日益压缩的低附加值的加工制造业如何提高技术，向创新型产业转化。这些城市产业结构很不合理，高耗能、高污染及低附加值面临被淘汰的境地。

中国的大城市在未来10年间，每个城市都有自己的定位，关键在于分析好各城市的优势和劣势、所面临的周围发展环境，认清方向集中全力进行有重点的发展。因为过去几十年，许多大城市盲目攀比，大量的重复建设，造成资源禀赋相近、地理上也接近的城市间恶性竞争。因此浪费了大量的人力、物力和财力，严重损耗了城市发展的潜力，湮没了城市应有的地位和作用。一些新兴大城市近几年的快速发展表明，城市发展的活力是城市合理配置资源、有效利用各种技术共同作用的结果。但是一个城市要想始终保持快速发展的活力和势头，这个城市就要选择有效的发展方式。比如，浙江的义乌市，在中国叫响了小商品城的称号；诸暨大唐的袜业产业集群，创造了中国袜业生产基地；潍坊寿光的蔬菜远销海内外。

以下对近年来发展比较迅速的城市进行对比分析。

（1）资源型城市发展状况

新疆克拉玛依市是伴随着新中国第一个大油田——克拉玛依油田的勘探开发而发展起来的现代化石油工业城市。目前，克拉玛依力争建成数字油田、绿色油田、人文油田。在不久的将来，克拉玛依将形成一个产值超过千亿元的石化产业集群，成为国家级的能源基地。2008年，克拉玛依全年共新增石油探明储量1亿吨、控制储量1.54亿吨、预测储量1.1亿吨；新增天然气探明储量1348亿立方米，预测储量712.8亿立方米，探明储量超过前50年之和。

克拉玛依计划到2011年，原油产量稳定在1000万吨以上，天然气产能规模增长到50亿立方米，基本形成现代化大油气田的格局；到2015年，年产原油能力达到1600万吨以上，天然气产能达到100亿立方米，实现大油田向大油气田的历史性跨越。

在新兴产业发展方面，克拉玛依也在着手大力开发地上旅游产业，通过展示石油发现、石油勘测、石油开采、石油生产等油田作业过程吸引游客，形成了独具特色的工业旅游线路。克拉玛依把握国家西部大开发和新疆旅游业大发展的机遇，克拉玛依市确定了打造“世界石油城”和建设“西部旅游胜地”的目标，在未来10年的发展中，克拉玛依的旅游业必将迎来第二个大发展的春天。

枣庄市因煤而兴，作为山东省重要的煤炭城市，在上个世纪七八十年代曾经依赖煤炭销售得到迅速发展，经济发展水平曾一度名列山东省第四的水平。由于长期以来依赖资源求发展，形成了以煤炭、水泥、电力等为主体的重型产业结构，但过度开采导致煤炭资源濒临枯竭，生态环境日益脆弱。面临着城市发展衰退的窘境。如何进行产业发展转型，规划城市未来发展的定位问题。这是所有资源型城市在资源开发初期就应该考虑的问题。

实现资源枯竭城市经济转型，关键在培育壮大接续替代产业。枣庄市把培育接续替代产业作为产业结构调整的首要任务，把煤化工当成发展接续替代产业的首选。枣庄市着力拉长产业链，以煤气化、煤焦化为主攻方向，大力发展合成氨、清洁能源、碳一化工、煤基烯烃与新型合成材料四大产业链，目前已形成了以化肥、甲醇、甲醛、醋酸、清洁燃料等12种煤化工产品为主的产业体系，最长的产业链已拉长到第四种产品。煤化工接续替代产业的大力发展，切实实现了煤炭深度加工增值，把枣庄的资源优势转化为经济优势。

同时，枣庄市在大力发展旅游文化产业。重点是以水乡为魂，以运河为线，合理规划、整合、开发旅游资源，突出两个龙头（台儿庄运河古城、微山湖湿地公园），布局“六个节点”（山亭山水生态游、山乡民俗游、峄州冠世榴园生态旅游、薛城铁道游击队纪念园红色旅游、滕州盈泰温泉休闲旅游、市中中兴公司工业旅游），精心设计旅游线路，全面提升枣庄旅游业的档次和水平。

根据《枣庄市城市总体规划》（2007—2020年），枣庄市未来的城市发展定位是：山东省重要的煤化工、能源和建材基地，在未来10年内，将建设成鲁南地区的区域中心城市和山林旅游文化之城。

（2）特色产业城市的发展

浙江省海宁市是我国具有国际影响的皮革生产和市场基地，拥有亚洲最大的卡森集团和规模较大的蒙努、富邦众等制革企业，卡森产品以家具革为主，富邦产品既有家具革，也有鞋面革和服装革，周边还有许多服装革、羊皮鞋面革的工厂，总体形成了规模化、规范化、环保化。海宁被誉为“中国皮革之都”，是中国最著名的皮革、皮草生产基地和集散中心，同时皮革业也是海宁经济的支柱产业之一。海宁皮革工业的产业规模、工艺技术、主要经济指标和知名品牌数量均居国内前列，其中皮革、裘皮服装产量和皮革交易量以及皮革服装外贸出口供货值3项全国第一。

据统计，2007年，海宁市拥有皮革工业企业1588家，从业人员约7万人，全年实现工业产值180亿元，皮革产品出口额7亿美元，其中皮革成品沙发、皮革服装和皮沙发套分列海宁市皮革产品出口前3位。

总结海宁皮革产业发展的经验，海宁20年的皮革产业发展取得如此辉煌的成就，政府在引导产业发展方面具有重要的作用。政府为皮革业发展搭建了2个平台，一个是产业发展平台，如建立皮革产业发展专业园区等等；另一个是市场平台，从1994年海宁皮革城建成以来，目前它已经发展成为国内最具影响力与规模最大的皮革制品交易平台。产业与市场平台的发展是互为促进的，作为流通业态的市场，不断引领着皮革企业的产品开发与升级、引发皮革企业对品牌与时尚的不懈追求。

在产业转型升级方面，从发展轨迹看，海宁中国皮革城的市场升级也从初期的“奔跑式”（即侧重经营面积扩容）转向了“奔跑＋跨越”（即在扩大面积的同时更侧重功能的升级）。为了实现市场升级的跨越式发展，海宁市通过举办海宁·中国皮革博览会、中国皮革时尚周、原辅料采购节等一系列活动来提升影响力，还于2008年开工建设了中国皮革总部商务区等新项目。占地220亩、规划建设面积20万平方米的中国皮革总部商务区（品牌风尚中心），依托皮革城既有优势，按照现代总部商务的理念进行规划、设计、建设和经营，将打造成集展示销售、设计研发、品牌营销、商务办公于一体的现代化皮革行业总部商务区。

无论是基于自身发展，还是从产业发展趋势看，海宁中国皮革城下一步需要重点做好两大工作，即：自身要走品牌化、连锁化之路，进一步推进皮革时尚产业链的完善和升级。

其他特色产业城市都面临着同样的可持续发展问题。尽管各城市的产业特色不尽相同，但成功城市的转型发展思路还是相通的，可以相互借鉴、共同研究来谋求未来的发展。

3.交通发展分析

中国大城市交通设施状况发展普遍比较滞后，而大部分的县级市由于其产业发展的比较快，积累了大量的资金，有能力投入到交通设施的建设，反过来这些交通设施的完善又促进了产业的进一步发展，如此形成了良性循环发展的局面。一些不愿做基础设施投入的大城市，则经济发展也相对滞后，缺乏发展活力。

广西北部湾地区的城市是当前中国大城市中发展比较活跃的地区之一，在北部湾经济圈内一些城市正加快交通设施的建设。

下面主要介绍钦州市城市发展状况和趋势。

钦州市北邻广西首府南宁，东与北海市、玉林地区相连，西与防城港市毗邻，背靠大西南，面临北部湾，是大西南最便捷的出海通道。

根据《钦州市城市总体规划》（2008—2025年），在未来10～20年的时间内，市域综合交通将建设面向东盟、辐射大西南，以高速公路、轨道交通为骨架，以沿海港口、重要枢纽为节点，多方式、集约化的交通运输体系。

在北部湾区域发展中，钦州市将建成国家综合运输体系的重要枢纽，我国沿海主要航运中心之一，大西南出海通道的门户城市。

在广西自治区范围内，钦州市将建设沿海主要的交通口岸、北部湾经济区交通主枢纽。

钦州市范围内也将构建中心城区与周边县市之间一体化的综合交通网络。

具体来说，公路方面，钦州市将建成“一环

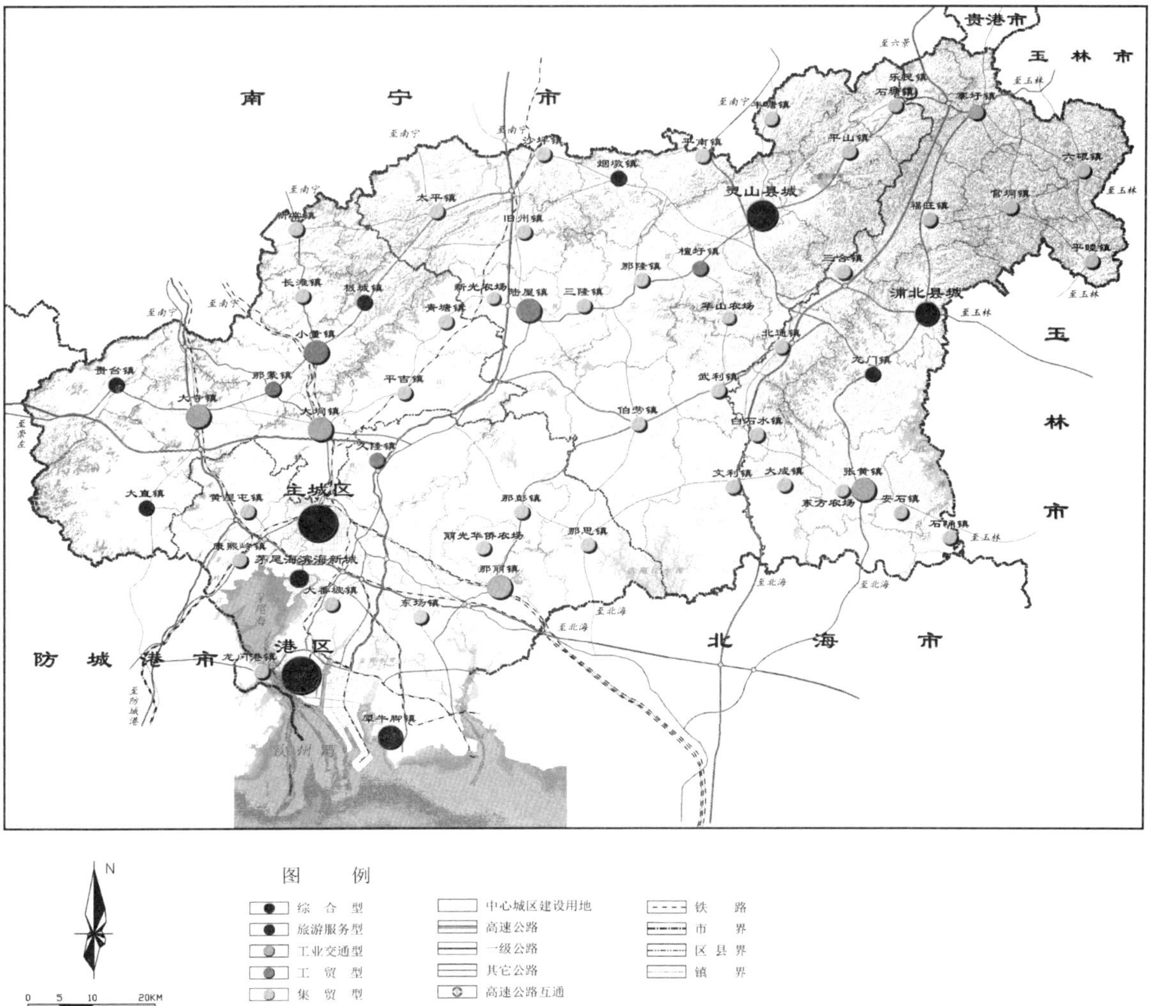

图表3－45 钦州市城市总体规划（2008－2025年）

五射一纵一横”的高速网；铁路方面，将建成4条铁路干线：南防铁路、钦黎铁路、钦北铁路、钦港铁路。规划预留钦（州）防（城）城际轨道、钦（州）北（海）城际轨道。在内河航道与港口建设方面，按照国家3级标准疏浚钦江，茅岭江、大风江等航道，根据经济和港口发展需要，适时建设。规划形成“三大港区、三小港区、众多小港点”的港区布局体系；“三大港区”：钦州湾西、中、东港区，“三小港区”：茅岭港区、沙井港区、那丽港区，“两小港点”：主要有东场港点、沙坪港点等。

近期（到2012年），钦州市将建成以滨海休闲度假为主的旅游业，同时，临港工业将得到大力发展，保税港区将运作良好，钦州将成为北部湾地区重要的基础工业和出口加工基地。中期（到2020年），钦州将建成面向中国－东盟的区域性国际航运中心的重要组成部分，区域性生产服务中心，综合发展的开放城市。远期（到2025年），钦州将建成以发展大型临海工业、港口物流，为城市、港口服务的第三产业和以滨海休闲度假为主的旅游业等的现代化港口工业城市，区域性生产服务中心，且具有岭南风格、滨海风光、东南亚风情的宜商宜居城市。

4.城市化率分析

城市是一个主要由非农业活动人口构成的、占有一定空间的人们生产、生活的聚集区域。城市具有共同的特征：第一，城市具有相对庞大集中的人口规模和密度；第二，城市对二、三产业具有强大的聚集能力，从事非农产业活动的人口占绝对比例；第三，城市是社会、经济、文化、科技发展与进步的聚集载体，是人类文明高度集中的地域；第四，城市大多是行政中心。人口城镇化反映的是人口向城市聚集的过程和聚集程度，通常用市人口和镇人口占全部人口的百分比来表示，称城镇化率或城镇化水平。

中国的大城市基本处于工业化初期到中期阶段。具体表现为，沿海发达城市工业化发展普遍快于内地欠发达城市，大城市中的县级市的工业化进程快于地级市的发展状况。许多欠发达的大城市近几年工业才有了初步发展，第一产业长期以来一直占主导地位，比如山东的菏泽，河南的周口、驻马店，湖南的娄底，江西的上饶等城市。这些欠发达大城市的城市化率普遍较低。

中国大城市的城镇化率平均水平在30%～40%之间，大城市中县级市的城市化率的平均水平相对较高，大体上比地级市类大城市高10～15个百分点。如下是一些成熟型大城市中地级市和县级市的城市化率对比图。

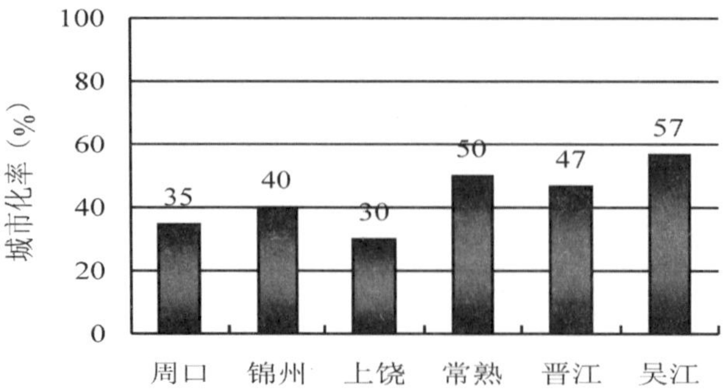

图表3－46　2009年成熟性大城市中地级市和县级市城市化率对比（1）

图表 3－46 2009 年成熟性大城市中地级市和县级市城市化率对比（2）

城市	城市化率（%）	城市	城市化率（%）
周口	35	常熟	50
锦州	40	晋江	47
上饶	30	吴江	57

世界发达国家的发展经验表明：城市化水平接近 50%，就已具备推进城乡一体化的基础条件，将进一步加速城市化发展。可以看出，大城市中的县级市都基本达到这一水平，未来 10 年城市化将进入快速发展时期。

第五节 大中城市

大中城市是中国的区域和谐服务之城。在竞争力上，这类城市远不如大城市，相应的基础配套设施相对不够完善，不能形成人们交往的主要场所。但对当地居民来讲，由于距离大城市比较近，具有融入到大城市中的潜力和趋势。

图表 3－47 中国大中城市一览表

类型	城市名称	人口（万） 2010年现状	2015年预测	2020年预测	城市名称	人口（万） 2010年现状	2015年预测	2020年预测
成熟型	随州	220	240	250	高州	144	160	170
	鹤壁	143	160	170	灵宝	73	80	85
	铜陵	73	80	85	临海	52	60	65
	景德镇	156	170	180	荥阳	59	70	75
	云浮	239	250	260	登封	65	70	80
	鸡西	190	200	210	偃师	85	90	100
	白山	129	140	150	金坛	54	60	65
	白城	202	210	220	长葛	67	70	75
	昭通	529	560	620	靖江	66	70	75
	来宾	229	240	250	姜堰	91	100	110
	鄂州	107	120	130	嵊州	74	80	90
	鹰潭	110	120	130	如皋	145	160	170
	白银	175	185	195	长乐	68	75	80
	阜新	192	200	210	永康	56	60	65

续上表

类型	城市名称	人口（万）			城市名称	人口（万）		
		2010年现状	2015年预测	2020年预测		2010年现状	2015年预测	2020年预测
成熟型	安康	265	280	300	霸州	58	65	70
	广元	310	330	360	瓦房店	102	110	120
	巴中	400	430	480	仪征	60	65	70
	商洛	238	250	280	涿州	60	65	70
	张掖	128	140	150	双辽	45	50	55
	庆阳	251	260	280	集安	34	40	45
	武安	72	80	85	敦化	50	55	60
	招远	56	65	70	宜城	56	60	65
	富阳	64	70	75	长安	60	65	70
	乳山	57	65	70	虞山	38	42	45
	石狮	55	60	65	容桂	31	35	38
	庄河	92	100	110	塘厦	31	35	38
	蓬莱	45	55	60	东城	33	38	42
	平湖	48	55	60	常平	36	40	45
	东港	65	70	75	小榄	31	35	38
	新郑	63	70	75	后街	37	40	45
	三河	49	55	60	凤岗	31	35	38
	东阳	81	90	100	—	—	—	—
成长型	济源	66	70	75	洮南	45	50	55
	辽源	123	130	140	大丰	73	80	85
	黄山	148	155	165	贵溪	55	60	65
	酒泉	101	110	120	林州	100	110	120
	乌海	48	55	60	双城	81	85	90
	石嘴山	74	80	85	大冶	89	95	100
	天水市	357	370	400	丰城	130	140	150
	雅安市	153	160	170	信宜	124	130	140
	武威市	191	200	220	普兰店	83	90	100
	黑河市	174	180	190	孝义	44	48	55
	池州市	159	165	175	汝州	95	100	110
	七台河市	90	100	110	建德	51	55	60
	鹤岗市	109	120	130	耒阳	125	130	140
	张家界市	149	160	170	句容	62	68	75
	普洱市	258	270	258	高要	70	75	80

续上表

类型	城市名称	人口（万）			城市名称	人口（万）		
		2010年现状	2015年预测	2020年预测		2010年现状	2015年预测	2020年预测
成长型	伊春市	127	135	145	辉县	78	83	90
	平凉市	219	230	250	开平	68	72	78
	安顺市	256	270	280	高邮	83	88	100
	临沧市	238	250	280	西昌	65	68	75
	中卫市	114	120	130	简阳	143	150	160
	定西市	293	310	340	从化	56	60	65
	丽江市	119	130	140	海洋	72	78	85
	化州	156	160	170	兰溪	66	70	75
	沁阳	48	55	60	磐石	53	58	65
	辛集	62	68	75	阳春	110	120	130
	河津	37	40	45	英德	106	115	125
	仙桃	148	155	165	新民	70	75	80
	永城	150	160	170	安丘	95	100	110
	奉化	48	52	60	杨舍镇	26	30	35
	天门	136	140	150	大沥镇	25	30	35
	鹿泉	36	40	45	盛泽镇	21	25	30
	德惠	95	100	110	石碣镇	21	25	30
	临清	74	80	85	大朗镇	26	30	35
	公主岭	107	115	125	—	—	—	—
发展型	嘉峪关	21	25	30	彭州	80	85	90
	铜川	84	90	100	宣威	142	150	160
	陇南	261	270	290	雷州	151	155	165
	金昌	47	50	55	儋州	100	105	115
	扬中	27	30	35	陆丰	169	175	185
	孟州	37	40	45	五常	100	110	120
	广汉	59	65	70	麻城	120	125	130
	栖霞	66	70	75	兴宁	114	120	125
	廉江	161	168	175	吴川	106	110	115
	河间	78	82	90	罗定	116	120	125
	晋州	52	55	60	和田	191	200	220
	榆树	127	130	140	桂平	170	180	200
	大理	61	65	70	百色	378	390	430
	凤城	59	65	70	介休	37	40	45

续上表

类型	城市名称	人口（万）			城市名称	人口（万）		
		2010年现状	2015年预测	2020年预测		2010年现状	2015年预测	2020年预测
发展型	藁城	75	80	85	汾阳	42	45	50
	汉川	109	115	125	石河子	72	80	85
	九台	85	90	95	哈密	40	45	50
	湘乡	84	90	100	喀什	35	40	45
	泊头	56	60	65	伊宁	34	40	45
	江油	88	95	100	奎屯	30	33	35
	钟祥	103	110	120	玉山	17	20	23
	福安	63	70	75	乐从	18	20	23
	定州	119	125	135	澄江	19	22	25
	广水	94	100	110	南城	18	23	25
	新沂	100	110	120	石岐	20	23	25
	乐平	80	85	90	大岭山	18	20	23
	涟源	112	120	130	庙行	20	23	25
	常宁	90	95	100	金港	17	20	13

注：分析指标如下：

1．成熟型：30万人口以上100万以下；市区面积1.5万平方千米以内；GDP在30亿美元以上；

2．成长型及发展型：每年的自然增长率5.9‰；每年经济、公共资源增长，人口在300万以上的城市按照年均30万～50万人口增长标准计算；

3．其中，随州、鹤壁、铜陵、景德镇、云浮、鸡西、白山、白城、昭通、来宾、鄂州、鹰潭、白银、阜新、安康、广元、巴中、商洛、张掖、庆阳、济源、辽源、黄山、酒泉、乌海、石嘴山、天水市、雅安市、武威市、黑河市、池州市、七台河市、鹤岗市、张家界市、普洱市、伊春市、平凉市、安顺市、临沧市、中卫市、定西市、丽江市、嘉峪关、铜川、陇南、金昌为地级市；长安、虞山、容桂、塘厦、东城、常平、小榄、后街、凤岗、杨舍镇、大沥镇、盛泽镇、石碣镇、大朗镇、玉山、乐从、澄江、南城、石岐、大岭山、庙行、金港为镇；其他为县级市。

一、指标设计

◆人口在30万以上

◆GDP在30亿美元以上

◆30万以上的年航空客运量

◆城市化率60%以上

◆服务业占GDP的比重达到40%以上；现代服务业占服务业的比重达到20%以上

二、现代化与国际化水平分析

1.人口与GDP分析

中国的大中城市主要分布于内地比较偏远的欠发达地区，普遍远离中国的特大城市，经济发展比较缓慢，人口增长比较有限，对人力资本的吸引能力比较弱。比如吉林的白山、白城、甘肃的庆阳、张掖、酒泉、平凉，宁夏的石嘴山，内蒙古的乌海、山西的介休等都远离省会城市及一些区域性中心城市。GDP总量普遍较低，只有几十亿元到200亿元。未来10年，这些城市的人口与GDP增长依然较慢。预计到2020年，GDP总量将在200亿元到500亿元之间。

在以上大城市中，有几十个镇排到2015年、2020年成长型及发展型大中城市中，这些镇主要是江苏、浙江和广东三省一些发达的专业镇，在经济发展速度上同内地一些成熟型大中城市形成鲜明对比。它们在全国的发展中都处在最发达的地区，具有很强的竞争力，比如江苏省昆山市玉山镇虽然人口只有17万，但2009年GDP高达370亿元，东莞市长安镇只有60万人口，2009年GDP高达240亿元，远高于内地的一些成熟型地级市。预计到2015年，2020年这些经济强镇人口规模会达到大中城市的规模，而GDP的增长远远快于人口的膨胀，玉山镇GDP到2020年将有可能突破1500亿元，长安镇将会突破1000亿元。

2.产业发展分析

由于大中城市在中国内地省份普遍都有许多，并且各城市的产业发展都比较缓慢，在此以甘肃省的张掖、酒泉、嘉峪关、武威和金昌等部分大中城市为例来分析一下其发展现状与趋势。

图表3－48　甘肃5个城市的概况

城市	区位地理	农业发展	工业发展	地质资源
张掖	位居全国第二大内陆河黑河中上游，河西走廊腹地，为新亚欧大陆桥沟通国内东西交通的咽喉要道，是国家西部大开发的重点地区之一	是甘肃省的商品粮基地，以乌江米为最，盛产小麦、玉米、水稻、油菜、胡麻等农作物，为全国重点建设的12个商品粮基地之一	工业有煤炭、机械、纺织、酿造等10余个部门	有丰富的矿产、土地、水利、光热和劳动力资源，有30多种矿藏，其中煤、铁、石灰石、芒销等储量过亿吨。已探明的金属非金属资源有煤、石膏、粘土、砖石、铜、铁、锌、钨等，累计储量居甘肃之首
酒泉	地处祁连山北麓的缓坡地带，三面环山，形成酒泉盆地。交通便利，民航事业发展快，兰新铁路、甘新公路、兰新航线纵贯全境，有公路主干线和一般干线137条，是新亚欧大陆桥的必经通道	主要盛产棉花、油料作物，林果、蔬菜。是全国重要的玉米繁种基地，是全国三大对外瓜菜制种基地中最具优势的地区之一	酒泉卫星发射中心又称“东风航天城”，是中国科学卫星、技术试验卫星和运载火箭的发射试验基地之一，是中国创建最早、规模最大的综合型导弹、卫星发射中心，也是中国目前唯一的载人航天发射场	金属矿藏主要有金、银、铜、铁、铅、锌、锰、钨、铬等，其中位于肃北县塔尔沟的钨矿储量居亚洲第一，大道尔吉铬矿储量居中国第三，黄金开采量居甘肃省首位

续上表

城市	区位地理	农业发展	工业发展	地质资源
嘉峪关	位于甘肃省西北部，河西走廊中部，是甘肃省唯一不设区也不下辖县（县级市）的地级城市，是我国4个不设区的地级市之一（其他三个为东莞、中山和三亚）	主要农作物有小麦、玉米、糖类作物等	已形成以冶金工业为主体，化工、电力、建材、机械、轻纺、食品为辅的工业体系	是一个新兴的工业城市，其铁矿、重晶石、石灰石、白云岩、造型粘土5种矿种居甘肃省前3位。镜铁山矿铁矿石，是中国最大的坑采冶金矿山
武威	地处亚欧大陆桥的咽喉位置，是兰新线与包兰线、包中线的交汇点，处于兰州、西宁、银川经济发展三角形的重心位置和西陇海兰新线经济带的中心地带	是全国重要的商品粮油基地，也是全省瓜果蔬菜生产基地和肉类繁育生产基地。玉米加工能力居全国第三，益民熏醋是全国三大名醋之一	主攻以葡萄酒为主的酿造业，以玉米淀粉精深加工为主的轻化业、以“铜奔马”为标志的旅游业、以白牦牛为特色的草畜业四大产业，形成了以玉米淀粉、酿造、面粉、熏醋、药品、肉类等加工业为主的食品工业体系	矿产资源：钛铁矿、石墨矿属国内特大型矿产，储量分别为600万吨和400万吨以上；石灰石、石膏、芒硝、花岗岩和煤炭等非金属和能源燃料类资源在西北占居优势
金昌	位于甘肃省河西走廊东端，祁连山北麓。被誉为丝绸古道上的夜明珠——祖国“镍都”	是甘肃重要的商品粮油基地。盛产甜菜、西瓜、葵花子、黑瓜子等经济作物	是以有色金属、重化工为主体的重工业城市，是中国最大的镍钴生产基地和铂族金属提炼中心	镍矿储量丰富，规模巨大，仅次于加拿大萨德伯里矿，居世界第二位、全国第一位，铜、钴等矿产储量居全国第二位。储量居全省首位的有镍、铂、钯、钴、硒、膨润土、铜、伴生硫以及花岗岩材等20种

从上表可以看出，甘肃几个主要城市位于兰新线附近，矿产资源均比较丰富，特色产业发展有一定的优势。

首先，从三次产业结构来看，2009年嘉峪关、金昌两市第二产业发展占据绝对主导地位，分别高达78%和80%。并且第一产业比重远低于10%，说明2市农业生产欠发达，第三产业比重相对也较小，产业发展呈现较强工业拉动现象。张掖、武威2市三大产业发展比较均衡，但不是一种健康的均衡，没有较突出的产业，对于产业的总体发展没有较大的促进作用。应当率先突出一种产业来带动其他产业的快速发展。

从2009年5地市GDP总量来看，经济总量相差不大，普遍比较低。

从2006—2009年GDP增长率来看，张掖、酒泉、武威3市基本保持在12%左右的水平，增长相对稳定；嘉峪关、金昌2市近年来增长率呈现出下降的趋势，嘉峪关下降了近10个百分点，发展速度趋于缓慢。

图表 3－49 2009 年甘肃 5 城市三大产业比例及增速

城市	2006GDP 增长率(%)	2007GDP 增长率(%)	2008GDP 增长率(%)	2009GDP 增长率(%)	2009GDP (亿元)	2009年 三产比例
张掖	12	11.5	11.3	11.5	192.02	27.9：37.8：34.3
酒泉	—	12.8	12.64	—	—	17.3：48.8：33.9
嘉峪关	20.5	17.76	8.9	10	160.05	1.4：78：20.6
武威	12.53	12.03	12	9.4	192.79	27.8：38.2：34.0
金昌	18.16	16.2	6.2	14.2	194.75	5.3：80：14.7

总体上看，甘肃5市的地区经济发展相对均衡，但是发展缓慢，缺乏活力。产业结构很不合理，缺乏强有力的拉动型工业企业，工业化发展基本上还处于初期阶段，甚至是准备阶段；第三产业除个别地市有所发展外，普遍比较滞后。新兴产业没有得到发展，缺乏工业基础。

分析原因，一方面由于这些城市规模小、密度小，很难发挥城市的辐射作用，也很难形成城市间网络功能，使城市与城市间以及区域与区域间各自为政，丧失了城市聚集人口、集约经济和集合科学文化的优势，更无法形成较多的中心城市，无法成为区域经济活动的核心。另一方面，城市产业结构单一，这将使城市功能单一，减弱城市辐射能力，如金昌、玉门、嘉峪关和白银4个矿山资源型城市，大部分远离绿洲，地处荒漠，其自身的发展空间有限，随着资源的逐渐减少，其城市功能也将逐步衰退，从而缩小了区域的辐射圈。

在上面的分类中，大中城市的县级市要好于地级市，而专业镇的产业发展又远好于县级市。从总体规模上来看，可以把这些城市分到一个等级中去。按照现在的发展速度，预计到2020年，大部分内地大中城市的三次产业中，第二产业将逐渐占据主导地位，第一产业发展基本维持现有状况，第三产业比重将会进一步下降到20%左右。整体发展进入到工业化中期阶段。现代服务业将有一定程度的发展，占第三产业的比重将会达到20%左右。

3.交通发展分析

中国大中城市的交通状况普遍较差，运输能力比较有限。由于中国的大中城市分布广泛，主要在内地相对落后地区。根据上面大中城市的分类及人口主要沿公路、铁路、江河沿线分布的规律，甘肃一带沿兰新线两边分布较多。

本节将接续上面几个城市的分析，重点分析一下西北地区交通发展现状和趋势。

2010年，甘肃省公路水路交通有效供给总量明显增加，结构趋于合理，质量明显提高。国道主干线和西部开发通道高等级化建设目标全面实现，省域高速公路网骨架基本形成，国省干线公路等级全面提高；甘肃东出口（牛背、凤翔路口）、西出口（海石湾、猩猩峡）和北出口（刘寨柯）实现高速化，南出口（罐子沟、郎木寺）实现局部高速化或高等级化；农村公路网交通条件得到明显改善；“四主九辅”公路主枢纽基本建成，农村客运实现网络化、货运便利化；水路运输优势初步得到发挥。形成以兰州为中心，外连周边省（区）、内通市县的层次分明、布局优化、结构合理、功能完善的公路水路交通综合运输服务网络体系。省内11个市（州）以高速公路连接，省会兰州与周边省会（区首府）（除乌鲁木齐外）及全省市（州）政府驻地可当日到达，500千米内当日往返。

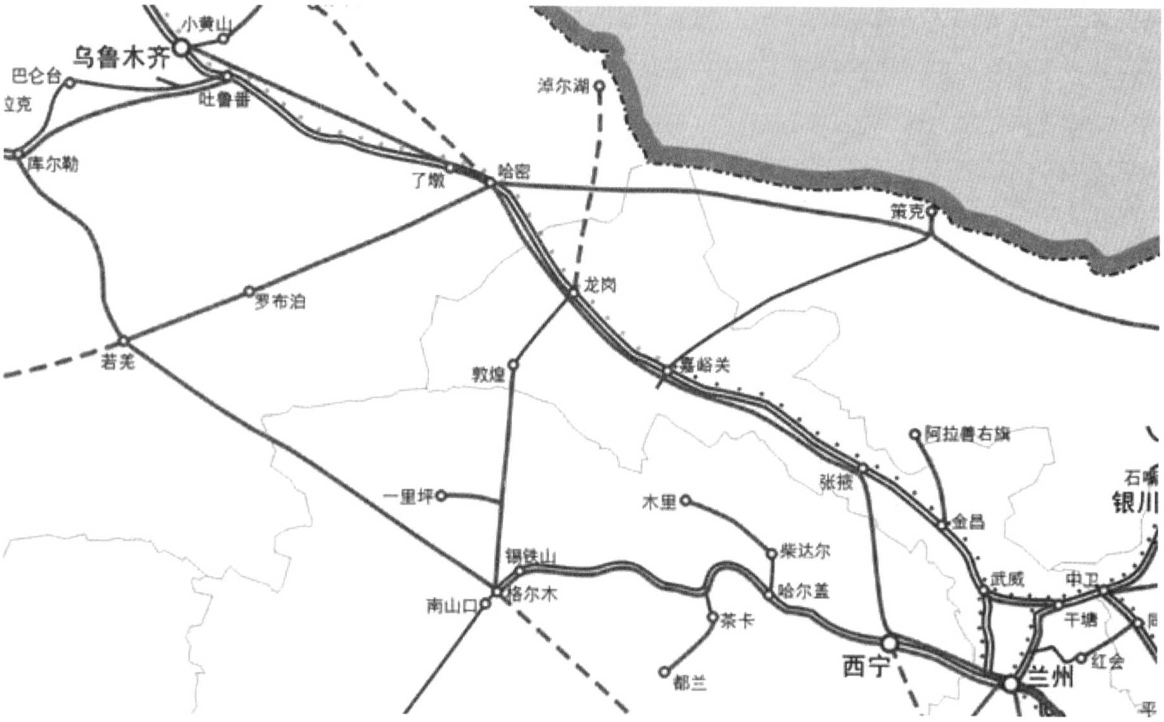

图表3-50 中国西北地区2020年高铁网规划图

按照中国新调整的《中长期铁路网规划》以兰渝（兰州至重庆）铁路、兰新（兰州至乌鲁木齐）铁路第二双线为代表的一批重点工程项目已全面开工建设，到2020年，兰州铁路局将全面步入“高铁时代”。已开工建设的兰渝铁路，自兰州枢纽引出，向东南穿越甘肃省定西市、陇南市进入四川省的广元市，终点落在“山城”重庆，形成连接西北、西南地区的大能力运输通道，将极大地促进地区资源优势和区位优势的充分发挥。兰新铁路第二双线和宝鸡-兰州客运专线，均为设计时速200千米及以上的高速铁路，两条线路建成后，将有效增加路网通道能力，与既有陇海线、兰新线共同构成高标准、大能力的陆桥通道。

特别是兰州枢纽改造工程，按照《中长期铁路网规划》，未来将有10个方向的客、货线路在这里交会，承担的运输生产任务将更加繁重。在新枢纽的规划格局中，将新建兰州北编组站和兰州西客运站，形成环抱黄河的“南客北货”的环形枢纽格局，实现多方向互通、大运量保证、高效率运输，将使兰州由传统的区域型枢纽转变为现代化的路网型枢纽，进一步提升其在中国铁路网中的枢纽地位。

预计到2020年，兰州铁路局旅客发送量、货物发送量将分别达到5300万人、21000万吨，与2009年实际完成量相比将分别增长90.2%、

119.4%。届时，兰州至西宁仅需1小时、至西安2.5小时、至银川3小时、至重庆6小时、至乌鲁木齐8小时。一个真正的“高铁时代”即将在兰州铁路局变为现实。

4.城市化率分析

一个地区城市化进程主要受自然资源条件、经济发展水平和社会经济政策因素的影响。

本节继续承接以上分析，对甘肃主要的大中城市进行城市化率的分析。

人口城镇化是农村人口向城镇转移、集聚以及由此引起的产业——就业结构非农化重组的一系列制度变迁的过程。在这个过程中，农业人口比重下降，工业、服务业人口比重上升，人口和产业向城市集聚，生产方式、交换方式向规模化、集约化、市场化发展，生活方式向多元化、社会化发展。

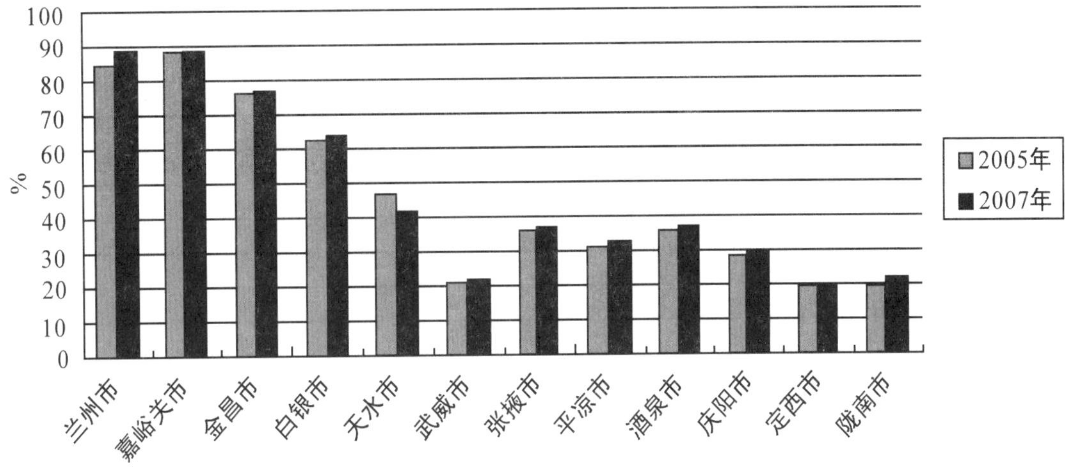

图表3-51 2005-2007年甘肃地级城市城镇化率变化图

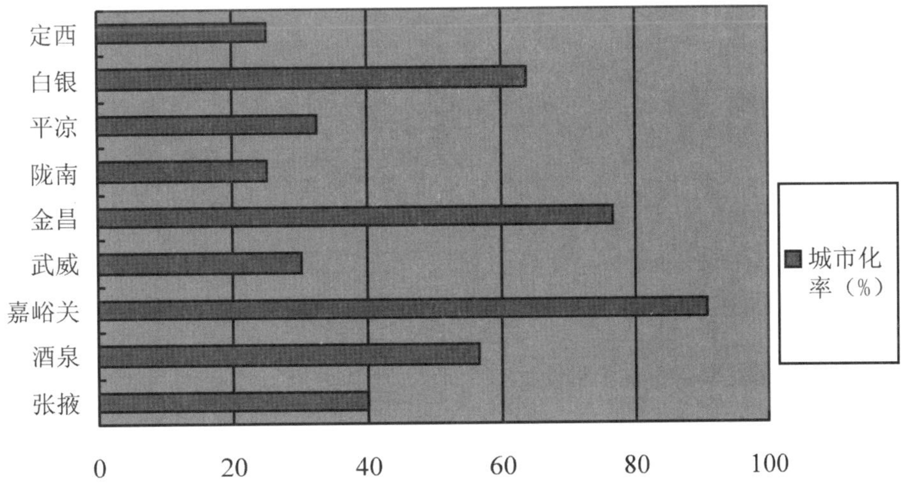

图表3-52 2009年甘肃主要城市的城市化率（1）

图表 3－52　2009 年甘肃主要城市的城市化率（2）

城市	城市化率（%）	城市	城市化率（%）
张掖	40	陇南	25
酒泉	57	平凉	33
嘉峪关	91	白银	64
武威	30	定西	25
金昌	77	—	—

根据国际城镇化发展规律，城镇化率在30%以下，为工业化前的准备期；在30%～60%之间，为工业化的实现和经济增长期；在30%～60%为城镇化加速发展阶段；在80%以上，为工业化后的稳定增长期。甘肃省整体上处于城镇化发展的青春期。但城镇化推进很不均衡。其中，嘉峪关（“钢城”）、金昌（“镍都”）、白银（“铜城”）、酒泉城市化率普遍较高，大多依赖现有资源进行发展，除嘉峪关最高为91%外，其他几个城市城市化率普遍较低，都低于甘肃省平均水平（32%左右）。

现代经济增长的一般规律表明，城市化与工业化是一个相辅相成的历史过程，工业化是城市化的最重要的动力，工业化必然推进城市化；而城市化也同时促进工业化，城市化是工业化的依托和重要保障。

生产力的发展是社会经济结构演变的根本原因，是城市化产生和发展的动力机制。经济是城市发展的基础，工业是主导，工业的聚集和工业化水平的提高是推进城市化的主要动力。甘肃省城市的城市化普遍滞后于工业化，主要原因是：一方面，由于城市化的基础——工业化比较薄弱，甘肃省主要城市工业化程度低，产业链条延伸不长，且分布不均匀，加之乡镇工业规模小，因而对整体国民经济的辐射带动能力差；另一方面，市场化程度不高，城市化发展与市场发育程度相互不匹配，劳动、土地、人才、资本、科技等要素市场发展缓慢，各城市还没有建成真正意义上的生产要素市场，资金、人员的合理流动等方面还存在不少限制性措施，在资源配置上没有很好地依赖市场，政府在对宏观经济调控方面较多采用非市场化手段。

第六节　中小城市

中小城市是区域特殊经济中心，是连接城市和乡村的桥梁，是县域经济社会发展和建设全面小康社会的重要阵地，同时也是各种矛盾较为集中和突出的地域单元。中小城市的科学发展水平，关系到城乡一体化进程，也关系到全面建设小康社会的全局战略。

图表 3－53 中国中小城市一览表

类型	城市名称	人口（万）			城市名称	人口（万）		
		2010年现状	2015年预测	2020年预测		2010年现状	2015年预测	2020年预测
成熟型	鹤山	46	50	54	丹江口	50	53	56
	楚雄	51	55	58	东方	42	44	46
	沙河	49	53	55	洪湖	92	95	100
	黄骅	43	45	47	卫辉	48	50	52
	新乐	46	50	52	宁安	44	46	48
	昌吉	40	45	48	石首	61	63	65
	江山	59	62	65	舒兰	66	68	70
	当阳	49	52	55	南康	81	83	85
	天长	62	65	67	老河口	53	55	57
	个旧	45	48	50	万宁	59	61	63
	汨罗	66	68	70	延吉	42	44	46
	赤壁	45	47	50	蛟河	47	49	51
	四会	44	46	48	清镇	52	54	56
	樟树	53	55	57	桦甸	46	48	50
	梅河口	62	64	68	恩施	79	82	85
	沅江	74	76	78	永济	45	47	49
	安达	52	54	56	尚志	62	64	66
	高碑店	58	60	62	密山	45	47	49
	崇州	66	68	70	海林	44	46	48
	高平	48	50	52	井冈山	15	16	17
	什邡	48	50	52	虎门	11	12	13
	邛崃	65	67	69	娄葑	15	16	17
	福鼎	53	55	57	梅陇	15	16	17
	仁怀	63	65	67	石龙	12	13	14
	应城	68	70	72	火炬	11	12	13
	阆中	86	88	90	杨行	11	12	13
	武穴	72	75	78	唯亭	15	16	17
	高安	83	85	88	狮山	16	17	18
	枝江	51	53	55	樟木头	13	14	15
	讷河	73	75	78	周庄	15	16	17
	文昌	57	60	63	华士	11	12	13
	桐城	75	78	80	陈村	12	13	14
	兴平	58	60	62	勒流	16	17	18

续上表

类型	城市名称	人口（万）			城市名称	人口（万）		
		2010年现状	2015年预测	2020年预测		2010年现状	2015年预测	2020年预测
成熟型	建瓯	53	55	57	万江	16	17	18
	峨眉山	42	45	47	大场	14	15	16
	连州	52	55	57	东区	12	13	14
	恩平	50	52	55	古镇	13	14	15
	临湘	50	52	55	堰桥	10	11	12
	深州	56	58	60	高步	13	14	15
	琼海	48	50	52	花木	11	12	13
	富锦	46	48	50	锦丰	11	12	13
	北镇	53	55	57	—	—	—	—
成长型	宜都	38	40	42	洪江	43	45	47
	安宁	32	34	36	兴城	55	57	60
	宁国	38	40	42	利川	87	90	94
	永安	36	38	40	铜仁	36	38	40
	韩城	39	40	42	大安	42	44	46
	舞钢	33	35	37	华蓉	36	38	40
	邵武	30	32	34	潞西	34	36	38
	冷水江	36	38	40	珲春	25	27	29
	德兴	31	33	35	铁力	40	42	44
	开远	31	33	35	海伦	83	86	90
	穆棱	33	35	37	德令哈	20	21	22
	景洪	38	40	42	日喀则	10	11	12
	虎林	30	32	34	五家渠	11	12	13
	松滋	84	86	90	吐鲁番	25	26	27
	南宫	46	48	50	阜康	16	17	18
	安陆	62	64	66	博乐	15	16	17
	安国	40	42	44	塔城	16	17	18
	武冈	75	77	80	阿勒泰	24	25	26
	万源	56	58	60	根河	17	18	19
	冀州	37	39	41	宜州	62	64	66
	凯里	47	49	51	合山	15	16	17
	原平	48	50	52	莘庄	9	10	11
	乐昌	52	54	56	高境	8	9	10
	建阳	34	36	38	安亭	7	8	9

续上表

类型	城市名称	人口（万）			城市名称	人口（万）		
		2010年现状	2015年预测	2020年预测		2010年现状	2015年预测	2020年预测
成长型	都匀	49	51	53	玉祁	7	8	9
	瑞金	49	51	53	塘桥	9	10	11
	界首	76	78	80	淞南	8	9	10
	北安	48	50	52	南翔	8	9	10
	福泉	31	33	35	泗门	7	8	9
	南雄	38	40	42	西区	7	8	9
发展型	玉门	19	20	21	五大连池	36	38	40
	灵武	23	24	25	赤水	30	31	32
	格尔木	21	22	23	岑溪	80	83	86
	青铜峡	26	27	28	同江	20	21	22
	漳平	27	28	29	华阴	10	11	12
	吉首	29	30	31	阿拉尔	24	25	26
	侯马	28	31	32	图木舒克	14	15	16
	武夷山	22	23	24	阿图什	20	21	22
	津市	26	27	28	钱桥	6	7	8
	龙泉	28	39	40	钱清	6	7	8
	古交	21	22	23	新街	6	7	8
	临江	21	22	23	太湖	6	7	8
	扎兰屯	43	45	47	—	—	—	—

注：分析指标如下：

1.成熟型

※10万人口以上30万以下；

※市区面积1.5万平方千米以内；

※GDP在10亿美元以上。

2.成长型及发展型

※每年的自然增长率5.9‰；

※每年经济、公共资源增长，人口在300万以上的城市按照年均30万～50万人口增长标准计算。

3.其中，虎门、娄葑、梅陇、石龙、火炬、杨行、唯亭、狮山、樟木头、周庄、华士、陈村、勒流、万江、大场、东区、古镇、堰桥、高步、花木、锦丰、莘庄、高境、安亭、玉祁、塘桥、淞南、南翔、泗门、西区、钱桥、钱清、新街、太湖为镇，其他为县级市。

一、指标设计

◆人口在10万以上

◆GDP在10亿美元以上

◆10万以上的年航空客运量

◆城市化率60%以上

◆服务业占GDP的比重达到40%以上；现代服务业占服务业的比重达到20%以上

二、现代化与国际化水平分析

1.人口与GDP分析

中国中小城市全是县级市和百强镇。其中的县级市距离省会中心城市普遍比较远。人口规模较小，GDP总量不大。百强镇则是人口规模不大，但GDP总量较高，也就是说人均GDP比较高。在未来10年的时间里，县级市人口规模基本增长不大，在全国人口自然增长率逐年下降的趋势下，这些中小城市的人口平均自然增长率应低于全国平均水平，大体在5‰左右。由于人口基数比较小，只有十万到几十万，按照以上增长率计算，预计到2015年这些中小城市中的县级市人口总量大体比现在增加3万~5万，到2020年将增加5万~10万。但中小城市中的百强镇，因为经济的高速发展则会带动人口比较快地增长。人口总量到2015年将比现在增加3万~7万，到2020年将增长5万~15万。

2.产业发展分析

城乡产业发展一体化是城乡一体化的基础与重点，城乡产业发展一体化不是城乡产业发展一样化。它要求加速区域经济的协调发展，使三大产业在城乡之间进行广泛渗透融合，城乡经济相互促进，为城乡协调发展提供坚强的物质基础，最终实现共同繁荣。其重点：一是要加速城乡工农业经济的一体化，使城乡工农业合理布局，相互补充，互相促进；二是要加快城乡第三产业，特别是商贸流通业的一体化，促进城乡间生产要素的流通，加速现代文明和先进服务业向农村扩散，促进城乡共同繁荣。

（1）鹤山市产业发展分析

鹤山市是珠江三角洲一座新兴的工业城市。经过多年的发展，目前已形成纺织制衣、印刷、制鞋、电子电器、化工、五金不锈钢制造六大支柱产业，具有一定规模的工业生产体系。

鹤山市坚持把镇级作为经济发展的主战场，通过市镇联动，不断加快各镇工业园区和特色产业的发展。2009年，鹤山市三次产业比例为8.3:56:35.7。印刷业是鹤山市重要的支柱产业和文化产业，出口总值一直位居全省前三，全国县级市第一；鹤山另一支柱产业——光电产业也在鹤山聚集发展。以行业翘楚世逸电子、丽得电子为代表的30家光电生产企业投资总额达到了45.22亿元，2009年实现工业产值75.26亿元，占该市工业产值的23.86%。在新兴产业发展方面，鹤山市开始推动新光源、新材料、新能源、新医药、新装备制造在内的五大战略性新兴产业，以此来促进经济发展方式的转变。

（2）虎门镇服装产业发展分析

虎门镇是著名的“中国服装名城”、“中国女装名镇”， 拥有上规模制衣企业1200多家、32个服装市场，逾万多家店铺。虎门服装市场形成了完善的从设计、生产、销售一体化服装产业结构网络，拥有织布、定型、漂染、拉链、绣花、钮扣、配件等服装产业配套行业147家，各类面料辅料批发市场9个，形成1平方公里的布料辅料销售批发集聚区。

当前新形势下，虎门服装产业应当如何发展，成为虎门镇始终保持活力的关键。根据2008年《虎门镇服装产业五年规划》，虎门投资1亿元规模打造服装电子商务平台，由服装批发网和服装品牌网组成，计划与阿里巴巴等企业合作，将虎门现有的服装商场的商铺逐户上网，构建一一对应的虎门服装网上商城。现有服装商场的商铺逐户上网，全镇设计工作室达到100个，创意产业产值5年后达到5亿元，创意服务机构30个，引进各类高端人才1000人，引进项目20个，合作的知名设计师100个，合作的各类机构30个，创意产业产值达到5个亿，创意产业从业人数达到4000人。

此外，虎门将组建包括品牌联盟、设计师联盟和品牌经销商联盟等产业链联盟。力争到2013年，吸引国内外一批有影响力的品牌落户虎门品牌总部基地；电子商务平台网络服务品牌达到5000个，国内外专卖店5万个；骨干媒体系统服务品牌达到300个；虎门获得国家驰名商标及中国名牌56个、省级名牌著名商标50个；有23个企业进入全国服装双百强行列。

（3）古镇灯饰产业发展分析

广东省中山市古镇经过20多年的努力，发展成为闻名国内外的“中国灯饰之都”和世界性灯饰专业市场之一。2009年，古镇集聚了5000多家灯饰制造及其关联企业，从业人员6万多，灯饰业总产值达166亿元，占全国市场份额的60%以上。

中山古镇建设“中国灯饰之都”的基本经验：

①发展民营经济，必须走集群发展之路。古镇坚持走“一镇一业”、“一村一品”的特色经济道路，显示了“小产品创造大市场”、“小企业引发大合作”、“小集群造就大作为”的集群经济威力；

②加快产业聚集，必须加大产业招商力度。20世纪90年代中期，世界产业结构调整步伐加快，古镇抓住机遇出台了扶持灯饰产业政策，台湾地区的灯饰企业纷纷向古镇转移。台商的大量进入和镇政府的大力扶持，又吸引了大量的温州人，目前该镇有三分之一的灯饰企业老板是温州人；

③提高产业竞争力，必须大力拓展国际国内市场。近年来，古镇灯饰产业发展很快，主要得益于两个方面；一是举办灯博会，二是开拓国际市场；

④形成洼地效应，必须创造良好的软硬环境。“环境是水，企业是鱼” 。古镇灯饰产业离不开政府的培育支持。1999年第一届“灯博会”，古镇政府掏出2500万元来做“赔本”生意。现在进入新能源时代，该镇为了“筑巢引凤”，政府还在做“亏本”生意，在投资环境、技术、人才等多个方面为灯饰企业提供帮助，让到古镇的创业者有一种归属感。

古镇灯饰产业从发展到成熟经历了资源主导型转向自主创新型、从灯饰业向LED应用转变、“景观亮化”到“应用照明”的转化，开始迈入低碳灯饰产业时代。《珠江三角洲地区改革发展规划纲要（2008—2020年）》明确提出，要打造中山灯饰等具有国际影响力的区域品牌，做大做强产业集群。到2020年，中山古镇灯饰产业将成为低碳产业的典型城市，形成一批具有世界知名度的品牌，产业集群规模将更加庞大，逐渐确立古镇的总部经济地位。

以上主要介绍了中小城市中部分专业镇产业发展状况及趋势，中小城市作为区域特殊的经济中心，没有大城市的规模，但如果找准发展定位，充分利用自身的优势，抓住发展的机遇积极推进特色产业发展，跟上时代的步伐，因时而化推动产业结构的调整，不断创新就会赢得比大城市更好的发展。我们认为，中小城市位于城乡的结合部，适合发展特色产业集群，根据当前的发展状况来看，中国的中小城镇未来的发展走县域特色产业集群拉动工业加速增长、进而提升中小城市的地位和影响力的道路是较好的选择。

3.交通发展分析

由于中小城市基本位于大城市的边缘地带，基础设施较不完善，不过一些发达的专业镇已形成巨大的专业市场，其基础设施建设远好于内地中小城市，中小城镇中大部分的百强镇都在发达大城市的周围，由于受大城市的辐射较强，基础设施建设也相对较好。

在铁路和航空方面，中小城镇基本依靠大中城市和较大城市的站点来同外界联系。

根据国家民航机场未来的发展战略，中国的民航机场将布局到县级行政单位，所有县级以上行政单位都将享有民航机场。

4.城市化率分析

中国中小城市一部分位于超巨型、巨型城市附近，一部分比较偏远，但拥有特殊的资源优势，比如玉门的石油；阆中市为国家历史文化名城，中国AAAA风景旅游区，素有“天下第一江山”之称；个旧市的锡矿资源比较丰富；万源市是四川产茶大县，土壤富含硒，具有高山茶特殊的品质；合山市是新兴的工矿城市，是广西最大的能源生产基地，素有“光热城”的美称。依靠特殊的地区资源，这些城市得到了一定程度的发展。由于这些城市规模不大，人口相对较少，是中国发展相对较好的地区，城市化率一般较高，基本在60%以上。预计到2020年，随着中国城市化进程的加速推进，这些城市的城市化率平均将达到80%以上。

第七节 中心城镇

中心城镇是指中心城区以外广大农村地区的区域政治、经济和文化中心。中心城镇主要是历史上曾长期作为区委、区公所驻地并有一定人口规模和辐射功能的小城镇，它是农村商品的集散地和转运站，是农村城镇化、现代化的主要阵地和重要支柱，是城乡统筹的节点和服务中心。

图表3－54　中国中心城镇一览表

年份(总计:357个)	人口现状（2010年）（单位：万）	指标
2010年（共128个，其中，19个县级市，9个镇，千强镇中排名第101到第200名之间的98个城镇）成熟型	义马（17）潞城（20）敦煌（14）凭祥（11）锡林浩特（20）东兴（15）和龙（21）韶山（10）牙克石（37）临夏（25）瑞丽（14）图们（13）龙井（18）满洲里（23）乌兰浩特（30）丰镇（31）资兴（36）五指山（11）合作（8）宁围(5) 闲林(5) 申港(5)颛桥(5) 古林(5) 马陆(5) 南丰(5) 华漕(5) 齐贤(5) 高桥 瓯北 南村 临浦 塘下 陈埭 张浦 寮步 靖江 张村 花桥 北窖 九亭 南桥 丁堰 沙湾 龙江 海虞 洛社 崇贤 西红门镇 瓜沥 利港 顾村 周市 彭埠 道林 金沙 祝塘 中堂 江桥 沙河 三乡 杨寨 胜浦 坎山 清溪 浦江 党山 南头 千灯 西樵 九江 东安 尚湖 横店 黄村 珠港 里水 乐成 三林 夏履 旧宫 大岗 安昌 枫桥 东坑 南阳 魏塘 塘栖 茶山 北白象 莘塍 练塘 前洲 楚门 康桥 周巷 白鹤 运河 木渎 下湖 辛庄 黄江 芦墟 新桥 泽国 东北塘 义蓬 巴城 高行 五乡 金桥 集士港 用直 长河 松陵 崖头 受降 浒野关 璜泾 麻涌 高桥 草塔 梅李 横沥 坊前 朱家角	1.人口在3万以上； 2.市区面积1.5万平方千米以内； 3.GDP在3亿美元以上
2015年（共112个，其中，3个县级市，9个镇，千强镇中排名第201到第300名之间的93个城镇）成长型	二连浩特（6）霍林郭勒（7）七宝(4) 清源(4)新桥(4) 杨汛桥(4) 遵化(4) 马桥(4) 邱隘(4) 濮院(4) 福全(4) 党湾 观海卫 罗店 东升 新桥 横街 通安 云龙 界牌 奉城 李哥庄 义桥 平望 马安 双屿 古里 新桥 姚家 益农 横河 黎里 遥观 蔡园 汀田 大涌 钟村 南定 武原 长泾 新登 宜城 渭塘 横山桥 亦庄 坦洲 玉潭 东吴 望亭 姜山 四团 华庄 葛沽 南区 顾山 硕放 金汇 东港 龙港 河庄 滨湖 吴泾 礼嘉 沙溪 金泽 洲泉 临山 星沙 良渚 桥头 鄞江 道窖 石基 王江泾 北七家 龙山 大源 小汤山 西店 后巷 斗门 会城 新港 丹灶 次坞 杏坛 营城子 周庄 云亭 道墟 桂山 丈亭 霞客 城关 新坝 沙家浜 沙溪 燕郊 状元 乐余 康桥 均安 陆渡 益都	1.每年的自然增长率5.9‰； 2.每年经济、公共资源增长，人口在300万以上的城市按照年均30万～50万人口增长标准计算
2020年（共117个，其中2个县级市，14个百强镇，千强镇中第301到第400名之间的90个城镇）发展型	绥芬河（6）阿尔山（4）新造(3) 大唐(3)泗泾(3) 夏港(3)华新(3) 衙前 虹桥 马兰庄 闻堰 重固 阿拉善左旗乌素图 赵巷 煤山 云溪街道丽岙 马渚 乔司 南庄 范市 七都 崇福 芦苞 天竺 灵桥 金山卫 北桥 淀山湖 凤城 后沙峪 洞桥镇 三星镇 庵东 余杭 瀛海 戴南 浏河 九堡 董浜 支塘 枫泾 漕桥 牌头 瑶溪 凤凰 南闸 胡埭 周浦 新市 罗泾 东浦 洞泾 白岘 递铺 浮桥 榄核 鱼窝头 城厢 西柳 南浔 半山 杭集 高桥 同里 焦溪 泰东 河山 三灶 潞城 春江 湖塘 湟里 仙村 东亭 桃源 所前 兰亭 高塍 金城 牛塘 沙城 钟管 横林 芙蓉 新浦 薛家 瓶窑 新湾 渡村 羊尖 回龙观 青阳 惠民 东江 城关 掌起 大溪 惠南 洛阳 余新 沙坪 洋山 合庆 郭溪 庙李 西塘	1.每年的自然增长率5.9‰； 2.每年经济、公共资源增长，人口在300万以上的城市按照年均30万～50万人口增长标准计算

注：其中，义马、潞城、敦煌、凭祥、锡林浩特、东兴、和龙、韶山、牙克石、临夏、瑞丽、图们、龙井、满洲里、乌兰浩特、丰镇、资兴、五指山、合作、二连浩特、霍林郭勒、绥芬河、阿尔山为县级市；宁围、闲林、申港、颛桥、古林、马陆、南丰、华漕、齐贤、七宝、清源、新桥、杨汛桥、遵化、马桥、邱隘、濮院、福全、新造、大唐、泗泾、夏港、华新、衙前、虹桥、马兰庄、闻堰、重固、阿拉善左旗乌素图、赵巷、煤山、丽岙为2006年度千强镇中的百强镇，其他为百强镇之外的千强镇。

一、指标设计

◆人口在3万以上

◆GDP在3亿美元以上

◆城市化率60%以上

◆服务业占GDP的比重达60%以上，现代服务业占GDP的比重在30%以上

二、现代化与国际化水平分析

1.人口与GDP分析

中国中心城镇人口规模在3万~10万之间，GDP总量在20亿元左右。这些城市中的县级市大部分分布在更为偏远的地广人稀的边疆地区，比如敦煌、瑞丽、锡林浩特、绥芬河、阿尔山等，这些地方生产力水平比较落后，经济发展相当缓慢。由于这些城市达到该类评价标准，故将其列入此类。

根据千强镇的排序，百强镇依然是按照人口标准来排列，百强镇之外的千强镇是按照先后次序进行排列的。具体来看，从第201名到第500名之间的300个城镇依次分别排入100个到成熟型、成长型和发展型之列。

目前，中国有近2万个小城镇，“千强镇”即全国小城镇综合发展水平（主要包括从发展水平、生活质量和发展潜力等指标）1000强。根据2006年全国小城镇综合发展水平1000强，中国的 “千强镇”仍集中在长三角和珠三角地区，中西部一些地区相对较少。在此次评出的“千强镇”中，江苏省入围275个镇，浙江省入围266个镇，所占比重都超过了全国的四分之一；而地处长三角和珠三角的江苏、浙江、上海和广东这四个省（市）的入围镇数占全国的比重高达74.6%。

统计数据显示，从前100位的分布地区看，首次测评出的“千强镇”由5个省份包揽。其中：广东30个、上海29个、江苏23个、浙江17个、福建1个；

2005年，“千强镇”平均每位农民人均纯收入是全国小城镇平均水平的2.2倍；农民人均纯收入达7735元，人均居民储蓄存款余额为1.5万元，比首次测评出的“千强镇”平均水平增长29.5%，是全国小城镇平均水平的3.5倍；“千强镇”创造的财政收入占到全国小城镇财政总收入的54.1%，镇均财政收入达2.41%亿元，是全国小城镇平均水平的近11倍。

千强镇人口仅占全国小城镇人口的10%，但创造的财政收入占到了全国小城镇的50%左右。

到2015年，全国中心城镇的人口规模将会有一定的增长。其中，广东、江苏、浙江、山东几省的千强镇人口增长应较快，人口规模平均将达5万~15万；到2020年，平均将达8万~25万。

2.产业发展分析

（1）中国千强镇的发展现状

中国的千强镇是中国产业发展较好的地区，是中国产业集群比较发达的地区。产业集群在

经济全球化和产品区域化趋势的推动下，已经成为引领经济发展的主要组织形式。我国比较突出的产业集群有2种类型：一是以纺织服装业为代表的传统产业集群，一是以IT为代表的高新技术产业集群。

中国千强镇中，产业集群涵盖了大多数行业，其中化纤纺织、丝绸纺织、制衣、制鞋、电子信息、医药、陶瓷、精细化工、五金等18个产业呈现明显集聚。这些产业以轻工业为主，且绝大多数为居民消费品，产品的附加值比较低。尽管如此，但是产业集群的效用比较突出。

（2）中国百佳产业集群镇概况

图表3－55　2009年第一届中国百佳产业集群名镇

产业集群名镇	所属地市
广东省（25个）	
中国狮岭箱包皮具产业集群名镇	广州花都区
中国新塘牛仔服产业集群名镇	广州增城市
中国厚街家具产业集群名镇	东莞市
中国大朗毛织产业集群名镇	东莞市
中国中堂造纸产业集群名镇	东莞市
中国南庄建卫陶瓷产业集群名镇	佛山禅城区
中国西樵纺织服装产业集群名镇	佛山南海区
中国大沥铝加工产业集群名镇	佛山南海区
中国伦教木工机械产业集群名镇	佛山顺德区
中国勒流五金小家电产业集群名镇	佛山顺德区
中国北滘家电产业集群名镇	佛山顺德区
中国庵埠食品产业集群名镇	潮州潮安县
中国黄冈水族机电产业集群名镇	潮州饶平县
中国水口水暖卫浴产业集群名镇	江门开平市
中国河婆电子琴产业集群名镇	揭阳揭西县
中国马岗香精香料产业集群名镇	茂名电白县
中国石角再生铜产业集群名镇	清远佛冈县
中国和平音像制品产业集群名镇	汕头朝阳区
中国贵屿电子固废利用产业集群名镇	汕头朝阳区
中国河口石材产业集群名镇	云浮云城区
中国官渡电饭煲产业集群名镇	湛江坡头区
中国小榄五金制品产业集群名镇	中山市
中国沙溪休闲服装产业集群名镇	中山市
中国东凤小家电产业集群名镇	中山市
中国金湾游艇产业集群名镇	珠海金湾区
江苏省（24）	
中国玉山电子产品产业集群名镇	苏州昆山市

续上表

产业集群名镇	所属地市
中国千灯电路板产业集群名镇	苏州昆山市
中国陆渡自行车产业集群名镇	苏州太仓市
中国杨舍纺织化纤产业集群名镇	苏州张家港市
中国盛泽丝绸纺织产业集群名镇	苏州吴江市
中国汾湖电梯产业集群名镇	苏州吴江市
中国七都光电缆产业集群名镇	苏州吴江市
中国安镇电摩车产业集群名镇	无锡锡山区
中国华士冶金产业集群名镇	无锡江阴市
中国申港软塑包装产业集群名镇	无锡江阴市
中国官林电线电缆产业集群名镇	无锡宜兴市
中国高塍环保产业集群名镇	无锡宜兴市
中国紫砂茶具产业集群名镇	无锡宜兴市
中国新建化纤产业集群名镇	无锡宜兴市
中国遥观轨道交通产业集群名镇	常州市
中国邹区灯饰产业集群名镇	常州武进区
中国海门家纺产业集群名镇	南通海门市
中国天汾电动工具产业集群名镇	南通启东市
中国戴南不锈钢产业集群名镇	泰州兴化市
中国白米能源装备产业集群名镇	泰州姜堰市
中国杭集口腔清洁用品产业集群名镇	扬州邗江区
中国官湖木材加工产业集群名镇	徐州邳州市
中国永阳铁路配件产业集群名镇	南京溧水县
中国建阳石油装备产业集群名镇	盐城建湖县
浙江省（23个）	
中国衙前化纤产业集群名镇	杭州萧山区
中国新街钢结构产业集群名镇	杭州萧山区
中国南阳制伞产业集群名镇	杭州萧山区
中国高桥光纤光缆产业集群名镇	杭州富阳市
中国高桥白板纸产业集群名镇	杭州富阳市
中国分水制笔产业集群名镇	杭州桐庐县
中国杨汛经编产业集群名镇	绍兴市绍兴县
中国店口机床产业集群名镇	绍兴诸暨市
中国大唐袜业产业集群名镇	绍兴诸暨市
中国柳市中低压电器产业集群名镇	温州乐清市
中国瓯北泵阀产业集群名镇	温州永嘉县

续上表

产业集群名镇	所属地市
中国龙岗印刷包装产业集群名镇	温州苍南县
中国泗门剃须刀产业集群名镇	宁波余姚市
中国周巷小家电产业集群名镇	宁波慈溪市
中国泽国空压机产业集群名镇	台州温岭市
中国塘下汽摩配产业集群名镇	台州瑞安市
中国濮院毛衫产业集群名镇	嘉兴桐乡市
中国崇福皮草产业集群名镇	嘉兴桐乡市
中国许村家纺产业集群名镇	嘉兴海宁市
中国余新箱包配件产业集群名镇	嘉兴南湖区
中国横店磁性材料产业集群名镇	金华东阳市
中国织里童装产业集群名镇	湖州吴兴区
中国南浔木地板产业集群名镇	湖州南浔区
山东省（11个）	
中国龙泉机械产业集群名镇	枣庄滕州市
中国城头豆制品产业集群名镇	枣庄山亭区
中国刁镇精细化工产业集群名镇	济南章丘市
中国王台纺织机械产业集群名镇	济南胶南市
中国杨寨建筑陶瓷产业集群名镇	淄博淄川区
中国朝阳劳保用品产业集群名镇	潍坊高密市
中国拳铺专用车辆产业集群名镇	济宁梁山县
中国羊流起重装备产业集群名镇	泰安新泰市
中国成山渔业产业集群名镇	威海荣成市
宋楼棉纺织产业集群名镇	德州夏津县
中国烟店轴承产业集群名镇	聊城淄清市
福建省（8个）	
中国陈埭运动休闲鞋产业集群名镇	泉州晋江市
中国深沪内衣产业集群名镇	泉州晋江市
中国蚶将西裤产业集群名镇	泉州石狮市
中国水头石材加工产业集群名镇	泉州南安市
中国崇武石雕产业集群名镇	泉州惠安县
中国鼓山光电产业集群名镇	福州晋安区
中国灌口车辆机械产业集群名镇	厦门集美区
中国城阳机电产业集群名镇	宁德福安市
中国陈埭运动休闲鞋产业集群名镇	泉州晋江市
中国深沪内衣产业集群名镇	泉州晋江市

续上表

产业集群名镇	所属地市
河北省（4个）	
中国黄各庄卫生陶瓷产业集群名镇	唐山丰南区
中国孟村弯头管件产业集群名镇	沧州孟村县
中国白沟箱包皮具产业集群名镇	保定高碑店市
中国大营皮草产业集群名镇	枣强县
河南省（3个）	
中国回郭铝加工产业集群名镇	郑州巩义市
中国庞村钢制家具产业集群名镇	洛阳偃师市
中国岳滩三轮摩托产业集群名镇	洛阳偃师市
上海市（1个）	
中国青村输变电产业集群名镇	上海奉贤区
天津市（1个）	
中国大邱庄钢管产业集群名镇	天津静海县

上表是中国百强产业集群镇，广东最多，有25个；江苏其次，有24个。广东、江苏和浙江占了总产业集群镇的三分之二强。同样作为沿海省份，山东、福建两省产业集群发展还比较少，产业集群的规模还比较小。我们可以从中看出产业集群对地区经济发展的重要作用，往往一种产业集群可以带动一个城镇的总体快速的发展。在没有特殊资源优势的条件下，中心城镇走产业集群发展的道路是一种较好选择，它能够在较有限的空间内形成规模效应并使城镇达到快速发展的目的。它可以快速推进一个地区的城镇化，对城乡统筹发展具有重要的实践作用。

图表3－56　部分百强镇的产业集群发展状况

产业集群镇	市场发展
花都狮岭箱包皮具产业集群	花都狮岭镇共有生产性企业6200多家，经营性企业11000余家，从业人员近20万人，年产皮具5亿多只，年产值近150亿元，产品销往中国各地以及法国、英国、美国、意大利、俄罗斯、东南亚以及南非等136个国家和地区，产品份额占全国三分之一，皮具、皮革交易总量居全国第一；在国际上，狮岭制造的皮具产品占欧洲中低档皮革箱包市场50%以上的份额
东莞市大朗镇毛织产业集群	大朗——“世界毛织之都”，全国首批“中国羊毛衫名镇”之一，以大朗为中心、涵盖周边地区的毛织产业集群，集聚了近万家毛纺织行业企业，仅大朗就有3000多家。拥有12万平方米全现代化商业设施的大朗毛织贸易中心，汇集珠三角的特色毛织产品，现已成为珠三角万余毛织企业的展示窗口和年交易额数百亿元的毛织产品交易中心，推动着大朗从“全球毛织生产基地”向“毛纺商贸城”转变
滕州市龙泉镇机械产业集群	目前，龙泉街道拥有各类机械制造企业186家，配套企业78家，拥有各类机床产品16大系列、100余种规格
惠安崇武石雕产业集群名镇	惠安县崇武镇是中国最大的石雕、墓碑石生产与出口基地。2008年石材产值达120多亿元，约占全县工业总产值的三分之一，出口创汇占全县的71%。惠安依托传统的雕艺技术，在国内率先开发墓碑石、园林建筑石等1000多个品种，并以精湛的石材雕刻技艺及工程安装技术，赢得了海外市场的青睐。目前已占据国内外墓碑石80%以上的市场

产业集群健康、快速、持续的发展会为所在区域带来明显的经济效益。国民经济增速提高、国民收入的不断增加、就业吸纳力显著增强都是产业集群效应的表现。从上表可以看出，产业集群对中国的百强产业集群镇发展所产生的巨大的拉动效应。中国的产业在从沿海向内地转移，与此同时，必将产生一定的产业聚集区。到2020年，中国内地将有一批产业集群城镇成为继沿海成熟型城镇而崛起的后起之秀。

（3）千强镇的产业集群效应分析

产业集群发展突出表现为以下五大效应：

①竞争效应

产业集群能够增强竞争。产业集群内企业数量比较多，所从事的行业具有相似性，必然会导致激烈的竞争，单个企业通常将竞争对手的产品作为其产品比较的标准，绩效好的企业会获得巨大的经济效益，而表现差的企业会不断改进产品及服务。同时，产业集群增强了竞争，竞争也提升了集群的总体竞争能力，使得集群企业比起单个企业，具有更强的竞争优势。

②成本效应

产业集群能够降低成本。产业集群内部企业布局在空间上相对比较集中，产业配套也比较齐全，形成了一个高效的专业化分工协作体系，企业能够充分利用聚集经济条件，形成低环境成本、低信息成本和低配套成本等一系列明显的成本优势。

③增长效应

产业集群能够促进增长。由于集群内生产同样产品的企业大量存在，企业间竞争异常激烈，同时市场需求不断变化，迫使企业不断进行技术创新，提高劳动生产率，劳动生产率的提高使单位资源的产出增加，企业和产业集群的经济绩效都会有所增长。

④市场效应

产业集群能够创造市场优势。产业集群的市场优势主要来源于它的产业规模优势，以及在产业规模优势基础上形成的专业化市场、区域性品牌和开拓国际和国内市场的整体竞争力。

⑤扩张效应

产业集群能够产生扩张效应。产业集群作为地区经济的增长极，其扩张优势远优于单体形式存在企业，它可以在较短的时间内形成比较大的产业规模，从而带动区域经济快速增长和地区影响力的大幅度提升。

中国中心城镇的产业集群发展在竞争效应、成本效应、市场效应表现比较突出。比如花都狮岭箱包皮具产业集群，市场份额占全国的三分之一，皮具、皮革交易量全国第一，在国际上，狮岭制造的皮具产品占欧洲中低档皮革箱包市场50%以上的份额，具有明显的竞争力和市场效应。另外，东莞大朗被誉为“世界毛织之都”，全国首批“中国羊毛衫名镇”之一，毛纺织品品牌效应比较突出。其他中心城镇在产业集群发展方面也独具特色，彰显了品牌效应，比如，中山市沙溪休闲服装产业集群，泉州晋江陈埭运动休闲鞋产业集群，宁波余姚市泗门剃须刀产业集群等。

3.城市化率分析

由于这些千强镇大部分位于中国超巨型城市、巨型城市及特大城市的内部，是这些城市发展比较好的地区，城市化率一般高于中国超巨型城市、巨型城市及特大城市。2009年中国城市化率平均在48%左右，超巨型城市、巨型城市及特大城市的平均城市化率在60%左右，根据以上标准推测，中国的中心城镇城市化率平均水平应在65%以上，按年均1.5%的增长率计算，到2020年，中心城市的城市化率平均应达80%以上。

第八节 小城镇

小城镇是一定区域范围内经济、社会活动的联合体。它不是孤立存在的，它通过交通、通讯等网络，与城市、其他小城镇及周围农村紧密联系在一起，形成一个有机的整体。这个整体结构的层次、功能、分工、内部关系、交通网络等方面如果比较合理，就能使整个区域形成良好的综合优势。

图表3－57 全国小城镇一览表

年份（总计：547个）	城镇	指标
2010年（共90个）	瞿溪 东钱湖 埭头 大新 雉城 建明 灌口 姜堰 北蔡 东桥 沙溪 槲梨 大邱庄 安镇 东渚 震泽 胜山 七里 瀛州 沙田 东涌 黄渡 凤凰 狮岭 芦潮港 浦阳 中北 锡北 胥口 横村 斜桥 黄埭 鲁塘 东小口 其林 官林 大桥 留下 河上 海门 天元 月城 塘溪 靖城 徐行 戴村 桥头 马山 浦庄 乌镇 溧城 横栏 三北 新桥 曹路 璜山 车墩 仁和 安海 新开 淡水 企石 石排 横扇 丁蜀 浔中 叶榭 石码 西岗 宜兴 石浦 八里店 东凤 璜土 杨柳青 武安 化龙 洛舍 屺亭 阳澄湖 附海 级索 牟山 仁和 郑陆 干窑 佛堂 武康 高东 锦溪	1.人口3万左右 2.GDP在3亿美元 3.城市化率在65%以上 4.服务业占GDP的比重在50%以上，现代服务业占服务业的比重在20%以上 5.中国千强镇中第401～500名的90个城镇
2015年（185个）成长型	江高 邹区 月浦 漓渚 阳山 城关 平沙 鸿山 港口 平水 泰兴 灵芝 新兖 平潮 板芙 石楼 永顺 佘山 长兴岛 藏书 谢岗 廊下 汇龙 王舍人 柘林 富春江 赵店子 双林 陶庄 黄家埠 灵山 兴东 祥符 庞各庄 南朗 张江 汎桥 崇寿 王台 光福 先锋 梨园 横溪 朱泾 西周 新河 黄圃 楼塔 昆阳 青村 清港 屠甸 崧厦 榆垡 机场 张渚 上黄 鹅湖 海安 湾里 乐平 甘霖 店上 松门 马驹桥 黄坛 贺村 王店 德胜 河姆渡 李家巷 匡堰 寨桥 黄姑 高桥 径山 苏溪 良乡 螺城 崇武 新仓 小越 孙端 唐镇 沂水 娄庄 新浜 宋庄 羊亭 神湾 灵溪 英林 望牛墩 九龙湖 蚶江 新埭 山阳 兴仁 前黄 潘家 乍浦 池店 杜阮 桥头 龙浔 新丰 外冈 沣水 张芝山 千岛湖 人和 瞻歧 雷甸 石湖荡 洪梅 泽库 鼓山 泖港 宝盖 湖父 咸祥 陆埠 沥海 七星 夹浦 许村 吕城 长安 小曹娥 周铁 上溪 三七市 横街 强蛟 韩店 雪堰 四季青 祥芝 高丽营 三角 城关 禹越 黄华 川港 九龙 吕巷 小沙 水冶 川沙 龙坞 和桥 万石 安华 东山 黄骅 北小营 罗溪 台城 石门 杜桥 乌江 盐官 凤桥 姜灶 敖江 桃花 乾元 深沪 胜芳 孟河 白米 进化 南马林埭 练市 黄阁 连然 张堰 适中 胶东 华亭 高邮 亭林 梁弄 太和 大浦	1.人口3万左右 2.GDP在3亿美元 3.城市化率在65%以上 4.服务业占GDP的比重在50%以上，现代服务业占服务业的比重在20%以上 5.中国千强镇中第501～700名的185个城镇

续上表

年份(总计：547个)	城镇	指标
2020年(272个)发展型	箬横 北宿 罡杨 漕泾 包场 柳新 薛埠 枣园 陶庄 新安 慈城 塔拉壕 新桥 解浦 白沙滩 钱库 蓬街 大旺 和孚 采育 昭阳 金清 双凤 丁桥 全塘 掘港 三茅 长乐 三厂 华阳 袁花 温泉 仙女 仓前 新塍 木厂口 捞刀河 寿安 云阳 英落 岔河 阜沙 石港 大生 张家湾 石桥 诸由观 李桥 大王 大陈 如城 岗山 广陈 油车港 大中 虎山 炭步 刁镇 大塘 滆县 卜弋 塘湾 祝桥 皇塘 怀北 汤泉 南彩 洪桥 新建 飞云 淑阳 七里营 石塘 上峰 静海 郭店 雄州 水头 禄口 普集 双桥河 庄行 淮城 和平 牌楼 咸水沽 孝丰 马桥 西新 万祥 谏壁 利国 孟庄 航头 哈业脑包 乾潭 淳溪 奔牛 鸿山 新圩 郫筒 洵阳 桥林 荔城 铁山 高营 小海 古井 竹行 上庄 莼湖 水头 沛城 克井 芳桥 南坪 侯镇 星甸 海游 崇仁 磁灶黄桥 白峰 溪口 铜山 古山 戴埠 晶桥 东塍 官湖 正余 宣桥 潘黄 伊敏河 马厂 梁湖 高塘岭 肃宁 高良涧 夏邱 湖坊 彩塘 湖熟 毛家皂 梁徐 唐山 更合 温泉 新庄 真武 下蜀 小浦 大吴 八桥 真州 台湖 刁铺 大桥 永宁 东石 访仙 沙河 城关 分水 位庄 苏陈 回郭 宝华 马巷 花溪 萧江 马塘 埭溪 瓜洲 二甲 东丰 龙湖 九华 六横 朝阳 双水 孟村 菱湖 棠下 红旗 马兰 丁伙 新街 小纪 潞城 腾鳌 林城 孝顺 曹宅 麻池 登沙河 丰惠 棋盘井 油坊 口岸 金利 深圳 青山泉 王庆坨 安宜 卸甲 西夏墅 边城 王营 谷阳 夏官营 磁山 近湖 河口 尧塘 常乐 桠溪 杨镇 沁河 青口 唐家 青口 东坝 暮云 马桥 姚王 华山 白龙桥 乾务 司徒 民众 府城 太湖源 东兴 季市珠江 梁垛 古北口 大安 运河 井岸 金井 嘉祥 上沛 公道 施桥 巍山 火连寨 永阳 王村 邵伯 铜冶 宁远 前阳 王佐 观音山 杨家埠 东台 犀浦 司前 城关 白水洋 大团 永宁 新场 幸福 新城 院桥 江南 书院 北马 姑孰 乐昌	1.人口3万左右 2.GDP在3亿美元 3.城市化率在65%以上 4.服务业占GDP的比重在50%以上，现代服务业占服务业的比重在20%以上 5.中国千强镇中第701名~1000名的272个城镇

一、指标设计

◆人口在 3 万以下

◆ GDP 在 3 亿美元以下

◆城市化率 60% 以上

◆服务业占 GDP 的比重达到 50% 以上；现代服务业占服务业的比重达到 20% 以上

二、现代化与国际化水平分析

中国小城镇占据着中国城镇的最大比例，它们的发展对中国城市总体状况具有较大的影响。对中国的大城市、特大城市、巨型城市、超巨型城市发展具有较大的推动作用，对中国特大城市以上规模的城市能否在未来10年内迅速完成工业化、实现现代化具有举足轻重的作用。根据对中国千强镇的综合实力排名，把最后600名中的547个列为中国2020年的小城镇。

1.**人口与GDP分析**

中国3类小城镇是千强镇中400名之外的城镇，比前400名的城镇在发展实力上有一定的差距，但是发展潜力不一定比前400名差。在未来10年中，只要抓住有利的时机，很有可能迅速发展起来，而进入到百强镇之列。中国小城镇人口规模跟中心城镇的人口规模相差不大，在1万~20万人之间，预计到2020年，人口规模可以达到3万~25万之间，增长不大；GDP总量比中心城镇要小，大体在几十亿元到一百亿元之间。按照年均10%比例增长，2020年GDP总量将达300亿~600亿元。

2.**产业发展分析**

从三次产业结构来看，中国小城镇工业化进程普遍发展到中后期阶段，第一产业在5%~20%之间；第二产业依然处于主导地位，大体在60%左右；第三产业发展还比较薄弱；面临着产业结构的高级化。预计到2020年，中国小城镇第二产业比重将下降到50%以下，第三产业占到40%以上，第一产业将进一步收缩到10%以内。

在产业集群发展方面，中国小城镇产业集群的规模性和聚集度不如中心城镇，产业集聚的竞争力尚比较脆弱；在新兴产业发展方面，中国一部分小城镇已经利用同中国超巨型城市邻近的区位优势开始发展高新技术产业园区，有的已经形成了一批具有一定规模的产业集群。但是总体上竞争性不强，在短期内很难形成完整的产业链。中国的小城镇在未来十年间的发展依然任重而道远，但是随着中国现代化和国家化进程的不断加速，中国具有区位优势的小城镇具有越来越大的吸引外资的能力。只有将内部市场环境规划好，打造好，才有可能在新一轮的大发展中有所突破。

3.**城市化率分析**

中国小城镇的城市化率同中心城镇低一些，一般低5个百分点左右，也就是城市化率基本在60%以上，按照年均1%的比例增长，到2020年中国小城镇的城市化率将达到75%以上。

4.**服务业发展分析**

中国小城镇的服务业都有了一定程度的发展，占GDP的比重一般在40%左右，预计到2020年可以达到50%。现代服务业占GDP的比重在10%左右，到2020年预计将达20%左右。

第三章 城市发展结论分析

中国都市圈发展十分不平衡，沿海都市圈比较成熟，而内地一些都市圈处于发展和成形中。随着产业结构的调整，国家政策的变化，同中心城市、区域中心城市和中心城镇的发展壮大，未来，这些都市圈也将趋于融合，差距缩小。

本章以前2章为基础，分别从大都市圈大循环下的区域与城市生态、城市分层建设走势和城市发展环境三个方面，对城市的发展基础、发展趋势以环境进行分析。

第一节 大都市圈大循环下的区域与城市生态

一、都市圈是区域平衡发展与区域产业的生态区

区域非均衡发展理论中比较著名的有佩鲁的增长极理论。佩鲁认为，经济空间由若干中心所组成，各种向心力或离心力则分别指向或背离这些中心。任何普通意义上的空间都是一个由中心及传输各种力的场所组成。他认为，经济增长并非同时出现在所有的地方，它以不同程度首先出现于一些增长点或增长极上，然后通过不同渠道向外扩散，并对整个经济空间产生不同的最终影响。

一些平衡经济增长理论认为，随着区域经济增长，各国或一国内不同区域之间的差距会缩小，区域经济增长在地域空间上趋同，呈收敛之势。不平衡增长是短期的，平衡增长是长期的。

正如上面理论中所阐述的，都市圈是经济空间的若干个中心，都市圈内对圈外的资源具有较强的吸引力，经济增长首先发端于这一都市圈内的核心城市，然后逐渐形成增长极，进而不断向外扩张。而各区域城市圈所形成的增长极随着密度的不断扩大，将使区域经济发展走向极点均衡。

相比于其他地区，都市圈内率先形成基础产业，由于圈内资源共享的便利性进而降低了产业发展的成本，使得相同或相近产业不断产生，然后各产业由于前后联系而逐渐形成聚集，产业链条开始形成。推动城市圈产业结构的发展和完善，加速都市圈的经济增长。从这方面来看，都市圈是区域产业的生态区。它孕育了各种产业的形成和发展，使得各种产业不断壮大并形成规模。

目前，中国都市圈的发展还处于非均衡状态，沿海三大都市圈比较成熟，内地一些都市圈

处于形成和发展中。未来将呈现全面布局的发展趋势，非均衡地区将逐渐减少，最终趋于总体均衡。中国的都市圈无不是依靠产业的发展来实现经济增长的，产业发展对都市圈的壮大具有重要作用，都市圈产业结构的合理程度决定着都市圈发展的速度。当前长三角都市圈在中国的三大都市圈中产业结构调整较快，第三产业尤其是现代服务业发展迅猛，发展态势好于珠三角和环渤海都市圈。未来10年，长三角的发展速度要快于珠三角和环渤海经济圈，但最终三大都市圈在不断向外扩张中趋于融合，逐渐缩小都市圈的发展差距。

二、城乡统筹是区域科学发展的方式

城乡统筹一般可以从以下几个层面来理解：一是指将城市和农村在制度设计、资源分配、居民地位、收入分配等方面，纳入统一规划，进行统一调配；二是着重强调城乡之间的协调发展；三是着重强调城乡之间的相互融合，最终融为一体。

统筹城乡发展不是要完全消除城乡差距，而是要解决城乡发展的不协调问题。统筹城乡的根本，是加快现代生产方式对传统生产方式的改造，增强农民和农村的发展能力，要防止因片面强调与国际接轨导致更多的农民和农村地区同国内发展主流接轨。

当前，区域科学的发展在于如何缩小城乡之间的差距，城市和农村之间如何实现经济结构的协调发展，改变城乡二元结构的总体情况，最终实现城乡一体化发展。城乡统筹作为中国的城乡发展模式凸显了其科学性和可行性，为中国推进城镇化发展指明了方向，是区域科学发展的重要方式。预计到2020年，中国城乡统筹发展将由沿海推进到中部省域，随着中央把西部大开发作为中国的十二五规划中的重点，西部大部分地区也将通过城乡统筹推进城市化发展，部分地区将率先完成城市化。

三、城市是未来文明的总汇

文明，是指人类社会的进步状态，包括物质文明和精神文明2个方面，它是在一定社会生产方式的基础上产生，并随着社会的进步不断发展的。

城市文明是社会文明、社会和谐在城市的缩影，是社会文明、社会和谐在城市的集中表现。因为城市是人类社会的历史在各个发展阶段上文明成果的积淀，是人类文明发展到一定阶段的产物；文明时代的城市第一次具有了城市的意义，文明时代的城市第一次揭开了“城市文明”的篇章。

2300多年前，古希腊哲人亚里士多德在其名著《政治学》中提出了“城市，因人类寻求美好生活而诞生”的观点。已知存在人类活动足迹的数10万年文明长河中，人类以无比的睿智创造了城市，并从城市索取生存、生活的能源和力量。从西方的“理想国”，到东方的“世外桃源”，寻找诗意安居的梦想，贯穿于人类整条文明长河。

城市化过程是与人类社会的生产活动相同步，并随着生产力的发展而发展。城市同文明的发展是相互促进的，没有城市的文明是低级的庸俗的文明，没有文明的城市不能称之为城市，或者说是不存在的。城市化发展是人类社会发展的一个必然阶段，是不以人的意志为转移的的一种客观规律，并伴随着文明的不断进步和发展。城市最终将所有文明融入到自身的发展中去，而文明在城市不断发展中进一步向更高级阶段发展。什么样的城市便产生什么样的文明，而文明也必须是适应城市发展的文明，随着城市一体化建设，城市终将承载所有的文明，成为未来文明的汇总。

根据对中国八级城市城市化发展的分析，中国所有的农村都将走向城市化，所有城市终将走向一体化，文明的载体最终将由一体化的城市来担当，所以城市是未来文明的汇总。2009年中国的城市化率为48%，按照年均1%的速率增长，到2020年中国的城市化率将接近60%，预计2050年中国将总体完成城市化建设。

第二节 城市分层建设走势

一、国家中心城市是国家竞争的核心

国家中心城市是国家在全国范围内设立的具有全局意义的一些中心城市，它们对整个国家的总体发展具有重要的战略作用，是国家参与全球竞争的核心力量。目前，中国所确定的国家中心城市有5个：北京、天津、上海、广州、重庆。设立中心城市有助于在不同地区形成经济增长极，来引领经济较快的发展。

从国际经济发展来看，国家中心城市在未来将成为具有国际影响力的超越国界范围的国际大都市。如现在纽约、伦敦、东京等城市。在国际上具有一定的话语权，具有区域经济发展的特色，具备联通全球重要地区资源的能力，成为全球资源共享的主要经济体。

预计到2020年，在中国的超巨型城市中，沈阳将成为中国东北地区的国家中心城市，西安将成为中国西北地区的中心城市，届时中国将有八大国家中心城市，覆盖中国的东、中、南、北、东北、西南、西北七大区域。中国全方位发展的格局将初步形成，地区整体发展的不均衡性将进一步缩小。

二、区域中心城市是地方竞争的核心

区域中心城市是在各区域（比如，中国的几大城市圈）率先发展起来的城市，这些城市在推动城市圈发展方面扮演主要的角色，对国家中心城市的发展具有重要的协助作用，是地方竞争的核心，是地区经济资源导向的引力区，对城市圈主体具有重要的支撑作用。比如长株潭城

市圈中的长沙、株洲和湘潭是该城市圈的中心城市，对整个经济圈起到支撑的作用。它们带动着圈内的岳阳、益阳、常德、娄底和衡阳5个城市的发展，在区域经济发展中具有地方竞争性和引领作用。

中国已经形成的和将要形成的城市圈中都发展了一些区域中心城市，它们将对城市圈的壮大起到巨大的推动作用。预计到2020年除国家中心城市外的所有超巨型城市、巨型城市及部分特大城市都将成为中国的区域中心城市，届时中国的区域中心城市将在现在20个左右的基础上增加3倍以上，达到70个以上。

三、中小城市是创业宜居的需要

中小城市是中国分布相当广泛的一类城市。由于经济成本的优势，对于资本实力比较薄弱的农民来说是创业和居住的较好选择。一方面，这里靠近农村地区，是连接小城镇和大城市的重要桥梁地带，不像大城市那样布局着较多的重工业，也不像农村那样毫无生机与活力。另一方面，在中小城市这一过渡带具有一定的信息资源，同中国的大城市有着某些联系，可以作为资源流动的发展基地。一旦这一地区具有了某种活力，便获得了发展的力量，逐渐形成商品和物流的流通渠道。中小城市对中国比较贫穷的阶层具有重要的生存和发展的作用，它构筑了贫困阶层赖以创业的平台，是中国农村创业人士的形成区和聚集区，对于推动中国城镇化发展具有重要作用。

预计到2020年，中国大量的现代制造业将转移到中小城市发展，中国中小城市的发展将不断加速，具有明显的城市化发展趋势。

第三节 城市发展环境

一、国际对接：量化商业元素

在世界经济以复苏姿态迈进2010年之际，欧洲一些国家的债务危机开始显现，国际金融市场也出现震荡调整。各项数据也表明，发展中的新兴国家经济增长势头明显强于西方发达国家，世界经济的重心正在向中国等发展中国家偏移。西方国家对此已表现出紧张和不安，有可能作出不够理性和不具建设性的反应。所有这些都表明，世界经济复苏之路不会平坦，国际经济环境会更加复杂多变，将给中国经济带来诸多新挑战。

1.贸易发展环境方面

2009年，我国进出口总额虽然下降13.9%，但由于政策的大力支持，我国在全球贸易中的份额仍稳步上升。而与此同时，据世界银行的数据，2009年全球贸易额下降14.4%。另据各国海关数据，2009年上半年，世界主要贸易国和地区的货物贸易均出现大幅下降。结构调整缓慢乏力，美国和欧洲在贸易额下降的同时，失业率高达10%。这些国家的政客习惯性地把矛头对准中国。美国和欧盟相继对我国的一些产品实施了贸易制裁，要求人民币大幅升值。未来针对中国的贸易保护主义将有进一步升级的趋势。

2.世界主要经济体发展

金融危机自2008年爆发以来，已经蔓延到了世界各个角落，对世界几大经济体造成了重创。美国整体经济显露颓势，2008年，GDP增长率只有1.1%，个人消费急剧下降，工业生产下降了3.7%，是1974年12月以来的最大降幅；就业率大幅下滑。

欧日成为金融危机连锁影响的重灾区，实体经济已经衰退。英国、瑞士、爱尔兰、德国、比利时、西班牙、意大利、法国的重量级金融机构先后陷入流动性或信用危机。据统计，在全球现已冲销的6000亿美元的金融亏损中，欧洲金融机构约占40%。受银行不良债务剧增和信用环境紧缩的影响，欧元区经济已连续两个季度出现负增长。IMF预计，2008年欧元区经济增长1.2%，比上年回落1.4个百分点。日本再次陷入衰退。由于其他发达经济体衰退和日元升值，日本出口受到严重打击，2008年10月份出口额下降6.1%，为6年来最大降幅，贸易赤字同比上升161.5%。

新兴市场经济体在贸易和投资等渠道的传导下，遭受金融危机扩散的影响，经济增长速度开始放缓。从贸易来看，一些外贸依存度高的亚洲国家的出口受到较大冲击。比如韩国，2008年11月份出口同比急剧下降18.3%，前11个月贸易逆差已经达到133.4亿美元。与此同时，受国际市场初级产品价格大幅回落影响，俄罗斯、中东、拉美等一些能源和初级产品出口国也受到了较为严重的冲击。

从投资来看，部分新兴市场经济体国家出现了外资抽逃现象。比如"金砖四国"中的俄罗斯，2008年第三季度外资净流出167亿美元，而上年同期为净流入70亿美元，10月份外资净流出量扩大到500亿美元。巴西2008年10月份资本净流出也近50亿美元。资本外逃，直接导致相关新兴市场经济体国家股市急剧下跌、货币大幅贬值。俄罗斯股市几度跌停休市，俄卢布、巴西雷亚尔、印度卢比和印尼盾等货币汇率都跌至历史新低。

目前的形势也再次提醒我们，中国城市加快经济结构的战略性调整、提高外贸发展的质量和效益是极其紧迫的任务。未来10年，中国城市能否打造好优越的环境和制度，同国际社会展开深入合作，关系着中国城市未来的空间布局及中国重心的发展问题。

二、国内对接：量化经营指标

今后10年，中国仍处于工业化中期阶段，重化工业仍将占主导，而高新技术产业比值将逐步加大。环境保护的中期路径与政策选择应是:2010—2015年，主要通过在重化工业中推进先进的生产、管理方式和技术来节能减排；2015—2020年，通过高技术装备的应用、低碳生产方式和产品的商业化来减排。在此期间，政府要致力于完善节能减排的"软环境"，制定配套的产业技术政策、标准和法规，加速形成其市场化安排。

中国产业发展的基本结构趋势分析。

第一，今后10年，中国仍将是一个地区差距比较明显的国家。尽管近年来中西部地区在发展速度上略快于东部，但是就经济社会整体发展水平而言，未来10年内二者的差距仍会比较大。而不同的发展程度，决定着各地区会有不同的经济诉求和产业结构。

第二，我们用了改革开放30余年的时间，使城市化推进到了45%（以人口计算），可以预见，今后10年中国的城市化将持续加速。然而不管怎么加速，还是会有很大一部分人口生活在农村，三农问题仍是中国的主要问题。而城乡间的差距，在为工业化提供廉价劳动力的同时，又为低水平的需求和生产方式提供着市场。

第三，中国现在人均GDP现在已经达到4000美元，到2020年达到8000美元（考虑到汇率因素）应当没有太大问题，届时，中国将由中下等收入国家进入中等收入国家行列。收入的增加，将使国民对于环境保护越来越重视，对于产品质量安全、环保标准等方面的要求也越来越高，从而为绿色产品和环保产业的发展提供广大的市场。

最后，从国际分工看，尽管外资向中国转移的产业会逐步升级，产业链中中国产业的地位、技术水平、自主创新能力会有很大提高，自主品牌的形成也会有很大进展，但是中国的主要竞争优势仍然在生产制造领域。

从对中国经济结构的总体分析来看，今后10年内我们面对的是多层次的市场需求，多层次的地域经济布局，多层次生产方式并存的生产体系，多层次的国际、国内产业分工链条，多层次的环境保护诉求。总之，国内环境在产业结构调整大趋势下会有局部地区的不同程度的加速发展；由于长期的封闭式的发展，一些毫无优势的偏远地区的发展速度可能更趋缓慢。

三、市场对接：以不同形态城市配置资源

城市由于地理位置、资源环境、发展状况及发展潜力的不同而决定了城市发展的产业选择及城市发展的方向。资源的优化配置对一个城市经营效率的提高具有重要的作用。从区域城市发展的经验来看，城市间有效地分工合作是资源优化配置的一种重要形式。如何在具体的城市间配置资源，取决于政府政策的引导及企业家经营方式的选择。

当前，我国以产业升级和新兴产业培育为标志的新一轮区域竞争已经开始。江苏制定包括主导产业、新兴产业和传统产业在内的39条关键产业链提升计划，重点发展新能源、医药及生物技术、环保三大新兴产业，力争到2011年新能源产业实现销售收入4500亿元。上海大力发展高新技术产业，重点发展新能源、民用航空制造业、先进重大装备、生物医药、电子信息制造业、新能源汽车、海洋工程装备、新材料、软件和信息服务业等九大领域，力争2010年高新技术产业实现产值1.1万亿元。广东省重点发展以生产性服务业为重心的现代服务业，力争用5至10年的时间将现代服务业发展为占经济总量六成的主导产业。湖南省创意产业发展迅猛，提出培育壮大光伏产业、软件产业、消费整机产品、新型显示器件四大产业集群。江西新余千亿

光伏产业集群初具规模。湖北光谷重点打造生物医药、生物农业、医疗器械、生物服务等四大新兴产业，发展势头良好。

政府对未来产业的规划，对城市具有重要的引导作用，城市结合自身的优势来发展相应的产业可以充分发挥城市的功能和作用，使资源配置趋于最优化达到最合理的利用，这是中国城市科学发展、合理布局的重要方式。城市应该更加注重差异化发展，不应当都搞趋同的建设。只有具有特色的城市才能让城市间产生更多的交流与沟通，才能不断地发现跨越式发展的途径。

到2020年，中国城市间的合作将更加密切，尤其是区域城市群内部城市间的分工与合作在市场化越来越开放的环境下将会加强。对空间结构的调整利用将更加合理，资源配置在市场化程度不断加深的趋势下将更加有效，尤其是对城市的总体布局和规划方面将更突出人与自然和谐的理念。

Volume Ⅳ

【第四卷】

欧洲主要城市发展与经营（下）

Development and Operation of Major Cities in Europe (Part Ⅱ)

第一章 东欧主要城市发展与经营

第一节 乌克兰

一、伊利乔夫斯克——乌克兰第二大港口城市

1.城市简况

伊利乔夫斯克市坐落在乌克兰的西南部，是奥德萨以西19千米的黑海岸边的一座港口城市。面积26万平方千米。

2.历史社会

这座城市最初只是一个拖船小镇，1973年正式建市。城市因弗拉基米尔·伊利乔·列宁而得名。

3.经济发展

该市是乌克兰最繁荣的城市(从人均收入方面讲)，是乌克兰第二大港口城市，重要的集装箱集散地，在汽车制造、捕捞、海产品加工等方面也有较强实力。居民大多数从事港口和海事产业。

代表工业有钢铁厂、集装箱生产、榨油厂(主要是葵花籽油)海鲜加工生产线、汽车组装、口香糖生产线等。该市还有15家银行机构，4800多家中小企业，贸易、教育、卫生等方面比较发达。

二、利沃夫——乌克兰的文化、教育、工业中心

1.城市简况

利沃夫市是同名州首府，也是乌克兰西部的政治、经济、文化、教育中心。市区常住人口83万人。

2.历史社会

利沃夫有文字记载的历史可以追溯到13世纪，当时它是基辅罗斯的一个公国。1256年，哈里奇波里尼大公达尼罗以其儿子列夫的名字命名兴建了一座城镇，它就是利沃夫。利沃夫历经沧桑，几易国别：14世纪归波兰管辖，1772年隶属奥地利，1918年又回到波兰，1939年最终回归乌克兰。

3.经济发展

利沃夫不仅是乌克兰文化和教育中心，同时也是工业中心，利沃夫的企业经营状况在乌克兰是较好的，利沃夫的投资占乌克兰的11%，且每年都有增长。

4.文化特色

在利沃夫有12所大学，其中哈尔科夫大学是乌克兰的第一所大学，也是欧洲最古老的大

学之一。

在利沃夫建城后的几个世纪里，乌克兰人长期同波兰人、奥地利人、德国人、匈牙利人、意大利人、法国人、希腊人和犹太人等共同生活在这片土地上，利沃夫也逐步发展成为西乌克兰的中心城市，得天独厚的条件使利沃夫融合了中东欧和西欧国家厚重的历史积淀。因此，利沃夫的建筑兼有哥特式与巴洛克式、文艺复兴式与罗马式的风格就不足为奇了。当你在排列着巴洛克式教堂的利沃夫老城区漫步时，就仿佛置身于某座西欧古城。从这个意义上说，利沃夫也可称为一个浓缩的“小欧洲”了。

三、敖德萨——黑海明珠

1.城市简况

敖德萨位于乌克兰南部的黑海湾沿岸，为同名州的首府。城市面积160平方千米，人口106万，是黑海沿岸最大的港口城市和工业、科学、文化以及旅游中心。

同时，敖德萨是座被誉为“黑海明珠”的港口城市。从这里可以乘船到达罗马尼亚、阿尔巴尼亚、保加利亚、法国、意大利、希腊和土耳其等国。

2.历史社会

敖德萨在人口和经济实力方面曾是俄罗斯帝国当中第四位的城市，次于圣彼得堡、莫斯科和华沙。在第一次世界大战和俄罗斯内战期间它免于战乱，二战期间曾经部分被毁。虽然有历史的骚乱，敖德萨的人口与上个世纪相比仍然增长了将近3倍。如今它以乌克兰工业和度假中心城市的身份继续迅速地成长。

3.经济发展

敖德萨是原苏联的机器制造业中心之一。市内有机械制造、石油加工、木材加工、建材工业、化学工业、食品工业和轻工业。

4.文化特色

该市的院校有敖德萨大学、敖德萨工业大学、敖德萨音乐学院、敖德萨海运学院、敖德萨食品工业大学、敖德萨气象学院、农业学院、冷冻学院等14所高等院校，25所中等专业学校；还有图书馆、影剧院、博物馆等文化设施。

四、文尼察——乌克兰甜菜制糖中心

1.城市简况

一译“维尼察”，是乌克兰西部南布格河畔的港口城市，文尼察州首府，人口40万。

2.历史社会

该市1863年首见于史籍。

3.经济发展

该市是乌克兰铁路枢纽之一，以食品加工为主。此外还生产过磷酸钙、滚珠轴承、拖拉机配件、无线电器材、电机等。附近设有顿巴斯至西乌克兰75万伏超高压输电线路的大型变压站。

4.话语权

该市是乌克兰甜菜制糖中心之一。市内设有师范学院、医学院和博物馆。

五、塞瓦斯托波尔——乌克兰渔业重镇

1.城市简况

塞瓦斯托波尔市是乌克兰两个直辖市之一，是乌克兰南部最大的不冻贸易港、渔港，也是工业、科技、文化中心。人口39万。

2.历史社会

塞瓦斯托波尔曾为前苏联乌克兰港市，1783年建为军港。1854—1855年期间发生克里米亚战争。二战后，曾被授予英雄城市的荣誉称号。

3.经济发展

该市是乌克兰南部铁路终点、公路枢纽。主要的产业是港口、渔业、机械制造和酿酒业等。工业中占首位的是食品工业，主要是酿酒业、海产品捕捞和加工。塞市是乌克兰最大的渔业捕捞、冷藏运输和科研中心。乌克兰几乎所有的冷藏运输船队都在塞市，占世界冷藏船队的4%。机械制造主要有造船和修船，还有海洋仪器制造。其他的工业种类还有木材加工业、建材工业、玻璃工业、印刷工业等。

4.文化特色

塞瓦斯托波尔市是前苏联黑海舰队所在地，直至1996年才根据乌克兰法律对外国公民开放，允许外国船只进入。1997年乌克兰和俄罗斯正式签订了俄罗斯黑海舰队驻扎乌克兰领土的协议。

该市有12个科研院所和设计单位，其中包括2所乌克兰科学院的分院，拥有1万名学生的国立技术大学，核能学院，海军学院及12所职业技术学校，60所普通教育学校。该市有4个剧院，11个文化宫，10个博物馆，4个体育场，3个游艇俱乐部。该市共有10个旅馆、1200张床位，20个餐厅、800个座位。城市中共有1800座纪念碑。

六、赫尔松——乌克兰纺织城

1.城市简况

赫尔松市位于第聂伯河下游右岸，距黑海25千米，为乌克兰南部港市，赫尔松州首府。人口40万。

2.历史社会

该市建于1778年。19世纪末成为农副产品出口港。

3.经济发展

该市纺织工业居乌克兰首位。机械制造（农机、电动机、船舶）、石油加工（年加工能力600万吨）和食品加工（鱼、肉罐头和葡萄酒等）亦重要。

赫尔松也是国际性商港，平均每年有100多艘外轮进出这一港口。

该市有铁路通往克里沃罗格、顿巴斯和克里米亚半岛。

4.文化特色

该市有农学院等高校及农业科研机构。

七、辛菲罗波尔

1.城市简况

辛菲罗波尔市是乌克兰克里木州行政中心，位于萨尔吉尔河畔，人口40万。

2.历史社会

该市附近曾为西徐亚国的首都涅阿波利，后来成为鞑靼的城堡克尔缅奇克，15世纪在鞑靼人的居住地修建了阿克清真寺。辛菲罗波尔于1784年建立。

3.经济发展

该市有食品、香料和化妆品、轻工、机械制造、化学等工业，生产建筑材料。同克里米亚半岛南岸有无轨电车线路联接。

4.文化特色

该市有3所高校，3座剧院。

八、马里乌波尔——自然条件得天独厚

1.城市简况

马里乌波尔市位于亚速海的北部海岸，是顿涅茨克州最大的工业中心和海港之一，同时也是乌克兰东南部大型的工业和贸易港口。

2.历史社会

该市由哥萨克人在16世纪建立，当时是作为防御鞑靼人入侵当地渔业、通道和冬日住房的据点。1734年它成为卡米萨卡娅的中心。卡米萨卡娅是一个大的殖民村庄，建在废除了的据点旁。1778年帕弗洛克镇在这个村庄的附近建立起来。1780年帕弗洛克镇被重新命名为马里乌波尔(带有希腊语中“城市”一词——Pol，意为玛丽娅城)，以纪念玛丽娅夫多洛娃，沙皇继承人的妻子，她的丈夫是后来的帕弗尔一世。

3.经济发展

该市拥有发展旅游业、农业和园艺的得天独厚的自然条件。

城市的工业实力由56家各个不同部门的大中型企业组成。城市经济的主要部门是铁冶金业，它占城市总体工业产量的93.45%。

参与经济生产的劳动者中，50%从事工业，11%从事交通业。

4.文化特色

该市有亚速技术大学和俄罗斯地区戏剧学院。地区研究博物馆拥有几家附属机构——民族研究和亚速生活文化馆以及以俄罗斯艺术家奎兹治命名的展览厅。

九、顿涅茨克——乌克兰文化中心

1.城市简况

顿涅茨克市位于卡利米乌斯河上游两岸，有运河与北顿涅茨河相连，是乌克兰最大的城市之一，面积381平方千米，人口113.17万。

2.历史社会

该市1869年由哥萨克更名为顿涅茨克。

1917年建市。

3.经济发展

该市蕴藏有非常丰富的煤炭资源，主要的工业有：煤炭、冶金、农业、机械制造及金属加工等。

4.文化特色

顿涅茨克是乌克兰最大的文化中心之一，有22座蕴涵重大意义的建筑纪念碑、200多座历史雕塑、3个剧院、53个文化宫等众多文化设施。有156个国立二级教育机构、7个特殊培训中心，超过12万的学生在这里学习。再加上6个国立高等院校和1个辅助教育机构的25000名全日制在校生。

顿涅茨克同时也非常注重体育建设，是乌克兰体育运动的引领者之一。建有9个综合体育馆、13个运动场等一大批体育设施。组建的11个专业体育团体，曾经有8人在1996年的亚特兰大奥运会中夺得冠军及奖牌。

第二节 白俄罗斯

一、戈梅利——白俄罗斯铁路枢纽

1.城市简况

戈梅利市位于白俄罗斯东南部索日河畔，邻近乌克兰边境，是该国第二大城市和戈梅利州的首府，2005年人口约48万。

2.历史社会

该市1142年首见于史籍。

3.经济发展

机械制造业发达，青贮饲料收割机产量居戈梅利首位，机床、电器、车辆、修理、泥炭机械制造及磷肥、玻璃生产是重要产业。

该市为白俄罗斯重要铁路交通枢纽。

4.文化特色

该市有综合大学、铁道学院等高校和建于18—19世纪的宫殿、教堂。

二、莫吉廖夫——白俄罗斯工业重镇

1.城市简况

莫吉廖夫市位于白俄罗斯东部第聂伯河上游河畔，为莫吉廖夫州首府，人口40万。

2.历史社会

该市始建于1267年。原属立陶宛和波兰，1772年并入帝俄。

3.经济发展

莫吉廖夫经济支柱是工业，其中机械制造工业以产青贮饲料收割机闻名，汽车、电动机、机床是重要产业，此外还有磷肥、化纤、木材加工等。

4.文化特色

该市设有综合大学等数所高等学校。

三、维捷布斯克

1.城市简况

维捷布斯克市位于白俄罗斯东北部，是维捷布斯克州首府，人口约40万。

2.历史社会

1021年首见于史籍。1796年曾为白俄罗斯首府。

3.经济发展

该市是白俄罗斯的铁路枢纽。工业以机床、无线电器材、钟表和纺织、针织、缝纫、皮革为主。

4.文化特色

该市有12世纪建筑古迹、历史博物馆和数所高等学校。

第三节 东欧其他主要城市

一、塔尔图——爱沙尼亚第二大城市

1.城市简况

塔尔图市位于东部埃马约吉河畔，是爱沙尼亚第二大城市。

2.历史社会

该地5世纪时已有居民，1030年正式见于记载，1224—1893年名为杰尔普特，3—16世纪加入汉萨同盟，后来被波兰人、瑞典人占领，1721年属俄国，1893—1919年称“尤里耶夫”，1919年称现名“塔尔图”。

3.经济发展

塔尔图市有机器制造、食品加工、皮革、纺织和印刷等工业。仪器制造和农业钢筋混凝构件也占重要比重。

4.文化特色

塔尔图也是古老的文化城，市内设有大学、爱沙尼亚农业科学院以及艺术、动物、地质博物馆等。

二、利耶帕亚——波罗的海南岸重要港口城市

1.城市简况

利耶帕亚市位于拉脱维亚西部波罗的海沿岸，是该国第三大城市和重要的不冻港，人口20万。

2.历史社会

该市曾名“利巴瓦”，1253年首见于史籍，1625年起建市。1893年建军港，迄今仍为海军基地。

3.经济发展

该市为铁路枢纽、波罗的海南岸重要港口和海洋渔业中心。有炼钢、冶金设备、农业机械制造、鱼类加工、建材、制糖及纺织厂等。

4.文化特色

该市市内有建于18世纪的教堂等古迹。

三、陶格夫匹尔斯——拉脱维亚第二大城市

1.城市简况

陶格夫匹尔斯市位于拉脱维亚东南部的道加瓦河畔，是拉脱维亚第二大城。面积725平方千米，人口15万。

2.历史社会

原名“德文斯克”，始建于1275年。

3.经济发展

该市是拉脱维亚东部的工业中心和交通枢纽，铁路线可通往里加、莫斯科、圣彼得堡；公路交通也很发达；空中运输也十分便捷。

该市有汽车、机车修理、电动工具和摩托车链制造、化工、建材、木材加工、轻工业及食品工业。

4.文化特色

该市离边境较近，居民中有很多少数民族，其中仅俄罗斯人就占59%。市内有俄罗斯、白俄罗斯及立陶宛3个国家的领事馆。

市内设有地志和艺术博物馆。

第二章 西欧主要城市发展与经营

第一节 英国

一、牛津——大学城

1.**城市简况**

牛津市地处查韦尔河与泰晤士河的交汇处，东南距伦敦80千米，人口11万。因为拥有英国乃至整个英语世界最古老的学府——牛津大学，一直是英国乃至世界的文化重镇，享有“英国雅典”的美称。

2.**历史社会**

牛津公元912年首见于史册，其兴旺与牛津大学息息相关。可以说，一部牛津大学的校史就是牛津城的发展史。

12世纪中叶，英国还没有大学，仅派一些留学生在法国巴黎学习。1167年英法两国交恶，英王亨利二世下令所有留法的英国学生一律返国，安排他们在牛津继续学业，因此，有学问的僧侣和学生们就开始聚集在牛津的几个修道院研学，人们于是把这一年看作是牛津大学创校的开始，至今已有800多年了。从13世纪起，牛津逐渐有了学院，各学院建立的最初目的主要是为了使学生有固定的住所，有人管理，防止他们酗酒滋事，由于这个历史原因，所以今天的牛津大学的35个学院并非按学科划分。

3.**经济发展**

几百年来，牛津的城市生活基本上是围绕学生的需要组织的，这一情况直至20世纪初才略有变化。著名企业家莫里斯在牛津近郊建起一座汽车制造厂，使得牛津有了现代工业。这位工业大亨也为牛津大学出了不少力，牛津的纳菲尔德学院就是其捐资办立的。

4.**文化特色**

全市有数十家书店。有着上百年历史的布莱克韦尔书店，库房藏书超过20万种，邮购业十分兴隆，客户包括全球的读者、大学和图书馆。

牛津大学出版社是世界上历史最悠久的出版社之一，以出版词典、参考书、英语教材和学术著作而闻名，其出版的《牛津英文词典》是世界上最大最权威的英语词典。

牛津大学的博德利图书馆是英国第二大图书馆，也是世界上最古老的图书馆之一，馆藏有许多珍贵的原稿孤本，古籍之丰富可与梵蒂冈图书馆媲美。藏书超过500万册，手稿13万件。

牛津大学有4座博物馆，既为教学研究服务，又供广大公众观赏。阿什莫尔博物馆是世界上第一座公共博物馆。

二、剑桥——大学城

1.城市简况

剑桥市是剑桥郡首府。早在2000年前，罗马人就在此地安营扎寨，但在漫长岁月里，剑桥只是个乡间集镇。直到剑桥大学成立后，这个城镇才渐为人所知。剑桥市人口约12万。

2.历史社会

12世纪，圣芳济修士、黑袍修士和卡莫修士来到这片平坦、潮湿的沼泽区定居，剑桥由此诞生。1209年，一群学者因与牛津市当局意见不合，逃往剑桥避难，加上伊里主教休·包沿创立第一所学院彼得屋(Peter House)，剑桥大学便有了启始的基业，“野蛮、未开化和无知”，曾经是史学家对沼泽居民的形容，却因剑桥大学的耀眼光芒，重新界定了这片土地。剑桥市秋天多风、多雨。即便在天晴的日子，这个大学城的秋光艳色也使人目不暇接，几乎完全占据了人的心灵。

3.文化特色

剑桥有31所学院，其中3所是女子学院，2所是研究生院，其余的招收各种进行深造学习和研究的学生，剑桥的学院集中了城市里的建筑精华，因为这些建筑都是国王、女王、主教、贵族和富人遗孀们建的，他们吸引来很多慷慨的赞助，用地用钱毫不吝惜，所以剑桥的学院请最好的设计师设计出了反映英国700年建筑风貌的经典建筑。几世纪以来，从牛顿到霍金，剑桥的巨大科学成就举世公认，剑桥市出了13位英国首相，并有78位诺贝尔奖得主与剑桥大学有密切联系。

剑桥自古以来就是有名的大学城，20世纪对整个世界产生了巨大影响。城里中世纪的建筑、狭窄的街道和古老的街区和花园无一不在讲述着它的过去；剑桥的现代主义和创新精神又使它拥有科技含量相当高的工业部门、购物中心、剧院、博物馆和画廊；著名的国王学院合唱团的演出自1928年起就在圣诞前夜向世界各地播出，这支男子合唱团由16名国王学院合唱学校的中学生和16名国王学院的声乐学者组成，剑桥在伦敦以北87千米，乘火车到伦敦需1小时10分钟。

三、伊利——伊利大教堂所在地

1.城市简况

伊利市位于英格兰东剑桥郡，人口1.5万。

2.历史社会

该城位于大乌兹河西岸，970年始建，本属于本笃会隐修院的伊利大教堂是伊利最著名的风景及旅游景点。

四、诺里奇——英国农产品集散地

1.城市简况

诺里奇市距离伦敦150千米，是诺福克郡首府，人口12万，是英格兰东部的中心城市。

2.历史社会

早在撒克逊时代，这里已出现市镇，后来诺曼人又在此筑起城堡。该城地近北海，自古就是羊毛集散地。14世纪以来，大批荷兰和佛来芒（今属比利时）织匠迁来此地，带来了毛织业的技艺，也带来了城市的繁荣。直至200年前，诺里奇还是英国的第三大城。

3.经济发展

诺里奇旅游和各项服务业都十分兴盛。工业以食品、制鞋和农具制造为主。芥末加工业相当发达，当地的科尔曼工商加工的芥末、芥膏、芥酱几乎独占英国市场。该市是英格兰的农产品集散地、英格兰最大的牛市场。近郊到马修斯公司号称是世界最大的火鸡饲养场，雇工2500人，喂养有800多万只火鸡。

4.文化特色

该市古城风貌保存相当完善。教堂林立是该古城特色，现仍存有32座。

五、坎特伯雷——英国宗教首都

1.城市简况

坎特伯雷市位于英国东南部，属于有“英格兰花园”之称的肯特郡，人口约4万。面积23.5平方千米。

2.历史社会

公元597年，传教士奥古斯丁受教皇委派，从罗马赴英国传教，他在40名修士的伴随下，来到作为撒克逊人肯特王国都城的坎特伯雷，成为第一位坎特伯雷大主教，并把基督教传播到整个英格兰，因此，在英格兰，坎特伯雷被人们形象地比喻为基督教信仰的摇篮。16世纪初，宗教改革浪潮席卷欧洲，英国教会也向天主教开火，断绝了与罗马教廷的一切关系，改称英国国教，又叫圣公会，它的首任主教就是坎特伯雷大主教，英王的加冕礼就由他主持，同时，这位大主教还拥有管辖29个主教区的权利，因此，作为大主教驻地，坎特伯雷有“英国宗教首都”之称。

3.经济发展

坎特伯雷邻近多佛尔，南扼通向欧洲大陆的海陆要道，占尽地利，因此商贾云集，是英国东南部重要的购物中心。城中居民几乎家家开店，户户经商。

4.文化特色

每年6月有坎特伯雷嘉年华。

坎特伯雷大教堂及奥古斯丁修道院等已被联合国列入世界文化遗产。

六、多佛尔——欧洲隧道的端点

1.城市简况

多佛尔是英国肯特郡的一个海港，人口约29万。

多佛尔港最靠近法国的加来港，两地最近处只有33千米，因此成为英国最繁忙的一个海港，每年旅客多达1800万人次。1994年5月6

日，由英国女王伊丽莎白二世和法国总统密特朗剪彩，举世瞩目的欧洲隧道正式通车，这条隧道又叫英法隧道或英吉利海峡海底隧道，它的2个端点就是法国的加来和距多佛尔以西10千米的福克斯通（该城是发现人体血液循环原理的生理学家哈维的故乡，建有欧洲隧道展览中心）。

2.历史社会

多佛尔有几千年历史。1992年发现的青铜时代古船，经碳同位素测定为公元前1550年的遗物。1974年在多佛尔海岸还发现了属于法国青铜时代的青铜斧头，表明至少在青铜时代海峡两地已有船只来往。二战中，德国军队从法国海岸用远程大炮轰击过此地。

3.文化特色

多佛尔的天然名胜有沿海30多千米长的白垩岩壁。

多佛尔之所以闻名已久，更重要在于它的轮渡港口。这里有轮渡与法国的加来和比利时的奥斯坦德联系，是欧洲最繁忙的客运港。

七、海斯廷斯——滨海古战场

1.城市简况

海斯廷斯位于伦敦东南，濒临多佛尔海峡，是英国东萨塞克斯郡东南沿海的一个非都市区、自治镇，人口8.6万。

2.历史社会

早在公元前55年，海斯廷斯是古罗马人初次登陆英格兰的港口，古罗马人在此建成了这个城镇的雏形。1066年10月14日，开启诺曼征服的海斯廷斯战役爆发，征服者威廉于1069年在海斯廷斯的东部地区建立新城，最终杀死了统治英格兰的撒克逊国王哈罗德二世，开始了诺曼统治英格兰时期。1086年，海斯廷斯被设立自治镇，并成为萨塞克斯郡的6个行政区域之一。

3.经济发展

在旅游业兴盛之前，捕鱼业一直是海斯廷斯的主要产业。在旧城的海滩边，有许多所谓的“渔网店”，是海斯廷斯的一大特色。

八、布赖顿——海滨伦敦

1.城市简况

布赖顿市濒临英吉利海峡，是英国最著名的海滨度假区。

2.历史社会

早在18世纪初，布赖顿还只是个普通的渔村，后来发展成为海滨疗养地，有“布赖特医生”的美称。今天的布赖顿比百年前有了更大的发展，已与其西的霍夫市连成一片，形成了一个25万人口的都市区。

3.经济发展

该市旅游业为主要产业，已开辟的海滨区和砂砾沙滩长达10千米，每年接待游客四五百万人次。

九、温切斯特——英格兰故都

1.城市简况

温切斯特市人口3万多，是汉普郡（南安普顿亦属此郡）的首府和文化旅游城市。距离南安普顿以北20千米，是一座古朴美丽的小城。

2.历史社会

公元827年，威塞克斯国王埃格伯特统一了英格兰，从那时起，温切斯特成为英格兰的都城达400年之久。

3.文化特色

该市建有英国最早、最闻名的公学（上层社会子弟才能上得起的贵族中学）——温切斯特学院，该学院1382年由温切斯特主教创办，专门为牛津大学提供生源，它的管理制度是伊顿公学和其他英国公学的典范。

城郊坐落着英国最早的慈善救济院。

十、埃克塞特——历史名城

1.城市简况

埃克塞特市位于英国西南部，濒临埃克斯河，人口9.8万，是德文郡首府和文化中心，设有一所拥有七千学生的大学。

2.历史社会

这座城市是历史名城，早在罗马时期就修起了城垣，中世纪时是相当繁盛的城市，后经多次动乱和战火，但仍保存下不少名胜古迹。新建的楼房也尽量向传统格调看齐，再加上环境的美化，小城又有“欧洲花园”的称誉。

3.文化特色

该市市政厅是英国现存最早的一座，主厅和屋顶是15世纪完成的，都铎时代又增建了正面的柱式门廊。

雄踞市中心的大教堂始建于1068年，为哥特式风格，但两座方塔还是诺曼时代的原物，堂中收藏不少古代文物，如14世纪的主教宝座，已有数百年历史的壁画等。

另有一年一度的夏日埃克塞特节在该市举行。

十一、托贝——海滨度假区

1.城市简况

托贝市距离埃克塞特30千米，1968年由托尔基、帕格敦和布里克萨姆3个市镇合并而成，现有居民10余万人，由于地理环境优越，夏日风光明媚，冬日寒风不侵，是四季皆宜的海滨度假区。

2.文化特色

托尔基是该市的主体，临海依山，自维多利亚时代以来，旅游业历久不衰。名胜包括模型村，即表现英国风光的微缩景区以及肯特钟乳石洞，洞内曾发现史前人类的遗骨、猛犸象、剑齿虎现已灭绝的动物的化石。

布里克萨姆则是座渔港市镇，在历史上颇有名气。1668年英王女婿、荷兰执政奥伦治威廉率军在这里登陆，受到百姓拥戴，兵不刃血，成为国王，史称“光荣革命”，这位新国王同意了国会的权利，从此英国成为立宪君主制国家，布里克萨姆也因此被载入史册。

十二、伍尔沃汉普顿——黑乡首府

1.城市简况

伍尔沃汉普顿位于伯明翰西北20千米，是个工业重镇。

2.历史社会

18—19世纪，该市一带兴起大规模的采煤炼铁业，成为英国工业革命的心脏，有“黑乡”之称。今天，由于采矿业的缩小和新技术的运用，污染严重的景象已成为过去，但黑乡这个名称保留了下来。在黑乡众多的城镇中，伍尔沃汉普顿是最大的一个，人口30余万，被称为“黑乡首府”。

3.经济发展

该市拥有钢铁、金属加工、飞机发动机制造、机械、轮胎、油漆等多种工业部门。

4.文化特色

该市原有一所多科技术学院，1992年升格为大学。

市内古迹不多，仅市中心的圣彼得教堂（15世纪）较为有名。距该市不远，有2家露天博物馆，介绍黑乡和工业革命的历史。

十三、斯托克——陶瓷之都

1.城市简况

斯托克市位于伯明翰和曼彻斯特两个重要工业城市之间，距离伦敦市中心仅2个小时车程，交通十分便利。由于沿特伦特河而建，因此全称为“特伦特河畔斯托克”。

2.历史社会

陶瓷业为斯托克带来了兴旺和繁荣，19世纪50年代这里的制瓷业达到鼎盛时期，由于沿河的6个小镇都具有很高的陶瓷生产技术和工艺，1910年合并为斯托克市，至今该市仍保持着市区分散的格局，号称五镇之市。

3.经济发展

该市是英国制瓷中心，从斯波德到韦奇伍德，从明顿到道尔顿，各种享誉世界的陶瓷品牌可以说是数不胜数。除陶瓷业外，斯托克也以生产耐火砖瓦和各种管道著称，还有采煤、轧钢、橡胶和机械工业。

据有关资料介绍，20世纪七八十年代，该市生产的瓷器，年产量占英国全国产瓷量的82%，产值高达1.2亿－1.5亿英磅。产品大量销往美国、加拿大、澳大利亚、新西兰、荷兰、瑞士、爱尔兰等国。1980年，出口瓷价值3亿多美元，其中出口到美国瓷器价值6500万美元。

4.文化特色

该市内设有2所大学。英国国家陶瓷设计和技术中心就设在斯特福德郡大学（斯托克属于此郡）的设计与陶瓷学院内。

有几所与陶瓷相关的博物馆，各大陶瓷厂也有自己的陈列室。

十四、斯特拉特福——“莎士比亚的世界”

1.城市简况

斯特拉特福位于牛津和伯明翰之间，人口2万多。

2.历史社会

原是一个乡村小镇，因一代文豪莎士比亚而出名。

3.发展特色

该市是一代文豪莎士比亚的故乡，在这里，有其诞生的故居、读书的学校和长眠的教堂，甚至还可以参观他母亲和妻子在娘家的旧居，这里的街道、餐馆、餐厅、剧院及其他文物设施的招牌，几乎都与莎士比亚有关，因此，有“莎士比亚的世界”之称。

十五、德比——发动机城

1.城市简况

德比市位于英格兰中部，特伦特谷地，德温特河畔，东距诺丁汉20千米，人口20多万，是闻名天下的发动机城。

2.历史简况

德比市的历史可以追溯到罗马时期。公元2世纪罗马人就在这里修建了城堡，据守300年之久。9世纪时丹麦人占据此地，街市略具雏形。诺曼时代成为繁荣的集镇。18世纪以来，发展了瓷器、丝织和机械工业，成为工业重镇，但一直未设市。1977年，英国女王伊丽莎白二世纪念继位25周年来访德比，始在此地正式宣布德比建市。

3.经济发展

德比市拥有发动机制造、瓷器、机车、钟表、化纤、纺织等多种工业。

航空发动机制造是德城的核心工业，世界航空发动机工业的巨头——罗尔斯·罗伊斯公司及其生产基地都位于此。

该市瓷器生产始于1756年，产品风行欧洲各国。

设有规模巨大的铁路工厂，“铁路技术中心”为高速列车技术的研究机构，在世界上声誉卓著，伯明翰的磁浮铁路就是在这里研制成功的。

4.文化特色

尽管德比市是一座现代化工业城市，但是也保留了一些古代建筑。如建于16世纪的万圣大教堂，建在德温特河的圣玛丽桥上的小礼拜堂则是英国现存的少数几个桥上礼拜堂之一。

1717年建立的英国第一家丝织厂，现已辟为工业博物馆，展品包括德比工业史、各式各样的罗尔斯·罗伊斯航空发动机等。

十六、累斯特——现代旅游业的诞生地

1.城市简况

累斯特市位于英格兰中部，伯明翰以东，索尔河从城西流过，人口30多万，累斯特郡首府，是个繁荣的工商业城市。

2.历史社会

传说古不列颠国君李尔王曾在这里建都，尽管李尔王只是个传说中的人物，但据近年的考古发现，罗马时期这里就已有城镇，如今人们在遗址上建起了考古博物馆。

累斯特在英国历史上颇有名气。1264年，累斯特伯爵西蒙·德·蒙特福特起兵打败亨利三世，入主朝政，次年，他在累斯特的城堡中筹划对原由僧侣和贵族组成的议事会进行改革，使之包括市民和下层百姓的代表，新议会的召开标志着英国议会的开端，蒙特福特也因此被誉为“英国议会之父”。从此，议会政治的思想在英国深入人心，在世界文明史上也有很大影响。为了纪念这位政治家，人们把市音乐厅命名为蒙特福特音乐厅。

3.经济发展

累斯特是现代旅游业诞生地。1841年，托马斯·库克（1808—1892年）在这里组织了世界上第一个团体旅行，组团500余人到20多千米以外的拉夫伯勒参加了一个宗教节日，后来他还组织过环球旅行。可以说，库克的活动开创了一门无烟工业——旅游业。

4.文化特色

早在中世纪，累斯特就以织袜手工业出名。如今拥有织袜、针织、制鞋和轻型机械等多种工业。文化事业发达，市内有几家出色的博物馆，如技术博物馆、美术博物馆和服装博物馆。1918年创办的累斯特大学，如今已有近万学生。

尽管被看为是现代旅游业的诞生地，但累斯特本身并不是很有名的旅游城市。

十七、北安普敦——鞋城靴都

1.城市简况

北安普敦位于伦敦西北运河北岸，与伦敦西南的南安普敦遥遥相对。距离伦敦仅百十千米，且有铁路和高速公路相连，地理位置优越，是英格兰中部的同名郡的首府，人口18万，是英国的鞋城靴都，以鞣革和制鞋闻名于世。

2.历史社会

该市始建于公元1100年左右。1675年，一场猛烈的大火席卷全城，焚毁了几乎所有的古建筑。重建后的城市，开阔通畅，井然有序，展示出近代城市的风貌。

3.经济发展

早在17世纪英国内战时期，这里就曾给克伦威尔国会军提供了1500双军鞋，为打败王党立下一功。如今，该市生产的鞋靴，不仅畅销英国国内，还大量出口到世界各地，深受消费者的欢迎和喜爱。

如今的北安普敦，经济上早已不单纯依靠制鞋业，机械、电子、酿酒工业和商贸服务业也有了长足的发展。

4.文化特色

作为鞋城靴都，该市特意在市中心博物馆开辟了世界上少有的鞋类历史馆。

十八、林肯——牛顿和“铁娘子”的故乡

1.城市简况

林肯市是同名郡首府，现有居民近10万人，是个旅游名城。

2.历史社会

曾是罗马人的重镇，撒克逊人的都邑，丹麦人的要塞，中世纪繁荣大城。

3.文化特色

距离林肯市西南约40千米的格兰瑟姆，人口近3万，是物理学家牛顿和“铁娘子”撒切尔夫人的故乡。该市的乡土博物馆里，陈列着介绍牛顿和撒切尔夫人生平和成就的大量图片、实物和模型。

十九、达德利——酒吧之都

1.城市简况

达德利市位于英格兰的心脏地带，面积98平方千米，人口约为30万。距离英格兰第二大城市伯明翰只需20分钟车程，去伦敦也只有2小时的车程。

2.历史社会

公元13世纪末，达德利已是一个小城镇。1865年建市。

3.经济发展

南面和西面是塞义河两岸的沃土，北面和东面是工业化的黑色高原。中世纪起，已产煤和铁，18世纪始用煤炼铁，19世纪上半叶兴建了许多高炉，由于污染严重，称为“黑乡”。17世纪始生产玻璃，现生产水晶玻璃器皿。境内有伍伦矿巢自然保护区，以保护典型的志留纪石灰岩。

4.文化特色

1937年在达德利城堡附近兴建了一座动物园，设计者为Messrs.Tecton，他在1934年设计了伦敦动物园。动物园的大门非常别致，已经成为建筑史上的杰作。

达德利城堡历史悠久，建于11世纪，但现在所保存的却大部分是14世纪整修的结果，1575年伊利莎白女王曾经在此居住。1750年城堡遭遇一场大火，内部损伤严重。后经整修，又变得雄伟辉煌。据资料记载在1916年每日就有20000人来参观游览。

市内各种风格的酒吧多得不可胜数。

二十、伍斯特——瓷器重镇

1.城市简况

伍斯特位于英格兰中部，面积33平方千米，距离伯明翰仅40千米，人口9.3万。

英国第一长河塞文河流经市中心。

2.历史社会

为英格兰中部历史名城, 1313年以前为塞文河的渡口, 中世纪为羊毛集市, 以制造手套著名。18世纪中叶以后开始生产瓷器，至今仍著名。

3.经济发展

主要工业还有手套、机床和小五金等。

4.文化特色

该市内多艺术上著称的古代建筑，如建于1086年的伍斯特大教堂等。

伍斯特大学是近年发展最快的英国大学。

二十一、彻特纳姆——矿泉之乡

1.城市简况

彻特纳姆市位于英格兰中部、伦敦西北, 面积65.5平方千米，人口10万，多数是撒克逊人和诺曼人，信奉基督教。

2.历史社会

最早入住该地的居民是撒克逊人。1716年，当地发现地下碱性矿泉。1788年,国王乔治三世来此“取水”，从此成了上流社会聚集的富有特色的矿泉镇和社交、文化中心。

3.经济发展

该市制造业发达, 高科技产品享有盛誉。主要行业有机械制造、电子、食品、塑料、造纸、玻璃、橡胶、原油精炼、建材、钟表等。

4.文化特色

该市每年都举办许多文化艺术节, 包括3月份的“赛马金杯节”、5月份的“音乐讲演戏剧节”、7月份的“国际音乐节”、10月份的“文学节”和“板球节”。

该市的艺术画廊和博物馆，收集了许多从中世纪到19世纪末期的绘画、家具、瓷器、硬币、铁器、乐器等文物, 特别是家具展品, 被英国国家艺术品收藏基金会誉为“世界上的精品之最”。

素有“矿泉之乡”美誉, 是英格兰中部的旅游胜地之一。其吸引人的不仅仅是地下矿泉, 而且还有度假休闲的场所和受人青睐的商品。

该市还是英国最大、保留最完整的“摄政城”。19世纪上半叶的建筑注册的就有2000多栋，这是摄政时期给彻特纳姆市留下的最宝贵的文化遗产。

该市也是英国著名的花园城市，其绿化特点是:城市公园化、庭院花园化、室内花卉化、空中吊篮化。1985年和1990年连续两届被评为“全英花展”第一名。

二十二、莱斯特——英国最古老城市之一

1.城市简况

莱斯特市位于英国英格兰东米德兰兹莱斯特郡，人口28.9万，面积73.3平方千米，距离首都伦敦144千米。

2.历史社会

莱斯特是英格兰最古老城市之一，已有两千多年的历史。公元50年由罗马帝国设为军事据点。罗马军队撤出以后, 莱斯特发展成一个重

要的贸易城镇，也成为罗马不列颠尼亚最大城市之一。

3.发展特色

建有国家太空中心，铁路交通发达。

二十三、奥特姆——英国商业重镇

1.城市简况

奥特姆市位于英国中部靠西，环境优美，国家公园和乡间美景环绕四周。人口约22.3万人，面积为142平方千米。

2.历史社会

奥特姆市是一座有着150多年历史的城市。

3.经济发展

由于其位于国家高速公路的中心地段，同时靠近曼彻斯特机场和利物浦港，交通运输十分便利。

奥特姆市繁华的休闲购物中心使其成为英国重要的商业地区。该市南部有路斯尔姆，是亚洲商业团体的中心。

奥特姆市有许多大型制造公司和服务公司，不少是英国的大公司，许多公司在国际上享有盛誉，如英国航空公司、西门子、萨顿医疗器械、北方食品公司、斯林百兰等。

4.文化特色

奥特姆市重视教育，将大量资金投入教育。欧洲最大的曼彻斯特大学就在附近，与之有良好联系。该市还有奥特姆学校，提供管理、营销、医学、科技、信息技术、语言等方面的培训。

二十四、安伯瓦利——工业革命的摇篮

1.城市简况

安伯瓦利位于英国德比郡的中部，被称为“德比郡的心脏”，而德比郡在地理位置上又位于整个英国的中部，所以安伯瓦利也是“英格兰中心”旅游组织的成员。该市由4个主要城区组成，人口为11.2万，面积264平方千米。

2.经济发展

安伯瓦利在英国著名的工业革命中占有十分重要的地位，被称为“工业革命的摇篮”。该市的棉纺工业曾非常著名，世界上第一家棉纺厂位于该市，已列为世界文化遗产。现在该市主要工业有：机电工程、化工、食品加工、纺织和成衣，其中制造业占48.2%，工商业及私营企业服务业占32%，社会公共服务业占19.3%。

该市交通十分便利，南边有东密特兰国际机场，国内国际客运航班每天都有，而且每天货运航班遍及欧洲和北美各大城市。该市离伯明翰国际机场45分钟车程，离曼彻斯特国际机场75分钟车程。

3.文化特色

安伯瓦利历史悠久，风景优美，旅游资源非常丰富，是著名的旅游城市。该市利用德文特山谷丰富的人文和旅游资源，创建了一个概念性的国家遗产走廊，每年吸引国内外游客100多万。

二十五、桑德兰——英国玻璃制业中心

1.城市简况

桑德兰又称“散德兰”，位于英格兰东北部，毗邻南泰因赛德和纽卡斯尔，是英格兰东北部主要的重要港口城市，2005年人口17.7万。

2.历史社会

该市由周边小城镇市郊演变而来，1992年升格为市。

3.经济发展

该市曾经是英国北方造船业的中心，如今，传统的重工业造船及采煤业现已为高科技所代替。许多国际知名企业，例如尼桑汽车欧洲制造中心、耐克、沃太丰、伦敦电力都进驻在此。铁路交通及公路交通网络发达，距离伦敦仅3个半小时车程。

4.话语权

该市的玻璃研究和玻璃制造业闻名全欧洲，著名的国家玻璃中心紧邻桑德兰大学新校园。

二十六、普雷斯顿——英国农产品集散地

1.城市简况

普雷斯顿市位于利物浦东北45千米处、里布尔河畔，兰开夏郡首府，面积132平方千米，人口13余万。

2.历史社会

该城历史上以纺织业著称。出生在这里的阿克赖特（1732—1792年）发明了水力纺纱机，在英国各地建立了十多家纺织城，雇用5000名工人，成为英国工业革命初期著名的企业家。

3.经济发展

如今，劳动密集型的棉纺织业在该市已经衰落，代之而起的是机电、汽车和航空工业。市内有英国最大的人造丝集散地，该城同时也是北英格兰重要的商业、购物和娱乐中心之一。

该市是伦敦通往格拉斯哥铁路干线上的大站和重要的农产品集散地。

4.文化特色

普雷斯顿集市是北英格兰人最钟爱的集市之一，其悠久的历史可追溯到1179年，是西北部最好的露天市场之一。

二十七、切斯特——英国旅游业重镇

1.城市简况

切斯特是英格兰柴郡的首府，濒临风景如画的迪河，距出海口不远，紧靠威尔士，城西二三里就到了威尔士地界，因此，切斯特也是通往威尔士的门户。人口约6万，是英国唯一有完整城垣的古城，旅游业是其支柱产业。

2.历史社会

切斯特市在罗马时期已是军事要塞，罗马军队跨海入侵不列颠，占领伦敦后又长驱北上，在迪河河曲北岸扎下营寨，筑起一座四方城，古城切斯特就这样诞生了。公元10世纪初这里是阿尔弗烈德大王女儿的封地，她下令在罗马城

垣的基础上扩建城池，南城墙伸展到迪河边，直到今天，切斯特仍保持那时形成的长方形格局。中世纪初，切斯特是个河海之港，商船频繁出海前往爱尔兰，甚至远航法国、西班牙，可惜后来由于泥沙淤积，港口堵塞，其港城地位逐渐被后起的利物浦夺去。

3.经济发展

如今的切斯特，主要是行政文化中心和旅游城。

4.文化特色

每年5月，举行切斯特杯赛马大赛，此大赛始于16世纪，是英国流传至今的最古老的赛马活动。

二十八、布莱克浦——欧洲娱乐之都

1.城市简况

布莱克浦市西临爱尔兰海，面积34.92平方千米，人口约15万。

图表4－1 布莱克浦与周边城市的距离

城市	方位（以布莱克浦为度量点）	距离（千米）	备注
伦敦	东南	325	英国首都
普雷斯顿	东南	24	兰开夏郡首府
利兹	东	99	位于西约克郡
利物浦	南	45	位于默西赛德郡
曼彻斯特	东南	66	位于大曼彻斯特郡
布拉德福德	东	86	位于西约克郡
谢菲尔德	东南	116	位于南约克郡
特伦特河畔斯托克	东南	113	位于斯塔福德郡

2.历史社会

布莱克浦市本是一个小渔村，18世纪英国科学家威廉·赫顿发表关于海水浴有益于健康的著作以后，迅速发展为海水浴中心，现为英国最大的海滨游览胜地。

3.经济发展

该市拥有5000家旅馆客舍，每年接待游客800多万人次。

4.文化特色

如今，布莱克浦市是英国最大最闻名的休闲胜地，有“北方游乐场”和“欧洲娱乐之都”的称誉，各种游乐设施应有尽有。市内建有由海勒姆·史蒂文斯·马克沁（1940—1916年，著名的武器设计师）依靠机枪专利收入建设的世界上第一座游乐场，有可容纳2500人的大舞台，有3000个座位的歌剧院。

市内的玫瑰园栽有三四万株玫瑰，尤其是大片的红玫瑰，是兰开郡的红玫瑰之乡。

秋天的布莱克浦，则以五颜六色的辉煌灯火闻名于世，到了夜晚，人们从四面八方赶来观看灯火灿烂的夜空景象。

二十九、布拉德福德——毛纺业重镇

1.城市简况

布拉德福德市是英国十大城市之一，位于英国中部，与利兹和曼彻斯特是近邻，至伦敦火车车程仅3个半小时。面积366平方千米，人口超过40万，

2.历史社会

该市早期的繁荣是建立在羊毛和纺织业之上，它曾一度被称为“世界羊毛之都”。19世纪中叶，全市有数百家毛纺织厂。1867年建成的羊毛交易所，曾经是世界羊毛贸易的神经中枢。

3.经济发展

如今的布市，仍是英国的毛纺业重镇，同时也建立了机械、电子和制药等工业部门。

4.文化特色

该市丰富的历史仍可从该市的建筑中略窥一斑。古老建筑有宏伟的意大利风格的市政厅和羊毛交易所（现已改建为商店），以及小德国(Little Germany)；后者是该市古老的商人住宅区，有街道雕塑和设计交易所。

建于1860年的布拉德福德大学，是英国最古老的大学之一，1966年发展成为一所综合性的文理大学，得到了英国皇家宪章确认，其和平研究系是全球最大的和平与冲突解决的大学研究中心、在解决冲突、国际政治和安全研究以及政治、发展和社会改变等方面领导全球研究。

该市最为吸引人的场所是大学校园附近的摄影、电影与电视全国博物馆，它还拥有一个52英尺高、64英尺宽的IMAX屏幕。博物馆定期举行展览，并设有永久性展览馆，可供人们回顾摄影和电视的发展历史。

布拉德福德国际发展中心是英国主要的发展研究的大学基地中心，其研究人员具有发展中国家和过渡中国家的丰富的海外经验。

三十、约克——“最值得旅游的城市”

1.城市简况

约克市位于英国中部，靠近利兹，是伦敦到爱丁堡的中点，

2.历史社会

约克城史反映了英国历史的主要脉络，英王乔治六世曾说过，约克的历史就是英国的历史。

自罗马时期以来约克一直是重要的政治、文化、宗教和贸易中心。中世纪的约克是英国的第二大城，深受王室器重。从爱德华三世开始，英王一般把第二个儿子封为约克公爵（大儿子为威尔士亲王），直到今天仍是如此。

17世纪中叶，当时的约克公爵派遣一支舰队夺取了荷兰在北美的殖民地新阿姆斯特丹，这座城镇被改名为新约克，即如今举世闻名的大都会纽约市。

3.经济发展

约克市长期为同名郡的首府、经济文化中心。

4.文化特色

在英国旅游手册中，约克市是仅次于伦敦

的“最值得旅游的城市”。

约克大教堂是欧洲最大的中世纪时期的天主教堂，采取哥特式结构，尤以130多扇精美修长的玻璃大窗闻名于世。

约克的博物馆不少，其中3家最有特色——城堡博物馆、铁路博物馆和北欧海盗博物馆。其中，城堡博物馆是英国最负盛名的民俗博物馆，主要介绍不同时代约克人家的生活面貌，馆中还复原了一条狄更斯时代的约克旧街；铁路博物馆位于火车站附近，规模傲称世界，是在1925年为庆祝火车发明100周年举办的铁路博览会的基础上逐步形成的。

同时，约克市还是一座新兴的大学城。

三十一、赫尔——北海港市

1.城市简况

赫尔位于亨伯河北岸，距北海35千米，人口近30万，全称“赫尔河畔金斯顿”，是英国东部的著名海港和最大的渔港。

2.历史社会

赫尔历史久远，堪称千载古城。近千年前，在亨伯河小支流赫尔河畔就出现了一个贸易集镇，1293年，英王爱德华一世授予它城市权，并辟为羊毛港，还下旨钦定市名为赫尔河畔金斯顿，这个名字一直延用至今，简称“赫尔”。

3.经济发展

赫尔的工业多与港口和外贸有关。这里有世界上最大的榨油工业，用进口油籽榨油。面粉、鱼类罐头、饮料、木材加工、化工、颜料和船舶修造等工业也颇具规模。

赫尔还是英国最大的渔港。这里的拖网渔船队远航北大西洋和北冰洋，甚至到加拿大东海岸，进行远洋深海作业，英国捕鱼量的一半在赫尔及其对岸的格里姆斯比。

赫尔同时是一座小有名气的旅游城市。

4.文化特色

该市市内有反映航海和捕鲸的博物馆、美术馆和剧场等文化设施。市北是赫尔大学的校园。

市西8千米的亨伯河上，飞架着一座举世闻名的悬索桥——亨伯大桥，整个桥身仅有两个高出桥面160多米的桥塔支撑，桥塔之间的跨度为1410米，比著名的旧金山金门大桥的跨度还要长130米，是世界上跨度最大的悬索大桥，是英国桥梁建筑史上的一项辉煌成就。

三十二、达勒姆——大学城

1.城市简况

达勒姆位于英格兰东北部，北距纽卡斯尔不到30千米，人口只有3万，但大学生却有6千多，全市每5个人中就有1个大学生，是英国除了牛津、剑桥之外的又一个大学城。

2.历史社会

达勒姆一带山丘广布，韦尔河在山丘之间冲出一道“U”字型急转弯，留下一个3面环河的小半岛。近1000年前，征服了英格兰的威廉一世看中了这个易守难攻的小半岛，下令在接连陆地的咽喉处修筑了一座城堡，后来，半岛上逐渐形成街市，达勒姆就这样出现了。

3.文化特色

中世纪以来，这里曾长期作为主教驻地，为该城的教育事业贡献不少。15世纪时这里就办起了第一所文法学校，即今天的达勒姆学校。1832年这里创办了一所大学，论资格，这所大学在英格兰仅晚于牛津剑桥，但比著名的伦敦大学却要早4年。

三十三、达灵顿——铁路的故乡

1.城市简况

达灵顿位于英格兰北部，地处纽卡斯尔和约克之间，人口约10万，是达勒姆郡最大的城市和工业重镇。这里是世界上第一条正式铁路达灵顿—斯托克顿铁路的起点，有“铁路的故乡”之称。

2.历史社会

1825年9月27日，火车发明家史蒂芬森亲自驾驶一辆名为“旅行号”的火车头，将列车徐徐开出达灵顿，列车以时速24千米的速度胜利到达斯托克顿码头，这一成功的火车运行标志着铁路交通的诞生，达灵顿和斯托克顿也作为铁路的故乡载入世界交通史。

3.经济发展

历史上曾因盛产煤炭出名，最初修铁路的主要目的就在于运煤。这里的煤炭业现已式微，取而代之的是重型机械等工业部门。

该市是北英格兰重要交通枢纽，从伦敦北上的快车都要在这里停留。

4.文化特色

该市市内有铁路博物馆，设在世界上最古老的火车站内，馆内保存着那辆最初的火车头——“旅行号”和当年的一段铁路。

三十四、斯托克顿——英格兰北部工业中心

1.城市简况

斯托克顿市位于达灵顿以东，坐落在蒂斯河下游左岸（北岸），距北海11千米，是个海港城市，当年修铁路也就是为了利用这里的海港，运煤远销。现有人口约20万。当年铁路通车后，这里兴起一座新城市——米德尔兹布勒，与斯托克顿隔河相望形成一个都市区，通常称蒂斯赛德，是英格兰北部的一大工业中心。

2.经济发展

斯托克顿工业发达，有机械、钢铁、合肥和石油化工等部门。

三十五、卡莱尔——工业城市

1.城市简况

卡莱尔位于英格兰西北布里亚郡，人口10万。

2.历史社会

卡莱尔虽然是在20世纪建立的城市，其实最早可追溯到11世纪的罗马要塞与哈德良长城。

3.经济发展

卡莱尔是工业城市，以纺织、工程及食品加工业为主。

三十六、米德尔兹布勒——化工城

1.城市简况

米德尔兹布勒坐落在北海之滨，蒂斯河畔，是座工业发达的港城，是克里夫兰郡首府及经济文化中心，与隔河相望的斯托克顿形成一个都市区，是北英格兰的一大工业中心。

2.历史社会

这座城市是英国众城中的后起之秀，至今历史只有180多年，是世界上第一座由铁路催生的城市。1825年，世界上最早的铁路从达灵顿修到斯托克顿，5年后这条铁路继续朝东延伸，当时一名叫皮斯的精明企业家，看准铁路通车后煤运量大增，需要新的煤港，于是他在蒂斯河南岸的渔村买下13万平方米土地，盖起一栋栋房屋、辟出一条条马路，建起一个个泊位，就这样，一座全新的港口城镇在火车的隆隆声中诞生了。1850年这一带发现了铁矿石，20世纪20年代，化学工业也在这里扎下营寨，当年只有25人的小渔村今天已发展成为拥有10多万居民的重要城市。

战后，米德尔兹布勒与斯托克顿等城镇连城一片，形成一个都市区——蒂斯赛德，即蒂斯河畔之意。1974年，以蒂斯赛德为主，再把附近郊区划进来，组成了一个新郡——克里夫兰郡，此郡因海岸多峭壁而得名，面积583平方千米，人口约60万，是英国举足轻重的重化工业区。

3.经济发展

由于米德尔兹布勒海运便利，当地也有不少化工原料如煤、盐、钾、石膏、石灰石、石油等，1946年，英国帝国化学工业公司在市东郊的韦尔顿投下巨资兴建化工厂，并把它扩建成世界上名列前茅的巨型石油化工综合基地，这个基地又通过16千米长的管线与蒂斯河以北的老厂相连，另外还在蒂斯河边建起一座巨大的炼油厂。如今，该市是举世闻名的化工城，产品行销全世界。

同时，米德尔兹布勒的金属加工和重型机械工业在世界上卓有声誉。如澳大利亚的悉尼港钢拱桥，跨径达500多米，就是使用该市的钢铁构件建造而成的。世界钢铁巨头——英国钢铁公司也在这里设厂，年产钢几百万吨。

由于钢铁和化工企业都是耗能大户，为满足用电需求，市北的哈特尔浦建有核电厂，装机容量达125万千瓦。

工业需要原料，产品需要外销，这一切又有力地刺激了港口的发展。当年默默无闻的小煤港已经成为港区跨越市界的大海港——蒂斯和哈特尔浦港，年吞吐量高达5000万吨，在英国仅次于伦敦港。

三十七、凯西克——湖区心脏

1.城市简况

凯西克市位于英格兰西北部、英国最大的国家公园——湖区的中心，人口约5000，是湖区重镇。

2.历史社会

早在19世纪维多利亚女王时代，这里就是度假中心。

3.文化特色

16世纪初，这里发现了石墨矿，创办于19世纪初的凯西克铅笔厂是世界上最早的铅笔厂。

建有铅笔博物馆，介绍铅笔发明的故事。

三十八、索尔福德——曼联主场所在地

1.城市简况

索尔福德位于曼彻斯特以西，大曼彻斯特地区是英国除伦敦以外的最大经济区，是欧洲乃至国际著名的商业、金融和文化中心。

2.历史社会

该市建于19世纪工业革命时期，并逐渐发展为重要的工业和商业中心。

3.文化特色

索尔福德大学系于1967年经皇家特许建成，但其校的历史可以追溯到1896年，校园内的皮尔公园建于1846年，是世界上第一个公共公园。

著名的曼彻斯特足球联队的主场就坐落在索尔福德市。

三十九、斯温西——世界有色冶炼之都

1.城市简况

斯温西坐落在威尔士南部海滨，濒临塔韦河口，现有人口18.8万，在威尔士郡仅次于加的夫，为威尔士第二大城。

2.历史社会

斯温西的“城之初”可追溯到12世纪，诺曼人在这里建有城堡（现仅存遗迹）。但城市的真正发展则是近200年的事情。

3.经济发展

18世纪初，威尔士南部开始大量采煤，斯温西成为运煤码头。城北的塔韦河谷里，以煤炭作燃料，冶炼海外进口的矿砂，兴起了炼铜业。到19世纪中叶，斯温西金属交易所成为世界铜贸易的中心，由滨海小镇发展为举世瞩目的工业城市。

20世纪以来，由于斯温西的冶金业依赖进口原料，在竞争中处于不利地位，规模不断微缩，造成大批失业。可以说，有色冶金促成了斯温西的兴起，但也带来了2个长期困扰它的问题：一是经济结构失衡，二是环境污染。为了解决这两大难题，斯温西人进行了长期不懈的努力。经过多年的结构调整，斯温西才逐渐摆脱困

境，出现了炼油、机械、钢铁和轻工等多种工业部门。港口、商业和服务业也有了长足的进展。

4.文化特色

创办于1920年的斯温西大学是威尔士大学的一所分校，拥有5000多学生，该校的冶金和机械专业尤其出名。

斯温西兴起较晚，城区又在第二次世界大战中遭到德机的狂轰滥炸，因而几乎没有什么古迹可言。市中心全是现代化建筑。市内设有海运与工业博物馆和市博物馆。

斯温西附近，海滩宽阔，沙质细洁，现已发展成为海滨度假区，同时也是帆船运动的胜地。

四十、卡那封——威尔士亲王受封处

1.城市简况

卡那封市位于威尔士西北，人口1万多，是北威尔士的观光基地。

2.历史社会

该市由爱德华一世所建，有700余年历史。

3.经济发展

相对于其居民数而已，每年接待游客达50万人次。

四十一、邓迪——三J城

1.城市简况

邓迪又译“丹迪”，是个工业和港口城市，人口16.5万。位于北海之滨泰湾北岸，南距爱丁堡不足100千米。

2.历史社会

邓迪早在中世纪就已建城，历史上以“三J”闻名，此外，造船和捕鲸业也很兴盛。

尽管在中世纪已建城，但由于历史上苏格兰和英格兰之间的频繁战争，邓迪保存完整的古建筑寥寥无几。较为出名的是建于15世纪、高47米的圣玛丽塔，现已成为该市的象征。

3.经济发展

如今，邓迪的传统行业大都式微，甚至消失，新兴工业部门包括生物技术、电子电器、精密仪器、医疗机械等。

4.文化特色

邓迪以三J闻名于世，即Jute(黄麻)、Jam(果酱)和Journalism(新闻出版)。19世纪时，邓迪利用鲸油把印度黄麻泡软加工、打绳、织地毯、做船帆，发展了黄麻纺织业，当时有“世界黄麻业之都”的称誉；200多年前，一位邓迪商人进口了大量的西班牙柑橘，一时卖不掉非常发愁，他的妻子设法把这些柑橘做成果酱以减少损失，从此这种略带苦味的柑桔果酱风行英国全国，邓迪自然也成了果酱生产中心；如今，邓迪的新闻出版业则以期刊连环漫画出名。

邓迪现在正朝着文化城市转变。邓迪大学有学生6000多人，再加上2所技术学院，全市有学生近万人。

四十二、圣安德鲁斯——高尔夫球圣地

1. 城市简况

圣安德鲁斯市位于邓迪以南20千米，人口不足2万。

2. 文化特色

尽管是个滨海小城，圣安德鲁斯名气不小。苏格兰最古老的大学就设在这里，圣安德鲁斯大学创办于1411年，在全英也仅仅晚于牛津、剑桥。

苏格兰是高尔夫球的发源地，仅圣安德鲁斯有4个18穴、长达6000多米、占地60公顷的高级高尔夫球场，每两年一次的全英公开赛总在这里举行。成立于1754年的圣安德鲁斯皇家古老高尔夫球俱乐部是世界上历史最悠久的高尔夫球俱乐部。市内建有高尔夫球博物馆。

四十三、因弗内斯——高地首府

1. 城市简况

因弗内斯市位于苏格兰北部，人口仅4万，因地处内斯河口而得名，内斯河将全市分隔两岸，河上有数座桥梁相连。作为旅游、行政和商业中心，因弗内斯有“高地首府”之称。

2. 历史社会

因弗内斯历史悠久。公元6世纪，这里就曾是皮克特王国（苏格兰古王国）的都邑，后来长期作为王家驻地和城堡重镇。18世纪时，苏格兰高地人在这里与英格兰军队浴血奋战。由于多次战乱破坏，因弗内斯只留下很少的古建筑。

3. 经济发展

该市旅游业发达。位于因弗内斯的内斯湖（又译尼斯湖），不仅是英国著名的风景区，也是世界闻名的旅游点。

4. 文化特色

城市设计非常有条理，最古老的建筑有400多年历史，是苏格兰高地协会所在地，该学会以保护盖尔语言和文化遗产为宗旨，办有介绍苏格兰文化的精彩展览。

尼斯湖是内斯河的上源，距因弗内斯不过五六千米，湖泊呈长条形，南北长40多千米，最宽处不到两三千米，但湖深超过200米，比北海大部分海底都要深。使其闻名遐迩的是传说中的水怪，早在1000多年前，便传有居民发现湖怪的踪迹，至此以来，有关该水怪的传说不胜枚举。

四十四、柏斯——农业城市

1. 城市简况

柏斯位于苏格兰的中心，是苏格兰戴赛德大区的一个组成部分，人口约5万。

2. 经济社会

柏斯的主要产业是农业，其次是旅游业。也是重要的行政中心，事故、火警和生命保险公司的世界总部及一些重要公司的总部都设在这里。

柏斯市位于苏格兰铁路和公路的网络中心，大范围的服务网络和路线将柏斯同苏格兰主要城市连接起来。

四十五、安格斯——高球发源地之一

1.城市简况

安格斯市位于苏格兰东海岸、阿伯丁和中央区之间，距苏格兰首府爱丁堡、苏格兰商业中心格拉斯哥分别为1小时和2小时的车程。面积约2200平方千米，人口约11.2万。

2.经济发展

该市主要产业是石油天然气、旅游、制造业、农业和创意性产业。盛产传统的阿伯罗斯熏肉和阿伯丁安格斯牛肉。

3.文化特色

安格斯是苏格兰高尔夫历史发源地之一。该地区共有30多个高尔夫球场，包括海滨林克斯球场、平地球场和荒野球场。世界著名的卡诺斯蒂锦标级球场，曾多次举办英国高尔夫公开赛。安格斯自然景色优美，有很多历史遗迹，是苏格兰有名的旅游胜地。

四十六、贝尔法斯特——教堂城

1.城市简况

贝尔法斯特市位于爱尔兰岛东北沿海的拉甘河口、贝尔法斯特湾的西南侧，是英国北爱尔兰地区政治、文化中心和最大的工业、海港城市。截至2008年，城市人口26.8万，占北爱尔兰人口的15.1%。城市面积115平方千米。

图表4－2 贝尔法斯特市中心

2.历史社会

“贝尔法斯特”本是古语“沙滩渡口”的意思。1177年，诺曼人入侵爱尔兰，在拉甘河下游筑起一座堡垒，这就是贝城的萌芽。围绕堡垒逐渐发展为集市。17世纪，英格兰苏格兰移民大量迁入，随后此地又接纳了许多受迫害的法国新教徒，他们带来资金和技术，促进了当地亚麻纺织业的发展，当时贝城是世界亚麻纺织业的中心，工业革命后又成为造船业的重镇，城市范围不断扩大。1888年正式建市。1921年，爱尔兰分治，该市被定为北爱尔兰的首府。

3.经济发展

贝城是个综合性的工业大城。在传统的亚麻和造船业基础上，又发展了飞机、电子和石油化工等新兴工业，机器制造、食品、烟草和服装工业也有一定规模。英国历史最悠久的航空航天公司肖特兄弟公司就设在这里。

2000—2006年人均GVA增长率为45.9%，2006年该市GVA为76.26亿英镑，占整个北爱尔兰地区的28.5%。

截至2009年，城市失业率为6.5%。

公共部门在该市经济中扮演重要的角色，几乎2/5的工作岗位是在公共行政、教育和卫生部门。

该市工业基础雄厚，其造船业具有悠久的历史，著名的泰坦尼克号便是在这里建造的。但是，如同许多其他的欧洲工业化地区，传统的制造业在该市呈下降趋势。

城市交通十分便利，建有2个机场，有连接几乎所有英国重要城市的班机。从贝尔法斯特到伦敦是整个欧洲空中最繁忙的通道之一，每天有16次左右的往返班机。此外，巴士、火车和轮渡可以通往英国和爱尔兰共和国的各大小城镇。

4.文化特色

贝城以雄伟的公共建筑物著称，最具代表的是市政厅大厦、维多利亚时代的歌剧院、建于18世纪的图书馆等。市内有大大小小教堂170多座，各个教派的都有，英国国教和天主教在这里都设有主教，因此，人们常说贝城是教堂城。

市北建有富有传奇色彩的北爱尔兰民俗及运输博物馆，占地0.7平方千米。

每年11月份举行的贝尔法斯特艺术节是英国为数不多的大型艺术节之一。水滨会堂、大剧院和阿尔斯特音乐厅，常年上演各类艺术节目。

2008年吸引游客710万。建有2所大学。

第二节 法国

法国本土（包括科西嘉岛）共划为22个大区，每个大区包括2~8个省，全法共计96个省，首都巴黎在行政上也是一省。此外，由于历史原因，法国还拥有一些海外属地，即拉美的法属圭亚那、瓜德罗普、马提尼克和印度洋上的留尼汪岛4个海外省以及散布在三大洋上的其他领地。除法属圭亚那外，均为岛屿。

一、米卢斯——医学科学重要基地

1.城市简况

米卢斯市位于法国阿尔萨斯大区，是法国东部的一个重要工业城市。它位于莱茵河谷，孚日山脉与汝拉山脉之间，地处法国、德国和瑞士三国边境结合部，面积22.4平方千米，人口23.5万。

2.经济发展

该市周围有德国的弗赖堡、瑞士的巴塞尔、法国的贝尔福—蒙贝利亚尔和科尔玛等城市，米卢斯市处于这一地区的中心，称得上是欧洲的十字路口，公路、水路、铁路、航空线密如蛛网，交通十分便利，是其经济发展的重要基石。主要有纺织工业、机械工业和化学工业。水运能力继巴黎和斯特拉斯堡后居全国第三位，主要港口有拿破仑岛港、奥特玛山姆港和于南港。

米卢斯与瑞士的巴塞尔和德国的弗赖堡共同拥有一座繁忙的洲际机场——欧洲机场。欧洲机场的货运量在法国所有机场中名列第四，客运量则位居第七，将30多个欧洲大城市连接起来。

该市拥有最现代化的医学科学工业，是医学科学重要的基地。在国际医学科学合作领域有着丰富的经验，其开发、研究和检测药品的设施应有尽有，为该领域占据世界市场提供了雄厚的基础。

拥有世界上最先进的通讯网络，设有卫星通信中心和视听室。1992年铺设的电缆网是世界上效率最高的通讯网之一，通讯方便、快捷。目前，只有纽约、休斯顿和东京能与其相比。科技研究所、欧洲电缆公司、纺织博物馆和市政府专家联合，初次建立起纺织设计库和远距离询问的发射系统，这已成为米卢斯市发展的一大标志。

3.文化特色

该市的高等教育是伴随着工业革命诞生的，国家高等化学院和国家高等纺织工学院是两所法国最古老的学院。全市有161个体育运动协会、12座博物馆，其中的国家汽车博物馆、铁路博物馆、织物印刷博物馆、彩色壁纸博物馆、电力博物馆、历史博物馆等6座技术博物馆在欧洲乃至世界都享有盛誉。

重视城市环境、市民生活有序是米卢斯的又一特点。1992年，米卢斯与法国政府签署了城市生态和生活质量合同书，使其成为第一个与政府签订此类合同的城市。低噪、低污、废物良性处理、环境优美为该市居民提供了一个良好的生活和工作空间。

二、克莱蒙费朗——世界轮胎之都

1.城市简况

克莱蒙费朗是法国中南部城市、奥弗涅大区的首府和多姆山省的省会，是该地区政治、经济、文化、教育中心，距法国第二大城市里昂仅130千米，乘火车到巴黎只要3个小时。人口10余万。

该市是世界轮胎生产巨头米其林公司总部及其5个主力生产厂所在地，有世界“轮胎之都”的称誉。

2.历史社会

该城是1731年由克莱蒙和蒙特费朗合并而成的。

3.经济发展

该市是法国第二大自然风景区和一座重要

工业城市，世界上最大的汽车轮胎制造中心米其林和贝尔古尼昂等大公司都建在这里。

该市同时是法国食品工业的研究中心，这里的自来水质量接近矿泉水。其冶金工业，特别是锅炉制造和机床制造的水平在法国名列前茅。

此外，服装业、农业机械制造业的市场竞争力也非常强。

4.文化特色

该市有2所国立综合性大学和十几所高等专业学院，也是法国的一所大学城。

这里最著名的景观是火山，最著名的杜姆火山附近有一座新开放的科普主题公园——克莱蒙费朗火山地质公园，内设仿生区、火山运动模拟展示区、世界主要火山录相资料区、露营区、大屏幕影院，并配有地球物理和世界火山电脑查询系统，主建筑外观设计成剖开的火山锥形状。火山周围遍布极具欧洲特色的田园和村镇，还有滑雪、跳伞、热气球等游乐之地。

三、维希——矿泉城

1.城市简况

维希位于法国中部的阿列河东岸，面积近6平方千米，人口约8万。是世界上最大的矿泉疗养地之一。

2.历史社会

1940—1944年间，维希是被纳粹德国扶持的维希法国政权的实际首都。

3.发展特色

维希拥有15个温泉源头，这些温泉水已广泛应用于外部或饮用治疗。维希的矿泉很早以前就已被发现，但疗养业的兴盛则始于第二帝国时代。到20世纪30年代，疗养度假的旅客一年超过10万人。

维希的矿泉不仅能疗浴，还能喝，维希矿泉水每年向全世界输出达2亿瓶。

同时，当地的药妆——薇姿（VICHY），是著名的法国化妆品品牌。

四、第戎——美食城

1.城市简况

第戎是法国中东部历史名城，位于巴黎东南300多千米处，临勃艮第运河。现有人口约15万。

2.历史社会

早在罗马时代，第戎就已是交通要冲。1015年被勃艮第公爵选作公国首府，至今仍被称为“公爵城”。

3.经济发展

如今的第戎，是个工业重镇，拥有汽车、化工、电器和食品加工等部门。

4.文化特色

第戎是法国知名的酒乡和美食城，每年11月的头2周都会举办盛大的国际美食博览会，聚全球美食于一城。

五、纳维尔——法国彩釉陶瓷和工艺品之都

1.城市简况

纳维尔地处法国中部，隶属法国涅夫勒省勃艮第大区，距巴黎200千米，交通便利，经济发达，是法国著名的历史文化名城。

2.经济发展

该市是法国著名的彩釉陶瓷和工艺品之都，水晶玻璃雕刻、木雕工艺品等享誉欧洲。

该市还是法国的汽车零部件的制造中心，奔驰、大众、丰田等公司均在该市建有汽车零配件生产基地。

3.文化特色

该市科教事业发达，著名的高等学府——法国汽车工程师学院就设于此。

六、雷恩——布列塔尼首府

1.城市简况

雷恩市位于法国布列塔尼半岛东部的盆地中，东距巴黎360千米，2005年人口20.05万。

市中心西南设有机场，拥有完善发达的道路网络，连接巴黎戴高乐国际机场的高速铁路车程只需2个多小时。拥有9.4千米的无人驾驶铁路，并设有15个车站。

2.历史社会

中世纪时，这里曾是布列塔尼公国的都城。1490年，法王查理八世向年轻的女公爵安娜求婚，遭到拒绝，国王一怒之下亲率大军兵临城下，安娜只好同意了联姻，由此，雷恩和整个布列塔尼地区并入法国版图。1720年，雷恩遭到8天大火吞噬，几乎全部毁灭。灾后，王家建筑师、巴黎协和广场的设计者加布里埃尔进行规划，雷恩市以18世纪的严肃古典风格重建起来。

3.经济发展

该市的支柱产业是汽车制造和电信业，郊区建有雪铁龙汽车厂，电子、通讯和计算机工业蒸蒸日上。同时，该市拥有法国除巴黎以外的第一个为刺激地区经济发展而建立的资讯科技园。

4.文化特色

该市科研实力雄厚，设有雷恩大学、布列塔尼大学和其他几所高校，是法国重要科研中心之一。

该市的电影节也是法国知名的节庆活动之一。

七、布鲁瓦——法国花园中心

1.城市简况

布鲁瓦市位于法国的中北部，首都巴黎的西南面，是中央大区卢瓦尔——歇尔省的省会，人口约17.15万。因地处卢瓦尔河的要冲，故为巴黎的窗口、卢瓦尔河谷的门户。

2.历史社会

该市以古都和“法国花园的中心”而闻名。它是法国的一座历史文化名城、旅游胜地，并有

"城堡之城"的美誉，旅游业颇为发达。

3.经济发展

该市工业发达，该市及所在地区中小企业有8500家，主要工业门类有机械电子业、汽车配件制造业、食品加工业、药品制造业、化妆品制造业等。

与发达的旅游业相匹配，全市有二星级以上宾馆24家，高级客房1200多间，高级餐馆50多家，还拥有各种一流的游乐设施。每年接待游客100多万人次。

该市交通十分便利，乘火车或汽车一个半小时即可抵达巴黎，在法国，该市是继巴黎之后的最理想的下榻之地，因此也是法国最理想的国际会议中心。

4.文化特色

该市文教和科研水平较高。有大学3所，各类技术学院6所，技术培训中心16个，其他各类教育机构约300多个。除官方或半官方的科研机构外，大多数公司、企业都办有自己的科研发展机构。而在药品、农艺、土建、制币等方面的科研水平均居法国前列。

同时，该市也是一个崇尚体育的城市，体育设施先进，体育水平较高，有各类体育俱乐部63个，游泳馆2个，水上竞技中心2个，室内活动中心10个，各类专项运动馆（场）20个，大型室外体育馆1个，足球场20个。

八、奥尔良——贞德之城

1.城市简况

奥尔良位于法国卢瓦尔河谷，人口约10万。距离巴黎仅120多千米，是法国中央区和卢瓦雷省的首府及交通枢纽、工业、科研和高等教育中心。

2.历史社会

该市历史悠久，早在远古时代就已有人居住。在10—11世纪期间，曾是法国的皇城和首都，公元1429年，法国女英雄贞德领导人民曾在这里打败英国侵略军。

3.经济发展

该市工业有汽车、电工器材、拖拉机、炼铝、纺织、食品加工、电机等部门。

4.文化特色

奥尔良有"贞德之城"的称誉。公元1429年，正当英法百年战争的关键时刻，英军把奥尔良城团团围住，就在这时，17岁的洛林牧羊女贞德披甲上阵，率军6000，以10天时间，大破英军，解救了整座城市。时至今日，每年5月，奥尔良都举行盛大游行，缅怀这位杰出的民族女英雄。

该市具有悠久的历史和丰富的文化遗产，众多的博物馆，其特色吸引了众多旅游者前来。

九、图尔——法国文化之都

1.城市简况

图尔位于卢瓦尔河畔，距巴黎220千米，人口13余万，是安德尔—卢瓦尔省首府、卢瓦尔河谷的一大经济文化中心。

2.历史社会

早在中世纪，图尔就已经是学问和文化之都。6世纪时，历史学家圣格列高利担任图尔主教，写下史学名著《法兰克人史》。8世纪末，当时杰出的学者阿尔昆被查理大帝派到图尔主持隐修院，对推动文化教育事业做出了很大的贡献。历史上涌现出众多的学者文人，包括拉伯雷、笛卡尔和巴尔扎克。

3.经济发展

随着巴黎工业的扩散，图尔已拥有机械、化工和制药等多种工业。

该市相当重视第三产业，旅游业和会议业发展迅速，市内的芬奇国际会议中心内设2000座、700座和350座不等的多个会议厅。

4.文化特色

该市还是个大学城，平均每5个市民中就有一个大学生。

十、蒙达尔纪——水城

1.城市简况

蒙达尔纪位于巴黎市中心以南100千米，隶属中央大区卢瓦雷省，距离省会城市奥尔良约60千米，居民近2万人，包括附近7个村镇在内行政区人口5.5万。

该市素有“巴黎盆地的威尼斯”之美称，城外河道交错穿梭，大小桥梁127座。

2.经济发展

该市有发达的畜牧业、园林和农业。

3.文化特色

该市曾是20世纪20年代中国早期留学生勤工俭学非常集中的地方，近几年已开始成为中国游客“朝圣游”的首选之地。孙中山、蔡元培、李石曾、周恩来、邓小平、陈毅、蔡和森、向警予、蔡畅等中国杰出的领导人都在蒙达尔纪市留下过足迹。

2004年，“中国文化年”在法国隆重举行，期间在蒙达尔纪市举行了为期1个多月的“纪念二十年代留法勤工俭学运动展览”。

2006年，蒙市又开辟了“伟大的足迹”红色旅游路线，景点包括李石曾的旧居冈贝达街31号、迎接勤工俭学学生到来的蒙达尔纪火车站、邓小平曾经工作过的“玉青松”橡胶制品厂、杉松女校、蒙达尔纪男子公学等。

十一、兰斯——加冕之城、香槟之都

1.城市简况

兰斯市位于香槟—阿登大区马恩省，是该区重要的经济、历史及艺术之都，距离巴黎约130千米，高铁车程仅45分钟。城市人口18万。市内的大教堂见证了历代法国君王的加冕盛典，加上这里是香槟酒的真正原产地，有众多知名香槟酒厂，令这座城市盛名远播。

2.历史社会

兰斯的历史可追溯到罗马帝国时代。历史上是法国的军事重镇，曾抵抗过英国的侵略，第一次世界大战期间是马恩河的前线，第二次世界大战的驻法德军的投降仪式亦在此进行。

3.经济发展

兰斯地处法国三大葡萄产地交界处，香槟酿造和贸易驰名世界，是法国香槟生产的一大中心。

4.文化特色

作为法国历史文化名城，兰斯拥有多处世界文化遗产，包括法国国王加冕的主教座堂等。

十二、贝桑松——钟表城

1.城市简况

贝桑松位于法国东部，是座颇有名气的古城，以钟表制造业著称于世。现有人口10余万。

2.历史社会

公元前58年，凯撒大帝占领此地作为要塞。中世纪时为神圣罗马帝国的自由市，1678年并入法国版图。由于地临瑞士，1800年前后从瑞士迁来一批手艺精巧的工匠，促使该城发展为法国的钟表业之都。

3.经济发展

贝桑松是法国的钟表业之都，其生产的钟表约占法国全国的1／3。

除钟表业外，贝桑松还拥有精密仪器、光学产品制造和纺织（人造丝）等多种工业。

4.文化特色

贝桑松是法国的钟表业之都。

这里还是大文豪雨果的出生地。空想社会主义者傅立叶、社会学家蒲鲁东和发明电影的卢米埃尔兄弟也是出生在这里的名人。

著名的贝藏松和弗朗什—孔泰国际音乐节在这里举行。

十三、枫丹白露——法国旅游胜地

1.城市简况

枫丹白露是法国巴黎大都会地区内的一个市镇，位于巴黎市中心东南偏南55千米处，属于塞纳—马恩省的枫丹白露区，该区下属87个市镇，枫丹白露是区府所在地。

枫丹白露与毗邻的4个市镇组成了拥有4万名居民的市区，是巴黎的卫星城之一。

2.经济发展

枫丹白露是受欢迎的旅游地。每年约有30万人到枫丹白露宫参观，枫丹白露森林每年吸引约1300万游人。

3.文化特色

枫丹白露有不少吸引人的去处。枫丹白露森林因面积大和景色优美而著名，是巴黎人喜爱的周末度假地。历史悠久的枫丹白露宫，世界最顶尖的商业学院之一——欧洲工商管理学院（INSEAD）就坐落在此。

十四、蒙彼利埃——大学城

1.城市简况

蒙彼利埃是法国朗格多克大区的首府，距离地中海只有10余千米。是法国南方的学术中心。现有人口20余万。

2.历史社会

这座城市出现于公元10世纪。1349年起归属法国。

3.经济发展

该市有纺织、机械、医药、食品及电子等工业。除工业迅速发展外，第三产业也十分兴旺，每年都举办有国际性的葡萄和葡萄酒交易会。

4.文化特色

尽管蒙彼利埃没有足以称道的工业势力，但却以其古老而先进的大学、丰富多彩的文化生活以及知性而热忱的居民，独领风骚。

1137年，这里创办了欧洲第一所医学院，不久又办起了法学院和文学院。1289年，经教皇批准，在这些学院的基础上，正式成立了蒙彼利埃大学，是欧洲最早的大学之一。

在高教事业的推动下，蒙彼利埃的科研欣欣向荣，科研重点包括医药开发、计算机技术、农业科学和通信技术4个方面。IBM在这里设有工厂。

位于城北的植物园，建于1593年，是法国最古老的植物园。

十五、尼姆——历史古城

1.城市简况

尼姆是法国加尔省的省会及最大城市。距离巴黎约715千米，面积162平方千米，人口24万。

2.历史社会

尼姆有着古老的历史，公元前1世纪已为繁荣城镇。16世纪时是基督教加尔文宗的重要流行地之一。

3.经济发展

尼姆主要是以销售葡萄酒闻名，是葡萄酒、蔬菜和水果贸易中心之一。有纺织（针织）、食品、机械、制革等工业。同时还是交通中心。

制药业发达，是法国抗癌药物研究中心。

4.文化特色

19世纪后半叶，尼姆就开始举办斗牛节。尼姆的奔牛节一般是在春季和夏季的主保圣人节期间举办，每年4、7、8月，还常在竞技场举行斗牛。

十六、佩皮尼昂——外国留学生的天堂

1.城市简况

佩皮尼昂是法国南部城市、朗格多克—鲁西永大区东比利牛斯省首府，地处鲁西永平原的泰河畔，距法国首都巴黎800多千米，但距法

国与西班牙边界只有30千米，距离地中海也不远。现有人口10余万，是鲁西永大区的五大旅游城市之一。

2.历史社会

佩皮尼昂是座千年古城，曾为鲁西永伯爵的首府，12世纪时归属西班牙的阿拉贡王朝。1659年法王路易十四兼并了这座城市。

3.经济发展

佩皮尼昂农业发达，为葡萄酒、橄榄油和水果的集散地。

工业主要有冶金、食品和针织业。是著名的旅游胜地，旅游业发达。

4.文化特色

由于历史上曾归属于西班牙，所以这里是2种文化的融合地，当地人民还保留了很多西班牙的传统。

沿海建有多所高档酒店及疗养院，拥有设施完备的水上运动场所。

地理位置等得天独厚的条件也使得佩皮尼昂大学成为外国留学生的天堂。

十七、利摩日——法国的“景德镇”

1.城市简况

利摩日位于法国中部，是维也纳大区的首府，距离巴黎360千米，为巴黎到图卢兹铁路上的要站，面积77.45平方千米，人口14万。

2.历史社会

利摩日是法国古老的城市之一，始建于罗马时代的公元前12世纪。

18世纪以来是法国陶瓷器等的工艺精品制造中心。如今仍以从中古世纪保留下来的陶瓷和珐琅的技艺而闻名欧洲。

3.经济发展

如今，利摩日是一座重要的工商业城市，重要工业有机械、电力、陶瓷工业等。

18世纪，一位外科医生在利摩日发现了高岭土，这种土被证明是绝好的制瓷原料，利摩日的地方总督下令建起了当地的第一座瓷厂。每年都有来自世界各地的王公贵族特使前来订货，整个欧洲80%的皇家瓷器都印着“利摩日出品”的堂皇字号。

4.文化特色

该城有瓷器城之称，市内设有法国国立陶瓷博物馆，国际景泰蓝展每年在该城举办。

每年2月，这里举办国际法语国家节，是世界各地法语爱好者的一大盛事。

十八、梅斯——绿色城市

1.城市简况

梅斯位于法国东北边境，是洛林地区的首府，地处西欧中部，与德国、比利时、卢森堡距离较近，距离巴黎280千米，人口20余万。

2.历史社会

梅斯历史悠久。早在公元前，高卢人部落就曾以此地为首府，后来罗马人又在这里驻军设防。5世纪时，小城受到匈奴人劫掠后，转由日耳曼的法兰克人统治。中世纪时属于神圣罗马帝国，是座商业繁荣的帝国自由市，1552年始被法国占领。由于地处德法边境，梅斯成为两大民族长期拉锯争夺的要塞。1870年普法战争爆发，普鲁士大军压境，将城市包围起来。54天后，法国巴赞元帅率领17万官兵投降，梅斯被割让给新兴的德意志帝国。20世纪初，德国参谋总长施里芬制定军事计划：一旦德法重新开战，应在梅斯采取守势，拖住法军，而以主力绕道比利时进攻法国。根据这一计划，梅斯建成为当时世界上最坚固的军事要塞。但第一次世界大战中，德军的攻势在马恩河被粉碎，大战后，法国收回了梅斯，为防止德国再次进攻，于30年代修起马奇诺防线，以当时的国防部长马奇诺命名。梅斯又成为这条防线后的主要支撑点。1944年底，法军才从德军手中真正解放了梅斯。

3.经济发展

现今，梅斯在军事上的作用逐渐减小，城市趋向于多样化发展。除了作为行政中心，梅斯还是工业重镇，拥有汽车制造、炼油、电力和啤酒酿造等多种工业，并为附近的煤铁矿区提供商业及其他服务。如今，梅斯与其南边的南锡市一起列入法国的8个重点发展的平衡都市区之一。

4.文化特色

梅斯是一座绿色的花园城市，全市人均绿地面积多达25平方千米，是法国绿化最好的三个“绿色城市”之一。曾获首届“欧洲鲜花城市”奖。

梅斯还被认为是艺术与文化之城。古城梅斯虽饱经战火，所幸仍有一些古迹躲过劫难，如圣艾蒂安大教堂等。

十九、南锡——洛林旧都

1.城市简况

南锡位于法国东北部的洛林大区，曾是洛林大区的首府。

位于默尔特河左岸，西距巴黎350千米，距离斯特拉斯堡150千米。2006年人口10.5万。

2.历史社会

公元11世纪时，南锡仅是一个建有堡垒的小城，由于地理位置优越，不久便成为洛林公国的首府。16世纪末，查理三世公爵在老城南边建有一座街市整齐的新城，到了1738年，法王路易十五设法使自己的岳父——波兰废王斯坦尼斯拉成为洛林公爵，这位波兰的丧国之君得到洛林后乐不思蜀，把心思全放在营造都城上，他拆掉新老城之间的城墙，新建起一个规划有序宏伟漂亮的市中心，使南锡成为“北方的佛罗伦萨”。这位安乐公死后无子，公国被法王兼并，成为法国的一部分。

3.经济发展

如今的南锡，不再是诸侯都邑，也不是地区首府，但是仍为地区的经济、文化和交通中心，现代工业发达，如机器人工业、电子业、人工智能、机械工业、电机工业、造纸、纺织、冶金和印刷工业等。

目前，南锡与其北50千米的梅斯联合形成平衡都市区，为法国8个都市发展中心之一。

4.文化特色

南锡历史悠久、文化丰富。

位于南锡市中心的斯塔尼斯拉广场，堪称

世界上最精致的城市广场，由法王路易十五的岳父——波兰国王洛兰公爵斯塔尼斯拉于1761—1769年主持修建。19世纪时改以建造者的名字命名，并以其雕像取代了路易十五的雕像。它融中世纪城市和文艺复兴时期城市建筑风格为一体，是皇家广场和国民广场相结合的杰作，广场出口由城墙遗址改建的凯旋门是新旧城的连接点。这一建筑群于1983年被联合国教科文组织列入世界遗产名录。

南锡还是20世纪初欧洲“新艺术流派”的发源地。现在这里每年都组织有各种文化节。南锡的各类博物馆、多媒体图书馆、国家音乐保护中心远近闻名。

市内共有3所大学，其中有上千名研究者、数以百计的实验室和4万余名学生。

二十、凡尔登——世界和平、自由和人权之都

1.城市简况

凡尔登位于法国东北部洛林大区，人口只有2万。地处丘陵环绕的谷底，西距巴黎225千米，扼洛林高原西出巴黎盆地的要道，素有“巴黎钥匙”之称。

2.历史社会

凡尔登由高卢人创建，4世纪时成为主教驻地。公元843年，查理大帝的3个孙子曾在此订立瓜分查理曼帝国的《凡尔登条约》，建立东、中、西法兰克王国，形成德、意、法三国的雏形，其后，凡尔登归属多变。1648年归属法国后，于周围险要处陆续修建一系列炮台，遂成为要塞。此后，成为普、法两国争战之地。1792年被奥、普联军攻占。普法战争中再次被普军占领，直至1873年。第一次世界大战中，1916年德国发动凡尔登战役，持续了18个月，法德两军伤亡逾百万，当时的凡尔登有“地狱”、“屠场”和“绞肉机”之称。第二次世界大战中，凡尔登是马奇诺防线上重点要塞之一，1940年6月被德军占领，1944年8月为法国收复。战后，几经重建，为旅游胜地。

3.经济发展

凡尔登旅游业十分发达，为著名的旅游胜地。

4.文化特色

凡尔登市内的主要景点包括：

双子炮楼——该炮楼系当地一呢绒商于1380年捐建，是当时城防系统的一部分，后来很长一段时间用作监狱，现在常在此举办各类展览。左侧炮楼曾于1690年重建。如今已成为凡尔登市的标志。

世界和平中心——1987年，联合国授予凡尔登市“世界和平、自由和人权之都”的称号。和平、自由和人权中心于1994年由前联合国秘书长德奎利亚尔揭幕落成。该中心前身为一主教行宫，由太阳王路易十五的第一个建筑师R．D．GOTTE设计，曾在很长一段时间内用作凡尔登主教的寝宫。中心内设有一座和平博物馆。

杜奥蒙埋尸堂——该建筑位于凡尔登战役主战场中心位置，由凡尔登主教GINISTY动议修建。此地埋有约13万无名战士的尸体及从战场上收集的各类武器。埋尸堂下方为法军事墓地，约有1万5千个坟墓。1984年9月22日，法国总统密特朗和德国总理科尔曾特意在此握手向世人昭示法德和解与友谊。

二十一、敦克尔克——欧洲十字路口

1.城市简况

孰克尔克位于法国北部沿海，人口近8万，包括郊区近20万。该市地理位置优越，正北面对北海，西边是航运繁忙的英吉利海峡，东距法国及比利时的边界只有10余千米，素有“欧洲十字路口”之称。

2.历史社会

敦克尔克最初只是个渔村。11世纪初叶，一些传教士在村中盖起教堂，定名“敦克尔克”，在佛拉芒语中有“沙滩教堂”之意。1658年成为法国领地。

3.经济发展

该市是法国第三大港市，港口年吞吐量达3500万吨。依靠港口，建有法国最大的现代化钢铁联合企业，产能达800万吨。还有炼油、化工和农产品加工等其他工业。

4.文化特色

历史上敦克尔克多灾多难。在第二次世界大战中，仅在盟军攻克敦克尔克的战斗中，市区就有80%的房屋毁于战火。该市以第二次世界大战初期34万英法军队从这里撤退到英国本土的“敦克尔克奇迹”著称于世。战后得以重建，不仅城市规模大大超过战前，而且跃升为法国第三大港。

二十二、加来——刺绣之都

1.城市简况

加来位于英吉利海峡最窄处，是法国北部的港城，与英国的多佛尔遥遥相对，有渡轮和海底隧道相连。居民7万多人。

2.历史社会

加来自古以来就是欧洲大陆和英伦三岛之间来往的通道，曾被英国占领200多年，直到1558年才又回到法国怀抱。

3.经济发展

该市传统制造业以生产花边、薄纱和刺绣最为重要，产品远销世界各国。

二十三、鲁昂——博物馆城

1.城市简况

鲁昂位于法国西北部，塞纳河下游，距海110千米，离巴黎140千米，是法国第三大商业港口。属上诺曼底大区海滨塞纳省，是上诺曼底大区的首府，并且是海滨塞纳省的省会。市区面积近2000平方千米，人口约50万，市区人口38万。

2.历史社会

鲁昂是一个具有千年历史的古城，古迹颇多，著名的鲁昂大教堂，其历史可追溯到公元4

世纪末期。

鲁昂历史上更是名人辈出，闻名世界的大作家福楼拜就诞生在这里。塞纳河贯穿市区，河右岸为旧城，低山环绕，多古建筑，有“博物馆城”的美誉，藏有许多世界美术珍品；左岸区在第二次世界大战中几乎全毁于战火，后重建并向北延伸，大部分建筑保留了法式传统，城市古朴而秀丽，有铁路桥和公路桥把两岸相连。

3.经济发展

鲁昂工农业发达，人均国民生产总值列法国第二位，服务业和贸易在经济中占有重要地位。

工业以石油化工、精细化工、天然气、制药、食品、电机工程为主，还有部分航空、汽车制造、造纸、建筑、运输等工业部门，门类比较齐全，共有企业6000多家。鲁昂的PALUEL核电厂是世界规模最大的核电厂之一，此外，还有PENLY核电站。

市西部农牧业发达，是法国西北部农副产品的主要集散地之一。

4.文化特色

鲁昂市在医疗、科研、文教等方面达到了相当高的水平，有高等院校5所，此外，还有高等商学院、高等技术学院、工程学校、工商管理学校等。

在歌剧方面名列法国前茅，有9家剧院、40多家电影院。还有4年一度的世界帆船节。

二十四、勒阿弗尔——巴黎外港

1.城市简况

勒阿弗尔位于塞纳河口，人口近20万，包括郊区达到25万，是巴黎最便捷的出海口，也是欧洲著名的大港。

2.历史社会

公元1517年，法王弗朗斯瓦一世下诏在塞纳河口选址建一港口，勒阿弗尔就这样应运而生。次年，第一座码头建成，即如今市内的“国王港池”，从此港城逐渐成长。

在诺曼底战役期间，该市受到严重破坏：5000人死亡，12500栋房屋被彻底摧毁，8万人无家可归。战后，市中心由奥古斯特·佩雷（Auguste Perret）重建，采用现代风格。

3.经济发展

城市经济发展与港口关系较密切，为法国仅次于马赛的第二大商港，年吞吐量超过8000万吨。由于有巴黎和整个塞纳河流域作为广泛腹地，勒阿弗尔已发展成为与世界各国都有广泛联系的大型商港，并为巴黎外港，与英国、爱尔兰通汽车轮渡。

19世纪后半期起发展了冶金、修船等工业部门。主要工业有造船、机械、石油化工、木材加工、电工器材及食品等。

4.文化特色

市中心的市府大厦广场是欧洲最大广场之一。有圣玛丽亚教堂等古迹。

拥有法国最古老的足球俱乐部——勒阿弗尔足球俱乐部。

2005年，奥古斯特·佩雷主持重建的勒阿弗尔城被列为世界文化遗产。

二十五、康城——诺曼都邑

1.城市简况

康城，又译“卡昂”，位于法国西北部，濒临英吉利海峡，是法国重要的港口之一。人口11万，大市区人口近20万。

2.历史社会

古时，这里曾是诺曼底公爵威廉的都城，正是这位威廉公爵，于1066年率军渡海征服了英格兰，成为今日英国王室的始祖。16世纪时商业繁荣。第二次世界大战中遭到严重破坏，战后重建。

3.经济发展

康城为下诺曼底大区首府和经济文化中心。工业发展迅速，特别是钢铁工业、汽车、电器设备、电子元件等。法国国家重离子大型加速器等科研机构也设在此地。

市西南的圣·吉尔草原牧场青翠，奶牛成群，著名的卡芒贝尔干酪就出产在这里。

4.文化特色

康城是个历史悠久的城市，第一次世界大战前由于文化发达而被称为“北方的雅典”。经历了战火洗礼后，重建于1957年的康城大学有着悠久的历史，前身是由英王亨利六世于1432年创建的法国正规公立综合性大学，在市内有3个校区，以高质量的专业教学及学术研究闻名于法国，是诺曼底大学城的重要组成部分。

二十六、勒芒——24小时赛车城

1.城市简况

勒芒地处巴黎通往布列塔尼的要道，距离巴黎200千米，为卢瓦尔河大区萨尔特省的省会，面积2200平方千米，是座有15万人口的古城。

2.历史社会

勒芒历史上曾作为曼恩伯国的首府。1873年，一位名叫布雷的钟匠在这里试制出时速40千米的蒸汽机汽车，成为发明汽车的先驱之一。

1936年，雷诺公司在这里建起一座汽车厂，如今，这座汽车厂专门生产汽车零部件和拖拉机。

3.经济发展

工业以冶金、汽车、机械、化学、电子为主。该市是主要的农产品市场和铁路中心。

4.文化特色

早在1923年，这里就创办了24小时汽车耐力大奖赛，几十年来，每年举办一次，几乎从未间断。

二十七、昂热——英法历史纽带

1.城市简况

昂热位于法国卢瓦尔河支流曼恩河畔，是曼恩—卢瓦尔省省会，距巴黎约300千米，人口14万。是法国西部历史文化中心城市。

2.历史社会

昂热自古罗马时期就有人居住，但地处要塞屡受攻击。

该城与英国有很深的历史渊源。英国历史上的第二个王朝——安茹王朝，首任国王亨利二世本为安茹伯爵，而安茹伯国是当时法国西部的一个诸侯国，都邑就设在这里。

3.经济发展

昂热工商业发达，有食品、冶金、机械、化学、电子、纺织等部门。

4.文化特色

该市文化事业兴盛，设有2所大学，学生近4万人。其中昂热大学始建于中世纪，至今有700多年历史。该市同时是法国著名的产酒胜地。

二十八、圣纳泽尔——法国造船基地

1.城市简况

圣纳泽尔市是法国大西洋卢瓦尔省城镇和海港，位于法国大西洋西海岸，法国卢瓦尔河口右岸。是法国第四大港——南特港的外港，同大西洋卢瓦尔省首府南特市一起拥有人口80多万，60千米长的海港地带，是一个面向大西洋最完整的港口。

2.历史社会

圣纳泽尔市在第二次世界大战中，几乎完全被摧毁，后来按照工业区和住宅区分开的计划进行重建。

3.发展特色

1987推行大西洋发展计划，使其成为法国大西洋发展特区的重要口岸，拥有欧洲最重要的造船厂。制造军舰、超级油轮和远洋轮船，还有化工厂和飞机工厂。此外，还致力发展多元化的工业体系，包括电机、农食品加工、材料、造船、航天等，并享有优惠的鼓励发展的政策。教育普及，设有许多高等学府、研究所等。

由于它同大西洋卢瓦尔省首府南特市连为一体，故交通极为便利。海运发达，国际航线通往世界各地以及法国的各主要城市。

二十九、拉罗什——中小企业天堂

1.城市简况

拉罗什位于大西洋东海岸、法国西部卢瓦尔地区旺岱省，是旺岱省的省会。距首都巴黎500千米，人口5万，面积90平方千米，是一个中等城市。

2.经济发展

拉罗什的工业企业全部为私营企业，经营电子元件、机械制造、汽车维修、家电、塑料模具、服装等，规模不大，现代化程度较高，设备先进，生产效率高，产品质量好，有较强的国际市场竞争力。农业以种植业和畜牧业为主。

3.文化特色

该市重视城市规划和建设，税收的大部分用于道路和桥梁的建设、环境美化、污染治理，城区和郊区绿化率高，整个城市洁净、明快、美丽。

三十、亚眠——教堂城

1.城市简况

亚眠位于法国北部的索姆河谷，南距巴黎130千米，人口13万，为皮卡第大区首府及索姆省省会。

2.历史社会

该市历史悠久。1117年取得城市权，商业手工业日益兴隆。在路易十四重臣柯尔贝尔的鼓励下，纺织业开始兴起，天鹅绒尤为出名。

3.经济发展

该市是法国的工业中心之一，16世纪以来尤其纺织工业闻名于全法，主要生产麻、毛、棉织物，还有钢铁、农机等工业。

4.文化特色

该市的亚眠大教堂始建于1220年，历时68年竣工，是法国最大的哥特式大教堂，比巴黎圣母院要大2倍，总面积达到7760千米，有法国最美教堂之称，1981年入选世界文化遗产名录。

三十一、拉罗谢尔——生态城市的先驱

1.城市简况

拉罗谢尔市位于大西洋沿岸，为法国西部城市、滨海夏朗德省首府。人口约10万，距离巴黎470千米。

2.历史社会

据史籍记载，拉罗谢尔市在1023年已为城市。自13世纪起，便是法国的知名港口，然而其在国际上的名声则是到19世纪末才确定的，随着它第一个深水港口的开放而闻名。从1930年开始，它利用其得天独厚的深水港，吸引了众多的大型船只停泊。

历史上以其独特的新教区别于法国其他地方的大主教，因此也成为中世纪英法战争的主要战场，至今其港口仍保留了3座塔楼，成为了这座城市的标志。

3.经济发展

拉罗谢尔位于法国白兰地产区，又与波尔多地区近邻，盛产美酒。有鱼罐头制造、冶金、蒸馏水制造工业，还有造船、化学、纺织等部门。

4.文化特色

拉罗谢尔被誉为拥有法国最美的海景的城市，这个城市的发达的海上运动和旅游业充分证明了它拥有迷人的风光和悠久的历史。每年超过300万的游客使它成为法国第三大旅游城市。

成立于1993年的拉罗谢尔大学，极具现代化，学科以海洋研究、生物科学、环境科学、农业、法律等为主，并以其优良的成绩为法国人所称赞。

5.话语权

拉罗谢尔有生态城市先驱的美誉。1973年，该城就对垃圾进行回收利用；1975年，创建了法国第一个步行区；1976年，政府在城市里安放400辆自行车，以满足市民和游客的需要；1986年，引进了无污染的电力汽车；1995年，政府开始提供小型摩托车和其他电力交通工具的租用；1997年，首推“无车日”活动，这一活动很快被法国其他城市乃至全世界引进。

现在，拉罗谢尔市仍继续努力革新，它是如今法国唯一一个尝试用电力运输工具来运送商品的城市，被公认为法国生活质量最高的城市之一。

三十二、鲁瓦扬——法国旅游胜地

1.城市简况

鲁瓦扬市位于法国南部夏朗德省，濒临太平洋，人口约3万。

2.经济发展

该市是法国有名的滨海旅游城市和现代化度假胜地，每年夏季游客达20多万。

经济以旅游业为主，其他还有酿酒业、制药业和造船业等。

3.文化特色

鲁瓦扬是大西洋沿岸最大、最美丽的海水浴疗养地，有世界一流的旅游设施。

自然资源丰富，法国第一、欧洲第二的动物园就在该市。

市区随处可见罗曼风格的教堂建筑。建于二战后的圣母院则以独特的设计、简炼的风格被列为文物。建于14世纪的科尔多瓦灯塔成为法国最古老、最美丽的灯塔。

三十三、普瓦捷

1.城市简况

普瓦捷位于巴黎西南方，人口约8万，是普瓦图—夏朗德大区和维埃纳省的首府，以科研开发与城市现代化水平闻名世界，它是所在区域进行知识、文化与科技成果的集会与交流中心。

2.历史社会

该城扼法国两大平原之间的通道，自古以来就是兵家必争之地，是欧洲古战场之一。

3.经济发展

该市有冶金、机械、造纸等工业。

4.文化特色

创建于1431年的普瓦捷大学，是继巴黎大学之后的法国教育史上的第二所大学，学生总数占全市人口的3／4，因此，该市又有大学城之称。

三十四、阿维尼翁——中古教皇城

1.城市简况

阿维尼翁是法国东南部城市，沃克吕兹省首府，位于罗纳河畔，南距迪朗斯河和罗纳河汇合处4千米，人口约10万。

2.历史社会

阿维尼翁是一个古老的城市，在公元前120年前后就已经初具规模，阿维尼翁城更由于曾经是14世纪罗马教皇的居住地，因而在法国众多的城市中声名鹊起。13世纪末，由于罗马政教各派别之间的激烈斗争，直接威胁到了教皇的安全，在法国国王腓力四世的支持和安排下，1309年，教皇克雷芒五世决定从罗马迁居到阿维尼翁，到1378年，阿维尼翁一直是基督教徒朝拜的圣地。在14世纪基督教化的欧洲，阿维尼翁城扮演着突出角色，可以说，阿维尼翁就是14世纪的梵蒂冈。

3.经济发展

阿维尼翁有食品、化学、冶金、精密机械、纺织、造纸等工业。旅游业颇发达。

4.文化特色

阿维尼翁有着丰富的历史景观。1995年阿维尼翁古城被列入世界文化遗产。

阿维尼翁戏剧节创办于1947年，是法国历史最长、影响最大的艺术节之一。

三十五、土伦——地中海大军港

1.城市简况

土伦是法国瓦尔省南部地中海海岸的城市，距马赛约50千米，现在有人口18万左右，城市面积42平方千米。

2.历史社会

早在16世纪末，亨利二世就在土伦建立了海军兵工厂，经过多年发展成为法国重要的大军港。1793年，拿破仑在土伦战役中初露锋芒，也使土伦的名气大增。但是城市在第二次世界大战中曾受重创，后重建。

3.经济发展

土伦港是法国南部的一个重要港口及海军基地。造船业规模巨大，工业以造船业为主，拥有军火、冶金和轻工业等。

每年有许多旅客经此往科西嘉、撒丁等岛。

4.文化特色

土伦市是法国国家海洋研究中心之一。内有海军博览馆。

每年举办有国际青年足球赛，被誉为培养国际球星的“摇篮”。每届比赛，一般由来自8~10个不同国家的足球青年代表队参加。

三十六、戛纳——国际影城

1.城市简况

戛纳是法国东南部城市，位于尼斯西南约26千米处，濒临地中海，是阿尔卑斯滨海省首府。人口不足10万，因国际电影节而闻名于世。

2.历史社会

在中古世纪时，戛纳曾为修道院的属地，直到19世纪初，仍是一个小渔村，19世纪30年代开始，法国及外来的贵族逐渐在此建立他们的度假小屋，因此戛纳渐渐成了一个度假村。

3.经济发展

戛纳拥有世界上最洁白漂亮的海滩，是欧洲有名的旅游胜地和国际名流社交集会场所，与尼斯和蒙特卡洛并称为南欧三大游览中心。

戛纳的经济以会展、旅游业为主。自1947

年创办戛纳电影节以来，戛纳已逐渐从一个海滨小城变成世界上吸引商业团体和个体游客最多的城市之一。戛纳电影节每年吸引至少6万名电影界专业人士和20万名游客，11天内创造的直接经济价值为2亿欧元，间接经济价值高达7亿欧元。当地人说，电影节是戛纳的商业窗口和经济火车头。

4.文化特色

一年一度的戛纳国际电影节是世界四大电影节之一，有“电影界的奥运会”之称，其颁发的金棕榈大奖被公认为电影最高荣誉之一。电影节的建筑群坐落在500米长的海滩上，其中包括25个电影院和放映室，中心是6层高的电影节宫。

在电影节的带动下，戛纳旅游业形成了以商业展销为主体、以吸引游客为目的的经济模式。目前，戛纳每年有300天都在举办大型展销活动，其内容涉及电影、电视、手机、汽车、船舶、珠宝、IT、旅游、建筑等各个领域。

三十七、格拉斯——世界香水之都

1.城市简况

格拉斯位于法国东南部，面积44平方千米，人口6万多。

2.历史社会

中世纪时以制作法国贵族用的皮手套出名，但当时工艺落后，皮革总有难以消除的腥味。16世纪，在亨利二世的王后、来自意大利的卡特琳·德·美第奇的推动下，出现了香水业。

3.经济发展

格拉斯是法国香水业的中心，被誉为世界香水之都。自从18世纪末以来，格拉斯的香水制造业一直相当繁荣，每年香水业为格拉斯创造超过6亿欧元的财富。

4.文化特色

格拉斯之所以能成为法国香水的摇篮，主要取决于它优越的自然环境和它传统的手工业。格拉斯位处坡地，气候十分适宜各种花卉生长。每年在这个地区采集供香水制造的花卉超过700万公斤。

城中设有国际香水博物馆。

三十八、波塞雄——体育之城

1.城市简况

波塞雄位于法属留尼汪岛西北部，西距马达加斯加650千米，东北距毛里求斯190千米。面积118.2平方千米，人口1.8万。该市沿海为热带干燥气候，高海拔处气候温暖。

2.经济发展

该市的沿海地区有建筑、交通、通讯、食品等行业，市中心商业活动频繁。

农业方面，地势较低的地区主要以果树栽培和蔬菜种植为主，中部种植甘蔗，高山地区有蔬菜种植和畜牧业等。

体育在该市占有很重要的位置。拥有的体育比赛场地包括田径体育场、游泳池、网球场，柔道馆、空手道馆等。

三十九、奥朗日——罗马帝时代大剧场保存城市

1.城市简况

位于法国沃克吕兹省、阿尔勒以北，是通往法国南方的门户，现有居民约为2万多。

2.历史社会

奥朗日的历史源远流长。直至1850年．奥朗日才开始长达100多年的城市重建工作，逐渐形成了今天的城市格局。

3.文化特色

奥朗日拥有众多新鲜蔬菜和水果的市场，尤其以凯旋门和古代剧场而闻名，它们记录着古罗马灿烂的历史，更被联合国教科文组织于1981年列入世界遗产名录。

第三节 荷兰

一、阿姆斯特丹——欧洲文化艺术城市

1.城市简况

阿姆斯特丹位于荷兰西部沿海的北海运河上，距运河出海口艾默伊登约10千米。是荷兰的首都，政治、经济和文化中心，人口约71万。

2.历史经济

早在12世纪时阿姆斯特丹地区还是一个渔村，1206年建市。14—15世纪开始因开展与东方的贸易到17世纪成为欧洲的重要港口。19世纪定为荷兰首都，是荷兰的政治、经济、文化中心。工业主要有造船、电子、化学、钢铁、机械、食品及纺织等。有欧洲最现代化的国际机场。又是欧洲著名的文化艺术城市、旅游中心。

图表4－3 阿姆斯特丹主要统计数据

项目	主要概况
阿姆斯特丹港口 （吞吐量）	欧洲第五
阿姆斯特丹港史基浦国际机场（运输量）	欧洲第四
欧洲交易所（阿姆斯特丹证券交易所）	欧洲第五，世界第八
拥有国际银行（间）	70
各跨国公司欧洲总部（家）	200
国际会议中心（会议数量）	世界第六

数据来源：City of Amsterdam，APA，2004。

3.港口特色

与威尼斯一样，阿姆斯特丹还是一座水城，素有“北欧威尼斯”之称，由100多条河道把城市分割成为100多个小岛，又有600多座桥梁将它连成一体，颇具自己的特色。港口距机场约15千米。

阿姆斯特丹通过艾默伊登港的船闸与北海沟通，是荷兰的最大城市和第二大海港，也是世

界上第一可装卸大港。

全港水域面积达618公顷，码头岸线总长为23千米。

图表4－4 阿姆斯特丹港区主要码头泊位

码头名称	泊位（个）	岸线长（米）	最大水深（米）
西港池	10	2174	15
苏伊士港池	5	1108	10
沃尔特港池	10	2318	15
汉德尔斯卡德	8	1885	9.8
苏马特拉卡德	6	1383	9.8
斯普威格	7	1504	11
总计	46	10372	

2008年，阿姆斯特丹港保持了良好的增长势头。相比2007年，货物吞吐量上涨了4%，从8740万吨增加到9090万吨。

图表4－5 2007—2008年阿姆斯特丹港运营情况

项目	2007年	2008年	同比
煤炭转运量（万吨）	1730	1650	-4.20%
石油产品转运量（万吨）	2490	2870	15.30%
集装箱吞吐量（万标箱）	38.6	42.5	10.20%
海上游轮停靠数量（艘）	78	117	50%
海上游轮乘客（万人）	14.7	22.6	53.70%
内河游轮停靠数量（艘）	1019	998	-2.60%
内河游轮乘客数量（万人）	17	17	—
海运船只（艘）	5310	5813	9.50%

备注：“＋”表示增长；“－”表示减少；“—”表示持平。

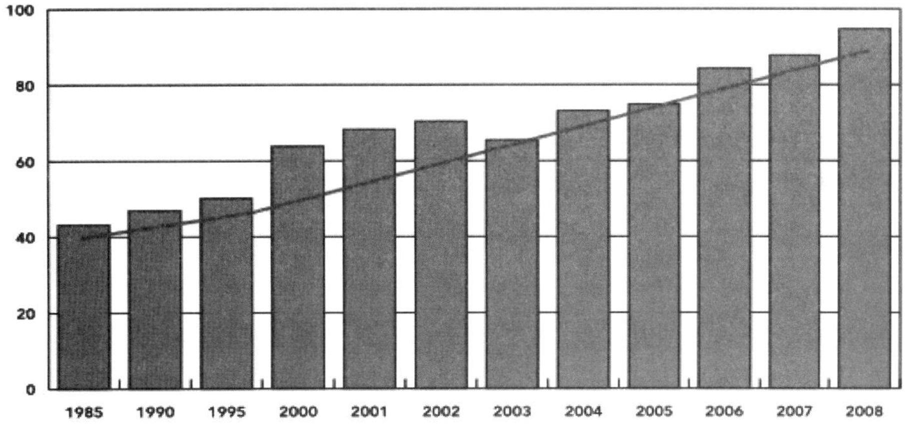

图表4－6 1985—2008年阿姆斯特丹港港口吞吐量（万吨）

二、代尔夫特——荷兰“中国城”

1.城市简况

代尔夫特是荷兰沿海大都市圈城市之一，距首都阿姆斯特丹60千米，距鹿特丹约15千米，距海牙仅8千米。

2.经济发展

航空和铁路运输十分发达，交通极为便利。

3.文化特色

代尔夫特被称为荷兰的“中国城”，因为在荷兰所有城市中，这里的中国人最多，尤以学生为主。

同时，代尔夫特也是欧洲著名的瓷器城。皇家代尔夫特是仅存至今的17世纪的蓝瓷工厂，随着时光的流逝，它由原来普通的代尔夫特蓝瓷已逐渐发展为著名的荷兰特产。如同伦勃朗的绘画作品成为世界著名的17世纪艺术品。

代尔夫特理工大学坐落在该市的西南部，建立于1824年，是荷兰国内规模最大、历史最悠久、专业设置最齐全的理工科大学，在欧洲排名前列。其专业设置涵盖了所有的工程科学，科研水平和教学水平在荷兰国内以及国际上都具有极高的知名度，其毕业生在欧洲乃至全世界都倍受青睐。该校与中国的清华大学签有校际合作协议。

三、格罗宁根——荷兰北方文化之都

1.城市简况

格罗宁根是荷兰王国格罗宁根省的省会，距离首都阿姆斯特丹160千米，

2.历史社会

长久以来，格罗宁根一直是荷兰文化、科学、贸易和工业的中心，是仅次于莱顿的荷兰最早的大学城。

3.经济发展

拥有许多世界著名的企业，总部经济有一定发展。众多欧洲著名企业在此设立总部和办事处，如荷兰皇家壳牌集团、飞利浦电子公司、尤尼莱佛公司、阿克苏、诺贝尔公司等。造船、冶金、机械、纺织等、世界大气田开发居世界第四位。

交通发达，与本国140多个城市有固定航线，公路四通八达，且与西欧各国主要公路网相连。格市有2个海港和2个渔港，格罗宁根内河可停靠 2000 吨级船舶，与英国、丹麦、瑞士、德国、独联体等欧洲国家有固定航线。四通八达的交通运输条件使该市成为荷兰重要的贸易及商品转运中心。

4.文化特色

市内有数十家博物馆，歌剧院，还有每年一度的艺术节，素有荷兰“北方文化之都”的美誉，荷兰的国家教育部就坐落于此。

荷兰著名的综合性大学格罗宁根大学就坐落在此市。该大学成立于1614年，是欧洲最古老的大学之一，同时她又是一所处于教育前沿的国际化大学，排列世界著名大学25位，专业涉及50多个领域。

四、马斯特里赫特——美食之都

1.城市简况

马斯特里赫特又译“马斯垂克”，是荷兰林堡省省会，历史名城。位于林堡省南端朱丽安娜、列日—马斯特里赫特和南—威廉3条运河与马斯河的交汇处。东与德国交界，西、南与比利时相邻，是中欧与北欧之间的交通枢纽。

2.历史社会

马斯特里赫特始建于公元4世纪，历史上曾多次被西班牙和法国占领，曾20多次遭受外族入侵，1830年才正式归属荷兰。居民使用的语言有荷兰语、法语和德语。环绕四周的荷、比、德3国4省的国民都能直接同当地居民交谈和交往。因此，这座城市被称为没有国界的“欧洲地区”。“马斯特里赫特”在荷兰语中是“马斯河通道”的意思，欧洲主要河流之一的马斯河由南向北穿过城区注入北海。

1992年，欧盟在这里签订了著名的《马斯特里赫特条约》（即《欧洲联盟条约》），决定了大一统的大欧洲走向，一时间此处名声大噪。

3.经济发展

该市旅游业发达。

4.文化特色

这里设有一个由荷、比、德3国各派一名代表组成的3人管理委员会，共同商讨、管理和解决马斯河地区的运输、灌溉、污染和其他有关问题，每年直接与3国4省的行政当局共同协商分摊年度预算。这种超国家的管理体制，被人称之为欧洲一体化的合作样板。

城区至今仍保留着1000多处名胜古迹。最负盛名的是建于5世纪的教堂，建于17世纪、具有欧洲巴罗克建筑风格的市政厅和现代艺术博物馆等。

马斯特里赫特更是美食之都，除了荷兰传统的美食外，各国美味的料理餐厅这里比比皆是，法国餐厅、意大利餐厅等等，许多餐厅的菜单甚至都标有英文、法文、德文等多国语言的说明。

五、恩斯赫德——大学城

1.城市简况

恩斯赫德位于荷兰的东部欧弗艾塞尔省，距离德国边境只有10千米，是一个拥有16万人口的中型城市，同时也是荷兰首屈一指的大学城。

2.历史社会

在1862年的一场大火几乎将整个城市毁于一旦，之后所有建筑全部重建。

3.经济发展

当地的棉麻织造业十分有名，其他纺织品、金属、橡胶工业同样享誉整个荷兰。随着国际化产业、产业化的需要，这个地区已转变为新兴产业区，为学生提供了更多的打工和实习的机会。

4.文化特色

恩斯赫德处于内陆，气候怡人，夏季日均温度为17度，冬季日均温度约为2度，就整体而言，冬季温和，夏季凉爽，适合学习与生活。

著名的屯特大学成立于1961年，是一所培养极具现代企业精神的综合性高等学府，2001年荷兰综合排名第一，属欧洲一类名牌大学。

六、莱顿——荷兰文化名城

1.城市简况

莱顿位于荷兰西部沿海，距离阿姆斯特丹半个小时车程，人口12万。

它坐落在荷兰西部靠海的地方，有11.7万居民，它的交通和设施十分现代化。该市同时又是一个有着悠久历史美丽城市，市里有很多17世纪的建筑。市中心有运河穿过，河岸旁有红砖铺成的小道，风景十分秀丽。

2.历史社会

公元922年首见于记载，12世纪城市环绕城堡发展，1266年建市。14世纪时纺织和印刷业发达。

3.经济发展

19世纪末起工业迅速发展，现有印刷、纺织、食品、冶金和建筑材料等部门。全荷兰最大的奶酪和牛市场之一。

4.文化特色

莱顿城有悠久的文化传统。

城内著名的莱顿大学建于1575年，通过400多年的发展与壮大，现已成为一所世界著名的学术性大学。大学汉学院的图书馆是荷兰唯一的一所中文图书馆，集中收藏了各地的中文图书，因而也使其藏书量居欧洲各国中文图书馆中的第一位。该校也是荷兰唯一设有中文专业的大学。

在莱顿还有众多的博物馆，如国家古代风俗博物馆和人类文化学博物馆等。

莱顿大学植物园是欧洲最古老的植物园之一。

七、埃因霍温——灯泡生产地

1.城市简况

埃因霍温位于荷兰南部北布拉邦省，2008年市区人口21万，大都市区人口超过75万。

2.经济发展

埃因霍温是欧洲领先的四大科技中心之一，地处西欧悠久科技中心的战略位置，在科技领域排名第一，一个多世纪以来一直是飞利浦电子研究和发展设施的基地。

提到埃因霍温，人们总会联想到光明，它是灯泡的生产地，飞利浦灯泡的总部所在地。1891年，吉拉德飞利浦和安东飞利浦创办了他们的“帝国”，尽管时过境迁，如今的工程师和设计者们仍旧工作在这里研究最新的光技术。

3.文化特色

埃因霍温理工大学是荷兰的第二所理工大学，坐落于埃因霍温火车站的正北面，在2003年欧洲委员会的报告中，埃因霍温理工大学在欧洲的研究类大学中排名第三（前两名分别是剑桥大学和牛津大学，同排名的是慕尼黑理工大学）。在时代周刊2005年的全世界大学排名中，埃因霍温理工大学位列第74位，2006年位列第67位。

八、斯海尔托亨博斯——荷兰经济实力最强的城市

1.城市简况

斯海尔托亨博斯，意为“公爵的森林”，又名“邓博契”，人口13.5万，是荷兰最大的省份北布拉邦的首府，为荷兰高科技和服务业发展最迅速的地区之一，也是荷兰中部文化艺术和商业贸易中心。

2.经济发展

2008年该市被荷兰权威杂志《Elsevier》评为荷兰经济实力最强的城市，众多国际知名企业如SAP软件、宏碁电脑、喜力啤酒、KPN（荷兰电信）、欧姆龙半导体、乐尚设计、诺托克斯生物医药等公司均在此投资建厂，很多银行、会计师事务所、咨询公司的总部也落户该市。

九、阿默斯福特——荷兰铁路枢纽

1.城市简况

阿默斯福特位于荷兰中部，是乌德勒支省的第二大城市，2007年人口13.9万。

2.历史社会

该市有751年历史，成长速度快，中世纪的市中心仍保存良好。

3.经济发展

该市位于荷兰东西向与南北向铁路的交汇处，是荷兰最大的铁路枢纽之一。

第四节 比利时

一、布鲁塞尔——欧洲首都

1.城市简况

布鲁塞尔市位于西欧交通要冲，是比利时的首都和最大的城市，常住人口约14万。

2.历史社会

1000年前，布鲁塞尔这片土地还只是塞纳河边的一片沼泽地，法国国王查理在一个小岛上修建了第一座城堡，命名为“布鲁克塞尔(Broekselle)”。到14世纪，布鲁塞尔有了第二道城墙，从而形成了保留至今的五角形城区。

中世纪时，布鲁塞尔相继成为布拉班特公爵和查理五世的领地，但由于特殊的地理位置，众多政治力量都想把它据为己有，展开了长达数百年的争夺。特殊的历史使布鲁塞尔形成了包容、开放的城市性格和在大国之间保持独立发展的高超技巧，为其成为“欧洲首都”奠定了基础。

3.经济状况

布鲁塞尔是国际商业枢纽，企业家能在那儿找到有出色基础设施的理想场所，发展其经营活动。布鲁塞尔处于战略位置，市场极易进入，拥有4.5亿欧洲人的消费市场，从布鲁塞尔能获得300英里半径（相当于1小时飞行）范围内75%的欧洲购买力。按照Amcham的新研究成果，在布鲁塞尔，利益集团的数量估计为1400个（雇佣约4000个院外活动集团成员）。如把与欧盟有关的咨询者、律师和记者也包括在内，将达到2300个组织和1万个成员。

作为欧洲之都的布鲁塞尔，服务业占其产业的很大部分。除了一些著名的啤酒生产商如Cantillon Brewery之外，布鲁塞尔的产业来自于面向欧盟组织和众多国际组织办事机构的服务行业，每年有2.5万名公务员在这里工作；就外交而言，布鲁塞尔有159个大使馆和5000名外交官，居世界第二；

布鲁塞尔约有5.4万家公司，一半以上产品出口。布鲁塞尔主要经济参与者是中小企业（3.2万家）和国际公司。它们是出口导向型企业，多样化，非常成功，常常围绕“质量”和“技术”发展业务。实际上，该地区因其公司的多样性和创造性而享有名声。它们在运输、建筑、食品贸易、消费品等传统行业发展，在设计、时尚、信息技术、视听和多媒体行业、科学研究、环保技术、化学和保健等行业也有很好表现。

作为扩大后欧洲的首都，布鲁塞尔是一个与众不同的国际城市。该市30%的人口是外籍人，这创造了一种独特氛围，使各种文化轻易地融合和交流。在布鲁塞尔有1300多家外国公司。它们主要是美国、法国、英国、荷兰或德国公司，还有日本和瑞典公司。

图表4－7　竞争成本

医疗体系	比利时约1000万人口，有380家医院和3万多名医生，仅在首都布鲁塞尔就有30家私立和公立医院，按照世界卫生组织最新研究，就病人权力和信息、普通治疗等候时间、护理结果、消费者友好和药物治疗准入而言，布鲁塞尔在12个欧洲国家中名列第四
生活成本	按照默瑟比较30个欧洲首都一揽子货物与劳务的《2005年生活费用报告》，布鲁塞尔仍然是世界上生活和工作开销较少的首都之一
办公成本	布鲁塞尔位于欧洲租赁房产开销较少的首都城市之列，办公室租金约是巴黎的1/2，是伦敦的1/3
人力资源	该市有两种官方语言，30%的居民来自国外。这意味着有能够流利使用几种语言的劳动力可供选择。（《2004年欧洲城市监督》（库什曼和韦克菲尔德·希利和贝克编辑）显示，布鲁塞尔就合格职员而言位于欧洲第五，就语言熟练程度而言位于第三。按照国际劳工组织另一项研究，比利时雇员，特别是布鲁塞尔雇员，位于世界上最有生产力的雇员之列

4.发展特色

布鲁塞尔是欧洲联盟、北大西洋公约组织等国际组织的总部所在地。另有200多个国际行政中心及超过1000个官方团体也都在此设立了办事处。此外，名目繁多的国际会议也常在此召开，从每年举行的国际会议数量来看，布鲁塞尔位居全球第三位，因此，布鲁塞尔被称为“欧洲首都”。

同时，布鲁塞尔也是世界著名的旅游城市，集中了众多的旅游景点，尤其是各种风格的历史建筑和藏品丰富的博物馆。市中心的大广场建于12世纪。每隔两年的8月，布鲁塞尔市政府都要在大广场举行为期4天的“大广场鲜花地毯节”，“鲜花地毯”主要由带块茎的秋海棠组成，共100万朵。

布鲁塞尔西北郊建于1958年的原子能博物馆，是座由9个巨大的银白色金属圆球连接组成的建筑，这是比利时为了研究原子能的发展，并纪念布鲁塞尔国际原子能展览而建的。

二、根特——花城

1.城市简况

根特位于斯凯尔特河和莱斯河汇合处，为比利时自治市，东弗兰德省省会，别名“花城”，五年一度举办世界闻名的花展。2005年1月统计人口23万。

2.历史社会

根特市的起源可追溯到7世纪，圣彼得和圣巴伯教堂建造不久，1180年康特城在此兴建后发展至今。

3.经济发展

根特市是拥有优良港湾的港口城市，是进入布鲁塞尔的必经之地。纤维，钢铁业发达。

根特为中世纪风情浓郁的观光城市。中古会堂的遗迹、古城遗址、庄严的大教堂吸引着大量的观光客。

4.文化特色

1816年创立的根特大学是佛拉门文学的中心。

市内有比利时屈指可数的美术馆、博物馆，具有很高的文化艺术水平。

三、布鲁日——小威尼斯

1.城市简况

布鲁日也译作“布吕赫”，位于比利时西北部弗兰德平原，距北海14千米，素有“小威尼斯”之称，是今日欧洲游览胜地。

2.历史社会

该市9世纪建城，14世纪时为欧洲最大的商港，15世纪初其经济地位被安特卫普所取代。

3.经济发展

该市旅游业发达，是比利时著名的旅游城市。

4.文化特色

全市拥有50余座桥梁，是标准的水上都市，其建筑以哥德式的文艺复兴时期的式样为主体，完整地保存了中世纪的城市整体风貌，护城河、城墙等，城市内很少有机动车和柏油路。

圣母院是布鲁日最为著名的历史古迹，建于13世纪，珍藏的15世纪意大利雕塑大师米开朗琪罗的大理石雕塑“圣母像”是举世闻名的艺术佳作。

四、哈瑟尔特——带领潮流的城市

1.城市简况

哈瑟尔特是比利时林堡州首府，人口7万。

2.历史社会

哈瑟尔特中世纪属于列日司教区，并曾经被荷兰统治过。

3.经济发展

目前该市在产业发展方面投入了很大力量。尤其是商业发展势头迅猛，近年来以“带领潮流的城市”而闻名。

4.文化特色

哈瑟尔特被称作朱奈瓦的杜松子酒的产地，建有比利时唯一的杜松子酒博物馆。每年10月份举行杜松子酒节时，小城充满了活力。

五、那慕尔——默兹河明珠

1.城市简况

那慕尔是比利时瓦隆州的首府，也是同名省省会，位于默兹河畔、布鲁塞尔东南，面积175平方千米，2006年人口10.7万。

2.历史社会

该市地理位置极具战略意义，自古战火不断，尤其是在17世纪、第一次世界大战及第二次世界大战中，城市几度毁灭和重建，现有“默兹河明珠”之称。

3.文化特色

为纪念1830年比利时摆脱荷兰统治宣告独立，瓦隆州各城市从每年夏季开始直至初秋都要依次举行多种庆祝活动，合称“瓦隆节”，迄今已有80多年历史。踩高跷则是那慕尔市庆祝活动的压轴戏。

那慕尔的高跷格斗表演距今已有四、五百年历史。相传，当时洪灾频繁发生，每当洪水到来，那慕尔城变成一片汪洋，民众便踩着高跷出行。在没有洪灾的季节里，人们通过举办高跷格斗比赛提高技艺。

如今，人们不必再担心洪水泛滥，但高跷格斗比赛却流传了下来。每年的高跷格斗比赛都得到了那慕尔省和那慕尔市的支持，为的是保存这份珍贵的传统文化，同时也为了吸引更多外来游客。

六、列日——欧洲第三大河港

1.城市简况

列日地处欧洲的中心，是默兹河—莱茵河流域的大都市，也是比利时瓦隆地区列日省的首府，距荷兰仅30千米，距德国仅45千米，是欧洲第3大河港、会议中心、国际活动的东道主以及瓦龙人居住地区的经济中心，面积69平方千米，人口20 万。

2.历史社会

列日自古以来就是一个有名的纺织、冶金工业区，在16世纪初期，列日的经济崛起是其历史上的一个转折点。

3.经济发展

工业多样化，包括电子、生化、飞机发动机、航天、天体物理等。

交通发达，高速公路网与欧洲各大都市相连。默兹内河港口条件在欧洲也居前列。

4.文化特色

列日的旅游业并不发达，但这里的旅游学校却是比利时最古老、最大的。这所学校建于1927年，专门培养旅游、烹饪、品酒等专门人才，学制7年。

七、鲁汶——比利时酒吧之城

1.城市简况

鲁汶又译“勒芬”、“卢万”，位于比利时法兰德斯区，是比利时第9大城市。距离比利时首都布鲁塞尔25千米，乘火车约20分钟的路程，全市人口约6万。

2.历史社会

该市于公元891年首次被记载，20世纪的两次世界大战曾对城市环境造成了严重破坏。

3.文化特色

该市拥有比利时最兴旺的酒吧文化。除了拥有号称比利时“最长的酒吧街”的老广场(Oude Markt)之外，在市中心广场周边街巷间更挤满了近百间酒吧。

鲁汶大学始建于1425年，全称为“天主教鲁汶大学”，是世界上现存的最古老的天主教大学，也是比利时最大的大学之一，综合排名在比利时是第一位，在全欧洲是第6位。

八、沙勒罗瓦——工业之城

1.城市简况

沙勒罗瓦位于比利时南部桑市尔河畔，人口20多万。18世纪以来工业发展，同安特卫普、布鲁塞尔一起组成工业轴心带。

2.历史社会

该市1666年建于桑布尔河左岸，后在右岸扩建。

3.经济发展

沙勒罗瓦附近产煤。化学、电机、机械、钢铁和纺织等工业发达。

4.文化特色

该市市内有美术专科学校、音乐学院等。

九、蒙斯——银行之城

1.城市简况

蒙斯是比利时埃诺省首府，距首都布鲁塞尔54千米，距欧洲第二大港口安特卫普100千米，人口10万。

2.经济发展

蒙斯银行业发达，是比利时王国银行最多的城市之一。蒙斯也是重要的交通枢纽，从南到意大利，北到斯堪的纳维亚半岛诸国均有直达高速公路相连。旅客从这里乘欧洲特快列车2个小时即可到达巴黎。

以蒙斯为中心的250千米范围内，是欧洲工业人口最集中的地区。

蒙斯的主要矿产资源是白垩。蒙斯也是比利时王国最大的农业省中心，三分之一的土地专门用于生产饲料、饲养奶牛，制造奶产品，种植粮食和甜菜。

十、梅赫伦——教堂文化朝圣地

1.城市简况

梅赫伦又译“马林”，是比利时王国弗拉芒省的一个重要城市，位于首都布鲁塞尔和弗省省会安特卫普市之间。人口约10万，主要是弗拉芒人，讲弗拉芒语，多数人可讲英语或法语，90%的居民信奉天主教。

2.历史社会

该市历史悠久，虽然在二战时期曾被严重毁坏，但还是有很多有趣而美丽的古建筑仍保存完好，至今仍保留着200多处文化艺术古迹。

3.经济发展

该市制造业发达，在比利时乃至欧洲享有盛誉的“万福”牌大型旅游车、机场交通车和长途客车总厂坐落在梅赫伦市，其产品还远销到新加坡、马来西亚、香港等地。

该市的豪威斯变压器总厂生产能力很大，在非洲和印度尼西亚建有分厂，产品已推销到北美地区。

被誉为“比利时第一”的“欧联”铝制软饮料易拉罐厂也建在这里。

该市引以为自豪的是挂毯工业，许多作品为富有人家珍藏的佳品。

4.文化特色

梅赫伦市内有著名的“玩具博物馆”，著名的圣·罗姆鲍特大教堂具有540多年历史，其钟楼有97.3米高，完整的教堂组钟中，最重的8884千克，最轻的5.6千克。

创办于1947年的琴钟学校，现收有世界各国的学生数百名。

城中有8座著名哥特和巴洛克风格的教堂，它们是优雅而神圣的教堂文化的代表，吸引着络绎不绝的人们。

十一、科特赖克——总部经济城

1.城市简况

科特赖克位于比利时西佛兰德省南部，面积800平方千米，人口近10万。

2.经济发展

该市位于比、法交界处，交通便利，是贝卡尔特公司、巴可公司和范德维等大公司总部所在地。

第五节　西欧其他主要城市

一、沃特福德——爱尔兰最古老的城市

1.城市简况

沃特福德市位于爱尔兰东南部，距离首都都柏林仅2小时车程。城市面积41平方千米，人口4.5万，是爱尔兰最古老的城市，也是最繁忙的港口之一。

2.历史社会

公元914年，北欧海盗抵达此地，使之成为一个繁荣的贸易站。1170年，他们的军队惨败于盎格鲁—诺曼人。12世纪，沃特福德成为当时爱尔兰最强大的城市和最重要的贸易中心。

3.经济发展

沃特福德是爱尔兰工业金融服务业中心，自然环境优美，拥有东南地区最吸引旅游者的海滨度假胜地。

4.文化特色

沃特福德理工学院是爱尔兰历史最悠久，规模最大及最有学术权威性的高等院校之一。该学院是在爱尔兰全国性资格认定系统下运作，并享有自主的国立大学级别的综合性学院。

同时，沃特福德水晶工艺品具有很高的收藏价值，享誉世界。

二、克莱沃——农产品集散中心

1.城市简况

卢森堡北部城镇，位于维尔茨东北约13千米、克利尔夫河畔。

2.经济发展

该市是重要的采石场和农产品集散中心。

3.文化特色

该市市内有12世纪的城堡，还有修道院等建筑。

三、阿尔泽特河畔埃施——农产品集散地

1.城市简况

阿尔泽特河畔埃施简称“埃施”，位于卢森堡城西南约16千米处，濒临阿尔泽特河，靠近法国边界，为卢森堡南部城镇。

2.经济发展

该市是钢铁工业中心及地区性农产品集散地。另有水泥、肥料、食品等工业。

四、蒙特卡洛——世界三大赌城之一

1.城市简况

蒙特卡洛是摩纳哥公国第一大城市，与澳门、美国拉斯维加斯并称世界三大赌城，城市景色优美，是地中海地区旅游胜地。

2.经济发展

城内开设有蒙特卡洛大赌场，赌场建于1865年。经营赌业是摩纳哥的主要经济来源，每年都从赌业中收取高额外汇利润。整个城市在旺季时，约有赌场70多个，约有赌室3500间左右。

3.文化特色

该城只有1万人口，但每天报纸销量可达100万份，因为报纸上都印有可能得奖的号码。游客最后离境，购买的车票上也印有彩票号码，于离境前开彩。

第三章 南欧主要城市发展与经营

第一节 意大利

一、诺瓦拉——交通枢纽

1.城市简况

诺瓦拉位于皮埃蒙特区东部，西距都灵约100千米，东距米兰45千米。

面积102平方千米，人口12万（截至2006年6月）。

2.历史社会

该市原为古罗马殖民地，由凯撒建城。中世纪成为伦巴第联盟成员，后来次第归属米兰、奥地利和萨伏依。

3.经济发展

该市现为农产品集散地，主要销售稻米。

工业有纺织、面粉、化学、印刷、食品等部门。

该市是从米兰到都灵和热那亚到瑞士的商业路线上的交通枢纽。

4.文化特色

设在这里的阿戈斯蒂尼制图和地理所是世界著名的地图出版商，所绘制地图集已译为多种语言出版。

二、亚历山德里亚——以教皇命名的城市

1.城市简况

该市人口10万，西北距都灵约80千米，为都灵一带—热那亚铁路上的要站。

2.历史社会

1168年，伦巴第联盟为对抗神圣罗马帝国皇帝腓特列一世，在博尔米达河与塔纳罗河汇合处合建起一座要塞，起名新城，不久便以支持他们的教皇亚历山大三世命名为亚历山德里亚，今天，该市是同名省省会。

3.经济发展

该市工业以制帽业著名，还生产铁路器材和自行车等。

这里还是重要的农产品集散地与葡萄酒市场。

三、库内奥

1.城市简况

库内奥位于都灵以南80千米的滨海山脉。人口5万多。

2.历史社会

该市始建于1198年。从1382年起归萨伏依家族统治。今天为同名省省会。

3.经济发展

这里是重要的生丝、核桃市场，有食品、丝织、金属加工等工业。

4.文化特色

该市的旧城区和现代城区以跨河大桥相连。

四、比耶拉——毛纺中心上下城

1.城市简况

比耶拉位于都灵以北75千米处，人口5万。

2.历史社会

比耶拉早在高卢人和罗马帝国时期已是中心城镇。中世纪曾为韦尔切利伯爵领地。1379年起属于萨伏依。

3.经济发展

比耶拉是意大利毛纺工业中心，亦生产棉、丝和亚麻制品。

4.文化特色

比耶拉市区分为上下城区。上城区在西面，拥有许多中世纪和文艺复兴时代的宅邸。下城区在东面，有著名的大教堂附带古老的洗礼堂，文艺复兴时代的圣塞巴斯蒂亚诺教堂等。上城区比下城区约高出50米。

五、韦尔切利——“欧洲水稻乡”

1.城市简况

韦尔切利位于都灵和米兰之间的中点处，为同名省省会和欧洲最大的稻米市场，人口5万多。

2.经济发展

该市地处平原地区，地势平坦，灌溉条件优越，是欧洲最大的水稻产区，也是轻工业中心，以食品加工（碾米、面粉）、纺织（麻与人造纤维）、造纸、化工和机械制造业为主。

六、圣雷莫——欧洲花城

1.城市简况

圣雷莫是意大利西北部城市，有“阳光之城”的美誉。近摩纳哥边境，濒利古里亚海。人口约7万。是著名的沿海游憩胜地。老镇在山麓，崖壁陡峭，街道狭窄，有中世纪教堂等建筑；新镇滨海，以华丽的别墅、旅馆、公园与娱乐场为特色。意大利重要的花卉市场，鲜花向中欧出口。工业有铸铁、榨油与柑橘加工等。

2.历史社会

圣雷莫建于罗马时代，现在是欧洲的“花城”。从这里运往欧洲各国的各色花卉四季不断。还有橄榄油，受原产地保护（D.O.P.，Denominazione di Origine Protetta)的圣雷莫橄榄油也是欧洲各地的抢手货。

3.文化特色

该市有众多名人故居。因发明炸药而成富豪的诺贝尔，1891年在圣雷莫买了一座别墅，并于1896年在这里去世。诺贝尔选择这里安度晚年绝非偶然。在他那个时代，俄国沙皇尼古拉斯二世、奥匈帝国皇后“茜茜公主”以及后来的奥斯曼土耳其帝国的末代皇帝都曾来此度假。意大利小说家卡尔维诺1925年刚满2岁时，全家就从古巴迁回这里，因为这里是其父亲的故乡。卡尔维诺小时候住的那幢别墅既是栽培花卉的试验站，又是热带植物的研究中心。

七、萨沃纳——商港渔港工业城

1.城市简况

萨沃纳濒临利古里亚海，东北距热那亚40千米，人口近8万，为同名省省会。

2.经济发展

萨沃纳是意大利重要港口之一，皮埃蒙特和中欧国家的出口港，也是一个繁忙的渔港。

该市工业有造船、冶金、机械、电子、食品加工等。

八、因佩里亚——花与橄榄之港市

1.城市简况

因佩里亚邻近法国和摩纳哥，为同名省省会，人口4万多。

2.历史社会

因佩里亚原是两座独立的海滨城市：东边的奥内利亚和西边的毛里齐奥港。1923年，根据墨索里尼的意见，两座小城合而为一，并以两城之间的因佩里亚河命名。

3.经济发展

该市以生产和出口橄榄油和花卉著称。

九、奥斯塔——罗马皇帝要塞

1.城市简况

奥斯塔为瓦莱达奥斯塔区首府，居民4万多。

2.历史社会

奥斯塔原为凯尔特人萨拉西部落的聚落。公元前25年被罗马人征服，公元前26年罗马皇帝奥古斯都在此建立要塞。

3.经济发展

奥斯塔是意大利通往法国和瑞士的交通枢纽，阿尔卑斯山脉的旅游中心。

该市工业以冶金和食品加工为主，附近建有水电站。

十、克雷莫纳——世界小提琴之都

1.城市简况

克雷莫纳西边距米兰80千米，居民7万多。

2.经济发展

意大利全国有200多名小提琴制作师，其中一半集中在克雷莫纳。

3.文化特色

克雷莫纳市中心的市政广场有意大利最美的广场之称，广场周围有意大利最高的钟楼（高112米）。

该市是乐器之乡，富有音乐传统。1567年，歌剧创始人之一的蒙特威尔地在此诞生，是他最先把小提琴用在歌剧的管弦乐队中。现在该地设有以蒙特威尔地命名的音乐学院。

十一、瓦雷泽——制鞋中心

1.城市简况

瓦雷泽位于米兰西北50千米，人口9万。

2.经济发展

瓦雷泽以皮革、制鞋业著称，并拥有机械、纺织、塑料、航空器材制造等工业。

十二、松德里奥——山间旅游基地

1.城市简况

松德里奥位于阿尔卑斯山区阿达河谷，为同名省省会，人口2万。

2.经济发展

以盛产萨富拉葡萄酒著名，有棉纺和丝纺业。

3.文化特色

松德里奥毗邻瑞士，环境优美，曾被评为意大利生活质量最好的城市，亦为旅游基地，有索道与附近的阿尔卑斯山旅游地相连。

十三、贝加莫——微缩景区上下城

1.城市简况

贝加莫位于米兰东边50千米处，背靠阿尔卑斯山脉，面向伦巴第平原，人口11万。

2.历史社会

贝加莫是音乐家尼采蒂的故乡，尼采蒂一生创作了74部歌剧，当地有以他命名的博物馆。

3.经济发展

该市旅游业有一定发展。

4.文化特色

贝加莫位于西郊10多千米处，有“小意大利公园”，将意大利全国的主要景点缩小囊括在一座绿树成荫、鲜花盛开的花园里，就如同中国深圳的“锦绣中华”。

西南郊有一处名胜——阿达河畔克雷斯皮，是一个19世纪后期设计和兴建的工业城镇，各项设施都很完善，现已被列为世界文化遗产。

十四、布雷西亚——曾经的欧洲兵工厂

1.城市简况

布雷西亚西距米兰95千米，人口近20万，是伦巴第区第二大城市，同名省省会。

2.历史社会

布雷西亚原为凯尔特人要塞，约公元前200年被古罗马纳入版图，奥古斯都皇帝于公元前27年在此设市。11世纪时，布雷西亚成为独立城邦，1426年归属威尼斯直至18世纪末。16世纪时，为伦巴第最富的城市之一，以制造兵器驰名，号称“欧洲兵工场”，1859年，摆脱奥地利统治，回归意大利。

3.经济发展

布雷西亚现在是交通、工业和农贸中心。为米兰—威尼斯铁路线上的大站。工业以机械、冶金、汽车、军火、纺织和塑料为主。

十五、特伦托——连接德、奥、意的交通枢纽

1.城市简况

特伦托是特伦蒂诺—上阿迪杰区首府，位于阿迪杰河东岸，人口10万。

2.历史社会

早在罗马时期，这里就是沿岸驻军要塞。曾为伦巴第的一个公国和法兰克领地的中心。1027年起长期由政教合一的宗教诸侯统治，在经历了拿破仑占领后，于1814年划归奥地利，第一次世界大战后由意大利接手。

3.经济发展

该市是德国、奥地利南下意大利的铁路、公路要站，拥有轻型机械、纺织、印刷、皮革和家具制造等工业。

十六、梅拉诺——山乡度假地

1.城市简况

梅拉诺以温泉浴场而闻名，面积26平方千米，人口约3万。

2.历史社会

梅拉诺周围地区分布着30多座古堡，最著名的是蒂罗洛城堡，蒂罗尔这个传统地区的名字即源自此城堡。

3.经济发展

梅拉诺葡萄、水果种植业发达。生产酒和化工品。

4.文化特色

梅拉诺是个旅游疗养地，有放射性矿泉。

十七、博尔扎诺——德意文化交汇之城

1.城市简况

博尔扎诺是同名省省会，也是旅游业和商业中心。

2.经济发展

拥有冶铝、铁锰冶金、机械、汽车、纺织与罐头食品加工等工业。

3.文化特色

该市是德、意两种文化交汇的地方。

十八、罗维戈——意农产品集散地

1.城市简况

罗维戈是同名省省会，人口5万。南距波河不到10千米，北至意大利第二大河流阿迪杰河仅2千米。

2.经济发展

该市是附近农区的重要商业中心和农产品集散地，特产芦苇，编席供应全意大利。

食品加工和纺织业为主要工业部门。

十九、特雷维索——历史小城

1.城市简况

特雷维索距离威尼斯20千米，为同名省省会，人口8万。

2.历史社会

特雷维索原为凯尔特人居民点，后为古罗马城市。1339—1797年归属威尼斯共和国，此后归属奥地利，1866年起纳入意大利版图。

3.经济发展

该市工业有纺织和食品加工，此外还有玻璃器皿和陶器制造。

二十、维琴察——意大利工业城

1.城市简况

维琴察位于意大利维尼托区，西距米兰180千米，东临威尼斯，面积2772平方千米，人口80万，素以金银首饰业闻名。

2.历史社会

早在公元前49年，罗马帝国就在此设邑。1404年，该城自动与威尼斯共和国合并，和平繁荣时期延续了400年之久。16世纪时，其经济和文化发展达到顶峰。

3.经济发展

该市是意大利重要的工业城市，工业门类以机械、纺织和皮革为主，对外开放度较高。金银首饰业发达。

二十一、的里雅思特——“小欧洲”大港埠

1.城市简况

的里雅思特是一个多民族多文化的熔炉，除意大利姓氏外，还有德国、奥地利（德语区）、斯洛文尼亚、克罗地亚、匈牙利和捷克等欧洲各国的姓氏，有“小欧洲”之称。

2.历史社会

该市位于意大利东北角，自古以来，就是多国相争之地。1382年起归属奥地利管辖，达500年之久。曾是奥匈帝国的主要港口。第一次世界大战之后，因当地意大利人稍多而划归意大利。二战后，又成为意大利和南斯拉夫争夺的目标，直到1974年才最后确定了国界线。

该市多民族共处的情况与其地理位置和历史有关。

3.经济发展

由于历史原因，该市发展成为一个国际性港口。中欧和东南欧很多国家，尤其是奥地利，以此为货物转口港。港口年吞吐量超过3000万吨，在意大利诸港中排名第二，在亚得里亚海则雄踞第一。

同时也是工商业中心，拥有造船、冶金、炼油、机械和轻纺等工业，全市人口21万。

4.文化特色

该市市区仍保留19世纪的城市格局。

二十二、乌迪内——弗留利人的故乡

1.城市简况

乌迪内位于阿尔卑斯山脉南麓，威尼斯东北130多千米处，距斯洛文尼亚边境只有20多千米，是该区第二大城市，也是同名省省会，人口10万。

2.历史社会

古罗马时期，这里就已是戍边要塞，公元983年见于文献，1420—1797年长期属于威尼斯共和国，深受威尼斯的影响，而后经历了奥地利的统治，1866年回归意大利。

一战中是意大利军队的司令部，城西奥萨里奥迪卡杜蒂教堂处建有一座阵亡将士陵墓，葬有2.2万名战死者。二战中遭到严重破坏，战后重建才恢复元气。

3.经济发展

该市是贸易和工业中心。有钢铁、纺织（丝、棉）、皮革、机械与食品等工业。

4.文化特色

该市市内设有一所大学。

二十三、雷焦艾米利亚——三色国旗诞生地

1.城市简况

雷焦艾米利亚位于波河平原南缘，东距博洛尼亚60多千米，西到帕尔马28千米，为同名省省会，人口13万。

2.历史社会

公元前2世纪建于古罗马艾米利亚大道上，

雷焦意为皇家城堡，由于意大利以雷焦命名的地名较多，为便于区分，加上限定的地区名艾米利亚，市名全称意为艾米利亚地区的皇家城堡。曾为伦巴第公国的都邑，12世纪初为独立城邦，从1409年到1796年由埃斯特家族统治，1859年合并于统一进程中的意大利。

1797年，在法国大革命的影响下，人们在此宣布成立契斯帕达纳共和国（波河以南共和国），以绿红白三色旗为国旗，后来这面旗帜称为意大利国旗。

3.经济发展

该市是重要的农业中心。生产葡萄酒、帕尔马乳酪和肉类，周边盛产苹果、梨、李子和草莓，并有电器、机车、水泥和药品工业，从博洛尼亚到米兰的火车和高速公路从这里经过。

二十四、皮亚琴察——葡萄栽培中心

1.城市简况

皮亚琴察人口10万，为米兰至波罗尼亚铁路和公路的交通枢纽。

2.历史社会

皮亚琴察是历史悠久的谷物种植和葡萄栽培中心。

3.经济发展

皮亚琴察化工、家具等轻工业发展迅速。

4.文化特色

皮亚琴察市区仍保留原有的格局，有不少中古和文艺复兴时期的建筑。

二十五、帕尔马——美食之都

1.城市简况

帕尔马人口近20万，位于米兰和波罗尼亚之间，地跨波河支流帕尔马河两岸。

2.历史社会

公元前183年，罗马人在艾米利亚大道上建立了一个驿站，这标志着帕尔马的诞生。中世纪以来，这里曾先后属于多个诸侯国，是个小邦都邑。19世纪初，拿破仑兵败被放逐，其妻奥地利公主玛丽·路易丝隐退到这里，做个小国之君，修建了铁路和桥梁等设施。

3.经济发展

帕尔马工业以机械、制糖、化肥、医药、制鞋和酒精为主。

4.文化特色

该市奶酪和火腿举世闻名。此外各色香肠和蘑菇、果蔬也极为丰富，有“美食之都”之称。

二十六、费拉拉——欧洲第一座近代城市

1.城市简况

费拉拉坐落在波河下游平原，人口14万。

2.历史社会

公元753年首见于史册，1208—1598年由

贵族埃斯特家族统治，期间作为公国首府，积累了大量财富。

3.经济发展

费拉拉河网密集，农产丰饶，是一个繁荣的贸易中心，北郊还分布着大片工业区，主要有石化、制糖、制鞋与大麻制品等工业。

4.文化特色

文艺复兴时期，该市市区进行了规划，将城市范围扩大了一倍多，是欧洲第一座真正的近代城市，比巴黎的大规模改建要早300年，为此，作为文艺复兴时期城市建设的样板，被列为世界文化遗产。

二十七、摩德纳——法拉利跑车的产地

1.城市简况

摩德纳位于波罗尼亚以西40千米处，人口18万。

2.历史社会

摩德纳最早是山南高卢人的聚居地，公元前218年被罗马人征服，不久成为艾米利亚大道上的要站。12世纪时成为自治城邦。1860年并入意大利版图。

3.经济发展

摩德纳工业发达，技术先进，生产的法拉利跑车以速度快、华丽而闻名世界。

4.文化特色

该市设有一所大学，创办于1175年。

二十八、拉韦纳——但丁安息的地方

1.城市简况

拉韦纳位于佛罗伦萨东北180多千米处，靠近亚得里亚海，有运河相通，人口10多万。

2.经济发展

拉韦纳郊区石化工业和天然气开采十分发达。

3.文化特色

拉韦纳旧城区保持着中世纪的格局。是欧洲拜占庭艺术的宝库，尤其以镶嵌画闻名于世，也是大诗人但丁安息的地方。

二十九、里米尼——海滨乐园

1.城市简况

里米尼位于亚得里亚海之滨，是意大利乃至欧洲有名的度假胜地。人口13万。

2.历史社会

从19世纪中叶开始，里米尼海滩逐渐开辟为旅游区。

3.经济发展

里米尼旅游业发达。距离圣马力诺共和国只有20多千米，有公共汽车相通。

4.文化特色

里米尼沿海岸形成了长达20多千米的海滨度假区，档次不同的大小旅馆多达1600家，客房4万间，酒吧400多家，餐馆190多家，比萨饼店200多家，160多家歌舞厅和电影院，168个游泳池，20多个网球场，还有保龄球场、旱冰场、水族馆和海豚馆等等。为吸引游客，城西北8千米处还建有83平方米的微缩景区“小意大利”，按1:50或1:33的比例造起200多座模型，把意大利和欧洲各地的名胜景点都囊括其中。

至今仍保留罗马时期的古斯托拱门、中世纪的马拉泰斯蒂亚诺教堂和其他古迹。

三十、比萨——斜塔城

1.城市简况

比萨位于佛罗伦萨西北方向，距离佛罗伦萨80千米，人口10万。

2.历史社会

历史上是个海滨城市。随着陆地的扩展，比萨距海越来越远了，但这并不能使人遗忘比萨曾作为海上共和国威镇八方的历史和它作为联结东西方纽带曾起的重要作用。而且，正因为它的历史，它的建筑艺术，今日，比萨已成为著名的旅游城市。

比萨的名气，很大程度上是受惠于比萨斜塔。该塔竣工于1350年，但是工程早于1174年就开始了。当年，工程进行到第三层时，人们就发现，由于地基、建筑结构等原因，塔身出现了倾斜。于是工程中断了。后来，当政者变了，又延请了新建筑师继续了此工程。

随着时间的推移，比萨塔的倾斜程度不断增大，目前已达到4.5米，而且倾斜度还以每年1毫米的速度继续增加。可能正是由于它的斜，和别人不一样，名气应了“歪打正着”，变得越来越大，参观者络绎不绝。

3.文化特色

比萨是意大利重要的文化中心。建于1343年的比萨大学，是意大利最古老、最负盛名的大学之一，现有学生3万余人。

如今的比萨仍保持着中世纪古城的风貌，被列入世界遗产名录。每年前来观光的旅客数以百万计。

三十一、蓬萨克——比萨区高科技企业集中地

1.城市简况

蓬萨克距意大利著名旅游城市比萨40千米，人口1.2万，面积20平方千米，属意大利中小城市。

2.经济发展

该市是比萨大区高科技企业发达、人民生活水平较高城市之一，电脑信息和家具制作业在意大利占有相当的地位，拥有长期家具展销馆，而且还在每年9月底或10月初都要举行盛大的庆祝活动。

三十二、阿雷佐——金银首饰中心

1.城市简况

阿雷佐人口9万，为同名省省会，中世纪曾是自由城市，可与佛罗伦萨相匹敌。

2.经济发展

阿雷佐是意大利金银首饰制作中心，世界上最大的金首饰厂就设在这里，每年加工黄金30多吨。

三十三、普拉托——纺织工业重镇

1.城市简况

普拉托距佛罗伦萨仅16千米，为省会城市，人口17万。

2.历史社会

早在11世纪这里建立自由城镇后开始繁荣，成为商业和毛纺业中心。1350年其由佛罗伦萨统治，城市地位有所下降，今天仍起着佛罗伦萨卫星城的作用。

3. 经济发展

工业发达，是意大利最大的毛纺织工业中心，在欧洲也名列前茅。

三十四、格罗塞托——六角城池

1.城市简况

格罗塞托为省会城市，人口7万。

2.历史社会

格罗塞托原为保护商路的城堡，至今旧城区仍为16世纪的六角形城墙环绕，新城围绕着老城，许多地区是1930年排干附近的沼泽地后发展起来的。

3.经济发展

该市是地方性商业和农业中心。

三十五、马萨——大理石产地

1.城市简况

马萨位于比萨西北50千米处，是同名省省会，人口6万。

2.历史社会

此地9世纪首见记载，曾为马萨—卡拉拉公国都城。

3.经济发展

马萨与其西北7千米的卡拉拉同为大理石生产和加工中心，并向世界各地出口大理石。

三十六、卡拉拉——大理石之都

1.城市简况

卡拉拉距离佛罗伦萨100多千米，依山近海，人口约7万。

2.经济发展

卡拉拉地处大理石矿区，全市超过50%的人的生计与大理石有关。

3.文化特色

卡拉拉年产大理石多达180多万吨，占全世界产量的1／10，且质量绝佳，是世界大理石之都。

三十七、圣吉米尼亚诺——美塔之城

1.城市简况

圣吉米尼亚诺位于佛罗伦萨西南40千米，建在山丘之上，仅有7千居民。

2.历史社会

圣吉米尼亚诺中世纪时曾是富裕的城邦，失去统治地位后一蹶不振，但也因此得以保留下古代的城垣和建筑物，至今仍弥漫着中世纪的气氛。

3.文化特色

该市城市特色是高塔林立，是中世纪教皇派和皇帝派相争时为显示各方财势、监视敌手而建立的家居塔楼，原本建有72座，如今保留下13座，堪称中世纪的摩天楼群，现已被列为世界遗产。

三十八、维亚雷焦——狂欢节之城

1.城市简况

维亚雷焦人口6万，位于利古里亚海附近，是著名的海水浴胜地。

2.文化特色

该市每年一、二月份举行的狂欢节有100多年历史，与法国的尼斯、德国的科隆并列为欧洲狂欢节三大中心。

三十九、皮恩扎——昔日教皇夏宫

1.城市简况

皮恩扎位于锡耶纳东南50千米，只有两三千居民。

2.历史社会

皮恩扎是教皇庇护二世的故乡，他登基后下旨扩建这座小城，作为教皇夏季驻地。文艺复兴早期建筑师罗塞利诺受命设计，工程于1459年开始，由于教皇于1464年死去，工程未能全部完工，仅留下一片建筑，包括大教堂和皮珂罗米尼宫，现已被列入世界文化遗产名录。

四十、皮斯托亚

1.**城市简况**

皮斯托亚位于佛罗伦萨西北，为同名省省会，人口9万多。

2.**历史社会**

皮斯托亚拥有从罗马时期开始的历史，在中世纪及12世纪的自由城市发展起来。

3.**经济发展**

是意大利中部农产品集散地。有军械、金属加工、铁路器材、玻璃等工业，还有供出口的花边编结与花卉栽培。铁路与公路的交点。多罗马式和文艺复兴时期教堂。

四十一、卢卡——作曲家普契尼的故乡

1.**城市简况**

卢卡位于意大利中北部利古里亚海附近，是托斯卡纳大区的一座城市，也是同名省首府，距比萨20千米。

2.**历史社会**

中世纪时是繁华的商业中心。

3.**经济发展**

卢卡以前以丝织闻名，现在则出产上好的橄榄油。

4.**文化特色**

是作曲家普契尼的故乡，其旧居已被辟为纪念馆，他的大型歌剧《图兰朵》也被中国观众所熟知。

四十二、里窝那——意大利最大的海港之一

1.**城市简况**

里窝那是意大利西岸城市，利古里亚海港口。是第勒尼安海的一个港口城市，位于意大利托斯卡纳西部，是里窝那省的首府。里窝那是意大利西岸第三大的港口城市，在阿尔诺河口南13公里处。城西是滨海平原，东、南为低丘所环绕。距比萨20千米，人口17万。

2.**历史社会**

中世纪时为渔村，十九世纪末起发展成重要工业中心。有大型造船厂与有色冶金（铜、铝）、钢铁、炼油、化学、玻璃等工业。铁路、公路与航空枢纽。意大利最大海港之一。输出以石油制品、大理石、玻璃、葡萄酒、橄榄油等。重要渔港。有水族馆、船舶研究所与十六世纪大教堂等。里窝那在1577年由建筑师贝尔纳多·布翁塔伦蒂（Bernardo Buontalenti）建立，18世纪末由利奥波德二世扩建。在文艺复兴时期被认为是“理想的城镇”，当时的建筑至今仍存

在于社区之中。

3.经济发展

该市有大型造船厂和有色冶金（铜、铝）、炼油、炼钢、化学、纺织与食品等工业。

四十三、锡耶纳——赛马重镇

1.城市简况

锡耶纳位于佛罗伦萨以南70千米处，人口6万。

2.历史社会

锡耶纳1125年开始成为独立城邦。1260年击败竞争对手佛罗伦萨后，政治力量空前强大，城市经济显著发展，成为意大利最富庶的城市之一，银行业、毛纺业和陶器制作著称于世。但1348年的黑死病结束了它的黄金时代。

3.经济发展

该市以古城风貌驰名，早在1956年就把所有汽车赶出老城区，旅游业为支柱产业。

4.文化特色

该市是具有中世纪特色的古城，同时还继承了中世纪的赛马盛会——每年七、八月份举行2次赛马活动，是世界著名的赛马盛会。

四十四、安科纳——东海岸港市

1.城市简况

安科纳位于意大利中部，濒临亚得里亚海，是马尔凯区首府和经济文化中心，人口超过10万。该市三面环海，是意大利唯一既可以看到海上日出、又可目睹海上日落的城市。

2.历史社会

该城市由古希腊人所建，筑在伸入大海的岬角上。罗马时代，是繁荣的港口和帝国向海外扩张的基地。中世纪时，是相当强盛的海上城邦。在二战和1972年的地震中，大部分古迹遭到严重破坏。

3.经济发展

安科纳港口旺盛，渔业十分发达。有海轮定期往返于意大利、克罗地亚和希腊诸港，同时也是铁路枢纽，米兰和威尼斯南下布林迪西的干线从这里经过，亦有铁路通往罗马。

工业有造船、机械、化工、医药和轻纺等。

4.文化特色

该市乐器制造业颇负盛名，尤其是吉他、手风琴和电子琴。

四十五、阿斯科利皮切诺

1.城市简况

阿斯科利皮切诺位于马尔凯区南部，距亚得里亚海30千米，为同名省省会，人口5万。

2.历史社会

古时为皮塞尼人居住中心，公元前3世纪被古罗马征服，现仍保留有不少古罗马遗迹，如古城门、城墙遗址、罗马桥、露天剧场等。

3.经济发展

该市地处山区，经济以农业为主，工业有化学、食品、纺织与电工器材等。

四十六、马切拉塔——利玛窦的故乡

1.城市简况

马切拉塔位于马尔凯区中部，北距安科纳约50千米，现为同名省省会，人口4万。

2.历史社会

马切拉塔建于10—11世纪，约1445年并入教皇辖地，成为教皇国一部分直至1860年。

3.经济发展

马切拉塔是重要的谷物集散地，周围农区以饲养猪、羊闻名，并有园艺和花卉栽培业。还有酿酒、烧砖和制造乐器。

4.文化特色

马切拉塔是利玛窦的故乡。1582年意大利传教士利玛窦来到中国，生活了28年，1610年在北京去世。明朝大科学家徐光启与其合作，翻译出西方经典数学著作《几何原本》，在中外文化交流史上是一件大事。

四十七、耶西——腓特列二世的诞生地

1.城市简况

耶西位于安科纳西南约30千米处，人口4万多。

2.历史社会

神圣罗马帝国皇帝腓特列二世1194年诞生在这里，至今市政府大厦的门口还镌刻着皇帝赐与小城特权的铭文。

四十八、洛雷托——天主教朝圣地

1.城市简况

洛雷托在安科纳以南20千米处，是个1万多人的小城镇，但每年来此朝圣者不下百万人，仅次于罗马。

2.历史社会

据传说，原建于以色列拿撒勒的圣母玛丽亚故居，在受土耳其军威胁期间，由天使迁移几次，于1294年落到此地的一片月桂林中，于是人们就在圣母故居上盖起一座教堂，由此这里成长为一座城镇，取名洛雷托。

3.文化特色

该市主要宗教节日是每年9月8日的圣母诞生节。

除教堂外，该镇只有一条狭长的街道，两侧林立着出售宗教物品的商店。

四十九、乌尔比诺——“画圣”的家乡

1.城市简况

乌尔比诺位于佛罗伦萨以东100多千米，整个城市建筑在两个山岗上。人口2万多。

2.经济发展

乌尔比诺古城区的街道布局和特点仍是中世纪的，但城墙外开辟了现代化的住宅区，经济以旅游业、大学和手工业为主。

3.文化特色

乌尔比诺是文艺复兴时期绘画大师拉斐尔的故乡。在他给画作落款时，名字前面总要写上“乌尔比诺”，以示对故乡的深情。

锡釉瓷器颇为著名，其装饰风格独特，很多题材都仿自拉斐尔的绘画。

五十、佩萨罗——音乐家罗西尼的故乡

1.城市简况

佩萨罗濒临亚得里亚海，在里米尼和安科纳之间，为同名省省会，人口9万。

2.历史社会

佩萨罗公元前184年由罗马人创建。14—15世纪里米尼的马拉泰斯塔家族到乌尔比诺公爵统治期间，佩萨罗达到了历史上的辉煌顶点，公爵宫和罗卡·科斯坦扎堡就是那个时代留下来的。佩萨罗现为优美的海滨度假胜地，有几千米长的海滨浴场。

3.经济发展

该市有造船和摩托车制造等行业，在福利亚河口辟有商港。

4.文化特色

1792年大音乐家罗西尼出生在这里，如今，他创作的歌剧每年9月份都在此地的罗西尼剧院上演。其故居也被辟为纪念馆，受音乐爱好者的瞻仰，所在街道也命名为罗西尼大街。

五十一、拉奎拉——高山脚下的鹰城

1.城市简况

拉奎拉位于亚平宁山脉中段，坐落在高峻的大萨索山西麓，西距罗马110千米，车程1小时。是阿布鲁佐区的首府，人口7万多。

2.历史社会

拉奎拉在意大利语中有“鹰”的意思，据说公元前321年，萨谟奈人的领袖加伊奥·蓬齐奥曾在此打败古罗马的军地，他把一面军旗插在地上作为军队安营扎寨的标志，军旗神奇地呈现出一只展翅欲飞的雄鹰形状，后来，人们就把建在这块宿营地上的城市叫做拉奎拉，即“鹰城”。实际上，拉奎拉是1240年腓特列二世建立的，作为与教皇对抗的前哨，后来属于那波利王国，1860年统一于意大利。

3.经济发展

拉奎拉是前往大萨索山区的主要出发地(距亚平宁山脉最高峰科尔诺山仅20多千米)和滑雪、避暑胜地。

生产毛织品和家具等，还有花边等手工业。

五十二、佩斯卡拉——邓南遮诞生地

1.城市简况

佩斯卡拉位于佩斯卡拉河口两岸，为同名省省会，因著名作家邓南遮而出名。

2.历史社会

佩斯卡拉是阿布鲁佐区最大的城市，市名意为“多鱼之城”。

3.经济发展

该市工业以机械、滑雪和食品加工为主。

五十三、帕维亚——古老文化中心

1.城市简况

帕维亚人口8万，距离米兰仅半个多小时车程。

2.历史社会

公元6—8世纪时，这里曾是伦巴第王国首都。中世纪时，繁荣程度超过米兰。但到14世纪，米兰的声势就凌驾其上，帕维亚转而发展成为一个文化中心。

3.文化特色

成立于1361年的帕维亚大学，是欧洲的名牌学府之一，号称“意大利的牛津”，尤以法律、理工和医学研究著称于世。

五十四、基耶蒂——山脊上的小城

1.城市简况

基耶蒂距亚得里亚海仅20千米，坐落在两河之间的小山脊上，是同名省省会，人口5万多。

2.经济发展

近年来，城市不断向河谷发展，为工商业区，有纺织、制糖、烟草加工等工业。

3.文化特色

基耶蒂以考古博物馆闻名。

五十五、泰拉莫——山区古城镇

1.城市简况

泰拉莫是同名省省会，为农业中心，人口5万多。位于佩斯卡拉西北60千米的山区，有公路经穿山隧道于拉奎拉沟通。

2.历史社会

泰拉莫早在罗马征服之前就是居民点。

3.经济发展

泰拉莫出产毛织品、家具和陶瓷制品。

4.文化特色

泰拉莫现存有古罗马剧院遗址。

五十六、佩鲁贾——中部古老的山城

1.城市简况

佩鲁贾位于罗马以北170千米处，是翁布里亚区的首府。人口15万。

2.历史社会

早在罗马兴起前，这里就是伊特鲁里亚人的12个要塞之一，至今仍留有两千多年前的埃特鲁斯门。

3.文化特色

佩鲁贾城中教堂据说有上百座，每隔半个小时，鸣钟一次，遇到宗教节日，更是洪钟齐鸣，声闻全城。

城北的佩鲁贾大学是世界上资格最老的学府之一，创办于1200年，1308年得到教皇的认可。

五十七、特尔尼——水电带动工业城

1.城市简况

特尔尼位于罗马以北105千米处，为同名省省会和工业城市，人口11万。

2.历史社会

特尔尼早在罗马时期已是城镇，但由于地处奈拉河畔下湿地，易生病害，城市发展缓慢，直到19世纪才有所转机。随着工业化的发展，该市周围陆续建起近10座水电站，成为亚平宁半岛最大的水电基地。

3.经济发展

特尔尼丰富廉价的电力促进了当地的工业成长，特别是耗能大的重化工业，如钢铁、电化学、化纤、塑料、军工、机械以及纺织和食品等，城市规模也不断扩大。

4.文化特色

该市市东7千米处的马尔莫雷瀑布是古罗马时期人工修建的，是意大利最大的瀑布，落差达165千米。

五十八、阿西西——“圣方济各”诞生地

1.城市简况

阿西西位于佩鲁贾东南24千米，市区分布在半山腰，只有2万居民。

2.文化特色

阿西西在西方世界赫赫有名，天主教史上一位重要的人物——圣方济各就诞生在这里。

五十九、奥尔维耶托——葡萄美酒教堂城

1.城市简况

奥尔维耶托是意大利西南部城市，位于火山凝灰岩大山的平顶上。居民2万多。

2.文化特色

每年来此朝圣者数十万，他们的目标是镇上的大教堂，此教堂是意大利最著名的教堂之一，历时300年才完工。

六十、斯波莱托——古色古香艺术城

1.城市简况

斯波莱托位于罗马至安科纳铁路的中点，周围群山环抱，人口4万。

2.历史社会

斯波莱托早在公元前7至6世纪已是翁布里亚人城镇，前241年被罗马人征服，成为弗拉米尼亚大道上的要站。8世纪末之前为斯波莱托公国的都城，后属教廷管辖，1860年归属意大利王国。

3.文化特色

每年夏天六、七月，这里举行“世界现代艺术节”，使其跻身于世界艺术名城。

六十一、古比奥——青山脚下的古城

1.城市简况

古比奥位于佩鲁贾东北40千米处，依旧保持中古风貌，人口3万。

2.文化特色

每年5月15日举行登山比赛和秉烛游行，以庆祝圣徒的生日。

六十二、福利尼奥——《神曲》初版诞生地

1.城市简况

福利尼奥位于佩鲁贾东南30多千米处，扼翁布里亚平原与亚得里亚海沿岸之间的交通要冲。人口5万多。

2.历史社会

福利尼奥原为翁布里亚人居民点，后为古罗马城镇。现在城市布局仍表现出古罗马街道匀称的特点。1832年遭到地震破坏，二战中也受到轰炸，战后进行了大规模的重建。

3.经济发展

福利尼奥如今是地区性工商业中心和交通枢纽，有制糖、冶金、纺织、建材、造纸与木材加工等工业。

4.文化特色

福利尼奥市内古迹不多，大教堂、特林基宫和奥尔菲尼宫较为重要。1472年在奥尔菲尼宫印刷了但丁名著《神曲》的第一版，也是第一部用意大利语印刷的书籍。

六十三、伊塞尔尼亚——考古焦点

1.城市简况

伊塞尔尼亚是同名省省会，人口2万多。

2.文化特色

1979年，小城南郊发现了100万年前的古人类阿瑟尼安人，成为世界考古学家们关注的焦点，是欧洲所发现的最古老的人类和极重要的旧石器时代遗址。

六十四、坎波巴索——刀剪产地

1.城市简况

坎波巴索西距罗马225千米，是莫利塞区首府，人口5万多。

2.经济发展

坎波巴索传统手工业原是制造宝剑，现在则以生产刀剪闻名。

该市也农产品集散地，周围的农区相当富饶，盛产橄榄油、葡萄酒、水果、生猪、尤其以乳酪和冬梨著称。

3.文化特色

该市古迹不多，但因地处内陆山区，地势较高，夏季凉爽舒适，是避暑的胜地。

六十五、罗马——永恒之城

1.城市简况

罗马是意大利首都、第一大城。由于它建在7座山丘之上并有悠久的历史，故被称为“七丘城”和“永恒之城”。

2.历史社会

著名的“母狼乳婴”故事记载了有关创建罗马古城的传说。公元前8世纪，罗马国王努米托雷被其胞弟阿姆利奥篡位驱逐，其子被杀死，女儿西尔维娅与战神马尔斯结合，生下孪生兄弟罗慕洛和雷莫。阿姆利奥把这两个孪生婴儿抛入台伯河。落水婴儿幸遇一只母狼用奶汁哺喂成活，后被一猎人养育成人。后来，两兄弟长大后杀死了阿姆利奥，并迎回外祖父努米托雷，重登王位。努米托雷把台伯河畔的7座山丘赠给他们建新都。后罗慕洛私定城界，杀死了雷莫，并以自己名字命名新城为罗马。这一天是公元前753年4月21日，后定为罗马建城日，并将“母狼乳婴”图案定为罗马市徽。

在罗马长达约2800年的历史上，从公元前8世纪到公元476年曾经历了东、西罗马的辉煌时期。1870年，意大利王国军队攻占罗马，意大利统一事业完成。1871年，意大利首都由佛罗伦萨迁回罗马。

3.经济状况

旅游业是罗马的支柱产业。工业主要有建筑业、机械工业等。二战结束以来，罗马的食品、造纸和机械制造业等也有长足的发展。该市共有1100多家旅馆、45000多个床位。全市约有小汽车180万辆、出租车4000多辆。

“条条大道通罗马”，形象地表明了罗马是意大利的交通枢纽，它有铁路、公路通往意大利各地。罗马处于地中海地区的中央位置，也是国际空运的中心之一。

4.文化特色

罗马被喻为全球最大的“露天历史博物馆”。世界八大名胜之一的古罗马露天竞技场，也称斗兽场，建于公元1世纪。宽阔的帝国大道两旁建有元老院、神殿、贞女祠和一些有名的庙宇，如万神庙等。这片露天竞技场遗址的北面，是记载塞维罗皇帝远征波斯功绩的凯旋门，南面是记载蒂都皇帝东征耶路撒冷战绩的蒂都凯旋门，在蒂都凯旋门南面不远处，还有一座为纪念君士坦丁大帝战胜尼禄暴君而建立的罗马最大的凯旋门。帝国大道东边的特拉亚诺市场，是古罗马城的商业中心。市场旁矗立着一根高40米的凯旋柱，柱上螺旋形的浮雕，描绘了特拉亚诺大帝远征多瑙河流域的故事。古城市中心的威尼斯广场长130米，宽75米，是市内几条主要大街的汇集点。广场左侧是文艺复兴时期的古建筑威尼斯宫，右边是与威尼斯宫式样相仿的威尼斯保险公司建筑。此外，雄伟的司法宫、绚丽多姿的纳沃纳广场、圣彼得大教堂无不体现了文艺复兴时期的艺术风格。罗马还有上百座博物馆，收藏着包括文艺复兴时期的艺术珍品。

罗马还是天主教的中心，有700多座教堂与修道院，7所天主教大学，市内的梵蒂冈是天主教教宗和教廷的驻地。

六十六、列蒂——意大利地理中心

1.城市简况

列蒂位于罗马东北80多千米处，为同名省省会，人口4万。

2.历史社会

列蒂原为古代萨宾人的都邑，脍炙人口的意大利古代传说《萨宾妇女之劫》即发生于此。相传罗马人因拐劫萨宾妇女而引起公元前295年的萨罗两族之战，后因这些被劫而与罗马人结婚的妇女们的调解，仇恨终于冰消瓦解，最后索性合二为一，成为罗马帝国的藩属。

3.文化特色

列蒂为意大利中世纪的名城之一，牢固的城墙保存得相当完整。

位于意大利半岛的正中心，故其市内圣鲁福广场旁的墙垣上，刻有18种文字的说明石板，其中也包括“意大利中部”5个非常耀眼的大方块汉字，向世界各地来此的游客炫耀它与众不同之处。

六十七、费罗西诺内

1.城市简况

费罗西诺内位于罗马东南，为同名省省会，人口4万多。

2.历史社会

费罗西诺内早在罗马时期就有居民点，但由于在二战受到破坏，几乎没有留下什么古迹，战后重建成现代面貌的城市。

3.经济发展

该市有纺织、电子、食品、机械等工业，建有直升机制造厂。

六十八、维泰博——护城神节闹古城

1.城市简况

维泰博位于罗马北面80多千米处，是个6万人口的省会城市。

2.历史社会

维泰博中世纪时十分繁荣，公元1257年，教皇及教廷机构搬迁至此，使其成为教皇城。1281年教皇迁离后，城市逐渐衰落，但城中的教皇公馆至今仍保存。

3.文化特色

维泰博每年9月3日晚举行盛大的护城神罗萨纪念游行。罗萨生于1233年，热爱家乡，英勇抗敌，18岁时因病去世，当地居民立她为护城神。

六十九、塔尔奎尼亚——伊特鲁里亚文化宝库

1.城市简况

塔尔奎尼亚位于罗马西北方、距奇维塔韦基亚不远，人口1万多。

2.历史社会

塔尔奎尼亚最早是由伊特鲁里亚人在公元前7世纪修建的，保留了不少伊特鲁里亚人的遗迹。

七十、拉蒂纳——沼泽新城

1.城市简况

拉蒂纳西北距罗马100多千米，人口10万。

2.历史社会

拉蒂纳诞生于1932年，后设为省会，建在排干的沼泽地上。

3.经济发展

拉蒂纳是周围农区的商业中心。

附近建有核电站。

4.文化特色

该市规划整齐，街道呈放射性与方格状结合的布局。

七十一、卡西诺——西方修道院诞生地

1.城市简况

卡西诺位于罗马东南100多千米的山区，人口3万。

2.文化特色

卡西诺本身平淡无奇，但城西9千米的山上建有西方第一座修道院——蒙特卡西诺修道院，这是公元529年由西方基督教隐修制度创始人本笃所建，他在这里写下的教规，成了所有基督教团的通则。二战中，因地势险要，修道院曾被德军占为军事要地，1944年遭受空袭化为灰土，战后意大利政府为之重建，大小样式如旧，如今已成为著名的旅游胜地。

七十二、内米——草莓城

1.城市简况

内米是以草莓闻名的城市。建在可以俯瞰内米糊的山丘上，周围森林环绕，充满紫罗兰、草莓的香气。

2.文化特色

该市每年5月有草莓节。节日时，街道染成了清一色的红色。

七十三、莱切——巴洛克艺术宝库

1.城市简况

莱切是意大利东南端撒伦丁半岛的主要城市，有两千余年历史。人口10万。

2.历史社会

莱切建于古罗马鲁皮埃镇的遗址上。古罗马衰落后成为拜占庭、伦巴第和萨拉森争夺的对象。11世纪被诺曼人占领，1463年属那波利的阿拉贡国王，16—19世纪长期繁荣，财力充裕，大兴土木，采用当时流行的巴洛克艺术风格，修起了很多建筑，成为一座巴洛克艺术的宝库。

七十四、塔兰托——钢铁重镇大港城

1.城市简况

塔兰托濒临塔兰托湾，人口20万。

2.历史社会

塔兰托公元前706年由斯巴达移民建立。

3.经济发展

塔兰托是意大利南部最大的商港、重要渔港和意大利数一数二的军港，工业也有长足发展。

该市建有意大利最大的现代化钢铁企业，拥有2万员工，年产钢上千万吨，铁砂矿通过海运从国外输入。还有机械、石化、水泥和食品等其他工业。

七十五、布林迪西——面向希腊的海港

1.城市简况

布林迪西位于意大利东南角，临亚得里亚海的奥特朗托海峡，为同名省省会，人口9万。

2.历史社会

地理位置优越，古罗马的军用道路阿皮亚古道以此为终点。此地既是陆路终点，又是海路起点，曾多次作为十字军的登船港。

3.经济发展

布林迪西如今是意大利和希腊之间海上运输的大港及工业城市，意大利化工巨头蒙特爱迪生公司在这里建有规模巨大的化工厂。此外，还有炼油、机械和食品等工业。

七十六、福贾——东南铁路枢纽

1.城市简况

福贾位于普利亚区北部，南距巴里135千米，为同名省省会，人口15万。

2.历史社会

福贾曾是神圣罗马帝国皇帝腓特列二世的驻地，后来归属那波利王国。1447年至1806年是征收羊税的中心。此后成为烧炭党活动中心。1731年在地震中被毁，二战中又受到严重破坏，现已重建为现代城市。

3.经济发展

福贾是塔沃列雷平原的中心，为小麦、蔬菜、油橄榄、葡萄、水果、烟草与乳酪等农产品集散地和重要的羊毛市场。

工业以食品、纺织和造纸为主，多为地方性小企业。

福贾是意大利东南部铁路枢纽，位于波罗尼亚—巴里铁路干线上，又有铁路通往那波利乃至罗马。

4.文化特色

很多游客以此为出发点，游览加尔加诺半岛。

七十七、萨莱诺——古老港城

1.城市简况

萨莱诺位于坎帕尼亚区南部沿海，人口15万。

2.历史社会

萨莱诺因11世纪初创设欧洲最早的医科大学而在历史上占一席之地，曾是享誉欧洲的医学城。

3.经济发展

该市西北距那波利48千米，有铁路相通。工业以食品、建材、纺织、机械、陶瓷为主。

七十八、贝内文托——山间古城

1.城市简况

贝内文托位于那波利东北60多千米的山间盆地里，人口6万。

2.历史社会

该市曾为罗马军用大道上的重镇和向意大利南部扩张的基地。

3.经济发展

该市如今是农产品集散地，食品工业很重要。

4.文化特色

该市甜露酒和蜜饯糖闻名意大利。

七十九、阿马尔菲——昔日海上强国

1.城市简况

阿马尔菲是人口只有6千的滨海城镇。

2.历史社会

阿马尔菲中世纪时与威尼斯、热那亚和比萨旗鼓相当，同为意大利人格最强大的沿海共和国。

3.经济发展

该市是意大利重要的旅游胜地之一。柠檬种植业闻名意大利。

八十、阿韦利诺——地震带上的小城

1.城市简况

阿韦利诺位于那波利以东50多千米处，是同名省省会和农贸中心。人口5万多。

2.历史社会

阿韦利诺历史上地震频繁，最近一次发生在1980年。

3.经济发展

阿韦利诺生产食品、葡萄酒和羊毛衫。

八十一、卡塞塔——意大利凡尔赛

1.城市简况

卡塞塔位于那不勒斯以北30多千米处，人口7万。建有举世闻名的宫殿园林，有“意大利凡尔赛”之称，被列入世界文化遗产。

2.经济发展

卡塞塔地处那波利—罗马铁路线上，为农产品集散地。工业以食品加工和玻璃制造业为主。

八十二、波坦察——地震带上的城市

1.城市简况

波坦察位于意大利南部亚平宁山区，西北距那不勒斯150千米，为巴西利卡塔区首府，人口近7万。

2.历史社会

波坦察公元前2世纪由罗马人奠基，6世纪时属于伦巴第人的贝内文托公爵。此后曾经历诺曼人、霍恩斯陶芬和安茹王朝等的统治。1806

年被拿破仑军队指定为巴西利卡塔区首府。1860年举行起义，成为意大利南部第一个驱逐西西里王朝的波旁统治者，响应国家统一号召的城镇。

二战中饱受轰炸之苦，2／3的建筑被毁，战后得以重建。但历史上其受到的最大威胁是地震，因地处地震带。

3.经济发展

现为那不勒斯至塔兰托铁路上的要站，并已通高速公路。周围的谷物、橄榄、葡萄和牛、羊、猪等农畜产品在这里集散，以香肠、羊奶酪和葡萄酒闻名，出口大量的蔬菜和果品。工业有食品加工、建材、机械制造等。

八十三、马泰拉——岩洞城市

1.城市简况

马泰拉是巴西利卡塔区第2大城市，同名省省会，人口5万多。

2.历史社会

马泰拉最早是由希腊人创建的，后来被古罗马占领，中世纪又历经拜占庭和诺曼人的统治。17世纪至19世纪是地区首府。

3.文化特色

马泰拉堪称意大利南部古代文明与现代文化冲撞的典型。

旧城位于一个俯瞰深谷的石灰岩山坡上，其最具特色的是高地斜坡上依势建起的岩洞民居，称为“萨西”，这个岩洞区最多时住有1万多居民。1993年被列入世界文化遗产。

八十四、利多——帕拉丁神庙所在地

1.城市简况

利多位于伊奥尼亚海岸，人口1000多，为海滨度假区。

2.历史社会

利多约公元前700年由希腊移民所建，公元前207年在迦太基大将汉尼拔失败后随军撤退，城市即趋衰亡，如今又走上复兴之路。

3.文化特色

利多以帕拉丁神庙闻名。帕拉丁神庙是一座多立克柱式神庙，建于公元前6世纪，现存15根竖立的精美圆柱（原有36根），还有一座阿波罗神庙，但只剩基础可供凭吊。

八十五、梅尔菲——历史名城

1.城市简况

梅尔菲位于巴西利卡塔区北部，人口2万。

2.历史社会

梅尔菲曾是巴西利卡塔区早期首府，并是神

圣罗马帝国腓特列二世喜爱的住地，后来衰落。

3.经济发展

梅尔菲现为农业、林业和旅游业重要中心，出产谷类、橄榄油、酒和水果。

4.文化特色

梅尔菲现存13世纪的诺曼人城堡。

八十六、韦诺萨——贺拉斯家乡

1.城市简况

韦诺萨位于波坦察北面50多千米处，人口1万多。

2.历史社会

韦诺萨古时原为萨谟奈人居民点，因扼亚平宁大道，成为古罗马要塞，奥古斯都大帝时期的著名诗人贺拉斯就诞生在这里。

3.经济发展

该市现为农业中心，有造纸和橄榄油工业。

八十七、卡坦扎罗——中古丝绸城

1.城市简况

卡坦扎罗位于意大利南部，是卡拉布里亚区首府和同名省省会，人口10万。

2.历史社会

卡坦扎罗建于9世纪。曾于1783、1905、1917年遭受地震的严重破坏，二战中又遭到盟军的轰炸。战后重建为现代城市，并于1971年成为卡拉布里亚区的首府。

3.经济发展

如今，当地的丝织业有所恢复，生产丝绸、锦缎、刺绣、花边、手套等。 是橄榄油和化肥的贸易中心。

4.文化特色

11世纪时，由中国传入的丝绸业发展迅速，欧洲很多王室宫廷都以使用卡坦扎罗的丝绸为荣。1470年，这里的丝织工外流到法国里昂，法国才兴起了丝织业。17世纪时，这里的丝织业达到了极盛。

八十八、雷焦卡拉布里亚——赴西西里要站

1.城市简况

雷焦卡拉布里亚位于亚平宁半岛最南端，是卡拉布里亚区最大的城市和同名省省会，人口18万。

2.历史社会

雷焦卡拉布里亚始建于公元前8世纪，由希腊殖民者奠基。1908年遭到强烈地震的毁灭性破坏，震后重建为现代化城市。

3.经济发展

该市工业种类繁多，产香木、药品、生丝、橄榄油、家具和机械等。

八十九、科森扎——两河汇流藏宝处

1.城市简况

科森扎为同名省省会。市名由拉丁文演化而成，原意为两河流汇合处。人口约10万。

2.历史社会

科森扎最早为布鲁蒂伊人的都城，公元前204年被罗马占领。曾屡受地震破坏，二战中又遭到盟军轰炸。战后重建起来。

3.经济发展

该市是粮食、葡萄酒、橄榄油、生丝和水果等农产品的集散地。

工业以毛纺、食品加工和家具制造。

九十、克罗托内——大希腊城邦

1.城市简况

克罗托内位于塔兰托湾，为同名省省会，人口6万。

2.历史社会

公元前8世纪由希腊殖民者建立。一度成为大希腊范围内的强大城邦。公元前227年被罗马人征服后一蹶不振。近几十年来，该市又重振雄风，发展为卡拉布里亚区最大的工业基地和重要的港口。

3.经济发展

克罗托内建有大型化工厂和有色金属冶炼企业，附近有水电站和硫矿。

4.文化特色

克罗托内附近的沙滩已开发为滨海度假区。

九十一、维博瓦伦蒂亚——古希腊城新省会

1.城市简况

1992年从卡坦扎罗省划出部分地区成立维博瓦伦蒂亚省，该市成为省会。人口3万。

2.历史社会

该地原为古希腊城镇。

3.经济发展

该市为地区农业中心，有运货车与工具制造和番茄罐头等工业。

九十二、巴勒莫——西西里首府

1.城市简况

巴勒莫市位于意大利南端，是西西里岛的首府，人口约130万，面积4992平方千米。

2.经济发展

巴勒莫市的经济主要有旅游、冶金、建筑、造船和纺织业，其中旅游、农业和食品加工业比较发达，传统的手工业和皮革加工在意大利较有名气。

3.文化特色

该市市内公园众多。建于1777年的朱利亚公园是意大利最早向公众开放的公园。

每年7月13—15日，北郊的朝圣山附近都举行庆祝活动祭祀巴勒莫的保护神——罗萨丽娅。

朝圣山北面海滨小镇蒙德罗，不仅是海滨度假胜地，也是意大利乃至世界最有影响力的文学奖——蒙德罗文学奖颁发地，可以说，巴勒莫是世界各国人民文化交流的桥梁。

九十三、阿格离真托——希腊神殿之城

1.城市简况

阿格离真托位于西西里岛南部，为同名省省会，人口5万。

2.经济发展

阿格离真托经济以矿业（硫磺）、农业和旅游业为主。

3.文化特色

城南有个神殿之谷，保留着5座古希腊神殿，其中六柱多立克式协和殿保存最好，颇似雅典的帕尔特农神庙，整个神殿谷考古区已被列入世界遗产名录。

九十四、卡尔塔尼塞塔——中部山城

1.城市简况

卡尔塔尼塞塔位于西西里岛中部山区，海拔568米，同名省省会。人口6万。

2.经济发展

卡尔塔尼塞塔为农业集市中心，有采矿业。

九十五、恩纳——西西里岛中心点

1.城市简况

恩纳为同名省省会，人口3万。

2.经济发展

恩纳主要经济来源是靠避暑地和农矿业中心。

3.文化特色

该市的伦巴第古堡是全城最高点。

九十六、拉古萨——石油沥青矿区

1.城市简况

拉古萨位于西西里岛东南，省会城市，人口6万多。

2.经济发展

拉古萨是意大利重要的石油矿区，也是沥青开采中心，有炼油、石油化工、水泥等工业。

九十七、卡塔尼亚——火山脚下小米兰

1.城市简况

卡塔尼亚位于西西里岛东部海湾，北距欧洲最高的的埃特纳火山20多千米，人口31万，为西西里岛第二大城市和同名省省会，有“小米兰”之称。

2.经济发展

卡塔尼亚经济发达。生产各种机械和化工品。食品加工业和渔业颇盛。

农产品集散地。输出杏仁、柑橘等。

九十八、锡拉库萨——阿基米德的故乡

1.城市简况

锡拉库萨位于西西里岛东南沿海，北距卡塔尼亚60千米，人口13万。

2.历史社会

锡拉库萨公元前8世纪由希腊人建立，前5世纪时极其繁盛，甚至可以与雅典争霸。公元前212年被罗马人攻陷后一蹶不振，从历史中淡出，沦为乡间市镇。

3.经济发展

锡拉库萨旅游业发达。

4.文化特色

锡拉库萨是阿基米德的故乡。该市也由于其自然美景和上古留下的历史遗迹，得以成为西西里岛最吸引游客的地方之一。

九十九、卡利亚里——意大利盐都

1.城市简况

卡利亚里为撒丁岛第一大城市，政治、经济和文化中心，人口16万。

2.历史社会

卡利亚里由迦太基人建立，罗马帝国时期已是撒丁岛上最重要的城镇，现为撒丁岛首府。

3.经济发展

卡利亚里制盐业十分发达，堪称意大利盐都，并拥有石油化工和食品等工业。

一百、萨萨里——意大利古城

1.城市简况

萨萨里邻近北方海岸，为同名省省会，人口13万。萨萨里是撒丁岛上历史最古老的城市之一。

2.历史社会

萨萨里该城是12世纪发展起来的，在比萨统治期间为自由城镇，1284年转属热那亚。1323年起由阿拉贡人统治，直到1817年归属萨伏伊

王朝。

3.经济发展

萨萨里有铁路、公路通往托雷斯港、奥尔比亚等地。工业以农产品加工业为主。

第二节 希腊

一、兹拉马——希腊古城

1.城市简况

兹拉马位于兹拉马平原北部，是希腊东北部内陆州兹拉马州的中心，人口3万多，占全州人口的3/10。

2.历史社会

1922年希腊和土耳其签订协议，交换国民，土耳其人迁离后，该市接收了很多来自土耳其的希腊难民，使当地人口增加了近2倍。

3.经济发展

为农业贸易中心。

4.文化特色

该市市区建在法拉克罗山脚下，由几个现代和古代城区组成。主要古迹是拜占庭时期的古城墙。

二、卡瓦拉——希腊北部工业重镇

1.城市简况

卡瓦拉濒临爱琴海的卡瓦拉湾，是同名州州中心，人口约6.3万，占全州人口的2/5，为商业城镇和现代化港口。

2.历史社会

卡瓦拉最初由来自帕罗斯岛的移民于公元前6世纪建立，后因在附近发现金矿而变得繁荣。公元前168年，卡瓦拉成为罗马共和国的一部分。1371年至1912年期间，卡瓦拉一直是鄂图曼帝国的一部分。

3.经济发展

卡瓦拉是希腊乃至巴尔干地区的重要港口之一，也是希腊北部的工业重镇和经济贸易中心。为希腊北部烟草出口中心。养蜂业发达。旅游业有一定发展。

4.文化特色

该市市内还有考古博物馆、民俗博物馆等多处博物馆可供参观。

三、克桑西——繁荣的农贸中心

1.城市简况

克桑西位于西罗多彼山南麓，为同名州州府，人口约3万，占全州人口的30%。

2.历史社会

克桑西曾是土耳其人的夏营地，居民中多为土耳其人。19世纪90年代开通铁路，1913年巴尔干战争中被保加利亚占领。第一次世界大战后，于1920年归属希腊。

3.经济发展

该市现为繁荣的农贸中心。

4.文化特色

该市市中心有国家花园、中央广场大钟和清真寺尖塔。城郊多修道院。设有乡土博物馆。

沿海的阿夫季拉是个古老的色雷斯遗址，发掘有不少文物。

四、科莫蒂尼——文化之城

1.城市简况

科莫蒂尼位于希腊东北部，西距塞萨洛尼基282千米，北距保加利亚边境23千米，东距土耳其边境100千米，是希腊罗多彼州的首府、东马其顿和色雷斯大区中心，人口约3.8万，占全州人口的1／3。

2.历史社会

科莫蒂尼属于传统的色雷斯地区。1363年被奥斯曼帝国占领，土耳其统治550年后，1913年划归保加利亚，1920年归属希腊。1922年希腊军队进军小亚细亚，被土耳其击败，两国通过谈判大规模交换居民，约60万土耳其人迁离希腊，150万希腊人迁回本国，但色雷斯地区的土耳其居民（穆斯林）被允许留下，居住在伊斯坦布尔的希腊东正教徒也得到保护。如今，希腊色雷斯地区的土耳其人（穆斯林）大约有13万，占色雷斯地区人口的1／3，土耳其少数民族主要居住在科莫蒂尼、克桑西以及这两个城市之间的平原地区。

3.文化特色

由于历史原因，科莫蒂尼呈现出多元文化的风貌。

市内有14个清真寺和多座老式咖啡馆。设有乡土博物馆和考古博物馆。

五、亚历山得鲁波利——亚历山大之城

1.城市简况

亚历山得鲁波利位于埃夫罗斯河口西北的海滨，是埃夫罗斯州的中心，距土耳其国境14千米，人口3.6万，占全州人口的1／4。

2.历史社会

据古罗马时期的希腊大作家普鲁塔克的著作记载，该城是由亚历山大大帝于公元前334年建立的，到1860年时，其遗址上只有一棵树。奥斯曼土耳其人决定在此建城，名为杰贾加赫，意思是“圣人树”。1919年该地区划归希腊时改现名，意为“亚历山大之城”。

3.经济发展

该市有海港、机场，雅典到伊斯坦布尔的国际列车经过此地。

当地特产有丝织品、银首饰、糖果和干果等。

4.文化特色

该地因靠近土耳其，伊斯兰教徒很多，清真寺随处可见。

六、塞萨洛尼基——土耳其国父诞生地

1.城市简况

塞萨洛尼基位于希腊北部沿海，东南欧出爱琴海的要道上，是同名州中心、希腊第二大城市、中马其顿大区中心，也是马其顿地区的政治、经济和文化中心，同时还是一个国际港口城市，市区人口36万，包括郊区在内，超过105万。

2.历史社会

该市的历史可追溯到古代马其顿王国。曾被土耳其统治长达500年之久，土耳其第一任总统、被誉为“土耳其国父”的凯末尔就是在这里出生的。1912年，为希腊所收复。

3.经济发展

塞萨洛尼基是一个主要港口城市和工商业中心。该城主要的工业包括石油精炼、钢铁，石油化工、纺织、机械、面粉、水泥、医药，和酿酒。该城还是整个东南欧的主要交通枢纽。

塞萨洛尼基国际贸易博览会的历史可以追溯到1926年，在每年9月举办10天时间，博览会由希腊总理开幕，每年带来30万游客。同时，以东南欧最重要的文化活动——塞萨洛尼基国际电影节而知名，吸引了许多国际名人。

4.文化特色

该城历史悠久，故古迹众多，以早期基督教和拜占庭建筑闻名于世，这些遗址1988年也被列入世界文化遗产名录。1997年，成为欧洲文化城市。拥有为数众多的博物馆，其中包括塞萨洛尼基犹太博物馆、马其顿当代艺术博物馆、塞萨洛尼基国立当代艺术博物馆（收藏有上千件重要的俄罗斯先锋派艺术作品）、马其顿—色雷斯民间传说与人种学博物馆、拜占庭文化博物馆等。

塞萨洛尼基还是东南欧地区最重要的高等教育中心之一，有2所大学——塞萨洛尼基亚里斯多德大学（希腊最大的大学，建于1926年）和马其顿大学。拥有来自全国的数量众多且活跃的学生。此外还有一所塞萨洛尼基技术学院和一所私立大学。

七、埃泽萨——希腊马其顿地区最美的地方

1.城市简况

埃泽萨位于沃扎斯河谷的陡坡上，希腊北部城市，靠近马其顿共和国边境，古马其顿王国的早期都城。人口1.6万，为派拉（又译皮拉）州中心。

2.历史社会

古罗马时期埃泽萨就是从亚得里亚海到爱琴海的交通要道，至今市内仍保留着那时的古桥。历经保加利亚、拜占庭和塞尔维亚多次攻占后，15世纪时被土耳其人占领，1912年重归希腊。

3.经济发展

如今该城是贸易和农业中心。

4.文化特色

埃泽萨是希腊马其顿地区自然景色最美的地方，有多处瀑布，旅游业有一定发展。

八、韦里亚——圣保罗曾经的避难地

1.城市简况

韦里亚位于希腊北部，是伊马夏州的中心，东距塞萨洛尼基64千米，人口约4万。

2.历史社会

公元50年前后，圣保罗来塞萨洛尼基传教，遭到反对基督教人士的驱逐，曾逃到这里避难。城镇中央清真寺旁边的一个台子是圣保罗传教时的遗址。

1361年起被土耳其人统治500多年，1913年划归希腊。

3.经济发展

韦里亚是一座生机勃勃的现代城镇和商业中心。

这一带是有名的桃和苹果产地。

4.文化特色

市内有考古博物馆，建筑多拜占庭式。

九、卡泰里尼——希腊最大葡萄节举办地

1.城市简况

卡泰里尼位于希腊北部，是皮埃里亚州中心，人口5万多。

2.经济发展

卡泰里尼是皮埃里亚平原的农作物和烟草贸易中心，有卷烟工业。

以盛大的葡萄节闻名希腊，葡萄节在每年9月下旬举行，是该市的重要旅游资源。

相距7千米的外港帕拉利亚是当地沙质海岸线上为数甚少的港口之一。

十、基尔斯基——农业小城

1.城市简况

基尔斯基位于希腊北部，是同名州中心，人口1.5万。

2.历史社会

1922年土耳其、希腊战争结束后，一批来自小亚细亚的希腊族移民在此建立起这座城镇。小镇作为农业中心迅速发展。

3.经济发展

该市现有烟草和纺织等工业。

4.文化特色

该市市内设有考古博物馆。

十一、塞雷——历史名城

1.城市简况

塞雷位于希腊北部边疆、斯特里蒙河平原东侧，人口近6万，是同名州中心。西距塞萨洛尼基100千米，有铁路相通。

2.历史社会

城市起源可追溯到公元前7世纪。1345—1371年曾被塞尔维亚占领，此后由土耳其统治500多年，1913年先为保加利亚攻占，后又归属希腊。保加利亚军队撤退时将此城烧毁。后重建，市容因而呈现代风貌。

十二、波利伊罗斯——希腊纺织城

1.城市简况

波利伊罗斯位于希腊北部哈尔基季基半岛中央，是哈尔基季基州中心，居民不足万人。

2.历史社会

该市自史前就有人居住，并在土耳其奥斯曼帝国时代获得了发展，成为纺织中心。

3.经济发展

该市纺织业发达。

4.文化特色

该市市内的考古博物馆有古希腊时期的精美雕刻。

十三、弗洛里纳——希腊农业区

1.城市简况

弗洛里纳位于希腊西北部的同名州中部，为州中心，人口5万多。

2.历史社会

该城最初为拜占庭帝国所建，后归属奥斯曼帝国。至18世纪，居民主要为土耳其人和阿尔巴尼亚人。巴尔干战争（1912—1913年）后归属希腊。

3.经济发展

弗洛里纳现为当地富饶农业区的集市区。

该市是游客前往普雷斯帕国家公园的基地，食宿和交通设施良好。

4.文化特色

该市市内设有考古博物馆和美术馆。

十四、卡斯托里亚——皮革产业城

1.城市简况

卡斯托里亚位于同名州中部卡斯托里亚湖西的一个半岛上，为州中心，人口1.7万。

2.历史社会

卡斯托里亚最初为古居民点，公元前200年为罗马所占，公元6世纪属拜占庭。

3.经济发展

卡斯托里亚因河狸而得名，很多人从事皮革产业。土耳其统治时期，由于皮毛生意兴隆，该市发展很快，曾是希腊的皮革产业中心。现在因湖中的河狸已经灭绝，改从北欧进口原料。

4.文化特色

卡斯托里亚是一座旅游城市，市内有54座建于拜占庭时期及其以后的教堂。1924年，整个城市被确定为国家级的文化遗产。

十五、科扎尼——希腊文化中心之一

1.城市简况

科扎尼是希腊北部内陆州科扎尼州的中心，人口3万多，也是西马其顿大区的首府。

2.历史社会

该市建于中世纪，是希腊文化中心之一。

3.经济发展

科扎尼现为科扎尼州商业和服务业中心。还建有机场，有通往雅典的航班。

4.文化特色

该市市内有古城堡遗址、建于1664年的圣尼古拉教堂、由清真寺改建的博物馆等。

十六、格雷韦纳——希腊重要城镇

1.城市简况

格雷韦纳位于格雷韦州中部，是州中心，位于巴尔干半岛最南端，人口8000多。

2.历史社会

该城始建于公元前8世纪。

3.经济发展

格雷韦纳经济产业主要是农业、生态旅游、林业及滑雪。瓦西里特萨滑雪是有名的冬季旅游场所。

十七、特里卡拉——希腊西部重镇

1.城市简况

特里卡拉位于希腊中北部，是同名州首府、色萨利大区的西部重镇和农牧业中心，人口5.2万。

2.历史社会

特里卡拉曾为拜占庭卫城。1081年被诺曼底人占领，数百年间发展成为色萨利最重要的城镇。1881年摆脱土耳其归属希腊。

十八、卡尔季察——普拉斯提腊斯故乡

1.城市简况

卡尔季察位于希腊品都斯山脉东部，色萨利平原西南部，为同名州首府，人口4万。

2.历史社会

卡尔季察城镇呈长方形，为土耳其人所建。是希腊民族英雄普拉斯提腊斯的故乡。

3.经济发展

卡尔季察现为农产品、家畜、丝绸的购销中心。附近产沼气。

十九、拉里萨——色萨利平原农贸中心

1.城市简况

拉里萨位于希腊中北部，是同名州首府，人口13万，占全州人口的1/2，是色萨利大区的政治中心。

2.历史社会

该城历史悠久，曾被土耳其统治长达500年之久。

3.经济发展

拉里萨是色萨利平原的农贸中心，也是重要的交通枢纽，有机场、铁路通往沃洛斯、塞萨洛尼基和雅典等地。

二十、沃洛斯——希腊中部最大港城

1.城市简况

沃洛斯位于希腊大陆东海岸，中部港口城市，是马格尼西亚州的首府和色萨利大区的主要出海口，人口8.2万。

2.历史社会

该市历史可追溯到青铜器时代。迈锡尼时期曾为色萨利的都城，中世纪是拜占庭帝国的一个主教所在地。1881年脱离土耳其统治后获得迅速发展。1955年大地震后，城市重建，为棋盘式的城市规划。

3.经济发展

该市的现代工业区沿海湾兴建，城市已扩展到近郊山区，是希腊中部最大的港口。

二十一、约阿尼纳——希腊西北部重镇

1.城市简况

约阿尼纳位于希腊西北部，是同名州中心和伊庇鲁斯大区的首府，希腊西北部主要城市，人口7万多。

2.历史社会

约阿尼纳城市历史较短，曾是拜占庭属下的一个城镇，13世纪时成为伊庇鲁斯采邑（诸侯国）首府，此后一直是伊庇鲁斯的政治经济中心。1788~1822年进入鼎盛时期。1913年，由土耳其人占领的伊庇鲁斯被分割给希腊和阿尔巴尼亚，约阿尼纳和伊庇鲁斯南部一起归属希腊。

3.经济发展

该市现为伊庇鲁斯大区的工商业和农贸中心，以金属制品、银饰和刺绣闻名。

4.文化特色

1970年建有约阿尼纳大学。市内设有博物馆。

二十二、伊古迈尼察——希腊西北门户

1.城市简况

伊古迈尼察坐落在希腊伊奥尼亚海的一个小海湾里，是塞斯普罗蒂亚州中心，人口6000多。

2.经济发展

伊古迈尼察是希腊的西北门户、海陆交通枢纽。

二十三、普雷韦扎——希腊西部港口

1.城市简况

普雷韦扎位于希腊西北部沿海，为同名州中心，人口1万多。

2.历史社会

该市始建于公元前290年，1499年被威尼斯占领，1699年归属土耳其，1913年归属希腊。

二十四、阿尔塔——希腊农贸中心

1.城市简况

阿尔塔位于希腊西部偏北、阿拉赫索斯河东南岸，人口3万。

2.历史社会

古希腊时代科林斯人在此建立殖民地安布拉基亚，今天的阿尔塔市就是建在其旧址上的。中世纪时该市曾是拜占庭的一个主教管区，曾先后受到诺曼底人和伊庇鲁斯诸暴君的统治，后归属土耳其。在希腊独立战争（1821—1829年）中几经战火。1881年土耳其将阿尔塔割让给希腊王国，现为农贸中心。

二十五、克基拉——希腊海空交通枢纽

1.城市简况

克基拉位于希腊克基拉岛东海岸中部，是同名州中心及岛上的重要海港城市，人口3万多。

2.历史社会

克基拉市区雏形起源于威尼斯时代，后又经历过法、英统治，市容具有浓厚的西欧风情。

3.经济发展

克基拉是希腊海、空交通枢纽，为意大利布林迪西和希腊帕特雷客轮航线的中转站。

西南郊有国际机场，航班飞到雅典只需50分钟。

二十六、莱夫卡扎——莱夫卡扎岛主要城镇

1.城市简况

莱夫卡扎位于莱夫卡扎岛东北部，是该岛的主要城镇，人口7000。距雅典5小时车程。

2.文化特色

岛上有14世纪的威尼斯古堡和唱机、唱片博物馆以及民俗博物馆等。

二十七、阿尔戈斯托利——希腊古城

1.城市简况

阿尔戈斯托利位于凯法利尼亚岛西南部，是凯法利尼亚州中心，人口1万，占全州人口的1／4。

2.历史社会

1953年遭遇大地震毁灭性破坏，后重建。历史和民俗博物馆里展示有地震和重建时照片，还有旧农具和民族服装等。

二十八、扎金索斯——诗人索洛莫斯的故乡

1.城市简况

扎金索斯位于扎金索斯岛东部，是同名州中心，人口1万，约占全州人口的1／4。

2.历史社会

该市的房屋大多数是1953年大地震后重建的。

3.文化特色

该市艺术博物馆收集了拜占庭时代以后的艺术品。博物馆门口索洛莫斯广场竖着希腊诗人索洛莫斯的塑像。

二十九、皮尔戈斯——附近农区商贸中心

1.城市简况

皮尔戈斯位于伯罗奔尼撒半岛西部，地处阿尔菲奥斯河下游平原，人口2万多。

2.历史社会

皮尔戈斯处于地震多发区，经常发生破坏性地震。

3.经济发展

为附近农区的商贸中心。外港卡塔科洛位于西部约10千米的海边，建于1857年。有铁路通往帕特雷和奥林匹亚等地。

三十、哈尔基斯——疗养胜地

1.城市简况

哈尔基斯位于希腊埃维亚岛中央，为埃维亚州中心，西临埃维亚湾，人口5万多。市区包括旧城和城北的新城及工业区。

2.历史社会

哈尔基斯在古希腊时代就是重要城邦。

3.经济发展

哈尔基斯现为雅典附近的疗养胜地，也是埃维亚岛的农贸中心。

三十一、卡尔派尼亚——希腊的瑞士

1.城市简况

卡尔派尼亚位于蒂姆夫里斯托斯山脚下，是埃夫里塔尼亚州中心，人口5000。

2.文化特色

当地名胜古迹不多，但周围松林葱郁，景色优美，自誉为“希腊的瑞士”。

三十二、拉米亚——农贸中心和交通枢纽

1.城市简况

拉米亚位于雅典西北215千米处，是弗西奥蒂斯州中心，人口6万。

2.历史社会

拉米亚在古希腊时代就已经存在。

3.经济发展

拉米亚是农贸中心和交通枢纽。

4.文化特色

拉米亚市东南10千米就是著名的温泉关，因关口外有硫磺温泉而得名。

三十三、阿姆菲斯——希腊中部农贸中心

1.城市简况

阿姆菲斯位于希腊中部，是福基斯州中心，人口7000多。

2.历史社会

该市历史悠久，直至罗马后期城市仍很繁荣。10世纪前后被保加尔人破坏殆尽，后又被法兰克人重建，当年所建的古堡至今保存完好。1394年，被土耳其人占领。1829年归属希腊。

3.经济发展

该市还是一个农贸中心。东南郊有铝土矿。

三十四、德尔斐——古希腊宗教中心

1.城市简况

德尔斐位于雅典西北170千米处。曾是古希腊宗教中心。

2.历史社会

著名的阿波罗神庙就建在这里，古时曾以德尔斐神偷闻名于世。

三十五、莱瓦贾——古时军事重镇

1.城市简况

莱瓦贾是维奥蒂亚州中心，位于一个狭隘的河谷里，人口约2万。

2.历史社会

13—14世纪时是十字军的主要力量集结地之一。1460年被奥斯曼帝国占领，成为土耳其统治希腊的重镇。

三十六、科林斯——希腊工业枢纽

1.城市简况

科林斯位于希腊伯罗奔尼撒半岛东北部，是同名州首府，人口约4万，距离雅典78千米。

2.历史社会

科林斯曾是繁荣的海上强国。公元前146年，罗马军队打败曾以科林斯为盟主的亚该亚联盟，开始了罗马人统治希腊的年代。此后古城历经沧桑，饱受战乱和地震之苦。现在的城市是1858年地震后易地新建的，科林斯古城在新城西南5千米处，现是一片废墟。

3.经济发展

科林斯是伯罗奔尼撒边缘继卡拉马塔之后的第二大城市。1981年和1991年两次人口统计显示科林斯是希腊人口增长最快的城市之一。

科林斯是希腊主要工业枢纽，附近的主要工业品为铜线、石油制品、医疗器械、大理石、石膏、陶瓷片、矿泉水、酿造品、肉制品以及树脂。

市东北大约12千米有一家大型炼油厂，是地中海东部最大的设施之一。

三十七、纳夫普利奥——蔬菜种植业重镇

1.城市简况

纳夫普利奥位于伯罗奔尼撒半岛东北部，为阿尔戈利斯州中心，居民1万余人，是个港口和海滨城市。

2.历史社会

据古希腊神话记载，该市是海神波塞冬的儿子纳夫普利奥所建，并以自己的名字命名。19世纪希腊独立后曾为首都。

3.经济发展

附近地区的蔬菜种植业十分发达，带动了食品加工业的发展，产品出口到北美、非洲、亚洲及澳洲等地。

4.文化特色

该城保留了很多威尼斯和土耳其统治时期的古迹。

三十八、特里波利——伯罗奔尼撒半岛交通枢纽

1.城市简况

特里波利位于伯罗奔尼撒半岛中央，是阿卡迪亚州中心及伯罗奔尼撒大区的首府，人口2万多。

2.历史社会

城市建于14世纪。希腊独立战争前一向繁荣，是土耳其统治伯罗奔尼撒的总督所在地。1828年土耳其大撤退时被破坏。1834年重建。

3.经济发展

该市是伯罗奔尼撒半岛的主要交通枢纽，并有铁路通往科林斯和卡塔拉马等地。

三十九、卡塔拉马——舞蹈之城

1.城市简况

卡塔拉马位于宾利奈佐纳斯河及麦西尼亚湾，人口4万，是麦西尼亚州中心。

2.历史社会

卡塔拉马市是希腊的历史名城，建市已有2700年历史，公元395年至1204年一直是拜占庭帝国的要塞。

3.经济发展

该市传统产业和农业发达，盛产优质橄榄油和橄榄，是优质橄榄、葡萄干和麦西尼亚平原水果的主要销售地区。手工业方面，仍保留拜占庭丝织传统。

该市是伯罗奔尼撒半岛上仅次于帕特雷的主要出海口。

该市交通便利，有火车通往帕特雷和雅典。

4.文化特色

该市又被称为舞蹈之城，每年7月举办的世界国际舞蹈节享誉世界。

市内名胜有建于13世纪的古堡。市西北30千米处有古希腊城市麦西尼遗址，该遗址于1957年被发现，现已重现了古城的轮廓。

四十、斯巴达——希腊军事要塞

1.城市简况

斯巴达位于伯罗奔尼撒半岛南部的河谷平原，人口2万。

2.历史社会

公元前1100年，多立安人入侵后，占领斯巴达为据点，建成了一个以奴隶制为基础的军事城邦国家。如今的斯巴达是1834年重建的，街道呈棋盘状，古迹少。

四十一、雅典——西方文明发源地

1.城市简况

雅典位于希腊东南部的阿提卡半岛，是希腊的首都、阿提卡大区的首府和全国最大的城市。20世纪初，雅典人口不足10万，现在市区面积39平方千米，人口超过75万，包括近郊及卫星城在内，面积427平方千米，人口370万。

2.历史社会

古希腊是西方文明的发源地，而雅典作为最发达的城市，是希腊文化的中心，这里曾创造出辉煌的古代文化，至今仍保留着众多的名胜古迹。

3.经济发展

雅典集中了希腊一半以上的工业。

雅典希腊多数大企业、银行、大商店都集中在这里。主要高等院校、科研机构和文化娱乐设施也多设于此。

4.文化特色

雅典还是现代奥运会的创办地，世界级的名城。

四十二、比雷埃夫斯——希腊最大港口

1.城市简况

比雷埃夫斯距离雅典仅8千米，人口18万。

2.历史社会

早在希波战争时，雅典将军地米斯托克利就在这里建起要塞，供舰队使用，曾是雅典海上贸易的门户。公元前86年被罗马人毁坏，逐渐衰落。19世纪再度复兴。

3.经济发展

比雷埃夫斯是希腊最大的港口，年吞吐量1500万吨，客运也很繁忙，超过500万人次/年。

该市是首都重要的工业区，有造船、化工、冶金、机械、纺织等。

4.文化特色

每年1月6日是当地的水节。届时，人们在圣母像的引导下向海滨前进，神父以清水做完祷告后，将用花装饰的十字架投入海中，这时，立在旁边的年轻人则立刻跳入海中拾回十字架。据说，第一个拾回十字架的人将获得全年的幸福。因此，即使当时海水极为严寒，仍有很多人自告奋勇去拾。

每年7月，第一个星期日举行“海周”，有划船比赛等，最后在游艇港举办焰火大会。

四十三、马拉松——马拉松赛发源地

1.城市简况

马拉松距离雅典东北40多千米，是一座小城。

2.历史社会

公元前490年，波斯军队在这里登陆，入侵希腊，遭到英勇抵抗，最后雅典军队大获全胜。

为尽快向首都报捷，雅典军选派了最善跑的士兵菲迪皮兹，这位士兵不顾疲劳，不停的跑，到雅典广场时已精疲力竭，喊了句“我们胜利了”就昏倒死去。为了纪念这位爱国勇士，1896年的奥运会设立了“马拉松赛跑”项目。

3.文化特色

如今，每年这里都举行有国际赛事。

四十四、希俄斯——拜占庭博物馆所在地

1.城市简况

希俄斯位于爱琴海东北部、希俄斯岛东海岸中部，人口2.5万，占全岛人口的一半，是同名州中心。

2.历史社会

希俄斯早在3000年前就已有人类居住。中世纪时曾被海上强国热那亚共和国长期统治。1881年大地震中老建筑被毁严重，后重建。

3.经济发展

希俄斯现在是一个避风港并建有机场。

4.文化特色

该市建有几座博物馆。其中著名的拜占庭博物馆就在这里。

四十五、埃尔穆波利——爱琴海上的海运枢纽

1.城市简况

埃尔穆波利位于锡罗斯岛东海岸，是南爱琴大区首府和基克拉泽斯州中心，人口1.3万。

2.历史社会

该城历史很短，是1822年希腊独立战争爆发后由希俄斯等岛屿逃来的难民们建立起来的，市名取自古希腊神话中的商神赫耳墨斯，意为“赫耳墨斯之城”。

3.经济发展

该市现为兴旺的工商业城镇。

地理位置优越的天然良港，使其成为希腊重要的港口之一。该市是爱琴海上的海运枢纽。

四十六、罗得——罗得岛最大海港城市

1.城市简况

罗得位于爱琴海东南部的罗得岛上，是佐泽卡尼索斯州的首府、罗得岛上最大的城市和海港，人口5万。

2.历史社会

罗得市区分新旧两部分。新市区在老城以北，是20世纪初意大利统治时期建成的。

3.经济发展

该市城南建有国际机场。

4.文化特色

该市设有考古博物馆。市内有苏莱曼清真寺。新城区的曼兹拉基港是著名的旅游点。

四十七、干尼亚——皮靴城

1.城市简况

干尼亚位于希腊最大岛克里特岛北部海岸，是同名州首府，人口5万多，是岛上第二大城市。

2.历史社会

干尼亚历史上曾属于商业共和国威尼斯。市内保存下来的古迹有威尼斯时代的古城墙和威尼斯港口，港口码头上有克里特岛海军博物馆，陈列历史上著名的海战模型。同时还有考古和民俗博物馆。

3.经济发展

干尼亚是克里特岛重要港口，主要输出柑橘、橄榄油和葡萄酒。

4.文化特色

该市以制作皮靴而出名。

四十八、雷西姆农——克里特岛第三大城市

1.城市简况

雷西姆农位于克里特岛北岸，是岛上的第三大城市、同名州首府，人口2万多。

2.历史社会

雷西姆农经历过罗马、威尼斯和土耳其的统治，城市风貌深受威尼斯人和土耳其人的影响。

3.文化特色

威尼斯城堡是该市的主要景点，建于1573年，城堡内有土耳其人建造的清真寺，附近有考古博物馆。

四十九、伊拉克利翁——克里特岛最富裕的城市

1.城市简况

伊拉克利翁位于克里特岛北海岸，是同名州、克里特大区的首府和最大城市，2001年人口14.2万，占全岛人口的1/4。

2.历史社会

该市历史悠久，早在4000多年前的青铜器时代，这一带就产生了辉煌灿烂的米诺斯文明。罗马帝国时期是一个主要的港口。中世纪时曾为威尼斯所有，1669年被让与土耳其奥斯曼帝国。1897年成为克里特国际保护地的一部分，1913年归属希腊。

3.经济发展

伊拉克利翁是克里特岛的政治、经济和交通中心。工商业繁荣，是岛上最富裕的城市。市东4千米处建有国际机场，有公路通往岛内其他主要城市和旅游区。

4.文化特色

该城分为老城和新城2部分。老城区有威尼斯人近500年前修建的城垣，韦尼泽洛斯广场因希腊政治家韦尼泽洛斯而得名，是城市的地标。

市内设有考古博物馆、历史博物馆等。最主要的名胜古迹是米诺斯文明的考古遗址。

第三节 西班牙

一、马德里——西班牙首都

1.城市简况

马德里是西班牙的首都，西班牙第一大城市、交通中心，马德里省首府。市区面积607平方千米，人口约310万。包括郊区和卫星城镇在内，面积1020平方千米，人口452万，海拔670米，是欧洲地势最高的首都。南下可与非洲大陆一水为限的直布罗陀海峡相通，北越比利牛斯山可直抵欧洲腹地，在历史上因战略位置重要而素有“欧洲之门”之称。

2.历史社会

马德里在11世纪前为摩尔人的军事要塞和小集镇。16世纪上半叶，西班牙从封建割据逐渐走向统一，并于1560年将位于国土正中央的马德里定为首都，城市开始繁荣。殖民扩张初期，马德里随西班牙的财富掠夺而发展较快。后海外扩张衰落，梅塞塔高原农牧业衰败，城市经济陷于停滞状态。17世纪初曾一度迁都巴利亚多利德。不久，复为首都，自此逐渐成为中部地区工业和贸易中心。19世纪末发展为全国铁路和公路枢纽。城市集中于城堡周围达数百年，20世纪逐渐向东扩展，20世纪初，人口增长迅速。

3.经济状况

马德里是西班牙中央经济区的综合性经济中心，在当地农业原料基础上发展了纺织、食品等工业。60年代以后，兴起飞机、汽车、机器设备、光学仪器、电子、电气器材、化学、塑料以及军火工业等部门。由于高原内部原料、燃料缺乏，工业向高精尖和综合利用方向发展。

附近山间盆地盛产棉花和葡萄、橄榄、柑橘等果品，并利用天然草场发展起畜牧业。

辐射状的铁路将马德里与国内其他城市和沿海地区联系起来，并有几条连接法国和葡萄牙的国际铁路，是西班牙主要的陆上交通枢纽。巴拉哈斯机场为全国最大的国际航空港。马德里还是金融和商业的一大中心。

4.文化特色

马德里是南欧文化名城之一，具深厚的文化传统，尽管现代西班牙文化中心的地位已被巴塞罗那取代，马德里仍是当之无愧的世界旅游之都，不仅仅因为市内有大量的旅游景点，而且1975年以来马德里一直都是世界旅游组织总部所在地。目前，旅游业已经占马德里生产总值的10%，从业人数占就业总人口的9%。

市内各式各样的凯旋门有1000多个，有街心广场300多个，而且每个广场又各见特色，广场大多配有雕像、喷泉、花卉，广场中心多为雕像和钟楼，各有历史典故。市里有50多家博物馆、1200多家书店。

二、萨巴特尔——世界纺织名城

1.城市简况

萨巴特尔位于西班牙东北部、巴塞罗那正北，属西班牙加泰罗尼亚地区，该地区是西班牙最富有和工业最集中的地区，首府巴塞罗那。人口20多万。

2.历史社会

萨巴特尔原为伊比利亚人和罗马人居民点，称阿拉贡纳，后为阿拉贡王国领土，12世纪改称今名。1373年合并附近村落，扩大范围。

3.经济发展

萨巴特尔19世纪起成为纺织工业中心，还有冶金、化学、电器、皮革等工业。

该市出口产值达2500万欧元，主要出口产品是汽车零配件、机械设备、包装机械、电子产品和纺织服装。

4.话语权

该市工业和服务业在西班牙处于领先地位，另一重要行业是传统纺织业。由于悠久的历史和高质量的设计品质，萨巴特尔市的纺织产品在世界享有盛誉。

三、梅里达——西班牙铁路运输中心

1.城市简况

梅里达全名“至高贵、古老和忠诚的城市梅里达”，梅里达为西班牙埃斯特雷马杜拉自治区首府所在地，2006年人口约5.2万人。

2.历史社会

梅里达是西班牙最漂亮的古罗马式的城市之一，由当时的罗马人在其战略要道上所建。20世纪80年代，梅里达被定为西班牙埃斯特雷马杜拉自治区首府，城市基本建设大为改善。

3.经济发展

20世纪，梅里达逐渐成为西班牙铁路运输中心，工业和服务业得到发展。

4.文化特色

由于其杰出的建筑工艺，一些古罗马建筑经历了大自然的长期严峻考验，较好地保留至今，成为人类依然可以共享的宝贵遗产。

四、莱昂——新兴工业城市

1.城市简况

莱昂市是西班牙西北部城市，莱昂省首府。人口连郊区13.1万（1981）。

2.历史社会

莱昂曾为莱昂王国都城。20世纪中叶起建成新兴工业城市。

3.经济发展

莱昂以制抗菌素著称于世。

五、昆卡——西班牙森林面积最大城市

1.城市简况

昆卡位于西班牙中东部胡卡尔河和韦卡尔河交汇处的锥状山地区，为昆卡省首府，人口5.1万。拥有西班牙最大的森林面积。

2.历史社会

中世纪后期因羊毛贸易兴起，以制造银器著名。

3.经济发展

工业有制革、面粉、造纸、家具、化肥和羊毛纺织品等。

4.文化特色

昆卡古城1996年被联合国教科文组织列入世界遗产目录。

六、马拉加——毕加索的故乡

1.城市简况

马拉加位于西班牙南部安达卢西亚、地中海太阳海岸，也是西班牙的第二大港口。2005年人口55.8万，大都市区人口107万。

2.历史社会

该市最早由腓尼基人建立。从5世纪开始，西哥特人将马拉加置于统治之下。8世纪，摩尔人征服了西班牙，马拉加成为重要的贸易中心。之后马拉加又重新成为基督教占主导的城市。在1936年西班牙内战期间，马拉加遭遇了意大利和西班牙叛军的空袭。1960年代，城市附近的太阳海岸极大地推进了马拉加经济的发展。

3.经济发展

该市港口、旅游业发达。

4.文化特色

马拉加大学是西班牙著名国立大学，是欧洲著名大学之一，

马拉加的娱乐项目在西班牙数一数二，如太阳海岸的“迪波里世界”主题公园、3个水上公园、丰西罗拉的新动物园等，还有著名的鳄鱼公园。

“塞尔沃冒险公园”是欧洲唯一的“冒险、动物和大自然的主题公园”。

同时，马拉加还是天才画家毕加索的故乡，诺贝尔文学奖得主阿莱桑德曾赞誉这片美丽的地方是“天堂般的城市”。

七、萨拉戈萨——西班牙农业重镇

1.城市简况

萨拉戈萨位于西班牙东北部、埃布罗河南岸，是阿拉贡自治区和萨拉戈萨省的首府。2004年人口63.8万。

2.历史社会

该城的发展始于罗马时代，有2000多年的历史。

3.经济发展

该城为铁路枢纽、周围农产品的集散中心。占尽地利的地理位置，交通极为便利，同时也是

埃布罗谷地的功能性重地，是西班牙最具活力的社会与经济前景焦点。

4.文化特色

每年10月开始，西班牙全国贸易博览会在此举行。

有中世纪哥特式和文艺复兴时期古教堂多所。

八、阿利坎特——西班牙旅游胜地

1.城市简况

阿利坎特是西班牙瓦伦西亚大区阿利坎特省省会，地处西班牙发达的东南沿海，是一座美丽的港口城市，人口50万，占全省人口的1／2。

2.历史社会

该市是一座历史悠久的文化古城，城中完好地保存着大量的、具有当地特色的古建筑群，有着古老的民族风情。

3.经济发展

该市充分利用了阳光、海滩的优势，大力发展旅游业，成为欧洲八大旅游度假区之一，年接待游客500万。

该市的产业结构以旅游业为龙头而蓬勃发展起来。第一产业的水果种植业，第二产业的制鞋、玩具、建材、食品、纺织品，第三产业的商贸、金融、房地产等都发展很快。

4.文化特色

全市12所大专院校，为该市培养各类必需的人才。其中，阿利坎特大学是一所具有较高知名度的综合性大学。

九、雷嘎纳斯——汽车城

1.城市简况

雷嘎纳斯位于西班牙首都马德里大区以北的9千米处，总面积43.1平方千米，现有本地居民20多万，外来移民5~6万，是马德里大区第五人口密集区。由于现代建筑体的发展，雷嘎纳斯基本上已经和马德里首都市区连接在一起。

2.经济发展

全市分为19个区，它的交通比较发达，各条高速公路能到达西班牙每个城市。

工业比较发达，拥有多个大型的专业工业区，其中最出名的是雷嘎纳斯汽车城，集世界各类品牌的汽车于一城，是整个欧洲销售量最大的汽车城。

有着比较发达的物流、交通运输、汽车生产、酒瓶设置装备、建筑材料产业，食品和家具公司数量较多。

由于其工业区的规模庞大和发展良好，使得当地的人均收入位于西班牙前列。

3.文化特色

该市还拥有位列马德里自治区公立大学前6位的大学，其中最有名的是西班牙卡洛斯国王第三大学，最出名的学科有工业工程学、电信工程学和计算机工程学等，培养出很多的优秀人才。

雷嘎纳斯市也是华人理想的居住地和发展地，市内有着华人经营的在西班牙最具影响力的餐饮集团和中国家具公司。

第四节 葡萄牙

一、法鲁——旅游城

1.城市简况

法鲁是葡萄牙阿尔加维地区的首府，也是进出阿尔加维的主要门户，是葡萄牙南部沿海地区的最大城市，面积95平方千米，人口约5.1万。

2.历史社会

法鲁是一座历史悠久和多元化文明的城市。它的历史可追溯至公元初年，当时这里是一条大河，在岸边一适于居住的高地逐渐形成了一个由围墙环绕的居民区，法鲁就是在这个居民区的基础上发展起来的。

3.经济发展

该市几乎没有什么工业，第三产业从业人员占劳动人口的84%，以旅游服务业为主，全市大大小小有20家星级旅馆，全年客房入住率达到50%。

4.文化特色

今天的法鲁是一座以旅游为主的城市，沙滩平缓，沙质柔软，其温暖的气候和天然的海滨浴场吸引着大量游客。

二、加亚新城——葡萄酒贸易中心

1.城市简况

加亚新城位于葡萄牙西北部、杜罗河口南岸，与波尔图隔河相望，人口18万。

2.历史社会

该市曾为军事要塞。

3.经济发展

该市工业以陶器、制鞋、纺织、软木加工与酿酒为主。该市是葡萄牙著名的葡萄酒贸易中心和输出港。

4.文化特色

著名的波特酒主要藏于加亚新城的酒窖中，这也是该市的主要旅游景点。

三、科英布拉——葡萄牙文化首都

1.城市简况

科英布拉地处葡萄牙北部，位于蒙德古河北岸的丘陵地上，人口不到20万，距离大西洋仅40千米，在葡萄牙国内的地位仅次于首都里斯本和北部重镇波尔图。葡萄牙语正是发源于此。

2.历史社会

1139—1260年，科英布拉曾是葡萄牙的首都，后来被里斯本取代。

3.经济发展

该地工业主要以食品、皮革、陶器和葡萄酒为主，是葡萄牙铁路和公路的枢纽。

4.文化特色

1290年，科英布拉建成了葡萄牙历史上第一所大学——科英布拉大学，在相当长的一段时间内是葡国内唯一的大学，如今这座有着700多年历史的高等学府依旧是葡萄牙最著名的大学之一，它的历史同这座城市的历史交织在一起，因此人们习惯地称科英布拉为“大学城”。

作为葡萄牙的文化首都，科英布拉每年都会定期举行国际性大型演出。每年5月份，举办规模盛大的燃烧飘带仪式，当地的大学生们用燃烧自己学院的飘带这种方式来庆祝学期结束。按照惯例，整个活动要持续3天。

此外，每年的7月4日被定为科英布拉城市日。

除了浓厚的文化气息外，科英布拉还有一个葡萄牙微缩景观公园，里面有各个葡萄牙著名建筑的微缩模型，政府希望通过这种形式向人们展示葡萄牙。

四、塞图巴尔军——工业城市

1.城市简况

塞图巴尔军位于葡萄牙西南部萨杜河口湾北岸，距离里斯本东南32千米。

2.经济发展

塞图巴尔军是主要渔港。工业以陶瓷、制盐、沙丁鱼罐头、葡萄酒、软木加工为主。输出麝香、葡萄酒、橘和盐。

3.话语权

塞图巴尔军因与里斯本邻近而拥有巨大的经济、贸易价值，港口、军工业在该市地位重要。

4.文化特色

该市古老建筑几乎全毁于1755年地震。但附近尚有罗马时代古城遗迹。

五、卡斯卡伊斯——海滨旅游胜地

1.城市简况

卡斯卡伊斯位于葡萄牙首都里斯本市以西30千米处，面积约100平方千米，人口18.4万，是葡萄牙第三大城市。

2.经济发展

该市交通便利，旅游业发达，是葡萄牙著名的海滨旅游胜地。

工商业繁荣。

第五节　罗马尼亚

一、布拉索夫——罗马尼亚第二大城市

1.城市简况

布拉索夫位于罗马尼亚中部，是罗马尼亚古城、重要的交通枢纽，布拉索夫州首府、也是罗马尼亚第二大城市，以生产拖拉机和卡车著称。东南距布加勒斯特170千米。人口约34万。

2.历史社会

始建于13世纪。14世纪起享有较大自治权。长期是仅次于克卢日的特兰西瓦尼亚地区经济、文化中心。第二次世界大战后成为罗马尼亚仅次于布加勒斯特的第二大工业中心。1950—1960年曾名“斯大林城”。

3.经济发展

布拉索夫以生产拖拉机和卡车为主的机械制造工业著称，产品远销国内外。该市还生产机床和滚珠轴承，纺织 、化学 、食品和木材加工等工业也迅速发展。

该市是罗马尼亚重要的交通枢纽，有国际铁路、现代化公路干线及航空线经由此地。

4.文化特色

该市市内有大学、科研机构和古老的博物馆，以及中世纪的哥特式黑色教堂等古迹。

附近的波亚纳—布拉索夫为体育和旅游中心。

二、康斯坦察——罗马尼亚最大的港口城市

1.城市简况

康斯坦察位于黑海西岸，为罗马尼亚最大的海滨和港口城市、重要的文化与教育中心，人口约38万。

2.历史社会

公元前6世纪辟为商埠，称托米。公元4世纪改用今名。第二次世界大战中遭严重破坏。战后几经重建，已成为现代化的大型港市。

3.经济发展

康斯坦察是罗马尼亚对外贸易的大门，罗马尼亚外贸货物的一半经此出入。港湾开阔，冬季不冻。港区面积700多公顷，装卸机械化程度在90%以上。可与远东、西欧、非洲、地中海和波斯湾等许多港口通航。

该市为罗马尼亚重要的造船业中心，其他主要工业有采掘(石油、天然气、矿产品)、化工(硫酸、化肥)、建材(水泥)、食品加工等。

该市为黑海沿岸渔业基地。有铁路、航空线通内地。

4.文化特色

该市市内有博物馆、剧院、海运学院、古希腊城堡遗址、古罗马建筑古迹等。市郊有海滨疗养旅游地。

三、蒂米什瓦拉——罗马尼亚西部文化中心

1.城市简况

蒂米什瓦拉城跨贝加河两岸，是罗马尼亚西部城市、蒂米什县首府，西部平原最大城市和经济、文化中心。人口40万。

2.历史社会

原为古罗马居民点，13世纪时为要塞，曾称“泰梅什堡”。

1989年12月16日，蒂米什瓦拉发生流血惨剧，直接导致罗马尼亚齐奥塞斯库政权倒台。除前南斯拉夫外，是东欧剧变中唯一以流血形式完成的政变。因此，蒂米什瓦拉亦被称为罗马尼亚“89革命的摇篮”。

3.经济发展

该市为交通枢纽。有机械(电机、电子仪器、农机)、纺织、制鞋、化学和食品等工业。

4.文化特色

该市市内有大学（工学院、医学院、农学院），研究机构以及历史博物馆等。

四、克卢日·纳波卡——罗马尼亚文明的摇篮

1.城市简况

克卢日·纳波卡简称“克卢日”，位于罗马尼亚西北部蒂萨河支流索梅什河上游，为克卢日县首府。城市的名字由两部分组成，纳波卡是古代达契亚的要塞名，克卢日则源自拉丁语，意为“夹在山丘之间的城市”。

2.历史社会

该市是罗马尼亚文明的摇篮，有2000多年历史，达契亚时期成为市镇，称纳波卡，公元2世纪为罗马的自治市，九世纪时是匈牙利王国的组成部分，16世纪后曾长期为特兰西瓦尼亚首府，在1790—1849年和1861—1867年期间，为奥地利帝国统治下的特兰西瓦尼亚公国首都。

3.经济发展

该市是特兰西瓦尼亚主要工业和文化中心、铁路和航空要站。工业有机械制造、化学、食品、制鞋等。

4.文化特色

市内有巴贝什—博利亚伊大学、美术学院、音乐学院等高等学校及科学院分院。

该市有东南欧最大的植物园，种植有全球各地带的多种植物，培植有300多个品种的玫瑰花，被称为“玫瑰花王国”。这座植物园与世界上84个国家的500多个著名的植物园交换资料和种子。在国际比赛中，这里培植的珍贵品种屡次获奖。

五、普洛耶什蒂——石油城

1.城市简况

普洛耶什蒂是罗马尼亚南部城市，普拉霍瓦县首府。在首都布加勒斯特以北60千米处，人口90万。

2.历史社会

该市建于16世纪。1857年建立第一座炼油

厂，以后成为著名的石油城。

3.经济发展

该市石油工业颇具特色，是罗马尼亚著名的石油工业中心，有输油管分别通首都、康斯坦察、布勒伊拉、克拉约瓦和久尔久。主要工业有石油化工、机械制造和金属加工，还有电力、纺织、食品等工业。

4.文化特色

该市市内有石油学院、师范学院、石油化学研究所、石油博物馆。

第六节　南欧其他主要城市

一、马里博尔——斯洛文尼亚工业中心

1.城市简况

马里博尔位于斯洛文尼亚东北部德拉瓦河畔，邻近奥地利，人口10万。

2.历史社会

该市在罗马时期设有居民点。12世纪发展为城镇。1918年归前南斯拉夫，现属斯洛文尼亚。

3.经济发展

马里博尔为斯洛文尼亚重要工业中心，有汽车、农机、电机、化学、铝材、纺织、木材加工、制革、玻璃等。铁路和公路枢纽。附近德拉瓦河瀑布建有水电站。

4.文化特色

该市设有游览地和冬季运动中心。有中世纪哥特式教堂、15世纪要塞和壁画等古迹。

二、新梅斯托——旅游城市

1.城市简况

新梅斯托市位于斯洛文尼亚共和国首都卢布尔雅那东南10千米处，面积36平方千米，人口约6万。

2.经济发展

该市是著名的旅游城市。汽车、纺织、电子器材、陶瓷等工业十分发达。

3.文化特色

该市的版面艺术在欧洲享有盛誉。

三、斯科普里——巴尔干半岛交通枢纽

1.城市简况

斯科普里位于瓦尔达尔河上游，是马其顿共和国的首都，政治、经济和文化中心。现有人口约55万。

图表 4－8 斯科普里景色

2.历史社会

斯科普里具有重要的战略地位，向来为兵家所争之地，加以不同的民族在此聚居，从公元4世纪罗马皇帝把它作为达达尼亚地区的首府起，它多次遭受战争的摧残。这里还几次遭到沉重的自然灾难：公元518年时，地震曾把这个城市摧毁；1963年的大地震，使解放后重建和发展起来的斯科普里遭受严重损失。

1913年，该城被塞尔维亚人在巴尔干战争中攻克，成为1918年成立的塞尔维亚—克罗地亚—斯洛文尼亚王国（1929年更名为南斯拉夫王国）一部分，绝大部分的土耳其人和保加利亚人均离开了该城，使得该城成为了一座以斯拉夫人为主体的城市，正式名称也改为斯科普里。1941年至1945年，该城为保加利亚占领。1945年，该城获得解放，成为马其顿加盟共和国首都。

3.经济发展

在前南斯拉夫统治斯间，斯科普里得以迅速发展，并成为巴尔干半岛南部的主要工业中心。1991年南斯拉夫联盟瓦解，斯科普里成为了独立后的马其顿首都。由于希腊对马其顿的经济封锁，并关闭其出海口萨洛尼卡，使斯科普里的经济严重受挫。1995年希腊与马其顿和解，经济封锁终止，斯科普里再获生机。

斯科普里是巴尔干半岛通往爱琴海和亚得里亚海的重要交通枢纽，交通业有一定发展。

工业主要有烟草加工、冶金、机械制造、化工、电气器材、水泥、玻璃工业等。此外，金银饰品等手工业品也很出名。

4.文化特色

斯科普里有许多名胜古迹。尽管历史上遭

遇过2次灾难性的大地震，现在依然可见罗马帝国和拜占庭城市的废墟，为了纪念1963年发生的强烈地震，斯科普里在老火车站原址，专门修建了“马其顿地震博物馆”。

奥斯曼帝国时期保存下来的Mustapha Pasha 清真寺，建于1492年，是奥斯曼建筑风格的杰出代表；古老的Suli－an、Kurshumi－an和Kapan－an客栈；Daut Pasha市场；Chifte 土耳其浴池；st. Pantelejmon教堂内有举世闻名的12世纪壁画——基督的悲哀；建于6世纪的Kale城堡位于瓦尔达尔河左岸，从那里可以俯瞰整个城市。

每年的5月6日是马其顿的圣乔治节，人们欢庆春天的到来，吉普塞人穿上节日的盛装在Kale城堡和斯科普里的公园里载歌载舞，人们相信圣乔治能给他们带来丰收。

四、比托拉——马其顿文化中心

1.城市简况

比托拉位于马其顿西南部，邻近希腊边境，为马其顿的行政、文化、工业、商业及教育中心，人口10万。

2.历史社会

该市1014年首见于史籍。

3.经济发展

该市工业有金属加工、食品、皮革、纺织和冷藏设备制造等。

4.文化特色

该市设有师范学院。有清真寺多座。

五、库马诺沃——工业之城

1.城市简况

库马诺沃位于马其顿北部、斯科普里东北约20千米处。人口20万。

2.历史社会

该市1660年首见于史籍。

3.经济发展

该市工业有烟草加工、陶瓷、食品加工等。市郊有石棉矿开采。

六、普里莱普——马其顿第四大城市

1.城市简况

普里莱普位于马其顿中南部、斯科普里南约72千米处，为马其顿第四大城市，人口10多万。

2.经济发展

普里莱普工业有机床制造、烟草加工、皮革、电气材料等，还有织地毯等手工业。市郊有云母矿开采。

3.话语权

该市烟草工业有一定发展，市内设有烟草研究所。

七、萨格勒布——博物馆城

1.城市简况

萨格勒布是克罗地亚共和国首都，面积284平方千米，人口近80万。整个城市由三部分组成：上城区、下城区和现代化市区。上城区即由教堂、市政厅等古建筑组成的老城；下城区则是由广场、商业区、歌剧院组成的新区；现代化市区是二战后发展起来的，市中心设有许多政府机构、银行及商业办公中心。

2.历史社会

萨格勒布原意为“战壕”，1094年首次在史料文献中正式出现，迄今已有900多年的历史。历史上，萨格勒布是在两座毗邻的山岗上发展起来的，13世纪形成了有一定规模的城市，16世纪初被称为“萨格勒布”，19世纪是奥匈帝国统治下的克罗地亚首都，是南斯拉夫民族主义运动中心，在南斯拉夫民族解放斗争中起过重要作用。1918年萨格勒布召开的克罗地亚会议，宣布与奥匈帝国断绝关系，建立塞尔维亚—克罗地亚－斯洛文尼亚王国。二战中，该市是轴心国统治下的克罗地亚首都，1945年被南斯拉夫游击队解放，成为前南斯拉夫社会主义联邦加盟共和国克罗地亚首府，曾是前南斯拉夫第二大城市、最大工业中心和文化中心。1991年成为独立的克罗地亚共和国首都。

3.经济发展

萨格勒布在克罗地亚经济生活中占有举足轻重的地位。该市是重要的水陆交通枢纽，是西欧通向亚得里亚海岸和巴尔干半岛的公路、铁路中心。普莱索机场有航班通往欧洲大部分地区。主要工业部门有石化、电力、医药、机械、电器和食品加工等。著名的大企业有伊纳石油公司、克电力公司、普利瓦制药公司和康查尔机电公司等。

4.文化特色

萨格勒布是克罗地亚最重要的文体、教育和科研中心之一。其中成立于1669年的萨格勒布大学是欧洲最古老的高等学府之一。

萨格勒布有“博物馆的城市”之称，市内有各种各样的博物馆，其平均面积比世界上任何一个其他城市都多。

八、里耶卡——克罗地亚第三大城市

1.城市简况

里耶卡位于亚得里亚海克瓦内尔湾畔，是克罗地亚第三大城市和主要的海港城市，面积44平方千米，2006年人口14万。

2.历史社会

该市旧名“阜姆”。公元3世纪罗马设居民点。15世纪起先后受奥、匈、法、意等国统治。第二次世界大战后归前南斯拉夫。现属克罗地亚。

3.经济发展

该市为克罗地亚重要铁路终点、造船工业中心，有石油加工、造纸、汽车、柴油机制造等工业。有输油管通匈牙利、捷克等国。

4.文化特色

该市还设有海洋航运等高等学校。有罗马时代和中世纪古迹。

九、斯普利特——疗养、游览胜地

1.城市简况

斯普利特是克罗地亚共和国历史名城，第一大海港，疗养和游览胜地，坐落在亚得里亚海的达尔马提亚海岸中心，人口20万。

2.历史社会

公元7世纪建城，罗马时代名“阿斯帕拉托斯”，后改称“斯帕拉托”和“斯普利特”。城市建筑以罗马皇帝戴克里先夏宫为核心发展起来。

3.经济发展

该市工业有冶金、造船、水泥、化学、纺织、食品加工等。旅游业有一定发展。

4.文化特色

该市为疗养和游览胜地，市内有罗马帝国时的皇宫和其他古迹，多教堂。附近萨洛纳城是罗马达尔马提亚王朝的古都，现在还保存着有价值的历史遗迹。

该市设有海洋生物研究所、大学、博物馆及艺术画廊。

十、杜布罗夫尼克——亚得里亚海明珠

1.城市简况

杜布罗夫尼克位于克罗地亚亚得里亚海滨、达尔马提亚海岸的半岛上，面积979平方千米。由于依山傍海，风景优美，气候温和，被誉为“亚得里亚海明珠”和“城市博物馆”。

2.历史社会

该市分旧城和新城两部分。旧城建于公元7世纪，建在一块突出海面的巨大岩石上，据说是欧洲中世纪建筑保存得最完整的一个城市。新城建于旧城北侧的缓坡上，地势较高，有现代化剧院、富丽堂皇的旅馆以及其他旅游设施。

3.经济发展

该市是克罗地亚最大旅游中心和疗养胜地。

4.文化特色

该城自古以来还以艺术珍藏和文化发达驰名，被喻为“斯拉夫人的雅典”。

1950年以来，杜布罗夫尼克每年从7月10日到8月25日都要举办一次盛大的仲夏节，在长达一个半月的时间里，要在一些古老的宫殿里或露天舞台上，演出多达100场的各类戏剧和丰富多彩的克罗地亚民间歌舞，对国内外旅游者具有很大的吸引力。

十一、普罗夫迪夫——保加利亚经济、文化中心

1.城市简况

普罗夫迪夫位于马里查河上游，罗多彼山北侧，为保加利亚第二大城市，经济、文化和交通中心，普罗夫迪夫州首府。人口约35万。

2.历史社会

旧称“菲利普波利斯”，原为色雷斯人村落。公元前4世纪时，马其顿王国建为军事要塞。后来该市屡遭战乱和地震灾害，城市几度兴衰。

1885年归属保加利亚。第一次世界大战后工业兴起。第二次世界大战以后食品加工、烟草、纺织和制革工业进一步发展。

3.经济发展

贝尔格莱德至伊斯坦布尔的国际干线由此经过，为保加利亚南部最大的交通和贸易中心。

市内有机械、电器和化学等工业。郊区农业发达。

4.文化特色

该市市内建有农业、医学、师范、食品等多种高等院校，并建有蔬菜、水果树栽培、食品工业等研究所和博物馆、图书馆、歌剧院等。

老城古迹颇多。

十二、瓦尔纳——欧洲度假胜地

1.城市简况

瓦尔纳位于保加利亚东北部，黑海西岸，延伸至瓦尔纳湾，是保加利亚第一大港口、第三大城市，大都市区人口约100万。

2.历史社会

瓦尔纳市是欧洲最古老的城市之一，有着悠久而丰富的历史文化。根据考古发现，距今10万年前的旧石器古代末期就有史前人类在此活动。2600年前，希腊人到此建立城镇，并以该地区守护神“奥得萨斯”命名。很快，这里成为了黑海沿岸最重要的商贸文化中心。681年，保加利亚建国，“奥得萨斯”被更名为“瓦尔纳”。中世纪以来，瓦尔纳一直是保加利亚最大的港口、商业中心和滨海首府。

3.经济发展

瓦尔纳位于黑海西岸，靠近多瑙河出海口和博斯普鲁斯海峡，地理位置重要，是欧洲4、8、9、10号公路的交汇点，亦是连接欧亚的纽带，承担着全保加利亚50%以上的海上贸易，与欧洲、中亚以及非洲都有直达货运航线。同时，还有连接俄罗斯、格鲁吉亚、乌克兰等国的客运班轮。瓦尔纳拥有保加利亚第二大机场，与世界上35个国家的101个城市有定期及包机航线。

瓦尔纳市在保加利亚的经济中占有重要地位，是保加利亚的工业中心，工业门类较多，其中修造船、机械制造、食品加工、汽车制造、化工、纺织、玻璃及陶瓷等较发达。此外，该市也是保加利亚重要的农粮作物产地，水果、蔬菜种植和酿酒业也十分发达。

瓦尔纳为欧洲著名的度假胜地，全市有各类旅游酒店250多家，每年吸引国内外游客超过300万。

4.文化特色

瓦尔纳市是保加利亚科技文化中心之一，保加利亚东部的科研文化机构多聚于此，全市共有国家海军学院、瓦尔纳科技大学、瓦尔纳医科大学、瓦尔纳自由大学、高等商学院等5所重点院校。

此外，瓦尔纳每年还举办音乐节、戏剧节、美术作品展、海洋节等丰富多彩的文化活动。其中最具影响的是开始于1926年的“瓦尔纳之夏”国际音乐节，该活动是欧洲最古老的音乐盛会之一，每年都吸引来自世界各地的专业人士及音乐爱好者参加。

十三、布尔加斯——石油化工之城

1.城市简况

布尔加斯位于保加利亚东部，濒黑海布尔加斯湾，为重要海港、布尔加斯州首府，2005年人口26万。

2.历史社会

该市始建于18世纪。19世纪末随西通索非亚的铁路修建而兴起。

3.经济发展

该市为保加利亚渔业中心、石油化学工业城，还有车厢制造、电缆、鱼罐头等工业。郊区富铁矿、铜矿。城郊有国际机场。

4.文化特色

市内有滨海公园、浴场、休养地。

十四、贝尔格莱德——巴尔干之钥

1.城市简况

贝尔格莱德是塞尔维亚共和国的首都，地处巴尔干半岛核心位置，是欧洲和近东的重要联络点，有很重要的战略意义，被称为“巴尔干之钥”。面积200平方公里。人口155万。

图表4-9 贝尔格莱德夜景

图表4-10 贝尔格莱德老宫殿

2.历史社会

贝尔格莱德是一座拥有2000多年历史的古城。公元前4世纪，凯尔特人最早在这里建立市镇。公元前1世纪，罗马人占领该城。公元4世纪到5世纪，城市受到入侵的匈奴人的破坏，公元8世纪时，南斯拉夫人开始重建。该城原名“欣吉杜奴姆”。公元9世纪改称为“贝尔格莱德”，意为“白色之城”。贝尔格莱德所处的地位十分重要，历来为兵家必争之地，历史上曾遭受几百年的异族奴役，遭到40次严重破坏，先后成为拜占庭、保加利亚、匈牙利、土耳其等国的争夺物。1867年成为塞尔维亚首都。1921年成为南斯拉夫首都，第二次世界大战中几乎被夷为平地，战后重建。2003年2月，成为塞尔维亚和黑山的首都。

3.经济发展

贝尔格莱德是塞尔维亚重要的工业中心，机械、化工、纺织、皮革、食品、印刷、木材加工在国内占突出地位。

交通运输业尤为发达，是塞尔维亚水陆交通运输的总枢纽，在东南欧的国际联运中占有重要地位，铁路线通往全国各地，货运量居全国之首。

十五、萨拉热窝——欧洲穆斯林之都

1.城市简况

萨拉热窝是波黑的首都及重要的工业和铁路运输中心，曾因萨拉热窝事件闻名于世，城市面积142平方千米，人口30多万。

图表4－11 萨拉热窝远景

2.历史社会

公元395年，狄奥多西一世大帝挫败马克西穆斯后，在临终前将西方帝国和东方帝国的边界移到萨拉热窝附近，当时，萨拉热窝还只是个名不见经传的小镇。15世纪后期，土耳其奥斯曼帝国打败塞尔维亚，占领了波斯尼亚和黑塞哥维那，并强迫当地居民改信伊斯兰教，使部分居民成为穆斯林。与此同时，奥匈帝国则武装塞族人，借他们之力为自己守卫边疆，并从此开始了长达几个世纪的厮杀。连年的战争使这个鲜为人知的小镇成为名闻天下的城市，并成为各派力量争夺的焦点，最终变成波斯尼亚和黑塞哥维那的首都。

3.经济发展

萨拉热窝是波黑陆路交通的枢纽和经济、文化的中心。工业主要有动力设备、汽车制造、金属加工、化学、纺织、陶瓷、食品加工等。市内还有一所下设矿业学院、理工学院、理学院和美术学院的大学及数家医院。同时，还是常驻波黑国际组织的集聚地，有36个国际组织和机构以及非政府组织的代表处集中于此。

4.文化特色

萨拉热窝在历史上曾数易其名，现在的名称在土耳其语中为“苏丹总督的宫殿”之意，由此可见，土耳其文化对这座城市的深远影响。

城市分为老城、中心城、新城、新萨拉热窝共4个行政区。老城区的商业街别具特色，有500多年历史，始建于土耳其统治时代。中心城区多为奥匈帝国时代的古典建筑。市内有清真寺100多座，穆斯林人口占了1／3多，使它成为穆斯林的聚居地，故萨市有“欧洲的开罗”和“欧洲穆斯林都”之称。新城区为20世纪80年代兴建。

十六、巴尼亚卢卡——波黑陆路交通枢纽

1.城市简况

巴尼亚卢卡位于波河西北部、萨瓦河支流弗尔巴斯河左岸，人口20万。

2.历史社会

该市15世纪首见于史籍。目前是波黑的塞族共和国政府所在地。

3.经济发展

该市为波黑陆运交通枢纽、畜产品集散中心，工业有炼钢、机床制造、电气设备、木材、合成纤维和食品加工等。

4.文化特色

市内有中世纪清真寺、土耳其要塞、罗马浴室等古迹。

十七、图兹拉——煤都

1.城市简况

图兹拉为波黑北部矿业城市，位于萨拉热窝东北约80千米处，人口10万。

2.历史社会

该市1510年曾为土耳其兵营。

3.经济发展

该市为波黑铁路和公路交会点，煤产量约占波黑的大部分，有“煤都”之称。还有食盐、石油开采。

4.文化特色

该市煤矿业发达，市内设有矿业学院。

十八、都拉斯——阿尔巴尼亚最大铁路枢纽

1.城市简况

都拉斯位于亚得里亚海都拉斯湾北岸，为阿尔巴尼亚最大海港，都拉斯州首府。2003年人口11万。

2.历史社会

该市为欧洲最古老城市之一。公元前7世纪建城。数度被地震和战争所毁，又重建。

3.经济发展

该市为阿尔巴尼亚最大铁路枢纽、公路中心。工业有船舶修造、机车、橡胶、化学、烟草、食品加工等。

4.文化特色

该市还是海洋渔业生产基地，设有海洋鱼类研究所。

十九、斯库台——阿尔巴尼亚第二大城市

1.城市简况

斯库台位于阿尔巴尼亚西北部斯库台湖畔，为斯库台州和斯库台区首府、阿尔巴尼亚第二大城，仅次于首都地拉那。人口约7万。

2.历史社会

斯库台建城于前4世纪，原为古伊利里亚人所建王国之一，前168年为古罗马攻占。7世纪前期被东罗马帝国割让与斯拉夫人，后成为保加利亚人和东罗马帝国争夺的对象。12世纪时，该城一度被威尼斯统治，后落入奥斯曼帝国之手。斯坎德培起义反对奥斯曼帝国后，该城曾经抗击了两次奥斯曼帝国大军围攻，最终还是于

1479年被奥斯曼帝国攻占，此后直到17世纪方才复兴。第一次巴尔干战争期间，该城成为黑山觊觎的对象。1913年4月，在付出1万多人的伤亡后，黑山和塞尔维亚联军终于攻占斯库台。但是在战后的伦敦会议上，黑山外交失败，被迫将斯库台转交给新成立的阿尔巴尼亚。此后在一战中，黑山一度再次占领斯库台，但是阿尔巴尼亚最终还是在各国协助下抵抗住了新成立的前南斯拉夫对斯库台的领土要求。1921年归属阿尔巴尼亚。

3.经济发展

该市中世纪时为重要商业与手工业中心。工业制品有棉织品、丝织品、金属线制品、食品、卷烟、酒类和柳条制品等。

该市为阿尔巴尼亚西北部公路枢纽。

4.文化特色

第二次世界大战前为天主教在阿尔巴尼亚的主要活动中心，有大教堂、公教学院、方济各会、隐修院、图书馆和出版社。

二十、发罗拉——工业之城

1.城市简况

发罗拉位于阿尔巴尼亚西南部、亚得里亚海发罗拉湾东北岸，为发罗拉区首府。人口10万。

2.历史社会

公元2世纪见于记载。1912年在此宣布阿尔巴尼亚独立。曾为重要军港。

3.经济发展

该市工业有石油炼制、化学、水泥、食品、木材、纺织等。

4.文化特色

该市市内有独立纪念馆、古城堡。有海滨浴场，是游览、疗养胜地。

二十一、基希纳乌——摩尔多瓦工业中心

1.城市简况

基希讷乌位于摩尔多瓦中部、德涅斯特河支流贝克河畔，为摩尔多瓦的首都。2001年人口78万。

2.历史社会

基希讷乌1466年首见记载，早期曾被斯特凡三世（大公）统治，后来归属土耳其。在1788年俄国和土耳其战争期间，基希讷乌遭到严重破坏。1812年基希纳乌割让给俄国，第一次世界大战后归属罗马尼亚，1940年重归苏联。1991年8月27日，摩尔多瓦独立，基希讷乌成为摩尔多瓦的首都。

3.经济发展

基希讷乌是摩尔多瓦的工业中心，生产量具、机床、拖拉机、水泵、电冰箱、洗衣机和绝缘线等，有酿酒、磨粉和烟草加工工业，有服装和制鞋厂。

4.文化特色

市内除了一所综合性大学外，还有工学院、农学院、医学院、师范学院、艺术学院和数个科研机构。此外，还有众多的剧院、博物馆和旅游宾馆。

二十二、蒂拉斯波尔——以葡萄酒著称

1.城市简况

蒂拉斯波尔位于摩尔多瓦德涅斯特河左岸，人口20万。

2.历史社会

该市1792年始为要塞，1795年设市。1920—1940年为摩尔达维亚自治共和国首府。

3.经济发展

蒂拉斯波尔工业以罐头食品为主，葡萄酒和白兰地酒以优质著称。

二十三、别利齐——食品加工发达

1.城市简况

别利齐又译“别尔策”，位于摩尔多瓦德涅斯特河右岸支流列乌特河畔，人口20万。

2.历史社会

该市建于15世纪。1818年设市。

3.经济发展

该市工业以食品加工（糖、肉、油、葡萄酒、面粉）为主，次为农业机械和电器制造业。

4.文化特色

该市市内有地志陈列馆和师范学院。

二十四、宾杰里——摩尔多瓦铁路枢纽

1.城市简况

宾杰里位于摩尔多瓦东南部、德涅斯特河下游右岸，人口20万。该市为摩尔多瓦重要河港、铁路枢纽。

2.历史社会

12世纪建城堡。1918年建市。

3.经济发展

工业以丝纺织、棉纺织、缝纫、制鞋及食品加工为主。

4.文化特色

该市市内尚存有16世纪城堡、19世纪教堂和地志陈列馆。

第四章 北欧主要城市发展与经营

第一节 芬兰

一、坦佩雷——纺织城

1.城市简况

坦佩雷位于芬兰西南部，是芬兰南部的中心城市。是北欧最大的内陆城市、芬兰第二大城市，人口约20万。距离芬兰首都赫尔辛基180千米，每天都有火车往返于这2个城市之间。

2.历史社会

该市市名由塔默尔河急流演化而来，其发展也是靠这一水力丰富的急流。1820年，苏格兰人芬来森利用这一急流作为动力，兴建了纺织厂，开始生产棉纱、棉布、毛线和毛呢，因此，该市常被成为“芬兰的曼彻斯特”（英国大纺织城）。

3.经济发展

坦佩雷曾以木材、纺织、金属等工业而闻名全球，在工业革命时期被称为北方的曼切斯特。

该市是芬兰三角形观光路线的顶点（赫尔辛基—图尔库—坦佩雷），为芬兰旅游中心之一。

1779年建立在坦佩雷急流之畔，在19世纪发展成芬兰最工业化的城市，由于新的城市计划，以前的工业区又再次恢复活力，餐馆、商店、运动减肥中心都在这里建立起来。

4.文化特色

该市不仅是工业中心，也是文化重镇。设有两所大学、博物馆及芬兰最大的会议中心兼音乐厅，还有许多研究机构。

该市是芬兰的戏剧之都，1959年建造的带有旋转观众席的露天剧院是每年8月戏剧节会演的中心。

每年，坦佩雷都要举办戏剧节、爵士音乐节和电影节等丰富多采的文化活动，吸引不少国外的游客前来观赏。

二、图尔库——芬兰旧都

1.城市简况

图尔库位于芬兰东南沿海，东距赫尔辛基170千米，为芬兰第三大城市，人口约18万。

2.历史社会

该市是瑞典人12世纪中叶登陆芬兰后建成的，为芬兰最古老的城市之一。市名原意为集市、商场，瑞典语另有一个市名，叫奥布。

3.经济发展

该市工商业发达，造船业规模居芬兰全国首位。2002年，世界最大的豪华游轮在这里下水，该游轮从开工建造到下水，工期仅两年零一个月，建造速度之快为世界造船史罕见，由此可见图尔库的工业实力。

4.文化特色

1812年以前，该市一直是芬兰都城，素有“芬兰文化摇篮”之称，1640年这里创立了芬兰的第一所大学。1827年一场大火使全城几乎化为灰烬，大学也迁往新都赫尔辛基。20世纪初，该市又办起了一所芬兰语大学、一所瑞典语大学和一所经济学院，恢复了文化城市的重要地位。

三、库奥皮奥——滑雪胜地

1.城市简况

库奥皮奥位于芬兰卡拉韦西湖西岸，人口约9万。

2.历史社会

库奥皮奥1653年建立，但长期以来是个人口稀少的小村庄，直到1776年瑞典国王（当时芬兰属于瑞典）古斯塔夫三世命令重新规划，此地才得以大力发展，并于1782年正式建市。

3.经济发展

该市工业主要有木材加工、面粉加工和酿酒。该市是卡拉韦西湖区最大的城市兼旅游中心。

4.文化特色

1972年这里创办了第一所大学。

西郊3000米处的普伊约山海拔230米，是芬兰最著名的滑雪胜地之一，也是俯瞰市容的好地方。

每年有雪上马拉松和国际音乐舞蹈节等活动。

四、萨翁林纳——旅游之城

1.城市简况

由一群岛屿组成的萨翁林纳，位于还未曾受到污染的湖区。

2.历史社会

500多年以前，瑞典皇朝就在这里建立了城堡，以防范俄国的侵略。之后，以贸易为主的移民们相继着在城堡聚集定居，萨翁林纳遂逐渐地发展成为东部的繁荣重镇。

3.经济发展

如今的萨翁林纳已经是芬兰的主要旅游城市。

4.文化特色

著名的萨翁林纳歌剧节则于每年的7—8月间在此举行。

主要名胜包括萨翁林纳城堡（Savonlinna Castlc）、展示该地历史的省立博物馆、建于1800年旧沙皇时代的Rauhalinna庄园、全世界最大的木结构宗教建筑Kerimōki 教堂、陈列当地过去水上交通发展的轮渡博物馆和萨翁林纳贸易集市。

另有萨翁林纳城附近的Pankahairju湖堤，也是国内著名的风景点。

五、拉彭兰塔——芬兰最古老教堂所在地

1.城市简况

拉彭兰塔位于芬兰东南角塞马湖(Saimaa)畔，毗邻通往俄国的西马运河，距离圣彼得堡比赫尔辛基还近，故此小城里到处都渗透和充满了异国风情。

2.历史社会

拉彭兰塔曾是瑞典女皇建立边境要塞的地方。

3.文化特色

塞马运河建设是游客的观光重点，不过更重要的是那里的游船，可以载人跨境到俄国的维堡(Vyborg)游览。拉彭兰塔的主要名胜包括有Linnoitusniemi半岛古要塞上的旧城区、全芬兰最古老的东正教教堂、圣彼得堡著名家族住宅改建成的胡高夫庄园博物馆、塞马运河博物馆。

六、拉赫蒂——芬兰冬季运动之乡

1.城市简况

拉赫蒂位于赫尔辛基以北100千米处，是芬兰著名的冬季运动之乡。

2.经济发展

拉赫蒂不仅是芬兰的冬季体育运动中心，也是一个工业、商业和旅游城市。

3.话语权

拉赫蒂的家具业最为发达，该市是北欧的最大的家具产地。阿斯科(ASK0)和伊斯库(ISKU)是芬兰最大的家具公司。

4.文化特色

该市卡里湾畔的拉努公园，以其特有的雕塑艺术吸引游客慕名而来，公园中的雕塑作品蕴藏着与其他城市中常见的雕塑风格迥然不同的韵味，成为拉赫蒂最富有特色的风景点。

七、波尔沃——诗人之城

1.城市简况

波尔沃坐落在波尔沃河河口，距离赫尔辛基50千米，是一个景色如画的古城。

2.历史社会

建于13世纪，已有680年的历史，是继图尔库之后芬兰的第二古城。

3.经济发展

早在中世纪，波尔沃就是一个重要的进口贸易中心，坐落在波尔沃河沿岸的一排排红仓房向人们展示了波尔沃的航运史，是旅游者争相留影的著名景点。

4.话语权

素以“诗人之城”著称的波尔沃是芬兰许多著名诗人和艺术家居住的城市。芬兰民族诗人鲁内贝格(Johan Ludvig Runeberg)的故居就在这座城市，19世纪初兴建的新古典式的市区内，诗人从1837年到1877年一直住在这里，他的大部分作品都是在这里完成的。鲁内贝格逝世后，他的故居经过修缮，改成博物馆对外开放。

八、纳坦利——欧洲第一豪华酒店所在地

1.城市简况

纳坦利是于1443年从土库郊外的一所修道院发展而来的一座港镇。它虽然地处边角、远离喧嚣，但是到处都满载着精彩，周围弥漫着幽雅的闲情逸致。

2.文化特色

八九世纪的木建楼房、童话故事中五颜六色的姆明世界（Moomin World）、从海港旁的浪漫餐厅、咖啡座到超级豪华的温泉酒店，还有拥有3000多株玫瑰花的芬兰总统夏日行宫，每一处都会令人们过目难忘而回味再三。

纳坦利的主要名胜包括有15世纪的古修道院、仍然维持着中世纪风味的古典老街、大型的童话主题公园姆明世界（Moomin World）、被誉为欧洲第一豪华的纳坦利温泉酒店（Naantali Spa Hotel）和对公众开放的芬兰总统夏日庄园。

九、万达——芬兰第四大城市

1.城市简况

万达市是芬兰首都赫尔辛基的机场城市，因赫尔辛基·万达国际机场而出名，为芬兰的第四大城市。城市面积243平方千米，人口19.6万。

2.历史社会

据文字记录，万达市的前身为赫尔辛格市，始建于1351年，1974年正式成为万达市。

3.经济发展

该市的经济门类多种多样，经济发展迅速。商业和金融服务部门占据主导地位，其次，交通和建筑业在整个工业部门中占1／4。主要工业为食品和工程制造业。

该市交通便利，在芬兰占有重要位置，许多重要的国内外公路和铁路通过，包括斯堪的纳维亚到俄罗斯的18号公路和到圣比得堡、莫斯科的铁路。这些公路和铁路都是欧盟跨欧洲交通网络的组成部分。赫尔辛基·万达国际机场坐落于市中心，是芬兰主要国际机场，约有100多条航线飞往世界各地。

4.文化特色

该市是一个绿色和现代化的城市，居民区为绿地和森林包围。

该市的科技和文化教育发达，最著名的是尤里卡科学中心，是全球科学合作与研究网络的一部分。

十、拉普兰塔——工业之城

1.城市简况

拉普兰塔位于芬兰东南边境，与俄罗斯接壤。面积848平方千米，人口18万，是一个工业城市和大学城。

2.历史社会

该城建于1649年。

3.经济发展

该城是芬兰东南部的技术创新中心和物流贸易中心。木材加工业与造纸业发达。

交通和基础设施发达，拥有芬兰最大的内陆港口、保税区和机场，从赫尔辛基直飞仅半小时；内陆运河横贯芬兰东部，并与波罗的海相连。

4.文化特色

拉普兰塔技术大学和高科技园在芬兰名列前茅。

第二节 瑞典

一、乌普萨拉——瑞典的剑桥

1.城市简况

乌普萨拉距离斯德哥尔摩70千米，截至2008年12月，全市人口19万，是瑞典第四大城市。该市不仅是瑞典的工业、军事中心和铁路枢纽，还是瑞典的文化、教育和宗教中心。

2.历史社会

乌普萨拉曾为瑞典旧王朝的故都。12世纪时，瑞典各公国经常在此召开会议。它也是当时著名的宗教圣地，北欧最古老的乌普萨拉教堂就建在此城。但是后来，城市慢慢地向邻近的一个渔村发展，至13世纪后半叶，此渔村已成为乌普萨拉新的商业和手工业中心。今日的乌普萨拉就是在这个基础上向四周扩展而成。

3.经济发展

乌普萨拉的医药研究非常出名，在生物工程学方面处于领先的地位。拥有美国通用电气公司健康研究中心、辉瑞制药等一批著名企业。

4.文化特色

乌普萨拉是世界上小有名气的文化城市。

乌普萨拉大学始建于1477年，是北欧最古老的大学，目前有4万名学生，历史上曾产生过9位诺贝尔奖获得者。乌普萨拉大学校长至今为止在瑞典仍然是级别最高的大学校长。乌普萨拉大学附设有众多研究所，其中有享誉世界的地震观测所，乌普萨拉城因此而名扬世界。

这座城市还建有博物馆10多个，其中包括专门展出中国展品的中国瓷器馆和中国化石馆。

每年9月9日，一年一度的文化夜是当地重要的文化活动。

此外，每年的4月30日是学生节。

二、基律纳——瑞典旅游胜地

1.城市简况

基律纳位于瑞典北部、罗萨湖东岸、北极圈以北140千米处，是瑞典主要旅游城市，人口3万多。

2.历史社会

“基律纳”是拉普语，意谓“北极松鸡”。早年这里曾是拉普人放鹿的荒山野岭。19世纪30年代在基律瓦拉山发现蕴量丰富的铁矿，但直到1899年铁路通车、铁矿加以开采，这里才迅速发展起来。

3.经济发展

基律纳是瑞典主要旅游城市和现代化矿山城市。

基律纳铁矿蕴藏量约18亿吨，是目前世界上最大的铁矿之一，并且是世界上最大的地下铁矿，采矿设备十分先进，90%的矿石出口国外。

每年6月份，基律纳的太阳昼夜长在，游人纷至沓来，竞相看奇妙的“半夜太阳”甚至壮观的北极光。

4.话语权

作为矿山之城，基律纳在世界上享有重要地位。铁矿开采已有70多年的历史，现已由露天开采转为地下开采。矿内巷道宽阔，采矿设备十分先进。

三、埃斯基尔斯图纳——工业城

1.城市简况

埃斯基尔斯图纳人口约9.2万，面积1104平方千米，位于距首都斯德哥尔摩市西100千米的梅拉伦湖附近。

2.历史社会

该市历史悠久。早在17世纪就以工业闻名。1997年从斯德哥尔摩到埃斯基尔斯图纳的高速列车开通以来，该市成为快速发展的美兰湖地区的中心，现在到斯德哥尔摩只需一个小时的车程。麦拉道伦大学的快速发展，也为该市的发展做出了积极贡献。

3.经济发展

目前制造业在埃斯基尔斯图纳市仍占有很重要的地位。同时新兴工业不断涌现，使该市的经济产业向更宽更广的领域发展，成为麦拉道伦西南部地区的贸易中心。其主要工业有：制造业、物流、保卫安全、测量技术及能源等。

4.发展特色

在未来数年内，埃斯基尔斯图纳市将作为地区贸易中心，为工业发展提供更广阔的空间。

四、南泰利耶——瑞典药都

1.城市简况

南泰利耶位于瑞典首都斯德哥尔摩以南30千米处，面积528平方千米，人口7.8万。

2.经济发展

该市经济发达，是重要的交通枢纽城市，也是2家世界著名企业——阿斯利康制药公司和斯堪尼亚（世冠）汽车制造公司的发源地和总部所在地。

五、欧文卡利——瑞典北方经济中心

1.城市简况

欧文卡利市位于瑞典王国最北方省份北博顿省的中部，面积2790平方千米，人口稀少，不到5000人。该市气候四季分明，夏季阳光充足，气候湿热，昼夜有光；冬天冰天雪地，气候寒冷，每天光照只有几个小时。

2.经济发展

欧文卡利市经济较发达，国民生产总值为1亿美元左右，属于中央政府指定的重点开发区。目前，全市拥有分布于110个行业的250家企业。市政府最大的企业是一家建材制造厂，名为"伊索拉明"，伊索拉明生产的轮船装修建筑材料远销世界各地。

该市资源十分丰富。最大的自然资源是森林，木材加工在经济中占相当重要的地位，每年的采伐量达到28.8万立方米。

3.文化特色

该市旅游资源丰富，打猎、钓鱼、野营、冰雪运动是主要旅游项目，北极圈穿过市内，夏季极昼，冬季极夜，吸引了世界各地的游客。

第三节 丹麦

一、欧登塞——童话大王安徒生的故乡

1.城市简况

位于哥本哈根和日德兰半岛之间，是哥本哈根通往日德兰半岛的必经之地。人口15万，是丹麦第三大城市。

2.历史社会

该市得名于奥丁神，奥丁是古代北欧神话中众神的领袖，也是文化和英雄的保护神，因此，他被视为智慧和勇敢的化身。相传欧登塞曾是敬奉奥丁神的神殿，今天欧登塞则因是安徒生出生地而闻名。

欧登塞已有千年历史，公元988年神圣罗马帝国奥托三世在一封信中宣称，欧登塞是帝国的领地，从此归他管辖。这份最早记录欧登塞的文书档案，被看作是这个城市的独有历史而骄傲。

3.经济发展

如今，欧登塞是北欧有名的农产品集散地，食品、电子、机械等工业都很发达，也是丹麦重要的文化中心，有丰富的文化遗产。

二、斯特林——高新技术之城

1.城市简况

斯特林市是丹麦的一个中小城市，位于北德兰省，人口约2万。

2.经济发展

该市紧靠高速公路，交通便利。

主要产业为高新技术(风力发电设备、触摸式开关和电器控制设备生产)和高科技通信(手机生产)等产业，其中较有名的有N.E.G.MICON公司，是生产风力发电设备的企业，产品销售到20多个国家，在世界很多地方都有分支机构。MEKOPRINT公司，是触摸式开关及电器控制设备生产企业，产品75%出口，出口到瑞典、德国、英国、法国、葡萄牙及中国广东设有分支企业。CARNITECH公司，专业生产各种海产品、肉产品的加工冷冻设备。其设备可以直接安装在鱼船上，所有加工工序都可以在船上完成。在亚洲一些国家设有分厂。

三、拜瑟克伦城市联合体——丹麦高科技中心

1.城市简况

拜瑟克伦城市联合体由地处丹麦首都哥本哈根西北方向的巴勒鲁普、伊代尔和腓特烈松等3市组成，总面积约467.73平方千米，居民人口13万。

2.经济发展

作为邻近首都的新兴工业、住宅和商业区，拜瑟克伦目前已成为大哥本哈根地区中发展最快的区域，人均GDP达4.7万美元，户均年收入达7.9万美元。

该地区28%的人口接受过高等教育，是北欧受高等教育人口密度最高的地区；也是产学研合作较为成功的地区，拥有14所大学和商业学校，在校学生15万，其中2000名博士生从事生命科学研究，此外还有1万名各类研究人员。

该地区在生物技术和硅材料方面的研发力量较为雄厚，特别是其“药谷”是世界领先的生物技术产业集聚区之一。钢铁冶金、化工和食品是该地区的三大产业。众多丹麦和国际著名企业如诺和诺德制药、西门子厨房用具、施乐办公用品、奥迪康助听器、安步医疗设备、霍尔德·托普索催化剂等均在该地区建有工厂。

3.发展特色

巴勒鲁普——丹麦“药谷”、“硅谷”

巴勒鲁普位于丹麦首都哥本哈根以西15千米处，全市面积34平方千米，总人口4.7万，是拜瑟克伦城市联合体的重要组成部分。

巴市是哥本哈根的新兴工业区，有2000余家企业，4万个就业岗位，年度财政收入3亿欧元，加上退休养老金达4.5亿欧元。

巴市有丹麦的“药谷”和“硅谷”之称：医药公司相当多，诺和诺德（Novo Group）制药公司、诺华（Novartis Pharma）制药公司的研发中心以及丹麦临床与基础研究中心(CCBR西斯比亚）总部、丹麦利奥制药总部均设在这里；著名的国际公司康帕斯（Kompass)、费特拉（Ista)、巴斯夫(Basf)、三菱等都在巴市建有工厂，该市内的丹麦瑞声达听力集团（GN Resound)是全球最大的助听器——微型耳机生产集团，2005年销售额66.44亿欧元。

此外，北欧最大的垃圾焚化厂也位于巴市，该厂年处理各类垃圾60万吨，每处理一吨垃圾能提供2兆瓦时的热能与2/3兆瓦时的电能，年

产能达140万兆瓦时，主要供应哥本哈根地区供暖系统。

腓特烈松

位于巴勒鲁普市西边15千米处，西临罗斯基勒海湾，面积260平方千米，人口4.4万，是拜瑟克伦城市联合体的重要组成部分。

腓市是高新产业和富人住宅区。

位于腓市的PVA Tepla公司是国际著名的单晶硅生产集团。

该市的戴安娜森师范学院，最早是丹麦皇帝菲利普七世的王后戴安娜的行宫，遵戴安娜的遗言改为孤儿院，1958年丹麦政府将其改造成培训基地，为隶属于各教会的残疾人获得一技之长提供培训服务。

伊代尔

该市界于巴勒鲁普市与腓特列松市之间，面积126平方千米，人口4.05万，是拜瑟克伦城市联合体的重要组成部分。

该市内的哥本哈根商学院是一所成人职业学校，注重培养学生解决实际问题的能力，包括职业培训和带薪进修，也向国际开放。

第四节　北欧其他主要城市

一、阿克雷里——冰岛雅典

1.城市简况

阿克雷里是冰岛第二大城市，也是冰岛北部最大的港口。它位于冰岛最北部的埃亚峡湾的尽头，地处北极圈边缘，背依雪山，面临碧湖，风景秀丽，被人们称作"冰岛北部的雅典"。2006年人口1.5万，但全市的建筑面积却很大，约相当于一座有一二十万人口的中等城市。

2.历史社会

该市建于1786年。

3.经济发展

阿克雷里是冰岛著名的渔业加工工业中心，也是冰岛北部的重要贸易中心。附近海域里盛产沙丁鱼等鱼类，市区建有全冰岛最大的鱼类加工厂，这里生产的大冻鱼、鱼罐头、鱼粉、干鱼等鱼产品远销到欧美、非洲等地。该地还是冰岛重要的农产品、畜牧产品的集散地。

市郊有机场，可提供便捷的交通。

4.文化特色

阿克雷里是冰岛旅游中心之一，这里的夜半太阳可谓当地的一大奇景，每年的六七月份，这里几乎终日可见太阳。

阿克雷里有地球上最北的植物园，园里种植着冰岛各地及其他国家移植来的2000多种花草树木，其中还有中国的菊花。因此，阿克雷里又有"北极圈边的花园城市"的美誉。

阿克雷里自然历史博物馆展出冰岛的各种鸟类、海兽、海藻及陆地植物的标本等，是冰岛菌类和其他低等生物的研究中心。

该市文化教育事业比较发达，设有公共图书馆、博物馆、少年宫、剧院、体育馆和学校等。

二、特隆赫姆——加冕之地

1.城市简况

特隆赫姆是挪威第三大城市，人口约1万。位于挪威西海岸中部，尼德河与特隆赫姆湾交汇，为南北挪威的分界点。

2.历史社会

公元997年，挪威国王奥拉夫一世创建了此城。该市原名尼德罗斯（由尼德河而得名），曾是挪威的第一个都城。由于历代国王都在此加冕，所以市名后来改为特隆赫姆，挪威语特隆意为“王位、加冕”，赫姆意为“家”，合在一起即“加冕之地”。

3.经济发展

该市的港口为不冻港，海陆空交通便利。工业以造船、鱼类罐头、木材加工等为主。

三、斯塔万格——北海油都

1.城市简况

斯塔万格位于挪威西南海岸，在挪威的经济发展史上占据重要地位。

2.历史社会

斯塔万格建于公元8世纪。1810年，一个法国人在此建起第一个沙丁鱼罐头加工厂，到20世纪上半叶，斯塔万格成为欧洲最大的沙丁鱼加工之地。

3.经济发展

沙丁渔业自20世纪50年代起逐渐衰落，因为随着冰箱的普及，鱼罐头的需求量已大为减少。就在小城即将陷入困顿之时，1969年在北海上发现了埃科菲斯克油田，北海油气资源的开发又为斯塔万格注入了新的活力，使其成为北海油气田的后勤基地。

4.话语权

建有世界最大的石油钻台——“斯塔特峡湾B号”，总高271米，总重89.9万吨。

众多跨国的石油公司在这里设立分支机构。11万城市人口中，有8000人来自几十个国家，2万人从事与石油有关的工作。

四、圣地费尔——地球上最大的村庄

1.城市简况

位于挪威的东南沿海地带，人口约4万。1968年，圣地费尔市与圣达尔市合并，合并后总面积达121.8平方千米，该市的居民亲切地称之为“地球上最大的村庄”。

2.历史社会

该市历史久远，早在13世纪，该市就以贸易港口而驰名，尤其是木材的进出口。以前人们用鲤鱼、船和钞票来形容圣地费尔市。船运业和捕鲸业对该市非常重要。

3.**经济发展**

今天，该市已变得更为多元化和丰富多彩。经济行业主要有船运、制造业、农业、商业和科研等。完善的文化、商业和工业设施使该市成为理想的居住场所，也使该市成为一座飞速发展的现代化城市。

交通便利，有轮渡直通瑞典，有自己的机场，并有国际航班直通哥本哈根。

4.**文化特色**

海岸线长达146千米（其中包括116个岛屿的64千米海岸线），是挪威最主要的夏季旅游胜地。

第五章　中欧主要城市发展与经营

第一节　德国

一、柏林——年轻而古老的首都

1.城市简况

柏林是德国首都、最大的城市，地处欧洲中心，面积为891平方千米，在欧洲仅次于伦敦和罗马。人口超过340万，其中47万来自于世界各地185个国家。

柏林和汉堡、不来梅3个城市为德国的市州，因此，柏林市亦被称为柏林州。

2.历史社会

柏林是著名的欧洲古都，始建于1237年。建城人是勃兰登堡边疆伯爵阿伯特，因伯爵的绰号叫“熊”，后人就一直以一只站立的黑熊作为柏林城的城徽。1415年，柏林—科恩成为勃兰登堡邦国的首府。1871年俾斯麦统一德国后定都柏林。1990年10月3日，两个德国统一，东、西柏林也再次合并为一个城市。次年6月德国联邦议院决定，柏林为德国统一后的首都和政府所在地。

3.经济状况

柏林是德国主要的工业城市，GDP达803亿欧元，主要工业部门有电子、机器制造、化工、印刷、纺织和食品加工等。

拥有发达的公共交通系统：地铁共有9条线，170个车站；城铁则有15条线，166个车站。而柏林也拥有世界上历史最久的有轨电车系统之一，拥有398个车站。

有3个主要机场——泰格尔国际机场（TXL），坦佩霍夫国际机场（THF）以及舍奈费尔德国际机场（SXF），在2007年，3个机场共接待了超过2000万旅客，航班可到达世界上的173个目的地。

4.文化特色

柏林是世界重要的文化学术交流场所之一，两年一度的柏林国际电影节也吸引着世界级影星和电影爱好者的关注。

德国柏林州副州长、柏林市副市长哈罗德·沃尔夫在2009年“中国国际文化产业高峰论坛”上指出，创意产业集群正是柏林今后发展最具前景的一个产业，这个集群包括3个领域：媒体、创意艺术以及IT。在2005年，柏林共有2.27万家公司从事集群内的工作，大多数的企业都是从事艺术和设计。另外还有4800家公司是从事书籍以及报纸的印刷发行。同时还有一些通信技术公司、建筑公司、文化遗产公司、营销公共关系公司等等。

柏林是全世界最具科研活力的一个城市，同时也是人均科研机构在德国最多的城市。在柏林，有250个私立以及国家级别的研究机构，3／4的有效劳动力都接受过扎实的职业培训，有50万劳动从业者都具有大学或者高等教育的文凭。

二、汉堡——通往世界的大门

1.城市简况

汉堡全名为“自由汉莎汉堡”，位于不来梅东北部易北河岸，是德国三大州级市（柏林、汉堡、不来梅）之一，与德国其他13个联邦州地位相同。面积755.3平方千米，人口近200万。

该市交通十分发达，市内河道纵横，有2300多座桥梁，是欧洲拥有桥梁最多的城市。

2.历史社会

公元830年，神圣罗马帝国曾在此建镇。后为“帝国自由市”、“汉萨同盟”城市。

3.经济发展

汉堡主要工业有电子工程、机械制造、石化、食品、造船、飞机制造等。

汉堡商会是欧洲最古老的商会，也是德国境内最大的商会，旗下的会员超过12.5万家，其中4000家企业是来自国外的公司。德国500强企业中超过1／5坐落在汉堡，这里拥有全德国最多的百万富翁。

汉堡是德国北部的银行中心和德国最大的保险业城市之一，全市有199个信用机构，其中73个属本地，126个为外国所设。汉堡的银行分行共有549个，储蓄点有748个。

除美国西雅图外，汉堡是世界上第二大飞机制造区，生产“空中客车”。汉堡大多数工业和外贸有关。

汉堡被誉为“通往世界的大门”。汉堡港是世界上最大的港口之一，也是德国历史最悠久的自由保税港区，有800多年的历史，占地75平方千米，汉堡港集装箱转运量在欧洲占第二位，仅次于鹿特丹。

汉堡还是德国最重要的外贸城市，全德外贸运输的一半经过该市。

4.文化特色

汉堡是世界上除纽约外拥有外国领事馆最多（94个）的城市。

汉堡的媒体经济企业不仅在德国的载声体市场上，而且也在报刊杂志市场上占了约50%的份额，为德国的媒体经济中心。德国6大出版集团中的5家坐落在这里，德国2／3的畅销杂志和报纸来自汉堡，德国12家最大的广告公司中的4家设在这里，营业额最高的25家德国多媒体公司中有9家在汉堡有代表处。

汉堡还是音乐家门德尔松和布拉姆斯的故乡。1678年，德国第一座固定的歌剧院在汉堡建立。此外，汉堡还有多座剧院和6座博物馆。汉堡人民为他们拥有收藏丰富的博物馆、众多演出场所而感到自豪。

市内有10多所大学，如汉堡大学（建于1919年）、汉堡应用科技大学、汉堡—哈堡理工大学、汉堡艺术学校、汉堡国际音乐学院等。还拥有全德国目前唯一一所提供中德双语教育计划的中学。

热带医学研究所是德国规模最大和最著名的热带医学研究所，长期以来在世界一直享有良好的声誉。

三、奥尔登堡——农产品集散地

1.城市简况

奥尔登堡位于德国西北部平原，现有居民15万。

2.历史社会

奥尔登堡的历史可追溯到查理大帝时代，有600多年的诸侯国都历史。德国统一时，同名的奥尔登堡大公国作为22个君主国之一加入帝国，直到第一次世界大战结束时，它才寿终正寝。

3.经济发展

奥尔登堡周围都是物产丰饶的农牧产区，盛产牛马、鲜花、蔬菜，拥有牲畜拍卖市场和大型肉类加工工厂。奥尔登堡作为内河港，年货运量约150万吨，其中2／3为饲料和肥料。

4.文化特色

在该市，博物馆、画廊随处可见。当年的大公爵宫殿已辟为州立艺术和文化史博物馆。

奥尔登堡大学创办于1971年，现已成为拥有1.2万学生的高等学府。

四、萨尔茨吉特——钢铁基地

1.城市简况

萨尔茨吉特是位于下萨克森州东南部的工矿城市。市区分散，14.5万人分布在224平方千米的土地上，其中3／5为农田和矿区。

2.历史社会

萨尔茨吉特传统上是农村山区，并未形成较大的城市，直到1937年才成立了现代的铁矿开采和冶炼公司，1942年又把这一带的28个乡镇合并设市，以便大规模地开发当地的铁矿、钾矿和岩盐等资源。

城市南部的萨尔茨吉特巴特是有名的咸水矿泉疗养区，该市由此而得名。

3.经济发展

该市钢铁工业发达，是德国有名的钢铁工业基地。

但近年来矿业的比重有所下降，铁矿砂越来越多地依靠进口，而工业趋于多样化，除冶炼、钢铁、轧钢外，还生产火车车厢、卡车、机械等。

当地最主要的企业是萨尔茨吉特股份公司，这家公司有100多家分公司，5万名员工，是德国最大的“康采恩”之一。

五、希尔德斯海姆——千年蔷薇城

1.城市简况

希尔德斯海姆位于纳斯特河畔，人口10.5万。

2.历史社会

在希尔德斯海姆城中，有一株野蔷薇，根深叶茂，枝条繁盛，据称已有千年历史。该城的建立就与其有关。当然，这只是个美好的传说，事实上，希尔德斯海姆是8世纪以来从一个北德的小聚落发展起来的，815年成为主教城，中世纪长期为北德文化和宗教中心，但1945年的战火毁掉了这座古城的大部分，战后的重建只修复了部分重要的历史建筑，完整的古城风貌已不能再现。

3.经济发展

希尔德斯海姆是德国铁路枢纽之一，工业以机械制造（农机、乳酪机、洗衣机、烹调机械等）和电子电器业（电视机、收音机）为主。旅游业有一定基础。

4.文化特色

希尔德斯海姆有早期罗马式建筑宝库之称，以贝恩沃德主教及后人修建的罗马式教堂出名，大教堂建于11世纪初，有铜制的贝恩沃德之门和雕刻着耶稣生平故事的石柱等精湛的艺术文物。教堂东侧的富有传奇色彩的千年蔷薇，也吸引了不少人前来观赏。

圣米歇尔教堂是德国最精美的长方形教堂之一，建于奥托大帝时代，以其中殿的木制顶棚上绘制的耶稣家系图和地窖里精美的贝恩沃德石棺闻名。

这两座教堂1985年被联合国宣布为“世界文化遗产”。

该市的勒默尔—佩利扎尔斯博物馆有珍贵的自然史和人种学藏品及丰富的古埃及文物，还有为数可观的中国瓷器。

市中心还有1540年的罗兰喷泉和晚期哥特式市政厅。城南的霍恩森湖为游乐区。

六、威廉港——年轻的港市

1.城市简况

威廉港是位于德国北岸的港市、重要海军基地。濒北海雅德湾，经运河西通埃姆斯河口，面积103.37平方千米，人口约10万。

2.历史社会

1853年普鲁士国王威廉一世用50万塔勒（银币）从奥尔登堡公国买下这片土地，用16年时间修起一座大军港，1869年以国王的名字命名为威廉港，一个年轻的港市就这样诞生了。

威廉港在二战中饱受战火摧残，战后迅速恢复，经济结构也由以军港为中心的单一经济朝多元化发展。今天，它以油港、海军基地、工业城市和海滨休养地著称于世。

3.经济发展

威廉港拥有深水港，可供25万吨的油轮停泊，按吞吐量算，仅次于汉堡、不来梅，为德国第三大港。

主要工业有炼油、石油化工、纺织、机械制造等。当地的奥林匹亚公司生产的打字机驰名全德。

4.文化特色

威廉港还是有名的旅游度假区，拥有3片海滩度假区，另外，还以泥浴疗养出名。该市还设有海洋生物研究所等研究单位。

七、吕讷堡——美丽的古盐城

1.城市简况

吕讷堡位于下萨克森东北部，距汉堡40千米，人口6.2万。

2.历史社会

公元951年，吕讷堡作为一座古堡首见于记载。1274年建市，曾是汉萨同盟的成员，长期享有城市的自治权。它以盛产盐著称于欧洲，是著名的“运盐之路”的起点，从这里把盐运往吕贝克，再装船运往北欧各国（波罗的海含盐量太小，各国需进口盐），16世纪时，富甲北德。

1705年并入汉诺威公国，1866年成为普鲁士属地。1945年4月，英国陆军元帅蒙哥马利在附近的吕讷堡沙原总部接受德国西北部、丹麦和荷兰地区的纳粹德军投降。

由于工业不多，得以逃过2次大战的的破坏劫难，全城旧建筑保存完好。

3.经济发展

吕讷堡以盐池闻名，有盐水浴、泥浴、冷水疗，是旅游和疗养地。

4.文化特色

该市附近有德国盐业博物馆，建于盐场旧址，该盐场有千年历史，堪称世界最早的工场之一。

八、戈斯拉——哈尔茨山麓古皇都

1.城市简况

戈斯拉人口不足5万。中世纪时曾是皇帝的都城，并以产银闻名于世。如今是一座旅游城市。

2.历史社会

据传说，公元10世纪时，奥托一世皇帝到哈尔茨山巡游，到了这里，下马休息，他的座骑闲着无聊，就用蹄子刨个不停，没想到居然刨出了亮闪闪的白银。于是，这里出现了一座银矿城。

中世纪时，戈斯拉备受皇帝们的青睐，当年的皇帝行宫经整修保存至今，成为该市的第一名胜。

九、克劳斯塔尔——全球最大的木教堂所在地

1.城市简况

克劳斯塔尔距离戈斯拉10多千米，人口不足2万，由2个小镇克劳斯塔尔、采勒菲尔德合并而成，历史上是重要的采矿市镇，如今是教育中心、疗养胜地和冬季运动场所。

2.历史社会

市内拥有一所技术大学，学生4000人，前身是建于1755年的采矿学院，学校的矿物标本数量多、品种全，在欧洲享有盛誉。

市内有欧洲最大的木教堂，始建于1639年，设有2200个座位。

十、策勒——旅游名城

1.城市简况

策勒地处汉诺威东北35千米,是阿勒尔河畔的一县城。993年始见于史册，意为“河边的聚居地”，1292年建市。现有人口7万多，面积174.96平方千米。

2.历史社会

曾为诸侯国的都城，古迹较多。策勒是一座以五彩缤纷的木结构老房子衬托的古城,市区有480座16至18世纪的木架结构房屋,具有浓厚的德国民族特点和风俗,享有德国北部“明珠”的美称.策勒是非常有特色的小城，该市最重要的景观是市中心。1292年修建的大公宫殿亦是远近闻名的名胜，宫殿剧院于1674年落成，系德国最古老的自配乐队的剧院。

3.经济发展

策勒是个有名的旅游城市。

4.话语权

该市市内多16—17世纪的精美半木结构建筑。公爵宫始建于1292年，附近的王宫剧院建于1695年，是德国现存最古老的剧院。市政厅和教堂以内部装饰富丽堂皇而出名。

十一、埃姆登——北海港城

1.城市简况

埃姆登位于埃姆斯河口，是邻近荷兰的北海港城，人口5.1万。

2.经济发展

该市可经埃姆斯河及运河与鲁尔工业区联系，腹地广阔。港区全长9千米，以进口铁砂矿、木材和粮食为大宗，出口以汽车为主。大众公司在这里设有汽车厂。

埃姆登还拥有造船工业，可造十几万吨级的海轮。

挪威生产的北海天然气通过海底管道输送到德国，也在这里上岸，经脱硫后用管道输往内地。

3.文化特色

该市设有地方博物馆。城市面貌以现代化建筑为主。

十二、马格德堡——证明大气压强之地

1.城市简况

马格德堡位于北德平原，地处易北河畔，人口27.7万，现为萨安州首府。

2.历史社会

早在中世纪初期，这里已是一个贸易集镇。公元968年，神圣罗马帝国的第一位皇帝奥托大帝把马格德堡设为大主教区。12世纪时，马格德堡已十分繁荣，并建立了城市自治体制，相应的城市法后来成为其他许多城市的楷模。30年战争期间，马格德堡被大火吞噬，2／3居民死

去。就在这座城市残破之际，奥托·格里克就任市长，为城市的复建做出了不小的贡献。1815年，这座城市成为普鲁士的萨克森省省会，随后发展为工业中心和交通枢纽。第二次世界大战中，马格德堡又遭遇了毁灭性的打击，4／5的建筑荡然无存。战后经过多年重建，才又恢复了工业中心和交通枢纽的地位。

公元1657年，德国物理学家奥托·格里克在这里进行了证明大气压强的著名试验。格里克曾担任过该市的市长，为该市的复建作出了卓越的贡献。

3.经济发展

该市工业以重型机构制造（挖土机、大吊车、轧钢机等）、化学工业和榨糖（加工周围盛产的甜菜）最为发达。

4.文化特色

马格德堡幸存和重建的名胜古迹集中在老城的南北两片，南片以大教堂为中心。这座大教堂是德国最有影响力的宗教建筑之一，且是德国第一座以法国哥特式为榜样建造的大教堂，这座大教堂奠基于1209年，311年后才全部竣工，双塔高达100多米，教堂内有奥托大帝和皇后坐像等珍贵的中世纪文物。大教堂以北是圣母修道院，其中的圣母教堂建于11世纪，是马格德堡最古老的建筑之一，现已改为泰勒曼音乐厅。大教堂西面的文化史博物馆，马格德堡半球和抽气机的复制品就陈列在这里。

古城北面的名胜主要是建于17世纪的市政厅，其西北塑有奥托·格里克的青铜坐像，身旁放着马格德堡半球，以纪念这位政绩卓著的市长和誉满世界的物理学家。

市内并拥有一所以格里克命名的技术大学。

十三、哈勒——音乐家亨德尔的故乡

1.城市简况

哈勒位于莱比锡西北30多千米处，地跨易北河支流萨勒河两岸，全称为“萨勒河畔哈勒”，人口30.7万，是萨安州最大的城市。

2.历史社会

哈勒这个地名由古德语演化而来，原是盐泉盐场的意思，由此可见，哈勒与盐有密切的关系。据考证，早在青铜器时代，这里的人们就已利用当地含盐丰富的卤水制盐，从事盐的贸易。

公元10世纪，皇帝奥托一世把哈勒连同盐场一块划归马格德堡大主教管区，通过盐生产贸易，这里很快成为繁荣富庶的城市，市中心85米高的红色钟楼，显示了市民们的富裕与自信。

3.经济发展

19世纪以来，哈勒周围出现了褐煤和钾盐开采业，在此基础上该市兴起了化学工业、机械制造和甜菜制糖业，人口逐渐增多。1964年，在萨勒河以西，划出了10平方千米的土地兴建与老城隔河相望的卫星城镇。3年后，哈勒新城初具规模，于是独立设市。1990年，哈勒新城并入哈勒市，两城珠联璧合，形成了双子城。

4.文化特色

1694年，哈勒以雄厚的财力，创办起一所大学，现名为马丁·路德大学。

该市为了让人们了解当年盐泉和盐场的情况，如今，还在盐场旧址建立了一个专题博物馆。

哈勒老城位于萨勒河东岸，是保存完好的德意志古城之一。

哈勒是个人才辈出的地方，是与巴赫齐名的杰出音乐家亨德尔的故乡，如今，为了纪念他，该市每年都举办亨德尔艺术节。同时，曾为德国重新统一做出很大贡献的根尔也出生在这里。

城市西北角的莫里茨堡原是大主教控制该城的堡垒，始建于1484年，先设有美术馆，以陈列19~20世纪的绘画作品闻名。

十四、艾斯勒本——宗教改革先驱马丁·路德故乡

1.城市简况

艾斯勒本距离哈勒20多千米，人口2.6万。

2.历史社会

1483年，宗教改革家马丁·路德诞生在这里，1546年在该城去世，他的2座故居保存至今。

十五、德绍——包豪斯学派诞生地

1.城市简况

德绍位于莱比锡以北，在穆尔德河与易北河的交汇处附近，人口9.6万，是个河港和以机械、化工为主的工业城市。

2.历史社会

1471—1918年曾长期作为安哈尔特诸侯国的都城。第二次世界大战中，因军火工业（容克飞机制造厂所在地）成为盟国轰炸的目标，老建筑几乎荡然无存。战后，重建了部分古老建筑。

3.文化特色

包豪斯是现代建筑中的一个重要学派，其创始人格罗皮乌斯1919年在魏玛创办了一所新型建筑学校，取名包豪斯，6年后该校迁至德绍，因此，德绍被认为是包豪斯的故乡，在现代建筑史上占据重要席位。

十六、维滕贝格——马丁·路德改革的前沿城市

1.城市简况

维滕贝格距离德绍30千米，位于易北河畔，人口5万。以路德城闻名于世。

2.历史社会

维滕贝格曾为萨克森—维滕贝格选帝侯的京城。

3.经济发展

该市有河港、化工等工业。

4.文化特色

维滕贝格1502年创办了第一大学，马丁·路德曾在此任教。19世纪初，该校并入哈勒大学。1517年，马丁·路德把他的《95条论纲》钉在城内宫廷教堂的木门上，掀起了宗教改革运动。

十七、开姆尼兹——萨克森工业城

1.城市简况

开姆尼兹位于厄尔士山北麓，开姆尼兹河畔，东居德累斯顿80千米，人口29.1万。

这座工业城市在1953—1990年间曾命名卡尔—马克思城，但该市同马克思个人的生活和工作并无关系，1990年恢复原名。

2.话语权

开姆尼兹历史上是盐路商站，建于12世纪。1357年，该市获得了漂白布匹的特权，织布业勃然兴起。1800年建起了德国第一家近代纺织厂，随后又生产出德国第一批机床和火车机车，遂发展为以纺织和机械工业为主的工业城市，如今，工业更加多样化。

第二次世界大战中，开姆尼兹遭到严重破坏，战后重建为现代化城市，古城风貌已不复存在。市内有几处博物馆。

十八、茨维考——新生的汽车城

1.城市简况

茨维考位于莱比锡以南，靠近德国和捷克的边境，濒临茨维考穆尔德河，人口11.4万，是个以汽车制造业著称的工业城市，是音乐家舒曼的家乡。

2.历史社会

茨维考曾是戈斯拉通往布拉格商路上的海关要地，12世纪作为帝国城市发展起来。后来这一带山区发现了银铜铁，采矿业再加上织布业的兴起，使其成为富庶的中世纪城市，老城的两座大教堂就是那个时代的见证。

3.经济发展

进入20世纪，荷尔希和奥迪公司先后在这里开办汽车制造厂，50年代末茨维考成为东德的汽车工业中心，生产二冲程26匹马力的“特拉班特”牌小汽车。1990年以前，尽管这种简易车耗油多、污染大，但在闭关自守的情况下没有竞争，处于“皇帝女不愁嫁”的优越地位，前后生产了300多万辆。德国重新统一后，面临剧烈竞争，被迫停产，后大众汽车公司对这里的汽车工业进行改造扩建。

4.文化特色

茨维考是少数的几个未遭到大战破坏的德国城市之一，很大程度上保留了古城的风貌。如老城里建于中世纪的2座教堂：圣玛丽亚教堂和卡塔琳那教堂。

城北设有汽车博物馆，展现了这座城市近100年来的汽车制造业历史。

十九、迈森——欧洲瓷都

1.城市简况

从德累斯顿顺易北河顺流而下，约25千米，就到了一座人口3.5万的城市迈森，欧洲第一座瓷器厂就诞生在这里。

2.经济发展

迈森瓷器厂最初只是模仿亚洲瓷器的式样

图案，不久自行设计出巴洛克风格的釉下红龙纹图案和蓝洋葱图案，开创了欧洲风格的瓷器，它的艺术风格，直到今天仍为世界所推崇。该厂有职工1600人，其中画工占一半以上，年产瓷器25万件，销往世界各地，它的商标，即两支交叉的蓝剑，一直是名牌瓷器的标志。

3.文化特色

迈森瓷器博物馆在欧洲享有盛名，收藏着不同时期不同风格的大量瓷器。

城内最古老的圣母教堂里悬挂的世界第一套瓷器编钟钟乐，是迈森瓷器质量优异的有趣标志。

二十、弗伦斯堡——德国的北大门

1.城市简况

说到弗伦斯堡，德国会开车的人都知道，时常听见有人说，倒霉，今天开车闯红灯了，罚一百马克，弗伦斯堡记3个点。原来联邦机动车辆管理局就设在弗伦斯堡，该局的电脑负责记录所有违章驾驶情况。

弗伦斯堡是德国最北的城市，人口9万，其中一部分是丹麦人，城北3千米处就是通往丹麦的国境关卡，每年有1000多万人出入国境。

2.历史社会

弗伦斯堡建城于1284年，19世纪中叶以前，该市大约有400年之久属于丹麦皇室所有。第二次世界大战结束前，希特勒立下遗嘱由海军元帅杜尼兹继任元首，杜尼兹就在弗伦斯堡建立临时政府，收拾残局，与盟军接洽投降事宜。他在弗伦斯堡的临时政府只维持了几天，德国法西斯就投降了。

3.经济发展

弗伦斯堡是个港城，有造船机械工业。

4.文化特色

宽阔的北门风格浑厚敦实，是该市的象征。

距离格吕克斯堡9千米处，是著名的水上宫殿，建于1582—1587年。曾为石勒苏益格—荷尔斯泰因—桑得堡—格吕克斯堡公爵家族的府邸，这个家族与欧洲各国王室都有亲戚关系，因此，人们称这里是“欧洲王室的摇篮”。宫内展出油画、挂毯、珍贵书籍等中世纪文物。

市内有海军工程学院和海军学校。

二十一、石勒苏益格

1.城市简况

石勒苏益格人口2.7万，南距基尔50千米，市区环绕施莱海湾成半圆展开。

2.历史社会

该市曾是诸侯国都城，归并普鲁士后做过省会，市内有不少名胜古迹和古老的房舍。

3.经济发展

该市经济以服务业为主，旅游观光商业发达，此外还有制造业等。

古时，石勒苏益格是个贸易中心，海上来的商船可在这里停泊，现在因海湾泥沙淤积，大船无法驶入，该市的商业地位只好让位基尔。

4.文化特色

这里最高大的建筑是大教堂，塔楼高112米。

二十二、胡苏姆——施多姆故乡

1.城市简况

胡苏姆位于石荷州西海岸，人口2.1万。

2.历史社会

胡苏姆是诗人、小说家施多姆(1817—1888年)的故乡，这座被他称之为“海边的灰色城市”，在他笔下曾多次悉心加以描绘。

3.经济发展

旅游业是该市的经济支柱之一。

4.文化特色

小城至今未改它海天风光的诗情画意。古建筑和名胜大部分集中在市集广场一带。

建于1601年的市政厅，为文艺复兴式样，是胡苏姆的象征。

附近有很大的海滨浴场，还建有可加温的海上游泳池。

二十三、什未林——七湖之城

1.城市简况

什未林位于汉堡以东约100千米的近海地区，人口12.7万。现为梅前州首府。

市内丘陵起伏，池沼湖泊星罗棋布，其中较大的就有七个，因此该市有“七湖之城”的称誉。

2.历史社会

公元1000年前后，什未林一带就形成了聚落和堡垒。1160年萨克森—拜恩公爵狮子亨利在这里建起易北河以东的第一座德意志城市。从14世纪起，什未林曾长期座位梅克伦堡公国(后为梅克伦堡—什未林大公国)的都邑。今天，什未林除作为梅前州的政治中心外，还是周围农牧区的交通商业中心。

3.经济发展

什未林的工业有船用设备、电缆、塑料等制造业。

4.文化特色

什未林的国立博物馆建于19世纪，是以历代公爵的艺术珍藏为基础建立的博物馆，享有国际盛誉，馆藏油画3500幅，速写铅笔画6万张，雕塑650座，钱币和徽章3万多枚，工艺品8000多件，猎枪及装饰性兵器2000多支。

二十四、维斯马——港口城市

1.城市简况

维斯马距离什未林30多千米，人口只有5.5万。

2.经济发展

该市经济有港口、渔业和造船业。

3.**文化特色**

该市市中心有梅克伦堡最大的集市广场，长宽各有100米，四周尽是古老而美丽的建筑。

二十五、罗斯托克——大型港口城市

1.**城市简况**

罗斯托克位于瓦诺弗河下游，距波罗的海13千米，人口24.7万。它是波罗的海沿岸的重要港口，也是梅前州最大的城市和经济中心。

2.**历史社会**

1218年，梅克伦堡诸侯正式授予该地城市权，于是，人们把这一年作为罗斯托克的诞生年。

有了城市权，本来默默无闻的小镇很快发展成为商业城市，货船远航到丹麦等北欧国家。13世纪中叶，罗斯托克加入汉萨同盟，以维护海上贸易利益，从此经历了400年的繁荣。1419年，创办了波罗的海地区的第一所大学，成为北德乃至北欧的文化中心，被赞誉为“北方之光”。可惜从30年战争起，兵灾战祸接二连三打击该市，丹麦、瑞典、法国拿破仑的兵马都曾践踏过这座城市。该市从此商业萧条，百业不振，退到了穷乡僻壤的落后境地。直到19世纪中叶，才渐有起色，成为谷物集散港，不过，它还是无法与汉堡、吕贝克等港市相提并论。第二次世界大战后，德国分裂，罗斯托克成为东德唯一的重要港口，兴建了新港，发展了造船业和远洋渔业，变成国际知名的大型港口城市。

3.**经济发展**

在瓦诺弗河入海口，坐落着罗斯托克的卫星镇瓦纳明德，这里有通往丹麦等国的海上渡轮。附近的波罗的海沿岸分散在大片的海滨浴场，是人们休假、避暑的胜地。

二十六、新勃兰登堡——四门之城

1.**城市简况**

新勃兰登堡位于距柏林以北100多千米的平原上，临近托伦塞湖北端，人口9万。

2.**历史社会**

公元1248年，勃兰登堡边地伯爵建起此城，起名新勃兰登堡，但几十年后，这座城市就改属梅克伦堡。

第二次世界大战的最后几天，城内的房屋几乎全被炸毁，但中世纪的城墙和4座城门幸免于难，因此该市尚能保留“四门之城”的称誉。

3.**经济发展**

该市有食品、建材和汽车轮胎工业。

二十七、斯特拉尔松——北德威尼斯

1.**城市简况**

斯特拉尔松临波罗的海，与吕根岛相望并有长堤铁路相连。人口7.2万。老城一面临海，三面靠湖，到处是桥梁，素有“北德威尼斯”之称。

2.历史社会

1234年正式设市。30年战争后曾属于瑞典。

3.经济发展

该市工业以造船、鱼类加工为主。

4.文化特色

该市市中心有砖结构哥特式市政厅和尼古拉大教堂，中世纪的房屋至今仍有近100座。

该市的海洋博物馆颇具声誉，陈列着鲸鱼骨架，并设有水族馆。

二十八、格赖夫斯瓦尔德——大学城

1.城市简况

格赖夫斯瓦尔德人口6.6万，靠近吕克河，距波罗的海4千米。

2.文化特色

该市是著名的大学城，早在1456年就创办了大学。500多年来，城市的发展深深打上了大学的烙印。城南坐落着建于18世纪的恩斯特—莫里兹—阿恩特大学的主楼，以纪念在该校任教过的著名作家阿恩特（1769—1860年）。

这里还是德国浪漫主义风景画大师弗里德里希（1774—1840年）的家乡。

二十九、波茨坦——勃兰登堡的文化中心

1.城市简况

波茨坦是勃兰登堡的首府和文化中心，位于柏林西南，两地市中心相距20多千米，有城市快速铁道相连，交通十分便利。人口14万。

2.历史社会

波茨坦建城有1000多年，但在漫长的中世纪，它只是一个小城镇，直到17世纪才崭露头角。公元1660年，勃兰登堡（普鲁士前身）大选侯威廉把波茨坦定为陪都，开始在这里营建宫室，他还把成千上万受迫害的法国新教徒安置在这座人烟稀少的小城。这些移民用他们在故乡学到的知识和技能为波茨坦的兴旺作出了显著贡献。从波茨坦的“法国教堂”和“荷兰城区”，人们至今仍可见当年各国移民的盛况。

3.经济发展

波茨坦拥有发达的旅游业，还有精密机械和光学仪器等工业部门。

4.文化特色

波茨坦市内设有一座大学和德国有名的地学研究中心。

18世纪初，号称“军人国王”的弗里德希里·威廉一世把波茨坦变成王家卫戍部队的驻地，他的儿子则把这里辟为夏宫的所在地，建成了普鲁士的凡尔赛——桑苏西宫殿园林，如今，这处名胜每年吸引了数以万计的游人。

波茨坦坐落在哈韦尔河畔，周围分布着19个大小湖泊，拥有三处王家宫殿园林区——桑苏西园（占地290公顷）、巴伯尔斯贝格园和新园林。

三十、科特布斯——褐煤与电力中心

1.城市简况

科特布斯位于德国东部，靠近德国和波兰的边境，是世界上最大的褐煤矿区，是德国东部的动力基地，这个矿区的中心城市就是位于施普雷河畔的科特布斯。现有人口12.5万。

2.历史社会

科特布斯本身是传统的纺织业中心，在14世纪时，手工织布和亚麻纺织就已经相当出名，产品远销东欧和北欧。1700年前后，大批受迫害的法国胡格诺教派迁居此地，带来了制作天鹅绒、花边、线袜和挂毯的技术，这里的纺织业更加兴旺。

3.经济发展

至于褐煤开发，则是20世纪50年代以来的事情。

除褐煤工业和电力工业以外，纺织、皮革、食品、建材等工业也相当发达。

4.文化特色

该市也设有一所技术大学。城东南4千米有建于1772年的布兰尼兹宫。城北的温德教堂建于14世纪，是德国少数民族素布人的教堂。

这座城市还有航天天象馆和青春艺术风格的剧院建筑。有通往旅游区施普雷森林的门户。

三十一、奥德河畔法兰克福——通往东欧的桥梁

1.城市简况

德国有两个法兰克福，大的一个位于莱茵支流美因河畔，以规模宏伟的国际机场闻名于世。这里介绍的是较小的一个。

距离柏林70多千米。地处德波边境，全称奥德河畔法兰克福，人口8.6万，与波兰只隔200米宽的奥德河，有一座和平桥与波兰相连。西欧通往波兰、俄罗斯等国，东欧国家的铁路、公路干线从这里经过，因此又有“通往东欧的桥梁”之称。

二战的最后几个月饱受战火摧残，具有历史意义的老城几乎荡然无存。

2.历史社会

公元1253年，奥德河畔的一个商业聚落被设为城市，标志着法兰克福的诞生。这座城市处在南北水路（奥得河）与东西通商大道的十字路口，很快就兴盛起来。1368年，它加入汉萨同盟，贸易更加兴旺。今天，市政厅的房顶上悬着一条镀金的鲱鱼，就是对该市作为沟通河海的汉萨城的纪念。

3.经济发展

现在，法兰克福是德国对东欧贸易的重要边境口岸、铁路大站和河港，工业有半导体元件、机械、食品和纺织品等。

4.文化特色

1506年，这里创办了第一所大学，成为人文荟萃的文化中心。到了19世纪初，大学迁往外地，这座城市转变成驻军营地和行政中心。

1991年，这里开办了一所高等学校，定名为“欧洲大学”，以便更好地发挥该市在东西欧之间的文化纽带作用。

三十二、埃尔富特——塔城与花城

1.城市简况

埃尔富特位于德国中部、格拉河畔，是图林根州的首府。人口20.7万，是有名的宗教城，教堂众多，尖塔如林，故有“塔城”之称。这座城市还有花卉种植业的传统，盛产花籽、菜籽、药用和芳香植物种子，所以又有“花城”的雅名。

2.历史社会

公元742年，埃尔富特被设为主教区，人们把这一年作为建城之始。中世纪时，这里是宗教堡垒，先后修筑了80多座教堂和36座修道院，如今仍保留下30多座宗教建筑。

1392年，埃尔富特办起一所大学（1816年解散，1992年得到重建），宗教改革家马丁·路德曾在这里完成学业，随后又在城北的奥古斯丁修道院度过6年光阴，这座修道院至今仍在。

埃尔富特是一些重大历史事件的目睹者。拿破仑曾在这里会见沙皇亚历山大一世，并接见了大文豪歌德。1891年，德国社会民主党在这里召开代表大会，通过了《埃尔富特纲领》。

古时，埃尔富特周围大量种植菘蓝，从中可提取蓝色染料，通过经营种植这种植物，埃尔富特发展成为一大贸易都市和德国富裕城市之一。今天的安格尔大街就是当年的菘蓝贸易市场。但自从地理大发现以来，海外价格便宜的靛蓝占领了市场，菘蓝贸易日趋萧条。18世纪起，人们转而发展花卉种植业，这里遂成为园艺中心。

3.经济发展

埃尔富特经济多元化，除了传统的花卉种植业，制鞋、服装、微电子和机械制造业同样占有重要地位。

4.文化特色

该市文化生活也很丰富，仅博物馆就有好几座，其中安格尔博物馆最为有名，里面陈列着中世纪以来的艺术珍品和绘画。

该市设有园艺博物馆，每年都举行国际园艺展。

该市拥有众多的中世纪教堂，有“建筑艺术的露天博物馆”之称，最具艺术价值的是教堂山上的双教堂，后室的高塔上有一座铸于1497年的铜钟，重12吨，是世界最大的铸钟之一。

城北的圣塞维利堂，室内有15世纪的豪华石棺。

市政厅附近的河上有建于14世纪的商贩桥，桥上两侧，筑有32座三四层高的楼屋，构成一条风格独特的桥街，桥街上多是出售工艺品和古玩的店铺。这样的桥街在意大利的佛罗伦萨也只有一座。因此，桥街和双教堂一样，是埃尔富特的象征。

三十三、格拉——传统纺织城

1.城市简况

格拉位于莱比锡西南，人口12.8万。

2.历史社会

公元995年，格拉首次出现在历史记载中。1564—1918年，曾是罗伊斯诸侯国的都邑。

3.经济发展

早在中世纪，这里就以纺织业闻名，毛料、土布和亚麻织品行销各地。19世纪初，德国刚刚兴起工业化的浪潮，格拉的手工织布坊就抓住了机遇，改造成近代化工厂。

如今，除了传统的纺织业，格拉还有机械、电子、食品和制革等工业部门。该市东南8千米的地方建有一座铀矿。

三十四、耶拿——光学工业的摇篮

1.城市简况

耶拿位于德国中东部，萨勒河左岸。现有人口10.2万。

2.历史社会

耶拿位于魏玛东面，地处萨勒河中游盆地，周围青山环绕，是兵家必争之地。1806年，拿破仑在这里打败普鲁士和萨克森的10万联军，这座城市从此载入世界史册。

3.经济发展

该市以光学仪器制造业著称于世。100多年前，经验丰富的机械师蔡司与物理学家阿贝和化学家朔特联合，研制出许多特种玻璃，使光学仪器制造成为建立在科学基础上的新兴工业部门。时至今日，耶拿蔡司在世界上仍是名牌光学产品的同义词。

4.文化特色

耶拿是个有700多年历史的古城，但在二次世界大战中，破坏惨重，战后重建，形成新老建筑比肩并存的格局。

市内建有全世界第一座天象馆。光学博物馆是世界上较大的一个专业博物馆，展品1.3万多件，包括各种眼镜、照相机、望远镜、显微镜乃至最新式的光学仪器。

三十五、魏玛——德国的雅典

1.城市简况

魏玛位于埃尔富特以东20千米处，人口6万，是座风景优美、古色古香的城市。丹麦童话家安徒生曾说过，魏玛不是一个有公园的城市，而是一座有城市的公园。

2.历史社会

魏玛代表着古典文化的传统，被人们赞誉为德国的雅典。文学巨擘歌德、席勒，艺术家李斯特等曾在这里生活过。

公元975年，皇帝奥托二世在这里大会诸侯，使这座千年古城首次载入史册。从1547年起，魏玛成为萨克森—魏玛公国（后为大公国）的京城。如今城中的故宫和城郊的贝尔维德雷宫及梯夫特宫就是当年的宫邸。

1775年，26岁的歌德来到魏玛，在这里一直生活到1832年逝世，他的非凡才华，为魏玛开创了第一个文化上的黄金时代。

3.文化特色

魏玛不仅是德国文化艺术的心脏，而且还曾在政治史上留下烙印。第一次世界大战后，德意志皇冠落地，王侯们也纷纷退位，1919年德国国民议会在魏玛订制了第一部共和宪法，人们把这部宪法称为魏玛宪法，依宪成立魏玛共和国。14年后，希特勒上台，扼杀了魏玛共和国，希特勒时期是魏玛历史上最黑暗的一页。在这个文化古城西北8千米处，设有臭名昭著的集中营，五六万人在那里丧生。如今，这个集中营遗址已被辟为控诉法西斯罪行的纪念馆。

三十六、埃森纳赫——德国的地理中心

1.城市简况

埃森纳赫是德国的地理中心，有德国心脏之称。人口4.5万。

2.历史社会

该市有800多年历史，古城风貌保存很好。

3.经济发展

1898年，这里就开始制造汽车，在当地的汽车博物馆，人们可以看到近百年前最初的车型。汽车工业一直是其经济支柱。

4.文化特色

埃森纳赫不仅是德国的地理中心，也是对德国文化和历史有过重大影响的地方。马丁·路德曾在这里把圣经译成德文，为德国语言和文字的统一奠定了基础。这里也是大音乐家巴赫的诞生地，他的创作标志着德国民族音乐的开端。1817年，德国各地的大学生代表在这里集会，把反对封建专制、要求祖国统一的呼声传遍全国，他们当时高举的黑红金3色旗，后来被定为德国的国旗。1869年，德国社会民主党的前身——社会民主工党诞生在这里。

三十七、哥达

1.城市简况

哥达在埃尔富特以西24千米、图林根林山北缘，人口5.4万。

2.历史社会

该城有800多年历史。从1640～1918年，一直是萨克森—哥达公国都城，后与科堡同为萨克森—科堡—哥达公国的两京。1875年，埃森纳赫和拉萨尔两派在这里召开代表大会，成立德国社会主义工人党（后改称社会民主党），并通过“哥达纲领”，在德国政治中一直发挥举足轻重的影响。

3.文化特色

哥达名胜首推弗里登施泰因宫，该宫建于1643年，其中的宫廷剧院建于1683年，是德国现存唯一的一座巴洛克式剧院。

三十八、苏尔——曾经的兵器城

1.城市简况

苏尔位于哥达北面，是一座山城，人口5.4万。森林覆盖率60%。

2.历史社会

自16世纪以来，苏尔一直以制造狩猎武器出名，有“兵器城”之称。市集广场上竖立的铸剑工匠塑像是该市的象征之一，市内还设有兵器博物馆。

3.经济发展

苏尔拥有多种工业部门，产品有摩托车、机械、猎枪、精密仪器、家用电器、工具等。

三十九、慕尼黑——德国经济实力最强城市

1.城市简况

慕尼黑位于德国南部阿尔卑斯山北麓的伊萨尔河畔，是德国主要的经济、文化、科技和交通中心之一，也是欧洲最繁荣的城市之一。因其保留着原巴伐利亚王国都城的古朴风情，又被人们称为“百万人的村庄”。人口近130万，都市区人口达270万，是全德国第三大城市（仅次于柏林和汉堡）。

2.经济特点

慕尼黑在所有德国城市中经济实力是最为强大的，在德国的3个百万人口城市中失业率是最低的，2007年，在德国50万以上人口的城市中，慕尼黑的人均购买力达26648欧元，排名第一，是德国南部的经济中心，

慕尼黑的经济实力及其经济状况取决于经济结构的多面性，它是一个景象万千的大舞台、一个拥有丰富的专业劳动力资源及卓越的基层设施的城市，亦是全球著名竞争者及活跃的中间商的聚集地。

慕尼黑经济区是世界的主要高技术区和无数全球性竞争企业总公司的大本营，譬如宝马及西门子公司。

慕尼黑国际机场为德国第二大机场（仅次于法兰克福国际机场），并为欧洲第九大机场，每年空运转运将近11.4万吨，由陆运转运的货物也有10万吨，另外航空邮件达2.3万吨，被称为德国的“第二航运中心”。

3.总部经济

慕尼黑拥有宝马（汽车）、西门子（电子）、安联保险、慕尼黑再保险（Munich Re）、MAN AG（卡车制造）、MTU Aero Engines（飞机引擎制造）、Krauss—Maffei（注模机制造）、Arri（照相机和照明设备）、英飞凌（半导体，总部位于郊区的Neubiberg）、等大公司的总部。此外，麦当劳、微软、思科、雅培（Precision Plus）等许多跨国公司的欧洲总部也设在慕尼黑。

著名的南德意志报、巴伐利亚信使报、焦点杂志总部均坐落在慕尼黑。

4.文化特色

慕尼黑是欧洲最大的出版中心，拥有德国最大的日报之一——南德意志报，以及许多出版社（规模仅次于美国纽约市）。

作为宝马和奔驰总部所在地，慕尼黑处处洋溢着汽车文化。

四十、维尔茨堡——德国最美城市

1.城市简况

维尔茨堡人口12.8万，有全德最美的城市之称。

2.历史社会

维尔茨堡是座千年古城。公元742年，这里设有主教区，人们习惯上就以此作为城市的诞

生时间。最初为宗教中心，后为繁荣的商业手工业城市。

3.经济发展

该市以文化旅游城市著称。主教宫是其最美的景点之一。

4.文化特色

二战中，该市遭受毁灭性破坏，当局甚至考虑放弃这块旧地，但热爱传统的市民凭着乐观的精神和坚强的毅力，在废墟上重建，一些历史名胜也得以恢复旧观。

四十一、雷根斯堡——德国最古老的城市之一

1.城市简况

雷根斯堡人口12.2万，由于附近有雷根河汇入多瑙河，因此得名雷根斯堡。

2.历史社会

在德意志历史上，雷根斯堡赫赫有名。2000多年前，勒穆尔越过阿尔卑斯山，向北推进，前锋抵达多瑙河。公元179年，罗马皇帝马克·奥勒略下令，在多瑙河的最北端营造一座要塞，即是今天雷根斯堡的雏形。6世纪，新起的巴伐利亚公国把都城设在这里。200多年后查理大帝征服了巴伐利亚，雷根斯堡又成为卡洛林王朝的宫廷驻地之一。从1245年到1803年，雷根斯堡一直是帝国自由市，作为西欧与意大利、拜占庭贸易的要站，是中世纪德意志最繁荣的城市之一。1663年，神圣罗马帝国皇帝选定这里作为帝国永久议会的会址，各邦使节常在这里商议朝廷大计，直至1806年，永久议会才随同帝国一起寿终正寝。1810年，雷根斯堡重归巴伐利亚，但发展远远落后于慕尼黑。

3.经济发展

二次世界大战后，城市再度勃发生机，工业交通和文化事业有了更大发展。西门子公司在这里生产电子产品。机械、纺织、化学工业也引人注目。

4.文化特色

该市是多瑙河航道的起点，每年接纳上万艘各国船只。

四十二、因戈尔施塔特——“奥迪”车的故乡

1.城市简况

因戈尔施塔特南距慕尼黑80千米，人口10.6万。

2.历史社会

早在公元806年的史料上就提到了它。1250年正式设市。

3.经济发展

二战后，该城拆工事，建工厂，转变成为汽车制造和炼油为主的新兴工业城市。

4.文化特色

1392—1447年，因戈尔施塔特曾为公爵都邑，修筑了坚固的城垣。1472—1800年，这里还曾是一座大学城，但是到了19世纪，大学两度搬迁，最后在慕尼黑落户，如今慕尼黑大学的师生还往往来因城寻根问祖。19世纪以来，因戈尔施塔特弃文就武，建成为欧洲著名的要塞

城市，大批军队驻扎在这里，有一个时期，军人甚至多于当地居民，这里还制造枪炮，生产弹药，成为南德军事重镇。

四十三、菲尔特——最早通火车的地方

1.城市简况

菲尔特人口10.4万。东南与纽伦堡相邻，两市街区毗邻。

2.历史社会

菲尔特历史上只是个地方小镇，只有金箔业略有名气。1818年设市，随着铁路的开通迅速成为工业城市。

3.经济发展

菲尔特是德国最早兴建铁路的地方。1835年，这里就开始修建了通往纽伦堡的铁路，全长6千米，标志着菲尔特工业化的开始。

有电器、电机、精密仪器、玻璃、家具、玩具等产业。

设在这里的格隆底希（Grundig）公司是德国有名的电器制造商，所生产的电视机、录像机享誉欧洲。克韦勒（Quelle）是德国两大邮售公司之一。

四十四、埃尔兰根——电工城、大学城

1.城市简况

埃尔兰根人口10.3万，地处纽伦堡以北。两地市中心相距只有18千米，联系非常紧密。

2.历史社会

埃尔兰根原是个小地方。1361年查理四世要求在这里建立一座城市，但这座城市发展相当缓慢，直到1686年大批被法国驱逐的胡格诺教徒迁居此地，才为城市注入了新鲜血液。人们按总体规划筑起了棋盘般整齐的巴洛克风格新城，同时，胡格诺教徒还带来了各种手艺和资金，小城得到蓬勃发展。

3.文化特色

埃尔兰根与电似乎有缘。电学家欧姆就出生在这里，是他揭示了电流、电压、电阻之间的关系。但是埃尔兰根成为电工城却是在第二次世界大战之后。西门子公司在这里建起许多工厂车间，其核电子公司KWU在这里设计和行销成套的原子反应堆和核电厂。

这里还设有欧洲最大的强电技术研究中心。全市1／3的职工都在电器工业部门工作，生产的各种电气设备、医疗器械、X光射线机等行销全世界，是以高科技为标志的电工城。

埃尔兰根还是个大学城。1743年创办的大学是德国的老牌大学之一，电学家欧姆曾在这里获得博士学位，哲学家费希特和弗尔巴哈都在这里任教。如今在校学生将近3万人。大学的总部设在全市最美的建筑——一座18世纪的宫殿里，由此可见大学在该市的地位。

该市自行车专用车道特别多，是骑自行车者的乐园，有“自行车城”之称。

四十五、班贝克——法兰克福的罗马

1.城市简况

位于纽伦堡以北60千米，人口7.1万。以莱茵—多瑙运河的起点闻名于世。

2.历史社会

班贝克是一座千年古城，早在9世纪，这里就筑起了城堡。1007年，皇帝亨利二世在这里建立主教区，在7座小山丘上修起教堂、修道院和宫邸，因此，当地有“七丘之城”的称号，也有人称其为法兰克（巴伐利亚北部）的罗马，因为古罗马也正好是建在7座小山上。后来商人工匠日益增多，就在雷格尼茨河心的沙洲上建起了市民城，岁月流逝，两城逐渐合一。二次大战时，由于地处偏偏，幸而无恙。战后，经济勃兴，电子、机械工业也在这座山城落户。

3.文化特色

1979年，这里的一所高校升格为大学，为小城锦上添花。

班贝克的交响乐团在德国亦小有名气。

四十六、拜罗伊特——歌剧之都、大学城

1.城市简况

拜罗伊特市位于巴伐利亚州北部，是上法兰肯专区区府和拜罗伊特县的县府，人口7.2万。

2.历史社会

该市历史悠久，有记载的历史为800多年，是享誉全球的文化名城。

3.经济发展

拜罗伊特的传统经济以纺织业和机械制造业为主，尤其是纺织业具有非常悠久的历史，早在19世纪就拥有相当规模的棉纺厂，另外该市的化工业和钢琴制造也非常发达。近年来，现代化的经济服务中心成为该市经济发展目标，上法兰肯专区保险公司、工业商会均位于该市。

4.文化特色

德国著名作曲家里查德·瓦格纳曾于1872年至1883年间在该市生活，并亲手设计了著名的歌剧院。瓦格纳和同时期的著名作曲家、钢琴家，同时也是瓦格纳的岳父李斯特安葬在拜罗伊特市。现在该市还保存着瓦格纳和李斯特的故居，并建有纪念馆。因此，该市有“歌剧之都”的美誉。

每年该市都举行大型的夏日音乐节，全世界约有6万音乐爱好者来此参加盛会。

同时，该市的教育业非常发达。著名的拜罗伊特大学有250多年的历史，现有教职员工1500多人，加上8000名的学生，师生人数超过了全市人口的1／10。拜罗伊特大学列德国大学综合排名第五位，已成为带动整个城市经济发展的重要因素，是一座名副其实的大学城。

四十七、帕骚——巴伐利亚的威尼斯

1.城市简况

帕骚市位于巴伐利亚利因河注入多瑙河处，人口5万。

2.历史社会

早在2000多年前，这里就是凯尔特人的聚落和罗马人的营寨。公元7世纪，巴伐利亚公爵在这里筑起城堡。739年，成为主教驻地。1217年，帕骚主教又获得诸侯的地位，这一带成为主教国。1803年并入巴伐利亚。中世纪时，是主要的贸易、河运中心，销售河盐和铸造刀剑成为传统行业。

3.经济发展

帕骚工业以铸钟、酿酒、印刷为主。

4.文化特色

17世纪时帕骚曾两度遭火灾蹂躏，灾后，主教聘请意大利建筑师来帮助重建，使得帕骚以旅游城、文化城著称于世。

该市利用和奥地利及捷克接壤的地利，每年举办“欧洲周”艺术节，吸引了众多的国内外游客。

1978年，这里创办了一所大学，成为德国最年轻的大学之一。

四十八、加米什—帕滕基兴——高山下的小城

1.城市简况

加米什—帕滕基兴位于德国最高峰楚格峰山下河谷，人口2.7万，是个小县城。

2.历史社会

由相邻的2个城镇：西边的加米什和东边的帕滕基兴于1935年合并而成。1936年，第四届冬季奥运会在这里举行，从此小城名扬四海。

3.经济发展

该市旅游业有一定发展。

四十九、阿沙芬堡——第一座文艺复兴宫殿城市

1.城市简况

阿沙芬堡坐落在美因河畔，西距法兰克福40多千米，人口6.4万。

2.经济发展

该市有服装、机器、化学等工业。

3.文化特色

该市有德国第一座文艺复兴式宫殿——建于17世纪初的约翰尼斯宫。

五十、科堡——欧洲王室的摇篮

1.城市简况

科堡位于巴伐利亚州北端，人口4.4万。

2.历史社会

16—20世纪初，成为诸侯国都城。统治者

萨克森·科堡·哥达家族家世显赫，19世纪和20世纪与英比葡等许多欧洲王室有密切关系，其家族一位成员是第一代比利时国王，另一位成员阿尔贝特与英国女王维多利亚结婚，今日的英国女王伊丽莎白二世就是其后裔。因此，科堡往往被称为“欧洲王室的摇篮”。

3.经济发展

该市有木材、造纸等工业。

五十一、罗滕堡——德国保存完好的中世纪城市之一

1.城市简况

罗滕堡位于巴伐利亚州西部的陶伯河谷地，旅游热线“浪漫之路”从这里经过，至今是保存完好的中世纪城市。

2.文化特色

“三十年战争”期间，该城被天主教联盟军攻陷，面临毁城的危险，据说当时的市长接受敌人的挑战，一口气喝下了三夸脱酒，城市得以赦免。现在，每年都有演出戏剧“海量酒客”来纪念此事。

五十二、林道——旅游之城

1.城市简况

林道建在博登湖西部的一个小岛上，通过两座桥与陆地相连。人口2.5万。

2.文化特色

该城是巴伐利亚州在博登湖区的唯一城市，也是博登湖区重要的旅游城市。市容保持着中世纪和巴洛克艺术风貌，有老市政厅等名胜古迹。

五十三、下舒莱海姆——科技之城

1.城市简况

下舒莱海姆位于德国经济实力最强的巴伐利亚州，以下舒莱海姆市为中心的慕尼黑北郊依萨河地区和英国伦敦剑桥地区并列为欧洲第一及世界第四的高科技产业区。

2.话语权

该市所在依萨河地区有8000多家从事于新技术领域的企业，汇集了大约1600多个IT公司，1/3的德国最大型的软件公司，20%的新注册的因特网公司。

美国微软、欧洲宇航(空中客车的母公司)、艾多必软件开发公司、百特制药公司、因特维特兽药公司等一批国际知名跨国公司和企业都落户于该市。

五十四、路德维希堡——大诗人席勒的故乡

1.城市简况

路德维希堡位于斯图加特北部14千米处，人口8.3万。

2.历史社会

公元1704年，符腾堡公爵路德维希在这里建造了一座王宫，城市围绕王宫四周开始发展因而得名，城市至今保持着当年的风貌。

3.经济发展

该城历史上，以瓷器生产的品种繁多和造型优美驰名。

4.文化特色

建于1704—1733年的王宫仿法国凡尔赛宫的风格，据称是德国至今保存最大的巴洛克式宫殿，有各种厅房452间，内部以巴洛克、洛可可、帝国式不同风格加以装饰。

路德维希堡东北的小镇马尔巴赫是大诗人席勒的故乡。

五十五、弗莱堡——森林、哥特式建筑和美酒之城

1.城市简况

弗莱堡坐落在莱茵河支流德赖萨姆河谷地，与瑞士、法国相邻，人口19.2万，是德国有名的旅游城市，自然风光佳丽，名胜古迹众多，有“森林、哥特式建筑和美酒之城”的称誉。

弗莱堡在德语中意为自由城堡，同名的地方在德国有好几处，甚至在法国、瑞士也有，为了区分起见，人们又把它称为“布赖斯高的弗莱堡”，布赖斯高是莱茵河与黑林山之间地区的名字。

2.历史社会

公元11世纪末，蔡林根公爵在这里筑起一座要塞，围绕着要塞兴起一座自由贸易市镇，这也就是弗莱堡市名的由来。它于1120年升格为市。由于交通的便利和黑林山的银矿，弗莱堡一跃成为地区中心，中世纪时相当繁荣富庶，受到强国的垂涎。1368年归属哈布斯堡王族所有，以后几易其手，曾受到奥地利、瑞典和法国的统治。1805年拿破仑颁布法令，把它划归新成立的巴登大公国。1947—1952年间弗莱堡是南巴登邦政府所在地，随后并入巴符州。

3.经济发展

弗莱堡是个商业中心，木材、酒类、食品的批发贸易尤为重要。该市经济中工业比重不大，只有1/4的职工在工业部门工作。化纤、制药、纺织、电子、精密机械等部门较为重要。

4.文化特色

虽经战火破坏，弗莱堡大体上保持了老城的风貌。

全市153平方千米土地中，森林就占了6.5平方千米，此外还有公园绿地近5平方千米。全市有大片橡树林、松树林，林间开辟了600多千米的小路供游人散步、远足。

弗莱堡不仅是个旅游城，而且是个知名的大学城。

弗莱堡大学由奥地利大公爵阿尔贝特于1457年创办，现有学生2万多人，10多个系中尤以经济和法律著称。现代经济学派中有个弗莱堡学派，就出自该校，这个学派是新自由主义的中坚，为德国社会市场经济体制奠定了理论基础，战后这一经济体制的确立为德国带来了举世闻名的经济奇迹。

文化事业发达。全市有研究机构10多家，其中马普协会的免疫生物学研究所享有世界声誉，

诺贝尔奖获得者库勒（G·Kohler）就在这里工作。多家博物馆中以奥古斯丁博物馆最为著名，馆藏以上莱茵地区中世纪艺术品为主。

出版事业兴旺。著名的贝德克尔出版社就设在这里，这家出版社1829年出版了世界上最早的旅游指南，它的导游书籍以多种文字在许多国家发行，为世界旅游事业的发展做出了贡献。

五十六、海尔布隆——内卡河上最大的河港

1.城市简况

海尔布隆位于斯图加特以北，地跨莱茵河支流内卡河两岸。是内卡河上最大的河港，人口11.6万。

2.历史社会

地名由德语“圣泉”（Eeiliger Brunnen）演变而来，据说因城中基利安教堂有一股泉水而得名。公元741年这里作为王家宫院首见于史籍，1146年成为河港，1281年建市。中世纪时是相当繁荣的自由市，1802年归并于符腾堡公国。

3.经济发展

早在1820年前后，该市就开始工业化，到19世纪末发展成为德国西南部为数不多的工业城市之一。20世纪30年代末，随着内卡河运河化，航运条件大为改善，一跃成为德国名列前茅的大河港，目前吞吐量每年达500多万吨。

是德国最大的葡萄产区之一。郊区遍布葡萄园，占地达5.5平方千米。酿酒业发达，盛产葡萄酒，有“酒城”之称。此外，还有金属加工、化学、造纸、纺织等工业部门。

五十七、普福尔茨海姆——金城

1.城市简况

普福尔茨海姆位于德国西南部，坐落在黑林山北麓，地处进山要道，是黑林山的“北大门”。现有人口11万。

2.历史社会

在罗马帝国时期，这里只是个小村落，12世纪设市，从1227年到1565年曾作为巴登边地伯爵宫邸所在地。当时是个文化中心，其拉丁学校远近驰名。18世纪起，该市开始发展金银首饰和钟表制造业，至今有200多年的传统。当地职工中有四成从事金银首饰加工制作，市内设有德国最大的金银钟表工艺学校。此外，该市还有精密机械、电子仪器、造纸等工业。

历史上屡遭战争破坏，遗留古迹不多，其中以13~15世纪的教堂较为出名。

3.经济发展

是德国金银首饰钟表业中心，有“金城”之称。

4.文化特色

该市的珠宝首饰博物馆是世界独一无二的，藏有数千件首饰珠宝，其中各种戒指多达1200多枚。展品全面展示了从古希腊到20世纪的珠宝饰物发展史。

五十八、乌尔姆——高塔入云的城市

1.城市简况

乌尔姆人口11.1万。位于南德多瑙河上游左岸，属巴符州，城南的多瑙河就是州界，对岸是巴伐利亚州小城新乌尔姆，多瑙河上有数座桥梁把两市紧密联系在一起，形成大乌尔姆双子城。

2.历史社会

乌尔姆一带最初是王室领地，公元854年首见记载，1164年设市。1227年它成为帝国自由市。在中世纪，由于地处商业通道中心，生产亚麻布和麻纱布，经济十分繁荣，有雄厚的财力兴建宏伟的大教堂。19世纪初，拿破仑横行欧陆，乌尔姆一带成为战场。拿破仑失败后，德意志各邦国组成松散的邦联。德意志邦联决定修建几个大要塞，其中一个就是乌尔姆。当时，在乌尔姆的外围修筑了长达9千米的城防工事和许多堡垒。第二次世界大战期间，在空袭和地面进攻中，乌尔姆遭到严重破坏。战后重建，它的古城特色得到了保留。

3.经济发展

乌尔姆工业以机械、电器、纺织业为主。载重汽车、公共汽车、柴油发动机等产品在世界市场上声誉卓著。

该市是南德的公路铁路交通枢纽之一。

4.文化特色

该市拥有世界最高的教堂，尖塔耸入云霄，高达161米，同时是物理学泰斗爱因斯坦的故乡。

城中有几个博物馆。其中最有名的是德意志面包博物馆，于1955年开馆，是世界上此类博物馆的第一家，展示了几千年来小麦种植、面粉加工、面包制作的过程并陈列各种有关器具。

1967年，创办有第一所大学，学生达6000多人。

五十九、罗伊特林根——施瓦本轻纺城

1.城市简况

罗伊特林根位于德国西南部，是以轻纺为主的工业城市，人口10.4万。

2.历史社会

公元13世纪，罗伊特林根由斯陶芬王朝的弗里德里希二世所建。1268年成为帝国自由市。中世纪时，该市的毛织、制革等十分繁荣。1803年，归并符腾堡王国。

3.经济发展

该市现在是轻纺工业中心，主要工业有纺织、服装、制革、机械制造等。市内设有纺织工艺研究所和纺织工学院、制革学校等多所院校。

4.文化特色

该市是德国国民经济学创始人李斯特的家乡，市内的车站广场有他的雕像，乡土博物馆和市政厅也都有他的生平陈列。

六十、蒂宾根——“学者共和国”

1.城市简况

蒂宾根位于斯图加特西南，是德国有名的大学城，德国大学生的密度最高。人口8.1万，其中大学师生有3万多。

2.历史社会

该市是由2个小聚落发展而成的城市，公元1078年首次见于史册。1231年正式设市，曾作为符腾堡邦国的都城。

3.经济发展

该市出版业很发达。

4.文化特色

15世纪时，大胡子艾贝哈根伯爵（后晋升为公爵）在位，他曾去意大利游历，对文艺复兴深为赞赏。回国后，他于1477年在蒂宾根创办了一所大学，时至今日，这所大学已有500多年历史，不少学者，如开普勒、黑格尔、谢林、荷尔德林、乌兰德等都在蒂宾根求学。1863年，蒂宾根大学在德国首创了自然科学系，把自然科学从哲学中分离出来。1895年，培养出德国第一位女博士。如今，设系16个，学生2.5万，教职员工近8000人，其中2000名教授讲师。

蒂宾根除大学外，还设有不少研究机构，如马普协会的生物研究所、病毒研究所、生物控制学研究所。

全市有9家电影院和两家剧院，另有大约100家餐馆，其中有将近40家是传统的大学生酒馆。

六十一、康斯坦茨——湖滨边城

1.城市简况

康斯坦茨人口7.5万，是博登湖畔最大的城市，也是德国在莱茵河上有南岸唯一的城市，全靠莱茵河上的3座桥梁与巴符州的腹地相连。

由于该城处于德国边缘地区，被人戏称为“德国的最后一块衣角”。

2.经济发展

该市独特的地理位置使其成为德国有名的旅游名城。

3.文化特色

康斯坦茨的街市与瑞士的克罗伊茨林根市毗邻，中间只隔一道篱笆，两市之间虽有几处海关，但两边居民来往非常方便。两市间还共建了一座冰上运动馆。

六十二、巴登—巴登——休养胜地

1.城市简况

巴登—巴登位于德国西南部，东北距卡尔斯鲁厄约30千米，人口5.2万。

2.发展特色

是世界上最大的矿泉疗养地之一，有“欧洲夏都”之称。

六十三、法兰克福——空中大门、金融城

1.**城市简况**

法兰克福位于美因河畔，是德国重要的工商业、金融和交通中心，黑森州最大的城市，人口约66万。

2.**经济发展**

“法兰克福”意为“法兰克人（日耳曼民族中的一支）的渡口”。公元794年，法兰克福成为作为查理大帝的行都首次载入史册，此后该城一直是德意志的重要政治舞台。1866年法兰克福并入普鲁士帝国，结束了从1372年以来的帝国自由市的自治地位。德国统一后，这里工业迅速发展，化学工业尤为突出。第二次世界大战中，33次大轰炸摧毁了法兰克福80%的建筑，留下1700万吨垃圾，千年古城，沦为废墟。战后法兰克福迅速重建，现在的市区一改旧观，成为国际知名的大都市。

法兰克福是德国乃至欧洲工商业、金融服务业和交通中心之一，在德国人口最多的50个大城市的经济活力排名中位居首位，在生活水准排名中居慕尼黑和斯图加特之后列第三位，德国最大的100家工业企业中有20家总部设在法兰克福。法兰克福是德国最重要的铁路、公路和航空交通枢纽，法兰克福机场已成为全球最重要的国际机场和航空运输枢纽之一。

法兰克福人均国内生产总值高达7.37万欧元，居全德城市首位；人均工资收入为1.08万欧元，居第二位；国内生产总值中，服务业占83%，生产性行业占17%。

化工是法兰克福最大的工业部门，其次是机械、汽车和医药等。赫希斯特曾是德国三大化学工业公司之一，1999年被安万提(Aventis)和拜耳（Bayer）等公司分解收购。此外，生物和转基因等高新技术已发展成为该市新的重点产业。

法兰克福金融业有近千年的历史，早在1180年，作为“帝国城市”，法兰克福就拥有铸币权。1402年开设了第一家货币兑换所。1585年成立了证券交易所。19世纪初，仅有4万人口的法兰克福就有银行近百家，其中几家银行的老名称迄今沿用，如贝特曼银行、豪克银行、梅茨勒银行等。1820年，法兰克福首次出现股票交易。1862年成立的法兰克福抵押银行是第一家以股份有限公司形式注册的企业。1948年，法兰克福市被选作中央银行——德意志诸州银行的所在地。该行拥有货币发行权，并负责制订、推行统一的货币和信贷政策，为后来法兰克福发展成金融中心奠定了基础。1957年，根据《德意志联邦银行法》建立了德意志联邦银行，即联邦德国的中央银行，总行地址仍设在法兰克福。各类金融机构为加强与中央银行的联系，纷纷设在法兰克福，使这里银行云集，有“美因河畔的曼哈顿”之称。

目前，设在法兰克福的金融机构共达430家，其中一半以上是外国银行，大约7万人从事该行业。

3.**文化特色**

法兰克福是著名的国际会展中心城市。每年至少有50多个重要展览在这里举行，是欧洲大陆最繁忙的展览场所。主要展会有国际汽车展、传统的图书展、全球最大的消费品展等。参

加博览会的人数平均每年超过100万，博览会已成为人们了解世界及世界了解德国的一个重要窗口。

法兰克福拥有“德国最大的书柜”——德意志图书馆，德国法令规定1945年以后出版的德语印刷物都有义务提交它保存。大约500个出版公司集中此地。因此，法兰克福称得上是世界图书业的中心。每年世界最大、最有名的书展在法兰克福举行，吸引了大约100个国家、6000家参展商以及20多万参观者。

法兰克福还是德国历史文化名城，旅游业十分发达。

美中不足的是，法兰克福是德国最新排名的第四大危险城市。每10万人中有15000多起犯罪案件。

六十四、威斯巴登——温泉疗养地

1.城市简况

威斯巴登人口26.2万，是黑森州的首府。位于法兰克福以西30多千米处，隔河与莱茵兰·普法尔茨州首府——美因茨相望。二战后威斯巴登被定为黑森州的首府，成为行政中心，除州机关外，联邦统计局、联邦刑警局也设在这里。

2.历史社会

公元829年史书中首次记载了“草地温泉”(Bad in den Wiesen)，威斯巴登的地名由此演变而来。不过，中世纪时，除达官贵人外，能来此地疗养的人有限，因此城市发展也相当缓慢。直到19世纪初，才有两三千居民。1816年成为纳绍公国的首都，几位公爵先后大力营建这座小都城，开辟温泉，修建公园，新辟宽阔的林荫大道，为该市的发展奠定了基础。1866年并入普鲁士。第二次世界大战中，盟军的艾森豪威尔将军看中此地，打算用它来作大本营，所以直到1945年初，尽管时常有千百架英美轰炸机掠过该城上空，却没有丢过炸弹。

3.经济发展

威斯巴登工业比重不大。该市多温泉，素有“波城泉水波城花”之誉，共有26座热泉。作为酿酒中心，以出产塞克特（德国香槟酒）著称。

4.文化特色

展览会议业也颇发达。每年还举办国际音乐节、芭蕾舞及戏剧会演。

现在出版业、电影制片业也颇兴旺。

六十五、卡塞尔——格林童话诞生地

1.城市简况

卡塞尔人口19.5万，是黑森州北部的文化、经济和行政中心。

2.历史社会

卡塞尔是从拉丁文Castellum演变而来。公元913年首见记载，1277年成为黑森伯国都邑，1567年又成为诸侯国黑森—卡塞尔的都城。18世纪是其历史上的黄金时代，几位君主都酷爱艺术，广修宫殿园林，搜求名雕名画，使卡塞尔赢得“艺术名城”的声誉。当然，贵族们的文化享受是建立在贫苦百姓的血泪之上的。1775年，官府威逼大批穷人充当雇佣军，1.7万人被派往北美为英国殖民政府卖命，以此换取英国的金钱为宫廷所用。进入19世纪，卡塞尔与欧洲历史上叱诧风云的拿破仑家族有过两段因缘，1807年拿破仑在德意志中部建立了威斯特法伦王国，分封他的弟弟纪罗姆作国王，都城就设在卡塞尔。拿破仑兵败后，这个只有6年历史的王国也就烟消云散了。无独有偶，1871年卡塞尔又接纳了拿破仑的侄子，法国皇帝拿破仑第三，不过他是作为阶下囚来到这里的。

3.经济发展

德国统一后，卡塞尔成为黑森—纳绍省会并发展成为工业城市。

第二次世界大战中，卡塞尔是德国飞机坦克的制造中心，饱受空袭轰炸，成为一片废墟，战后重建，转变成为经济文化发达的现代化都市。如今，火车机车、卡车、公共汽车等产品具有世界声誉，德国的高速火车就是在这里制造的。

卡塞尔又是交通枢纽，设有高速铁路车站，几条高速公路也在这里交汇。

4.文化特色

1971年，卡塞尔创办了第一所综合型大学，现已发展到22个系，1.5万名学生。

六十六、达姆斯塔特——黑森科技城

1.城市简况

达姆斯塔特位于法兰克福以南30千米处。人口14万，是黑森州著名的科技文化城市。

2.历史社会

达姆斯塔特一带在中世纪早期曾是王家狩猎区。11世纪时作为一个村庄首见记载，1330年成为一个小诸侯国首府并设市，后来成为黑森—达姆斯塔特伯国（后升格为大公国）的首都。在首位大公路德维希一世（1790—1830年）统治期间，城市扩建，文化繁荣。1803年世界著名的化学家李比希在这里诞生，他在有机化学上贡献极多，研究使用化肥，为近代农业化学奠定了基础。

3.经济发展

19世纪中期以来，达姆斯塔特迅速实现工业化，现在是以化学、机械和电气工业为主的重要工业城市。最大的企业迈克拥有7000多名员工，生产药物、颜料和其它化学品。维拉公司生产化妆品，产品远销五大洲。不少企业还与高校科研密切结合，生产高精尖产品。

科研机构众多。如德国数学和数据处理学会的计算中心，欧洲航天研究操作中心，欧洲气象卫星组织，德国邮电技术中心等。

4.文化特色

达姆斯塔特大学分21个系，始建于1836年，现有学生1.7万人。不少学科，如电气、水利工程、塑料、建筑都驰名学术界。

该城还是文学艺术研究重镇。德国语言文学研究院和德国笔会中心（国际笔会的德国分会，该组织相当于世界作家协会）都设在这里。

德国语言文学研究院每年颁发全国最有声望的毕希纳文学奖。毕希纳是出生在这里的著名文学家（1813—1837年），才华出众，但英年早逝，写有《丹东之死》等剧作和小说。设在该市的国际音乐研究所是欧洲最重要的音乐机构之一，以研究现代音乐著称。

达姆斯塔特引以为傲的俄罗斯教堂和婚礼塔坐落在城东的玛蒂尔登小丘上。

六十七、奥芬巴赫——皮革城

1.城市简况

奥芬巴赫位于美因河南岸，距法兰克福只有5千米。两市地界相邻，市区相连，公共交通也联合经营，几乎分不清是两座城市。现有人口11.5万。

2.历史社会

这里最初只是美因河畔的农渔村庄，公元977年首见记载。1486—1815年是伊森堡伯国属地。17世纪末，该城接纳了大批从法国逃出的胡格诺教派信徒，其中不少人是熟练的手工匠人，于是这里逐渐兴起了制革制鞋业。1816年该市又归属黑森—达姆斯塔特大公国，开始发展现代工业。

3.经济发展

奥芬巴赫是德国传统的皮革加工中心，制革业发达，能生产各式各样的皮革制品。如今，除制革业外，还有机械、化学、电气制造等工业。该市还是河港，以石油煤岩运输为主。德国气象局也设在这里。

4.文化特色

这里每年举办至少两次国际皮革博览会，还设有引人入胜的德国皮革和鞋类博物馆。

德国皮革和鞋类博物馆创建于1917年，皮革馆分皮革加工史、各种皮革艺术品、皮毛艺术品、皮影艺术品等4大部分。

鞋类馆则展出世界各地用皮、棉、丝、麻、木和各种合成材料做成的造型各异的鞋。

六十八、马尔堡——中古圣城

1.城市简况

马尔堡位于格但斯克的南部。人口7.5万。

2.历史社会

马尔堡有800多年历史。公元1130年首见记载，1211年成为一座城市。

曾是图林根伯爵路德维希四世的封地，伯爵死后，他的妻子伊丽莎白（匈牙利公主）放弃担任摄政，移居马尔堡，专心从事慈善事业，死后被教会封为圣徒，信徒们建起了圣伊丽莎白教堂，这里从此成中欧的宗教圣地，香火不断，直到宗教改革后朝圣者才逐渐减少。1248年成为黑森伯国的第一个都城，所以又有“黑森的摇篮”之称，1604年起归属黑森—卡塞尔，1866年并入普鲁士。

3.经济发展

该市经济以旅游业为主，工业有化学、外科

医疗器械、光学仪器、工艺品（特别是艺术陶瓷）制造著名。贝林制药厂世界闻名，是由首位诺贝尔医学奖得主贝林创办的，贝林是位细菌学家，是免疫学的奠基人，首创血清疗法，找到医治白喉的方法，使这一疾病不再能危害人类。如今，贝林制药厂已发展成为3000职工，是赫希斯特河化工集团的子公司，药品行销全世界100多个国家。

4.文化特色

马尔堡是座山城，到处都是松树和山毛榉树。

圣伊丽莎白教堂是马尔堡主要的名胜之一。始建于1235年，1283年竣工。

马尔堡还设有一所古老的大学——马尔堡大学，它创建于1527年，以创建者菲利浦伯爵命名，是世界上第一所新教大学。现有学生1.8万人，教工5000人，全市每4人中就有1人为大学生或教工，因此，马尔堡也有“大学城”之称。

六十九、吉森——兰河之滨大学城

1.城市简况

吉森位于黑森州北部兰河畔，人口7.4万，其中大学生就有2.2万多人。南距德国的航空、金融中心法兰克福50多千米，车程仅30分钟。

据统计，吉森的人口中，35岁以下的人数占50%，在此工作、学习的外来人口约有7万，来自148个不同的国家和地区，这使得吉森市成为一座年轻、国际化并且有活力的城市。

2.历史社会

吉森1197年首见于史册，1248年设市，1265年成为黑森伯爵属地，后来又筑为要塞。

旧吉森城部分街道狭窄而又不规则，二次世界大战期间，城区大部分被毁，战后得以重建。

3.经济发展

由于吉森位于德国乃至欧洲的中部交通要道上，这里曾经是美军重要的军事基地，而且现在还是美军在欧洲的物资仓储和配送中心。近些年来，由于美军的逐步撤离，吉森市政府利用空余出来的土地开发了一个名为“欧洲区”的经济技术开发区，许多企业，包括年销售额达6亿9千万欧元的雷诺斯物流公司（Rhenus Logistics）以及日本佳能公司均在此落户。

吉森市还在这里建立了一个有高科技研发中心，在信息、生物技术、纳米科技、制药、食品、环保、机械电子等方面都较有实力。

吉森是个交通枢纽，工业以机车、精密机械、陶瓷、橡胶和卷烟为主。

4.文化特色

吉森有“大学城”之称，全市共有大专院校4所。其中，吉森大学创立于1607年，现有2.5万余人，是一所著名的综合性大学。该大学的创始人，是被称为“化肥之父”的里比西。

另外，将X射线（又称伦琴射线）应用于医学领域的著名科学家伦琴也出生在吉森。

吉森市的文化活动相当活跃，有着自己的交响乐团、合唱团等演出团体，还举办过两届国际儿童及青少年合唱节。

七十、韦茨拉尔——光学工业城

1.城市简况

韦茨拉尔位于吉森以西10多千米处，是一座古城，人口5.2万。

2.历史社会

1693—1806年这里曾是神圣罗马帝国最高法院所在地（今设有帝国最高法院博物馆）。

3.经济发展

以光学工业而世界闻名。

七十一、富尔达——旅游之城

1.城市简况

位于黑森州东部的富尔达河畔，周围皆山，是个旅游城市，人口5.7万。

2.历史社会

公元744年，教皇派往日耳曼地区传教的卜尼法蒂斯在这里建起一座修道院，富尔达城在修道院周围逐渐形成，直到19世纪初是个政教合一的城市，由势力极大的修道院院长兼侯爵统治。

3.文化特色

市内有9世纪初建成的米歇尔2010年教堂和消防博物馆等景点。

七十二、哈瑙——金银首饰城

1.城市简况

哈瑙位于法兰克福以东约20千米处，人口8.7万，是格林童话编著者格林兄弟的家乡，市集广场竖有他们的铜像。

2.历史社会

哈瑙历史上是著名的“金银首饰城”，其制作可以在设于老市政厅的德国金饰工艺博物馆内观赏。

3.经济发展

该市主要工业有宝石琢磨与装饰、贵金属冶炼与加工、橡胶和灯具制造等。另能生产用于计算机技术的超纯净铜箔等高新技术产品。

4.文化特色

该市城西2千米处有18世纪初按法国模式建起的菲利普厄宫。

七十三、吕瑟尔斯海姆——汽车工业城

1.城市简况

吕瑟尔斯海姆位于法兰克福和美因茨之间，人口6万，是个汽车工业城。

2.经济发展

该市设有德国五大汽车制造商之一——著名的奥佩尔汽车公司，年产汽车100多万辆。1929年产权易手，被美国通用汽车公司接管，成为通用集团在欧洲的支柱。

七十四、路德维希港——新兴化工城

1.城市简况

路德维希港与曼海姆隔莱茵河而相望，人口16.4万。该市以港口出名，河港年吞吐量多达800万吨。

2.历史社会

路德维希港是个年轻的城市。17世纪初，曼海姆修筑城垣，随便在河西修个桥头堡，作为外围防御工事，附近逐渐形成居民点，但开始人口不多，直到19世纪中叶，升格为市，为纪念属地巴伐利亚王国国王路德维希一世，这座城市定名为路德维希港。新市人少地多，交通便利，人们纷纷迁来投资办厂。1865年，曼海姆商人恩格尔霍恩创办了一家名为巴登苯胺与苏打厂（缩写BASF，即巴斯夫公司的前身），苦于在曼海姆找不到地皮，后迁至路德维希港，这就是该市作为化工城的开端。1910年，人口超过10万，成为举世瞩目的新兴化工城。

3.经济发展

该市以“化工城”驰名国内外，世界化工五强之一——巴斯夫公司（BASF）就设在这里。

4.文化特色

路德维希港还是德国总理科尔的家乡，科尔生于1930年，1982年任联邦总理，在他的任期内，德国完成了统一大业。

七十五、科布伦茨——千年古城

1.城市简况

科布伦茨距离波恩60千米，现有人口10.9万。

2.历史社会

科布伦茨是德国少有的几个两千年古城之一，公元前9年，罗马人看中这“两川汇流”的要地，建起了一座古堡，古堡附近逐渐兴起一座繁荣的商业城市。842年，查理大帝的3个孙子在这里的卡斯托教堂会商3分帝国，次年在凡尔登正式签订了条约，至此查理帝国便告瓦解，德、法、意3个近代国家的雏形开始出现。

3.经济发展

该市工业比重不大，其中以家具、服装和化工品的生产较为重要。

七十六、凯撒斯劳滕——巴巴罗萨城

1.城市简况

凯撒斯劳滕位于莱茵和萨尔之间，人口10万。

2.历史社会

公元1152年，巴巴罗萨皇帝（又称红胡子弗里德里希一世）让人在劳滕河畔修建一座行宫，附近遂兴起一座城堡，取名凯撒斯劳滕，以纪念这位皇帝（凯撒意为皇帝），有人也干脆把其称为巴巴罗萨城。1276年，哈布斯堡的鲁道夫皇帝授予凯城自治权，但100年后，这座城市丧失自治权，成为法尔茨选帝侯属地。

凯城长期是个商业手工业小城。1850年铁路修通后，特别是德国统一后，凯城也卷入了工业化的浪潮。

3.经济发展

凯撒斯劳滕现在以生产缝纫机、汽车零件著称，同时也是铁路枢纽。

4.文化特色

凯城是法尔茨山区的文化中心。1969年在南郊建有一所大学，如今该大学拥有9个系，学生万余人。凯城还有乡土博物馆、法尔茨美术馆、剧院和体育场等文化设施。

凯城和郊区是美军在欧洲的屯兵重地，驻军和家属有几万人，因而这一带成为海外美国人最多的聚居地。

由于历史上的兵灾战祸，凯城的中世纪古迹几乎荡然无存，只有一座建于13世纪的教堂得以保全。

七十七、特里尔——马克思的故乡

1.城市简况

特里尔位于德国西南部，靠近卢森堡、比利时和法国，距卢森堡边境只有10余千米，现有人口10万。

2.历史社会

特里尔是德国最古老的城市。相传在罗马帝国建立前这里已有人聚居。罗马帝国时期是特里尔空前繁荣的时代。由于地处水路要冲，以及制陶、纺织、兵器制造等手工行业的兴起，这里迅速成为一大商业中心。从公元293年到395年，这里又被选作帝国都城之一，先后有6位皇帝以这里为统治中心，其中包括赫赫有名的君士坦丁大帝。

3.经济发展

今天，特里尔是重要的旅游中心，以其罗马时代的古迹闻名于世。

周围盛产葡萄，酿造业卓有声誉，酒类贸易也占重要地位。工业多元化，生产轮胎、烟草、酒类、机械和化学制品。

4.文化特色

特里尔是马克思的诞生地。

1970年特里尔与凯撒斯劳滕合办了一所大学，1975年分开独办。如今，特里尔大学成为以社会科学为重点的高等学府，学生近万人。

七十八、沃尔姆斯——酒城

1.城市简况

沃尔姆斯是德国西南部城市，南距路德维希港10多千米，是罗马时代的古城。人口7.7万。

2.经济发展

该市以产酒著称，是酒类贸易重要市场。工业有机械制造、皮革、纺织、化学、食品加工等。

七十九、斯派尔——古罗马的军事重镇

1.城市简况

斯派尔北距路德维希港十余千米，人口4.7万，有2000多年历史。

2.历史社会

斯派尔公元前已是罗马军事和贸易城镇，公元7世纪设为主教区，后来长期为帝国自由市。

3.文化特色

斯派尔有好几个博物馆，其中酒博物馆最有意思。

八十、伊达尔—奥伯施泰因——宝石城

1.城市简况

伊达尔—奥伯施泰因坐落在特里尔以东50千米的峡谷中，周围群山环抱。人口3.4万。

2.经济发展

古罗马时期人们在此地发现了玛瑙矿，构成了本地宝石加工业的基础，是著名的宝石城。

3.文化特色

该市设有世界上唯一的宝石交易所。

八十一、萨尔布吕肯——德法纽带

1.城市简况

萨尔布吕肯位于德国西南边陲，市区跨萨尔河两岸，河上有多座大桥，联系两岸市区，城市以此得名（布吕肯是桥的意思）。是萨尔州的首府，人口19.2万。萨城以“煤都钢城”驰名欧洲，也是重要的交通、商业和文化中心。

2.历史社会

萨城的历史可以说是德法两国的恩怨史。公元999年，亨利三世皇帝把萨尔河南的一座城堡赏赐给梅斯（今法国东北部城市）主教，主教又把它让给萨尔伯爵。于是以这个城堡为中心，兴起一座城市，这就是老城萨尔布吕肯。1321年取得城市自治权，逐渐繁荣。17世纪时，法王路易十四攻城掠池，占据萨城近20年。拿破仑称雄欧洲时又兼并了这座城市。拿破仑战败后，萨城被划归普鲁士。19世纪中期，开始发展煤铁工业。1870年以来德法3次交兵，即普法战争和两次世界大战，萨尔布吕肯一带都曾是两国鏖兵的战场。第二次世界大战中，高度工业化的萨城遭到猛烈轰炸，90%的房屋被毁。战后，成为法国领区，直到1957年，萨城才与萨尔州一道，回归德国怀抱。

3.经济发展

萨城在经济上也与法国有着密切的联系。该市地下有浩瀚的煤海，但缺铁；邻近的法国洛林地区则有丰富的铁矿，然而少煤。两地经济正好互补。早在100多年前，萨城就利用这一有利条件，以煤换铁发展采煤和钢铁工业，成为有名的煤都。如今每年采煤量达千万吨，产钢几百万吨。但近年来，欧洲煤钢业不景气，萨城也深受

其苦，失业率长期居高不下。为改变经济过分依赖煤钢业的局面，萨城大力促使工业多样化，光学仪器、塑料、水泥、印刷、酿酒等工业已有相当基础，发展第三产业也取得很大成效。

4.文化特色

萨城南郊就是德法边界，因此它在贸易、经济、文化上都与法国有着千丝万缕的联系，成为德法两国间的联系纽带。在萨城，几乎人人都会讲德法两种语言。

1948年，在法国的帮助下，这里创办了萨尔大学，如今已扩建到16个系，2万多学生。

八十二、施普罗克赫费尔——鲁尔工业区发源地

1.城市简况

施普罗克赫费尔位于北莱茵—威斯特法伦州境内，是德国工业重地鲁尔区的一个中小城市，面积47.8平方千米，常住人口约3万人。

2.经济发展

施市位于鲁尔工业区的几座工业重镇之间。该市的煤炭开采已有700多年的历史，现代工业亦有上百年的发展史。它素以鲁尔地区发源地而著称。全市工业企业约220个，服务性行业305家，商店481个，建筑行业30家，旅馆及小型旅店127家。

八十三、伍佰塔尔——悬车行空的恩格斯故乡

1.城市简况

伍佰塔尔位于杜塞尔多夫以东30千米处，人口38.4万，是恩格斯的故乡。

2.历史社会

该市是20世纪才设立的新市，由6个市镇合并而成。其中最大的2个市镇——东面的一个是恩格斯的家乡——巴门，西边的教埃伯费尔德，恩格斯在这里上过中学。两三百年前，这两座小城都是纱线漂白业的中心，利用伍佰河含钙少的特点，沿岸有100多座纱线漂白作坊。19世纪时兴起纺织印染业。沿河的小城镇，随着工业的发展而扩大并连成一片，1929年，合并成新市，次年定名为伍佰塔尔。“伍佰”是贯穿整个市区的河流名城，“塔尔”是德文“河谷、峡谷”之意，即伍佰河谷的新市。

3.经济发展

该市不仅有传统的纺织业，生产丝绸、丝绒、亚麻布、人造纤维织物、地毯、挂毯和服装等多样产品，还有钢铁和机械制造业。此外，电子、化学和制药等工业也有发展。全市工业产品1／4销往国外。

4.文化特色

该城市很有特色，是个带状山城，沿莱茵河支流伍佰河的河谷展开，摆成一字长蛇阵，连绵近20千米，市区建在两岸的缓坡上，一出门不是上坡就是下坡，有的街巷甚至全由台阶构成，因此人称伍佰塔尔是德国台阶最多的城市。

这里最主要的交通工具是单轨悬车，堪称

该市一绝，据说在世界上也是独一无二的，因此，该市又有“悬车之城”的称誉。

1972年，创办了第一所大学，如今学生1万多人，这座传统的工业城市又变成了新兴的文化中心。

八十四、克雷菲尔德——丝绸之城

1.城市简况

克雷菲尔德位于莱茵河下游以西的平原上，距杜塞尔多夫25千米，人口24.5万。该市以丝绸业著称，德国生产的丝绸、天鹅绒、领带大多出自这里。

2.历史社会

古时，这里只是个名不见经传的村镇。1373年，默尔斯伯爵把这座小镇升格为市，新领主十分开明，允许外地受迫害的基督教新教徒来这里避难。1656年，一位名叫莱耶尔的逃亡者，带着手艺和资金，在此地开设了一家丝绸业工厂，生意十分兴隆，带动了当地丝绸业的发展。1702年，改属普鲁士，普王非常喜欢这里出产的丝绸，特意下旨：丝绸织匠免服兵役。于是这里的丝绸业更趋于兴旺，莱耶尔家族工场雇佣的织工最多时竟达3000多人，城中处处可闻札札机杼声。克雷菲尔德丝绸的名气越过边境，传遍欧美，至今享有盛誉。

3.经济发展

300多年来，克雷菲尔德一直是德国丝绸业的中心。除拥有丝织、印染、丝绒、服装和领带等各类工厂外，还设有纺织工程师学校和纺织品研究中心，德国丝绸业联合会也在这里。该市特设的“金纺车”奖，是德国时装设计行业的大奖。

为改善城市经济结构，克雷菲尔德逐步建立了化学、电气、精密机械和特种钢等工业部门，并在莱茵河边建有大河港。

4.文化特色

克雷菲尔德城区古建筑中，以丝绸业富豪莱耶尔家族的宅居较为出名，现用作市政厅。

该市的德意志纺织品博物馆是世界第二大纺织品博物馆，展出罗马时代至今的各种织物约1.5万件。

八十五、诺伊斯——古城港市

1.城市简况

诺伊斯位于莱茵河西岸，与杜塞尔多夫隔河相望，与杜塞尔多夫相距只有10千米，城市铁道和有轨电车将两市紧密联系在一起。人口14.7万。

2.历史社会

诺伊斯建城迄今有2000多年。早在公元之交，罗马人就在这里筑起军营要塞，周围逐渐兴起一座城市。中世纪时，是繁荣的商业中心，还加入汉萨同盟。16世纪末，由于战争的破坏，诺伊斯开始衰落。到19世纪，随着港口建设和榨油、面粉业的发展，诺伊斯再度兴旺，成为水运和工业中心。

3.经济发展

工业发达，机械、造纸、化学和食品工业都居重要地位。西南不远的格莱温布奥希是德国制铝工业的中心，拥有欧洲最大的铝材轧制厂。那里还有高度机械化的褐煤露天矿，大型轮斗铲一天可采褐煤20万吨，就近供应规模巨大的热电厂。

4.文化特色

诺伊斯每年8月，举行盛大的射击比赛。这是一个传统的民间节日，持续5天，有彩车、化妆游行、马术、射鸟等各种娱乐活动。

八十六、雷姆沙伊德——工具之城

1.城市简况

雷姆沙伊德位于伍佰河东岸，是富有传统的工具制造业中心。现有居民12.3万。

2.历史社会

雷姆沙伊德这一带山多林密，还蕴藏着铁矿。中世纪时，人们就开始伐薪烧炭，用来炼铁。他们还在众多的溪涧上办起锻工作坊，利用水利带动大锤打铁，制造镰刀、锄头、锯条、钻头、铁锤等农具。该城的市徽上现有一把镰刀，就是当地工具业历史悠久的象征。

3.经济发展

19世纪，这里迅速实现工业化。1886年，曼内斯曼兄弟在这里制造出世界上第一根无缝钢管。

4.文化特色

该市设有一座富有特色的工具博物馆。展示从石器时代迄今的工具发展史，对当地的工具制造业历史也有生动描述。

这里还是诺贝尔物理学奖获得者伦琴的出生地，伦琴是第一位诺贝尔物理学奖获得者。

八十七、锡根——德国钢铁业摇篮

1.城市简况

锡根位于北威州东南部，地处三州（北威州、黑森州和莱法州）交界的山区，人口11万。

2.历史社会

这座山城历史上曾以采矿冶炼铁著名于世，素有“德国钢铁业摇篮”之称。但今天，铁矿开采已完全消失，变成了产业多样化、经济文化发达的山区中心城市。

3.经济发展

今天，锡根的钢铁工业依然存在，但其重点已转向生产特种钢、铸钢、轧材、钢管和各种钢铁构件。这里还生产成套工业设备、大型工具和各种机器。电气、制革和啤酒酿造也是其重要工业部门。近年来，该市致力于经济结构多元化，成效卓著。旅游会展业也有一定发展。

4.文化特色

1972年，这里创办了一所大学，目前已发展成为12个系，1.3万名学生，锡根业已成为小有名气的山区大学城。

八十八、贝吉施—格拉德巴赫——德国造纸工业中心

1.城市简况

贝吉施—格拉德巴赫西距科隆10余千米，有轨电车和城市快速铁道直达科隆，人口10.4万。但市区不太集中，有100多个村庄散处其间，随处可见田园风光，景色宜人。

2.历史社会

贝市一带古时是贝尔格伯爵领地，后来出现了一个名叫格拉德巴赫的城镇，1856年设市，为了避免与其他地方同名，改称贝吉施—格拉德巴赫，意思是贝尔格地区的格拉德巴赫。1975年，该市合并了南面的本斯贝格。

3.经济发展

早在16世纪，一批受宗教迫害的荷兰人迁来此地，办起了造纸作坊（其中一个现已辟为博物馆）。如今，贝市已成为德国造纸工业的一大中心，纸制品享有盛誉。

该市的机械、电器、木材和制药等工业和出版业也很兴盛。市东有占地1900平方千米的自然公园，旅游业兴旺。

4.文化特色

该市名胜有罗曼式教堂和布莱格古堡等。市北郊区，有1座13世纪的哥特式大教堂，西窗高达18米、宽8米，据说是德国最大的教堂窗户。

本斯贝格有一处12世纪的古堡，其五角塔楼经建筑师巧妙设计，与一座新建筑融为一体，形成古今建筑珠联璧合的独特风格。附近设有矿业、手工业博物馆，展示当地旧时开采铅锌矿和手工业作坊的情况。

八十九、杜伊斯堡——世界上最大的河港

1.城市简况

杜伊斯堡位于莱茵河与其支流鲁尔河的交汇处，面积233平方千米，人口53.7万，是德国重要的水陆码头和首屈一指的钢铁工业基地。

2.历史社会

杜伊斯堡的历史从8世纪开始。那时，法兰克国王在鲁尔河注入莱茵河的地方修筑了一个要塞，保护通商要道，这就是杜伊斯堡的起源。到10世纪，杜伊斯堡已是一个有规模的行宫，国王和其他要人是这里的常客，在此地铸造的钱币是当时主要的流通货币。1129年获得自由市特许状，成为繁荣的商业城市。看好景不长，1290年被作为抵押品划归克莱沃公国，莱茵河也改道西移，离开城区2千米，商船不再停泊杜伊斯堡，城市逐渐衰落。1614年，杜伊斯堡转属勃兰登堡（普鲁士的前身），再度兴旺起来。1655年，这里成立了拥有神、法、医、哲4个学院的大学。

由于海上强国荷兰的兴起，通往荷兰的莱茵河水道重新繁忙起来，开通了定期货船，杜伊斯堡成为货物集散地。1848年通了火车，钢铁、化工和煤铁成为主导工业，杜伊斯堡开始变成工业城市。后来城市范围不断扩大，1905年并

入北部的鲁尔奥特，以后又两次向邻近地区扩展，成为鲁尔区西部的大都市。

3.经济发展

杜伊斯堡是德国最大的钢铁工业基地，德国炼钢能力达到400万吨以上的大钢厂有7个，其中5个就设在这里。欧洲最大的高炉也建在这里，它属于蒂森集团，蒂森集团是世界上最大的钢铁业集团之一，总部就设在杜伊斯堡的汉博恩。德国另一家钢铁公司吕克内的总部也设在这里。曼内斯曼和克虏伯集团在这里也设有钢铁企业。在中国上海的宝钢工程中也有杜伊斯堡的几个大公司参与。一米七轧机工程使其成为中国武汉的友好城市。

传统工业中的重型机器制造、内河船舶制造、精密机械制造，以其现代化的装备和悠久的传统在世界上仍具有竞争力，化学工业也依然有其重要地位。

4.文化特色

该市有3座博物馆。

九十、波鸿——新兴的文化城

1.城市简况

波鸿位于鲁尔区中部，西邻埃森，东临多特蒙德，人口40万。

2.历史社会

波鸿1321年设市，原是农产品集镇，但早在中世纪后期，这里就发现了露天煤田，到1735年已有25个矿点。1799年德国的第一台蒸汽机就是在这里投入使用的，是鲁尔区朝工业化迈开的第一步。

1855年，波鸿用铸钢造出大小各异的铸钟，被送往巴黎举行的世界博览会参展，引起轰动。

3.经济发展

19世纪70年代，波鸿的化学家开始利用煤铁提取苯、氨和焦油等化工产品，发展化学工业，当时一家销售煤化工产品的商号后来发展成为今天拥有4000家加油站的阿拉尔公司。到19世纪末，波鸿已名列鲁尔区最重要的工矿业中心之一。

直到20世纪50年代，波鸿还主要是一座矿城，采煤是经济活动的支柱。但到50年代后期，煤炭开采因资源的关系开始北移，从1960年到1973年，该市的17座矿井全部关闭，造成4万多人失业。幸而该市对此严重情况早有预见，及时促进经济结构调整，加强基础设施建设并利用各种优惠条件吸引外资，效果显著。

4.文化特色

波鸿拥有鲁尔大学、环境与未来研究所等一批高等院校和科研机构。

波鸿设有驰名世界的矿业博物馆和规模宏大的天象馆。矿业博物馆筹建于1930年，是当今世界上最重要的矿业博物馆。

加强文化设施的建设也是波鸿经济结构迅速转变的一个方面。鲁尔大学就是在这种情况下应运而生，成为鲁尔区的第一所大学。鲁尔大学设有德国一流的话剧院。

九十一、奥伯豪森——鲁尔钢铁工业的摇篮

1.城市简况

奥伯豪森位于埃森和杜伊斯堡之间，人口22.4万，是一座重工业城市。

2.历史社会

奥伯豪森建市较迟，因而市区规划整齐。以奥伯豪森宫最为有名。

3.经济发展

奥伯豪森钢铁和煤炭工业是骨干行业。蒂森等大公司在这里设有钢铁厂。

机械和化学工业在奥市占有重要地位。这里是德国巴布科克公司总部所在地，这家公司有2万名员工，制造和安装电站、海水淡化等大型成套设备。

4.文化特色

该市每年三四月份都举办国际短片电影节。奥伯豪森和博特罗普之间建有矿区公园。

九十二、哈根——德国的函授教育中心

1.城市简况

哈根位于多特蒙德以南，人口21万。

2.历史社会

早在中世纪，哈根就见于史册，但那时只是个农村居民点。17世纪初成为普鲁士属地。1661年，选帝侯威廉从索林根招募一批工匠到哈根落户。1746年，升格为市。19世纪中叶，成为以钢铁业为主的工业城市。

3.经济发展

今天，钢铁工业在哈根仍占支配地位。冶炼、轧钢和铸模为其重点。机械、电气和化学工业也有相当规模。还设有大型造纸厂和德国最大的饼干厂。

4.文化特色

哈根设有德国唯一的一所函授大学，德国近4万人在这所大学注册。

九十三、哈姆——铁路枢纽

1.城市简况

哈姆位于鲁尔区东北角，人口18万，地跨莱茵河支流利珀河两岸，是一座工业城市，也是重要的铁路枢纽。

2.历史社会

早在1226年，玛克伯爵让人在利珀河畔修起一座城池，这就是哈姆之始。

14世纪时，哈姆城约有3000居民，以亚麻布贸易闻名，曾为汉萨同盟成员。但17世纪的“三十年战争”使这座城市元气大伤，随后，被并入勃兰登堡邦国（普鲁士前身）。1848年，哈姆通了火车，逐渐发展成为铁路大站和工业城市。

1975年，哈姆接纳了5个城镇，行政辖区

扩大到226平方千米，但80%的面积是农业用地，因此有人戏称哈姆是“威斯特法伦最大的村庄”。

3. 经济发展

工业以采煤和金属加工为主。有两座大煤矿，建有火力发电厂和核电厂，是重要的电力基地。蒂森和吕克内等大公司在此地设有钢丝厂，生产钢丝、钢缆和钢筋。

该市还有钢管、化工、机械、纺织等工业。

是德国重要的铁路枢纽之一，5条电气化铁路干线杂这里交汇，鲁尔区开出的火车，在哈姆解体、编组，发往汉堡、汉诺威和柏林等地。哈姆编组站规模之大，在欧洲名列前茅。

是利珀侧运河东端的河港，千吨级的船舶可经这条100多千米长的运河驶入莱茵河。

九十四、哈默尔恩——童话城

1.城市简况

哈默尔恩（Hameln）是位于德意志联邦共和国西北部下萨克森州威悉河畔的一个城市。人口约6万。最古老的萨克森村镇之一。哈默尔恩因是格林童话故事花衣魔笛手的故事舞台而闻名。哈默尔恩位于哈默尔河和威悉河的汇流处附近。是德国童话之路的沿线城市。每年都有很多观光客来访。距希尔德斯海姆以西约40千米，汉诺威西南约40千米。

2.历史社会

建于1200年。在1284年，发生了街头儿童失踪事件。以此事作为题材，衍生出了格林童话故事花衣魔笛手。关于此事件的真相有各种各样的见解，没有统一的结论。1426年，哈默尔恩加入汉萨同盟，工商业得到了发展。哈默尔恩被卷入了17世纪的30年战争，曾一度被丹麦占领。

3.经济发展

哈默尔恩是铁路枢纽；重要河港。工业以纺织、化学、电机、木材和造纸为主，地毯生产著名，还有铸铁、食品加工厂等。多文艺复兴时期半木结构的建筑古迹。有地志历史博物馆等。

4.文化特色

以“哈默尔恩的吹笛者”的故事闻名于世。城市中很多建筑都根据这个童话而建。

九十五、黑尔讷——煤城

1.城市简况

黑尔讷人口17.8万，位于鲁尔区的地理中心。

2.历史社会

公元9世纪首见于史册，但直到1847年通火车时，居民仍不足千人。1856年开始兴建采煤矿井，1897年正式设市。

黑尔讷曾是著名的煤城，但现已与煤完全绝缘，变成了一座综合性的工业城市。

3.经济发展

长期以来，煤炭一直是该市的经济命脉，直到1955年，煤矿陆续关闭。1978年，当地的最后一个煤矿被关闭，百年沧桑的煤城变成了历史陈迹。但城市并没有随着煤矿消失而衰落，而是经历了深刻的经济结构转变，发展为综合性工业城市。

拥有机械、金属加工、锅炉制造、电器和化工等多种工业部门。建筑业也有很大发展，部分公司还在世界各地承包工程。是运河港口之一，年吞吐量近200万吨。

4.文化特色

该市在第二次世界大战中，奇迹般地躲过了空袭，未遭破坏。40多处矿区居民点都保留了下来，一些百年左右的工业化初期建筑具有一定的历史价值。

每年8月的第一个星期五起，这里会兴办为期10天的民间节日活动，是鲁尔区最大的民间活动，参加者有百万之众。

九十六、米尔海姆——转型之城

1.城市简况

米尔海姆位于埃森和杜伊斯堡之间，地跨鲁尔河两岸，全称为“鲁尔河畔米尔海姆”。人口18万。

2.历史社会

米尔海姆1808年设市。现代化城区规划井然有序。名胜有高达70米的彼得教堂、中世纪的小城堡和建于1919年的市政厅。

该市曾是典型的鲁尔煤城，有过矿井林立的时代，但经数百年的开采，煤炭资源已经枯竭，1966年这里关闭了最后一座矿井，结束了煤城的历史。

但该市及时调整经济结构，目前高科技型的重工业和第三产业已取代煤炭工业成为该市经济两大新支柱。

3.经济发展

该市设有西门子的子公司KWU，制造各种发电站成套设备，尤其以制造轻水和重水反应堆核电站设备闻名于世。

十该市分重视第三产业。1973年，在一座关闭的煤矿上盖起了德国最大的购物中心建筑，有好几家大型百货进驻，还有各种各样的专业店和餐厅。目前，第三产业已创造该市60%的产值。这里10家最大的企业中有4家属于第三产业，包括德国著名的连锁商店阿尔迪和滕格尔曼。阿尔迪以“便宜店”著称，经营品种不多，但价格低廉，以薄利多销取胜，深受市民欢迎。

九十七、雷克林豪森——鲁尔文艺节之城

1.城市简况

雷克林豪森位于鲁尔区北部，人口13万，是德国人口最多的县（也叫雷克林豪森，人口60多万）的行政中心，也是一座工业城市。

2.历史社会

这里曾是查理大帝的王室庄园，后归属科隆主教国，1236年获得城市权。1815年被并入普鲁士版图。1869年兴建了第一个煤矿，接着通火车、凿运河，迅速成长为工矿业城市。

3.经济发展

雷克林豪森的采煤业是其重要行业，但效率高，用人少，职工仅4000，年产煤就达230万吨。除采煤业外，还有化学、机械、冶金、纺织、服装和食品等工业部门。

4.文化特色

雷克林豪森有一座现代化的文艺节大剧院，观众休息厅竖立有一个1.5吨重的煤块，隐含着鲁尔文艺节的起源。战后1946年严冬，不仅到处食物匮乏，而且取暖燃料也奇缺，汉堡的德意志剧院因缺煤无法演出，甚至有倒闭的危险，于是当时的经理布尔迈斯特带人来到鲁尔区求援，热心的煤矿工人想方设法搞来了迫切需要的煤，并且避开了当时盟国占领当局的耳目，帮他们把煤运走。为了答谢煤矿工人们的热心帮助，第二年夏天汉堡的艺术家们专程前来为矿工们演戏，当时批准“偷煤”的汉堡市长布劳恩也来到雷克林豪森观看演出，他提出一个问题：“在萨尔茨堡和拜罗伊特有文艺节，为什么不在鲁尔区举办工人文艺节呢？”这一想法导致了鲁尔文艺节的诞生。1948年，德国工会联合会与雷克林豪森联合筹办了首届鲁尔艺术节，从此成为当地的传统活动。每年5月1日，在五一节游行和工会集会后，接着为鲁尔区职工举办大型群众性文艺节，历时8周。如今参加活动的观众达10多万，其中工人和职员占大多数。

这里的圣像博物馆是德国唯一的一座，陈列希腊、俄罗斯等东正教国家的大量绘画、木雕和工艺品，很有观赏价值。

九十八、博特罗普——煤炭与炼焦基地

1.城市简况

博特罗普位于埃森以西8千米处，人口12万，濒临莱茵—黑尔讷运河，是鲁尔区重要的煤炭与炼焦基地。

2.历史社会

与多数鲁尔城市一样，古时，博特罗普只是一个不出名的城镇。直到1850年，人口才3000，但是以采煤为中心的工业化迅速改变了它的面貌。1919年正式设市，1975年纳入格拉德贝克和基西黑伦，城市规模扩大一倍。

3.经济发展

博特罗普以煤炭为主要经济支柱，从业人员5000，年产量300万吨。这里的煤适合炼焦，最多时有360多座炼焦炉，现在仍为德国的炼焦中心。这里还设有欧洲最大的煤炭液化设备。

近年来，博特罗普的工业发展趋于多样化。化工、金属加工、机械、食品、建材等也有一定发展，另外还拥有河港。

4.文化特色

博特罗普建市较晚，古迹有限。19世纪的某些工业建筑物，已被列入历史性建筑。

博特罗普西南与奥伯豪森市交界处有规模较大的矿区公园。

九十九、维滕——鲁尔河畔工业城

1.城市简况

维滕位于多特蒙德、波鸿和哈根3市之间，均有铁路相连。

鲁尔工业区以鲁尔河得名，但区内大多数城市并不在鲁尔河边，而维滕却是真正的鲁尔城，其主要市区就在鲁尔河畔。人口11万，是个老资格的工业城市。

2.历史社会

维滕13世纪首见于史册。18世纪成为一个以粮食交易为主的集镇。18世纪末兴起的铁器和玻璃制造业使其由集镇变成城市，1825年设市。

3.经济发展

维滕是具有200多年工业传统的城市。钢铁、机械是该市主要工业部门。玻璃、化工和电器也有一定地位。

4.文化特色

该市在第二次世界大战中遭到严重破坏，战后重建为现代化城市。市内设有乡土博物馆和起重机械博物馆等文化设施。

一百、默尔斯——莱茵河西的煤都盐城

1.城市简况

默尔斯距离杜伊斯堡10千米，地处德国西陲，距荷兰只有30多千米，是有名的煤都盐城。

该市是个县辖市，人口11万。

2.历史社会

默尔斯的历史可以追溯到上古时期。罗马人曾在这一带修筑过兵营要塞。公元9世纪，默尔斯伯爵在此修建城堡，作为统治中心。围绕小城堡渐渐有不少人定居，形成了兴旺的亚麻市场。1300年，正式设市。17世纪时，归属奥伦治家族（这个家族在荷兰史上有名）统治，他们在这里修筑了坚固的城池，一部分旧城垣和城壕至今仍在。18世纪初，成为普鲁士的属地。

3.经济发展

进入20世纪，工业化浪潮席卷这座西部小城，采矿业、采盐业勃然兴起，机械、化学和建筑材料工业也发展成为主要的工业部门，跨入了新兴工业城市之列。

鲁尔区开采的每5吨煤炭中，就有1吨出自默尔斯。市北的盐矿属于欧洲最大的盐矿之列。

一百零一、拉丁根——鲁尔工业区的绿肺

1.城市简况

拉丁根位于德国北威州鲁尔工业区，面积约89平方千米，人口约9万。

2.历史社会

该市于1276年建市。

3.经济发展

该市许多历史建筑幸免于战火得到保留，环境优美，称为鲁尔工业区的“绿肺”，是德国西部著名的休闲城市和产业基地。ABB、SAP、Vodafone、Esprit等众多的国际大企业为其突出的环境优势吸引落户。

第二节 瑞士

一、苏黎世——欧洲百万富翁都市

1.城市简况

苏黎世是瑞士的最大城市、苏黎世州的首府，面积91.88平方千米，人口36万，大都会区人口130万，被公认为是全球最富裕的城市之一。

2.历史社会

苏黎世在古罗马时期被称为“Turicum”，是通往古罗马日耳曼行省的主要收税点。1931年加入瑞士联邦。

3.经济概况

由于地处交通要道，特别是纺织业的发展使得苏黎世成为欧洲重要的商业城市，如今，苏黎世是瑞士的交通、金融、商业和文化中心城市。工业占瑞士全国的第一位，机械制造业占全国生产总值的3/4，瑞士全国工商业联合会就设在这里。苏黎世也是300多家银行所在的金融中心。

苏黎世享有“欧洲百万富翁都市”的称号，同时它也是全世界人均收入最高的地区之一，达到5万美元一人的水平。

4.金融产业

瑞士银行的保密能力使苏黎世成为离岸银行业务的世界主要中心，苏黎世是瑞士银行业的代表城市，世界金融中心之一，瑞士联合银行、瑞士信贷银行和许多私人银行都将总部设在这里。苏黎世国际机场是瑞士最大的机场。国际足球联合会总部也设在苏黎世。

西尔波尔特大街和交易所大街两旁，银行林立，证券交易所的交易额在西欧交易所中首屈一指，总计西欧70%的证券交易在此进行。苏黎世的班霍夫街则被认为是世界上最富有的街。每年从这里调动的资金，都达到了令人难以估计的天文数字。

享有盛名的苏黎世交易所建于1876年，其成交额在西欧交易所中居前列，最高峰时有70%的证券交易在此进行。瑞士证券交易所是世界上目前唯一的具有全自动交易和清算系统的交易所，其先进的设备、高素质的人员能为投资者提供优良的服务。苏黎世的黄金市场更是闻名遐迩，近年来其黄金市场的地位有所下降，60年代曾跃为仅次于伦敦的世界第二大黄金市场。

5.发展特色

苏黎世城市的主题文化是“金融”，以金融

业、保险业、证券业、信托投资业为依托，有金融托拉斯之称。苏黎世对客户有一项承诺：不管是因为战争或政治原因，苏黎世银行对客户存入的钱永远不会失去一分一厘，苏黎世人会用生命捍卫储户的利益，正是因为这种用生命捍卫储户利益的精神理念，使之成为真正意义上的世界金融之都。

二、日内瓦——总部经济重镇

1.城市简况

日内瓦是瑞士日内瓦州的首府，位于日内瓦湖畔，面积158千米，人口约20万。

2.总部经济

Lonely Planet旅游指南曾这样介绍日内瓦：如果说，地球上有一个城市能够真正地控制全世界，那么这个城市必定是日内瓦。

日内瓦是重要的总部经济发展地，尤其以国际组织总部入驻强力拉动其经济发展而闻名。它是个典型的国际化城市，不大的城区散布着200多个联合国机构和其他国际机构的总部，是世界上集中国际组织最多的城市。其中包括联合国组织（UNO）、世界贸易组织（WTO）、国际红十字会、世界卫生组织（WHO）等多个主要国际组织，以及路透社（Reuters）和惠普（HP）等80多家跨国公司的欧洲总部。此外，国际商业机器（IBM）、摩托罗拉（Motorola）和惠普（HP）等纷纷在日内瓦设立研发基地。

据不完全统计，日内瓦有各类代表机构840多个，其中包括超过200个国际重要机构，149个国家在日内瓦设有208个常驻代表团，每年约有2000多次大小国际会议在日内瓦召开，近89000名各国专家与会，从直接利益来看，会展业每年为日内瓦创收40亿瑞士法郎，每个参会人员平均每天消费600美元（含酒店、交通、宴会、购物等）。

同时，瑞士的国际组织和会展业带动了当地的酒店业、餐饮业、旅游业、商业、地面交通、航空、信息、医疗、教育（不断地培训各种专业人才）等相关产业（据专家测算，国际上展览业的产业带动系数大约为1:9）。国际机构和国际会议养活了这些城市的大部分居民，“总部经济”和“会展经济”也成为这些城市经济机器的核心部件。从间接利益来看，设立国际组织机构，又有力树立了瑞士的外交形象，扩大影响力，从而成为吸引商业投资的重要诱因。因此日内瓦有“地球的首都”、“世界和平之都”之称。

3.扩展效应

会展业带动了日内瓦周边地区的经济。据不完全统计，在日内瓦约30万常住人口中，外籍居民高达40%，每天有5万法国人进入瑞士上班。第三产业就业人口占总数的81%。

国际电信联盟（ITU）将第10届国际电信展交给中国香港承办。而自1971年到2003年，日内瓦承办了历史上全部9届国际电信展，日内瓦州政府估计，电信展的“移情别恋”将给当地经济造成至少2.5亿瑞士法郎（约合15亿人民币）的经济损失，并减少数以千计的短期就业机会。此次电信展的弃离，可以说同时给日内瓦赖以生存的“会展经济”和“总部经济”敲响了警钟。

图表 4－12 日内瓦的常驻机构

机构类型	概况
联合国机构	专门机构：如WHO、国际电信联盟、世界气象组织、国际劳工组织、世界知识产权组织 联合国机构共10个，主要包括联合国贸易与发展会议、联合国难民事务高级专员公署、联合国欧洲经济委员会、联合国开发署、联合国社会发展研究所等
与联合国有一定关系的机构	共2个，即世界贸易组织和日内瓦裁军谈判委员会，它们既不属于专门机构，也不属于联合国机构，而以某种方式与联合国大会或某一委员会发生工作关系
政府间机构	共15个，主要有欧洲核研究中心、欧洲自由贸易协会、国际教育局、欧洲移民委员会等
非政府组织	约200个，其中规模较大的有各国议会联盟、世界工会联盟、世界宗教理事会、国际民防组织、国际警察协会等
其他	有149个国家在日内瓦设有208个常驻代表团，每年约有2000多个国际会议在日内瓦召开，近8.9万名各国专家与会，一年为日内瓦创收40亿瑞士法郎

三、图恩——旅游胜地

1.城市简况

图恩位于瑞士伯尔尼州，距离首都伯尔尼仅19千米，城市面积21平方千米，人口4.1万。

2.历史社会

该市始建于12世纪。

3.经济发展

该市有陶瓷、手表、金属加工等工业。

4.文化特色

图恩是瑞士著名游览地之一，为伯尔尼—阿尔卑斯山的登山起点。

四、温特图尔——博物馆之城

1.城市简况

温特图尔位于瑞士北部苏黎世州，人口约10万，亦是该国第六大人口聚居地。距离苏黎世车程仅18分钟。

2.历史社会

该市始建于1175年。

3.经济发展

该市以服务业及高科技产业著称，是区域交通枢纽，有火车直达德国及意大利，并连接苏黎世机场。工业以重型机器制造、棉纺织、食品、印刷等为主。

4.文化特色

该市市内设有全瑞士最大的技术学校，美术展览馆和交响乐队名闻全瑞士。

著名建筑有圣劳伦斯教堂（建于1264—1515年）、市政厅（建于1781—1783年）和议会大厦（建于1865—1869年）等建筑。

现有瑞士最大、最全的科技博物馆，有“博物馆之城”之称。

五、弗劳恩费尔德——瑞士北部交通枢纽

1.城市简况

弗劳恩费尔德位于瑞士北部、苏黎世东北、穆尔格河畔。2007年人口2.2万，人口1.8万，主要讲德语。

2.历史社会

该市1460年属瑞士联邦，1712—1798年是联邦议会所在地，1803年起为图尔高州首府。

3.经济发展

该市有纺织、金属制品、食品罐头等工业。交通枢纽。

4.文化特色

该市市内有建于13世纪的城堡，已改为州博物馆。

六、弗里堡——瑞士天主教中心之一

1.城市简况

弗里堡位于瑞士西部、阿勒河支流萨林河畔，是同名州首府，德语称“弗赖堡”，城市面积9.32平方千米，人口3万多，居民多讲法语。

2.历史社会

该市于1157年建城。中世纪贸易发达。

3.经济发展

该市有酿酒、巧克力糖、机器制造、电力设备、木材加工、缝纫、化学等工业。

4.文化特色

该市市内建有大学、图书馆、自然历史博物馆和中世纪的哥特式塔楼、拱门等。

该市是瑞士天主教中心之一，有天主教大学（1889年建）。

七、卢加诺——音乐节重镇

1.城市简况

卢加诺是瑞士南部的城市，在卢加诺湖畔，是提契诺州的首府，也是瑞士意大利语区的一个重镇，人口3万多。

2.历史社会

卢加诺城市的名字来自意大利文，意为“秘密的森林”。在14世纪早期到16世纪之间，卢加诺曾先后被米兰政府、法国政府和瑞士政府统治过。自1513年，卢加诺正式属于瑞士联邦。1789年，法国进攻瑞士，建立了卢加诺州，并于1803年更名为提契诺州。

3.经济发展

卢加诺是有名的国际金融市场和旅游地，主要收入来自于观光业和国际金融。有纺织、巧克力、烟草和机器制造等工业。

4.文化特色

卢加诺有着多彩的文化，每年7月都会举办爵士音乐节，至今已有19年，由世界著名音乐家免费露天表演。每年8月底举行大型乐曲、爵士乐、流行音乐和乡谣音乐的庆典活动，合共有100多个小时的免费音乐会。6月中旬至8月放映湖边电影系列。

卢加诺的2个最具象征性的建筑物是圣罗伦佐天主教堂和圣玛利亚大教堂。

八、克尼茨——瑞士人口最多城市之一

1.城市简况

克尼茨位于瑞士西北部、首都伯恩以南，面积51平方千米，人口4万，是瑞士人口最多的15个城市之一，为伯恩州内第四大市和瑞士第十二大市。市内有古老教堂和城堡。

2.经济发展

克尼茨工业有啤酒、家具、药品、水泥、手表、印刷、木材加工等。

九、卢塞恩——瑞士旅游胜地

1.城市简况

卢塞恩位于瑞士中部，是同名州州府，面积24.15平方千米，人口7万。

2.历史社会

卢塞恩建城于公元8世纪，曾是瑞士的首都，历史悠久。

3.文化特色

卢塞恩是瑞士最有魅力的旅游胜地之一，卢塞恩音乐节是欧洲最主要的音乐节之一，由著名指挥家托斯卡尼尼创办于1938年，每年的卢塞恩音乐节包含三大节日：复活节、夏日节和钢琴节。

市内设有瑞士交通博物馆，展览不同年代的火车、汽车、轮船和飞机等交通工具，内有瑞士唯一的超大屏幕IMAX电影院，为瑞士最大及游客量最多的博物馆。

此外，还设有毕加索纪念馆、瓦格纳纪念馆、美术馆、历史博物馆等。

十、沙夫豪森——瑞士旅游重镇

1.城市简况

沙夫豪森位于瑞士北部，为同名州首府，面积31平方千米，人口3.4万。该市为铁路枢纽。城西南3千米处有莱茵瀑布为欧洲最大瀑布，附近莱茵河上建有水电站。

2.历史社会

该市于1045年建城，1190—1218年曾为自由贸易城。

3.经济发展

该市有金属制品、纺织、钟表、啤酒酿造等工业，郊区有炼铝厂。

4.文化特色

该市为瑞士旅游业中心之一，市内建有历史博物馆，多文艺复兴时代的建筑。

十一、纳沙泰尔——钟表工业中心

1.城市简况

纳沙泰尔位于瑞士西部，为同名州首府，人口3万多。

2.历史社会

该市11世纪建城，1214年设市。

3.经济发展

该市为运输枢纽，同时也是钟表工业中心和重要的葡萄酒市场之一，还有电机、食品（巧克力糖）、烟草和造纸等工业。旅游业有一定发展。

4.文化特色

该市文教事业发达，有纳沙泰尔大学、物理学院、图书馆、艺术展览馆，还有建于12世纪的哥特式教堂等。

第三节　匈牙利

一、德布勒森——匈牙利第二大城市

1.城市简况

德布勒森位于匈牙利东部，是匈牙利第二大城市，是豪伊杜—比豪尔州首府，距离首都布达佩斯220千米，面积461平方千米，2005年人口20.4万。

2.历史社会

德城历史悠久，在匈牙利人占领现在的匈牙利之前，一些不同部族曾在附近聚居。1361年，当时的国王给予该城人民选举法官和市议会的权力，城市发展得到契机，至16世纪初，这里已发展成为重要的商业城镇。1693年被神圣罗马帝国列入帝国自由城市。1849年匈牙利革命政府流亡至此，该城曾短暂成为匈牙利的首都，同年4月，拉约什·科苏特在德布勒森宣布哈布斯堡王朝被推翻，匈牙利正式独立。

战争后，德布勒森重新开始发展。1857年，一条连接该城和布达佩斯的铁路竣工，德布勒森成为铁路枢钮。第一次世界大战后，罗马尼亚夺去了匈牙利东部的一些领土，德布勒森再次位处边境，1919年更曾短暂被罗马尼亚军队占领。后来该市凭着旅游业再度繁荣起来。

第二次世界大战时，德布勒森几乎被摧毁。1944年10月，德布勒森战役在当地附近发生。同年，该城的重建工作展开，并再度短暂成为匈牙利的首都。

3.经济发展

德布勒森是匈牙利重要的经济和文化中心之一。有铁路分别通布达佩斯及乌克兰、罗马尼亚。工业以机械制造、制药、食品加工为主，还有家具、陶器、制鞋等工业。

4.文化特色

德布勒森大学是匈牙利最古老的公立大学，

其历史可追溯至1583年，并于1912年被确立为匈牙利最高的综合性学府，也是匈牙利最大的公立大学。

该市的新教神学院里的图书馆是匈牙利第二大图书馆，收藏了许多珍贵的典籍。

二、塞格德——阳光之城

1.城市简况

塞格德位于毛罗什河口以南的蒂萨河畔，接近匈牙利南部边境，是匈牙利第四大城市、琼格拉德州首府、匈牙利东南部的中心城市。2005年人口16万。由于当地长时间有阳光，所以又有“阳光之城”之称。

2.历史社会

历史上，塞格德市曾经是匈牙利政治、军事、文化和经济中心，是通往古罗马的门户，对外贸易十分活跃。东欧剧变后，匈牙利政治制度实行议会制，经济体制正在向私有化过渡。

由于处于两河交汇处，历史上曾被洪水毁坏，连年遭受水灾的危害。其中，遭受最大的打击是在1879年，几乎毁灭了整个城市。城市的重建得到了国际援助，因此，城市周围的道路都以捐助国的名字命名以表示谢意，如“罗马大道”、“莫斯科大道”、“柏林大道”等。

3.经济发展

该市在1965年发现石油，现在该市为匈牙利全国提供67%的石油需求。

塞格德市也是农业大市，为匈牙利的主要粮食生产基地，盛产辣椒和大蒜，有“辣椒城”之称，同时也是玉米和甜菜等的集散地。食品工业是其支柱产业，肉肠加工、辣椒粉生产在欧洲市场独领风骚。

4.文化特色

塞格德有许多著名的大学，如匈牙利著名的综合大学——尤若夫·阿提拉大学、圣·乔治·阿尔伯特医科大学，此外还有生物学研究所、农学院、音乐学校和营养学院等。尤若夫·阿提拉是匈牙利与裴多菲齐名的伟大诗人，圣·乔治·阿尔伯特则是匈牙利伟大的医学家、诺贝尔医学奖的获得者。

三、米什科尔茨——休养胜地

1.城市简况

米什科尔茨位于布达佩斯东北144千米处，是包尔绍德·奥包乌伊·曾普伦州首府，人口约20万。

2.历史社会

米什科尔茨始建于15世纪，原为大庄园中心。19世纪铁路建成，开采褐煤和铁矿，遂发展为匈牙利东北部商业和交通中心。现为仅次于布达佩斯的工业城市。

3.经济发展

附近绍约河谷两侧有丰富的晚第三纪褐煤，还有鲁道巴尼奥铁矿，主要有黑色冶金工业，迪欧什吉厄尔的列宁冶金联合企业是全国大钢铁厂之一；还有重型机器制造、水泥、玻璃、纺织、造纸等工业。附近农业发达，是匈牙利重要农业区之一。

匈牙利东北部的铁路与公路枢纽，与布达佩斯有电气化铁路相通。

4.文化特色

该市市内有建于17世纪的古老行政大厦，有重工业技术大学、陈列比克山出土文物的博物馆、13世纪哥特式教堂、国家剧院（1823年建）等文化设施。附近有茂密山林，多温泉，为休养旅游胜地。

四、佩奇——艺术名城

1.城市简况

佩奇位于匈牙利的西南部多瑙河和德拉瓦河之间。

2.历史社会

该市是匈牙利最古老的城市之一，早在匈牙利人定居前，这里已经有日耳曼人和法兰克人居住。

3.经济发展

主要工业部门有化工、皮革、酿酒、面粉等。该市北面的麦切克山中是著名的铀矿区。

4.文化特色

该市是历史名城，1367年安茹王朝的拉约什一世国王在这里创建了匈牙利的第一所大学；土耳其人占领佩奇后，在这里建了一些清真寺；在哈布斯堡王朝时期，这里又建成了巴洛克式建筑。建于公元1世纪的基督教坟墓小教堂被联合国教科文组织列为世界文化遗产。

该市还是匈牙利的艺术名城。不少的佩奇艺术家为匈牙利艺术留下了不朽的杰作。这里有一座琼特瓦利博物馆，琼特瓦利是著名的匈牙利画家，被称为匈牙利的梵高。

五、久尔——工业之城

1.城市简况

久尔是匈牙利小平原地区的行政和经济中心、工业城市。

2.历史社会

该市历史悠久，有匈牙利最古老的修道院，已被联合国教科文组织列为世界文化遗产。

3.经济发展

该市主要工业部门有纤维、食品、化学、钢铁和机械制造等，著名的大型工业企业拉鲍工业公司就设在这里。

该市是维也纳与布达佩斯之间铁路的重要中心站。盛产谷类、马铃薯、甜菜等农作物。

六、塞盖什费海尔瓦尔——电子之城

1.城市简况

塞盖什费海尔瓦尔位于巴拉顿湖东北的丘陵地带，距离布达佩斯50千米。

2.历史社会

该市历史悠久，马扎尔人首领阿尔巴德曾这里建立了王朝，此后500年时间里这里一直是匈牙利首都。

3.经济发展

该市是匈牙利重要的电子企业维迪通公司所在地。其他工业还有酿酒、皮革和制鞋等。

4.文化特色

该市最重要的景点是伊斯特万国王博物馆。

七、凯奇盖梅特——匈牙利农产品集散地

1.城市简况

凯奇盖梅特位于布达佩斯东南，是匈牙利大平原地区的中心城市，它处在多瑙河和蒂萨河之间。

2.经济发展

该市是匈牙利主要的农产品集散地，盛产葡萄、杏，食品加工业比较发达，酿酒技术非常有名。

八、维斯普雷姆——匈牙利旅游胜地

1.城市简况

维斯普雷姆位于匈牙利西部，是维斯普雷姆州的州府，总人口38.6万人，东北距首都布达佩斯110千米。

2.历史社会

该市是匈牙利最古老的城市之一，考古发现该市历史可追溯至公元前4世纪到3世纪。

3.经济发展

该市交通便利，布达佩斯—维斯普雷姆—科曼达8号高速公路穿越该城，82号维斯普雷姆—吉厄尔的高速公路在该市交汇。旅游业、商贸业较为发达。

传统工业主要有机械、铝制品、化工、塑料、汽车配件、食品加工、酿酒等，新的工业区正在建立，工业结构渐呈多样化。向南15千米就是旅游胜地、欧洲最大的淡水湖——巴拉顿湖，便利的地理位置、优美的自然环境以及靠近巴拉顿湖和巴科尼山，使得该市成为当地旅游中心。

4.文化特色

该市历史悠久，其中最有代表性的历史建筑群是位于市中心的具有典型巴洛克风格的维斯普雷姆城堡。

该市文化、体育设施健全，有一所大学——维斯普雷姆大学，还有室内旅游池、剧院、交响乐团、合唱团、歌舞团、马术俱乐部。经常开展的各种传统民间文化活动给该市增添了不少艺术氛围。

第四节 奥地利

一、维也纳——欧洲音乐之都

1.城市简况

维也纳是一个城市，也是一个州。面积414平方千米，仅是奥地利全国领土的0.05%，却集中了全奥1／5的人口。距离斯洛伐克首都布拉迪斯拉发仅60千米，是欧洲除梵蒂冈城与罗马以外，两个国家首都之间最近的距离。全市共分为23个行政区。

2.历史社会

维也纳在新石器时代已有人居住。凯尔特人在约公元前500年建立维也纳，称其为“Vedunia”。公元15年成为罗马帝国的一个前线城市，用来防卫北边的日耳曼部落，罗马人称其为“Vindobona”。有记载的维也纳城市历史可以追溯到13世纪，在巴本堡王朝的统治下，维也纳第一次崛起，直到哈布斯堡王朝统治时作为首都和统治中心而闻名世界，此后维也纳是神圣罗马帝国、奥地利帝国和奥匈帝国的首都。16世纪和17世纪奥斯曼帝国每次入侵欧洲都在维也纳被阻挡。1815年拿破仑战败后，维也纳会议在维也纳举行。

随着19世纪奥匈帝国的强盛，维也纳也成为当时欧洲一个重要的都会，1873年维也纳举办了为期106天的世界博览会。在第二次世界大战时，奥地利再度和纳粹德国合并，战后，奥地利的维也纳，跟德国的柏林一样，遭到英、美、法、苏4国划分4个控制区管理，直至1955年奥地利再度获得独立为止。

1968年布拉格之春后，维也纳逐渐向国际化城市发展，是联合国第三个驻地，1979年建成的奥地利国际中心又称“联合国城”，气势雄伟，是联合国机构的集中地。入驻机构包括：

- 欧盟基本权利机构
- 国际出版局（IPI）
- 保护多瑙河国际委员会（IKSD）
- 石油输出国组织（OPEC）
- 欧洲安全合作组织（OSZE）
- 联合国（UNO）
  - ◇ 国际原子能机构（IAEA）
  - ◇ 联合国工业发展组织（UNIDO）
  - ◇ 联合国毒品和犯罪办公室（UNODC）
  - ◇ 联合国难民署（UNHCR）
  - ◇ 全面禁止核试验条约组织筹备委员会（CTBTO PrepCom）
  - ◇ 联合国宇宙空间问题办公室（UNOOSA）
  - ◇ 联合国原子射线影响委员会（UNSCEAR）
  - ◇ 联合国议会（UNPA）

3.经济状况

2005年维也纳的人均GDP为47779.52美元，1996—2005年的经济增长率为2.04%，2007年在欧盟最富有的城市中位居第五。

维也纳是奥地利共和国政治、经济和文化的中心，奥地利联邦议会、国民议会、总统府、总理府、国家政府各部委和最高司法机构都聚集在这个城市里。由于集中了众多的国际机构，维也纳成为名副其实的国际会议城市，是全球最成功的会议承办地之一，仅2006年就承办了147项国际性会议，超过巴黎和新加坡，成为世界最受欢迎的国际会议城市。

许多大公司的总部或重要分部也都位于维也纳，如阿尔卡特、惠普等；维也纳同时也是欧洲知名的高新技术产业中心。

在欧盟范围内，维也纳是生活质量很高、犯罪率很低的城市。根据2007年的数据，维也纳在欧盟最富有的城市中位居第五，仅次于伦敦、卢森堡城、布鲁塞尔和汉堡。

4.文化特色

维也纳是举世公认的“欧洲音乐之都”，但它不满足于仅仅在艺术方面取得的成就，逐渐从艺术之都转向了国际城市。

二、茵斯布鲁克——旅游胜地

1.城市简况

茵斯布鲁克是奥地利西部蒂罗尔州的首府，至今仍然保持着中世纪城市的容貌，在狭窄的小街上，哥特风格的楼房鳞次栉比。巴洛克式的大门和文艺复兴式的连拱廊展现出古城的风貌。其老城的东部和北部，是茵斯布鲁克新城区。

2.历史社会

茵斯布鲁克初步形成于1180年。1363年，茵斯布鲁克由哈布斯堡王朝的一支旁系管辖。从1420年至1665年期间一直是哈布斯堡家族的居住地，在马克西米利昂一世统治时期(1490年至1519年)茵斯布鲁克成了国家中心，这时期的文化、艺术也得到了迅速发展。巴伐利亚对这片土地垂涎三尺，尽管蒂罗尔在1809年的解放战争中进行了成功地抵御，茵斯布鲁克仍然落入了巴伐利亚人之手。直至1814年维也纳会议期间，茵斯布鲁克才重新回到奥地利的怀抱，成为蒂罗尔州的首府。

3.经济发展

该市工业非常发达，经常举办有展览会。同时因为北面被山脉遮挡，所以气候宜人，是国际旅游的胜地。

茵斯布鲁克在历史上的发展主要归功于它所处的地理位置，它是德国到意大利贸易的必经之路，也是奥地利从西到东的枢纽。

4.文化特色

这座小山城曾经于1964年和1976年两次举办冬季奥运会，载入了体育盛会的史册。如今，茵斯布鲁克是一座大学城，也是主教所在地。

三、布雷根茨——世界上最重要的歌剧节的举办地

1.城市简况

布雷根茨是奥地利阿尔贝格州的首府，位于欧洲第三大淡水湖博登湖东岸，普凡德尔山山脚，是莱茵河谷与德国阿尔卑斯山山麓的交汇处。

2.文化特色

每年一度的布雷根茨艺术节——世界上最重要的歌剧节的举办地。

四、克拉根福——沃尔特湖之玫瑰

1.城市简况

克拉根福位于奥地利南部的沃尔特湖畔，是克恩滕州的首府，也是奥地利南部的观光重镇。

该市是座标准的边境城市，距意大利约60千米、离前南斯拉夫仅30千米，具有相当重要的交通和防御价值。

2.历史社会

该城在12世纪已经有城市规模。1518年，被立为克恩滕州的首府直到今天。最初这里只是一座防御性的山城，城市四周筑有高高的城墙，但在1809年与拿破仑的法军交战后，所有城墙均被毁坏，也由于城墙被打破，该城才有了更大的发展空间。

3.经济发展

该市工业以皮革和电子为主。水陆空交通便利，旅游业发达。

4.文化特色

克拉根福被称为“沃尔特湖之玫瑰”，在城建方面获得许多嘉奖，如成功地复苏老城，将现代商业和谐地融入巴洛克和文艺复兴式老城。

五、格拉茨——2003年“欧洲文化之都”

1.城市简况

格拉茨是奥地利施泰尔马克州的首府，坐落于阿尔卑斯山的东端，人口约有24万。

2.历史社会

格拉茨一词来源自于斯拉夫语，意为小城堡，有900年历史。

从巴奔堡家族统治以来，格拉茨逐渐变为商业重镇。

3.文化特色

格拉茨是中欧保护最完善的古城。城中受到意大利风格影响的建筑，洋溢着一丝南国风情。

作为世界文化遗产和2003年欧洲文化之都的格拉茨以其南部得天独厚的资源和宜人的气候而成为一个理想的休闲城市。

六、林茨——奥地利第三大城市

1.城市简况

林茨位于奥地利中部偏北，是上奥地利州首府、奥地利第三大城市，重工业中心，面积96平方千米，人口约20万。

2.历史社会

林茨最初为罗马人的伦蒂亚要塞，中世纪成为重要贸易中心。15世纪为省城，以集市驰名，并建多瑙河大桥，成为商路要冲。1672年建奥地利第一家工厂林茨毛纺厂。1938年后发展为重要的化工业中心。

3.经济发展

工业以钢铁、化学和机械制造为主，还有电子、造船、纺织、食品、木材加工、皮革、烟草等部门。铁路、公路枢纽和多瑙河重要河港。城郊有飞机场。

4.文化特色

该市市内有约翰·开普勒大学、工业技术大学、神学院、科学研究所、美术学校、音乐学校等科教机构。城内多古建筑，如古城堡、圣马丁教堂等。横跨多瑙河两岸，其间以大桥相连。

七、巴登——矿泉旅游胜地

1.城市简况

巴登距离维也纳26千米，依偎在维也纳森林的边缘。

2.历史社会

巴登原是一个小镇，1812年一场大火将小镇夷为平地，后又经过重建成为现在的比德麦式建筑风格的小城。

3.文化特色

在1821—1823年之间，许多著名音乐家曾住在这里。

巴登有着奥地利最为重要的含硫矿泉水，是著名的矿泉旅游胜地。奥地利最大的赌场也坐落在此。

八、因斯布鲁克——滑雪胜地

1.城市简况

因斯布鲁克坐落在阿尔卑斯山谷之中，濒临茵河，意为“茵河”上的桥，是奥地利西南部城市，蒂罗尔州的首府。位于布雷根茨—维也纳东西谷地及经过布伦纳山口南北要道的十字路口，是交通枢纽及游览城市。

2.历史社会

13世纪设市，19世纪后期布伦纳山口铁路通车后逐步发展。

3.经济发展

该市有服装、酿酒、机器、制药等工业。旅游业、工业发达，并且经常举办展览会。

4.文化特色

该市市区分布在茵河两岸，多古老建筑的街道。因为北面被山脉遮挡，所以因斯布鲁克气候宜人，是国际旅游的胜地。

因斯布鲁克是著名的滑雪胜地，冬季奥林匹克运动会曾于1964年和1976年2次在此举办。

全球最大的慈善组织SOS儿童村总部位于因斯布鲁克。如今，因斯布鲁克是一座大学城，也是主教所在地。

九、霍拉布隆——奥地利最大的葡萄种植区

1.城市简况

霍拉布隆市位于维也纳以北60千米，是奥地利最大葡萄种植区（相当于全中国酿酒葡萄的种植面积）——葡萄酒地区的首府和中心城

市，也是该地区的政治、经济、文化中心，面积152平方千米，全区人口5万余、市区人口近万余。

2.文化特色

该市是著名教育之乡，市区有近50所各类学校、院，有学生5000余人。

3.经济特色

全市以农业和食品加工工业为主，是欧洲著名的葡萄酒产地，葡萄酒、食品加工及木材加工业发达。

第五节 捷克

一、布尔诺——捷克第二大工业城市

1.城市简况

布尔诺是捷克南摩拉维亚省首府，也是捷克的第二大都市，是最重要的工业城和铁路枢纽。它位于捷克—摩拉维亚高地东麓，斯夫拉特卡河和斯维塔瓦河汇合处。人口38.57万。

2.历史社会

公元九至十世纪建城堡后兴起。1243年建市。1526—1918年是摩拉维亚的经济、文化中心。19世纪末是工人运动的中心之一。

3.经济发展

该市是捷克仅次于布拉格的工业中心，机械工业发达，定期举行布尔诺国际机械工业博览会。

重要的交通枢纽，数条铁路和公路干线在此交会。

4.文化特色

市内建有马萨罗克大学、石油工业学院、科学研究机构和博物馆等。

作为摩拉维亚省首府，布尔诺拥有许多珍贵文化遗迹，在山丘城堡、教堂和博物馆中都可见证风华历史。

生物学家孟德尔名留青史的豌豆遗传实验就是在布尔诺进行的。

二、比尔森——啤酒之乡

1.城市简况

比尔森位于捷克西部，为西捷克州首府，重要经济、文化中心。

2.历史社会

1292年建市。14—15世纪为手工业和商业重镇。17世纪末是捷克民族文化中心之一。

3.经济发展

比尔森附近有煤、铁矿，为捷克重工业中心之一。机械制造业享有盛名，生产动力机械、冶金设备、电力机车、原子工业设备等，还有食品、造纸、陶瓷、玻璃、制革等工业。

啤酒酿造业驰名，有1842年建的啤酒厂。比

尔森啤酒1842年开始生产，是世界最负盛名的下面发酵淡色啤酒，因生产于捷克波希米亚的比尔森啤酒厂而得名，有时也简称比尔斯(Pils)。比尔森同时也为捷克重要交通枢纽之一。

4.文化特色

比尔森有“啤酒之乡”的美称，相传在13世纪时，捷克国王瓦茨拉夫决定在此建立自由王城(后改为现名)，并给自由王城垄断啤酒生产的特权。从此，比尔森市把酿造啤酒作为祖传技术代代相传。15世纪时，比尔森啤酒已驰名波希米亚(捷克)地区。19世纪畅销欧美。

市内有医学、机械、电力和师范等高等学校。还有多中世纪的建筑艺术古迹。

三、奥斯特拉发——捷克的钢都

1.城市简况

奥斯特拉发位于摩拉维亚北部的上西里西亚地区。

2.历史社会

该市始建于1267年，1830年成为重工业中心。

3.经济发展

该市有捷克钢都之称，城区附近有三座规模巨大的钢铁联合企业：维特科维泽冶炼工厂、特日奈茨钢铁厂以及自动化程度很高的新冶炼厂。此外还有矿山机械、火车车厢以及汽车制造等其他工业。

四、哥特瓦尔多夫——鞋城

1.城市简况

哥特瓦尔多夫位于摩拉维亚西喀尔巴阡山地区。

2.历史社会

原名“兹林”，这里本是一座小镇。1894年资本家托马什·拔佳在这里建起了“拔佳”皮鞋厂之后，这里便逐渐发展成了在世界颇负盛名的鞋城。

3.经济发展

全市各行各业都无不与鞋业生产相关，城市居民的1／4都是鞋厂的职工。

五、卡罗维发利——矿泉城

1.城市简况

卡罗维发利位于捷克西部特普拉河谷地，因温泉而闻名，有“矿泉城”之称，是捷克著名的旅游疗养胜地。距离首都布拉格约120千米。

2.历史社会

小城于1358年兴建。据传，捷克国王查理四世于600年前来到这里守猎，射伤一只小雄鹿，国王策马追赶，小雄鹿被迫忍痛跃上陡峭山崖，后又跳入山下温泉，泉水当即冒出一股白烟，但当小雄鹿从温泉中出现时，伤口也已痊愈，忽而便消失在丛林中。御医奉国王之命，对温泉化验证实，温泉具有治病特效。因此，人们在山巅上修建了一座小雄鹿雕象，以示纪念。从此，温泉便被称作“卡罗维发利”，意即“查理温泉”。整个温泉共有17个泉眼，每分钟共计可喷出泉水2000多公升，其中以弗热德洛泉眼最有名，它喷出的温泉高达11米，水温达72℃，泉水中含有大量有益于人体健康的矿物质，用于沐浴、治疗和饮用均可。

3.文化特色

卡罗维发利是一座具有历史意义的文化名城。城中不仅有查理四世的石雕像，还有到过该泉城的各国社会名流的故居、博物馆、雕像等。著名的无产阶级革命导师马克思、列宁以及其他文人政要普希金、彼得大帝、肖邦、贝多芬等都曾在此疗养过。

从1950年起始的两年举行一次的“国际电影节”已成为一个传统。届时，各国影坛明星均云集于此，加上慕名而来的游人，热闹非凡。

第六节 中欧其他主要城市

一、沙恩——列支敦士登公国最大城市

1.城市简况

沙恩是列支敦士登北部城镇，一译“香恩”，面积26.8平方千米，人口不足1万。靠近莱茵河，距首都瓦杜兹仅4千米。

2.历史社会

沙恩在罗马时代即为居民点。

3.经济发展

该市还是国内铁路要站，巴黎至维也纳的快车在此通过。

工业有皮革制品、香水、人造牙齿等，是世界最大假牙生产商Ivoclar Vivadent AG的总部所在地。该市还是木材集散地。旅游业发达。

4.文化特色

沙恩是列支敦士登公国人口最多、规模最大的城市，以剧场及乡村美术馆为中心，展开各种文化艺术活动。

二、格丁尼亚——波兰通往世界的窗口

1.城市简况

格丁尼亚市位于波罗的海革但斯克湾沿岸，隶属波兰北部的滨海省，距首都华沙170英里，人口约30万。

2.历史社会

格丁尼亚市是波兰最年轻和最具活力的城市之一。从1922年的一个小渔村已经发展成为现在一个深海捕鱼和造船中心，被称为波兰“通

往世界的窗口”，也是波兰海军总部所在地。

3.经济发展

格丁尼亚的主要经济产业都与海洋有关：港口业、造船业、航海培训、深海渔业等。40%的居民都从事着与海洋业和港口业相关的工作。其他经济产业有机电、化工、矿产、造纸、建筑、轻工业以及食品加工等。

4.文化特色

因为地理位置得天独厚，格丁尼亚也是一个滨海旅游盛地。众多的游艇俱乐部、丰富多彩的海洋馆以及每年一度在这里举行的波兰电影节吸引着来自世界各地的游客。

三、罗兹——波兰纺织工业中心

1.城市简况

罗兹位于波兰中部，维斯瓦河与瓦尔塔河的分水岭上，为波兰罗兹省首府，人口约84.8万。

2.历史社会

该市4世纪首见记载，1798年建市。优越的地理位置和地方市场，吸引了附近廉价劳动力，1820年后纺织工业迅速发展。

3.经济发展

该市为波兰纺织工业中心，并与周围城镇共同构成波兰纺织工业专业化地区，生产波兰40%以上的棉制品和丝制品，针织品、毛、化纤织品亦占重要地位。其他工业部门有纺织机械、电机、电影机械、化学、印刷和食品等。

罗兹为重要的铁路、公路枢纽，是华沙—乐斯瓦夫铁路的运输中心。

4.文化特色

第二次世界大战后，文化和科学事业发展很快，有综合性大学、工业学院、医学院等6所高等院校和歌剧院、图书馆、综合体育馆等文体设施。该市也是波兰电影制片业中心和美术中心。

四、毕得哥什——波兰大工业中心

1.城市简况

毕得哥什位于波兰北部维斯瓦河和布尔达河河畔，是波兰库亚瓦—滨海省的省会，距首都华沙250千米，距波兰最大港口城市格但斯克160千米，市区人口40万。

2.经济发展

该市是库亚瓦—滨海省的工业、贸易和金融中心，主要工业有电子技术、化工、机械、服装、皮革等，是波兰的大工业中心。市内共有45000多家企业，其中私营企业占97%。同时，服务业快速发展，商务、财政和房地产的比重不断上升。

该市建有现代化机场，每天有往返华沙的航班。

3.文化特色

该市拥有多所高校，主要有医学院、波兹南经济学院，音乐学院、农技学院等。还有一些非国有院校，如环保学校、滨海省经济大学等。

该市文化机构网络发达，文化普及机构和艺术创作团体众多。市内有滨海音乐厅、歌剧院、波兰剧院、地方博物馆、波兰外交与移民博物馆、铁路博物馆、滨海军区传统博物馆、艺术展览馆、青年宫、省、市图书馆、电影院、艺术长廊和俱乐部等。

该市还经常举办欧洲或世界性的体育赛事，如2004年曾举办欧洲杯暨波兰杯田径赛。

市内有7个体育场、室内冰场，十几个室内游泳池，两个射击场，6个帆船中心，10个划船中心和6个皮划艇中心。

居民拥有良好的休闲条件。市内有数个公园和休闲区，如古城边的石磨岛、秀美的滨海散步区和布尔达河边及毕得哥什古运河两岸的自行车道等。文化和休闲森林公园是该市最受欢迎的休息和娱乐场所，还有波兰动物园、游乐园、跑马娱乐中心、植物园、公园缆车和滑雪场等。

五、科希策——斯洛伐克唯一的工业城市

1.城市简况

科希策位于斯洛伐克东部赫尔纳德河右岸谷地、斯洛伐克矿山山麓旁，为斯洛伐克第二大城市，人口20多万。

2.历史社会

该市始建于9世纪。中世纪以手工艺品著称。1248年首见于史册。1290年由匈牙利统治的这一地区，被提升为皇家所属城市，此后的数百年间，这里作为北部匈牙利重要的工商业城市而逐渐繁荣发展起来。16—18世纪，这里曾经是反抗哈布斯堡王朝统治的中心地区。现在的科希策是斯洛伐克共和国的第二大城市，也是唯一的工业城市。

3.经济发展

该市为斯洛伐克铁路枢纽。附近建有大型冶金联合企业，生产多种钢材。还有重型机械制造、采矿（菱镁矿）、食品加工、服装、木材加工等工业。

4.文化特色

市内有14—15世纪建筑古迹，有国内最大的大教堂圣阿尔祖贝提教堂，设有博物馆和大学。

六、日利纳——斯洛伐克西北部经济与文化中心

1.城市简况

日内纳位于斯洛伐克西北部瓦赫河畔，属于中斯洛伐克州，西北距俄斯特拉发72千米，是斯洛伐克第三大城市，也是斯洛伐克西北部的经济和文化中心，人口20万。

2.历史社会

该市始建于1312年。15世纪为胡斯运动中心之一。

3.经济发展

该市是重要的铁路要站，有机械、化工、纺织、造纸、食品加工等工业。

4.文化特色

城市内有14—18世纪的建筑古迹。

七、尼特拉——斯洛伐克农产品集散地

1.城市简况

尼特拉位于斯洛伐克西南部、尼特拉河畔，因尼特拉河而得名。

2.历史社会

尼特拉公元前8—公元5世纪设居民点。公元6—7世纪成为斯洛伐克多瑙河畔斯拉夫人重要政治、文化中心。9世纪为尼特拉公国都城。

3.经济发展

该市地处农业区中心，为农产品集散地。工业以食品加工、机械制造，化学为主。

4.文化特色

该市市内有斯洛伐克最古老的教堂（870年建），多为9—18世纪古迹。设有农学院和师范学院。

Volume Ⅴ

【第五卷】

中国优秀城区展示

The Display of Excellent Cities and Regions in China

第一章 中国优秀城镇展示

中国优秀城镇其实非常多，以综合实力而论，前几年就有千强镇和百强县的评选，选出的绝大部分是经济实力很强的城镇。本章以优秀城镇展示为题目，一部分展示千强镇的风采，另外一部分则展示具有发展潜力的城镇。在前3节，我们展示了广东的佛山市、江苏昆山的玉山镇和广东东莞的虎门镇的城镇概况、经济发展和综合实力等。在后面2节，我们展示了泸州的纳溪区和梅州的平远县，这2个城镇就目前经济实力而言，算不上是全国最强，但是我们看重的是其发展潜力，因此入选本章。

第一节 中国制造业名城——佛山市

一、佛山市概况

佛山位于中国广东省中南部，地处珠江三角洲腹地，东倚广州，南邻港澳，地理位置优越。佛山现辖禅城区、南海区、顺德区、高明区和三水区。全市总面积3848.49平方千米，常住人口599.68万，其中户籍人口367.63万。佛山是著名侨乡，祖籍佛山的华侨和港澳台同胞达140万人，其中港澳同胞80多万人。

佛山市是中国第一个GDP突破4000亿元大关的地级市。2010年，佛山市地区生产总值达到5651亿元，5年连跨3个千亿元大关；佛山的财政总收入1039.96亿元，其中地方一般预算收入305.96亿元。全市工业完成总产值15700亿元，同比增长21.3%，节能降耗集约发展成效明显。外经贸发展创历史新高，实际利用外资创历史最高水平，进出口总额首次突破500亿美元。

现任市委书记陈云贤，市长李怡伟。

图表5－1　佛山市

佛山是中国第一个通地铁的地级市。佛山市中心区距广州三大交通枢纽（广州新白云机场、广州新火车站、广州南沙港）车程均在1小时之内。得天独厚的地缘优势，使佛山能够充分接受广州的辐射和带动，与广州共享基础设施、交通网络、金融资本、人才教育、科技信息和市场服务等资源，实现联系紧密、产业联动和功能互补，加快区域经济一体化和城市化进程。佛山毗邻港澳，与香港、澳门分别相距231千米和143千米，车程均在2小时左右，使佛山能够充分利用港澳的市场优势和国际性大都市的地位，广泛参与世界经济，走向国际化。

图表5－2　广佛地铁图

二、经济发展

1.制造业

据中国社会科学院发布的《2009年中国城市竞争力蓝皮书》，佛山城市综合竞争力在全国（含港澳台）各大中城市中排名第15位。2009年，佛山面对国际金融危机带来的严峻挑战和国内外宏观形势变化带来的种种压力，坚持以科学发展观统揽全局，坚定不移地落实中央、省应对危机的系列政策措施，积极实施《珠江三角洲地区改革发展规划纲要（2008－2020）》（以下简称《规划纲要》），按照“三促进一保持”要求，着力推进产业转型、城市转型和环境再造，在逆境中实现率先突围，全年实现生产总值4814.5亿元，增长13.5%。

佛山是一个以工业为主导、三大产业协调发展的制造业名城，“佛山制造”享誉海内外。经过30多年的发展，佛山已形成了家用电器、机械装备、金属材料加工及制品、陶瓷及其他建材、纺织服装、电子信息、食品饮料、塑料制品、精细化工及医药、家居用品制造等十大优势行业。2009年，全市工业总产值达12743.49亿元，增长15.1%，对经济增长的贡献率达56.8%。

近年来，佛山以建设“现代制造基地”、“产业服务中心”为目标，着力推进产业结构调整，呈现出重型化、高新化、高端化特征。2009年，全市完成重工业产值6363.01亿元，增长16.5%，轻重比为1∶1.17。全市高新技术产品产值2600亿元，增长20%，新增高新技术企业153家。一批新兴产业快速兴起，美国旭明公司、中国建材集团、杜邦光伏发电系统等一批新能源项目落户，广东新光源产业化基地、广东薄膜太阳能产业基地、国家光伏系统工程研

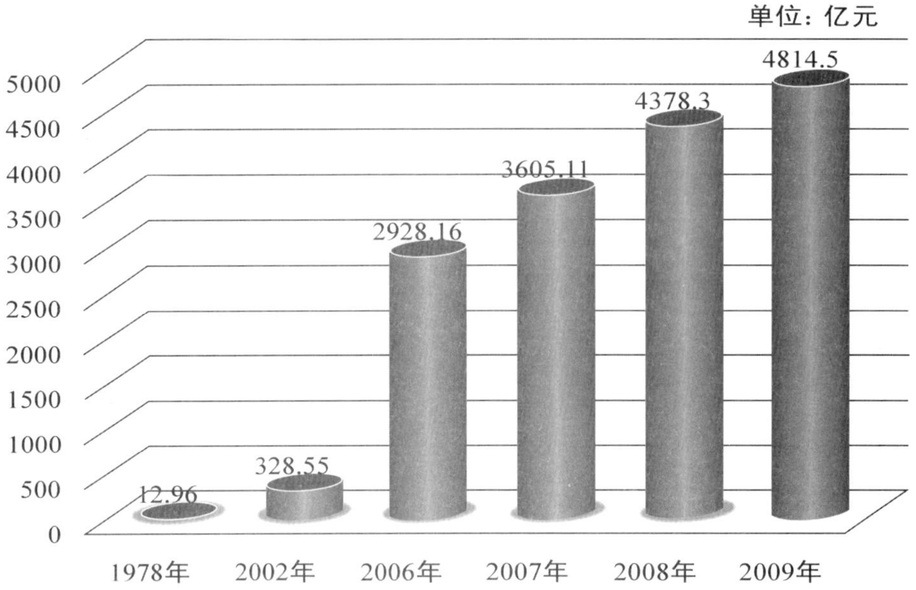

图表 5－3　佛山经济发展情况

究中心产业化基地相继动工建设。佛山成为国家级电子信息（光电显示）产业示范基地、国家级信息化和工业化融合试验区。

民营经济是推动佛山经济持续、快速、健康发展的重要力量，是佛山区别于其他城市经济的主要特征和优势所在。截至2009年底，全市工商登记的民营企业共有32.45万户。全市规模以上民营工业总产值6855.83亿元，增长16.7%，占全市规模以上工业总产值的58.2%；全市民营经济增加值2907.85亿元，增长15%，对经济增长的贡献率为61.8%。民营、外资、国企三大经济形态比重是60.4∶25.9∶13.7。

图表 5－4　佛山市“3＋9”特色产业基地表

定位	特色产业基地
世界级产业基地	白色家电之都
	平板液晶显示产业基地
	陶瓷之都
国家级特色产业基地	专业机械装备产业基地
	医药与保健品产业基地
	金属材料加工与制品产业基地
	家具产业基地
	新材料产业基地
	汽车及零配件产业基地
	食品及饮料产业基地
	纺织服装产业基地
	节能环保产业基地

专业镇和工业园区是佛山产业发展的一个显著特色，也是佛山产业特色优势的重要组成部分。全市共有国家级、省级特色产业基地33个，国家级产业集群升级示范区2个，省级产业集群升级示范区9个，中国产业名都、名镇40个，省级专业镇34个。目前，佛山正加快建设“3+9”特色产业基地，全力打造“白色家电之都”、“平板液晶显示产业基地”、“陶瓷之都”。

2.现代服务业

佛山积极发展现代服务业，以生产性服务业促进制造业发展，以生活性服务业提升城市品质和集聚力。目前积极实施服务业“314”计划（即从2010年起，用3年时间，实施100个现代服务业重点项目，到2012年第三产业增加值占GDP比重达到40%以上），重点打造千灯湖广东金融高新区、岭南天地民俗文化区、东平新城中央商务区、奥特莱斯世界名牌旅游购物区、云东海国际健康商旅度假区等12个功能突出、规模领先、辐射力强的现代服务业片区。2009年，佛山第三产业实现增加值1689.99亿元，增长16.1%。

3.金融服务业

大力实施金融发展三项计划（即金融市场发展的创新试点计划，创业风险基金、产业投资基金和担保基金发展的基金引导计划，企业上市计划），积极推动金融创新发展。目前，创新试点计划全面展开，5家小额贷款公司获准开业；创业风险基金、信用担保基金开始运作，知识产权质押、企业股权质押等新型融资方式得到推广，中小企业融资服务中心成立。新增上市公司4家，其中南方风机是全国首批创业板上市企业，全市共有上市公司22家。

4.物流业

佛山是全国流通领域物流示范城市，拥有一批投资规模大、辐射能力强的物流交易配送中心。易运物流市场、三山国际物流园于2008年建成运营，华南国际采购与区域物流中心项目一期、中国—新加坡（佛山）现代物流工业园项目正加紧建设。2003年至今，佛山成功举办了6届“佛山（国际）物流合作洽谈会”，共签约项目745个，签约金额1400多亿元。

5.总部经济

近年来，佛山依托优势产业积极发展总部经济，形成了民营企业总部聚集的形态，已有美的电器、万和集团、东鹏陶瓷、锡山家具等一批国际国内知名企业在佛山设立总部大楼。禅城区中国陶瓷产业总部基地自2008年开业以来，已有60多家知名企业入驻。

6.创意产业

佛山初步形成了一批主业突出、风格各异的创意产业。佛山创意产业园以陶瓷产业为主，经济特征较强，聚集了陶瓷设计与研发、软件开发、无线射频识别等行业近200家企业入驻；南海创意产业以动漫产业为方向，建设全国首个动漫主题虚拟创业园；顺德创意产业以工业设计为核心，“国家工业设计与创意产业（顺德）基地”正式运营，“广东工业设计城”已有30多家国内外著名企业进驻。

7.会展业

佛山结合自身产业优势和特点，整合会展资源，形成了家电、陶瓷、家具、机械等19个行业性、区域性会展品牌。顺德家电博览会、金属工业博览会、陶瓷博览交易会、机械装备展览会等大型国内展会代表了国内同行业的较高水平。顺德国际植物展、顺德木工机械展、禅城陶瓷博览交易会、顺德家电展等引入国际专业会展企业，大大提升了会展的国际化水平。

8.商贸业

佛山是珠三角经济区重要的商贸中心之一。陶瓷、不锈钢、童服、针织、有色金属、家具、木工机械、花卉、塑料等专业市场在全国占有重要地位，沃尔玛、吉之岛、卜蜂莲花、苏宁、国美、好又多、家乐福等国内外著名品牌连锁企业相继在佛山设点，奥特莱斯世界名牌折扣店签约进驻三水区，极大地提升了产品销售和商业零售的整体水平。2009年，全市社会消费品零售总额1429.05亿元，增长21.3%。

9.现代农业精细发展

佛山农业向都市型、生态型、观光型、创汇型、品牌型农业发展。2009年，规划建设现代农业园区26个，其中省级现代农业园区2个。海峡两岸农业合作试验区架构初步形成，国通物流成为全国农业保税项目、全国供港澳农产品中转处理中心。全市现有国家级农业龙头企业2家、省级农业龙头企业11家，建立各级农业标准化示范区9个、无公害农产品生产基地116个、 农业类广东省名牌产品20个。顺德区成为“中国鳗鱼之乡”，高明区“合水粉葛”和三水区“乐平雪梨瓜”成为国家地理保护标志。

三、东平新城

东平新城（原佛山市中心组团新城区）位于佛山市中心组团东南部，跨越禅城和顺德两区，当时的范围为佛山大道以东、同济路以南、南海大道（华阳路）以西、荷岳路以北区域，总规划面积 为43.3平方千米。

2008年，为加快实施广佛同城战略，佛山市政府又进一步作出东平新城“南延东拓”的决定，东平新城总规划面积达到88.6平方千米，其中北片区位于禅城区，面积为26.5平方千米；南片区位于顺德区，面积为62.1平方千米。东平新城经南延东拓后的总规划范围：东部从规划南海大道延伸线拓展至北滘镇环镇西路，南部从三乐路拓展至佛山一环南线及东延线，北部以禅城区的同济路为界，西部以G325国道为界。

东平新城建设自2003年启动以来，至2006年11月，基本实现了“道路畅通、水清园城、树绿灯红、场馆开放、新城初现”的阶段性目标。目前，东平新城已建成新闻中心、佛山公园、东平大桥、世纪莲体育中心等休闲娱乐设施，已成功承办了第十二届省运会、世界青年花样游泳锦标赛等大型文化体育活动。佛山公园首期工程也已经“成型、路通、地绿”，东平新城的雏形开始显现，还将继续开展二期工程，建设滨河区、教育区、文化区等。

图表5-5 佛山东平新城

到了2013年，如果以上博物馆等公共服务设施建成投入使用，居住在东平新城的市民，既有公园就在家门口的便捷方便，又有体育健身、充电提升自我、博览世界和现代化科技等的理想场所。

值得一提的是，佛山歌剧院、白金五星级酒店也处于紧张规划中。2013年，往返广佛之间的乘客，在广州西朗地铁站乘坐广佛轨道交通一号线，约40分钟后，途经佛山魁奇路站，约数分钟后，快速到达佛山东平新城的佛山世纪莲体育中心。步出广佛轨道交通站，一座国际化绿色生活之城随即映入眼帘。

2013年，这里将建成佛山中心组团核心城区，将融合佛山市中心城区的高端金融商贸、文体休闲、信息服务元素，同时也将建成生活环境优越的高品质城市生活社区、依云水岸国际生活区、行政中心、世纪莲体育中心、佛山传媒集团、五星级酒店、佛山公园、湿地公园、博物馆、音乐厅及学校等。

第二节　中国千强镇之首——玉山镇

一、玉山镇概况

玉山镇是昆山市（全国百强县榜首）的政治、经济、文化和商贸中心，是全国群众体育运动先进乡镇、全国创建文明村镇工作先进村镇、全国亿万农民健身活动先进乡镇。是一个拥有深厚文化底蕴的江南名镇，又是一个具有悠久历史的水乡古镇，还是一个以发达的外向型经济与民营经济著称的现代化工商业重镇。全镇区域面积118平方千米，人口17.3万。2006年国家统计局公布的全国千强镇评比中，玉山镇名列榜首。

玉山镇交通十分发达，区位优势明显。京沪铁路穿越镇区，每天来往的车次有80班，春

图表5-6　美丽的玉山夜景

运高峰时达到120班；区域内公路路网健全，沪宁高速公路、机场路、G312国道、S339省道穿境而过；与上海虹桥机场仅相距45千米，驱车半小时就可到达，到浦东国际机场也只有1个小时的车程；上海港、张家港、浏家港3个港口，最远的1小时，最近的半小时，娄江、张家港、青阳港等主航道纵横交错，通江入海。

二、经济发展

2007年全镇完成地区生产总值253亿元，五年来年均增长37.7%；全口径财政收入51.2亿元，其中地方一般预算收入22.77亿元，分别年均增长39.3%和45%；完成工业总产值515亿元，五年来年均增长40.8%；全社会固定资产投资47亿元，年均增长38.5%；城乡居民收入稳步提升，城镇居民人均可支配收入22000元，农民人均纯收入13756元，分别年均增长14%和13.5%。

图表5－7 昆山国际模具城一期工程

三、综合实力

玉山镇突出抓住外资、民资、三产贸易、技术创新四大重点，努力实现内资外资双轮驱动、内企外企比翼双飞。以实施外向带动为重点，大力推进经济国际化。以实施民营赶超为重点，促进私营经济加速腾飞。以提高服务贸易发展水平为重点，进一步拓宽三产服务领域。以推进技术创新为重点，不断提高企业综合竞争力。按照富民安民的要求，全力推进以“三有工程”、“三大保障”为重点的各项工作。

绿化。近年来，玉山镇以昆山创建国家园林城市为契机，坚持“科技规划、市场动作”原则，大气魄规划，大手笔建设，让山延伸，把水做美，既注重生态又突出本土性，既坚持以人为本又融入文化内涵，建成区绿地率36.6%，绿化覆盖率40.1%，人均公共绿地面积12.07平方米。

教育。硅湖大学、托普信息技术学院、苏州大学昆山分院、解放军外国语学院昆山分院已经落户昆山，在建的还有台湾登云大学等高校3所；中学32所，职业中学3所，台商子弟学校1所。位于玉山镇西部的昆山大学园区已完成规划，正在紧张建设之中。

医疗。现有医疗卫生机构27所，其中医院19所，医疗床位1740张。开设外商保健病房，提供外商绿卡就诊。

文体。现有公共图书馆、档案馆、昆曲博

物馆、大戏院、体育场、游泳馆、市民活动中心等一批文化体育设施。

旅游。昆山蕴育了“百戏之祖”昆曲，2001年联合国教科文组织公布其为首批“人类口述与非物质遗产代表作”。千年古镇周庄被誉为“中国第一水乡”。昆石、琼花、并蒂莲人称“昆山三宝”。阳澄湖大闸蟹名扬天下。

展览。昆山科技文化博览中心常年承办各类大型的商务展览活动。新建了昆仑堂美术馆、侯北人美术馆，收藏自唐、宋、元、明以来的名家字画600余幅，无论是建筑，还是其藏品的数量和质量，在全国县市都是第一。

居住。现有涉外旅游饭店、星级宾馆10多家，五星级的朋德酒店群就在玉山，还有在建和即将开业的五星级酒店3家。宝岛别墅、丽景花园等一批高档别墅区和公寓楼是外商入住的集中区域。

第三节　中国时尚之都——虎门镇

一、虎门镇概况

虎门镇位于珠江口东岸，面积178.5平方千米，下辖30个社区居民委员会，户籍人口12.4万，外来人口近45万。作为南国重镇，虎门的交通相当发达，水陆空3路无不便捷通达：水路，宏业货柜码头和正在规划建设的沙角河仔港被国务院批准为一类口岸，通航广州、深圳、香港等华南地区诸港；航空，虎门北接广州机场、南邻深圳机场、西近珠海机场；陆路，广深珠高速公路、S256省道纵贯全境，1小时车程可抵珠三角主要城市。随着在广深港客运专线、穗莞深轨道专线、轻轨R2线及沿江高速公路的建设，虎门将有更加便捷的现代化轨道交通和公路交通。

现任镇党委书记吴湛辉。

图表5-8　虎门丰泰华园山庄

虎门，是一块英雄的土地。1839年，民族英雄林则徐率领虎门军民销烟御敌，掀开了中国近代史的第一页。改革开放以来，敢为天下先的虎门人民抢抓机遇、团结拼搏，经济社会发展取得令世人瞩目的成就，虎门先后获得“全国财政之星”、“全国乡镇之星”、“中国女装名城”、“全国小康建设明星乡镇标兵”、“全国乡镇管理先进单位”、“2005年全国首届小城镇综合发展水平1000强（第一名）”、“2008年中国乡镇综合实力500强（第一名）”、“全国特色景观旅游名镇”、“中国十大特色名镇”、“广东省历史文化名镇”、“广东省文明镇”、“广东省科技镇”、“广东省教育强镇”、“广东省爱国拥军模范单位”等荣誉。

二、经济发展

2009年虎门逆势发展，GDP达243.76亿元，增长13.5%；工业总产值509.16亿元，增长6.3%；各项税收总额35.97亿元；镇本级可支配财政收入达14.34亿元，增长20.7%；农民人均纯收入15195元，增长5.58%；实际利用外资10595万美元，增长7.57%；社会消费品零售总额103.83亿元，增长21.4%；每万元GDP能耗0.42吨标准煤，降低率5.9%，完成市下达的节能减排工作任务；城乡居民储蓄存款余额321.39亿元，增长11%；区组两级总资产为97.15亿元，增长7.32%；有14个社区进入全市村组可支配收入总额超3000万元的前50名；镇属集体经济健康稳定发展，税利达4.22亿元，增长150%。

三、综合实力

在特色产业发展方面，虎门服装产业集群效应明显，具有显著的区域经济特色。2006年，虎门被审定为第二批广东省产业集群升级示范区；2007年，在参加中国服装博览会期间，虎门作为唯一的政府机构被中国服装协会授予“2005－2006年度中国服装品牌推动大奖”，同年，虎门以“虎门服装设计与制造特色产业基地”被纳入国家科技部火炬计划。虎门连续成功举办了十四届中国（虎门）国际服装交易会，大大推动了服装产业的发展，获评“最具行业影响力专业展会”、“最具行业影响力纺织之都”、“最具影响力专业市场”。

港口。虎门港口为国家一类口岸，其中沙角港区煤码头年货物吞吐量达1000万吨，沙角港区货柜码头设计装卸能力达600吨，5000吨泊位码头年吞吐量达200万吨，筹划发展3.5万吨泊位2个。虎门港与东江、西江、北江三方水网相连，与香港、澳门及华南诸港接通。港口设施完善，除设有海关、边检、检验检疫、港监等联检单位之外，客货轮码头、水路运输航线分别可直抵香港、广州、珠海、广西梧州等地。

图表5－9　繁忙的虎门港口

物流。早在明末清初时期，虎门已是一个名闻遐迩的商品集散地。经历了20余年的改革开放，虎门已形成了吞吐国内外的大规模、系列化的市场和强大的销售网络。

目前全镇有各类专业市场36个，总建筑面积达30万平方米。正在规划建设的富民商贸城，建筑面积达47万平方米，商铺达8000多个。货柜码头年吞吐量达18万TEU，近140万吨货运量。虎门正努力成为珠三角区域炙手可热的商贸物流重镇。

服装。在特色产业发展方面，虎门服装已达到产业集群的规模，具有显著的区域经济特色。

目前，全镇工商注册服装加工企业2000多家，全镇服装生产量达到2亿件（套），销售总额近140亿元。拥有中国驰名商标1个、中国名牌产品3个、国家免检产品12个、广东省著名商标16个、广东省名牌产品11个。现有大型专业服装批发商场22个，商铺1万多家，经营面积达30万平方米，主要集中在富民时装城周围1平方千米的商业集聚“中心区”范围内。虎门服装市场形成了完善的从设计、生产、销售一体化服装产业结构网络，拥有织布、定型、漂染、拉链、绣花、钮扣、配件等服装产业配套行业147家；各类面料辅料批发市场9个，形成一平方公里的布料辅料销售批发集聚区。

旅游。虎门人文历史悠久，旅游资源丰富。从远古的新石器时代贝丘遗址，到近代的鸦片战争遗迹——林则徐销烟池、威远炮台、沙角炮台等抗英古战场遗址，从抗日名将蒋光鼐的故居，到热血洒虎门的民主革命战士朱执信纪念碑等，无不辉映着这片英雄的土地。

如今，英雄的虎门后人继往开来，一座充满活力、动感无限的现代化城市正在崛起。她，博古通今，不仅有鸦片战争的博物馆、海战馆、威远炮台等爱国主义教育基地，还有我国第一座大型悬索桥——“世界第一跨”虎门大桥；她，秀丽多姿，不仅拥有五星级的龙泉国际大酒店、豪门大饭店等完善的旅游渡假设施，还有洋溢自然魅力的青山秀水；她，风情万种，既有白沙油鸭、虎门膏蟹、南面麻虾、狮子鱼等风味河鲜海鲜，又有龙舟竞渡、荔枝节等岭南风情民俗。

第四节　中国西部化工城——纳溪区

在四川盆地南部，一座新兴的现代城市正在崛起，他是川滇黔渝四省市交通接点，他有着良好的工业发展基础和丰富的旅游资源，在“更新观念促发展，提高效能抓落实，执政为民筑和谐”的执政理念下，这座城市取得了飞速发展，2009年全区GDP完成60亿元，同比增长11.2%，其中区属GDP同比增长16.5%；区属工业增加值完成20.0亿元，同比增长40.4%；地方财政一般预算收入完成2.1亿元，同比增长46%；农民人均纯收入达到5170元，同比增加387元。他就是中国西部崛起的工业城市——富饶美丽的纳溪。现任区委书记陈冠松，区长熊启权。

一、纳溪区简介

图表5－10　纳溪城市全景

纳溪地处四川盆地南部丘陵低山区，位于长江之滨，永宁河畔，距泸州中心半岛12千米，是泸州城市组团的重要版块。全区幅员面积1150平方千米，辖12个镇、2个街道办事处，176个行政村，22个社区，总人口48万。城市建成区面积7.5平方千米，城市人口10万人，城镇化水平达45.3%。

纳溪拥有良好的林竹资源，是全国速丰林基地和全国13个杂竹大县（区）之一，是四川省规划的林纸一体化“双百”工程基地，全区林竹面积达78.4万亩，森林覆盖率达到50.1%，目前正全力打造西南最大的竹浆造纸基地。纳溪还是全国绿化造林先进县（区）、中国特早茶之乡、省级新农村建设示范片区、全省25个林业产业培育县和50个现代畜牧业重点培育县（区）之一。

纳溪地处川滇黔渝四省市交通接点。距成都300千米，重庆196千米，321国道、隆纳高速公路、隆黄铁路和在建的川黔高速、川渝高速、泸纳高等级公路纵贯全境，长江黄金水道28.8千米，常年通航1000吨级船舶。随着川黔渝大通道的形成，纳溪被列入成渝经济区“一极一轴一区块”的战略部署通道发展轴上的重要县区，将成为川滇黔渝四省市合作交流的前沿“阵地”。

纳溪旅游文化资源丰富。纳溪建县历史已有778年，积淀了厚重的文化底蕴，古纯州遗址、乐道古镇、古石太平石刻、物价碑、护国战争遗址、抗战小学、护国岩等文化古迹散布景区；“纳溪民歌”、“永宁河船工号子”、“护国陈醋手工酿制工艺”、“搬打狮子”被省政府列入首批非物质文化遗产保护名录；境内自然生态优势突出，玲珑精致的“小山小水”保存了良好的原始生态景观风貌。天仙硐、凤凰湖、百吉滩温泉—三华山景区、洞沟河——屯坝斑竹林、普照山、鼓楼山、倒流河等独具特色的景点，富集“一硐两湖三河三山”的特色旅游资源，是开展休闲养生、生态度假、农业观光体验的绝佳旅游景区，也是成渝两地假日休闲旅游最佳目的地。

纳溪位于西部化工城核心区，具备良好的工业发展基础。境内泸天化有限责任公司是目前最大的合成氨、尿素和油脂化工生产企业，西南化工研究院是国家重点科研单位，火炬化工厂是与国防工业配套的三线大型化工企业。建设中的泸州化工园区是四川省“1525”工程和泸州市委、市政府重点培育的七大园区之一，浙江产业园和临港产业园是四川省26个“小企业创业基地”之一。

近年来，纳溪区委、区政府坚持工业强区一个战略，依托园区和沿江沿路工业带两个平台，抓住西部大开发和产业转移、省市跨越发展、川滇黔渝经济合作密切三大机遇，做强做大化工、造纸、酿酒、物流四大产业的“1234”发展思路，为实现纳溪跨越式发展勾勒出宏伟蓝图。2009年，全区GDP完成60亿元，同比增长11.2%，其中区属GDP同比增长16.5%；区属工业增加值完成20.0亿元，同比增长40.4%；地方财政一般预算收入完成2.1亿元，同比增长46%；农民人均纯收入达到5170元，同比增加387元。

二、执政理念

2010年是“十一五”计划的最后一年，也是纳溪历史上投资强度最大、项目建设最多、发展速度最快的一年。在这极不平凡的一年，全区上下在区委的坚强领导下，牢固树立“更新观念

图表5-11 优质政务服务

促发展、提高效能抓落实、执政为民筑和谐”的理念，锐意进取，扎实工作，国民经济实现较快增长，各项事业取得重大进展，社会发展更加和谐。预计全区生产总值（GDP）完成69.5亿元，同比（2009年，下同）增长14.9%；规模以上工业增加值完成38.5亿元，同比增长25.1%；地方财政一般预算收入完成3.4亿元，同比增长66.8%；固定资产投资完成54.2亿元，同比增长34.3%；社会消费品零售总额完成30.2亿元，同比增长18.3%；农民人均纯收入达到5770元，同比增长13%；城镇居民人均可支配收入达到16530元，同比增长15%。这些成绩的取得，标志着纳溪区在推动经济社会实现跨越发展、全面建设小康社会的道路上又向前迈出了坚实的一步。

1.解放思想促发展

解放思想、更新观念、与时俱进是加快发展的强大动力。长期以来，纳溪区政府始终坚持把解放思想、更新观念作为加快发展的先导工程，积极顺应发展大势，着力破解发展难题，切实做到“以思想大解放、观念大更新，助推经济社会大发展、大变化”。

（1）牢固树立“借势、借力、借智发展”的观念。抓住中央和省 “扩内需、促增长”的政策机遇，大力招商引资，拓宽融资渠道，争取资金补贴，集聚多方智慧，真正做到“依托大项目、培育大产业、建设大园区、促进大发展”。

（2）牢固树立“抢抓机遇”、“敢为人先”的观念。以西部大开发为契机，革除“恐高”、“怕快”的求稳心理，摒弃“小富即满、小富则安”的思想障碍，以“率先发展、争创一流”的精神状态，实干攻坚，迎难而上，全力以赴开创各项工作新局面。

（3）牢固树立“科学发展”的观念。坚持走新型工业化道路，转变经济增长方式，推进城乡一体化进程，实现城乡统筹协调发展。加强节能减排工作，落实生态环境建设和城乡环境综合治理，为建设“山川秀美纳溪”打下坚实基础。

（4）牢固树立“改革创新”的观念。破除守旧观念，冲破体制障碍，以大决心推进改革开放，以大气魄推进制度创新。加大重点领域和关键环节的改革攻坚力度，完善自主创新体系，提升核心竞争力，为纳溪的发展注入不竭动力。

2.提高效能抓落实

行政效能是实施行政管理效率、效果、效益的综合反映，是政府执行力的主要体现。纳溪区政府以服务发展、服务基层、服务群众为取向，突出监察重点，加大工作力度，促进干部作风明显转变，机关效率明显提高，投资环境明显改善，为经济社会发展提供坚强的软环境保障。

（1）建立领导督办机制。实行行政首长负责制，强化一把手责任意识，支持部门高效完成本职工作。对政府确定的重大事情、主要任务和完成目标，一把手亲自抓、负总责、督落实，形成从领导做起、从政府职能部门做起，一级督办一级、一级对一级负责的执行落实机制。

（2）强化日常工作检查督办机制。充分发挥政府办公室“发令员”和“督查员”的作用，对区政府下达的指令，督促各部门及时高效地执行；对各部门政务值守、突发事件信息报送等情况，做到定期检查，严格考评，及时通报；对区政府会议议定事项和领导批示交办事项，实行限时督办。

（3）完善工作运行机制。按照“改革创新、转变职能、从严管理、高效服务”的要求，本着“实用、管用、顶用、效用”的原则，加强制度建设、创新，规范、优化工作流程。全面落实岗位责任制、服务承诺制、限时办结制、首问负责制等，做到机关工作环环相扣、紧张有序、高效运转。

（4）健全工作奖惩机制。健全目标责任体系，围绕“行政职责、实现目标”，形成从责任设定到责任履行、责任监督、责任考核、责任追究的有机整体和完备制度。完善目标责任制管理工作，探索建立科学的政府绩效评估指标体系、考评机制，推动绩效评估制度化和绩效评估结果公开化。对执行不力、决策失误、效能低下、违法行政、滥用职权等行为，视情节予以限期整改、通报批评，并责令书面检查、辞职、免职。

3.执政为民筑和谐

权为民所用，情为民所系，利为民所谋。纳溪区政府始终坚持以人为本，把广大群众的根本利益作为开展工作的出发点和落脚点，深入实施民生工程，统筹发展社会事业，为经济建设建筑和谐稳定的社会环境。

（1）富民强区，以发展增和谐。发挥比较优势，加快融入泸州区域性中心城市，积极探索产业发展、城市规划、基础设施建设的新办法。发挥工业基础优势，着力发展工业经济；发挥区域竞争优势，努力发展商贸物流业；发挥资源丰富优势，大力发展文化旅游业。推进新农村建设，有力促进农民增收致富；加快“一区三园”建设，全力培育产业园区经济发展新增长极。

（2）惠民增效，以改革促和谐。加强行政管理体制改革，提高公共服务能力，建立行为规范、运转协调、公正透明、廉洁高效的行政管理体制。实施劳动就业、社会保障制度和教育、卫生体制等改革，促进社会各项事业协调发展，满足人民群众公共需要。深化经济体制改革，解决历史遗留问题；加强国有资产管理，建立科学、完善、有效的营运、监管体系；发展民营经济，提高综合竞争力。

（3）利民固本，以稳定保和谐。解决劳动就业、社会保障等热点、难点问题，维护人民群众的切身利益。建立密切联系群众的长效机制，搭建与民沟通、为民办事的有效平台。运用政策、法律、经济、行政等多种手段，将人民内部矛盾化解在基层、消灭在萌芽状态。保障公共安全，为构建和谐社会提供坚定的社会基础。

（4）亲民务实，以作风育和谐。强化服务意识，服务基层群众，服务属地企业；强化群众意识，对群众负责、让群众满意。树立真抓实干的工作作风，提高纳溪干部抓发展、干实事的能力；树立清正廉洁的生活作风，提高领导干部的思想道德修养。加强权力监督，健全监督体系，营造和谐的干群关系，为构建和谐社会提供坚实的群众基础。

三、城市建设

城镇规划日趋完善。按照城市“向东发展、融入泸州、拓展骨架、提升品位”思路，完成城区58.4平方千米控制规划编制，完成浙江产业园区3.27平方千米、化工园区12.14平方千米、临港园区3.84平方千米规划编制，完成疏港路片区城市设计、倒流河片区控制性详细规划和大渡口镇、护国镇、白节镇、合面镇4个小城镇规划修编以及银罗村、长安村、牟观村、大河村、

图表 5－12　河西城市一角

图表 5－13　时代明苑小区

紫阳村、高洞场、坪桥村、天星村等36个村庄建设规划编制。

城镇建设快速推进。冠山花园三期、汇发山水名都、广厦紫荆城、柏林苑、新城雅居、国度亚湾B区等项目全面竣工；科洋凤凰城一期、金色空间等项目基本完工；御景东方、江南名城等项目开工建设；上坝棚户区改造稳妥推进。拆迁旧房7万平方米，搬迁住户近700户；落实廉租住房1000套（房源600套，新建三期廉租住房400套）。完成城镇建设投资13亿元，城区新建房屋30万平方米，面积拓展到10平方千米，新增绿化面积12万平方米，城镇化率达52%，同比提高6%。龙车、天仙、护国、大渡口等镇房地产业发展加快，完成集镇开发390亩，镇、村庄建房30万平方米，年均增长15%。

基础设施日益完善。投入资金5亿元，建成高速公路连接线、河西上坝滨江路800米、蓝色港湾滨江路500米，改造人民路1200米。完成高速公路连接线1700米，建成化工园区进站路1000米，正在建设1200米的化工大道，建成园区管涵3100米，园区道路1500米。投入资金200万元，完成百梯口、广场口、汇发广场口三条街道建设。投入资金45万元，完成了高速公路入城大道路B段绿化路灯工程和人大宿舍楼南侧1000平方米花园建设。

"向东发展"不断加快。启动蓝安大道三期扩建工程，加快融入泸州区域中心城市。疏港路土地整理项目完成投资3.5亿元，完成投资比例117%，完成征地拆迁1887亩，挖填土石方400万立方米，防洪堤浇筑至248米高程，32米宽省道308线、24米宽疏港路和市政广场路基建设全面实施。倒流河片区土地整理项目成功招商。

房地产管理更加规范。今年办理产权登记7332件，面积80.27万平方米；他项权利登记2371件，面积31.93万元，贷款金额：23178.2万元。测绘面积审核95件，面积25.26万平方米。装订档案5832件，接待查档8210人次，完成电子档案扫描5000余卷。办理遗失60件，查封、扣押50余件。办理商品房预售许可证8件，预售面积3.76平方米。白蚁防治26处，面积10.6万平方米。

遗留问题逐步解决。全年解决化工厂百家村104户拆迁安置、化工厂临街面拆迁、科洋凤凰城围墙保护性施工、丝绸公司25户拆迁安置补偿、河东新区住户两证的办理等城市建设遗留问题10余件。万宝通达小区办理房屋所有权证100余件；永宁小区办理房屋所有权证近90件。

城乡整治扎实有效。投入资金6423万元，大力推进石油小区临街面、河东大道、招呼站、人民路、永宁路、云溪西路、汇发广场等城市重要节点、重要地段风貌整治，拆除违章支棚搭架2700余平方米，整治立面68万平方米，整治店招店牌2700余块，清理整治管线3万余米，升级改造农贸市场8个，安装红绿灯2个，新增垃圾中转站96个，改造、新建公厕22个，新增垃圾桶、果皮箱837个，增设休闲座椅等公共设施50个。

管理机制初步建成。实行“网格化“管理，全面落实城区沿街门面、企事业单位“门前五包”责任制和河边责任区负责制，探索改革城区环卫管理新办法，进一步理顺城市管理体系，建立“两级政府、三级网络、统一管理、分工合作”的城区管理新体制，强化城区管理属地管理责任，实现管理重心下移，城市管理工作逐步迈向规范化、持续化、长效化的发展轨道。

四、纳溪文化旅游

纳溪地理位置优越，位于川滇黔渝结合部，四川水陆出海要冲，扼滇黔北入川之咽喉；处于长江经济带、成渝经济圈、中国白酒金三角的叠合部位，重庆、成都、泸州、宜宾、遵义等大中城市都在川黔渝三角原生态休闲度假及名酒古镇文化旅游圈内，拥用5800万人口的消费市场，旅游市场开拓潜力很大，发展旅游的区域经济基础深厚。同时集铁路、公路、水路、航空四位于一体，地处泸州交通枢纽的节点区域，是西南出海大通道的必经之地，也是川南旅游环线的重要目的地。特别是川黔高速、川渝高速公路建成通车后，境内大部分景点都分布在沿线10～20分钟车程内，良好的交通门户优势和交通网络优势，大大增强了景区的可达性和流通性，成都、重庆、贵州毕节都在90分钟到150分钟的交通辐射半径内，成为都市居民郊游和节假日短途观光体验休闲的理想出行目的地。

图表5－14 “中国泸州·秀美纳溪”文艺演出

图表 5－15　烟子洞瀑布

图表 5－16　凤凰湖

文化底蕴深厚。纳溪历史悠久，文化底蕴深厚。在纳溪的不可移动文物中，又以体现近代历史中有着光辉一页的护国战争的历史文物为重。位于纳溪区棉花坡镇的“护国军棉花坡战场遗址”，是护国战争中具有重要意义的四川战役的历史见证，在这里留下了朱德元帅等革命先驱战斗影迹。而位于纳溪区护国镇的“护国岩题刻”，同样展现了这一场战役的恢弘壮丽。蔡锷将军书写的“护国岩”三字以及题记，镌刻于石壁之上，记录了这一场波澜壮阔的战斗，题刻虽已久经风雨，但仍然振奋人心。以上两处文物于2007年被四川省人民政府公布为四川省文物保护单位。而纳溪的另外一处四川省文物保护单位则是位于纳溪区天仙镇乐道古镇的“天仙抗战小学”，该处文物是国内唯一以抗战为名的小学。记录了抗日战争时期，山乡人民发起抗日热潮的历史画面。时至今日，“天仙抗战小学”内保存的抗日宣传标语仍清晰可见。除了以上大量具有“红色文化”内涵的文物意外，还有大量具有较高艺术价值的文物。合面镇太山庙石刻，雕刻于明清两代，石刻雕工精美，栩栩如生。散布于区内的“龙脑桥”年代久远，石刻雕工精美，展现了当地人民的巧思和妙手。还有较多的宋代墓葬，墓葬中大多存有宋代石刻，其中的武士以及神兽雕像均有很高的艺术价值。纳溪区的可移动文物中，又以出土于纳溪区上马镇的“麒麟温酒器”最为著名，此件文物为国家一级文物，系汉代青铜器，它被权威专家誉为“泸州酒文化与艺术的完美结合”。区内还有地域特色鲜明的纳溪民歌、永宁河船工号子、护国陈醋、搬打狮子等一系列省级非物质文化遗产。

旅游资源丰富。纳溪境内共有自然旅游资源52类，人文旅游资源27类。目前全区有国家AAA级旅游区1处，国家AA级旅游区2处，国家文物保护单位1处，省级文物保护单位4处，省级乡村旅游示范镇1个。拥有天仙硐风景区、凤凰湖风景区、白节温泉风景区、普照山风景区、倒流河风景区、鼓楼山风景区等多个风光秀丽的风景区。

根据纳溪旅游资源分布实际，总体构建“一心、一带、两翼、多区”的旅游空间发展格局，通过整合旅游资源，依托纳溪新城建设，打造精品休闲度假区。“一心”即纳溪新城旅游集散中心。利用纳溪地处川滇黔渝金三角的有利位置，抓住纳溪城市向东扩展的重大机遇，依靠倒流河、头脊梁、棉花坡战役遗址（陶家大院）、楠木湾公园等城区景观，高标准、高起点规划纳溪城区旅游功能，将园区产业、特色商贸、民俗文化与城市布局完美结合，使该城区不仅承担着区域旅游集散功能，同时也是集住宿、餐饮、休闲、娱乐、观光、养生于一体的区域核心旅游景区，把纳溪新城建设成为继泸州滨江路、百子图文化广场、张坝桂圆林之后又一代表泸州城市特色的地标。“一带”即天仙硐——黄桷坝休闲带。天仙硐是国家AAA级旅游区，已开工建设的黄桷坝水库是川南最大的中型水库。永宁河纵贯纳溪南北，水质清澈，河岸生态植被良好。在天仙硐与黄桷坝之间有乐道古镇、夜郎古道、汉墓群、护国岩、斑竹林、江门峡等众多景点。因此，把天仙硐——黄桷坝打造为川南最美的河滨休闲带，结合众多的水上游乐项目和体育项目，打造国家AAAA级旅游区。“两翼”即凤凰湖和百吉滩温泉。西翼凤凰湖景区，打造为以滨水休闲为特色，集休闲、运动、养生、度假于一体的精品旅游区；东翼百吉滩温泉，打造成为以温泉养生为特色、集会议和度假功能为一体的精品旅游区。“多区”即在“一心、一带、两翼”周边，分步骤，有重点地打造多个功能各异的卫星旅游区，分别是鼓楼山军寨文化体验区、普照山宗教文化生态旅游区、黄桷坝林业生态旅游区和各乡镇的乡村旅游示范区。

发展前景广阔。坚持“做优旅游特色、做强核心景区、做响旅游品牌”的思路，完善全区旅游发展规划，精心策划旅游精品线路，深挖旅游发展文化内涵，打造生态观光旅游品牌。结合川渝、川黔、成自泸赤等高速公路，全力争创“全省旅游强区”，打响“蜀南美地、纳溪古韵”品牌，建成川黔渝金三角、川南旅游环线上重要目的地和重庆休闲后花园。

五、纳溪工业集中发展区

纳溪工业集中发展区由泸州化工园区、纳溪浙江产业园、纳溪临港产业园三个园区组成（即“一区三园”）。

1.泸州化工园区

泸州化工园区位于纳溪城郊，是四川西部化工城的核心园区，是四川省政府“1525工程”确定培育的成长型特色产业园区，是泸州市委、市政府重点培育的七个产业园区之一，正着力打造年销售收入500亿元的省级经济开发区。园区规划面积20.65平方千米，分为东区和西区。东区位于城区东郊，规划面积4.38平方千米，主要依托现有的化工产业基础、专业港口和泸

图表5－17　泸州化工园区

天化公用工程，重点发展合成氨、硝基化工产业；西区位于城区西郊，规划面积16.27平方千米，主要依托泸天化，重点发展以煤化工、硫磷钛产业和天然气化工为主的化学工业，重点推进200亿方大型煤气化项目建设。目前，园区建成面积4.47平方千米，入驻规模以上企业45户。园内集泸天化、西南化工研究院、七化建等一批全国著名的大中型化工企业和科研单位，形成了集生产、科研、设计、化学工业机械制造、化学工业建筑安装、化学工业专业储运为一体的化学工业体系。2010年，园区共完成投资8.93亿元，实现销售收入102.3亿元，实现税收1.63亿元，提前两年实现100亿园区的奋斗目标。

2.纳溪浙江产业园

纳溪浙江产业园位于泸州市纳溪区棉花坡镇境内，是泸州轻工业园区的重要组成部分，是“四川省小企业创业基地”之一。园区规划面积5.6平方千米，一期规划面积3.24平方千米，总投资30亿元。重点发展汽车、工程机械、机电贸易和物流、轻工业等产业，着力打造川南最大的汽车、工程机械、机电贸易基地。2010年，园区完成投资6.92亿元，实现销售收入1.2亿元，实现税收500万元。纳溪浙江产业园主要采取政府主导和企业主导两种开发模式，分A、B区。A区是园区的“园中园”，规划面积1083亩，运作模式为企业主导，主要打造中高档轿车“超市”——泸州“汽车城”。目前，A区已入驻企业18家，主要销售广汽丰田、上海大众、华泰现代、东风标致、比亚迪等30余个汽车品牌。“汽车城”项目建成后，可实现年销售收入9亿元，贡献税收1亿元，提供1000个以上的就业岗位。B区总体规划面积4.88平方千米，一期规划面积2.52平方千米，运作模式为政府主导。B区现已建成道路、管网、涵洞等2万余米，入驻企业36家，三友物流、佳诚汽车回收、盛众混凝土等7家企业建成投运。

图表5－18　浙江产业园“汽车城”规划图

图表5－19　三友物流园

3.纳溪临港产业园

纳溪临港产业园位于泸州市纳溪区大渡口镇，是纳溪区传统老工业基地，也是泸州长江上游南岸的第一个临港产业园区，成功列入“四川省小企业创业基地”。园区规划面积6.87平方千米，重点发展酿酒、物流等主导产业，着力打造成川南主要的酿酒基地和重要的物流基地。目前，园区入驻企业41户，其中酒类生产企业11户。华明酒业、巴蜀液酒业是泸州市酒类生产“小巨人”企业，“天赐良缘”、“船山老窖”等酒类品牌荣获四川省著名品牌。建设中的临港产业园区正紧紧抓住四川省委、省政府打造“中国名酒金三角”战略机遇，全力做强做大纳溪酒业品牌。

六、纳溪乡镇

1.大渡口镇

泸州市纳溪区大渡口镇属泸州辖区内长江上游南岸第一镇，距泸州市区40千米，是宜宾、泸州两市的结合部，交通便利，区位优势明显。全镇幅员面积129.6平方千米，人口3.8万，辖19个行政村和1个社区。

2010年，全镇完成国内生产总值16亿元，增速达到41.4%；规模以上工业增加值完成9.6亿元，增长率达141.2%；完成地方财政一般预算收入2037万元，比上年净增1212万元，增速达80%；人均收入达到 5800元。

该镇园区建设快速发展。全力发展酿酒、物流、化工三大产业。园区企业达70余家，规模企业11家，亿元企业4家，全年园区规模工业企业实现利税3.5亿元。全年生产白酒50000千升，销售收入达14亿元。重点项目顺利推进。协调重点项目建设征用土地2000余亩，承担省市区重点项目建设26个。加快青利码头建设。引进投资近20亿元开发凤凰湖景区并完成景区总体规划修编，景区建设初显成效。招商引资成效明显。全年引进资金1.2亿元，完成固定资产投资5.1亿元、工业技改投资3.2亿元。新引进固定资产投资1000万元以上工业企业3家、固定资产投资500万元以上工业企业1家、技改投资1000万元的企业11家；引进富盛房地产有限公司投资1000万元开发修建商住楼3栋，城镇面貌焕然一新。

农业产业取得突破。全年建成高粱生产基地5050亩，粮食生产3.4575万亩，蔬菜2.1045万亩，新增杂竹3000亩，新增茶叶1500亩，新建专业合作社4个。出栏生猪4.8万头，小家禽全年出栏56万只。建成500头种猪场1个，年出栏优质商品猪1万头养猪场1个，年出栏优质肉猪5000头养猪场2个，100头以上的商品猪专业户22个，培育林下鸡专业合作社2户。

2.丰乐镇

丰乐镇位于泸州市纳溪区城东13千米，距泸州市区25千米，面积82.16平方千米，辖11个行政村和一个社区，154个农业社，总人口38491人。

国内生产总值完成3.6亿元，同比增长30%；人均GDP实现（区属）9740元，同比增长31%；固定资产投资完成2.4亿元，同比增长36.3%；社会消费品零售总额实现1亿元，同比增长20%；农民人均纯收入增加950元达到6230元，同比增长18%；地方财政一般预算收入达到662万元，同比增长104.5%。

在工业方面，始终坚持“工业强镇”战略，把工业发展放在招商引资工作的首位。年招商企业总数达到51家，实现规模以上工业总产值2.5亿元，同比增长30%；规模以上工业实现利税0.5281亿元，同比增长101.4%。在农业方面，扩大围绕“桑、蔬、花、果、竹、猪”等特色主导产业规模。2010年发展特色效益农业基地7个，其中高粱基地4500亩，竹基地5000亩，大球盖菇基地300亩，南瓜种植基地500亩，花卉种植基地3000亩，桂花种植基地3000亩。改扩建猪场5个，其中100头生猪规模户5户，年出栏生猪5.1万只，林下鸡养殖基地4个，年出栏林下鸡25万只。

该镇依托优势，大力发展特色产业。酒业大镇正在形成。康庆坊融资上千万元，建窖池500口，建设一个酱香型车间，达到年产10000吨白酒的生产能力。圣地酒业、龙丰白酒厂、酒泉酿酒厂等多家白酒生产、包装厂家发展壮大。全年酒类企业实现产酒12000千升，完成销量11800千升，实现销售收入2.3亿元。物流企业飞速发展，数量达11家，吨位均达4000吨以上，缴税金300万元。花卉产业逢勃发展，成立由花卉种植大户组成的“丰桂苗木专业合作社”，花卉种植面积已达5000亩，其中桂花种植基地3000亩，力争发展到10000亩，走农业生态旅游之路；集镇建设再掀高潮。2010年签约土地开发项目近130亩，完成三中个聚居点建设30亩，建筑面积0.72万平方米。

3.天仙镇

天仙镇距泸州19千米，纳溪城区9千米，全镇面积67平方千米，下辖8个村，1个社区，总人口1.7万。

全年国内生产总值完成2.73亿元，同比增长84.3%，固定资产投资完成2.5亿元，地方财政一般预算收入701万元，同比增长67%，农民人均纯收入5958元，同比增长23.5%。

该镇紧靠泸州机场、长江港口和川黔铁路、川渝、川黔高速交通节点，G321国道、永宁河水道贯穿全境，区位优势十分明显，是省级风景名胜区——天仙硐景区所在地和省级新农村示范片——天仙生态新农村示范片核心区。镇内森林覆盖率高达80%，地貌为难得一见的丹霞地貌，生态环境优美，自然景观与人文景观交相辉映，是独领风骚的泸州近郊天然氧吧和后花园。2010年，大力发展旅游业，成功创建为国家AAA级旅游区，被命名为全省乡村旅游示范镇和全省宽带信息百镇千村工程示范镇，通过了省级绿化示范单位和市级园林单位考评验收，全年旅游人员达120万人次，旅游收入达8960万元。

2010年，天仙镇紧紧围绕“旅游兴镇，生态富民”的发展思路，着力抓好新农村建设。全镇共发展枇杷基地6000余亩，猕猴桃3000亩，优质竹基地7万余亩，林下鸡出栏150万只，生态猪出栏8.5万头，成功创建“天仙洞”枇杷、“仙山”竹艺、“乐道子”土鸡等品牌，打造成一流的枇杷观光园、竹产业观光示范带、林下鸡养殖示范基地、生猪生态养殖示范长廊。启动牟观中心村建设，新增绿化面积3万多平方米，基础设施和风貌明显改善。

4.白节镇

白节镇位于纳溪区东南25千米，全镇面积126平方千米，下辖17个行政村，一个社区，193个社，总人口4.1万人。境内溪流纵贯，气候温和，森林覆盖率达61%，自然风景秀丽。

2010年，该镇GDP完成4.6785亿元，固定资产投资完成4.4503亿元，规模以上工业增加值完成1.4548亿元，地方财政一般预算收入完成1002万元，人均纯收入5911元。

工业经济成绩突出，新增固定资产投资200万元以上的工业企业7家，其中投资1000万元以上企业2家。大力发展农业经济与旅游业。全镇拥有竹林面积10万亩（其中楠竹3.5万亩），楠竹产量占全区75%以上。2010年新发展竹基地1万亩，无公害蔬菜生产基地1600亩，有机茶基地6000亩，初步形成了“一村一品”经济发展模式，促进农民增收致富。预计投资2.3亿元，打造白节滩温泉开发项目，当前已成功引进业主对温泉及岩区进行旅游开发。

5.**护国镇**

护国镇位于纳溪区南部，距纳溪城区35千米，全镇面积180平方千米，辖28个行政村、3个社区， 291个社，总人口7.2万，其中城镇居住人口近2万。永宁河穿境而过，G321国道、纳叙铁路和在建的川黔高速纵贯全境并分别设站，区位优势明显。

2010年，该镇完成GDP总量7.9371亿元，人均GDP1.1748万元，GDP增速44%，同比增长29%；规模以上工业增加值2.6324亿元，同比增长48%；规模以上工业实现利税8566万元，同比增长15%；固定资产投资4.9602亿元。地方财政一般预算收入1635.41万元，同比增长831.53万元。

该镇原名“叙蓬溪”，也称叙蓬场，因“护国战争”而得名。茶、竹、柚是该镇的支柱产业，现有茶叶种植面积2.5万亩，沙田柚、甜橙近3万亩，是一个非常典型的特色农业大镇。拥有“泸州凤羽”、“护国柚”、“护国陈醋”三大农业品牌，“泸州凤羽”茶相继荣获“中国国际农业博览会名牌产品”，“中国（成都）国际茶博会金奖”等多项殊荣；“护国沙田柚”先后荣获“全国柚类优质果品”、“名优农产品”、“无公害农产品生产基地”称号；“护国陈醋”曾获“酒城消费者最喜爱产品”、“全国食品行业名牌产品”、“四川·中国农业博览会名优农产品”等10项荣誉。

近年来，护国镇以护国岩大桥建设为契机，不断优化投资环境，商住小区蓬勃兴起，人居环境不断改善，经济和社会事业快速发展。

6.**打古镇**

打古镇地处纳溪东南，两省四县三区交界处，东临合江，南接叙永。全镇面积134平方千米，辖区16个村，2个社区，总人口3.3134万。

2010年国内生产总值40186万元，固定资产投资完成2.3870亿元，规模以上工业增长率43.5%，工业技改完成3110万元，财政一般预算收入完成354万元。

该镇幅员广阔，森林覆盖率48.7%，山地丘陵多，竹地、林地面积广，具有得天独厚的种养殖条件。拥有竹林面积4.2万亩，每年能提供竹原料5000余吨；依托优势，全镇1000余农户出租1万多亩荒山荒坡地给赤天化纸业公司发展竹基地，农民年收入达200多万元。该镇采取“请进来”与“走出去”相结合的方式提高养殖技术，发展壮大养殖业，全年出栏“生态鸡”50万只，山地鸡肉质鲜美，畅销各地，出现供不应求的现状。全镇有1.5万亩板栗红薯基地，年产量15万吨，所产“普照山条粉”远近闻名，年产量将达6万斤。

7.**上马镇**

上马镇位于纳溪区南部，全镇面积108平方千米，辖10个行政村、2个社区、137个社，总人口3.0886万。G321国道、永宁河水道贯穿全境，水陆交通便利，境内有斑竹林、洞沟河、仙人岩、望乡台等自然景观，是国家级文物汉代麒麟温酒器的出土地。

实现工业总产值5.4亿元，同比增长31%，工业增加值增长率49.75%，规模以上工业产销率达98%；完成固定资产投资2.3022亿元；规模以上工业企业实现利税2774万元，同比增长34%；工业技改1.0976亿元，同比增长78%。

依托交通地理优势，大力发展种养殖业。大力发展以甘蔗和柚子为主的种植经济，种植青花甘蔗800亩，柚子200亩；专合组织引领向前，“杉树湾”大力发展林下生态养殖经济，建成了年出栏野鸡10万只，珍珠鸡10万只，鸡蛋200万枚，产值达800余万元。

该镇依山傍水，旅游资源丰富。依托黄桷坝，综合利用永宁河资源，开发滨江路新区，全力打造省级小城镇建设亮点镇。2010年，全区人民盼望几十年的惠民利民工程——黄桷坝水利工程开工建设，建成后灌区面积将达到10.56万亩，解决10万人的饮水安全等问题。着力打造黄桷坝、斑竹林旅游区建设，为构建纳溪旅游环线增亮点。

8.合面镇

合面镇位于纳溪区西南部，全镇面积96平方千米，辖15个行政村和1个社区，近4万人。

地方财政一般预算收入437万元，同比增长162%；国内生产总值3.8116亿元，同比增长45.66%；固定资产投资1.8874亿元，同比增长36.75%；农民人均纯收6033元，同比增长19.6%。

2010年招商引资成效明显。新引进三个固定资产投资千万元以上工业企业入驻园区，招商引资市外到位资金完成1.354亿元，省外到位资金完成7100万元。农业产业优势发展。已形成水稻、竹编、生猪和林下乌鸡“四大”农业特色产业，年产优质稻1.5万吨、出栏生猪5万多头、竹编近200万张、优质桑园乌鸡60余万只。

该镇素有“小乌克兰”之称，以“工业兴镇、劳畜富民、打造教育卫生强镇和边贸中心重镇”为发展思路，全力推进各项工作。已通过市级“义务教育示范镇”的初步验收，合面中学教学质量连续二十一年居全区前茅，合面小学素质教育和目标管理获全区一等奖；合面卫生院是全区第一个规范化建设的乡镇卫生院，软硬件设施较为齐备。

9.棉花坡镇

棉花坡镇距泸州8千米，纳溪城区1千米，泸州兰田机场4千米，隆纳高速公路接口4千米，泸纳高等级公路和321国道纵贯全境，区位优势得天独厚。该镇幅员69.13平方千米，辖16个行政村、1个社区，171个农业社，总人口4万。

2010年，全镇国内生产总值5.0464亿元，人均GDP1.3387万元，财政一般预算收入1280万元；粮食持续增产，总产量达2.0381万吨；农民人均纯收入达4680元，同比增长21.5%。

该镇以“工业强镇、产业富民、和谐发展”为目标，已初步形成了纺织、化工、农副产品加工、物流四大支柱产业，泸州化工园区、浙江产业园区、轻工业园区座落在该镇。全镇固定资产投资完成5.6603亿元，工业技改投资完成2.245亿元，规模以上工业利税实现1.096亿元。荣获四川省经济综合500强乡镇等多种荣誉称号。

旅游开发初具规模。古色古香的陶家大院、古战壕遗址、倒流河、五顶山古庙古树、金凤寺、翠竹长廊让人流连忘返。文化底蕴深厚的倒流河旅游区幅员面积3.2平方千米，水量丰富，两岸翠竹掩映，古木林立，河水清澈，为纳溪城系上一条金丝带。

10.新乐镇

新乐镇位于纳溪城郊，全镇面积48.02平方千米，辖9个村，1个社区，96个农业社，总人口2.7603万。川渝、川黔、隆纳高速、隆黄铁路及321国道、纳江路穿境而过，长江与永宁河相环绕，水陆交通便捷，泸州市工业园区及泸天化煤制气发展中心落户境内，能源、交通枢纽及工业投资发展优势凸显。

国内生产总值（GDP）完成3.8947亿元，人均国内生产总值1.3617万元，规模以上工业增加值增长率完成97%，超目标任务53.5个百分点，规模以上工业实现利税8206万元。

在工业发展上，依托泸天化和泸州工业园区两个平台，以G321国道和纳江路两条工业经济带为重点，突出化工、酿酒、物流三大产业，以农副产品加工、轻化工和物流业为主，通过政策扶持、协调融资、优化服务等措施，创造企业发展的特优环境，已引进工业企业100多家，物流企业11家。

在农业发展上，以产业结构调整为主线，加快基础设施建设，先后实施了“金土地”、新村扶贫、土地“双挂钩”、农业综合开发、以工代赈等项目，实现了村村互通公路网络。全镇“三江红”蔬菜品牌效益明显，无公害蔬菜基地面积达1万余亩；万福甜橙长廊面积达5000余亩。长安村、大河村、桂花村3个省级新农村示范片已具雏形。2010年，财政收入达2800余万元，人均纯收入达6800余元。

依托现代产业发展基地，围绕丰富的旅游资源，立足生态观光、休闲娱乐，在G321国道、纳江路沿线打造“餐饮长廊”，把旅游业培育成为全镇经济发展新的增长极。

11.**龙车镇**

龙车镇位于纳溪区东北部，距泸州城南大道13千米，纳溪城区19千米，开通城市公交客运，交通便利。面积72平方千米，辖14个村140个社，1个社区居委会，总人口超过3万。

2010年，地区生产总值预计完成2.4亿元，固定资产投资预计完成2.3亿元，地方财政一般预算收入预计完成520万元，农民人均纯收入预计完成5500元。

2010年，该镇紧紧围绕“依托纳溪，融入泸州，打造泸州生态卫星城镇”发展思路，大力实施“4+5”发展战略，镇域经济社会实现长足发展。招商引资成效显著。新引进企业20个，其中，固定资产投资1000万元以上工业企业2个，固定资产投资200万元以上工业企业4个，市外到位资金实现34.7633亿元，增长127%。工业经济加快发展。固定资产投资实现2.9亿元，增长65%，工业技改投资实现7600万元，增长111%。财税收入快速增长。地方财政一般预算收入实现719.6万元，增长95%，接近翻一番。项目建设全力推进。四川茂源面业和川郎王子酒业已投入试生产，金土地整理项目通过检查验收，川渝高速公路龙车段施工建设进展顺利，断头公路二期竣工验收通车，城乡环境综合治理深入人心，90亩集镇开发项目已经启动，集镇规划修编已经完成，鼓楼村通村水泥路抓紧建设。示范镇创建成效明显。筹集900多万元，投入省级环境优美示范镇创建。按照“125”工作思路，狠抓基础设施建设，着力打造花园集镇，提高城乡居民幸福指数，促进生态卫星城镇建设，环境优势正逐渐转变为发展优势，促进了全镇招商引资、房地产业、镇域经济等的加快发展。党的建设全面加强。创先争优深入开展，基础建设切实加强，机关作风明显改善，综治维稳形势平稳。

12.**渠坝镇**

渠坝镇位于纳溪中部，距纳溪城区11千米，距泸州机场28千米，是泸州市的30个工业强镇之一。镇内321国道、隆纳高速、纳叙铁路、正在修建的纳黔高速和永宁河穿境而过。全镇幅圆面积46平方千米，辖9个行政村、1个社区、73个村民小组，总人口1.8万。

全镇固定资产投资完成3.37亿元，规模以上工业增加值增长率47.9%，工业技改投资2.39亿元，规模以上工业实现利税7674万元，地方财政一般预算收入518.4万元。

依托区位和交通优势，坚持“工业强镇、商贸兴镇、产业富民”发展思路，以造纸、物流商贸和竹笋加工等特色资源狠抓招商，先后引进有企业65家，其中固定资产5.8亿元的四川银鸽位于镇内。重点打造“竹、林下鸡、生猪、水果”四大产业，已拥有林竹32000亩、枇杷3500亩，年出栏生猪3.2万头，林下鸡40万只。大力发展第三产业，已建成6千米的商贸带和绵延3千米的餐饮一条街，渠坝手工豆腐、豆腐乳和“竹旺牌”麻竹笋远近闻名。

境内地势层峦起伏，永宁河碧波荡漾，旅游资源丰富；立石埂1千米长的原始石柱群，形态万千，错落有序，尤其是数座高约6米呈蘑菇状的巨石无比神奇，风吹即动。

七、重大项目介绍

2010年是纳溪区委、区政府确定的第三个“项目年”。全年共确定102个重点建设项目，同比增加24个，完成投资98.2亿元，占年度投资计划的108.2%。其中，国家、省、市项目14个，完成投资46.2亿元；区本级项目88个，同比增加31个，完成投资52亿元。

1.200亿方大型煤气化项目

该项目是四川省首个煤气化装置项目，是四川省委、省政府确定的重点建设项目，也是四川化工控股(集团)有限公司为调整优化泸天化基地原料和能源结构而建设的重大项目。项目位于泸州化工园区西区，分两期工程建设，计划投资409亿元，一期将建设年产100亿方大型煤气化装置，计划分二个阶段建设：2010年启动总投资22亿元、年产20亿方煤气化装置项目，预计2012年底建成投产；2011年下半年，启动一期二阶段项目建设，总投资165亿元，规划达到年产100亿方煤制气的规模。二期建设年产200亿方大型煤气化装置。项目建成后，不仅将彻底解决泸州化工产业受天然气原料制约的瓶颈，而且带动能源、物流等相关产业发展，可实现下游产业链销售收入228.3亿元/年，利税总额40.6亿元/年。

2.黄桷坝水利工程项目

该项目是列入国家水利部《全国中型水库建设规划》的重点建设项目，是四川省2010年规划建设的三大水利工程之一，也是泸州市已建、拟建的最大水库。项目位于纳溪区上马镇，占地面积55.7亩，总投资4.6亿元，是一座以农业灌溉为主，兼防洪、供水、发电、旅游等综合功能的中型水利工程。项目建成后，灌区覆盖范围达泸州市纳溪区、叙永县、宜宾市江安县5个镇46个村，灌溉面积10.56万亩，可解决农村10万人口的饮水安全问题。

3.疏港路土地整理项目

该项目是纳溪区加快融入泸州市区域中心

城市，整体推进城市向东发展建设的重大项目。项目位于纳溪城区紫阳路北侧，总面积1887亩，计划总投资4.5亿元。项目分长江防洪堤片区和疏港路片区，其中长江防洪堤片区面积487亩，计划投资2.3亿元；疏港路片区1400亩，计划投资2.2亿元。项目建成后，可提供新开发建设用地1264亩，修建房屋200万平方米左右，实现居住人口约6万人，创造税收5.4亿元。

4.泸州东方农化新型农药技改项目

泸州东方农化公司（国家农药生产定点企业）新型农药技改项目总投资3亿元，占地面积160余亩，新增甲黄草胺、嘧菌酯等6个高效、低毒、安全的新品种农药项目，其工艺技术均为企业研究所自己研发，符合国家产业政策，拟于2012年竣工投产。项目投资规模较大、经济效益较好、产业带动较强，项目建成后，每年可实现年销售收入5.6亿元、利润总额1.5亿元、税金2000万元，解决500余人就业，着力将打造成为四川省乃至西南地区最大、最先进的安全、高效农药生产基地。

第五节　中国魅力生态县——平远县

图表5－20　**平远县全景**

平远县历史悠久，据当地出土的古窑址考证，远在5000年前的新石器时代就有人群在此生息。平远县县治始建于明嘉靖41年(1562年)，这里山清水秀、民风纯朴，是千百年来客家人东迁的第一村。

客家民系南迁最早抵达梅州的先贤是广东“古八贤”之一——程旼。1500多年前，程旼先祖系中原汉族，是仅次于秦代平南越后迁到粤东的客家先民代表。程旼从中原辗转千里来到平远坝头官窝里扎根，积极传播中原文化，传授先进耕作技术，带头兴办公益，改造山川，教化乡里，移风易俗，影响深远。

粤东自古就有“先有程旼，后有程乡”之说。上千年来，程旼的思想和德行一直影响着客属地区，其因“以德化人、信誉著于乡里”，公元479年，朝廷将其所居之地以他的姓氏命名为“程乡县”并沿用了1300多年。

现任县委书记肖文浩。

一、平远简介

平远县位于广东省东北部，粤、赣、闽三省交界处。总面积1381平方千米。其中山地、丘陵11.16万公顷，耕地1.03476万公顷。县境地质构造比较复杂，由火山岩、侵入岩、变质岩等构成山地、丘陵、盆地等地貌，尤其是突出的南、北两端形成丹霞地貌——石正南台山至中行大河背一带丹霞地貌和差干五指石丹霞地貌，呈现秀丽的自然景观。县境周围山地环绕，北部和西部以山地为主，地势较高，由西北向东南倾斜。全县总面积中，山地占11.26%，丘陵占53.44%，盆地占28%。

平远地处亚热带过渡的气候区，气候温和，四季分明，夏冬长，秋春短，雨热同季，干冷同期，光照充足，雨量充沛，风力小，霜期短，适于亚热带作物的正常生长。2007年平远气候的特点是年平均气温偏高，降水量较年平均量偏多，日照时数较正常年份略多。年内影响县内的台风（含热带风暴）有3个，受台风影响造成的灾害损失比较严重。全年共发生61宗雷击事故，直接经济损失50多万元。

平远河流主要有差干河、柚树河和石正河3条水系，为韩江二级支流。差干河县内集雨面积479.9平方千米，河流长度71.16千米；柚树河县内集雨面积767平方千米，河流长度77.9千米；石正河县内集雨面积95平方千米，河流长度31.7千米。

2007年平远县年末耕地总资源15.4634万亩，占全县总面积的7.4%。其中，常用耕地面积13.6881万亩；临时性耕地面积1.7753万亩。全县有丰富的地表水、浅层地下水和温泉。河流年平均径流量为12.563亿立方米，人均拥有量5200余立方米。县境河流总计理论水电可开发量4.1万千瓦。全县生物资源丰富，主要有林木、竹、药材、花卉、野生禽兽等。2007年全县有林地面积163万亩，活立木蓄积量425万立方米，森林覆盖率达77.1%。矿类资源县境有丰富的金属和非金属矿藏。铁矿蕴藏量7800余万吨，其中平均品位达58%的优质磁铁矿2370余万吨；无烟煤藏量2400多万吨；稀土矿，经国家地质部门勘查，属品位较高、开采条件较好的中型矿藏；石灰石，藏量2亿吨以上。县内有AAA级旅游风景名胜区——五指石旅游区和有“世界第一天然大佛”之称的省级森林公园、粤东名胜南台山和黄田水库旅游区。此外，还有石龙寨、平远公园、热水温泉、紫林山、狮子岩、凤山等旅游景区（点）。

2007年全县总人口为25.6288万，主要为汉族，还有壮族、苗族、瑶族、侗族、回族、高山族。

二、平远文化习俗

平远客家人，是古代中原汉族的后裔，在长期手工业生产生活中形成了客家人独特的风俗习惯和传统意识。

1.生产习俗

以耕田为主业，禾分早晚两季。农忙时村人互帮互助，不计报酬。男人多外出谋生。理家与耕作由妇女担任。传统农具有犁耙、辘轴、脚头、铁扎、禾镰、荡耙、木制龙骨水车等。

妇女上山割草代名叫割鲁萁，客家妇女鲁萁担最有特色，一担鲁萁二头共八捆，用竹杠勾索绑担，四平八稳，旧时，园中种苎，妇女用其织为夏布，名曰家机布。另种黄麻以编绳，作萝索、牛索等。

2.生活习俗

服饰：旧时用自织的家机布制被和衣着，今已淘汰，清至民国初期，官吏豪绅及儒生穿长袍马挂，平民男女服装为开襟式，女的为在则开襟上衣，称大襟衫，衣长齐膝，现在服饰多样，中西服盛行。

鞋帽：旧时有布鞋，俗名阿姆鞋。草鞋和粤俗传统木履，现时的品种多，式样日趋新颖，旧时冬天男人戴毡帽、礼帽和棉帽。妇女冬日戴帽（头裙）蓝布所做。

饮食：一日三餐，米饭为主。旧时早上用锅煮饭，用罩捞把饭捞起，盛于饭曾瓦甑中，供一天吃，传统名菜、名吃有“蒜头焖猪肉”、“焖狗肉”、“炒鸡酒”、“盐焗鸡”、“扣肉”、“蘸仔鸭”、“酿豆腐”、“鱼生”、“仙人板”、“猪油板”、“锅笃板”、“黄板”等。

民居：最具特色和代表性的客家民居是“围龙屋”，它多建在丘陵、斜坡地面或田畴交错的小丘前。其所采用的建筑工艺，是中原汉族建筑艺术中最先进的“抬梁式”和“穿斗式”相结合的形式，其结构一般是“一进三厅两厢一围”。屋前有一晒禾坪，大门之内，分上、中、下3个大厅；左右分两厢或四厢，以两厢向后延伸，形成马蹄形的后围，其特点是以南北子午为半轴，左右对称，以屋前面的半月形池塘和正堂后的围龙屋结合成一个大极形整体。

广东省第一批非物质文化文化遗产

平远船灯

平远县位于闽、粤、赣三省交界处，境内所居住的大多数为客家人。客家派系是一个特殊民系，在漫长的迁徙过程中，传承了优秀的中原文化。平远虽建县时间不长，但有不少文化遗迹，历史名人较多，历史人文资源丰富，平远船灯就是该县一张亮丽的文化名片，在客家地区乃至省内外都有一定的知名度。

平远船灯的由来有一个动人的传说。清帝为祭奠征台（湾）牺牲的将士，驾临福建沿海，突遇风暴，险些丧生，幸投宿于一渔船。帝在与船家祖父和孙女交谈之中，获悉渔家饱受渔霸欺凌，不得温饱，甚为恻隐。翌晨临别时，特赠夜明珠一颗，亲笔题赠“渔家乐”金匾和“圣旨”金牌各一。渔翁顿觉福从天降，惊喜交集，叩头跪接。尔后，渔民们再不受渔霸欺凌，且有夜明珠之光，风雨黑夜，均可出海捕鱼。后人便根据这一传说排演船灯。

据《平远县志》、《武平县志》记载：200多年前，船灯表演艺术从闽粤交壤地带传入平远县差干乡湍溪村，因广东平远与闽南接壤，同属客家居住地，生产习惯、生活习俗相同，婚嫁民间交往密切。200多年前，福建下坝艺人丘永生逢年节到平远湍溪谢屋舞船灯，因此与谢屋建立一定感情，因谢屋谢添官自幼喜文艺。丘永生以师徒传承方式把船灯技艺传授谢添官。从此“船灯”便通过民间渠道，很快在平远县境内流传开来，经久不衰。每逢春节、元宵、端午、中秋节日以及喜庆丰收之时，差干、仁居、上举、泗水等地的群众便由家族或村寨自发制作、排演船灯，以此来庆祝节日、表达丰收后的喜悦之情以及对美好生活的向往。刚传人时，“船”用木、竹制作，长约3.5米，腹宽约1米，舱内高约1.6米，外表涂以鲜艳的色彩，配以花束、彩带、彩灯。船无底，底部周围饰以约0.6米宽的布条，称“水布”，用以遮挡操船者的脚，全船约重30千克。船灯舞由3人表演，男女演员各1人，男饰老翁，女饰孙女，以歌为主，分别在船头、船尾表演，另一个藏在舱内操纵彩船，用一布条系于舱内前后对角处，伴在双肩，双手抓紧前后横档另一对角处。表演时，将船体舞动，前后左右行进，停靠摇摆自如，全由操船者控制，舱内舱外表演动作娴熟，配合默契，自始至终给人以“船在水中行，人在船中舞”的韵味。伴奏乐器以民间管弦乐器如唢呐、笛、扬琴、三弦、板胡、二胡等为主，有时还加上锣、鼓、钹、铛等打击乐器，节奏明快，气氛热烈。曲调大多为民间小调，如《渔家乐》、《闹元宵》、《迎风斗浪》、《夜行船》、《卖杂货》、《十二月古人》等，表演内容起初为爷孙两人出海捕鱼，娱乐升平。以后逐渐增加男女谈情、劝世讽俗之类的内容，无一定程式。

新中国成立后，平远县文化部门和民间艺人，通过不断挖掘、整理，并随着时代的前进步伐，将“船灯”艺术推陈出新。1949年有《庆胜利》船灯，1950年有《抗美援朝》船灯，1972年有《喜送公粮》船灯，之后还有《迎风击浪》、《花王出巡》、《船灯情》、《迎澳门回归》、《回娘家》等等。

改革开放以后，文艺工作者不断推陈出新，平远船灯革新又迈进了一大步，逐渐发展成两船、三船甚至五船、六船，甚至大、小船等多船表演形式。

平远船灯表演非常细腻，形象生动逼真，具有较强的模拟性。表演者模仿划船等动作，操船者则模仿船在水中的飘荡情景，均把动作模仿得惟妙惟肖，“船”外的演员与“船”内的操船者配合默契，在小溪、大江、急水、过滩、暴风骤雨等任何情景下都达到了“船在水上行，人在船中舞”的“全真”境界。同时，平远船灯道具船上的装饰物和装饰文字，具有较强的寓意性。船舱前的圆球灯和尾部的 “渔家乐”大字，象征清朝最高统治者赐给渔民的夜明珠和牌匾，昭示着皇恩浩荡，恩赐天下，体贴民情。公孙2人的单船表演，正是渔民百姓为歌颂皇恩，向往美好和谐生活之情而专门创作排演的《渔家乐》船灯舞的真实反映，其寓意在舞蹈中得到了允分体现。

平远船灯制作工艺独特，根据传统故事情节制造，舱的前上方正中央有一圆球灯，以模拟清朝皇帝恩赐的“夜明珠”，在其下方，镶嵌“圣旨”2字，船舱两边镶有对联：“江河湖泊波浪涌，远近通达逍遥遊”；船舱尾部正上方镶有顺治赐牌匾中“渔家乐”3字，两边对联为：“行舟驾人仙人境，鼓箫奏出太平歌”。同时，在船尾的彩架上，挂一盏用于照明的灯笼，以作夜行船之用。此两只“灯”就与道具“船”合称为“船灯”。(船与灯的有机结合，就构成了平远船灯的特色，也是与北方旱船的根本区别)。

此外，平远船灯具有较高的历史、民俗学和文化艺术价值。平远船灯，从侧面反映了台湾是祖国的神圣领土，中华民族一直以来都渴望台湾的回归，实现祖国统一的史实。其表现内容源于民间关于清帝为祭奠征台（湾）牺牲的将士，驾临福建汀江一带，突遇暴雨狂风，幸有渔民公孙俩奋勇将帝送到江北的传说。平远船灯舞正是根据这一动人的民间传说创作而成。它间接地反映了清朝最高统治者收复台湾这一历史痕迹，表现了中华民族对收复台湾的世代愿望。同时，平远船灯形成以后，因其寓意深刻，极富娱乐性，更因其所用道具均与当初客家民众劳动、运输工具——船极为相仿，表演动作与劳动动作相差不远，所以排演起来比较简单易行，从而在许多地方流行，并传承至今。每逢春节、元宵、端午、中秋等传统节日，或在丰收之余和家族喜庆之时，在客家民居、围屋的庭院门坪，均有人自发排演船灯舞。

平远船灯从新中国成立至今，曾有1957年和1997年两次进京；1987年香港、1992年马来西亚、印尼、1994年世界客属第12次恳亲大会、2003年澳门等四次参加国际盛会；参加了1972年广东省专业剧团调演、1984年省电视台和省舞蹈家协会录像、1987年广东省首届民间艺术欢乐节、1999年广东省艺术旅游欢乐三节演出以及1999年广东省迎澳门回归“同奔五彩路”大型文艺演出、2002年“天涯共此时”第二届世界广东同乡联谊大会开幕式大型文艺演出、2003年广东省第二届民间艺术节表演大赛、2005年广东国际旅游文化节岭南民间艺术汇演等九次赴省表演的记录；1998年，平远县被授予“广东省民族民间艺术(船灯)之乡”的称号；2006年，平远船灯列入广东省第一批非物质文化遗产。

3.婚姻习俗

解放前，平远人的嫁娶分为“大行嫁”、“童养媳”、“等郎妹”、“二婚亲”。大行嫁，多为“父母之命媒妁之言”的包办婚姻。程序有定亲、纳彩、迎亲、拜堂闹洞房、做三朝等礼节。迎亲之日，女子穿旗袍、戴凤冠、乘花轿。出嫁时，先行一童桃枝或榕枝开路，谓拖青，男家鼓乐迎亲，花轿到男家后，新郎要踢轿门扶新娘入屋拜堂成亲。旧时小户人家生有男孩后，就向邻近外姓人捡（收）一女孩，俗谓“细心舅”。待成年后于除夕晚成亲，称圆房，此为童养媳。等郎妹即旧时有些贫苦人家当时自己没有儿子，先买个女孩来抚养，等自己生有男孩后，即配为偶，长大后即行婚配。有的媳妇长到十八岁，“小丈夫”才几岁，故有“十八娇妻三岁郎”的说法。二婚亲即妇女再嫁，旧时多受歧视，新中国成立后，婚事新办，大兴文明之风，有集体婚礼、男到女家、旅行结婚、开茶话会等形式，婚礼简朴而热烈。

4.祭祀习俗

旧时，老人逝世，俗称“过身”；安葬，俗称“还山”。葬礼亦有许多繁文缛节，有钱人家还要延僧诵经（俗称做斋）。平远县用棺木土葬为尚，今已除旧习实行火葬。祭祀，平远各姓均有祖祠，设于县城者为宗祠，设族中曰家襟祠亦称祠堂。祭祀祖先分春祭与秋祭，春祭主要为扫墓形式，秋祭在八月，每姓各有祭日，从八月初一至秋分为止。但也有部分地区祭祀祖先日期七月半或其他时间。

落地金钱舞

1644年（崇祯17年），李自成陷北京，明思宗自 殉国；5月，史可法等拥立福王由崧，年号弘光，移都南部（今南京市），1645年5月（弘光二年），南都破，清兵擒杀福王；闰6月，黄道周等拥立唐王朱聿键监国于福州，旋即帝位，年号隆武；次年（1646年），清兵人福建，因郑芝龙降清，隆武帝逃到汀州（今福建三明市，永安、漳平以西地区）被俘，死于福州。

相传在明末清初（公元1646年），即位仅两年多的隆武帝在山西总兵谢志良（平远差干人氏）等众臣的簇拥下，从福建一路南逃到平远差干五指石，凭险固守。因见隆武帝每日站在殿前引颈北望、泪流满面，谢志良等人便与随行一李姓乐师商议，征召十多年俊男俏女，编制“落地金钱”舞蹈节目，以求暂宽帝王落拓之心……由此具有浓郁的北方秧歌舞特色的民间舞蹈“落地金钱”以差干为发源地，在平远民间流传下来。

由于平远在数百年前人烟稀少、交通闭塞，民间文艺品种不多，“落地金钱舞”便在平远民间流传。民间艺人手携金钱棒，游 乡间， 村串户，给乡民带来美好祝福，示意生活安康，金钱串串，因而成为民间艺人的一种生存方式流传下来。

至解放初期，经平远县文化工作者和民间艺人不断挖掘整理，“落地金钱舞”遂成为歌颂美好生活、强身健体的民间文艺形式，20世纪50年代初期，在平远境内的仁居、坝头、大柘、石正等地流行一时，人们用欢快的“落地金钱舞”表达解放后的喜悦心情，歌颂人民领袖和社会主义新事物。后因文化大革命10年浩劫，这一民间艺术形式一度失传，在民间销声匿迹，直至20世纪90年代末期，经平远县文化部门重新挖掘、整理，这一民间艺术奇葩得以重现她的艺术魅力。

2002年全县小学生文艺汇演中，大柘中心校（龙记希望小学）的“落地金钱舞《五指石上风景美》获一等奖；《南方日报》（2002年6月16日第二版）、《梅州日报》及市、县电视台均作了报道；2006年参加梅州市第二届客家山歌旅游节文艺演出获银奖；差干代表队参加2006年平远县民间艺术汇演获三等奖；2006年10月梅州市山歌团重点剧目《山魂》参加了全国地方优秀剧目展演（武汉），在重要情节中引用了“落地金钱舞”这一传统民间舞蹈形式，荣获三等奖。

三、平远特色产业

1.南药

平远县属亚热带季风气候区，丘陵地带，野生中药材资源丰富，道地药材品种繁多，有溪黄草、两面针、青天葵、千斤拔、南板蓝、鸡血藤等濒临绝种的中草药材，而且有种植中药材的悠久历史，在省内较有名气，许多农户积累了丰富的种植经验，土地、空气、水源无污染，与广州中医药大学共建中药材GAP种植产学研示范基地，目前全县已种植南药8500多亩，主要品种有鸡血藤3901亩、广金钱草395亩、何首乌145亩、紫花茉莉125亩、凤仙透骨草125亩、溪黄草235亩、南板蓝根50亩、佛手100亩、江南柏100亩等。为推动南药产业的发展，南药公司已在大柘镇墩背村建设占地面积50亩、总投资270万元、年产2000吨的精致中药饮片加工及中药提取物生产厂，目前，饮片加工厂已竣工投产，同时南药公司与广药集团属下的白云山中药厂、敬修堂药业、广州市药材公司、广东省药材公司、广东中山中致药业集团有限公司、广东万年青制药有限公司等都签定了意向的购销协议。

2.油茶

平远是广东省油茶生产基地之一，具有油茶栽培的悠久历史，为落实市委、市政府提出的“四个梅州”发展战略及“绿满梅州”的号召，以长田镇为中心，建设油茶产业化项目。全县现有油茶种植面积6万多亩（其中2005年新种1.3万亩，2006年新种1.5万亩，其余为残次老茶园），年茶油总产为0.14万吨（其中新大地公司年产量为0.1万吨），产值4200万多元。

由广东新大地生物科技有限公司投入资金400多万元建成5000多亩的油茶丰产林示范基地，同时以“公司+基地+农户”的模式，带动全县农户种植油茶面积1万多亩。先后到广西、湖南等油茶主产区引进“岑溪软枝油茶2、3号”和“湘林16、17”等经过国家林业局审查鉴定的优良品种进行繁育推广，与省林业科学研究院、华南农业大学林学院签定固定技术合作协议，以扦插育苗的方式建设油茶苗无性系苗繁育基地，目前已建成年产50万株的良种无性系油茶苗繁育基地。

加工是油茶产业化的核心，生产的原料通过加工变成最终产品流通向市场，才能实现农民增收。投入500多万元建设油茶加工基地，引进精炼山茶油加工及茶皂素等系列产品生产配套设施，并已于2004年12月18日正式建成投产，填补了广东省空白，年生产规模达到加工山茶籽1万吨，产精炼山茶油2000吨、茶皂素1000吨、山茶籽洗发露、沐浴露、洗洁液各1000吨，公司采用的“山茶油精炼技术”通过市级科技成果鉴定，获得梅州市科技进步二等奖，公司生产的精炼山茶油品质超群，自投放市场以来深受消费者的喜爱。

3.脐橙

平远县从1983年开始试种脐橙，1995年后大面积推广种植，是该县的主导水果品种，平远县也是广东省最大的脐橙生产基地，至目前，全县已有脐橙栽培面积3万多亩，挂果面积1.5万多亩，总产1万吨，其中95%为优质“纽贺尔”。目前正以每年0.5万亩的速度增长，至2010年已达到5万亩，脐橙是该县产值最高、效益最好的水果品种。2003年底，“平远脐橙”顺利通过了国家无公害农产品认证，2006年4月获得国家地理标志产品保护认证。

图表5－21　平远脐橙

平远县自然环境良好，气候温和，雨量充沛，年降雨量1633.4毫米，昼夜温差大，年平均气温20.7℃。一月份平均气温11.1℃，果实成熟期昼夜温差在10℃以上，空气湿度77%，与脐橙适生条件极为吻合，适宜脐橙的经济栽培和脐橙优良品质的形成。平远脐橙按正常栽培管理，栽后第三年可开花结果，第四年正式投产，然后产量逐年增加，第七年后进入丰产期，株产25~40千克，平均亩产2500~4000千克。平远脐橙果大美观，果皮较薄，油胞较细，色泽鲜艳，肉质脆嫩化渣，风味浓甜芳香，无核早熟，耐贮耐运，并且营养丰富，单果重250~400克，含可溶性固形物13%左右，果汁率60%，可食率70%以上，果内富含维生素C、糖、柠檬酸、纤维素、果胶、胡萝卜素、维生素B1、B2、蛋白质、脂肪、钙、磷、铁等营养物质，具有“金玉其外、美在其中”的优良品质，自然保鲜期长达5个多月，为鲜食最佳鲜果，有“橙中之王”的美称。

自1999年以来，相继得到“第三届全国名优果品展销会”、“深梅对口扶持成果暨梅州特色产品展销、经贸洽谈会”、第二届中国（深圳）国际果蔬展览会、《羊城晚报》和国内专家的高度评价和推介，具有较高的知名度。

四、平远旅游

1.南台山天然卧佛——世界上最大一座天然卧佛

南台山位于我县石正镇，海拔648米，是粤东八大名胜之一。景区奇峰突起，千姿百态，从南向北看，双峰并峙，状如雄狮高踞，雄伟壮观；从东向西看，有如卧佛观天。景区有许多怪石奇景、名胜古迹，奇闻轶事和动人传说，有着别具一格的历史和韵味，拥有“南台八景”（武仙殿、白云寺、螺洲洞、青云寺、金粟山、合掌岩、出米石、东霖寺）等胜景40多处。

图表5－22　南台山旅游景点

据当地地质资料记载，地处平远县的南台山发育于1亿多年前的侏罗纪中晚期，由于受地壳运动的影响，逐渐形成以砾岩岩层为主的石峰，是典型的丹霞地貌。岩壁自上而下都是断层分布，其色艳若赤霞。南台山天然卧佛由群山作床，其头、额、眼、鼻、唇、颈、胸、腰、腿、脚清晰可见。日出之时，周身赤红；日落之际，背后霞光万道，整座山成了一张惟妙惟肖的“卧佛”剪影。

南台山天然卧佛横跨两省，身在广东，足入江西寻乌，其头、身、足由南台山、青云山、紫林山三山连亘。佛首为南台山，山上的石、竹、绿阴、山径、亭阁、寺庙分别呈现为卧佛的发髻、额、睫毛、鼻梁、双唇和下颚；佛身是青云山，宽广的胸膛、浑圆的腰自然分明；匀称的双腿和脚板跷起的佛足是紫林山的大部分。

2.五指石奇观

五指石风景区位于粤、赣、闽三省交界的

平远县差干镇内。在几千年的风雨历炼中汇聚了“丹霞地貌、森林生态、人文古迹”三大景观，具雄、险、奇、秀、幽、古的特色，景区内拥有“五奇”(奇石、奇缝、奇树、奇洞)、“八景”(剑门、石林寺、聪明泉、混元塔、一线天、仙人床、隆武殿、青云路)和淡静居、蝴蝶谷、生态乐园等胜景60多处。

步入景区，远远可看到五指石岩崖峻峭，形如伸展的五指，拔地而起，直刺云天。五指石与地面的相对高差均在250米以上，主要由形似五指的宝鼎石(拇指)、罗汉石(食指)、天竺石(中指)、降龙石(无名指)和宝盖石(小指)组成。

“聪明泉水不等闲，疑是九天降仙泉。掬饮一口添智慧，三杯落肚寿延年”。在小指宝盖石下，有一小泉从石逢中流出，此泉清凉沁入肺腑，这眼清泉就是聪明泉。据载，清朝差干湖洋村谢申庸年少迟钝，遂到石林书室从师苦读，常饮此泉后文思大进，终于考中乾隆乙丑科进士。

饮罢聪明泉水，可看到泉边的一条石缝，长近50米，缝宽仅0.5米，这就是遍布景区的奇缝之一“磨肚缝”。此处极其狭窄，只能侧身而过。相传穿越“磨肚缝”，能磨掉人生所有的烦恼和不幸，体会苦尽甘来的喜悦，以后人生路路通。

“八景之最一线天，线线同云紧相连。藤奇峰秀游人醉，此间游乐胜神仙。”进入五指石腹看到的石巷就是国内罕见的“一线天”景观，站在这中间，向前后、左右仰望，都是“一线天”，真是世间罕有。

景区内还有多处历史人文古迹，有关隘防御工事“剑门”遗址；有三百多年历史、现已重修开放的“石林寺”；有明末隆武皇帝的“隆武殿”遗迹；有颇具传奇色彩、至今仍存残垣的“混元塔”遗址；有罗汉石下的“古战墙”遗址等。

3.热柘温泉

热柘温泉位于平远县城南端的热柘镇，是当地人民世代享用的天然浴池。这里泉清水热，泉水温度50℃上下，热度适中，储量丰富。昔日泉边有一庵寺，名叫月湖寺。寺院香烟绕绕，湖中温泉汩汩，形成有名景观，名曰“月湖沐浴”。这里流传着一首歌谣：热水有汤湖，温泉日夜流。三日洗两次，疮癣自清除。

4. 客家民居大型围龙屋

客家民居是客家历史文化的“缩影”，常见的类型有围龙屋、门堂屋、土围楼、五凤楼、走马楼、四角楼等。而平远民居最具特色和代表性的就是客家“围龙屋”。

建造于1803年的平远县东石镇凉庭村的“丰泰堂”，是一座典型的客家围龙屋建筑，历经200多年的风风雨雨，至今仍完好地屹立在广袤的田野之中。占地近三四十亩、里外三层、结构严谨、气势恢弘的“丰泰堂”承袭客家相传的建筑艺术，采用中原汉族建筑工艺中最先进的抬梁式与穿斗式相结合的技艺，以南北子午线为中轴线，主大门进去有四个厅三个天井，左右横屋各有四厢，后有三条围龙与横屋合拢。

图表5-23 客家围龙屋一角

其大门前为一块禾坪，半月形的池塘，沿池塘外围是一圈旱地，其外型轮廓与屋的外围遥相呼应，形成一个巨大的椭圆形，成为当地最具特色的客家围龙建筑之一。随着生活方式的变迁，已跨越200多年时空的客家围龙屋——“丰泰堂”现今已成为林姓族人祭拜祖先、追根溯源的地方。

“丰泰堂”这座大型围龙屋与北京“四合院”、陕西的“窑洞”、广西的“杆栏式”、云南的“一颗印”并列一起，被中外建筑学界称为中国五大特色民居建筑。

图表5－24 两百年历史的客家民居丰泰堂

5.仁居红军纪念公园

2007年，为弘扬红色文化、发展红色旅游、保护历史文化，平远县委、县政府决定在当年红四军召开群众大会、宣传革命真理的地方——仁居镇东较场兴建平远县红军纪念园，努力打造“梅州市乃至整个粤东地区的第一个以纪念中国工农红军为主题的公园”，力求把纪念园建设成为平远县爱国主义和革命传统教育的红色基地和红色旅游的重要景观。

纪念园选址规划面积200多亩，包括展馆区、纪念塔区、纪念亭区、休闲区等4个主要功能区，分两期进行建设。第一期规划建设面积100亩，主要建设主题展馆、纪念塔、纪念亭及园内绿化工程等。第二期工程在一期工程的基础上进行延展，与仁居驾虹桥、青云桥（两桥合称“双桥驾虹”，平远老八景之一）、民国广东省四大银行金库、拟建中的仁居河岸农特产品一条街等实现有效对接。

图表5－25 平远红军纪念园

五、城镇简介

1.差干镇

差干镇位于平远县北部，距县城54千米，东邻福建省武平县下坝乡，西接江西省寻乌县项山乡，南与县内仁居、上举两镇接壤，北靠福建省武平县民主乡。镇政府驻该镇加丰村差干圩，全镇总面积93平方公里，辖新岭、湖洋、三达、差干、文丰、加丰、湍溪等7个村民委员会42个村民小组。国家AAA级旅游区、省级风景名胜区五指石坐落于该镇境内。2008年末，全镇共有1829户、7862人，其中农业人口1461户、6601人，非农人口368户、1261人。2008年，全镇实现国内生产总值6939万元，同比增长10.2%；工业总产值9861万元，同比增长20%；农业总产值3313万元，同比增长5.1%；镇级财政收入103万元，同比增长14%；村级集体经济收入39.8万元，同比增长19.4%；农民人均收入3800元，同比增长5.1%。

2.**仁居镇**

仁居镇位于平远县北部，东邻差干、上举两镇，西接八尺镇，南连东石、河头两镇，北毗江西省寻乌县吉潭镇项山乡，距离县城36千米。全镇界域面积191平方千米，辖15个行政村1个社区居委会、192个村民小组。2008年末，全镇共6148户、2.2657万人，其中农业人口2.0955万人。2008年，全镇实现国民生产总值1.3629亿元，比增9.6%；工农业总产值2.809亿万元，其中，工业总产值16881亿元，比增27.3%；农业总产值11209万元，比增6.9%。镇级财政一般预算收入304.7万元，村级集体经济纯收入71.94万元；全镇农村人平均收入4522元（统计口径），比增7.3%。

3.**八尺镇**

八尺镇地处平远县西北部，东邻仁居、河头镇，南连中行镇，西北分别与江西省寻乌县留车镇、南桥镇接壤，206国道贯穿其间，是平远县的北大门。界域面积108平方千米，辖11个村委会，1个居委会，118个村民小组。2008年末有3845户、1.4641万人，其中非农人口3367人。2008年，全镇实现国内生产总值1.0377亿元，比增10.2%；完成工业总产值9417万元，比增20.2%；农业总产值8004万元，比增5%；完成财税包干实绩103.4万元，完成招商引资额530万元，超额完成了县委、县政府下达的招商引资任务。

4.**河头镇**

河头镇位于平远中部，东邻东石镇、坝头镇，西接八尺镇、中行镇，北靠仁居镇，南连大柘镇。地形呈长形块状，界域面积82.42平方千米，辖9个村民委员会，80个村民小组，2008年末全镇总人口2779户、10551人，其中农业人口9909人，圩镇居民642人。2008年，全镇生产总值6431万元，比增10%；农业总产值5796万元，比增23%；工业总产值2193万元，比增20%；镇级财政收入170.3万元，比增10%；村级集体经济收入比增20%；农村人均纯收入4378元，比增7.8%。

5.**中行镇**

中行镇位于平远县西部，距县城14千米，G206国道贯穿其间。东邻河头镇，西接江西省寻乌县丹溪乡，北靠八尺镇，南连大柘镇，界域面积74平方千米，辖良畲、仲石、儒地、中行、官坑、快湖6个村民委员会，51个村民小组。2008年末全镇总户数2193户、8495人，其中农业人口1921户、8053人。2008年，全镇共完成生产总值5357万元，比增10%，镇级财政收入72万元；村级集体经济收入22万元；农村人均收入4361元。中行镇党委、政府积极实施县“三大战略”，结合本镇实际，围绕“以十项重点工作，推动四大建设，建设生态文明镇”的工作思路，狠抓产业结构调整和招商引资，突出旅游特色，实现了经济、社会各项事业的全面进步，年终被评为县“四大文明建设先进镇”。

6.**上举镇**

上举镇位于平远县东北部闽粤交界处，距县城33公里。界域面积98.6平方千米，山林面积13万多亩，其中龙文省级自然保护区3.3万多亩，年末耕地面积5452亩。全镇辖6个行政村，53个村民小组。2008年，全镇总人口7222人，全镇国内生产总值6258万元，比增9.6%；工农业总产值8526万元，比增15%（其中工业总产值3936万元，比增20%，农业总产值4590万元，增长7%）；农村人平纯收入5429元，比增7%。

7.泗水镇

泗水镇位于平远县东北部山区，东邻蕉岭县，西接上举镇，南连东石镇，北毗福建省武平县。界域面积137平方千米，辖8个村民委员会、140个村民小组，全镇耕地面积9106亩、山林面积17万亩，是平远县的重要林区，同时也是平远县最大的毛竹生产基地。年末全镇总户数2895户、1.0438万人，其中农业人口2543户，9988人。

8.东石镇

东石镇位于平远县中部，东邻蕉岭县，西接河头镇，南与大柘镇、热柘镇接壤，北靠仁居、上举、泗水镇。全镇界域面积163.1平方千米，辖17个村民委员会223个村民小组和1个社区居委会。2008年末，全镇总户数8291户，总人口3.3416万人。全镇完成生产总值2.72亿元，比增9.7%。工农业总产值5.15亿元，比增15.4%。其中，工业总产值3.77亿元，比增19%；农业总产值1.38亿元，比增6.9%。农村人均纯收入5400元，比增6.6%。

9.大柘镇

大柘镇地处平远县城，东邻东石、热柘镇，西接江西寻乌县丹溪乡，南连长田、石正镇和梅县梅西镇，北毗中行、河头、东石镇。镇机关所在地距梅县46千米，省道S332线和S225线自东向西、国道G206线自南至北贯通大柘全境。界域面积154.51平方千米，辖28个村（居）民委员会，266个村（居）民小组。2008年末全镇有3.0905万户、8.7189万人。其中，非农户数2.1021万户、4.8882万人；农业户数9893户、3.8307万人。2008年，全镇实现国内生产总值48757万元(现价，下同)，比2007年增长10%。工农业总产值8.1067亿元，比增16%。其中，工业总产值6.2683亿元比增20%；农业总产值1.8384亿元，比增5.5%。镇级财政收入268万元，村级集体经济纯收入120.3万元。农村人均纯收入4772元（统计口径），比增6.6%。

10.石正镇

石正镇地处平远县南部。全镇下设17个村委会和1个居委会，辖区面积98平方千米，常住人口3.2万多人。2007年全镇完成生产总值1.69亿元；工农业总产值1.82亿元，全年镇财政收入127万元，全镇上缴各项税收300万元。

11.长田镇

长田镇位于平远县最南端，东、西、南与梅县的石扇、梅西及大坪镇接壤，北与本县热柘镇、大柘镇相连，西北与石正镇毗邻。G206国道南北贯穿全镇，距梅州市区30千米，离平远县城14千米。全镇界域面积69平方千米，辖7个村委会，59个村民小组。2007年末，全镇2498户9202人，其中农业人口2125户、8572人。2008年，全镇国内生产总值7717万元，比增12%；工业总产值1.5471亿元，比增50%；全年农业总产值4853万元，比增23%；农村人平收入3855元，比增7.3%。

12.热柘镇

热柘镇位于平远县的东南部，东与蕉岭县徐溪镇、梅县石扇镇接壤，西与大柘镇为邻，南连长田镇，北接东石镇。镇政府所在地距县城有13.6千米，至G206国道有10千米。界域面积108平方千米，有8个村委会，74个村民小组，2008年末有12422人。热柘镇是革命老区，境内有集旅游娱乐休闲会议于一体的梅远温泉度假区。2008年，全镇国内生产总值4839万元，工农业总产值6197万元，镇级财政收入30万元，农村人均纯收入2646元。

第二章 中国优秀区域展示

新疆生产建设兵团和黑龙江农垦总局是2个比较特殊的单位，近来来其城镇化建设取得了非常显著的成绩。近期，新疆维吾尔自治区十一届人大四次会议上审议并通过了《新疆维吾尔自治区国民经济和社会发展第十二个五年规划纲要》(以下简称《规划纲要》)。规划纲要提出，兵团要力争到2015年生产总值比2010年翻一番，人均生产总值达到5万元，全社会固定资产投资年均增长25%，城镇化水平达到60%。而黑龙江农垦总局在小城镇建设上，明确提出实施小城镇带动战略后，到1999年，共建成一类城镇4个，二类城镇31个。进入新世纪，黑龙江垦区树立了建设北方园林生态型城镇群的新目标，计划建设形成以分局中心城镇为核心、以农场重点城镇为骨干、辐射带动管理区的城乡一体化城镇布局。

第一节 “三化”战略，建设兵团新城镇

一、“三化”战略概括

“十一五”期间，新疆生产建设兵团生产总值年均增长12.8%，是“七五”以来发展速度最快的5年。

在2011年1月18日新疆维吾尔自治区十一届人大四次会议上审议并通过的《新疆维吾尔自治区国民经济和社会发展第十二个五年规划纲要》明确提出，要发展壮大兵团经济，充分发挥兵团在新疆发展和稳定中的特殊作用，不断增强兵团自我发展、带动发展、维稳戍边能力，为新疆繁荣和稳定作出新的更大贡献。

《规划纲要》提出，兵团要力争到2015年生产总值比2010年翻一番，人均生产总值达到5万元，全社会固定资产投资年均增长25%，城镇化水平达到60%，实现综合实力明显增强、经济结构明显优化、职工群众生活明显改善、社会建设明显加强、可持续发展水平明显提升、维稳戍边能力明显加强等“六个明显”的目标。

“十二五”期间，兵团将以“城镇化、新型工业化、农业现代化”推进跨越式发展，一些兵团农业师的生产总值年均增长目标将超过20%。

1.城镇化

“十二五”期间，兵团要强力推进新型城镇化建设，按照师建城市、团场建镇、整体规划、分步实施、强力推进的思路，促进人口、产业、公共资源向城镇集聚，增强城镇公共服务和居住功能，形成与地方城镇职能互补、分工协调、具有兵团特色的城镇体系。

按照中央新疆工作座谈会精神，当前兵团各级已明确“三化”具体目标，并逐级部署落实。在城镇化方面，兵团将按照石河子市模式，“十二五”期间再规划建设一批县级市，还将创新兵团、地方共建城区模式，以及加快建设有兵团特色的团场城镇。

在兵团首座军垦城市石河子市，同济大学已受托编制未来20年城市总体规划，至2015年，石河子市的建成区面积将达100平方千米以上，城镇人口达到45万人。“十二五”末，农八师石河子市将形成化工新材料、纺织服装等六大产业，工业总产值达1200亿元以上，将建成中国最大的氯碱化工和新疆重要的化工新材料产业基地、中国西部最具影响力的纺织城。

农十四师224团成立于2004年3月，坐落在和田地区皮山县和墨玉县交界处，是一个与塔克拉玛干沙漠“零距离”的新团场。近8年来，224团采用高新节水技术向沙漠要土地，目前已拥有18万亩耕地、职工人均收入超过1.2万元。根据兵团“十二五”期间的“三化”发展战略，2020年前，农十四师将在224团所在的皮墨垦区成立玉山市。当前，224团依托刚刚铺通的喀什—和田铁路，正努力建设南疆重要的仓储物流中心。224团的皮墨垦区工业园，也已有青松建化等上市大企业进驻。这一切，都将给未来的玉山市打下重要基础。

2.新型工业化

根据自治区《规划纲要》，兵团将大力推进新型工业化进程，支持兵团依托资源优势和自身产业基础，加快发展食品饮料、纺织服装、氯碱化工等产业。

2011年，兵团将从4个方面加快推进新型工业化进程。

要坚持企业和项目带动。充分利用新疆的资源优势和兵团现有产业基础，谋划一批产业延展性较强、带动力强的重大项目和战略项目；在项目引进上，要学会用市场的办法来组织，用招商引资的办法来解决，坚持大中小并重；大力扶持现有的好企业好项目，促其做大做强。

要加快工业园区建设。开发区和工业园区建设要与城市发展规划相协调；切实抓好喀什、霍尔果斯两个特殊经济开发区兵团区域开发建设；加快推进石河子开发区扩区、阿拉尔和五家渠园区升格工作。

要加大资源保障工作力度。认真落实中央新疆工作协调小组会议精神，主动汇报衔接，积极推动落实。

要注重环保优先。坚持资源开发可持续和生态环境可持续，加强以节能降耗为重点的技术改造，组织实施一批节能项目，开展大宗工业废弃物资源综合利用，加强污染物治理和循环利用。

3.农业现代化

2011年，兵团将从4个方面推进农业现代化进程。

要加快推进农业现代化。充分发挥兵团农业科技优势，走规模化、集约化、产业化、市场化之路，确保职工收入持续增长、团场效益显著提升、农业资源持续利用，使兵团农业成为新疆和全国现代农业发展的排头兵。

要大力推进农业产业化经营。鼓励支持龙头企业以资本、品牌为纽带，跨出师团，面向全兵团、全疆整合资源；在兼顾师、团场、职工三者利益基础上，积极探索符合农业产业化要求的大宗农产品经营体制和“龙头企业＋基地＋农户”、“市场＋基地＋农户”等经营模式。

要扎实推进现代农业示范区建设。本着可看、可学、可推广的原则，加快五家渠国家级现代农业示范区建设，启动阿拉尔现代农业示范区建设，在每个师选择1~2个团场开展现代农业示范试点，发挥引领带动作用，加大示范效应。

要强化农业发展基础支撑。加强农业基础设施建设，提高农业物质装备水平，加大农业科技研发推广力度，提高农业科技贡献率。加大水利建设力度，强化兵团水利支撑保障体系。

新疆生产建设兵团概况

1954年组建的新疆生产建设兵团，承担着国家赋予的屯垦戍边的职责，是在自己所辖的垦区内，依照国家和新疆维吾尔自治区的法律、法规，自行管理内部的行政、司法事务，在国家实行计划单列的特殊社会组织，受中央政府和新疆维吾尔自治区人民政府双重领导。新疆生产建设兵团也称中国新建集团公司。兵团现有14个师(垦区)，174个农牧团场，4391个工业、建筑、运输、商业企业，有健全的科研、教育、文化、卫生、体育、金融、保险等社会事业和司法机构，总人口245.36万人，在岗职工93.3万。

兵团的土地面积7.43万平方千米，占新疆总面积的4.47%，约占全国农垦总面积的1/5，是全国农垦最大的垦区之一。

二十世纪五十年代和六十年代初，兵团从农副产品加工业起步，发展现代工业，逐步形成以轻工、纺织为主，钢铁、煤炭、建材、电力、化工、机械等门类较多的工业体系。随着兵团国民经济体系的确立，兵团的教育、科技、文化等各项事业也得到长足发展。到1966年底，兵团的各项事业发展到较高的水平。

1975年5月24日，新疆维吾尔自治区成立农垦总局。而后，11个地州、相继成立农垦局，管理全疆国营农场。兵团解体，1976年，自治区部分地、州将其20多个国营农场下放到县，有的将农场拆散下放到公社。

新疆生产建设兵团对新疆的发展发挥了重要作用。兵团的农牧团场、工交建商企业在依法向当地政府纳税的同时，几十年来坚持为新疆各族人民服务的宗旨，积极支援地方建设，每年抽调大批技术人员到附近的县、乡、村举办种植、农机等各类培训班，推广先进技术；从1964年起，每年筹集资金帮助地方搞规划和建设，为各民族群众送医送药，给予各方面的帮助。为支持新疆工业发展，兵团还把已经建设起来的规模较大的一批工交建商企业无偿移交给地方，为自治区的现代化建设作出了贡献。

在长期发展中，新疆生产建设兵团已有汉族、维吾尔族、哈萨克族、回族、蒙古族等37个民族成分。垦区主要有伊斯兰教、佛教、基督教和天主教等，信仰伊斯兰教的少数民族人口约25万人。新疆生产建设兵团全面贯彻中央政府制定的民族宗教政策，依法管理宗教事务，使兵团成为各民族团结的大家庭。

2009年，全年兵团生产总值610.69亿元，三次产业结构由上年的34.9:31.7:33.4调整为33.5:33.8:32.7。

2009年，全年货物进出口总额46.60亿美元，比上年下降47.4%。其中，货物出口42.60亿美元，下降49.6%；货物进口4.00亿美元，增长0.3%。

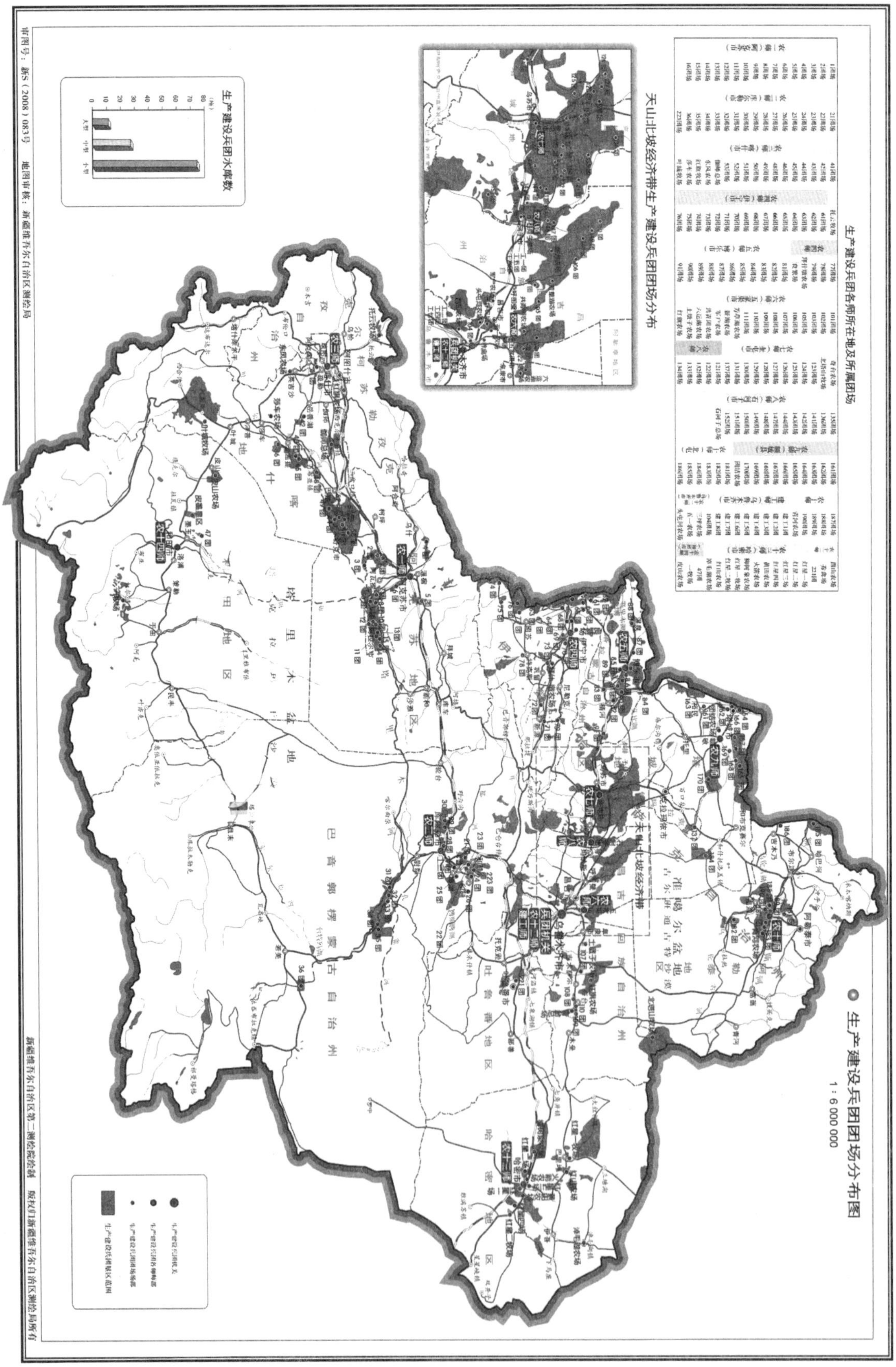

图表 5－26 新疆生产建设兵团分布图

二、发展机遇与挑战

全国援疆＋2万亿＋西部大开发＋新疆生产建设兵团的56年积淀＋现任班子和260万兵团人的行动，在此背景下，可以说兵团已进入历史最好的黄金时期。

城镇化、新型工业化、农业现代化的“三化”，提振着兵团人的信心，这是兵团的发展方向和伟大的未来。

然而，兵团从2009年的600亿GDP，到2015年可否实现2000亿GDP？如何实现跨越式发展，该用何种解决方案等等，都需慎重考虑。虽然我们相信兵团上下完全有能力做到，但今天毕竟是市场经济时代，需要通过更广泛的市场配置资源，用行政与市场“两只手”的力量践行，仍然是十分艰巨的。

2010年9月7—9日，知名经济学家、产业专家、城市化标杆人物，现任中国城市经营协会会长、万国城市经济研究院院长王廉携助手胡泊博士，分别同兵团政策研究室、商务局、发改局、经协及石河子市政策研究室等部门同志进行了广泛交流探讨，并对石河子市区、乡镇、企业、团场等进行了两天调研，为此撰写了一组文章，希冀对兵团领导制定决策有所补益。

石河子的发展转型分析

胡泊／文

2010年9月初，在兵团研究室郑伟朴副主任及刘勇处长陪同下，我与王廉同志到石河子市学习调研，在军垦博物馆参观，受到了极大震撼，兵团人的精神永恒。兵团的奋斗令我敬仰、兵团的成就令我兴奋。对此，提出一点不成熟的看法供参考。因在石河子停留时间仅24小时，加上水平有限，粗略之处请读者批评。

1.关于石河子现状分析

石河子是军垦的骄傲。好的不细说，经过50年平地建新城，已发展为新疆第三大城市，中国667个城市之一，500个市区居民超过30万的城市之一，虽然城市总的体量仍较小，功能更需突出，三产要更上台阶。石河子市有些要素亦具世界眼光，但十二五仍要以世界眼光从全球3000个大城市之一、中国500个大城市定位和构筑产业链。就园区而言，石河子工业园建成区20多平方千米，已进入全球万个同类园区之一。

就产业而言，纺织已成为石河子市的重要支柱产业。能源、文化已正在快速发展之中。相对较弱的有3个方面：一是服务业缺工业化经营和高端主导；二是二产的产业链较短，高端地位低；三是一产的园区化、特色化、工业化和效益化有待加快。

2.关于石河子转型升级

石河子的定位要有世界眼光和中国二级城市规划眼光，从大城市角度，建成一级特色城市的品牌，尤其要先策划后规划。从现状看，要加快6个升级转型：

第一，从中等城市向大城市转型。从体量

上做大，2015年城区人口发展到50万，城区面积达到100平方千米以上，园区达到50平方千米以上。

第二，从园区型向智慧型转型。石河子给人印象仍是一个园区型城市（石河子大学也需要升级），应加快发展科技型、创意型、红利区型的“城市经济”和“智慧型”的“城市园区”。

第三，从开发型转向品牌型。城市的文化定格在品牌、品质、品名和品性，应将石河子作为大城市培育，　“四品”之路，而不仅是精致的“开发型”之路，精致管理就是“四品”经营。

第四，从工业主导向服务主导转型。以临空经济、知识经济、服务经济带动工业化，加快新型工业化发展，实现工业化、服务业化同步。没有这种跨越，石河子难以跨越自己。

第五，从资源型往资本型转型。这就是要从农业、工业资源往资本市场配置资源转型，从经营资源到经营资本和知识。石河子有4家上市公司是一种转型的动力与方向，但还不够，还应建立起“资本＋产业＋产品＋知识＋专业金融导向产业发展”的模式，才是现代模式。

第六，从产品往产业链转型。石河子城市产业链应从产业的“地下”想到“天上”。比如50万人口城市，距离乌市仅150千米，都可以发展航空物流和区域物流，如果石河子有一个临空经济区，可以顺应需求。比如举办农垦节或国际通用航空节，以及顺应乌洽会升级为亚欧博览会，还可以举办现代有机食品节或其他节庆，这样产业链就拉长了，而不只是赚一个产品的钱。

3.关于石河子的服务业

石河子服务业应从高端作为话语权打造。没有高端服务业，就没有石河子未来的话语权。

强化石河子城市的高端服务业。高新科技与创意、高附加值产业是市场化的智慧与争夺话语权的关键，石河子只有有了城市话语权，才不至于停留在简单的军垦文化与开发区文化形态上。

王廉先生作为中国“高端服务业经济”和“话语权经济”的“第一人”，几年来他及我们机构都做出了不少贡献。

来源：《中国城市经营》2010年14－15期合刊

三、发展模式与途径

兵团屯垦戍边，是生产者，又是非生产者。但无论什么角色，兵团的历史使命正在有所改变，生产者成为第一任务。介于此，我们就兵团“三化”提出一些不成熟的看法。

西部大开发、新疆工作会议使兵团的发展进入黄金时期。兵团城镇化、新型工业化、农业现代化“三架马车”如何并行？三步并成一步：兵团的现代化；一步再分三步：兵团的农业工业化、工业城镇化、城镇化主导。在不同地区、不同城镇和领域，或不同时点与产业选择上，又可有不同侧重。本文只探讨兵团经济发展。

1.跨越式经营的态度

几年前，兵团已发展到14个师，174个农团场，517个独立核算的公交建商企业，5个城市，1658个事业单位，2所普通高校，3所成人高校，29所普通中专和成人中专，10所技校，2所职业中学，293所普中，463所小学，6644个医疗机构，162个科研机构，29个勘测及文化机构，15个金融保险机构，有耕地7433.29公顷，人口约260万，公检法司监机构和武警部队自成体系。特殊的使命与历史，造就了兵团双重乃至多重责任。

中央新疆工作会议方针有了，亚洲2个15亿人口的市场区位，从经济工作来讲，大道理都明白了，接下来难的是一步又一步的“解决方案”如何制定，怎样实现。

比方说“解放思想”，具体到兵团各级，那就是要从“田园思维”改变为“城镇思维”，作为兵团决策者，为各级干部提供普及经营城镇与产业的常识就成了当务之急。基层在这方面似乎有必要像学习ABCD一样系统学习。西方教育思想的精髓就5个字：“态度与学习”。联合国上世纪70年代末在德黑兰指出：现在许多人从事传统职业还行，但相对于新兴经济，已成了“功能性文盲”。所以说，兵团跨越式发展的关键是自身干部队伍培训、人才引进、人才租赁“三管齐下”，这才是科学的。

适者生存，存在发展。市场游戏规则就是按市场资源进行配置的规则。比如大政方针有了，接下来兵团必须面对社会需求，细分事业与产业制定解决方案。对事业可以通过行政方式解决；而对产业或城镇经营必须走市场之路。这就需要先策划后规划，邀请成熟的市场研究与咨询机构做顾问——找对人，而不是光看牌子制定解决方案。目前发达国家与发达地区都这么做。兵团许多方面都做得十分好，但仍需加大力度。比如哈尔滨农垦请王廉院长讲高端服务业，他们就很有远见以高服带动工业化。上海、北京、天津、香港等地政府早在几年前请我讲“高服”与城镇产业发展规划，如做北京企业发展评估（行评）、天津航空城策划、上海金融区跨越式发展、成都的园区升级规划、乌鲁木齐开发区的“三园合一”评价（专家评议）以及香港的“可持续发展”、沙特阿拉伯城市链与产业链、多伦多新城市中心规划与策划等。兵团当年石河子的建设，就是领导＋专家＋农垦人＋社会的努力。

新疆迈入了历史上最好的发展时期，兵团的准备工作已经不是过去那样了，在当前形势下，换思想、换发展模式、换位开发等，已成为“市场思维”的必由之路。许多发达国家到中国请我们，就是看中国有资源，我们又熟悉国内外。市场经济是专业化的经济：精细管理首先是精细经营，这就是一个面包可以做成一门产业的道理。一个企业、一个城市都需要许多智者帮助。圣彼得堡的发展策划300年前彼得大帝动员了1000人参加；登月计划、星球大战计划1.7万人参与策划，香港可持续发展规划不下500人参加。组织好这样的大型策划，关键是主持人必须是战略专家，且知识要博而专才有这个能力。西方国家把GDP 0.12%用于软科学。要看得远，则看你站得多高，要走多远，要看与谁同行！40年前，世界就迈入知识经济时代，今天，任何企业的发展，不是取决于你有多少实物资源，更在于你有多少人力资源。人力、实物、自然资源三大财富构成了人类的财富的总和（联合国语）。

兵团已迈入了打造话语权、以高端服务业推动新型工业化和农业现代化阶段，不如此，难以实现跨越式发展。

2.处理好“三化”与“三步”的关系

城镇化：兵团城镇化的制高点在石河子，它是兵团城镇化标杆，也是十二五期间发展成为“大城市”，融入区域性中心城市集团体系的载体。五家渠、北屯、图木舒克、阿拉尔是兵团的城市新星。以世界眼光，就是要把石河子打造成国际级的特色城市，进入全球3000个以内大城市之列；以中国眼光，就是要迈入二级城市，没有50万人口，100万平方千米就不要谈石河子未来地位问题。至于一师一市和以下团场怎么发展，要从8级城镇形态经营角度，分别制定社区型、产业新城型、新城主导型的个体与兵团城镇链的经营，即按城镇化规律，尤其要以经营的方法，设计好“兵团社区＋中小城镇＋中小城市＋中心城市”的4级城镇链。加快制定可实施的符合各类型的城镇资源的聚集与集中的规划，打造出兵团一条集约化、特色化、链条化的城镇化道路。城镇化是兵团新型工业化、农业现代化的主题与基本载体关系，是它的未来形态与希望所在，是兵团现代化要素最佳的载体与空间负荷，智慧的高地。

也就是说，兵团要搞一师一市，一师一市要搞“一镇＋N区＋N个产业”的解决方案思路，要一次规划，分步建设。对于新兴城镇，要坚持先策划后规划，不要先规划后再考虑产业，那样就颠倒了。

新型工业化：城镇化是与新型工业化伴随的。当年东莞只有5个亿财政收入的时候，王廉院长提出的战略是农村工业化、工业城镇化和城镇化三步走，工业化是核心，并制定解决方案细则。今天的东莞市从改革开放之初的工业产值仅3亿发展到万亿，GDP在中国地级市中排前三甲，1998年，它与中山、顺德、南海相当；2008年，它与三市总和相当。这就是路子、方法的差异——实则战略差异。

关于兵团的新型工业化，我们认为应有这样的政策：大道理讲，是优一（产），强二（产）挺三（产）；中道理讲，是传统产业升级，发展新兴科技型产业为主导，但从可操作的小道理讲，还是粗了一些，必须从农业的园区化、特色化、工业化、效益化制定政策。比如以保健产业或有机农业构建区域品牌，以特色产品构筑场团品牌。兵团与城市一级打的是产业链牌，而团场、企业打的是产品主导牌，这也是城镇链与新型工业化的关系。再如新型工业化，不同城市、场团、行业有自己的不同，大而言之，要顺应国家、时代趋势；中而言之，兵团一二三产不可偏废；小而言之，要抓特色、特点；但三者如何统一，如何侧重？

首先要视情况发展一、二、三产。在一个城市、一个组织体或区域内，一产50%靠地理、50%靠技术、二产40%靠地理、60%靠资源、三产30%靠地理、70%靠策划出来的项目、市场，这是当代地理经济的“543理论”。从实践来看，全球50万个城镇，在发达国家有27%城镇是靠政治、军事、教育、资源布局发展起来的，但73%是靠市场、产业发展起来的。

兵团作为行政主体，是一个省部单位；作为经济主体，则是中国新疆生产建设集团。到了今天，依靠市场资源兴镇更胜一筹。兵团新型工业化的概念还包括了农业的工业化经营、工业的知识化经营、三产的工业化开发，以及依靠现代服务业或高端服务业带动工业化和农业现代化，都应成为兵团的基本政策。2009年，全球发达国家高端服务业已占GDP约50%，中国与它们的差距，主要在高端服务业的差距。城市、企业最终的竞争在于高端服务业的竞争，人的竞争是智慧的竞争，它是一切产业、行业竞争之源。

也就是说，兵团新型工业化是3个方面，一是传统产业升级，二是发展新兴产业，三是以高端服务业带动前二者。

农业现代化：农业现代化是兵团城镇化和新型工业化的合力与强力之所在。新兴工业化是兵团农业现代化的升级或另一种表现形式，也是城镇化的基石，而城镇化是农业现代化与新型工业化的载体与文明集合。

至于三步走，主要可以考虑这样的探索。

农业工业化→ 加快园区化、品牌化和工业化步伐，成为工业化一个环节、城镇化的一大驱动力；

工业城镇化→ 即新型工业化与城镇化并行，把“产业新城”打造作为目标。以科技引领、园区承载、服务业带动、城市名片指向予以推进；

城镇化主导→ 把几十种主要城镇元素引入且大胆放开经营，使人人可参与、企业有坐标、行业有希望。而品牌化、功能化、知识化与资源分级经营则是核心。

三步走不是走了第一步再走第二步，而是三步并成一步，一步再细分几步。比如：2011年前，农业现代化以园区化、特色化、品牌化和城镇化为4大驱动力，2012—2015年，工业化、城镇化并行，2015年后，以城镇化主导。但象石河子，今天则已进入城镇主导阶段。因此，不同地区、城镇、产业形态应有不同方案。我们认为，目前兵团大致方针已定，从市场经济角度，兵团需要几个解决方案：一是“兵团十二五可持续发展解决方案”（空间、产业、城镇、生态、社会五统一规划为核心），包括战略规划、重大项目设计、行政与市场资源配置；二是“石河子城市可持续发展”（包括城市成长路径、产业如何做到2015年500亿GDP等）；三是上述三化之“专项规划”；四是其他4个市的持续发展解决方案。

3.兵团跨越式发展的路径

城镇路径：主要是石河子的国际定位、国内定位、行业定位，它是兵团城市的综合平台，并设计好兵团和社会与城市形成双链关系与双链驱动；比如说，石河子市目前以生态、纺织业态等形成一定优势，但仍然是一个处于成长中的城市，产业、形态等都有一个转型升级过程，而且时间不等人，5年内应当有较大成就，不然就会落后于全国500乃至1000个城市之后。它的城市链或动力链，要瞄准全球设计国际级城市项目，瞄准国内设计国家级项目和打造自己独特的名片，才可能实现跨越式发展。

又比如五家渠市等，也一个道理，要从它们的地理资源、社会资源、市场资源进行城市体量的元素、动力等路径设计，而不是几句套话可以替代。全球、全国不少“空城”、“默城”、“败城”、“亮城”都可以给予兵团借鉴，但不能照搬，必须设计出符合这些城市实际的路径才可操作。

经营城市是复杂的，也是简单的，国际经营城市的理论已经在50年前就得到理论界认可，城市发展亦经历了自然主义、浪漫主义、实物主义、人才主义和理性发展的不同阶段，搞清这些阶段，兵团城镇化路径设计才能更加实在。

新型工业化路径：按照1997版联合国产业分类、1997版北美产业分类、2001版欧盟产业分类和近十年的"产业分类"，未来新兴产业有上万类，在现有200万种产品（每天增加数万种）基础上，我们该如何办？在中国电子信息、生物医药、航空航天、安全技术、海洋、创意文化、新材料、新能源、食品保健等领域都有几万亿的市场前景。仅以保健品为例，中国到2020年，这一领域会有5万亿的市场，兵团设计这一产业宜以更细分类进行。

再如航空航天产业，目前全球有各类飞机约50万架，其中私人飞机32万架（中国仅72架，实际在200架），今后10年，仅3万架战斗机、7万架非战斗军用机就会淘汰，仅"再制造"市场就是一块蛋糕，石河子就可以发展临空经济，紧抓这一产业。而且，乌市已成为中国第五大国际航空港。中国目前每年4～6人坐一次飞机，珠三角达到1人1次1年，而发达国家人均坐6次1年。石河子在货运、空港方面就可以发展这一块大事业，可以设计专项方案。

又如从经济发展形态而言，2009年兵团GDP600来亿，因农业占的份额大，GDP与财政收入不及全国平均数（1/6），许多城市达到了1/3或1/4。这说明兵团经济与产业结构需要有一个较大的调整。兵团的棉花产量占全国产量约1/10，但赚的是辛苦钱，新疆棉花虽然约占全国1/4，但高端服务业大头被人赚了，若是先发展"期货交易所"，则可赚回比兵团"实物资产"（棉花）更大收益，从而带动了二产和一产。

再如节庆产业，全球有知名节庆8万个，节庆产业已经成为当代城市经济的皇冠，大城市的经济结构从30年前开始进行调整，每个阶段都有自己的坐标、特色。兵团也可以适度发展节庆产业，但要认真策划。

农业现代化路径：宜通过园区化加快城镇化、科技化和工业化，通过特色化，把农业高端服务业、工业生产一并做起来。在这一点上宜制定专题解决方案，按照各师、场团、城镇资源、市场资源进行配置，可以使兵团农业迈一个崭新的台阶。而保健产业可能是兵团农业的重要出路之一。

第二节　黑龙江农垦——城镇化跨越式发展的标杆

黑龙江垦区地处东北亚经济区位中心，位于我国东北部小兴安岭山麓、松嫩平原和三江平原地区，属世界著名的三大黑土带之一，辖区总面积5.62万平方千米，其中耕地4000万亩，是国家级生态示范区。下辖9个分局、113个农牧场，分布在全省12个市、74个县（市、区）。总人口166.8万，其中从业人员91.7万人。

1947年，按照党中央的部署，一批荣复军人开始开发建设北大荒，1958年，王震将军又率10万复转官兵挺进北大荒。之后，由大批支边青年、大专院校毕业生和城市知识青年组成的百万大军相继投身到北大荒的开发建设中。经过三代北大荒人的艰苦创业，昔日亘古荒原上建成了中国耕地规模最大、现代化程度最高、综合产能最强的国家重要商品粮基地和粮食战略后备基地。

在小城镇建设上，自黑龙江农垦总局党委明确提出实施小城镇带动战略后，垦区小城镇建设步入了发展的快车道。到1999年，共建成一类城镇4个，二类城镇31个。进入新世纪，黑龙江垦区树立了建设北方园林生态型城镇群的新目标，计划建设形成以分局中心城镇为核心，以农场重点城镇为骨干，辐射带动管理区的城乡一体化城镇布局。

“十一五”以来，垦区按照“抓城、强工、带农”的统筹发展方针，逐步建立起了110多个功能比较齐全、粗具规模的农垦小城镇，这110多个现代化小城镇星罗棋布地分布在全省74个县（市、区）中，与地方的县乡村形成了“你中有我、我中有你”的格局。目前，垦区共有8个城镇成为全省小城镇建设的先进镇，建三江农垦城被列为全国小城镇建设示范镇，宝泉岭农垦城被列为国家小城镇建设试点镇，普阳农场被列为全国文明城镇示范点。

“十一五”期间，垦区累计完成危房改造1345万平方米，新建住宅1539万平方米，16万户居民喜迁新居。到2012年，将全部完成居民点撤并拆迁工作，最终保留约500个管理区，垦区城镇化率将达到70%，接近中等发达国家水平。届时，垦区人均住房面积将达到26平方米，住宅砖瓦化率达到100%。

城镇化——北大荒跨越式发展的标杆

文传／文

按：2010年10月14日，黑龙江省农垦总局邀请中国城市经营标杆人物、知名经济学家王廉先生作《城镇化与城镇经营》报告，报告分3个部分：如何遵循全球城镇发展的三大规律；城镇化过程中城镇经营什么产品和元素；北大荒如何进行城镇与产业经营，到2015年实现3个千亿产值（农业、工业与商服业）。报告会十分成功，局党委书记兼局长隋凤富及113个农场场长、机关副处长以上干部约300人听取了报告。这是总局系统提升城镇化的一次“营养冲剂”。近年，黑龙江局城镇化发展迅速，国家有关部门已给予了较高评价，在城镇化与城镇经营上黑龙江农垦可谓棋高一着，在农垦系统率先开始了城镇化的全面实践。估计用5年左右时间即到2012年，全局系统城镇化率将达到70%～80%，与发达国家相当。

隋书记是一位精明干练睿智、经验丰富且知识渊博、组织能力极强的领导。他要求黑龙江农垦系统要高标准做好策划与规划修编，包括定位、产业特色、重要项目设计等。从隋书记介绍和实地调研中，我们认为黑龙江农垦总局城镇化有五条基本经验，已形成了“新北大荒模式”：“抓城强工带农”战略，体现了“行政对接”与“市场对接”的“双对接”经营模式。用王廉先生的话说：“北大荒十一五战略非常成功，到了十二五初，战略可调整为‘优一强二升三经城’”，十二五规划宜在项目、经营思想、全球战略上做好千亿农业、千亿工业、千亿商服业规划（解决方案）。“新北大荒战略”逐步形成“新北大荒精神”。主要经验有5条：

第一，以农业现代化推动城镇化；

第二，一二三产与城镇化发展并举；

第三，以城镇主导城乡统筹与城乡一体化；

第四，以城镇化引导产业升级转型（正在进行中）；

第五，以现代化作为标杆推进北大荒跨越式发展；

王廉先生认为，北大荒城镇化已从建城主导转向经营主导；资源主导转向财富主导；行政主导转向市场主导并举。在这个时候，提高城镇经营水平，是万分及时的，说明局党组领导的远见卓识。而且隋书记要求各分局加强定位，实际上是要求各分局场 专业化设计与修编，加强项目商业化包装策划和实施战略资源管理及市场资源配置，加快北大荒全系统现代化建设，这关系到全局的城镇、产业与社会的升级转型，与时俱进。

来源：《中国城市经营》2010年16－17期合刊

目前，全系统一大批基础设施完善、服务功能齐全、生活环境优良、各具特色的农垦城镇迅速发展。其中，建三江、宝泉岭、红兴隆、普阳等8个城镇先后晋级全国小城镇建设的先进镇、试点镇和示范镇行列，近一半的小城镇达到富强镇标准，海林、七星被列为全省重点旅游城镇，八五一O等6个农场被列为全省重点滨水城镇。现将垦区小城镇建设的主要做法，向大家汇报如下。

一、坚持规划先行，注重特色立镇

2008年，总局围绕率先建成小康社会和城乡一体化的战略目标，提出构建"四个五"城镇体系，即5个10万人以上农垦中心城市、50个2万人以上的重点城镇、50个1万人以上一般城镇、500个千人以上的管理区。各分局围绕构建"四个五"城镇体系，从统筹区域发展角度出发，以建设中国北方高寒地区现代化园林式城镇为目标：将宝泉岭分局打造成食品工业城、将建三江分局打造成中国绿色米都、将红兴隆分局打造成现代农业窗口、将牡丹江分局打造成生态旅游城、将九三分局打造成中国绿色大豆之都。各农场结合自身的地理优势、资源优势、产业优势、经济优势和文化优势，把城镇发展定位为卫星型、旅游型、区域中心型、工业型、商贸型、边贸型等各具特色的农垦城镇，完成了第二次城镇总体修编工作。

二、坚持撤点并区，注重集约建镇

2002年，总局从促进经济发展、调整产业结构、增加农业职工收入和改善居住条件角度出发，站在垦区战略发展的高度，提出对垦区居民点布局进行调整，将原2474个居民点的编制全部撤消，合并为500个管理区，引导农业富裕人员从农业中分离出来，向场部转移，从事非农产业，农业富裕人员的耕地流转到种地能人手中，实现少数人种多数地，最终实现全体农业职工富裕。2009年，总局党委提出充分利用国家给予垦区的危房改造资金支持机遇，利用三到四年时间完成居民点搬迁任务。在国家、省和总局政策、资金支持下，垦区上下掀起了整体搬迁居民点、住宅建设、危房改造工作高潮，取得了历史性突破。2009年，撤并499个居民点，搬迁5.84万户，拆除房屋面积324万平方米；建设住宅574万平方米，是前五年住宅建设量的总和，完成了9.3万户的改造危房任务。

三、坚持完善功能，注重基础强镇

2009年，垦区竣工通村公路2000千米，新建城区混凝土道路49.7千米，农场、管理区的通畅率分别达到95.5%和83%；今年，城镇基础建设力度进一步加大，将完成城镇白色路面60千米；自来水管网80千米；暗排水管网30千米；新增集中供热面积700万平方米；增加燃气供应户12万户，城区植树400万株，新建清洁能源项目12个。到今年年底，实现人均住房面积达到25平方米，住宅砖瓦化率达到100%，城区主次干道道路硬化率达到100%，自来水入户率达到100%，建成区绿化率达到35%。

四、坚持集聚要素，注重产业富镇

发展产业是带动城镇聚集货币资本、商品资源、技术信息、文化人口等诸多要素的蓄水池，是城镇发展的支撑和基础。每个城镇都规划了商服区、工业园区和养殖小区，积极吸纳垦区内外企业落户发展，创造就业岗位，促进人口就业。

一是吸纳人口。

二是“以农富镇”。九三分局注重发展壮大特色产业群体，形成了“一场一业、一场一品”的产业发展格局，为小城镇建设发展注入了新动力。五九七农场大力发展水果特色产业，形成龙头、基地、农户产业链，拉动了当地的运输、餐饮等行业的发展。

三是“以畜牧富镇”。垦区已建成了标准化养殖小区1500个，养殖小区建筑面积700万平方米。

四是“以工富镇”。建三江分局大力发展农副产品深加工，建成140个大米生产线，吸纳大量外部资金和人口。

五是“旅游富镇”。七星农场积极打造集现代农业、生态农业、园区农业、观光农业于一体的旅游胜地，每年有10多万人次到此考察、调研、参观、学习和旅游。海林农场已成为远近闻名的北欧风格宜居城镇，吸引许多客人前来旅游。

六是“以品牌富镇”。建三江分局被中国粮食协会授予全国唯一的“中国粮食米都”，金秋粮食交易合作洽谈会已连续3年在建三江举办。

五、坚持场县共建，注重合作兴镇

把城镇作为场县共建的载体，推进毗邻场县、场镇的基础设施共建共享。垦区的图书馆、体育馆、旅游景点、公园广场等公共设施一律对周边农民开放；周边的村民可以购买农场新建住宅楼，享受场内职工同等待遇；垦区学校接纳地方学生就学2.4万人，有91所垦区医院与地方互为定点医院。据不完全统计，垦区外来人口总规模在23万左右，其中长期居住的外来人口8.7万左右。

六、坚持多元筹资，注重经营城镇

一是积极争取国家和省资金政策支持；二是加大总局、分局、农场三级投资；三是拓宽贷款渠道，积极做好当地银行工作；四是市场融资；五是职工出资等。